民法研究

第6卷

梁 彰 洙 著

博 英 社

序　　文

1999년 이래로 쓴 글로써 여기『民法硏究』의 제 6 권을 내기로 한다. 그 동안 쓴 것 중에서 무엇을 넣고 뺄지 망설여지는 바도 적지 않았지만, 결국 이러한 모습이 되었다.

먼저 구체적인 민법문제를 다룬 것이 아닌 3편의 글을 앞세웠다. 이들은, 민법해석학을 지향하는 필자가 그 작업의 과정에서 작업 자체의 성질이나 방법에 대하여 생각하게 되고, 이와 관련한 문헌이나 자료도 같이 읽게 됨으로써 얻어진 것이다. 이는 자연스럽고 또 어쩌면 필연적이라고 해도 좋을 일이다. 우리 법학 전체를 더욱 왜소하게 하는「기초법학」과 실정법학 사이의 높은 장벽은, 실정법학 각 분야의「영역주의」와 아울러, 하루빨리 사라져야 할 것이다.

또『民法硏究』제 5 권에 이어서 명의신탁에 관한 두 개의 글이 있다. 명의신탁이 나에게 그렇게 매력 있는 소재라고는 할 수 없지만, 부동산실명법 기초과정의 처음 단계에 참여하면서 제시한 몇몇의 기본발상이 법률에 채택됨에 따라 법학자로서의 책임을 느낀 것이 그 법에 관련한 글을 쓰게 된 주요한 동기이다.

나아가 한편으로 민법의 지난날을 되돌아보는 것에 주안을 둔 글 몇 편과 다른 한편으로 근래 다른 나라의 입법동향 기타「민법 관련 사정」이라고 할 것을 짚어 본 글들이 있다. 얼핏 서로 성질이 아주 다른 것처럼 보이지만, 이들은 결국 우리가 가지는 민법의 이해를 위하여 또는 가져야 할 민법의 모습을 모색하기 위하여 불가결한 작업이다. 그렇게 보면, 이 글들이 쓰여진 것은 내가 요즈음 진행되고 있는 민법개정 일에 관여하고 있다는 사정과도 무관하지 않을 게다.

그리고 언제나처럼 민법의 해석문제를 다룬 글들이 있다. 오히려 이 부분이 소홀한 느낌이 없지 않고, 특히 판례연구가 적은 것은 반성할 일이다.

이렇게 모아놓고 보면, 이제 종합적인 시각의 제시나 체계적인 서술이 필요한 것이 아닌가 하는 생각을 하게 된다.

본서의 간행에 도움을 주신 박영사의 여러분들, 특히 편집부의 노현 씨에게 감사를 드린다.

2001년 5월 18일

서울대학교 법과대학 연구실에서

梁 彰 洙

차 례

5. 共同所有

—민법 제정과정에서의 論議와 그 후의 評價를 중심으로—

6. 名義信託에 대한 規律 再考

―不動産實名法 시행 5년의 評價와 反省―

7. 名義信託不動産의 實名轉換

―不動産實名法 제11조·제12조에 대한 裁判例를 계기로―

8. 民法典 施行 後 擔保法의 展開와 課題

9.「유럽契約法原則」에서의 債務不履行法理

10. 獨逸의 새로운 民法改正提案

──聯邦法務部의「債權法刷新法」의 討論用 草案에 대하여──

11. 債權者의 保證人에 대한 配慮義務에 관한 序說
——獨逸民法을 중심으로 한 立法例——

12. 繼續的 保證에서 保證人의 解止權과 責任制限

13. 辯護士의 過誤와 責任

14. 獨逸의 民事實務에서의 憲法的 考慮
―被用者의 責任制限의 法理와 관련하여―

15. 프랑스의 새로운 製造物責任立法

16. 不動産假押留의 時效中斷效의 終了時期 …… 499

―大法院 2000년 4월 25일 판결 2000다11102사건

1. 民事의 實務와 理論

—『判例研究』를 읽고 —

I.

보내어 주신 『判例研究』(이하에서는 단지 『研究』라고만 하겠습니다) 도합 여덟 권(나중에 나온 제 9 권을 합하면 모두 아홉 권이 되겠습니다)에 실린 글들을 서두르지 않고 쉬엄쉬엄 저의 관심이 쏠리는 대로 읽어 보았습니다.

하나같이 水準이 높은 글들이어서 여러 가지로 배운 점이 매우 많고 큰 자극을 받았으며, 특히 제가 잘 알지 못하는 强制執行法 분야를 다룬 글들은 어느 것이나 저에게 새로운 지식과 식견으로 안내하여 주었습니다. 강의에서 학생들의 흥미를 돋울 수 있는 因果關係의 재미있는 예들도 익히게 되었고(6집, 217면 이하), 電線切斷의 사안에 대하여 서로 다른 법체계의 法院이 내린 다양한 裁判例도 알게 되었습니다(7권, 244면 이하. 참고로 말씀드리면 최근에 나온 독일의 比較法學 교재인 Ingeborg Schwenzer u. Markus Müller-Chen, *Rechtsvergleichung. Fälle und Materialien* (1996)도 「순수재산손해에 대한 계약외 책임」이라는 소재에 관하여 전선절단의 예(Kabelbruchfälle)를 法比較의 재료로 삼고 있습니다. 이 책에 보면 스위스와 오스트리아에도 동일한 사안에 대한 재판례가 있음을 알게 됩니다. 同書, S. 192ff. 참조). 특히 저의 소견으로는 상당한 중요성을 가지는데도 별로 주목되고 있지 못한 대법원 판결들에 대하여 역시 놓치지 않고 연구가 행하여졌음을 확인하는 것도 반가운 일이었습니다. 근자의 裁判例로서 그 예를 들면, 채권양도 금지의 특약을 대항할 수 없는 「선의의 제3자」의 범위에 관한 大判 96.6.28, 96다18281(集 44-1, 665)(8집, 219면 이하); 의료과오소송에서 입증의 경감에 관한 大判 96.6.11, 95다41079(공보 96하, 2113)(8집, 319면 이하); 불법쟁의행위에 대한 노동조합 간부들의 책임에 관한 大判 94.3.25, 93다32828등(集 42-1, 236)(8집, 414면 이하) 등이 그러합니다.

한마디로 참으로 즐거운 「읽기」였다고 감히 말씀드릴 수 있겠습니다. 부산판례연구회의 무궁한 발전을 기원합니다.

Ⅱ.

그런데 그 「所感」이라는 것을 적어 보내라는 약속을 이행하고자 하니, 무엇을 어떠한 형식으로 엮어야 할지 잘 모르겠습니다. 1984년 10월부터 다음해 5월까지 7개월 남짓을 부산에서 민사단독판사로 일한 것 등 부산과의 인연을 들어 권하는 말씀을 주제넘은 일인 줄 뻔히 알면서 무슨 생각으로 응낙하였는지, 이제 와서는 공연히 맡았다는 後悔뿐입니다. 여러 가지로 생각을 굴려 보았지만, 결국 그냥 편하고 자유롭게 나가서 그야말로 생각나는 대로(「隨想」) 머릿속에 떠오르는 것을 정직하게 적는 것이 좋겠다고 마음먹게 되었습니다. 어줍잖은 의견이라고 비웃으셔도 좋습니다.

당연히 맨앞에 제가 이 「즐거운 글읽기」에서 배우고 얻은 바를 적어야 하겠습니다. 그러나 그것은 앞으로 다른 기회에 다른 방식으로 자연히 表出될 것이고, 또 그것이 제 나름으로는「점잖은」方式이라고 생각되어서 여기서는 省略하도록 하겠습니다. 또 수없이 쓰여지고 있는「判例」라는 말에 대하여도 약간의「所感」이 없지 않으나, 이에 대하여는 보다 넓은 맥락에서 본격적으로 논의할 필요가 있다고 생각되어, 여기서는 언급하지 않기로 하겠습니다.

Ⅲ.

『硏究』의 글은, 대법원의 개별적인 재판을 대상으로 평석·연구하는 것이 대부분입니다. 그런데 그 글의 구성을 보면 대체로, 우선 사실관계나 소송사건의 경과, 판결취지 등을 서술하고, 이어서 연구대상판결이 제기하는 법적 문제점을 적시한 다음 이 문제점을 이론적으로 논의합니다. 그리고 마지막으로 "연구대상판결의 검토" 등등의 제목을 단 항목에서, 앞서 제시된 이론적 천착을 대상판결에 말하자면「代入」하여 대상판결의「의미」나 그에 대한 의문을 밝힙니다.

그런데 저는, 그 중에서「理論的 論議」의 부분이 상대적으로 혹 지나치게 큰 비중을 차지하고 있지 않은가 하는 느낌을 받았습니다.

1. 저의 개인적 취향(또는「개인적 필요」라고 하여도 좋겠습니다)의 관점에서 말씀드리자면, 법을 구체적인 사안에 적용하는 것을 本務로 하는 실무가가 쓴 글을 읽을 때 저는 대체로 다음과 같은 것을 기대합니다. 무엇보다도, 抽象的 法理 또는 소위 理論을 현실의 사실관계에「그대로」(이 말을 할 때에는 法的 三段論法(juristischer Syllogismus)의 틀을 머릿속에 그리고 있습니다) 적용하려고 하는 경우에 그 結論, 즉 당사자들 사이에 다투어지고 있는 권리의무를 긍정하거나 부

정한다는 그 구체적 결론에 대한 不安感이 그것입니다.

여기서 불안감이란 곧 법을 적용하는 사람의 生活意識 또는 衡平感覺이 반드시 그러한 결론에 수긍하지 않음을 의미합니다. 예를 들어서, 『研究』 8권, 187면 註 57에 인용되어 있는 李垠厓 판사의 "필자는 성문법 국가의 판사로서 재판업무를 수행하면서 실정법의 적용만으로는 구체적 타당성을 도출하기 어려운 경우를[에] 봉착할 때가 간혹 있었다"(꺾음괄호 안은 引用者)라는 말에서 드러나는 대로, 「실정법의 적용」과 「구체적 타당성」의 대립이 바로 그것입니다. 흔히들 이 말을 하는데, 이것이야말로 법관이 가지는 심적 태도로서도 극히 중요하다고 생각합니다. 이러한 대립을 의식하는 것 또는 그 대립 속에서도 판단을 내려야 하는 사람으로서 불안하게 서 있는 모습이야말로 ── 거창하게 말하면 ── 법관의 「실존적」 양상이라고 하겠습니다.

최근에 읽은 Martha C. Nussbaum, *Poetic Justice. The Literary Imagination and Public Life* (1995), p. 81ff.에 의하면, 이러한 心的態度는 적어도 다음과 같은 세 가지와는 대척적인 것입니다. 첫째, 회의적 방관(skeptical detachment)의 자세. 위와 같은 불안감은 자신의 일에서 「옳고 좋은 것」을 실현하여야겠다는 적극적 태도, 쓸데없는 오해를 각오하고서라도 「善과 衡平」을 실현하겠다는 말하자면 「참여적」 태도에서 나오며, 자신을 법 적용의 자동기계로 인식하는 기본태도로부터는 나오지 않습니다. 이것은 職業倫理와 관련되는 문제입니다. 둘째, 법의 적용 또는 법 추론을 형식논리로 이해하는 태도. 「법」을 고정적 내용을 가지고 형식논리적으로 바로 적용할 수 있고 적용하여야 하는 기성·불변의 논리체계로 이해한다면, 위와 같은 불안감을 느끼지 않고도 법관으로서의 직무를 수행할 수 있습니다. 셋째, 「중립성」을 이유로 하여 개별 사건의 구체적 내용에 거리를 두는 태도 등등.

이러한 「불안감」을 가질 수 있는 것은, 어떠한 의미에서는, 구체적인 사건에 접하여 막연한 「갑」이나 「을」(대학교수는 「갑」이나 「을」 같은 이름 없는 추상적 인간, 즉 단순한 名辭 내지 文字를 상대로 하기 쉽습니다)이 아니라 피가 뛰고 감정을 가지며 자기 이익을 놓치지 않으려 아등바등 애쓰는 「사람」의 살아 있는 「주장」 또는 「떼거지」에 맞닥뜨리는 법관만이 누릴 수 있는 特權이기도 한 것입니다.

2. 저는 이러한 실무가의 「불안감」이 법을 발전시키는 중요한 動力 중의 하나라고 생각합니다. 다만 이 「불안감」이 단순한 1회적 감정에 그치지 아니하고, 어떠한 개념적 사고에 의하여 그 理論的 表現을 얻어서 전체 법규칙의 체계 안에서 제대로 위치를 잡을 수 있어야 합니다. 여기서 「위치를 잡는다」는 것은 종전의 이론체계를 不變의 것으로 전제하고 그 빈곳에 끼어넣어진다는 의미가 아니라, 한 방울의 물감이 물 빛깔을 아예 다르게 하듯이 그 체계를 새로이 규정할 수도 있을 것입니다. 그런데 제 생각으로는 현재의 이론체계가 구체적인 사안에 적용되었을 경우의 그 결과에 대하여 「불안감」을 느끼게 될 때, 비로소 그 이론체계의 「의미」가 새롭게 인식되고 그에 대한 反省이 촉발되는 것입니다.

가장 훌륭한 법학자의 한 사람인 사비니의 글을 읽다 보면 종종 「생생한 直觀(lebendige Anschauung)」이라는 말에 접하게 됩니다. 예를 들면 그는 다음과 같이 말합니다(사비니, 『現代로마法體系』, 序言, 梁彰洙 譯, 서울대 法學 36권 3·4호(1995.12), 176면).

> "분명 법학을 진지하게 애호하는 많은 사람이 단 하나의 事件을 다룸으로써 어떠한 법제도에 대하여 책공부나 스스로의 사색에 의하여서는 결코 달성하지 못하였던 **생생한 직관**을 얻게 되었다는 경험을 한 바 있다. 이와 같이 우연이 개개인에 대하여 啓發시킨 것[즉

살아 있는 直觀]은 이제 우리의 학문 전체에 의하여 수행되는 바의 우리 努力의 의식적인 목표라고 생각된다. 그렇다면 자신의 理論에다가 법생활 전체에 대한 온전하고 또한 두루 관철된 直觀에 의하여 활기를 주는 사람이야말로 완성된 이론가인 것이다."(강조는 引用者)

저는 이러한 「생생한 직관」이란, 실무가의 「불안감」 또는 이론가의 실무적 감각이 불러일으킨 「불안감」이 출발점을 이룬다고 생각합니다. 사실 그러한 불안감 없이 주장되는 「이론」이란 많은 경우에 不毛이기 쉽습니다.

「불안감」이든 「생생한 직관」이든 그것은 결국 개별 사건의 사실관계에의 허심탄회한 대면에 의하여 얻어진다고 하겠습니다. 그런데 『硏究』의 글들을 보면, 앞서 말씀드린 「이론적 논의」가 연구의 대상이 되는 사건(항상 「구체적」 사건입니다)의 事實關係와는 동떨어져서 교과서나 법학논문에 나오는 것 같은 추상적 법리를 그대로 반복하는 것이 적지 않습니다.

3. 그것은 대법원판결 중에서 추상적 법리나 논리고리를 제시하고 있는 부분만을 논의의 대상으로 삼는 태도와도 연관을 가집니다.

제 생각으로는 대법원판결이라고 하여도 그것이 「재판」인 이상에는 구체적 사건의 해결을 종국적인 목표로 하며(따라서 主文이 일차적 의미를 가집니다), 이유에서 법의 추상적 해석을 설시하는 부분은 한편으로 그 결론이 법적으로 근거 있음을 우선 당사자들, 나아가 법공동체의 다른 구성원, 즉 국민들에게 설득하고, 다른 한편으로 하급심법원에 「유사한」 사건에 대한 최종심법원의 판단의 「방침」을 보인다는 부차적인 의미를 가진다고 생각합니다. 바로 그렇기 때문에 일반적으로 대법원판결에 대하여는 법학자의 해석론에서와 같은 상세한 근거제시가 요구되지 않고 있는 것입니다.

여기서 중요한 것은 主文과 理由와의 관계입니다. 주문은 이유에서 말하여진 바의 필연적 결과로서 자연히 나오는 것처럼 보이지만, 제가 이해하기로는 兩者는 서로를 제약하고 규정하고 감시하는 기묘한 관계에 있습니다. 그러므로 하급심법원의 입장에서 그 「방침」이라는 것을 제대로 이해하려면 항상 주문, 즉 대법원판결의 대상인 구체적 사건의 해결의 결론이라는 관점에서도 음미되어야 하는 것입니다.

이렇게 보면, 당해 사건의 사실관계에 주목하지 않을 수 없다고 생각합니다.

4. 그런데 예를 들면, 불법원인급여에 관한 민법 제746조의 적용에 관하여 소위 不法比較理論을 받아들여 "수익자의 불법성이 급여자의 그것보다 현저히 큰 경우에는 동조 본문의 적용이 배제된다"는 태도를 취하는 大判 93.12.10, 93다12937(集 41-3, 319)을 연구의 대상으로 한 경우라면(6집, 175면 이하), 그 불법비교이론과 별로 관계가 없는 「민법 제746조 본문이나 단서의 해석을 둘러싼 다른 쟁점」들을 하나하나 학설이나 재판례를 들면서 살펴보고 있습니다. 『硏究』의 글들의 상당 부분이 이러한 서술방식을 취하고 있지 않니 생각됩니다(그리고 우리 나라에서 행하여지는 「판례연구」 또는 「판례평석」은 유감스럽게도 대체로 이런 방식을 취하고 있습니다). 그런데 저로서는 오히려 당해 사건에 나타난 구체적 事情要素 중에서 어떠한 것을 어떻게 평가하여 그 불법성의 비교를 행할 것인가, 그에 비추어 보면 당해 사건에서 불법원인급여를 이유로 한 반환청구는 과연 인정되어야 할 것인가 하는 점에 대한 실무가의 견해를 듣고 싶은 것입니다. 바꾸어 말하면, 흔히 하는 대로 "이번 대법원판결을 계기로 하여" 무슨무슨 법제도에 대한 해석문제 전반을 추상적으로 살펴보기보다는, 당해 사건의 사실관계에 나타난 사정요소를 적출하고 이에 대한 개별적 법평

가를 시도하는 것에 보다 비중을 두거나 그에 초점을 맞추어도 좋지 않은가 하는 것입니다. 적어도 저의 개인적 입장에서는 이러한「실무적」감각의 속내가 훨씬「刺戟的」입니다.

또한 피고 상호신용금고가 상호신용금고법에 정하여진 대출한도를 넘는 대출을 하지 않으리라고 믿고 그 채무자에 대하여 후순위담보를 잡고 금전을 대여한 원고가 위 법규정에 위반한 피고의 대출로 말미암아 결국 그 대여금을 회수하지 못한 사안에서 피고의 불법행위책임이 긍정되지 않는다고 하여 원심판결을 파기한 大判 95.1.12, 94다21320(공보 95상, 873)을 연구의 대상으로 삼은 경우(6집, 205면 이하)를 들어 보겠습니다. 거기서 예를 들면 "不法行爲는 성립 여부, 배상범위 확정, 금전적 평가라는 多層的 구조를 가지고 있고 또 그 구조는 또 다른 次元에서 事實的 분야와 規範的 분야로 나누어질 수 있는바, 그 중 因果關係는 성립 여부를 최초의 단계에서 검색하는 事實的 분야의 가늠자이고 違法性과 有責性은 성립 여부를 2, 3번째 단계에서 검색하는 規範的 분야의 가늠자라 할 것이며 그리고 豫見可能性은 배상범위확정단계에서 범위를 구획짓는 事實的 분야와 規範的 분야가 혼일하는 분야의 가늠자라 할 것이다. 이같은 諸요소들이 제자리에서 맡은 바 기능을 확대하거나 축소하지 아니하고 적정하게 행사될 때 그들을 포괄하고 있는 不法行爲體系가 제대로 작동되어 손해의 공평·타당한 분배와 거래비용의 축소라는 不法行爲法의 理念이 달성되어질[달성될] 것이다"(同所, 228면)라는 불법행위의 판단구조 일반에 관한 극히 예리한 발언과 이러한 이론적 결론에 이르기까지의 매력적인 사고과정을 발견하는 것은 경이로운 일이었습니다. 그런데 당해 사건의 해결과 관련하여서는, 구체적 사실관계에 나타난 사정요소에 대한 언급으로서 단지 "이유의 핵심으로 삼은 문제의 상호신용금고법령의 취지가 그 설시처럼 편중여신을 규제하여 보다 많은 사람에게 여신의 기회를 주고자 하는 것인 점을 수긍한다 하더라도 한편으로 1인에의 편중여신에 따른 본인 및 제3자의 채권자들의 대여금의 회수곤란성도 그 보호법익으로 못볼 바도 아니"라는 발언만을 접하게 되면, 무언가 성이 차지 않는 느낌을 떨쳐버릴 수 없었습니다.

Ⅳ.

법관의 가장 큰 보람은, 제가 생각하기로는, 구체적 사건을 適正하게 解決하는 데 있습니다. 마치 開業醫의 가장 큰 보람이 한 사람 한 사람의 환자의 질병을 치료하여 건강을 회복하고 생명을 유지하게 하는 데 있는 것과 같습니다. 그런데 우선 거기서 말하는 「해결」이란 물론, 친구들 사이에 싸움이 벌어졌다가 서로 이해하고 화해하여 더욱 우정을 깊이하는 것과 같은 의미의 해결은 아닐 것입니다. 그것은 어디까지나 「법적인」 해결이니, 결국 권리의무의 확인 또는 부인까지를 판단하는 것일 뿐입니다. 마치 환자가 의사의 도움으로 건강을 회복한 결과 그 동안 마음먹었던 살인을 실행할 수 있었다고 하여도, 그것이 의사로서의 「보람」을 좌우할 수 없는 것과 같습니다.

그렇게 보면, 법이란 무엇이고 무슨 일을 할 수 있는지 머리가 무서워집니다. 일본의 어느 문예비평가는, 자신의 직업에 대하여 "原初的인 것이야말로 중요하다. 웃음, 눈물, 숨막힘, 휴우 하는 안도의 한숨, 전율, 황홀, 역겨움, 구역질…. 그런데 나는 비평가만큼 이것들에 대하여 不感症인 체하는 동물을 알지 못한다. 흡사 총탄이 날라오는 敵前에서 상관에게 보고하는 태연자약한 병사와 같이 그는 스스로의 감동과 그 대상에 대하여 남의 일인 것처럼 말하고 있다. 직업적 비극."이라고 한탄하였습니다(林達夫評論集, 岩波文庫(1982), 105면). 이것은 법학교수를 포함하여 법률가 일반에 대한 야유로서도 통할는지 모릅니다. 그래도 법관은「原初的인 것」을 말하려는 노력을 게을리할 수는 없을 것입니다. 다만 그것은「不感症인 체하는」외관 아래서이기는 해도 말입니다.

(判例硏究(부산판례연구회) 제10집(1999), 471면 이하 所載)

[後　　記]

1988년에 부산에서 근무하는 법관을 중심으로 조직된「부산판례연구회」는 매년『판례연구』를 발간하여 왔다. 同會는 1998년에 창립 10주년을 맞이하여 그때까지의 활동을 정리하는 의미에서, 필자에게 거기에 실린 글들을 읽고 느낀 바가 있으면 이를 피력하여 보라는 말씀을 주셨다. 이 글은 그에 좇아「所感」을 적은 것이다.

2. 法解釋의 多樣한 樣相 또는 實定法學者의 法學方法論

— 크라머의 『法學方法論』—

> "[타인에] 명령할 수 있는 사람은, 설사 자신이 동시에 타인의 공손한 머슴에 불과하더라도, 남에게 명령할 것은 없으나 자유로운 사람보다도 자신이 우월하다고 생각하기 쉬운 인간의 性質"[1]

I.

서문에 의하면, 이 책은[2] 저자 에른스트 크라머(Ernst A. Kramer)가[3] 장년에 걸쳐 스위스의 장크트 갈렌(St. Gallen) 대학과 바젤 대학에서 행한 「법학방법론(Juristische Methodenlehre)」 강의의 원고

---

1) Kant, *Der Streit der Fakultäten*. Auf Grund des Textes der Berliner Akademie-Ausgabe mit einer Einleitung und Registern neu hrsg. von Klaus Reich(Philosophische Bibliothek, Bd. 252)(1959), S. 12.

2) Ernst A. Kramer, *Juristische Methodenlehre*(Bern: Stämpfli Verlag, 1998).

3) 그의 저작으로는 그 외에도 *Grundfragen der vertraglichen Einigung. Konsens, Dissens und Erklärungsirrtum als dogmatische Probleme des österreichischen, schweizerischen und deutschen Vertragsrechts*(1972)(敎授資格論文); *Ungerechtfertigte Bereicherung*(1975; 2. Aufl., 1988)(Hans-Georg Koppensteiner와 共著); *Neue Vertragsformen der Wirtschaft. Leasing, Factoring, Franchising*(1992); *Zur Theorie und Politik des Privatrechts und Wirtschaftsrechts. Beiträge aus den Jahren 1969-1996*(1997); *Arbeitsvertragsrechtliche Verbindlichkeiten neben Lohnzahlung und Dienstleistung*(1998) 등이 있고, 또 특히 독일 민법전에 대한 주해서 *Münchener Kommentar zum BGB*에서 총칙 중 의사표시의 흠결에 대한 규정인 §§ 116-124, 계약에 대한 규정인 §§ 145-156의 주해를 맡았다.

가 바탕이 되었고, 따라서 일차적으로 법과대학 고학년 학생을 염두에 두었다고 한다. 그러나 230여면의 아담한 이 책은 단순히 법학방법론의 윤곽을 초보자에게 전달하는 것 이상으로 우리에게 흥미롭고 유익한 점이 있다고 생각된다.

그 「흥미롭고 유익함」은 대체로 이 책이 스위스의 민법학자에 의하여 쓰여졌다는 점과 관련된다. 스위스의 私法學方法論은,[4] 그 민법전의 冒頭를 장식하는 「법의 적용(Anwendung des Rechts)」이라는 欄外表題가 붙어 있는 제1조를 빼놓고는 행하여질 수 없다. 이 제1조는 다음과 같이 규정한다.[5]

> "① 이 법은 문자상 또는 해석상 이 법이 규정하고 있는 모든 법문제에 대하여 적용된다.
>
> ② 이 법에 규정이 없는 경우에는 법관은 관습법에 따르며, 관습법도 없는 경우에는 그가 입법자라면 제정하였을 법칙에 의하여 재판하여야 한다.
>
> ③ 그에 있어서 법관은 검증된 학설과 선례에 따른다."[6]

우리 민법 제1조("民事에 관하여 法律에 규정이 없으면 慣習法에

4) 일률적으로 법학방법론이라고 하여도 그것을 논하는 사람이 주로 염두에 두는 것이 사법인가, 공법인가, 형법인가에 따라 그 基本關心이나 敍述의 視角 및 內容에 커다란 차이가 있다. 이하에서는 주로 사법학자의 視座에서 행하는 법학방법론을 전제로 하기로 한다.

5) 법제처 발간의 『스위스민법』(법제자료 제64집)(1974)의 번역을 기본으로 하여 약간의 수정을 가하였다.

6) 그 독일어원문은 다음과 같다: "① Das Gesetz findet auf alle Rechtsfragen Anwendung, für die es nach Wortlaut oder Auslegung eine Bestimmung enthält. ② Kann dem Gesetz keine Vorschrift entnommen werden, so soll der Richter nach Gewohnheit und, wo auch ein solche fehlt, nach der Regel entscheiden, die er als Gesetzgeber aufstellen würde. ③ Er *folgt* dabei bewährter Lehre und Überlieferung." 그런데 스위스민법의 프랑스원문에 의하면 그 제3항은 "Il *s'inspire* des solutions consacrées par la doctrine et la jurisprudence."라고 하여, 독일어원문에서 얼핏 이해되듯 학설이나 선례가 구속력을 가지는 것은 아니라고 해석되기도 한다. 이 점에 대하여는 뒤의 Ⅱ.3.(3)(나)도 참조.

의하고 慣習法이 없으면 條理에 의한다")의 역사적 연원이 어떠하든지 간에,[7] 그것이 위의 규정과의 사이에 일정한 類緣性을 가진다는 것은 부인될 수 없을 것이다.[8] 그러한 의미에서 스위스의 법학방법론은 우리에게 남다른 의미를 가질 수 있다.

크라머는 역시 독일어로 작업하는 독일 계통의 법학자로서 독일의 법학방법론 문헌에[9] 끊임없이 그리고 전면적으로 주의를 기울이면서도,[10] 동시에 스위스의 법학자로서 「바로 이곳」에서의 논의의 문

7) 1875년에 일본에서 나온 太政官布告 제103호("裁判事務心得")의 제3조는 "民事의 裁判에 成文의 法律이 없는 것은 習慣에 의하고, 習慣이 없는 것은 條理를 推考하여 재판한다"고 정하고 있었다. 이 규정이 적어도 그 문언에 관하여는 그 후 중화민국민법 제1조, 만주국민법 제1조에로 연결되어 간 것으로 추측된다. 그런데 金曾漢, 新民法總則(1962), 38면은 "우리 민법 제1조는 瑞西民法 제1조를 그대로 본받아, 관습법에 대하여 보충적 효력을 인정하고 있다"고 한다. 한편 스위스민법 제1조의 「法源이데올로기」를 추적하면서 그와의 관련에서 위 포고규정을 다룬 것으로서, 石田穰, 民法學の基礎(1976), 177면 이하 참조. 일본민법의 기초자 중의 한 사람인 穗積陳重은, 위의 포고규정이 실로 근세 입법의 걸작이라고 할 것으로서 半世紀 후에 세계의 칭찬을 한몸에 얻은 스위스민법 제1조의 "先鞭을 이루었다"고 평가하고 있다. 同, 法律進化論, 제1책(1925), 228면 참조. 한편 「법률 → 관습법 → 조리」의 삼분체계는 다른 나라의 민법에서도 보인다. 예를 들면 스페인민법 제1조 제1항은 "스페인의 법질서의 원천은 법률, 관습법 및 일반적 법원칙이다"라고 정하고, 그 제3항, 제4항은 ── 우리 민법 제1조에서와 같이 ── 관습법과 일반적 법원칙의 순차적 보충성을 규정하고 있다(나아가 제6항은 판례에 대하여 "판례는 최고법원이 법률, 관습법 및 일반적 법원칙의 반복된 해석과 적용에 있어서 수립한 학설과 함께 법질서를 완성한다"고 정한다).

8) 우리 나라의 법학방법론에 관한 문헌은 대체로 독일의 그것에 의하여 규정되고 있는데, 주지하는 대로 독일민법전에는 스위스민법 제1조와 같은 규정이 없다.

9) 여기서 「독일(deutsch)」은 두 가지 의미로 쓰이고 있다. 한편으로는 국가로서의 독일, 다른 한편으로는 독일문화권 내지 독일어권에 속한다는 것("오스트리아인은 독일어(Deutsch)를 쓴다")이 그것이다. 兩者의 구별은 주의를 요한다. 예를 들어 츠바이게르트/쾨츠가 그들의 『比較法入門』에서 세계의 法圈(Rechtskreis)을 논하면서 그 하나로 獨逸法圈(deutscher R.)이라고 할 때, 이는 비단 독일민법전이 통용되는 영역뿐만 아니라, 스위스민법과 오스트리아민법이 적용되는 장소, 즉 스위스와 오스트리아를 포함하여 말하는 것이다. Zweigert/Kötz, *Einführung in die Rechtsvergleichung*, Bd. 1, 2. Aufl.(1984), S. 155ff. 참조. 또 하나의 예를 들자면 물권변동에 대한 입법주의에 관하여 佛法主義와 대비되는 바의 「獨法主義」라고 하면 이는 前者가 아니라 後者의 의미인 것이다.

10) 그 외에도 프랑스, 오스트리아, 이태리, 스페인, 포르투갈 등의 민법전의 놀랄

맥을 놓치지 않는다. 그리고 논의하는 바와 관련되는 재판례로서 항상 스위스의 大法院(Bundesgericht)의 그것을 인용한다(말미에 「인용재판례목록」이 붙어 있는데, 이에 의하면 150여개의 스위스대법원의 재판례가 인용되고 있다). 바로 이 점이 우리가 흔히 접하는 독일의 문헌과는 별도로 이 책에 주의를 기울이게 되는 이유의 하나이다.

Ⅱ.

1. 크라머는 제1장에서 "법학방법론이란 무엇이며 무슨 목적으로 이를 공부하는가?"를 논한다.

(1) 그는 법학방법론에서 다루어지는 바의 「방법」을 法適用의 방법과 法定立의 방법(Methode der Rechtsanwendung bzw. -setzung)으로 나눈다. 그는 법률행위도 역시 「개별적 규범(individuelle Normen)」으로서 법질서의 단계구조 속에 자리잡는다고 하면서, 법학방법론은 원래 법률행위의 「의미」를 탐색함에 있어서 지켜야 할 규준도 아울러 다루어야 한다는 입장을 제시한다(특히 25면 註 3 및 37면 이하). 그리하여 법적용의 방법으로는 법률행위 해석의 방법이, 법정립의 방법에는 법률행위 계획(특히 계약계획)의 방법이, 그 한 분야로 포함된 전체 도식을 제시한다. 그러나 이 책에서 법학방법론을 다룸에 있어서는 「개별적 규범」이 아닌 통상의 객관적 법규범, 즉 「일반적-추상적」 규범에 중점을 두어, 법적용에 관하여는 법률해석의 방법을, 법정립에 관하여는 判例法(Richterrecht),[11] 즉 법관에 의한 법의

만큼 흥미로운 관련규정과 문헌이 인용된다. 말하자면 독일 문헌의 한 경향이라고 할 自國中心主義는 여기서는 찾아볼 수 없다.

11) 이는 직역하면 「法官法」이 되고 최근에는 이러한 용어를 쓰는 경우도 간혹 보이나, 종전의 용어인 判例法으로 하여도 그 이해에 아무런 지장이 없을 것이다.

계속형성(richterliche Rechtsfortbildung)을[12] 다루는 것으로 자신의 서술범위를 미리 한정한다(38면).

결국 여기서 다루어지는 것은 다음과 같은 문제이다(26면 이하). 해석자(일차적으로는 법관)는 규범텍스트의 불명확성에 부딪쳤을 때 어떻게 할 것인가, 「역사적 입법자」의 의사를 탐구하여야 하는가 아니면 가능한 한 「당대적」 해석을 선호할 것인가? 문언을 엄격하게 해석할 것인가, 넓게 해석할 것인가? 의미의 선택지가 다양할 때 그는 그가 개인적으로 적절하다고 생각하는 의미를 취향에 좇아 선택할 수 있는가? 해석자는 법률문언의 경계 안에 구속되는가, 아니면 경우에 따라서는 법문제의 해결을 「법문 밖에서(praeter verba legis)」, 심지어는 「법문에 반하여(contra verba legis)」 도모할 수 있는가(또는 도모하여야 하지 않는가)? 역사적 입법자가 전혀 알지 못하였던 새로운 문제가 제기되었을 때 그는 어떻게 하여야 하는가? 법관에 의한 법의 계속형성의 한계는 어디인가? 이와 같이 법학방법론은 규범의 의미내용에 대한 직접적 정보를 주는 것이 아니라, 그 내용을 탐색함에 있어서 좇아야 할 방법을 다루는 「메타학문」인 것이다(28면).

여기까지는 전통적인 서술이라고 할는지 모른다.

(2) 이어 크라머는 다음과 같은 흥미로운 문제를 제기한다. 즉 법학방법론은 "법률상의 근거 없이 이론가가 수립하거나 실무관행으로부터 도출되는 기준"을 다루는 것인가?

그는, 물론 로마법에까지 소급될 수 있는 전통적 성과나 준거틀이 전에도 지금도 법학방법론에서 중요한 역할을 하기는 하지만, 그럼에도 불구하고 "규범적으로 올바른 법적용의 방법에 대한 법률상의 근거들, 따라서 ── 적어도 萌芽로서는── 「방법에 관한 법(Recht

12) 법정립에 관하여는 본문에서 본 법률행위 계획, 법관에 의한 법의 계속형성 외에 立法學(Gesetzgebungslehre)을 그 방법론의 한 분야로 제시한다.

der Methode)」이 존재한다"고 한다. 무엇보다도 스위스민법 제1조가 그것인데, 그 규정으로부터, 법문이 절대적인 기준이 아니라는 것(제1항), 법률흠결을 인정하고 이것이 일정한 기준에 의하여 보충되어야 한다는 것(제2항, 제3항)이 도출된다는 것이다.[13] 또 스위스민법 제4조나[14] 스위스형법 제1조도[15] 그러한 「방법법」에 해당한다.

나아가 그는 헌법적, 나아가 국가이론적 결정요소가 법학방법론에 대하여 중심적인 의미가 있다고 한다(30면 이하). 스위스헌법 제4조 제1항이 정하는 平等原理의 한 내용인 같은 것은 같게 취급하여야 한다는 원칙에서 類推解釋이, 그 다른 한 내용인 다른 것은 다르게 취급되어야 한다는 원칙에서 反對解釋이 각각 종국적으로 정당화된다는 것이다.[16] 이러한 헌법적 요소의 강조는, 법학방법론의 방법적 기초라는 관점에서 보면, 종래의 해석학적(hermeneutisch) 시각에서 國法學的(staatsrechtlich) 시각으로의 전환을 의미하는데,[17] 이는

13) 여기서 우리는 金曾漢(註 6), 38면 이하의 서술을 想起하게 된다. 그는 거기서 관습법의 法源으로서의 효력을 논하고 있는데, "보충적 효력에서 진일보하여 대등한 효력을 인정"하려는 것이 「近時의 法思想」이라고 하면서 "민법 제1조에도 불구하고 관습법이 성문법을 개폐하여 나가는 사실을 정면으로 직시하여 이에 성문법과 대등한 지위를 주지 않으면 안 되는 경우가 있다는 것을 주의"하여야 한다고 한다. 그리고 덧붙이기를 ── 우리의 맥락에서 중요한 것은 오히려 이것인데 ── "관습법의 효력에 관하여, **민법전이 어떠한 태도를 취하거나 또는 어떻게 규정하거나**, 민법의 해석에 있어서, 이에 크게 구애되지 않는 것은, 외국에서도 공통하게 볼 수 있는 사실이다"(강조는 引用者가 붙인 것이다)라고 한다(40면).

14) 스위스민법 제4조: "이 법이 법관에게 그의 裁量 또는 제반 사정의 고려 또는 중대한 사유[의 존부]에 의하도록 규정하는 경우에 법관은 법과 형평에 따라(nach Recht und Billigkeit) 재판하여야 한다."

15) 스위스형법 제1조: "법률이 명백하게 형벌을 규정하는 행위를 행한 사람에 대하여만 형벌을 가할 수 있다."

16) 여기서 그는 Koch, (Österreichische) *Zeitschrift für Verwaltung* 1992, S. 5의 다음과 같은 발언을 인용한다. 즉 "법학적 해석방법론의 諸基礎는 헌법이론적 성질을 가진다. 거기서는 권력분립국가에서 권력의 분장이 문제되는 것이며, 시민과 국가 간의 법치국가적 신뢰보호의 문제인 것이다."

17) 다시 크라머는 H.-P. Schneider, *DÖV* 1975, S. 452(법학방법론상의 논의는 "해석학적 공론을 뒤집어 엎고 헌법적 지반 위에 굳건히 서야" 한다)을 인용한다.

종래 우리의 법학방법론에서 충분히 음미되지 아니한 문제인 것으로 생각된다. 입법권의 종국적 보유자는 누구인가(우리 헌법 제40조 참조), 헌법이 규정하는 "법관은 법에 구속된다"는 명제(스위스헌법 제113조 제3항. 뒤의 註 39 참조. 우리 헌법 제103조에 상응한다)는 무엇을 의미하는가, 권력분립의 원칙은 법의 정립 및 해석·운용에 있어서 어떻게 관철되어야 하는가는, 법관에 의한 法定立에 대하여는 물론이고 그의 法適用에 대하여도 결정적인 중요성을 가지는 것이다. 이상은 동시에 법학방법론도 각각의 국가법질서에 의하여 규정되는 측면이 있음을 의미한다. "판례법의 우위와 선례구속의 원칙을 保持하는 영미법권은 成文法主義에 의하여 규정되는 대륙법국가와는 애초부터 완전히 다른 방법론적 전제에서 출발함은 명백하다."

그러나 크라머에 의하면, 이와 같은 법발견의 방법에서의 헌법상 및 법률상의 전제를 강조한다고 하여도, 법학방법론이 그에 의하여 전적으로 규정될 수는 없다. 그러한 전제는 처음부터 극히 공백이 많을 뿐 아니라, 그 전제의 내용 자체 다시 해석을 요하기 때문이다.

(3) 또한 크라머는 법학방법론상의 성과가 사실적으로 법관 기타 법적용자의 법판단을 어느 만큼 제약하는가, 결국 법의 해석은 主觀的·意志的인 것이고 어떠한 해석도 사후적으로 방법론적으로 정당화할 수 있지 않은가 하는 문제를 제기한다(34면 이하). 이에 대하여 그는 이 책의 말미에서 상론하는데(뒤의 4.도 참조), 우선은 법해석에 어느 정도 의지적(volitiv)인 측면이 있는 것을 부인하지 아니하면서도, 법학방법론은 법해석을 가능한 한 객관화하고 합리화하는 것을 과제로 하며 결코 과소평가할 수 없는 법치국가적 기능을 수행함을 지적하는 데 그친다.

2. 이어서 크라머는 법학방법론의 내용을, 전통적 견해에 좇아

규범텍스트의 語義의 범위를 기준으로 하여 원래의 의미의 법해석과 법관에 의한 법형성으로 구분하여 서술한다. 전자는 그 범위 안에서 행하여지는 작업이고, 후자는 어의 밖에서 또는 그에 반하여 행하여지는 작업이다. 이 구분이 명료한 것이 아님은 인정할 수 있지만, 실제로 제기되는 문제는 대체로 어느 하나에 귀속될 수 있고, 나아가 전자의 문제에서는 후자의 문제를 생각함에 있어서 요구되는 여러 가지 評價觀點은 반드시 고려되지 않아도 된다는 것이다.

그리하여 제 2 장에서 원래의 의미의 法解釋(eigentliche Gesetzes-auslegung)이 논의된다. 여기서는 고전적인 해석방법의 목록, 즉 文言解釋("언어적 · 문법적 해석"), 體系解釋, 歷史的 解釋, 그리고 마지막으로 目的論的 解釋이 순차적으로 다루어진 다음, 그들 사이의 順位의 문제에 언급한다.

(1) 개별적인 해석방법의 내용을 설명할 필요는 없을 것이다. 이 부분에서 이 책의 主眼은 오히려 우선 각각의 해석방법을 스위스민법 기타 구체적 법률이나 스위스의 재판례로부터 그 적용례를 생생하게 제시하면서 설명하고, 학생들에 대하여 법해석에서 유용한 조언을 하는 데 있는 것이다.[18)]

여기서는 필자의 흥미에 좇아 다음의 몇 가지에 대하여 언급하기로 한다.

(2) 一般條項에 대하여.

일반조항은 문언해석과 관련하여서도(51면 이하), 또한 뒤에 「법률초월적 판례법」(198면 이하)과 관련하여서도 다루어지고 있다. 일반조항의 적용은 물론 법문의 語義 안에서 이루어지나, 이는 입법자가

18) 그 중에는 흥미를 야기하는 점도 없지 않다. 예를 들면 公用語가 프랑스어, 독일어, 이태리어의 셋임으로 말미암아 발생하는 우리와는 일견 무관한 문제(58면)는 다른 한편 특히 최근의 국제적 통일법과 같이 正文이 여러 국어로 되어 있는 경우의 해석에 대하여 일정한 시사를 준다.

자신의 고유한 규범정립의 임무를 법적용자에게 위임한 것으로[19] 실질적으로는 소위 「법률 내부의 흠결(Lücken intra legem)」을 보충하는 「보조적 입법작업(Komplementärgesetzgebung)」인 것이다. 이는 한편으로 법적 안정성을 저해하지만, 다른 한편으로 사회적 생활관계나 평가의 변화를 법에 직접 반영할 수 있는 창구로서 법의 사회적 적응성을 높인다.

그러므로 입법정책적으로 보면 사회적 가치나 생활관계의 변화가 격심한 영역에서는 개별적으로 요건과 효과를 정하는 규정방식보다 일반조항을 이용할 수밖에 없을지 모르나, 그 경우에도 법적 안정성에 배려하여 例示的 列擧(demonstrative Enumeration)를 이에 결합시키는 것이 입법기술적으로는 특히 바람직하다고 한다(54면 이하). 실제로 스위스법에는 이러한 입법방식이 빈번하게 사용되고 있는데, 예를 들면 스위스채무법 제23조는 본질적 착오는 계약을 무효로 한다고 정하는데 이어서 동법 제24조 제 1 항이 본질적 착오에 해당하는 주요한 경우를 ―― 가장 빈번하게 문제되는 소위 基礎錯誤의 경우(동항 제 4 호)를 포함하여 ―― 예시하고 있으며, 동법 제271조는 주택 및 영업공간의 임대차를 신의성실에 반하여 해지하는 것은 취소할 수 있다고 하면서 동법 제271조의a는 취소할 수 있는 구체적인 경우를 열거하는데, 이러한 예는 주식회사에서 주주총회결의의 취소에 관한 동법 제706조 제 1 항, 제 2 항이나 상린관계상의 임미시온에 관한 스위스민법 제684조 제 1 항, 제 2 항에서도 발견될 수 있다.

(3) 私法의 「內的 體系」 등에 대하여(71면 이하).

법체계는 외면적·형식적 체계구성에서뿐만 아니라 「價値決斷의

---

19) 그러한 의미에서 일반조항의 權限委任機能(Delegationsfunktion)이 운위된다. 크라머는 스위스政治의 직접민주주의적 요소로 인하여 입법부가 명료한 입장선택을 회피하고 「어중간한 中和的 解決」로서 일반조항을 선택하는 경향이 있음을 지적한다(53면).

내적 체계」, 즉 목적론적 법원칙의 체계에 있어서도 통일적이어야 한다. 크라머는 여기서 "일반적 법원칙을 감지해 내는 것, 그리고 거기서 발단하여 모든 법개념과 법명제의 內的 聯關性 그리고 그들 사이의 다양한 類緣性을 인식하는 것은 법학의 가장 어려운 과제에 속한다. 아니 이것이야말로 우리의 작업에 학문적 성격을 부여하는 바로 그것이다"라는 사비니의 말을 인용한다.[20] 물론 이 내적 체계를 구성하는 바의 법원칙들은 가능하면 법규칙으로부터 귀납적으로 도출되어야 하며, 선험적인 前理解에 의하여 위로부터 들씌워지는 것이어서는 안 된다.

그에 의하면, 스위스사법의 내적 체계는 일차적으로 諸般의 自由를 기반으로 한다. 즉 소유권의 자유, 단체결성의 자유, 유언의 자유, 계약의 자유가 그것이다. 한편 그 내부에는 다시 下部體系가 존재하고, 그 체계마다 별도의 보다 구체적인 원칙이 미묘하게 공동으로 작용하고 있다. 계약법을 예로 든다면, 意思原則, 信賴原則, 契約正義(즉 급부와 반대급부의 등가성)의 원칙, 契約遵守의 원칙이 그것이다.

---

20) Savigny, *Vom Beruf unserer Zeit für Gesetzgebung und Rechtswissenschaft*, 3. Aufl.(1840), S. 66. 이와 관련하여서는 사비니의 다음과 같은 중요한 발언도 의미 있을 것이다. Ders., *System des heutigen römischen Rechts*, Bd. 1(1841), § 5(S. 9ff.): "개별적 권리에 관한 판정은 개별적 사실을 개별적 권리를 좌우하는 일반적 규칙과 관련시킴으로써만 가능하다. 이 규칙을 우리는 법 그것 또는 일반적 법이라고 부른다. … 그것은 특히 국가의 최고권력이 법규칙을 선언하는 것인 법률에서 가시적인 형태로 나타난다. 그러나 개별적인 법적 분쟁에 대한 판정이 [그 자체로서는] 단지 제한적이고 종속적인 성질을 가질 뿐이고 法律關係(Rechtsverhältnis)를 파악함으로써 비로소 자신의 생생한 근원과 자신의 설득력을 발견할 수 있는 것과 같이, 법규칙(Rechtsregel)도 이와 마찬가지이다. 즉 법규칙은 ── 또한 그것이 법률 안에 나타나는 모습이라도 다를 것은 없는데 ── 法制度(Rechtsinstitut)를 파악함으로써 자신의 보다 깊은 기초를 얻게 되고, 또한 법제도의 유기적 본성도 그 구성부분들의 살아 있는 관련 속에서 그리고 자신의 계속적인 발전 속에서 드러나는 것이다. … 그런데 더욱 고찰하여 가면, 우리는 모든 법제도가 하나의 체계로 결합되어 존재한다는 것과 그 법제도들은 ── 그 안에서 다시금 동일한 유기적 본성이 나타나게 되는 ── 이 체계의 거대한 연관 안에서만 완전하게 파악될 수 있다는 것을 인식하게 된다."

한편 체계해석과 관련하여서는「헌법합치적 해석」의 특수문제로서의 基本權의 間接的 效力이 논하여진다(77면 이하). 즉 기본권은 국가와 시민 간의 수직적 관계에서만이 아니라 시민과 시민 간의 수평적 관계에서도 작용하는데, 다만 이를 직접 적용하게 되면 역시 헌법적으로 보장된 사법상의 기본원칙을 무너뜨리게 되므로(예를 들면 자유롭게 체결된 계약을 평등권에 기하여 공격할 수는 없을 것이다), 간접적으로 信義則, 公序良俗이나 人格權과 같은 일반조항의 적용에 있어서 그 평가를 관철하여야 한다는 것이다.[21] 이상은 우리 나라에서도 잘 알려져 있는 바이나, 이를 체계해석의 한 문제로 설명하는 점이 이채롭다.

(4) 歷史的 解釋에 대하여.

이 책에서 가장 계발적인 부분의 하나는 이 역사적 해석의 문제, 즉 법해석에서 立法者意思에 어떠한 의미를 부여할 것인가에 관한 서술이다(88면 이하).

우선 이에 관한 용어를 정리하여 문제를 알기 쉽게 설정한다. 역사적 입법자의 심리적·사실적 의사를 해석의 기준으로 하는「주관적-역사적」방법(subjektiv-historische Methode)을 주장하는 견해는 이제 존재하지 않는다. 필립 헤크의 제안 이래로 오늘날 주장되는 立法者意思說은 모두 "입법의 모든 역사적 연원을 고려하여", 다시 말하면 당시의 정치적·경제적·이념적·사회적 문맥을 총체적으로 고려하여 이해되는 바의 법규범의 의미가 기준이 된다는「客觀的-歷史的」方法(objektiv-historische M.)을 주장하는 것이다.[22] 이것은 어디까지나 입법 당시를 기준으로(entstehungszeitlich) 하는데, 法律意思說은

21) 이는 일반조항의 구체화에 관련하여서도 언급되고 있다(201면 이하).

22) 스위스에서 그 대표적 주창자는 아르투르 마이어-하요즈(Arthur Meier-Hayoz)이다. 그가 소위『베른 코멘타르』에 쓴 스위스민법 제1조부터 제10조까지의 註釋(in: *Berner Kommentar*, Bd. 1: Einleitung(Art.1-10 ZGB)(1962))을 보라.

법적용시를 기준으로(geltungszeitlich) 한다는 점에서, 즉「客觀的-現時的」方法(objektiv-zeitgemässe M.)을 주장하는 점에서 이와 구별된다.

이와 같이 보면 이미 두 견해의 차이는 그렇게 크지 않게 되는데, 나아가 法律意思說이라고 하여도 법률의 성립과정에서의 논의가 법규범의 그 객관적 의미를 확정하는 데 중요한 참고자료가 된다고 인정한다면, 그 차이는 더욱 작아진다(101면도 참조). 다만 법률의사설에서는 그와 같이 탐색된 입법자의사에 助言을 구할 義務(Konsultierungspflicht)는 인정하여도 그에 服從할 義務(Befolgungspflicht)를 부인한다는 점이 다른 것이다.

이와 같이 문제를 설정한 후[23] 크라머는 두 입장의 논거에 대하여 검토하고, 위와 같이 객관적-현시적 방법으로 이해된 바의 법률의 사설에 가담한다(96면 이하). 그 과정에서 그는 예를 들면 라드부르흐가 법률의사설을 옹호하면서 한, "해석자는 법률을 그 정립자가 이해하였던 것보다 더 잘 이해할 수 있다. 법률은 그 발명자보다 더욱 현명할 수 있고, 심지어는 더욱 현명해야 한다"라는 유명한 발언에 대하여,[24] "「方法正直性」의[25] 관점에서 제기되는 요청에 반하여 법관이 자신의 가치판단을 은폐하는 것을 고무한다는 점에서 우려할 만하다"

---

23) 그 사이에 그는 스위스대법원의 이 문제에 대한 입장을 검토한다. 한 마디로 하면, 그것은 착종되어 있으며, 심지어 "당해 사건에서 규범의 진정한 의미를 끌어내는 데 가장 적절하다고 當院이 생각하는" 방법을 취한다는「方法決斷主義」를 선명한 경우도 비록 예외적이기는 하지만 있다고 한다.

24) Radbruch, *Rechtsphilopsophie*, 8. Aufl.(1973), S. 207("··· das Gesetz kann klüger sein als seine Verfasser — es *muss* sogar klüger sein als seine Verfasser."). 여기서 필자는 평소에, 우리 법학에 대하여 라드부르흐가 드러나게 또는 숨어서 지나친 영향력을 발휘하여 왔는데, 이것은 우리의 법철학이 아직 많은 발전의 여지를 남게 두고 있다는 하나의 징표이기도 하다는 느낌을 가지고 있었다는 점을 부기하여 두고자 한다.

25) 이「방법정직성(Methodenehrlichkeit)」은 크라머가 이 책에서 지극히 중시하고 있는 지향의 하나이다. 한편 인용문 안에서의「 」기호는 원문에서 » « 기호에 상응한다. 이하 같다.

고 비판한다. "법관은 자기 개인의 가치판단을 은유적으로 「보다 현명한」 법률의 배후에 가리고, 「재판관의 이성(ratio iudicis)」을 안이하게 그리고 그 이유를 제시함이 없이 「법률의 이성(ratio legis)」으로 제시할 수 있다"는 것이다.

크라머에 의하면 법률의사설의 가장 큰 논거는 법의 계속형성의 필요에 있다. 법은 새로운 사회적 정황이나 평가에 대응하고 특히 해석의 대상인 법규범이 정립된 후에 일어난 법변동(새로운 「규범상황」 Normsituationen), 예를 들면 새로운 입법을 고려하여 해석되어야 하는데, 이러한 필요는 객관적-역사적 방법에 의하여서는 충족될 수 없다는 것이다. 나아가 법해석은 현재의 시민에게 무엇이 법인지를 알려 주어야 하는 것이다.

그런데 최근에는 立法者意思說을 주장하는 대부분의 論者들도 이러한 필요를 인정한다. 예를 들면 마이어-하요즈는[26] "규범의 역사적 이해가 변동된 생활관계에 대하여 불만족하거나 나아가 견딜 수 없는 것으로 증명된 경우"에는 법관은 "성립사에 의거한 해석으로 얻어진 결과를 떠나서 법률의 어의의 범위를 넘지 않는 법의 계속형성을 통하여 새로운 의미를 탐색하는 것이 요청된다(geboten)"고 한다. 成立史가 "실질적으로 정당한 또는 강력하게 대두하는 現在에의 適應을 회피하는 구실이 되어서는" 안 되는 것이다. 그런데 중요한 것은, 그 때 법의 계속형성이라는 점이 명시되어야 하고 또 그에 대한 근거가 제시될 것을 요구한다는 점이다. 마이어-하요즈는, 객관적-현시적 방법에는 상상 속에 존재하는 「보다 현명한 법률」이나 「법률의 의지(voluntas legis)」의 뒤로 숨고자 하는 유혹이 항상 잠재하고 있는데, 오히려 객관적-역사적 방법은 위와 같은 「이유제시강제(Begründungszwang)」를 부과한다는 점에서 그보다 낫다는 것이다.

---

26) Meier-Hayoz, in: *Berner Kommentar*, Bd. 1(1962), Art. 1 N 154 u. 155 참조.

이와 같이 법률의사설과 입법자의사설의 대립은 우리가 흔히 생각하는 것처럼 「이미 결말이 난 문제」는 아니라고 할 것이다.

(5) 目的的 解釋에 대하여(110면 이하).

목적적 해석에도 역사적 입법자가 추구하였던 입법목적을 기준으로 하는 「주관적-목적적」 방법(subjektiv-teleologische Methode)과 오늘날의 입장에서 특히 현재의 법상황에 좇아 탐구되는 목적을 기준으로 「객관적-목적적」 방법(objektiv-teleologische M.)을 나눌 수 있는데, 크라머는 後者에 가담한다. 목적의 탐구는 해석의 대상인 당해 법규정의 목적에 한정하여서는 안 되고, 그 법률, 그 법분야, 나아가 법질서 전체의 목적도 시야에 넣어야 한다. 크라머는 "현재 여기에서 가장 합리적이라고 인정되는 목적"에 대한 해석자 자신의 熟考도 필요하다고 하고, "이러한 독자적 평가가 불가피하게 結果指向的이고 또한 前理解에 의하여 규정됨은 명백하다"고 매우 쉽사리 인정해 버린다(113면 이하. 또 유추와 관련하여 154면도 참조).

3. 앞의 I.에서 본 스위스민법전 제1조 제2항은 「법률흠결」을 명시적으로 인정한 것이다(「흠결을 인정하는 용기」 Mut zur Lücke). 나아가 법이론적으로도, 법률에 규정되지 아니한 것에 대하여는 아무런 법률효과가 주어지지 않는다는 소위 「일반적 부정명제(allgemeiner negativer Satz)」를 인정하고 따라서 법률에는 흠결이 있을 수 없다고 하는 한스 켈젠의 주장은 받아들일 수 없다.[27] 여기서 법률 밖에서(praeter legem) 그 흠결을 보충하여 할 필요가 제기되고, 이는 곧 앞의 2.에서 본 원래의 의미의 법적용과는 성질을 달리하는 법관에 의한 법의 계속형성, 즉 법관에 의한 법정립("法官法")의 문제인 것이다.

---

27) 크라머에 의하면, 이러한 주장은 類推禁止가 인정되어야 할 예외적인 경우에는 타당하나, 일반적으로는 법률상 문언의 경계설정능력을 과대평가하고 동시에 법률의 目的論을 소홀히 하는 것이라고 한다(136면).

크라머는 법관에 의한 법정립을 다시 둘로 나눈다(132면 이하). 하나는 그것이 현행의 법이 행하고 있는 가치판단에 「숙고하여 따르면서」 행하여지는 경우("기속적 판례법" gebundenes Richterecht)이다. 다른 하나는 이러한 지향준거를 발견할 수 없을 때 법관이 스위스민법 제1조 제2항에 따르면 「입법자로서(modo legislatoris)」 행하는 법정립("법률초월적 판례법" gesetzesübersteigendes R.)이다.

(1) 法律欠缺에 대하여.

크라머는 법률흠결(Gesetzeslücke)을[28] 카나리스에 따라 일단 「실정적 법의, 계획에 반하는 불완전성」이라고 정의한다. 그러나 그 외에 입법론적으로(de lege ferenda) 문제되는 법률흠결도 있을 수 있다. 前者는 다시 셋으로 나뉜다(139면 이하). 하나는 「법문 안의(intra verba legis)」 흠결이다. 예를 들면 일반조항의 경우나 법규정이 법관의 재량에 의하도록 정하는 경우와 같이 실정법률 자체가 법적용자에게 법형성을 위임한 경우가 그러하다. 또 하나는 「법문 밖의(praeter verba legis)」 흠결이다. 이는 법률을 語義의 가능한 한도까지 해석하여도 당해 법문제에 대한 해결을 발견할 수 없어서 이를 「법문 밖에서」 찾을 수밖에 없는 경우를 말한다. 여기서는 주로 類推의 방법이 행하여진다. 마지막으로 「법문에 반하는(contra verba legis)」 흠결인데, 이는 반대로 법문의 어의에는 포함되나 법규범의 목적에 의하면 당해 법문제의 해결이 될 수 없는 경우를 말한다. 여기서는 주로 목적적 축소해석(teleologische Reduktion)이 문제된다.

(2) 구체적으로 어떠한 방법에 의하여 이 흠결을 보충할 것인가에 대하여 스위스민법 제1조 제2항은 관습법, 그리고 법관의 「입법자로서」의 법발견(Rechtsfindung »modo legislatoris«)을 말할 뿐이다.

---

28) 한편 法律에는 흠결이 있을 수 있으나, 총체로서의 法秩序에는 흠결이 인정되지 않는다고 한다(137면).

크라머에 의하면 이와 같이 흠결보충에 관한 규정이 다른 입법에 비하여[29] 빈곤한 것은, 스위스민법의 기초자 오이겐 후버가 법률의 類推適用이 가능한 경우에는 법률에 흠결이 없는 것이고 따라서 그 경우는 스위스민법 제1조 제1항의 적용범위에 속하여 그 제2항은 드물게밖에 적용되지 않는다고 생각하였기 때문이라고 한다(146면 이하).

(3) 여기서도 마찬가지로 흠결보충의 구체적인 방법, 예를 들면 「개별유추」와 「전체유추」, 勿論解釋, 나아가 유추해석의[30] 대극으로서의 반대해석, 목적적 축소해석 등에 일일이 언급할 필요는 없을 것이다. 몇 가지 점만 지적하여 둔다.

(가) 스위스민법 제1조 제2항은 명시적으로 慣習法에 의한 補充을 정하고 있다. 크라머는 이와 유추해석과의 관계를 논한다(160면). 위 규정의 문언상으로 유추는 관습법이 존재하지 않는 경우에 비로소 행하여져야 함을 정한 것이라고 할는지 모르나, 크라머는 우선 위의 (2)에서 본 대로 起草者가 그렇게 생각하지 아니하였을 뿐만 아니라, 나아가 "의회주의적 법치국가에서는 입법자의 가치판단에 혹 있을지 모르는 불문의 법에 대한 우위가 부여되어야 하며, 이는 그 가치판단이 유추의 방식에 의하여 단지 간접적으로 추단되는 경우에도 마찬가지"라는 이유로, 관습법의 적용은 유추해석에 後劣한다고 한다.

(나) 흥미로운 것은, 크라머가 법원실무에서 아무리 동일한 견해가 반복하여 채택되었다고 하여도 이에 관습법으로서의 성질을 인정

29) 예를 들면 오스트리아민법 제7조, 이태리민법 제12조 제2항, 스페인민법 제4조 제1항, 포르투갈민법 제10조 제1항, 제2항에서는 법률의 유추적용을 명문으로 규정하고 있다.

30) 물론 여기서 크라머가 쓰는 Analogieschluss라는 용어를 「유추해석」이라고 번역하나, 본문에서 말한 바에서 이미 분명한 대로, 이는 엄밀한 의미에서는 고유한 해석에 해당하지 아니하며, 法官에 의한 法定立의 한 모습인 것이다. 이는 「목적적 축소해석」의 경우도 마찬가지이다.

하여서는 안 된다고 주장하는 점이다(161면, 175면 이하). 이는 스위스에서의 「선례구속(Präjudizienbindung)」의 성질, 나아가서는 판례법, 특히 법률초월적 판례법의 法源으로서의 평가와도 관련되는 문제이다.

그에 의하면, 원래의 의미의 관습법은 法的 確信에 바탕하여 지켜지는 시민들의 자발적인 관행(spontane Übung)으로서 「아래로부터」 형성되는 것을 말한다. 즉 전통적이고 ―스위스에 고유한― 직접민주주의적으로 정당화되는 바의 관습법이란 「1차적 受範者」인 국민이 집단적으로 행하는 행위방식에 기하여 유기적으로 형성되는 것이다.[31] 그런데 판례법은 법담당자에 의하여 정립된 「專門家法(Spezialistenrecht)」이다. 이와 같이 법관이 그 형성에 관여하는 규범이란 관습법일 수 없는 것이다. 나아가 스위스민법 제1조 제3항에서 명백하게 정하는 대로("법관은 그에 있어서 검증된 학설과 선례에 따른다"[32]), 비록 선례가 법관을 인도하기는 하여도 법관이 그에 당연히 구속되지는 않는다. 즉 선례는 법관이 재판을 함에 있어서 법을 발견하는 하나의 補助手段이라고 한다. 마지막으로 판례법을 고유한 의미의 法源이라고[33] 할 수 없는 또는 하여서는 아니되는 이유는 機能的·體系理論的 고려이다. 오늘날과 같이 급속도로 변화하는 사회

31) 그러므로 크라머는 이와 같이 고유한 의미의 관습법이란, "오늘날의 다원주의적 산업사회에서는 실제로는 더 이상 생각될 수 없다"고 한다(161면).

32) 이에 대하여는 앞의 註 3도 참조.

33) 크라머(175면 이하)도「사실상으로는(faktisch)」또는「법현실적으로는(rechts-realistisch)」판례법이 스위스법에서 일반적·추상적으로 기능하는 法源으로서 가장 중요한 것임은 이를 인정하면서(우리 나라의 경우도 다를 바 없다), 하젠뵐러(Franz Hasenböhler, Richter und Gesetzgeber in der Schweiz, in: Frank Richard(Hrsg.), *Unabhängigkeit und Bindungen des Richters*, ZSR-Beiheft 12, 2. Aufl.(1997), S. 112)의 다음과 같은 말을 인용하고 있다. "개별적으로 판결이유를 살펴보면, 법원이 선례를 법률규정과 같이 취급하여 입론하고 있음을 알 수 있다. 앞의 재판에서 표명된 법적 견해는 실제적으로 법률규정과 같이 구속력 있는 것으로 생각되고 있는 것이다." 그런데 여기서 문제삼고 있는 것은, 규범적으로(normativ) 그러한 法源性이 인정되는가 하는 점이다.

에서 법질서를 상대적으로 변경하기 어려운 두 개의 法源, 즉 법률과 관습법에만 의존하게 할 수는 없으며, 이와 같이 보다 「안정된 것(stabilitas)」에 보다 「유연한 것(flexibiltas)」을 결합시켜야 한다. 그 유연성을 바로 형식적인 절차 없이 빠르게 반응할 수 있는 판례법이 제공하는 것이다. 그런데 판례법이 규범적으로 구속력을 가지는 法源이라면 이러한 역할의 충족은 기대될 수 없다. 법관이 명백히 보다 나은 해결이라고 ―방법적으로 정직하게― 확신할 수 있다면 바로 이에 기하여 재판할 수 있어야 하는 것이다.[34] 이는 연방대법원의 확고한 선례에 대하여도 마찬가지이다. "州법원이 그와 다른 견해를 채택하여도, 연방대법원은 여기서 어떠한 恣意性을 간취하거나 그것을 비난의 이유로 삼지 않으며, 오히려 도전받은 자신의 견해를 포괄적으로 재음미한다."

그런데 크라머는 판례법이 이와 같이 법률이나 관습법에 대등한 法源이라고 하여서는 안 된다고 하면서도, 확고한 최고법원의 판례법은 규범적으로도 이를 특수한(sui generis) 法源이라고 불러도 부당하다고는 할 수 없다고 한다(178면 이하).[35] 그에 반하는 계약은 무효일 수 있고, 이를 알지 못하고 행하여진 계약이나 이행은 기초착오를 이유로 취소되거나 부당이득으로 반환청구될 수 있으며, 판례법에 반하

---

34) 한편 크라머는 법률초월적 판례법에 대하여는 判例變更의 정당성은 동등취급과 신뢰보호의 요청에 비추어 애초부터 현저하게 제한적으로밖에 인정될 수 없다고 한다. 그에 의하면 판례의 변경은 그 새로운 판례의 내용적 타당성이 판례가 유지됨으로 인한 동등취급과 신뢰보호의 요청에 대하여 우위를 주기 때문인데, 새로운 판례의 내용적 정당성이란 결국 그것이 법률에 더 잘 합치한다는 데 귀착된다. 그런데 **법률초월적** 판례법에서는 「법률에 더 잘 합치한다는 것(Gesetzeskonformität)」은 이미 개념상으로 있을 수 없다는 것이다. 그러나 필자에게는 이러한 立論은 그야말로 自滅的으로 들린다. 왜냐하면 애초에 새로운 판례의 내용적 타당성이 반드시 법률합치성으로 환원되어야 할 이유는 없고, 크라머가 강조하는 「새로운 규범상황」, 나아가서는 법질서 전체에의 적응이 문제되어야 한다고 말할 수 있을 것이기 때문이다.

35) 또 크라머는 판례변경으로 인한 「신뢰손상」의 문제도 논의하고 있다(211면 이하).

여 조언을 한 변호사는 위임계약 위반으로 책임을 지게 되는데, 이러한 사정들을 고려하면 그렇다는 것이다.

(다) 나아가 스위스민법 제 1 조 제 3 항에서 흠결보충에서 지향하여야 할 기준의 하나로[36] 明定하는 「검증된 학설」은 어떠한가?(184면 이하)

크라머에 의하면, 학설은 규범적 구속력을 가지지 않으며 그 권위를 설득력, 즉 「理性의 命令(imperatio rationis)」에서 획득하는 「說得的 法源(persuasive authority)」이다. 그러나 사실적으로 보면, 독일의 보통법학시대에 빈트샤이트의 『판덱텐교과서』가 누리던 권위를 누리는 학설은, 특히 법률로부터 명확한 지침을 끌어낼 수 없는 영역에서는 오늘날에도 존재한다.[37]

그 설득력은 어디에서 오는가에 대하여는, "평가의 세밀함과 투명성, 법질서 및 경제질서를 어느 만큼 적실하게 반영하고 있는지, 스타일과 구성의 명료성"이라는 실질적 요소 외에도, 「분위기적 요소」, 즉 학계에서의 저자의 지위와 평판 그리고 출판형식도[38] 결정적이거나 적어도 중요한 역할을 한다고 한다. 그 학설의 「검증」은 많은 경우 그 견해가 전문가 사이에 「통설」이 되었는가를 하나의 징표로 하는데, 주의할 것은 「통설」인지 여부는 "숫자를 세어서가 아니라, 무게를 달아서(nicht gezählt, sondern gewogen)" 판정하여야 한다는 점이다.

(라) 한편 목적적 축소해석과 관련하여서는 이와 마찬가지로 법률의 수정(Gesetzeskorrektur)을 결과하는 權利濫用禁止와의 관계가

---

36) 그 외에 그러한 지향점으로서 「일반적 법원칙」(187면 이하) 또는 「비교법」(190면 이하)에도 언급한다.

37) 크라머가 드는 그 예를 흥미를 위하여 열거해 보면, Oftinger/Stark, *Schweizerisches Haftpflichtrecht*와 Meier-Hayoz의 스위스민법 제 1 조에 대한 베른 코멘타르에서의 주해, 그리고 Baumbach/Hefermehl, *Wettbewerbsrecht*의 「독일 공정경쟁법」 제 1 조 주해이다.

38) "시간의 압박을 받고 있는 實務가 방대한 단행본연구서(특히 학위논문)보다 주해서와 교과서를 선호함은 명백하다"고 한다(187면 註 659).

문제된다(168면 이하).

목적적 축소해석은 「추상적으로 서술가능한 事案類型(Fallgruppe)」이 법문의 어의에 반하여 법률의 기본적 가치평가나 목적에 맞지 않는다는 것을 전제로 한다. 이에 반하여 권리남용금지는 個別事案(Einzelfall)이 문제되는데, 여기서는 사안마다의 특이성이 주목되어서 그 판단을 목적적 축소해석의 형태로 일반화할 수는 없는 것이다. 물론 양자의 경계는 항상 명확하지는 않으며, 따라서 재판실무가 경우에 따라서 "우선 권리남용금지의 지팡이를 가지고 더듬어 나아가서, 일반화된 축소해석은 나중에서야 비로소 행하기에 이르는 것도 이해될 수 있다." 그러한 의미에서 권리남용금지의 원칙을 선언하는 스위스민법 제2조 제2항의 일반규정은 「法形成을 媒介하는 機能(Durchgangsfunktion)」이 있다고 한다.

(4) 이 책에서 또 하나 매우 흥미로운 서술은 판례법의 한계를 논하는 부분이다.

(가) 우선 크라머는 「기속적 판례법」을 논하면서 목적적 축소해석과 관련하여, 그것은 어디까지나 部分修正이며 법규정을 목적론을 내세워 전면적으로 수정하는 것은 허용되지 않는다고 한다(167면 이하, 169면 이하). "법률의 이유가 소멸하면 법률 자체도 소멸한다(cessante legis ratione cessat lex ipsa)"라는 법언을 원용하여, 입법자가 이를 폐지하기 전에 그 법규정의 효력상실을 인정하는 것은, 물론 가능한 한 이를 축소하여 해석하는 것까지 막을 수는 없을 것이나, 역시 스위스헌법 제113조 제3항에[39] 비추어 허용되지 않는다는 것이다. 그러므로 법규정의 명백한 목적의 타당성이 비록 입법적으로 매우 의심스럽다고 하여도, 그 규정을 **일반적으로** 무시하는 것은 법

39) 스위스헌법 제113조은 연방대법원의 관할에 대하여 규정하는데, 그 제3항은 "연방의회에서 제정된 법률과 일반적 구속력 있는 결의 및 그에 의하여 승인된 국가조약은 연방대법원에 대하여 기준이 된다(massgebend)"고 정한다.

관의 법률에의 구속이라는 헌법원칙을 고려할 때 방법론적으로 정당화될 수 없다. “목적적 축소해석은 「마땅치 않은 규정을 털어내기 위하여」 남용되어서는 안 된다.” 「규범의미 또는 규범목적의 한계(Normsinngrenze bzw. Normzweckgrenze)」를 일반적으로(generalisierend) 무시하는 재판은 허용되지 않는다는 것이다.

그러나 이러한 목적적 축소해석의 한계에 대한 논의가 그 기준을 「일반적인가 또는 부분적인가」의 판단에 걸리게 한다면, 그것이 특히 실무를 제어하는 기능을 충분히 발휘할 수 있는지 극히 의문이다. 이는 가까운 예로 우리 대법원의 형법 제170조 제2항에 관한 大決(全) 94.12.20, 94모32(集 42-2, 529)을 보아도 알 수 있는 것이다. 이 결정은 목적적 축소해석이 아니라 형법상 금지되는 「유추」와 허용되는 「해석」과의 경계설정에 관한 것이나, 요컨대 ── 형사실무에서 類推禁止는 이론 없이 받아들여지고 있어서, 그만큼 방법론의 실무적 의미가 강조될 수 있는 형사사건에 대하여서도(아니면, 오히려 그렇기 때문에?) ── 실무가 스스로 옳다고 생각하는 결과를 입법자의 관여를 기다리지 않고 당장에 달성하기 위하여 어느 만큼의 「方法論的 曲藝 또는 言語曲藝(methodologische oder Wortakrobatik)」를 감행할 수 있는가, 보다 일반화하여 말하면 方法論이 어느 만큼 無力한가를 웅변으로 보여준다.[40]

(나) 크라머는 마이어-하요즈를[41] 인용하면서 다음과 같이 判例

40) 위 결정에 대한 방법론상의 논의로서 우선, 이상돈, “형법해석의 한계 ── 김영환 교수와 신동운 교수의 법학방법론에 대한 비평”, 저스티스 29권 2호(1996), 7면 이하; 김영환, “형법상 해석과 유추의 한계 ── 이상돈 교수의 반론에 대하여”, 저스티스 30권 1호(1997), 77면 이하 참조. 이들을 포함하여 이 결정의 방법론적 측면과 관련된 모두 6편의 글은, 신동운 외, 법률해석의 한계(2000)에 수록되어 있다.

41) Meier-Hayoz, Strategische und taktische Aspekte der Fortbildung des Rechts ── Zur Frage nach den Grenzen richterlicher Rechtssetzung, in: *JZ* 1981, S. 417ff.

法의 限界를 말한다(215면 이하).

그 출발점은 법관직의 民主主義的 基礎가 상대적으로 약하다는 것이다. 법관은 국민에 의하여 선출되지 않으며, 선거 기타의 방법으로 그 직무 수행의 適否가 평가되지 않는다. 재판을 함에는 법률의 제정과정에서와 같이 그 내용을 미리 알리거나 국민의 의견을 듣거나 하지 않는다. 그리고 "사법부의 독립이 법적용의 정치적 책임을 제한한다. 법관이 자신의 법적 판단의 여러 결과에 대하여 대체로 책임을 지지 않아도 된다면, 그의 法政策的 活動의 권능은 제한되어야 하는 것이다."

뿐만 아니라 법관이 내리는 판단은 가령 국회와 같은 다수인으로 구성된 기관에 비하여 그 판단자 자신의 개성에 의하여 영향을 받는다. 또한 법관은 기본적으로 1회적인 당해 사건의 해결을 지향하는 것이다(「個別事件指向性」 Einzelfallbezogenheit). 그렇다고 전문가위원회 등과 같은 법정립의 하부구조(Infrastruktur)가 갖추어진 것도 아니다. 법률의 일반성의 요구를 생각하면, 이러한 個性的·一回的 法定立에는 당연히 한계를 긋지 않을 수 없다. 커먼로의 법격언에 있는 대로, "어려운 사건은 나쁜 법을 만드는 것이다(Hard cases make bad law)."

그리하여 司法의 自己抑制와 입법부의 우위가 다시 한 번 강조되고, 사법적극주의를 경계하도록 주의한다. "법관은 법정책적으로 근본적인 「전략적」 결단에 대하여는 유보적 자세를 취하고, 법의 「전술적」 적응과 계속형성에, 「점진적 진보의 정책(Politik der kleinen Schritte)」에 스스로를 제한하여야 한다." 그렇게 해도 법관에게는 극히 넓은 활동영역이 남아 있다는 것이다.

이러한 주장에는, 비록 국회가 사회의 제반 문제에 신속하게 대응하는 입법활동을 한다고 말하기 어려운 우리의 사정을 고려하더라도, 어느 만큼 주의를 기울일 필요가 있다고 할 수 있지 않을까.

4. 이 책의 마지막 제4장은 "前理解와 법발견의 객관성"을 다루고 있다. 여기서도 철학자 가다머의 『진리와 방법』 이래 광범한 영향을 미친 새로운 解釋學을 법학방법론의 관점에서 수용한 에써의 『법발견에서의 전이해와 방법선택』에서의[42] 주장이나 그에 대한 응대에 대하여는 부연하지 않기로 한다.

크라머는 법발견의 객관성이라는 어려운 문제에 대하여(224면 이하), 법해석을 포함하는 법발견이 필연적으로 해석자의 주관성을 어느 정도 가질 수밖에 없음을 인정하고 또한 「단 하나의 올바른(richtig) 법해석」이란 있을 수 없다고 하면서도, "객관적으로 「시인될 만한(vertretbar)」 일정한 범위의 해석적 선택지"는 존재한다고 한다. 즉 ── 포퍼식으로 말하면 ── 유일하게 옳은 해석이 무엇인지를 적극적으로 논증하지는(verifizieren) 못해도 해석자가 주관적으로 옳다고 생각하는 해석이 설득력 있는 법발견으로서 허용되지 않음을 소극적으로 반증하는 것(falsifizieren)은 가능하다는 것이다.

아마도 그가 소위 「직업적 선이해(professionelles Vorverständnis)」로 설명하는 바는 그 한에서 객관적인 법발견의 실제적 예를 들고 있는 것이 아닌가 추측된다(222면 이하, 226면 이하). 그에 의하면, 「학식 있는 법관」이 가지는 法感覺 또는 法感情은 제반의 합리적 요소와 법의 온갖 문제와의 장년에 걸친 조우로 점철되어 있다. 이러한 직업적 경험에 기하여 어떤 사건의 「올바른」 해결에 대한 매우 세밀하게 연마된 전문가 특유의 前理解가 도출된다. 그리고 그 경험에서 법적 평등, 법적 안정성, 개인의 자유, 선량하게 취득된 권리의 보호 등과 같은 법질서의 기본원칙에의 강한 愛着이 생긴다. "이와 같이 하여 얻

42) Josef Esser, *Vorverständnis und Methodenwahl in der Rechtsfindung* (1970; 2. Aufl., 1972).

어진 법적 확신은, 그로 하여금, 납득할 만한 합리적 판단을 법관 동료들(Richterkollegium)에게 이를 성공적으로 관철할 수 있다고 믿을 때까지 찾게 하는 動因을 제공하는 것이다.” 여기서 크라머는, 법질서의 기본원칙에 뿌리를 두면서 같은 이해지평에 있는 대화 상대방을 설득하고 동의를 구하는 것이야말로 바로 「객관성」의 조건이라고 말하고 싶은 것이리라.[43] 또는 도대체 「객관성」이란 무엇일까.

또 이렇게도 말한다. 법관의 개인적 판단이라고 하여도, 그 이유를 판단대상의 개성에 즉하여 세부적으로 제시하는 한, 이를 간단히 비합리적이라고, 순전한 決斷의 소산이라고 하기는 어렵다. 「技藝의 範型에 좇아(lege artis)」 행하여지는 법판단이란 법질서의 미리 주어진 그리고 증명가능한 가치판단의 범위 내에서 움직이는 것이다. 그리하여 해석자 스스로 해석에서의 주관적 요소를 통찰하여, “자기 자신의 가치판단을 가능한 한 후퇴시키고 현행법의 규칙과 평가를 「객관적으로」 탐색하려는 노력”이 요구된다. 이러한 「한계설정」이야말로 법학방법론의 기능이라는 것이다.[44]

Ⅲ.

이 책은 12.5cm×18.5cm의 판형에 본문 204면의 작은 책으로, 앞의 I.에서도 본 대로 학생을 상대로 한 말하자면 교과서이다. 그것을 앞에 놓고 의문이나 불만을 말하여 보아도 무슨 소용이 있을 것인가.

43) 크라머 자신이 “법적 해석의 현실에 근접한 眞理論[즉 여기서는 법해석의 객관적 정당성(Richtigkeit)에 관한 이론]은 진리에 관한 「合意理論(Konsenstheorie)」의 요소 없이는 수행될 수 없을 것이다”라고 하면서, 하버마스를 인용한다(225면 註 813).

44) 나치시대의 법경험과 관련한 뤼터스의 論著를 인용하면서 “의미왜곡의 억제장치로서의 방법의식(Methodenbewusstsein als Umdeutungsbremse)”에 대하여도 언급한다.

그런데 여기에 붙어 있는 도합 821개에 이르는 脚註는 거의 모든 페이지의 반을 차지한다. 거기에는 관련 문헌이 매우 풍부하고 또한 다양하게 지시되어 있고, 무엇보다도 ―때로는 매우 긴― 直接引用이 적지 아니하다(이 빈번한 직접인용은 본문에서도 크게 다를 바 없다). 이 책의 저자도 이러한 불균형을 스스로 알고 있어서, 독자들이 "교과서로서는 특이하게 광범한 각주"에 위축되지 말기를 요청하고 있다. 그는 이를 두 가지 이유로 설명한다. 하나는, 방법론은 해석론의 경우보다 "그 주체의 때로는 매우 개인적인 理論的 立地"에 의하여 규정되곤 하여서, 독자에 대하여 그와 다른 견해를 피력하는 문헌을 광범위하게 지시할 필요가 있다는 것이고, 다른 하나는, 방법론상의 문제에는 자명한 것이란 없어서「전통적」법분야보다 자신의 견해가 옳다는 것을 논증하여야 할 필요를 더욱 강하게 느낀다는 것이다(7면 이하).

그러나 읽는 사람으로서는 이러한 풍부한 문헌 인용으로부터 望外의 得을 얻을 수도 있다. 그 중에서 寸鐵殺人의 警句나 格言을 음미하거나, 긴 법학의 역사에서 우리에게 전하여진「先賢의 智慧」를 즐기는 것도 나쁘지 않을 것이다.

(서울대학교 法學 41권 3호(2000), 180면 이하 所載)

3. 우리 나라 最初의 憲法裁判論議*

—妻의 行爲能力 制限에 관한 1947년 大法院判決에 대하여—

I. 序

1. 헌법 교과서를 보면, 우리 나라 위헌법률심사제도의 연혁에 대하여 1948년 7월의 制憲憲法 제81조 제2항("법률이 헌법에 위반되는 여부가 재판의 전제가 되는 때에는 法院은 헌법위원회에 제청하여 그 결정에 의하여 재판한다")을 그 첫걸음으로 설명하는 것이 일반적이다.[1] 아마도 제도 그 자체로서는 그렇게 볼 수밖에 없을지도 모른다.

그런데 「大法院」(美軍政下의 「대법원」의 지위 및 법적 성질에 대하여는 보다 면밀한 검토를 요한다. 뒤의 註 70 및 그 본문 부분도 참조)은 일찍이 1947년 9월 2일 선고 1947年民上第88號 판결(이하 「1947년 판결」이라고 한다)에서[2] 妻의 行爲能力을 제한하는 依用民法 제14조에

* 이 글의 草稿를 읽고 귀중한 코멘트와 함께 본문 V.2. 및 3.에서 보는 대법원 판결 기타의 관련자료를 지적하고 제공하여 준 鄭印燮 교수에게 감사의 뜻을 전한다.

1) 예를 들면 金哲洙, 憲法學概論, 제10全訂新版(1998), 1245면; 權寧星, 新版 憲法學概論(1996), 1007면 등.

2) 이 판결은 法政 2권 10호(통권 13호, 1947.10), 49면에 수록되어 있다. 美軍政下의 「대법원」이 한 재판을 발굴·공간하는 작업도 앞으로 하여야 할 작업이라고 하겠다. 예를 들면 독일의 경우에도 제2차 세계대전 후 연합국의 점령 아래서 행하여진 最高法院의 재판은 영국의 점령지역에 한하여 公刊된 것으로 알려져 있다. 즉 그 지역의 1949년 1월부터 1950년 3월까지의 민사재판이 *Ent-*

대하여 그 적용을 배제하는 판단을 내리고 있다. 이 판결은 뒤의 Ⅳ. 2.에서 보는 張厚永의 말대로 어디까지나 "法律適用과 法律解釋"이라는 관점에서 문제에 접근하여 대법원이 "가장 穩健하고 卓越한 표현방식"으로 민법 제14조의 적용을 거부하는 것일 뿐이지 憲法裁判(즉 위헌법률심사)을 한 것이 아니라고 이해할 수도 있을 것이다. 그런데 다시 생각하여 보면, 대법원이 엄연히 존재하는 법규정에 대하여 이를 "적용치 아니한다"고 선언함은 과연 무엇을 의미하는가, 이러한「적용배제」와 그 법규정의「효력상실」사이에는 어떠한 차이가 있는가, 특히 그「적용배제」가 "現下의 國是"를 근거로 행하여지는 경우에 이것이 違憲法律審査와 어떻게 다른가 하는 문제가 제기되지 않을 수 없다.

그렇게 보면 위 판결을 우리 나라 최초의 헌법재판이라는 관점에서 바라보는 것도 전혀 불가능한 일은 아니라는 생각도 해 보게 되는 것이다.[3)]

2. 本稿는 1947년 판결을 계기로 하여 행하여진 論議를 통하여 그 동안 전혀 알려지지 않았던 美軍政下에서의 憲法裁判論을 소개하고자 하는 것이다. 그리고 그 논의의 素材가 되었던, 妻의 行爲能力 제한을 정하는 依用民法 제14조에 대한 당시의 이해 또는 평가를

scheidungen des Obersten Gerichtshofes für die Britische Zone in Zivilsachen(통상 OGHZ로 약칭된다)에 수록되어 있는 것이다.

3) 文光三, "美軍政期 憲法史", 韓泰淵 등 共著, 韓國憲法史(上)(1988), 326면은, 「軍政期 韓國의 國家形態」를 논하면서(뒤의 Ⅳ.1.에서 보는 洪璡基의 견해를 「生成中의 國家」說로서 소개하고 있다), 위의 1947년 판결을 소개하고 이를 "[依用]民法 제14조 제1항의 규정에 대하여 違憲宣言을" 한 것이라고 설명하고 있다. 또한 憲法裁判所, 憲法裁判所10年史(1998), 9면은, 1947년 판결을 "우리 나라에서 최초의 헌법재판이라 할 수 있는 것"이라고 하면서 "[의용]민법 제14조 제1항에 대하여 위헌판결을 하였다"고 한다. 한편 金炳華, 韓國司法史(1979), 330면은 이 판결에 대하여 단지 "처의 능력제한을 부인하는 첫 판례로서 劃期的인 判決"이라고만 소개하고 있다.

아울러 짚어 봄으로써 우리 民法史의 숨겨진 한 場面을 드러내고자 한다.

그리하여 우선 1947년 판결의 구체적 내용을 살펴보고(Ⅱ.), 이어서 이 판결에 대하여 행하여진 論議를 反對論과 贊成論으로 나누어 (이로 인하여 시간적인 先後가 뒤바뀐 경우도 있다) 보다 상세하게 제시하며(Ⅲ. 및 Ⅳ.), 이어서 이 판결 후에 일어난 이와 관련을 가지는 몇 가지 事情을 들어둔다(Ⅴ.). 그리고 약간의 私的인 所感과 앞으로의 課題 등에 대한 생각을 덧붙인다(Ⅵ.).

전공 아닌 영역에 외람스럽게 손대는 것이어서 조심스럽기 그지없으나, 일생을 헌법학의 발전에 바쳐온 權寧星 교수님을 기리는 마음에서 감히 용기를 내어본다.

Ⅱ. 大法院 1947년 9월 2일 선고 1947年民上第88號 판결

1. 이 판결의 사실관계는 대법원판결문만으로는 잘 알 수 없다. 요컨대 원고는 피고를 상대로 하여 가옥인도청구소송을 제기하였다. 原審(「全州地方審理院」)에서 원고가 승소하자, 피고가 소송대리인을 통하여 상고하였다. 피고측은 상고이유의 하나로, 원고는 혼인한 여자인데 원심법원이 직권조사사항인 당사자의 訴訟能力에 대하여 조사하지 아니한 잘못이 있다고 주장하였던 것이다. 이 주장은 다음과 같은 법규정을 배경으로 한 것이다. 즉 依用民事訴訟法(朝鮮民事令 제1조 제13호 참조) 제45조,[4] 依用民法(同令 제1조 제1호 참조) 제14조 제1

4) 依用民事訴訟法 제45조: "當事者能力, 訴訟能力 및 訴訟無能力者의 法定代理는 本法에 別段의 정함이 있는 경우를 제외하고 民法 기타의 法令에 따른다. 소송행위를 함에 필요한 授權에 대하여도 같다."

항 제1호,[5] 제12조 제1항 제4호는[6] 妻가 소송을 제기하려면 「夫의 許可」를 얻어야 한다고 정하고 있다.[7] 그러므로 만일 그 허가를 얻지 아니하고 소를 제기한 것이라면 피고는 소송능력이 없는 것으로서 소제기 등의 행위는 이를 無效라고 할 것이 아닌가[8] 하는 문제가 제기되는 것이다.

2. 이에 대하여 大法院 民事部(金用茂, 金瓚泳, 梁大卿, 盧鎭卨, 金潤根의 5인으로[9] 구성되었다)는 다음과 같이 판결하여 피고의 상고를 기각하였다. 좀 길더라도 인용한다.

> "按컨대 妻에 대하여는 민법 제14조 제1항에 의하여 그에 해당한 행위에는 夫의 허가를 受함을 요하여 그 능력을 제한한바 이는 부부간의 화합을 위한 이유도 없지 않으나 주로 부에 대하여 우월적 지배권을 부여한 취지라고 인정치 않을 수 없다. 그런데 서기 1945

5) 依用民法 제14조 제1항: "妻가 다음의 행위를 함에는 夫의 許可를 받을 것을 요한다. 1. 제12조 제1항 제1호 내지 제6호의 행위를 하는 것. …"(점선은 引用者가 생략한 부분을 가리킨다. 이하 같다)

6) 依用民法 제12조 제1항: "準禁治產者가 다음의 행위를 함에는 그 保佐人의 同意를 얻을 것을 요한다. … 4. 訴訟行爲를 하는 것. …"

7) 日政 당시 民事에 관하여 적용할 법을 정하는 朝鮮民事令은 애초에 그 제11조에서 「能力」에 관하여는 ── 親族 및 相續에 관하여서와 마찬가지로 ── 日本民法에 「의하지 아니한다」고 정하고 있었다. 그러나 1921년 制令 제14호로 이를 改正하여, 능력에 대하여도 그에 따르는 것으로 하였다.

8) 비록 민법상 行爲無能力者의 법률행위는 이를 取消할 수 있는 것으로 정하여져 있더라도, 訴訟無能力者의 소송행위는 애초부터 무효라고 함에 異論이 없다. 우선 李時潤, 民事訴訟法, 新訂補版(1995), 155면 참조. 이는 당시의 민사소송법에 대하여도 마찬가지이었다.

9) 이들 5인은 전원이 나중에 "民事, 商事 및 刑事의 基礎法典 … 의 자료를 수집조사하며 그 草案을 起草, 審議"하기 위하여 조직된 法典編纂委員會의 위원으로 "委囑"되었다. 1948년("大韓民國 30년") 9월 30일자 官報("大韓民國政府公報處" 발행 제4호) 1면 참조(한편 당시의 「관보」 체계에 대하여도 보다 면밀한 검토를 요한다. 이에 대하여는 우선 崔貞泰, 한국의 官報(1992) 참조). 또한 법전편찬위원회의 조직 및 위원구성 등에 대하여는 우선 梁彰洙, "資料 「法典編纂委員總會議事錄(抄)」", 同, 民法硏究 제3권(1995), 88면 이하 참조.

년 8월 15일로 我邦은 일본의 羈絆으로부터 해방되었고 우리는 민주주의를 기초삼아 국가를 건설할 것이고 법률, 정치, 경제문화 등 모든 제도를 민주주의이념으로써 건설할 것은 現下의 國是라 할 것이다. 그러므로 萬民은 모름지기 평등할 것이고 性의 구별로 인하여 生한 차별적 제도는 이미 민주주의 추세에 적응한 변화를 본 바로서 現下 여성에 대하여 선거권과 피선거권을 인정하고 기타 官公吏에 임명되는 자격도 남성과 구별이 無하여 남자와 동등한 공권을 향유함에 이른 바인즉 여성의 私權에 대하여도 또한 同然할 것이매 남녀평등을 부인하던 舊制度로서 그 差別을 가장 현저히 한 민법 제14조는 우리 사회상태에 적합하지 아니하므로 그 적용에 있어서 적당한 변경을 가할 것은 自然의 事勢이다. 玆에 本院은 사회의 진전과 법률의 해석을 조정함에 의하여 비로소 심판의 타당을 기할 수 있음에 鑑하여 同條에 의한 처의 능력제한을 인정하지 아니하는 바이다. 현행 소송능력에 대하여는 [의용]민사소송법 제45조에 本法에 별반 규정이 없는 한 민법 기타의 법령에 의할 것이라 하였고 [의용]민법 제14조 제 1 항, 동법 제12조 제 1 항 제 4 호, [의용]민사소송법 제50조 제 2 항에[10] 의하여 처의 소송행위에 대하여 부의 허가를 受케 되었으나 이는 前段說示에 의하여 적용치 아니할 것"이다.(현재의 맞춤법을 적용하고 꺾음괄호 안에 附記한 것 및 漢字를 일부 한글로 바꾼 것을 제외하고는 原文 그대로이다. 이하의 인용에서도 동일하게 처리하였다)

이 판결문 중에서 "민주주의를 기초삼아 국가를 건설할 것", "現下의 國是", "차별적 제도는 이미 민주주의 추세에 적응한 변화를 본

10) 依用民事訴訟法 제50조: "① 準禁治産者, 妻 또는 法定代理人이 상대방이 제기한 訴 또는 上訴에 대하여 訴訟行爲를 함에는 保佐人의 同意, 夫의 許可 또는 親族會의 同意 기타의 授權을 요하지 아니한다. ② 準禁治産者, 妻 또는 法定代理人이 訴, 抗訴 또는 上告의 取下, 和解, 請求의 抛棄나 認諾 또는 제72조의 규정에 의한 脫退를 함에는 항상 特別의 授權 있음을 요한다." 이 규정의 내용을 보면, 1947년 판결이 여기서 의용민사소송법 제50조 제 2 항을 인용할 이유는 없었다고 생각된다.

바", "민법 제14조는 **우리 사회상태에 적합하지 아니하므로** 그 적용에 있어서 적당한 변경을 가할 것은 자연의 추세이다", "사회의 진전과 법률의 해석을 조정함에 의하여 비로소 심판의 타당을 기할 수 있음에 鑑하여", "본원은… 同條에 의한 처의 능력제한을 인정하지 아니"한다, "[의용민법 제14조 등은] **적용치 아니**할 것"(강조는 인용자가 가한 것이다. 이하 같다) 등의 판시부분은 주목을 요한다.

Ⅲ. 1947년 판결에 대한 反對論

1. 1947년 판결은 즉각적으로 많은 論議를 불러일으켰다. 아마도 이 논의는 우리 나라 최초의 법학논쟁이라도 불러도 될 것이다.

이 판결에 대하여 논의한 사람으로는 金甲洙,[11] 洪璡基,[12] 金安鎭,[13] 黃聖熙,[14] 金曾漢,[15] 張厚永[16] 등을 들 수 있다. 이들은 당시

11) 金甲洙, "軍政과 日本法適用의 限界(5·完)", 法政 2권 10호(통권 13호, 1947. 10), 36면 이하. 이 글에는 "妻의 能力과 大法院判例"라는 副題가 붙어 있다. 그는 당시 美軍政廳 司法部 法律調査局長의 직위에 있었다.

12) 洪璡基, "司法裁判所의 法律審査", 法政 2권 11호(통권 14호, 1947. 11), 4면 이하. 후에 洪璡基 先生 華甲紀念論文集(1977), 458면 이하에 그가 쓴 다른 학술적인 글들과 함께 再錄되어 있다. 그는 당시 미군정청 사법부 법률조사국「法務士」의 직위에 있었다.

13) 金安鎭, "妻의 訴訟能力", 高大新聞 1호(1947. 11. 3), 2면 이하. 그는 당시 고려대학교의「政法大學 敎授」의 직함을 가지고 있었다.

14) 黃聖熙, "妻의 能力에 대한 新判例에 관하여", 法政 2권 12호(통권 15호, 1947. 12), 12면 이하. 그는 당시「서울地方審理院 審判官」의 직위에 있었다.

15) 金曾漢, "民法 제14조에 대한 判例批評", 法政 3권 1호(통권 16호, 1948. 1), 39면 이하. 이 글은 金曾漢이 최초로 公的으로 발표한 것이다. "晴軒 金曾漢博士著書·論文目錄", 金曾漢 博士 華甲紀念論文集(1981), 870면 참조. 그는 당시 서울대학교 법과대학 교수의 직위에 있었다.

16) 張厚永, "民法 제14조의 運命", 法政 3권 4호(통권 18호, 1948. 4), 6면 이하. 그는 변호사로서 당시의 대표적인 법률관계 정기간행물「法政」의 발행인이었고, 1950년에는『現行民法總論』을 저술·간행하였다.

우리 나라에서 가장 우수한 법률가에 속한다고 해도 무방할 것이다. 이 논의의 과정에서 이 판결의 태도를 "생성중인 국가의 실질적 헌법"이라는 관점에서 긍정하는 견해가 제기되었고, 나아가 과연 대법원이 헌법재판, 즉 위헌법률심사를 할 권한이 있는가가 논의되었다. 그리하여 이 문제에 대하여 「실질헌법론」, 나아가 「대법원의 헌법재판」을 옹호하는 洪璡基와[17] 이에 반대하는 黃聖熙[18] 사이에 이 문제에 대한 공방이 있었던 것으로 추측된다.[19]

이 판결에 대한 당시의 반응을 金甲洙는 "이 판례에 대하여는 논의가 분분하고 毁譽褒貶이 相半이 아니라 多數의 의견이 법의 正條를 무시하고 법의 안정성을 沮害하는 것이라는 점에 있어서 其 誤判임을 지적하고 있는 듯이 추측된다"라고 전하고 있다.[20] 즉 다수는 이 판결의 태도에 반대하고 있다는 것이다. 그리고 위에 든 글 중에서 金甲洙, 金安鎭, 黃聖熙, 金曾漢은 역시 이 판결에 반대하는 입장을 표명하고 있다.

2. 먼저 金甲洙의 견해를 살펴본다.[21]

(1) 金甲洙는 법의 안정성을 들어 1947년 판결에 대하여 비판하는 입장에 대하여는 同調하지 아니한다. 그것은, 條理, 즉 衡平의 原理에 의한 실정법의 補正이 인정되는데 "實定法의 缺陷 내지 社會遊離가 결정적인 것이라면 법의 안정성도 희생을 감수하여야" 하기 때

17) 洪璡基, "大法院의 憲法裁判", 司法新聞 53호; 同, "南朝鮮의 憲法論", 同 61호, 62호. 위 法政 14호 所載의 글은 이 兩者를 합한 것인지도 모른다.

18) 黃聖熙, "大法院의 憲法裁判論을 反駁함", 司法新聞 54호 내지 58호.

19) 「司法新聞」을 필자는 아직 본 일이 없으며, 따라서 註 17, 18의 글도 未見이다. 이 자료를 소장하신 분의 연락을 바란다.

20) 金甲洙(註 11), 36면 下段.

21) 黃聖熙(註 12), 13면 中段에 의하면 "이 판결에 반대하는 측으로서는 [당시까지로서는] 金甲洙씨의 논문이 가장 뛰어나게 훌륭하다"고 한다.

문이다.[22]

(2) 나아가 그는 "이 判例에 대한 논의는 처의 무능력제한에 관한 민법의 규정이 해방 후 민주주의 이념을 국시로 하고 이를 基調로 한 諸般制度가 施設運營되어 가는 現段階에 있어서 과연 이러한 사회정세의 변천과 兩立할 수 있느냐 없느냐 하는 점을 중심으로 전개되어야 한다"고 전제한 다음, 결론적으로 1947년 판결의 태도에 대하여 다음과 같은 이유로 "相當한 疑問"을 표명하고 결국 "不當한 判決"이라고 한다.

첫째, 依用民法 제14조는 반드시 여성에 대한 남성의 우월적 지위를 부여하였다기보다는 부부의 공동생활을 보호하기 위한 것으로, 女性이기 때문이 아니라 "妻라는 이유에서" 그 능력을 제한한 것으로 이해할 것이라고 한다.

둘째, 그에 의하면 "民主主義理念—女性解放을 전제로 한다 하더라도 당연히 처의 무능력제도의 폐지가 결론되지는 않"는다고 한다. 민주주의를 국시로 하는 외국에도 그러한 예는 있으며, "장차 朝鮮에 있어서도 국민의 總意 여하에 따라서는 처의 능력제한을 그대로 유지할 수 있"다는 것이다.

셋째, 아마도 가장 중요한 이유로는 "이러한 문제는 裁判에 있어서 정할 문제가 아니고 <u>立法機關을 통하여 비로소 결정될 성질</u>"이라는 것이다(밑줄은 원문에 傍點이 붙어 있는 부분을 가리킨다. 이하 같다). 그에 의하면 재판으로 이러한 결정을 할 수 있는 것은, 그러한 決定을 하지 않으면 "民主主義의 土臺가 동요되고 그 붕괴를 초래할 성질의 문제"에 한정되어야 한다는 것이다(그러나 이러한 문제에 대하여라도 法院이 헌법재판을 할 수 있는 法的 根據가 무엇인지에 대하여는 아무런 언급이 없다). 그러므로 "判例[즉 1947년 판결]는 … 부당한 판결이

22) 金甲洙(註 11), 36면 下段 이하.

라 하지 않을 수 없다. … 이는 실질적 의미에 있어서 분명히 司法權에 의한 立法權의 侵害"라고 한다.[23)]

(3) 나아가 그는 憲法裁判의 문제와 관련하여서도 "法令審査權은 헌법을 規矩로 하여 그 위반 여부를 판정하는 것인 이상 헌법 성립 이후에 발포된 법령만이 그 審査對象"이 된다고 하여, 헌법 성립 이전에 발포된 依用民法 제14조에 대한 「憲法裁判」도 "있을 수 없음은 물론"이라고 한다.

그러면서 그는 다음과 같이 덧붙인다. "다만 새로운 헌법원리의 시행과 동시에 이와 양립할 수 없는 종래의 법령을 새로운 헌법원리의 시행이 가져오는 新情勢의 전개에 따라 사회실정에 적합치 않은 법령으로 전락되었다 해석함으로써 조리의 기능을 통하여 사실상 폐지된 것과 동일히 취급할 수 있지 않을까 하는 문제가 있을 것이나 이것은 결국 문제를 前述 條理의 관계로 환원시키는 것이다."[24)] 그런데 그가 논하는 바에 의하더라도, 과연 어떻게 해서 「條理의 機能을 통하여」, 그것도 「解釋」의 차원에서 접근하여 종래의 법령에 대하여 「사실상 폐지」한 것과 같은 취급을 할 수 있는지는 반드시 명확하게 제시되어 있지 아니하다. 今 「前述」하였다는 條理에 관한 그의 論議를 상세히 읽어보아도, 그로부터 그러한 「취급」을 정당화하는 法理論的 基礎를 발견하기 어려운 것이다.

3. 金安鎭의 논리는 비교적 단순하다.[25)]

(1) 그는 "본건 판결과 같이 成文法인 법규를 무시하고 법의 適用을 調整함은 민주주의이념에 적합한 것이 아니다"라고 한다. 法의

23) 이상 金甲洙(註 11), 37면 上段 및 中段.
24) 이상 金甲洙(註 11), 37면 下段.
25) 金安鎭(註 13) 참조.

成文化야말로 "권력자의 전제정치를 억제"하며 또 국민으로 하여금 이에 準據하여 합리적 행동을 가능하게 한다. "더구나 現今과 같이 정치상 이념의 대립이 심할 때에 있어서는 사법관은 성문법을 무시하여 독선적 또는 감정적으로 법의 해석을 하여서는 안 된다"는 것이다.

나아가 그는 다음과 같은 주장도 한다. "현행 相續法은 판례법 또는 관습법으로서 성문법도 아니다. 성문법이 있음에도 불구하고 그 법을 무시하는 대법원의 태도로 보면 당연히 판례법, 관습 같은 것은 안중에 없는 것이 추측된다." 즉 成文法을 무시한다면 相續法을 이루는 判例法이나 慣習法은 더욱 가볍게 여길 것이니, 어디서 법적 안정성을 찾겠는가 하는 점이다.

그리하여 그는 "본건 판결은 『법률에 의한 재판』이라고 할 수 없는 違法의 判決로서 비민주주의적인 법의 운용의 標本이라 하겠다"고 결론짓는다.

(2) 한편 그에 의하면 "日本의 植民地政策에 의한 惡法"은 이를 「掃蕩」하여야겠으나, 민법 제14조는 거기에 해당하지 않는다. 그의 흥미로운 설명에 의하면, "事實上에 있어서 현행 관례에 의하면 妻가 소송행위를 하고자 하면 형식상 書面에 의하여 夫의 허가가 있는 듯이 그 동의서 또는 허가서를 호적등본과 함께 재판소에 제출하여 適法手續을 취하기는 하나 妻가 직접 단독으로 소송행위를 하는 예는 드물고 대개는 그 夫가 변호사에게 소송대리를 위임하든지 또는 재판소에 소송대리허가신청을 하여 그 허가를 얻어 소송함이 실상이다. 如斯히 현실면에 있어서는 부는 처에 대하여 어느 정도 優越的 支配權이 있기 때문에 夫婦間의 和合이 유지되고 있다"는 것이다.

이러한 立論은 내용적으로 당시의 친족법이나 상속법상 여자 또는 남자의 법적 지위에 대한 법문제의 제기로 이어진다. 그에 의하면 "여자는[가] 법률상 남자와 동등한 私權을 향유함에[향유한다면] 祭祀

相續도 할 수 있고 戶主相續, 財產相續도 남녀균등하여야 하며, 여자에게도 嗣養子가 될 권리를 부여하여야 하고 夫에게는 妻와 같이 법률상 守操의 의무를 인정하여야 할 것"이라는 것이다. 그는 아마도 여자나 남자에게는 이러한 권리 또는 의무가 없음을 당연한 전제로 하여 논의를 전개하는 듯하다.[26]

4. 黃聖熙의 주장은, 그가 헌법재판론을 전개한 文獻을[27] 입수하지 못하여 확연히 알 수는 없으나, 첫째 대법원은 헌법재판을 할 권한이 없다는 것이고, 둘째, 1947년 판결은 헌법재판을 하여 민법 제14조를 헌법에 반한다는 이유로 그 無效를 선언한 것이 아니라 단지 그 규정을 그 판시의 이유로 적용하지 아니한 것뿐이라는 데 있다고 추측된다.[28]

그에 의하면 "도대체 헌법재판제도라는 것은 소위 硬質憲法의 존재, 즉 憲法의 優位性을 전제로 삼는 데에서만 비로소 그 認否 여하 내지 構成形態에 관한 문제가 발생할 수 있"는데, "硬質憲法은커녕 여하한 憲法典도 보유하지 못하는 현하 南朝鮮에 있어서는 헌법재판을 논의할 여지가 없"다는 것이다. 여기서 「硬質憲法」이란 아마도 법률의 개정절차에 비하여 엄격한 절차요건을 갖추어야만 개정되는 憲法을 가리키는 것으로 보인다.

5. 金曾漢도 뒤의 Ⅳ.1.(1)에서 보는 洪璡基의 파악과 유사하게 1947년 판결을 "민법 제14조를 解釋한 것이 아니라 그 적용을 거부한" 것이라고 이해한다.[29] 그리하여 그는 대법원이 법률의 적용을

26) 依用刑法(朝鮮刑事令 제1조 제1호 참조) 제183조는 "有夫의 婦", 즉 妻에 대하여만 姦通罪를 인정하였다.
27) 앞의 註 18 참조.
28) 黃聖熙(註 14), 13면 上段 이하 참조.
29) 金曾漢(註 15), 39면 下段.

"전적으로 거부할 수 있는가"를 따져서, 이를 부정적으로 답한다.

(1) 그는 洪璡基의 憲法裁判論(뒤의 Ⅵ.1. 참조)을 다음과 같이 비판한다.[30]

김증한의 주장은 결국 현재 법원의 법률심사권을 정하는 헌법(成文憲法 또는 "우리의 법적 확신의 지지를 받고 있는 憲法的 慣習")은 존재하지 않는다는 것에 귀착한다. 그러므로 "成文으로" 이를 규정하는 헌법이 마련되기까지는 "現裁判所는 종래의 재판소가 有하였던 권한을 독단으로 확장시켜서는 안 된다"는 것이다.[31] "금번 판례가 즉 [朝鮮憲法의] 발굴작업의 하나라고 할지 모르나, 發掘하여 놓은 헌법을 지켜나가는 것이 司法權의 임무이지 발굴 자체가 임무는 아니다."[32]

또 그는 「민주주의이념」은 "너무나 그 내용이 漠然하고 너무나 多義的"이어서 헌법일 수가 없다고 한다. "民主主義라는 概念이 … 國家組織도 基本權도 그에 따라 결정되지 못하는 것이라면, 그것은 어떠한 의미에서도 헌법이라고 부를 수 없"(점선은 인용자가 생략한 부분을 가리킨다. 이하 같다)다는 것이다.[33] 또 어느 정도 명확한 내용을 가지더라도, 그것은 "각국 헌법에 공통한 指導原理일지언정, 一國의 헌법일 수는 없다. … 數個國이 同一憲法을 共有할 수는 없"기 때문이다. 그에 의하면, "朝鮮이 현재 민주주의를 國是로 한다 함은 헌법을 제정, 실시할 것을 기본방침으로 삼는다는 데 불과하다. 憲法의 내용은 未定이다."[34]

나아가 그는 현재가 「過渡的 段階」임을 강조한다. 과도적 통치조

30) 그는 金甲洙의 所論이 "法의 內在理想인 條理에 의한 裁判"이라는 논리로 위 문제를 긍정한다고 하면서, 이를 논박하고 있으나 여기서는 이에 대하여 언급하지 않기로 한다.

31) 金曾漢(註 15), 40면 上段.

32) 金曾漢(註 15), 40면 下段.

33) 金曾漢(註 15), 40면 下段.

34) 金曾漢(註 15), 41면 上段.

직으로 행정권이나 입법권이 불비한 현재에 있어서 司法權이 "완비된 조직하에서도 반드시 부여되지 못하"고 있는 법률심사권을 "자진하여 획득할 만한 권위"는 없다고 한다. 그러한 상황에서 대법원이 "속속 從來法의 無效를 선언"한다면 입법이 이에 대응하지 못하므로, 결국 "法의 欠缺이 늘어서 문제 그대로 無法의 領域이 확대될 것"이라는 것이다.[35]

여기서 제기되는 疑問은, 그렇다면 金曾漢은 당시의 법원이 日政法令을 ─ 그것이 軍政法令에 의하여 폐지되지 아니하는 한 ─ 그대로 적용하여야 한다고 주장하는 것인가, 만일 그것이 아니라면, 법원의 이러한 「적용제한」은 무엇을 根據로 하여, 어떠한 方式으로 행하여질 수 있다는 것인가 하는 점이다. 그가 이에 대한 答을 주고 있지 아니한 한, 무언가 論議의 核心을 빗겨가고 있다는 느낌을 떨칠 수 없다.

(2) 그는 나아가 依用民法 제14조가 "민주주의와 도저히 양립할 수 없고 현사회상태에 비추어 절대로 용납될 수 없느냐"를 논한다. 그는 이를 否定的으로 답하여, 대법원이 同條를 적용하지 아니한 것을 비판한다.[36]

그는 외국의 立法例를 살핀 후 "공법상 남녀평등이 실현되고 여자가 남자에 지지 않게 사회적 활동을 하고 있는 歐洲諸國에 있어서도 부부생활에 있어서는 妻가 상당한 제한을 받고 있"다는 것을 확인한다. 그런데 부녀자의 사회적 지위가 아직 얕은 "朝鮮의 現實"에서는 처의 지위만을 향상시킨다면 "결국은 부부생활의 원만을 깨는 데 一助가 되는 이외에는 아무런 效果도 없을 것"이라고 한다. 그리하여

35) 金曾漢(註 15), 41면 上段 이하. 그는 여기서 사법권의 「權威」라는 용어를 「권한」과는 구별하여 사용하고 있다. 그 區分은 반드시 명확하지 아니하나, 성문헌법에 의하여 주어진 「權限」이 아닌 自己充足的 意思貫徹力으로서의 「권위」를 의미하는 듯하다.

36) 金曾漢(註 15), 42면 上段 이하.

의용민법 제14조는 "부부생활의 화합을 위한 규정"이며, "女子에 관한 규정이 아니라 妻에 관한 규정"이라는 것이다.

(3) 결국 그는 다음과 같이 결론짓는다.

> "男女平等이 실현되더라도 妻에 대한 어느 정도의 제한은 별도로 남을 수 있는 것이어늘, 하물며 [依用]民法 제14조가 조선 현재의 사회실정에 적합치 않기 때문에 적용할 수 없다 함은 도저히 正當한 見解라 할 수 없다. 그리고 특히 裁判所로서 法律의 失效를 선언함은 不當한 일일 것이다."[37]

Ⅳ. 大法院判決에 대한 贊成論

1. 洪璡基는 극히 흥미로운 논의를 전개하여 1947년 판결의 태도를 이론적으로 뒷받침하고 있다.[38]

(1) 그는 우선 1947년 판결이 "민법 제14조를 어떠한 구체적 사실에다가 적용한 것이 아니라 그 法條 자체의 효력을 심사한 것이다. 法律 그 자체의[에 대한] 裁判이다"라고 단정한다. 여기서부터 이 판결이 "오직 제정되어 있는 법을 適用"한다는 "司法의 本質"에 반하는 것이 아닌가 하는 의문이 제기된다. 이 의문에 대하여 그는 다음과 같은 對答을 제시한다. 즉 "大法院이 해방 이후 우리의 새로운 헌법으로 군림한 민주주의이념에 어그러지는 민법 제14조를 憲法에 抵觸한 法律로 인정하고 그 無效를 宣言한 것으로 볼 수 없는가" 하는 것이다.[39]

37) 金曾漢(註 15), 43면 下段.

38) 黃聖熙(註 14), 12면 下段에 의하면, 洪璡基의 글은, "[당시까지 제시된 1947년 판결에 대한] 贊成論 중의 白眉編"이다.

39) 洪璡基(註 12), 4면 中段 이하.

1947년 판결을 이와 같이 이해하려면 전제적으로 해결되어야 할 문제가 있다. 그는 이를 다음의 넷으로 정리한다. 첫째, 대법원이 그러한 헌법재판권을 가지는가. 둘째, 이를 긍정하여도 "現在의 南朝鮮에 무슨 憲法이 있느냐", 즉 이른바 "民主主義理念 따위"가 헌법재판의 기준으로서의 헌법이 될 수 있는가. 셋째, 이상을 긍정하여도 "과연 男女同權이란 정치적 구호대로 처의 무능력제도를 폐기하는 것이 옳으냐." 넷째, 이상을 모두 긍정한다고 할 때 그러한 "憲法裁判의 效果는 如何."

(2) 우선 대법원의 헌법재판권에 대하여.

그는 각 나라마다 事情이 다름을 살핀 후에, "이렇게 헌법재판제란 무슨 입법주의나 민주주의 같은 한 원칙의 속성으로서 당연히 일반적·균일적으로 있는 제도가 아"님을 확인한다. 미국의 경우도 "大審院이 헌법의 우위성과 사법법원의 사명을 관련시켜 自覺的으로 획득한 권한"인 것이다.[40] 그리고 그는 우리 대법원도 마찬가지라고 한다.

> "大法院은 판결이유 중에『本院은 사회의 진전과 법률의 해석을 조정함에 의하여 비로소 심판의 타당을 기할 수 있음에 鑑하여』이러한 헌법재판을 한다고 간단히 논하였으나, 우리 대법원도 上述한 바 마샬 판사의 설시와 같이 해방 이후 우리의 모든 질서 위로 군림한 우리의 새로운 헌법 민주주의이념의 우위성을 인식하고 사법법원의 본질적 직무에 徹함으로써 드디어 이 헌법재판권을 自覺的으로 자기의 권한으로 發見한 것이다."[41]

말하자면 洪璡基는 1947년 판결에 저 유명한 미국연방대법원의 Marbury vs. Madison, 1 Cranch 137(U.S. 1803) 판결과[42] 같은 의미

40) 洪璡基(註 12), 5면 下段.
41) 洪璡基(註 12), 6면 上段.
42) Bernard Schwartz, *A Book of Legal Lists. The Best and Worst in American*

를 부여하고 있는 것이다.

그는 이러한 "自覺의 妥當함"을 한편으로 당시의 立法議院을 통과하였던 「臨時約憲」[43] 제47조("最高法院은 法令의 適用에 관하여 該法令이 本法에 違反 與否를 조사할 權限이 있다")에서도 찾고 있다. 다른 한편으로 그는 이러한 憲法裁判權을, 그것이 "입법권과 행정권의 지나친 野合으로 인민의 자유를 함부로 침범함을 막음에 적지 않은 역할을 하였을 것"이라는 설명으로도 뒷받침하고, 또 "日帝 때 日本憲法이 명문으로써 보장한 諸基本權"이 國家總動員法이라는 법률로 유린되었어도 일본인민들이 호소할 것이 없었던 것은 "司法權의 優越이 없는 나라의 悲哀"라고 덧붙인다.[44] 그리하여 그는 이 헌법재판권에 관한 논의를 "우리는 모름지기 이러한 惡法律을 헌법재판에 의하여 심판받게 하기 위하여 이 대법원이 확립한 司法權의 優越을 길게 保存하여야 할 것"이라는 말로 마감하고 있다.

(3) 다음 「南朝鮮의 憲法」에 대하여.

그는 우선 現在의 朝鮮은 「生成中의 國家 the state in the making」이며 장래 성취될 완전한 나라인 조선의 「前生 Vorleben」이면서 동시에 "美蘇에게 軍事占領을 받아 그 主權이 抑壓을 받고 있는" 二重的 存在라고 한다. 그리고 「국가의 조직을 규율하는 大原理의 전

Law (1997), p. 49 이하에 의하면, 이는 미국역사상 "가장 위대한 판결" 10개 중 제1위를 차지한다.

43) 金哲洙, 韓國憲法史(1988), 52면에 의하면, 이 「朝鮮臨時約憲」은 1947년 8월 6일에 통과되었는데 군정장관의 認准留保로 효력이 발생하지 않았다. 자세한 것은, 洪起台, 해방후의 헌법구상과 1948년 헌법 성립에 관한 연구, 1986년 서울대 법학석사논문, 53면 이하 참조.

44) 이상 洪璡基(註 12), 6면 上段 이하. 그는 그 전에 이미 "특히 민주주의적 法制度로서 종래의 대륙법보다도 영미법에서 계수해 올 것이 더 많다. … 미국의 司法權優越의 原則도 새 조선 민주주의헌법에 반드시 채용되어야 할 원칙의 하나일 것"이라는 의견을 표명한 바 있다. 洪璡基, "英美法과 大陸法", 法政 2권 1호(통권 4호, 1947. 1)(후에 註 12의 洪璡基 先生 華甲紀念論文集(1977), 414면 이하에 再錄. 引用은 同書, 456면) 참조.

체」라는 의미의 "실질적 의미의 헌법"은 국가나 정부가 있는 한 그 형태가 어떠하든 반드시 존재한다.[45]

그러면 현재의 「남조선」에는 어떠한 헌법이 있는가. 위의 二重性을 반영하여 헌법도 이중적으로 존재한다. 하나는 統治權에 관한 것으로 이는 결국 美軍政의 조직에 관한 것이다. 이어서 그는 다음과 같이 말한다.

> "이것으로 「政府의 組織」을 규율하는 헌법적 규정은 다하였다 치더라도 憲法의 二大部門의 하나인 人民의 基本權에 관한 것은 없다. … 인민의 기본권은 建國의 理念에 비추어 그 이념에 맞는 권리를 그 속에서 발굴하여 形成하여 나갈 수밖에 없다. … 布告 제1호 前文이 선명한 바와 같이 軍政은 군정 그 자체를 목적으로 하는 것이 아니라 실은 조선의 독립을 적극적으로 원조함으로 목적을 삼을지니 … 軍政도 실은 생성중의 국가 조선을 위한 존재이고 또 그래야만 한다. 그러므로 建國理念은 생성중의 국가 조선의 <u>生成의 原理</u>일 뿐 아니라 또 동시에 軍政의 원리로서 군정하 모든 질서를 규율잡는 원리이기도 하다. 따라서 건국이념은 모든 法秩序 위에 군림하여 있고 모든 법은 이 건국이념에 합치함으로써 존재하고 또 불합치함으로써 소멸할 것이다. 그러니 이 建國理念이야말로 현재 남조선의 실질적 의의의 헌법인 것이다."[46]

그런데 이러한 「건국이념」, 즉 실질적 의의의 헌법이란 결국 民主主義이다. 1947년 판결의 "우리는 민주주의를 기초삼아 국가를 건설할 것이고 법률, 정치, 경제문화 등 모든 제도를 민주주의이념으로써 건설할 것은 現下의 國是라 할 것이다"라는 판시가 바로 이를 說破한 것이라고 한다.[47]

---

45) 洪璡基(註 12), 7면 上段 이하.
46) 洪璡基(註 12), 7면 下段 이하.
47) 洪璡基(註 12), 8면 上段.

그러면 이러한 「민주주의이념」이라는 것이 헌법재판의 기준이 될 수 있는가. 그는 조금의 망설임도 없이 이를 긍정한다. 그에 의하면 미국의 헌법재판의 예를 보아도 自然法, 合理性(reasonableness) 또는 ── 美國憲法 修正제14조의 적법절차조항에서 보듯 ──「適切함(due)」을 기준으로 얼마든지 활용하고 있다는 것이다.

그리하여 그는 다음과 같이 논의를 마무리한다.

> "그렇다면 이 建國過程期의 大法院이 건국이념으로써 헌법재판의 기준으로 삼은 것은 至當타 아니할 수 없다. 그리고 그 건국이념인 민주주의의 속성으로서 남녀동권이란 細目的 理念을 끌어내는 것도 또한 明白한 事理에 좇은 것이라 아니할 수 없다."[48]

이와 같이 그는 대체로 「남조선의 현재의 헌법」만을 논의한다. 그런데 과연 「생성중의 국가 조선」이라고 할 때 그것이 과연 그 38도선 이북의 「조선」은 배제되는 것인지 잘 알 수 없다. 그가 "分割된 南北 두 조선임에도 불구하고 이것을 초월하여 하나의 「생성중의 국가」 조선을 想定할 수 있"다고 하는 점에 비추어 보면, 그가 北을 배제하는 것으로는 여겨지지 않는다. 그렇다면 예를 들어 그가 주장하는 「司法權優越의 原則」이 당시의 남북을 통틀어 建國理念이 된다는 것인지 의문이다.

(4) 또한 妻의 無能力制度에 대하여.

그는 우선 妻를 무능력자로 함은 부부공동생활의 화합을 위한 것으로서 부부를 차별하는 것이지 남녀를 차별하는 것이 아니라는 주장(아마도 위의 Ⅲ.2.(2)에서 본 金甲洙의 견해를 염두에 둔 것인가?)을 반박한다. 부부의 화합을 위하여 능력제한이 필요하다면 夫의 능력을 제한하거나 夫妻의 능력을 공히 제한하지 아니하고 왜 하필 妻의 능

48) 洪璡基(註 12), 8면 上段.

력을 제한하였는가. "부부의 화합이란 美名 바로 뒤에는 男女差別이 숨어 있는 것이다."[49]

그리고 그는 대법원의 果敢性과 進步性을 찬양한다. "새 조선 건국에 있어 이러한 봉건적 잔재의 소탕에는 모름지기 果敢하여야 한다. … 대법원이 이러한 보수성이 가장 濃厚한 身分法의 분야에서 봉건적 잔재 소탕의 先鞭을 가한 것은 더욱이 반가운 일이다. 대법원의 헌법재판이 앞으로도 더욱이 이러한 진보적 방향으로 걸어가기를 기대하여 마지 않는다."[50]

(5) 마지막으로 헌법재판의 효과는 어떠한가.[51]

洪璡基는 우선 헌법재판에 의하여 법률의 무효가 선언된 경우 그 법률은 언제부터 무효인가를 다룬다. 그는 미국의 헌법학자들 사이에서는 「애초부터 무효」라는 것이 통설이지만 "朝鮮에서는 이 이론은 좀 修正을 받아야 한다." 왜냐하면 해방 후에 비로소 새로운 헌법, 즉 민주주의이념이 군림하게 되었으니 무효의 始期는 이 이념이 조선에 베풀어진 날부터야 한다는 것이다. 그리고 그 날은 "法的으로는" 일본이 항복문서에 서명한 1945년 9월 2일이라고 한다.

그렇다고 하여도 사정에 따라서는 「事實上 理論 de facto doctrine」이나 禁反言 등을 원용하여 효력을 제한할 필요가 있을 것이다. 그러나 1947년 판결의 경우에는 처의 능력을 제한하던 障碍를 풀어놓았으므로 조금도 去來의 安全을 해하지 않으며 "오히려 夫의 동의가 없어 不安定하던 거래를 안정화시킬 것"이다. 그러므로 의용민법 제14조에 대하여는 "當初無效의 원칙을 적용하여도 아무런 부당한 결과도 없어[없고 또한 1947년 판결에] 아무런 留保文句도 없으니 민법 제14조의 무효의 始期는 同年[1945년] 9월 2일이다"라고 한다.

49) 洪璡基(註 12), 8면 中段 이하.
50) 洪璡基(註 12), 8면 下段 이하.
51) 洪璡基(註 12), 9면 上段 이하.

나아가 그는 헌법재판은 그것이 구체적 사건에 대한 재판의 전제가 된 때에만 할 수 있으며(소위 具體的 規範統制), "자진하여 어떤 법률의 위헌성을 단정해 낼 權限은 없다"고 한다.

(6) 洪璡基의 이 글은, 그 當否는 별론으로 하더라도, 대담한 構想力을 보여 준다는 점에서 특필할 만하다. 또한 바탕에 깔려 있는 새 나라 건국에의 熱情도 바로 느껴진다. 그리고 당시에 미국의 헌법재판이론을 배경으로 논지를 전개한 점도 흥미롭다.

2. 張厚永은 다음과 같은 견해를 피력하여 1947년 판결을 옹호한다.

(1) 洪璡基가 주장하는 「생성중인 국가 조선의 실질적 헌법」에 대하여 그는 다음과 같이 비판한다.

> "現實에 비추어 보건대, 南北朝鮮은 양분되어 있고 그 兩地域에서 현실적으로 시행되고 있는 실질적 헌법이랄까 헌법원리랄까 하는 것도 兩者가 전연 별개의 기본원리에 입각하고 있는 것이니 우리 大法院이 생성중의 국가 조선으로서의 실질적 헌법 내지 헌법원리를 파악할 수는 논리상 불가능한 것이라 하겠다. … 이 점을 합리적으로 해명할 수 없는 것이 그의 致命的 弱點이라 하겠다."[52]

적어도 南北을 통틀어 하나의 「생성중의 국가 조선」을 전제로 할 때에는 이 비판은 타당한 것으로 여겨진다.

(2) 한편 그는 洪璡基가 말하는 「사법권 우월의 원칙」에 대하여, 그것이 "민주주의의 필연적 귀결이 아니"며 또 "일반적으로 말하자면 … 민주주의 내지 삼권분립주의의 平常的인 發展의 歸結이라고는 말할 수 없을 것 같다"고 한다. "왜냐하면 수백명의 국회의원의 결의

52) 張厚永(註 16), 6면 上段 이하.

로써 성립된 법률이 불과 5명 내지 9명의 대법관의 합의로써 一朝에 전연 水泡에 돌아가고마는 결과를 짓게 되는 論理는 별단의 사유가 없는 한 갑자기 首肯하기 어렵다"는 것이다.[53)]

추측하건대 이것이 아마도 당시의 법률가들이 「대법원의 헌법재판권」에 대하여 가지는 일반적인 評價 내지는 感想이 아닐까 한다. 앞에서 말하였듯 洪璡基와 같이 미국의 헌법재판제도를 보다 상세하게 검토·음미해 보지 아니하였다면, 특히 주로 憲法理論 또는 憲法現實이라고 하여도 당시까지의 日本의 그것을 보고 들은 처지에서라면, 그러한 생각을 가지는 것도 무리는 아닐 것이다.

(3) 그런데 정작 張厚永이 말하고자 하는 主眼은, 1947년 판결에 대한 지금까지의 논의가 불필요하게 학술적으로 흘러서 "[그] 대법원 판결 자체에 대한 충분한 검토"를 결여하고 있다는 데 있다.[54)]

그가 보는 바로는, "그 판결이유 속에는 學者가 自量껏 이해하고 있는 바[의] 憲法裁判도 條理裁判도 설시한 형적이 조금도 없"으며, 대법원은 여기서 문제를 "사회진전과 「法律의 解釋」을 조정함에 의하여 비로소 심판의 타당을 기할 수 있다는 견지에서 해방후 우리 사회상태에 적합치 아니한 「法律適用」에 있어서 적당한 변경을 가할 것이라는, 즉 법률해석과 법률적용에 관한 문제로서 취급한 것"이라는 것이다. 그리하여 "대법원이 민법 제14조 적용을 거부하는 것은 그것이 생성중의 국가 조선의 실질적 헌법에 배반되는 까닭이란 것도 아니요 새로운 헌법원리에 배치되는 까닭이란 것도 아니요, 眞實로 解放後 우리 社會狀態에 적합치 않는 것이 그 이유인 것"이라고 이해한다.

그는 「조선해방」이라는 "지극히 커다란 歷史的 現實的 變動"으로 인하여 "尋常 一般의 法理論만 가지고서는 도저히 처리수습할 수 없는 법현상"이 너무나 많이 발생한다(그는 한 예로 依用刑法 중 天皇

53) 張厚永(註 16), 6면 中段.
54) 이하 張厚永(註 16), 6면 中段 이하.

에 대한 犯罪規定을 든다. 이는 軍政法令 제11호 제2조에서 말하는 "差別을 生케 하는 법령"이라고 할 수 없어 同規定에 의하여 폐지되었다고는 論斷할 수 없다고 하고, 그러나 "해방후 조선인민의 누구 한 사람도 그의 법적 확신으로서 그 법규가 아직까지도 그 효력을 지속하고 있다고는 생각지 않을 것이다. 즉 이런 법규 등은 특별히 실효의 선포가 없다 하더라도 「조선해방」이란 커다란 현실의 변동으로 말미암아 당연히 그 현실적 적용의 가능성을 전연 상실해 버리고" 말았다고 한다). 그러한 상황 아래서, 더욱이 "입법기관이 不振한 現下 現實"에 있어서, "남조선통치기구에 있어서 법의 운용에 관한 최고기관"인 大法院으로서는,

> "해방 후의 우리 사회상태를 거울삼아 거기 비추어 보아서 적합치 않은 法規, 「조선해방」이란 지극히 커다란 역사적 현실적 변동으로 말미암아 그 現實的 適用可能性을 전연 상실했다고 인정되는 법규, 「조선해방」에 치어죽어 송장이 된 법규를 충실히 추려골라 이것을 適用拒否라는 무덤 속에 착실히 葬事지내는 課業을 수행"하여야 하는 것이다.[55]

그렇게 보면 대법원이 그러한 법규의 "적용을 거부하는 것은 當然한 事理이며 이것은 그의 權限인 동시에 또한 그의 義務"이기도 하다는 것이다. 이러한 관점에서 그는 1947년 판결이 그 취사선택의 기준을 「해방후 우리 사회상태」에 구하였다고 보고, 이를 "가장 賢明適切한 所致"로 찬양한다. 또 대법원이 위와 같은 문제를 "결국 법률적용의 문제로 취급한 점이 穩健하고 適切"하며, 또한 이로써 "그 소위 「헌법재판설」이나 「조리재판설」에 대한 비난을 능히 克服할 수 있"다는 것이다.

張厚永은 이상과 같이 헌법재판 또는 대법원의 헌법재판권에 관한 論議를 비판하면서 그와는 다른 觀點에서 1947년 판결이 종전의

55) 張厚永(註 16), 7면 中段.

법률규정의 「적용을 거부」한 것을 정당화하고 있다.

(4) 그렇다면 대법원이 구체적으로 依用民法 제14조의 「적용을 거부」한 것이 타당한가? 그는 자신의 글의 목적이 이 점을 논하자는 데 있는 것이 아니라고 하면서, 이 문제에 대한 최종적인 태도의 表明을 유보한다("현하 현실만을 파악함으로서는 대법원의 견해가 지나친 감이 없지 않지마는, 앞으로의 현실적으로 전개될 조선민족의 생활양태가 단정코 대법원의 견해와 어그러지는 방향을 취할 것이라고 단언키 어려운 傾向의 動態가 전연 없는 바도 아니다."[56] 법률가적 巧言饒舌!). 그리고 "내가 여기서 斷言하고 싶은 것은 대법원의 그 구체적 판단의 시비를 如何間에 민법 제14조는 前揭 대법원판결로 말미암아 **논리적으로 모순 없이 유효하게** 차후로 그 적용을 거부당할 것이라는 것"이라는 말로 마감한다.

V. 民法의 制定過程에서의 論議 기타

1. 後日談이라고나 할까, 그 후 민법의 제정과정에서 처의 행위능력 제한에 관한 논의를 덧붙인다. 이 논의는 1947년 판결 및 이를 둘러싼 攻防과 일정한 연관이 있다고 생각되기 때문이다.

(1) 張暻根은 이미 1947년 6월의 군정청 행정명령 제3호로 구성된 법전기초위원회(Code Drafting Commission)의[57] 위원으로서, 민

56) 張厚永(註 16), 7면 下段. 그런데 뒤에 출간된 張厚永, 現行民法總論(1950), 66면에서는, "妻를 無能力者로 규정하는 제도는 아무리 夫婦生活의 圓滿과 和合을 위한다 하여도 萬民平等·男女同等을 부르짖는 民主主義的인 國家法制下에서는 용인되지 못할 制度라 아니할 수 없는 것이다. … 고로 처의 무능력에 관한 [의용민법] 제14조 내지 제18조는 헌법 제8조 同 제100조에 의하여 폐지되었다고 아니할 수 없다"라고 설명하고 있다.

57) 당시의 公用語는 英語이었다. 太平洋美國陸軍總司令部 布告 제1호의 제5조

법 중「身分法」의 "起草委員, 連絡委員 겸 組織小委員"을 맡았었다.[58] 1948년 8월에 정부가 들어선 후 구성된 법전편찬위원회에서도 張暻根은 민법분과위원회에서 "身分編"의「책임위원」, 그 중에서도「主責任委員」이 되었다.[59] 그는 이미 1948년 9월에 "법전편찬위원회 전체회의에서 최종적 결정을 받아 입법방침 및 요강을 확정부동적으로 만들기 전에 … 學界와 輿論의 충고를 받"고자 "親族相續法立法方針及要綱私案"을 발표하였다.[60] 그 중「親族編의 要綱」제20항은 "妻의 行爲能力"에 대하여 다음과 같이 정한다.

> "(1) 妻는 자기의 特有財産에 관한 행위 및 訴訟行爲에 관하여 夫의 同意를 요하지 않도록 할 것
>
> (2) 身體의 羈束을 받을 계약 또는 영업을 함에는 夫의 동의를 요하는 것으로 할 것"

이 항목은 그대로 법전편찬위원회의「民法親族相續編要綱」의 한 내용으로 확정되었다. 이 항목에 대한 張暻根·張承斗의 "解說"은 다음과 같이 말한다.[61]

> "… 요컨대 처의 무능력에 관한 규정은 고대의 女子永久後見制의 殘影이고 현대생활과 그 사회적 경제적 필요와 조화되지 않는 過去의 遺物이라고 하겠다. 그러므로 이를 다만 혼인공동생활의 원만

제1문("군정기간 중의 모든 목적을 위하여 영어를 공용어로 한다"). 그리하여 이 영어의 번역으로「법제편찬위원회」라고도 불리웠다.

58) 이에 대하여는 우선 梁彰洙(註 9), 91면 이하 참조.

59) 副責任委員은 張承斗이다. 民議院 法制司法委員會 民法案審議小委員會 편, 民法案審議資料集(1957), 75면 참조.

60) 張暻根, "親族相續法立法方針及要綱私案", 法政 3권 9호(통권 23호, 1948. 9), 13면 이하. 또한 民法案審議資料集(前註), 26면 이하; 鄭光鉉, 韓國家族法研究(1967), 附錄編(親族相續法立法資料), 1면 이하에도 수록되어 있다.

61) 張暻根·張承斗, "民法親族相續編要綱解說(二)", 法政 4권 11호(통권 37호, 1949. 11), 13면. 이 글은 民法案審議資料集(註 59), 1면 이하; 鄭光鉉(前註), 附錄編, 12면 이하에도 수록되어 있다.

을 유지하는 데 필요한 범위에 한하여 인정하고 그 필요한 한도를 넘어 남녀평등을 해하는 것은 이를 폐지하여야 할 것이다. … 그리고 처의 무능력은 … 혼인의 효과이므로 現民法이 총칙에 이를 규정하여 마치 妻는 判斷能力이 부족하여 부의 능력보충(보호)을 요하는 취지인 듯한 인상을 준 것은 타당치 않았음에 鑑하여 이것을 親族編 혼인의 효력에다 규정하기로 하였다."

우리가 1947년 판결을 둘러싸고 벌어진 論議에서 그 公約數 또는 「가능한 한 많은 사람의 동의를 얻을 수 있었던 입장」을 여기서 읽는다면 지나친 비약일까. 그렇게 보면 위 「解說」이 이 판결에 관한 文獻들(앞의 Ⅲ. 및 Ⅳ. 참조)을 ── 일본문헌과 함께 ── 인용하고 있는 것도 의미가 전혀 없지는 않을 듯하다.

(2) 그런데 民法案은 처의 행위능력을 제한하는 규정을 일절 포함하고 있지 않았다. 그런데도 이 法案을 심의한 민의원 법제사법위원회 민법안심의소위원회는 그 「審議의 要綱」을 따로 정하였다.[62] 이 요강 중 「親族編의 審議要綱」 제18항은 앞의 (1)에서 본 「親族編의 要綱」 제20항과 완전히 일치한다.

그리고 그 이유도 그대로이나, 다음과 같은 부분이 덧붙여져 있다.[63]

"②의 신체의 기속을 받을 계약이나 영업에 관한 부의 동의권에 관하여는 女性들은 이를 削除하거나 不然이면 夫의 同樣의 契約 또는 營業에 대하여 妻의 동의권을 인정하여야 한다는 主張을 하고 있다. 그러나 夫의 활동범위가 사회적으로나 경제적으로 妻의 그것에 비하여 심히 廣大複雜한 것이 실정이고, 뿐만 아니라 만일 처의 동의

62) 이 『民法案親族編相續編審議要綱審議錄』은 「민의원 법제사법위원회 민법심의소위원회("민법안심의소위원회"의 잘못?)」에서 별개의 책자로 발간되기도 하였고, 또 同 小委員會, 民法案審議錄, 下卷(1957), 1면 이하에도 수록되어 있다.

63) 民法案審議錄(前註), 10면 上段 이하.

권을 인정한다면 그 채권자를 해하는 방법으로 악용할 우려도 많은 것이다. 이러한 견지에서 볼 때 本項의 정도가 남녀평등의 원칙을 固持하면서 혼인공동생활의 원만을 기하기에 가장 적절한 것으로 인정되는 것이다."

(3) 그러나 위 민법안심의소위원회는 이 「審議要綱」을 실제로 民法案을 심의하는 과정에서 貫徹하지 아니하였다. 이를 관철하려면 처의 행위능력을 제한하는 규정을 일절 두지 아니한 민법안에 대하여 새로운 條項을 추가할 것을 제안하여야 했을 것이다. 그러나 『民法案審議錄』을 보아도 그 論議의 흔적을 찾아볼 수 없으며, 그 소위원회가 마련한 「修正案」에도 이에 대한 언급이 전혀 없다. 이와 같이 민법안심의소위원회의 「審議要綱」이 ── 적어도 법사위의 수정안으로라도 ── 관철되지 아니하고, 심지어 그 입법과정에서 논의의 흔적조차 찾을 수 없는 예는 극히 드물다.

한편 우리는 總則編의 심의과정으로부터 "── 現行法[依用民法을 가리킨다] 제14조 削除 ── 현행법 제14조는 처의 무능력을 규정한 것으로 이는 우리 憲法 제 8 조에 비추어 삭제됨이 당연하다"는 言及을 찾을 수 있다.[64] 여기서 말하는 헌법(제헌헌법) 제 8 조 제 1 항은 다름아닌 平等權에 관한 규정이다("모든 國民은 法 앞에 平等이며 性別, 信仰 또는 社會的 身分에 의하여 정치적, 경제적, 사회적 생활의 모든 領域에 있어서 差別을 받지 아니한다").

필자는 우리가 살펴본 1947년 판결이 멀리 여기에까지 그의 「울림」을 전하고 있지 않은가 생각해 본다. 憲法은 이 판결을 통하여 구체적인 形象을 얻었던 것이다.

2. 한편 大法院은 아직 우리 나라가 건립되기 전인 1948년 3월

---

64) 民法案審議錄, 上卷(1957), 14면 上段.

28일에 선고한 1947年民上第260號 판결에서도[65] 依用民法 제14조의 적용문제를 다루었다. 그 사건의 原審에서 패소한 피고는 상고하면서 그 상고이유의 하나로, 1947년 판결의 피고와 같은 주장(앞의 Ⅱ.1. 참조)을 하였다. 그러면서 "[1947년 판결은] 成文法을 적용치 아니한 違法이 있으므로 此際에 변경"하여야 한다는 주장을 덧붙였다.

그러나 대법원은 "원고가 가령 유부녀일지라도 **현행 민사소송제도 하에서** 소송행위에 관하여 夫의 許可를 不要하는 바이므로 논지는 이유 없다"고 하여, 상고를 기각하였다.

결국 「대법원」은, 앞의 Ⅲ.에서 본 바와 같이 反對論의 優勢에도 불구하고, 위의 대법원판결에는 「성문법을 적용하지 아니한」 위법이 있다는 주장을 배척하고 그 태도를 그대로 유지하였다. 여기서 「**현행** 민사소송제도」란 바로 1947년 판결이 말하는 바 "민주주의 추세에 적응"한 결과로서의 민사소송제도를 가리키는 것이리라.

3. 그런데 依用民法 규정의 유효 여부가 다투어진 예는 비단 그 제14조뿐만이 아니다. 大判 54. 9. 7, 4287民上50(서울대학교 한국법학연구소 편, 주석 한국판례집, 민사편 Ⅱ: 1951년-1955년(1968), 269면)은 依用民法 제886조의 위헌 여부를 다루었다.

(1) 同條는 "親權을 행하는 母"에 대하여 "ㄱ가 未成年의 子를 대신하여" 그 규정에서 열거하는 일정한 행위(영업, 차재·보증, 부동산 등에 관한 권리의 상실에 관한 계약 등)를 함(또는 그가 子의 그러한 행위에 同意함)에는 親族會의 同意를 얻어야 한다고 정하고 있다.[66] 문제는 父가 친권에 기하여 위와 같은 행위를 함에는 친족회의 동의를 얻을 필요가 없다고 하면서 母의 경우에는 그와 같은 제한을 과하는 것

65) 大法院判決 原本綴로부터 複寫.

66) 우리 민법 제950조 제 1 항은 後見人에 대하여 유사한 내용의 제한을 과하고 있다.

이 "[평등권에 관한] 헌법 제8조에 저촉"되지 않는가 하는 점이다.

上告理由는 이 점을 들어, 위 규정은 당시의 헌법 제100조("現行法令은 이 憲法에 抵觸되지 아니하는 한 效力을 가진다")에 반하여 무효라고 주장하면서, "大法院判例에도 妻가 訴訟行爲를 할 때에 夫의 同意를 要치 아니한다고 한 것은 이러한 趣旨이며 法典編纂委員會에서도 민법 친족편 초안에 親權者에 대하여 하등의 제한을 가한 규정이 없는 것도 憲法精神에 배치되지 않도록 한 데서 규정한 것이다"라고 덧붙였다. 거기서 「大法院判例」란 1947년 판결을 가리킴은 명백하다.

대법원 민사부(金炳魯, 金斗一, 金東炫, 金世玩, 金甲洙)는, 다음과 같이 판단하여 상고를 기각하였다.

> "現民法은 日政 당시의 법률로서 美軍政을 거쳐 우리 나라에 승계 사용되는 것이며 우리 나라 수립 후에는 헌법 제100조에 의하여 헌법에 저촉되지 아니하는 한도 내에서 법률로서 그 효력을 유지할 수 있음은 所論과 같으나 [의용]민법 제886조가 헌법 제8조에 저촉되는 여부에 관하여 考究컨대 同條가 남녀평등의 원칙을 선언한 것으로 법률상 남녀에 따라 그 인간으로서의 근본적 인격적 처우를 달리할 수 있음은[없음은] 물론이나 그 평등이 무엇에나 절대무차별적 평등을 의미하고 배분적 평등을 무시한 것이 아니요 균등과 배분적 공평을 포함한 것이라고 봄이 타당할 것이다. 그리고 배분적 공평이라 함은 各人에 대하여 그 기능 지식과 경험에 따라 그에 상당한 처우를 말하는 것으로 부모의 자에 대한 친권에 있어서도 그것을 동등으로 할 것이냐 그렇지 않고 부와 모에 따라 어느 정도의 차등을 둘 수 있느냐는 各其 사회의 생활상태와 남녀의 교육관계 기타를 표준으로 하여 이를 정하여야 할 것이며 [1] 그에 차등을 둘 상당한 이유가 있을 때에는 법률로써 부와 모의 친권의 내용에 다소 차등을 두어도 헌법위반이라 할 수 없을 것이다. 따라서 [2] 법문이 현존하는 이상 법을 적용하는 법원으로서는 이를 헌법위반의 이유로 遽然히 배제할 수 없는 것이며 [3] 所論 判決은 미군정하의 판결로 구속

력이 없는 것이다."(꺾음괄호 안은 인용자가 부가한 것이다)

(2) 여기서는 대법원이 헌법재판을 할 권한이 있는가 하는 점은 논의조차 되지 않고 있다. 그것은 법원이 앞서 본 당시 헌법 제81조 제2항에 의하여 憲法委員會에 위헌 여부의 提請을 하기 위한 전제로서는 "법률이 위반되는지 여부"를 심사할 권한을 가진다는 것이 의문의 여지 없이 인정되고 있었기 때문일 것이다. 즉 "법원이 재판을 할 때에 적용하고자 하는 법률이 헌법에 위반한다고 인정할 때에는" 먼저 憲法委員會에 提請하여 그 결정에 따라 재판을 하여야 하는데,[67] 법률이 합헌이라고 판단하는 경우에는 굳이 헌법위원회에 제청할 필요가 없는 것이다.[68]

실제로 문제가 되어야 했던 것은 日政 당시의「법령」중 입법사항을 정하는 것인 경우에 그것이 헌법위원회에 의하여 위헌 여부의 결정을 받아야 하는「법률」에 포함되는가 하는 점이라고 생각된다. 앞의 Ⅲ.2.(3)에서 본 것처럼 이를 부정하는 결과로 연결되기 쉬운 견해도 있고, 兪鎭午가 당시 헌법 제100조와 관련하여 "旣存法令은 법률, 명령, 규칙 또는 여하한 명칭을 附하였음을 불구하고 그 규정한 내용을 따라 法律이나 命令으로서 효력을 가지게 되는 것"이라고 말하는 것처럼,[69] 헌법의 제정에 의하여 이제 기존법령 중 "그 內容이 法律을 要하는 事項(立法事項)을 규정한 것"이면 농 헌법의 의미에서의「법률」이고 따라서 동 제81조 제2항의 적용을 받는 것이 아닌가 하는 견해도 있을 수 있었던 것이다.

---

67) 이 점에 대하여 우선 兪鎭午, 憲法解義(1949), 173면; 同, 新稿 憲法解義(1953), 248면 이하 참조. 또한 韓雄吉, 韓國憲法論(1955), 248면도 同旨.

68) 당시의 憲法委員會法(1950년 2월 21일 공포 법률 제100호) 제11조는 법원에서 법률의 위헌 여부의 결정을 헌법위원회에 제청하는 때에는 "3. 違憲이라고 해석되는 法律條項"과 "4. 違憲이라고 해석되는 理由"를 제청서에 기재하도록 정하고 있다.

69) 兪鎭午(註 67. 1949), 207면; 同(註 67. 1953), 290면.

(3) 그런데 이 판결의 내용은 母가 친권을 행사하는 경우에 일정한 행위에 대하여 친족회의 동의를 얻도록 하는 것은 「상당한 차별」로서 평등권을 정하는 제헌헌법 제8조에 반하지 아니한다는(위 [1] 부분) 것만을 설시하지는 않는다. 물론 그러한 판단 자체도 문제가 될 여지가 있겠지만, 더욱 흥미로운 것은 위 [2]와 [3] 부분이다.

우선 [2] 부분은 依用民法 제886조가 헌법에 위반하지 아니하는 이상 이를 적용하지 아니할 수는 없다는 지극히 당연한 내용으로 읽힐 수도 있다. 그러나 앞의 Ⅲ. 및 Ⅳ.에서 살펴본 論議를 알고 있는 우리로서는 거기서 "法文이 현존하는 이상"이라는 설시가 범상하게 느껴지지 않는 것이다. 그것은 혹 1947년 판결에서 설시하는 대로 "우리 사회상태에 적합하지 아니하…[게 된 법령은] 그 적용에 있어서 적당한 변경을 가할 것은 자연의 추세"라고 하여서거나 "사회의 진전과 법률의 해석을 조정함에 의하여 비로소 심판의 타당을 기할 수 있음에 鑑"하여서는 엄연히 현존하는 法文이라도 그 적용을 배제할 수 있다는 생각과는 이미 한껏 거리를 둔 태도가 아닐까?

나아가 [3] 부분도 그러한 태도와 일정한 관련이 있다고 생각된다. 아마도 美軍政 아래서의 「대법원」과 나라가 수립된 후의 대법원은 그 바탕인 主權의 귀속이 달라졌으므로 이들을 동일성이 있는 司法機關으로 파악할 수는 없을 것이다. 따라서 엄밀하게 말하면 미군정 아래서 「대법원」이 한 1947년 판결이 건국 후의 법원에 대하여 어떠한 의미에서의 「구속력」도 가질 수 없을 터이다. 따라서 위 [3] 부분의 설시 자체는 옳다고 하겠다.[70] 그러나 위의 판결에서는 依用民法 제14조의 적용이 문제된 것이 아니므로 "所論 判決", 즉 1947년

70) 大判 84. 3. 13, 83다358(공보 84, 594)은, 日政下의 朝鮮高等法院은 "어떤 의미에서도 소송촉진 등에 관한 특례법 제11조 제1항 제3호 소정의 대법원에 해당하지 아니"한다고 하여 그 판례에 상반된다는 것은 同法이 정하는 바의 上告理由가 되지 않는다고 판시하였다. 이는 미군정하의 「대법원」에 대하여도 마찬가지라고 할 것이다.

판결에 언급할 필요가 애초 존재하지 않았다. 그런데도 여기서 굳이 그 판결이 "구속력이 없다"고 못박을 이유는 어디에 있었을까. 그것을 감행하게 한 것은 역시 1947년 판결의 배후에 자리잡고 있는, 법적용의 기본태도에 대한 否定的 評價라고 할 수는 없을까. 아니면 이제 해방 후 10년 가까이 지나 혼란이 어느 만큼은 가라앉은 데 따른 「安定에의 志向」일까. 아니면 이 판결을 한 裁判部에 앞의 Ⅲ.2.에서 본 바와 같은 입장을 취한 바 있는 金甲洙가 속하는 데서 오는 말하자면 「인적 구성」의 차이에서 연유하는 것일까.

Ⅵ. 小　結

1. 이상으로 1947년 판결에 대한 論議 및 그에 관련되는 그 후의 經過를 살펴보았다. 여기서 몇 가지 所感을 피력하기로 한다.

첫째, 논의의 熱氣라고 할까 氣魄이라고 할까, 이미 반세기 이상 지난 오늘날 되짚어보는 데도 그것이 그대로 전하여 온다. 물론 해방 후의 비상한 상황에 처한 「건국일꾼」들의 지적 흥분이 배경에 있었다고 추측되는데, 동시에 그 문제가 가지는 의미심중함에 대한 자각 때문이기도 하였을 것이다. 이러한 박력 있는 논의가 새삼 그리워지는 것이다.

둘째, 필자는 金曾漢의 논리적으로 빈틈없어 보이는 꼬장꼬장한 憲法不在論(내지 憲法不可知論)이 혹 미군정 당시의 상황에서 아마도 필연적으로 제기될 만한 주장임을 수긍할 수 있다. 그러면서도 결국은 張厚永이 말하는 대로 구체적으로 재판을 하는 대법원이 「지극히 커다란 역사적 변동」에 처하여 무엇을 「여전히 효력 있는 법」으로 적용할 것인가를 생각하지 않을 수 없으며 그리하여 "「조선해방」에 치어죽어 송장이 된 법규을 충실히 추려골라 이것을 適用拒否라는 무덤 속에 착실히 葬事지내는 課業을 수행"하여야 한다는 설명에 기울어지지 않을 수 없다. 법의 효력근거(Geltungsgrund)에 관한 일반적인 법철학적 물음을 앞세우기보다 이와 같은 「실무의 절실한 고민」을 해결하려는 진지한 이론적 노력이야말로 그 상황에서 기대되는 것이다. 그러한 의미에서라도 洪璡基의 헌법재판론은, 설사 그것이 謬見일지는 몰라도, 도리어 계발적이다. 결국은 謬見이라고 하여도, 그것이 사물을 새로운 조명 아래 바라보고 그 의미를 다시 음미하게 하며 말하자면 통설로 하여금 「종래의 잠에서 깨어나게 하는」 등에와 같은 것이라면, 진리에로 나아가는 과정의 시각에서 볼 때, 아무것도 말하지 않는 또는 아무것도 말할 것이 없는 진부한 「正論」보다 때로는 훨씬 값진 것이다.

셋째, 다른 한편 처의 행위능력을 제한하는 依用民法 제14조 그것에 관하여 당시의 대법원이 그 적용을 거절하는 것이 타당한가는 면밀한 검토를 요하는 문제이다. 물론 위 규정은 남녀차별이 아니라 부부차별에 해당할 뿐이라고 하는 것은 궁색한 말장난에 가깝다. 또한 부부는, "性別에서 유래하는 生物學的 또는 機能的 차이가 당해 규율의 대상인 생활관계에서 결정적인 것"이 아닌 한은,[71] 법적으로 동등한 지위를 누려야 민주주의의 이념을 완벽하게 구현하는 것이다. 그러나 종래 시행되어 오던 法規定이 남녀를 차별한다고 해서 그것이 "「조선해방」에 치어죽어 송장이 되"었다고 쉽사리 말할 수 있을까. 특히 나라가 선 후에 우리의 힘으로 새로이 만들어져 1958년에 공포된 민법전의 친족·상속편 속에 포함되어 있던 수많은 男女差別的 規

71) 이는 「兩性의 平等」(독일기본법 제 3 조 제 2 항)에 관한 독일연방헌법재판소의 일련의 재판례(*BVerfG* 2, 225(242); 5, 9(12); 6, 389(422); 10, 59(74); 21, 329(344) 등)에서 "[위 규정에 기하여] 立法者의 내용형성의 자유에 대하여 설정된 確固한 境界"로 인정하고 있는 기준이다. 우선 梁彰洙, "家族關係의 變化와 親族法", 同, 民法硏究 제 4 권(1997), 232면 이하 참조.

定들,[72] 가령 처 등 여자상속인의 상속분은 남자의 半으로 하고 친권을 父가 우선적으로 행사하도록 한 규정 등을 생각하여 본다면, 1947년의 시점에서 依用民法 제14조에 대하여 적용거부를 선언한 것은 지나친 理想論 또는 일시적 기분풀이라는 생각을 품게 되는 것이다. 洪璡基의 표현을 빌어 말하자면, 「후에 생성된 본격적 국가」의 그러한 법규정들에 대하여 違憲判斷을 한 바가 전혀 없는 大法院(물론 앞의 V.3. (3)에서 말한 대로 미군정하의 「대법원」이 건국 후의 대법원과 동일성이 유지된다고 하기는 어렵다)이 그 전에는 「생성 중인 국가 조선의 실질적 헌법」을 들어 유사한 규정에 대하여 무효를 선언하였었다면, 이를 어떠한 논리로 설명할 수 있을까?

2. 1947년 판결이 제기하는 법적인 문제는 결국 日政下의 法令이 「해방 후」에 어떠한 범위에서 효력을 가지는가 또는 어떠한 범위에서 그 효력을 상실하는가에 歸着된다고 할 것이다. 그렇게 생각하여 보면, 실제로도 그리고 이론적으로도 중차대한 이 문제에 대하여 그동안 별다른 硏究가 행하여지지 아니하였음을 바로 인식하게 된다.

(1) 물론 1945년 10월 9일의 美軍政廳 「法令(Ordinance)」 제11호의 제2조는 "법률 및 법률의 효력을 가지는 條令 및 命令으로서 그 司法的 또는 行政的 適用으로 인하여 종속, 국적, 신소 또는 정치사상을 이유로 差別을 야기하는(would cause discrimination) 것"은 이를 전부 폐지한다고 정하고 있다. 그러나 거기에 해당하지 않는 한 모두 여전히 효력을 가지는 것인가? 또 어떠한 法令이 「차별을 야기하는」 것인 경우에 그것은 위와 같은 규정이 있어야 비로소 폐지되는 것인가?

---

72) 이에 대하여는 우선 이태영, 가족법개정운동37년사(1992), 127면 이하 참조. 또한 梁彰洙(前註), 216면 이하도 참조.

또한 1945년 11월 2일의 美軍政廳「法令」제21호는 그 제1조 제1문에서 "조선의 舊政府가 발포하고 법률적 효력을 가지는 규칙, 명령, 고시 기타 문서로서 1945년 8월 9일 실행 중인 것은 其間 이미 폐지된 것을 제하고 조선군정부의 특수명령으로 폐지할 때까지 全效力으로 此를 존속함"이라고 하고[73] 나아가 그 제2조는 "북위 38도 이남 南朝鮮의 모든 재판소는 조선의 법령, 미국태평양육군총사령부의 포고의 諸規定 及 조선군정장관의 모든 명령 及 법령을 注意施行할 사"라고[74] 정하고 있다. 이「법령」의 규정에 대하여는 헤이그陸戰規則 제43조를[75] 들면서 "國際法上의 原則을 遵守"한 것이라는 설명도 있는데,[76] 어쨌거나 이 규정대로라면 미군정청이「명시적 명령」(물론 이에는 위「법령」제11호 제2조에서와 같은「일반적 폐지조항(general repealing clause)」도 포함될 것이다)으로 폐지하지 아니한 한에서

---

73) Section I Retention of Laws : "Until further ordered, and except as previously repealed or abolished, all laws which were in force, regulations, orders, notices or other documents issued by any former government of Korea having the force of law on 9 August 1945 will continue in full force and effect until repealed by express order of the Military Governmnent of Korea." 본문에 든 譯文은 당시의 우리말 포고에 의한 것으로 반드시 바람직한 번역이라고 할 수 있는지 의문이 없지 않다.

74) Section II Enforcement of Proclamations, Ordinances and Orders : "All courts of Korea south of 38 degrees north latitude shall take cognizance of and enforce all laws of Korea, the provisions of the proclamations of Commander-in-Chief, United States Army Forces, Pacific, and all orders and ordinances of the Miltary Governor of Korea." 본문의 역문에 대하여는 前註와 같다.

75) 헤이그陸戰規則 제43조: "국가의 권력이 사실상 점령자에게 넘어간 때에, 점령자는 절대적인 지장이 없는 한, 점령지의 현행 법률을 존중하며, 가능한 한 공공의 질서 및 안전을 회복하고 확보하기 위하여 할 수 있는 모든 수단을 취하여야 한다." 1907년의 소위「헤이그육전협약」(원래는「육전의 법규 및 관례에 관한 협약」Convention on the Laws and Customs of War on Land)의 부속서로 작성된「헤이그육전규칙(Regulations Respecting the Laws and Customs of War on Land)」에 대하여는 우선 金楨鍵, 國際法, 全訂增補版(1998), 805면 이하 참조.

76) 예를 들면 張厚永(註 56), 16면.

는 日政法令은 그 내용 여하를 막론하고 어느것이나 그대로 효력을 가지고 있다는 말이 된다. 과연 그러할까, 또는 그래야만 할까? 그와 같이「종전의 법령」이 원칙적으로 그대로 효력을 가진다는 점에는 異論이 없다고 하여도, 그 예외에 관하여 위 규정의 바탕을 이루는 말하자면「個別的 排除主義」를 넘어서서 일정한 범위의「包括的 排除主義」가 요청되는 것은 아닐까?

여기서 우리는 북위 38도 이북("北朝鮮")에서 1945년 11월 16일에「司法局 布告」제2호로 공포된「北朝鮮에 施行할 法令에 관한 件」을 떠올리게 된다. 이는 "1945년 8월 15일 朝鮮에서 其 效力을 喪失할 法令 중 朝鮮新國家建設 及 朝鮮 固有의 民情과 條理에 符合치 않는 法令 及 條項을 제외하고 其餘의 法令은 新法令을 발포할 때까지 각각 其 效力을 存續함"이라고 정하고 있다.[77] 이러한 방식 또는 기준에 의하여 日政法令의 효력 존속 여부가 정하여진다고 하는 것은 위와 같은「포고」또는「법령」이 없이는 허용되지 않는 것인가? 특히「점령 당시의 법령」이 주민들의 의사 기타 그들 자신의 권력에 기한 것이 아니라 식민종주국에 의하여 강제된 것인 경우에는 어떠한가? 그렇다면 누가 어떠한 절차를 거쳐 어떠한 기준으로 그 효력의 존속 여부를 판단할 권한을 가지는가? 아마도 國際法學으로부터의 成果를 기다려야 하는지도 모른다.

(2) 우리는 이상의 論議를 통하여 미군정하의 법체제 전반에 대한 총체적 성격규정이 필요하다는 것을 인식하게 된다.

미군정 당시 우리는 일본의 식민지상태에서 벗어나기는 하였어도 아직 主權을 회복하지는 못하였고 역시「被占領地」의 지위에 있었다고 하지 않으면 안 될 것이다. 이와 같은 경우에 다른 나라의 식민지인 동안에 시행되던 法令은 일반적으로 그 효력이 유지되는가 또는

77) 鄭慶謨·崔達坤 편, 北韓法令集, 제1권(1990), 171면.

어떠한 범위에서 유지되는가. 그 효력의 유지 또는 상실에는 점령국의 그에 대한 意思表示가 별도로 필요한 것인가, 아니면 혹 國際法上으로 그에 관한 일반적 규칙이 존재하는 것인가. 「무조건 항복」의 법적 의미 또는 국제법적 의미는 무엇인가,[78] 무엇보다도 그것이 항복국에 대하여 식민지상태에 있던 나라에 대하여 가지는 의미는 무엇인가? 이 문제를 생각함에 있어서는, 특히 종래의 식민지가 그 상태에서 벗어났지만 아직 主權을 회복하지 못한 경우에 점령국이 그 「점령상태」를 주민들의 「독립」으로 가는 중간단계로서만 의미 있는 것으로 선언하였다는 점도[79] 아울러 고려되어야 할 것이다.

---

78) 이에 관하여는 제2차세계대전 후 독일점령과 관련하여 우선 Edward H. Litchfield, Political Objectives and Legal Bases of Occupation Government, in: E. H. Litchfield and associates, *Governing Postwar Germany* (1953), pp. 11-18; Charles Fahy, Legal Problems of the German Occupation, *Michigan Law Review*, Vol. 47(1948), pp. 11-22; Max Rheinstein, The Legal Status of Occupied Germany, *Michigan Law Review*, Vol. 47(1948), pp. 23-40; Hans Kelsen, The Legal Status of Germany According to the Declaration of Berlin, *American Journal of International Law*, Vol. 39(1945), pp. 518-526 등 참조. 라인슈타인이 독일이라는 국가가 소멸한 것은 아니며 단지 「戰時占領(occupatio bellica)」의 상태에 있는 것으로서 주권의 행사가 점령 당국에 의하여 제한되고 있을 뿐이라고 하는 데 대하여, 켈젠은 독일의 주권은 연합국으로 넘어갔으며 따라서 "독일은 국제법적인 의미에서의 국가로서 더이상 존재하지 아니한다"고 이해한다. 이와 관련하여서는 일본 점령 후 미국이 마련한 1945년 9월 6일부의 「연합군 총사령관으로서의 맥아더 장군의 권한(Authority of General MacArthur as Supreme Commander for the Allied Powers)」이라는 서면에서 "우리와 일본과의 관계는 계약적인 기초 위에 선 것이 아니라 무조건 항복을 기초로 하고 있다. 귀관의 권한은 최고이므로, 그에 대하여 일본측으로부터 어떠한 이의도 제기받지 않는다. 일본의 管理는 만족스러운 결과를 낳는 한에서 일본정부를 통하여 행하여진다. 그것은 필요한 경우에는 직접 행동을 취할 귀관의 권리를 손상시키지 않는다"고 언명하고 있는 것이 주목된다. Government Section, Supreme Commander for the Allied Powers, *Political Reorientation of Japan — September 1945 to September 1948*(1968), p. 427(金昌祿, 日本에서의 西洋憲法思想의 受容에 관한 硏究, 1994년 서울대학교 법학박사 학위논문, 217면에서 再引用).

79) 1945년 9월 7일의 太平洋美國陸軍總司令部 布告 제1호는 前文에서 "일본국 천황과 정부와 大本營을 대표하여 서명된 降服文書의 條項들에 의하여 本官 휘하의 戰勝軍은 오늘 북위 38도 이하의 한국을 점령한다. … 적절한 방식으로 한

3. 한편 大判(全) 94.5.24, 93므119(集 42-2, 336)은 1940년 2월 1일부터 시행된 朝鮮民事令 제11조의2 제 1 항을 들어 그 때 이후로는 異姓養子가 허용된다고 하면서, 해방 후부터 민법 시행 전까지는 異姓養子가 허용되지 않는다고 판시하였던 무려 8개의 대법원판결(또는 결정)의 견해를 폐기하였다. 필자는 이 재판에 관여하였던 尹眞秀가 위 판결에 대한 판례해설에서 "위 개정 조선민사령의 규정이 왜정퇴각과 동시에 당연히 효력을 잃는다고 단정할 아무런 근거가 없고, … 그 외에 대법원의 판결이나 사법부장의 통첩 또는 대법원의 통첩이 법규를 개폐하는 효력을 갖지 못함은 명백하다"라고 주장하는 것에 대하여,[80] 약간의 검토를 행한 바 있다.[81] 거기서 필자는 위와 같은 주장에는 해방 후에 日政法令이 어떠한 효력을 가지는가 하는 보다 기본적인 問題視角이 배제되었음을 지적하고, 異姓養子가 허용되지 아니함을 처음으로 판시한 大判 49.3.26, 4281民上348(法曹協會雜誌 1권 3호, 95면; 同 4호, 93면)이 위 日政下의 규정이 당시의 헌법 제100조에 따라 "헌법에 저촉된다"고 판단하였다고 이해할 수는 없겠는가 하는 의문을 제시하였었다.

이제 필자는 위 조선민사령 규정에 대하여도 문제를 단지 「憲法이 制定·施行된 후」에 효력을 가지는가라는 ── 말하자면 제헌헌법 제100조의 ── 관점에서가 아니라, 보다 넓게 과연 「解放 後」에, 즉 1945년 8월 15일 이래 그것이 어떠한 근거로 어떠한 범위에서 효력을 가지는가의 관점에서 고찰할 필요가 있다고 생각하게 되었다. 그

국이 자유롭게 되고 또한 독립하여야 한다는 결의에 유념하면서(Having in mind … the determination that in due course Korea shall become free and independent, …)" 운운하고 있다.

80) 尹眞秀, "民法 施行 전에 異姓養子가 허용되었는지 여부 및 민법 시행 전 入養의 要件에 대한 民法의 遡及適用", 判例月報 314호(1996.11), 51면.

81) 梁彰洙, "憲法制定 후 日政法令의 效力", 오늘의 法律 97호(1997.2), 3080면 이하(同, 民法散考(1998), 43면 이하에 再錄).

러한 입장에서 보면, 異姓養子制度는 "朝鮮慣習上의 異姓不養 及 朝鮮姓名復舊令 立法趣旨에 鑑하여" 타당하지 아니하므로 그 신고를 수리하지 말 것을 내용으로 하는 美軍政 司法部長의 1947년 11월 18일자 通牒,[82] 나아가 거기서 언급되어 있는 朝鮮姓名復舊令(1946년 10월 23일 美軍政廳 「法令」 제122호)은 각별한 의미를 지닌다고 할 수 있지 않을까. 그리고 더욱 밀고 나가 생각하여 보면, 만일 이 朝鮮姓名復舊令이 없었으면 가령 李光洙는 해방 후에도 여전히 법적으로는 香山光郎이라고 하여야 하는 것일까.

(서울대학교 法學 40권 2호(1999), 125면 이하 所載)

[後 記]

1. 이 글이나 본문 註 81의 글 등은 민법의 제정과정을 탐색하고 우리 민법의 역사를 생각하여 보는 과정에서 말하자면 副產物로서 쓰여진 것이다. 그것은, 8·15解放 후 1948년 8월 대한민국이 성립할 때까지 우리 나라의 法狀態에 이론적으로나 실제적으로 불명확한 점이 적지 않으며, 이는 制憲憲法 제100조("現行法令은 이 憲法에 저촉되지 아니하는 한 效力을 가진다") 등을 통하여 여전히 「현재의 문제」로서 자리잡고 있다는 문제의식에 바탕을 둔 것이다.

근자에 이러한 문제의식을 공유하는 글로서 金昌祿, "1948년 憲法 제100조 ──4·3계엄령을 통해 본 日帝法令의 효력", 法學硏究(부산대) 39권 1호(1998.12), 477면 내지 493면; 鄭印燮, "大韓民國의 수립과 舊法令의 승계 ──制憲憲法 제100조 관련 판례의 분석", 國際

82) 大法院 法院行政處 法政局 編纂, 韓國戶籍 및 寄留例規全集(1955), 83면(예규번호 제457번).

判例硏究 제 1 집(1999. 12), 261면 내지 314면 등이 발표되었다. 특히 後者는 면밀한 자료조사와 분석을 통하여 그 사이에 실무에서 제기되고 판단되었던 論議를 실증적으로 정리하여, 적확한 개관을 주고 있다.

2. 鄭印燮, 위 논문, 284면 이하는, 본문 Ⅵ.3.에서 본 異姓養子의 문제에 관하여, 創氏改名의 본질이라는 시각에서 예리하게 접근·고찰하고, 나아가 미군정하에서 日政法令의 효력 존속 여부 및 그 판단권한 등에 관한 일반론을 전개한 다음, 결론적으로 大判(全) 94. 5. 24, 93므119(集 42-2, 336)에 대하여 "[이] 판결이 공지의 朝鮮民事令 개정조항을 단순 지적하는 것만으로 확립된 해석관행을 번복하려 함은 설득력이 부족하며, **세월의 경과에 따라 創氏改名의 본질에 대한 이해가 흐려진 상태에서 내려진 잘못된 판결**이었다"(강조는 인용자가 가한 것이다. 이하 같다)고 판단하고 있다(296면 이하).

한편 尹眞秀, "1990년대 親族相續法 判例의 動向", 서울대 法學 40권 3호(1999. 12), 311면은 다시 한 번 이 문제에 언급하여, "朝鮮姓名復舊令…은 일정시대의 창씨가 무효임을 선언하고 창씨한 일본식 이름을 조선성명으로 복구할 것을 규정하였을 뿐 서양자제도나 이성양자제도와는 **직접 관계가 없는 것**"이라고 하여, 위 전원합의체 판결의 태도를 다시 한 번(본문 註 80의 글 참조) 옹호하였다(그러나 1947년 11월 18일의 美軍政 司法部長 通牒의 효력에 대하여는 별다른 언급이 없다). 본문에서도 말한 대로 이러한 견해의 차이는 결국, 해방 후에 日政法令이 어떠한 효력을 가지는가, 나아가 이에 대한 판단의 권한은 어디에 속하였는가 하는 보다 기본적이면서, 그러나 그 동안 별로 주목되지 아니하였던 問題視角의 유무에 달려 있는 것으로 생각된다.

3. 한편 역사학분야에서 최근에 나온 글로서는 이승일, "일제시기 朝鮮人의 日本國民化 연구 ── 戶籍制度를 중심으로", 韓國學論集(한양대학교 한국학연구소) 34輯(2000.10), 67면 이하가 주목된다(이 글의 존재를 일러 주신 鄭肯植 교수님께 감사드린다). 이에 의하면, "조선 재래의 관습으로는 혼인과 養子緣組를 동시에 맺는 壻養子의 경우가 존재할 수 없었다. 조선에서는 同姓同本인 경우에는 혼인관계가 성립하지 않고, 동성동본을 전제치 않고서는 양자관계가 성립하지 않기 때문에,「壻養子」제도는 존재할 수 없게 되는 것이다. 따라서 家에 칭호를 붙이는 氏制度와 일본식 친족제도를 도입하지 않고서는 위 壻養子는 성립할 수 없다"(108면)고 하고, 1939년에 소위「創氏改名」과 아울러 養子·異姓養子의 제도를 함께 도입한 것이 소위 內地化政策의 일환으로 가지는 의미를 극명하게 밝히고 있다. 이렇게 보면 본문의 Ⅵ.3.에서 언급한 美軍政 司法部長의 1947년 11월 18일자 通牒이나 거기서 언급하고 있는 그 전의 朝鮮姓名復舊令(1946년 10월 23일 美軍政廳「法令」제122호)이 과연 婿養子 등의 제도와 "직접 관계가 없는 것"인지 지극히 의문이다.

4. 强迫者가 僞造한 書類로 행한 所有權移轉登記의 效力

I. 序

1. 다음과 같은 경우를 생각하여 보기로 하자.

A는 B의 强迫으로 말미암아 자기 소유의 어느 부동산을 B에게 증여한다는 내용의 寄附書에 서명을 하였다. 그런데 막상 B가 자기 앞으로 소유권이전등기를 경료함에 있어서는 등기신청에 필요한 서류를 갖추지 못하자, B는 A 명의로 등기 소요 서류를 위조하였고, 이 서류에 의한 등기신청으로 B 앞으로 증여를 원인으로 한 소유권이전등기가 경료되었다. 그 후 B는 그 부동산을 제3자 C에게 매도하여, 그 앞으로 소유권이전등기가 경료되었다. 이와 같은 경우에 A는 위의 증여가 강박에 의한 것임을 이유로 이를 취소하고, B 및 C를 상대로 그들 명의의 각 소유권이전등기의 말소를 청구할 수 있겠는가?

2. 이와 같은 경우에 위 각 등기의 효력에 대하여는 대체로 다음과 같은 것이 문제될 수 있을 것이다.

첫째, 수증자의 강박으로 증여가 행하여진 경우에, 수증자가 등기신청에 필요한 서류를 위조하여 소유권이전등기를 경료하였더라도, 그 등기는 「실체관계에 부합」하는 것으로서 유효라고 할 것이 아닌가?

둘째, 민법 제110조 제3항은 사기 또는 강박을 이유로 한 의사표시의 취소는 이를 선의의 제3자에게 대항할 수 없다고 정하고 있는데, 이 규정은 강박으로 증여계약을 체결하게 한 자가 나아가 위조한 서류에 기하여 자기 앞으로 소유권이전등기를 경료한 경우에도 적용이 되어서, 강박자 명의의 소유권이전등기를 유효하다고 믿고 그로부터 당해 부동산을 매수하고 양도받은 선의의 제3자의 소유권이전등기는 역시 유효하다고 할 것이 아닌가?

3. 이와 같이 소유권이전등기의 원인행위인 계약에 성립상의 하자가 있는데 나아가 그 계약의 이행으로서의 소유권이전등기가 강박자에 의하여 위조된 서류에 기하여 행하여진 경우에 대하여 직접으로 적용될 수 있는 先例 또는 이를 정면에서 논한 學說은, 필자가 탐색한 한에서는, 국내는 물론이고 독일이나 일본에서도 이를 쉽사리 찾아보기 어렵다.

추측컨대 독일에서는 물권행위의 無因性이 의심의 여지 없이 확고하게 인정되고 있기는 하지만, 그 중에서 "부동산소유권의 양도에 요구되는 양도인과 양수인 간의 합의", 즉 Auflassung(「부동산소유권양도합의」라고 번역될 수 있다)은, 두 당사자가 동시에 "관할기관 앞에서 표시하여야 하"는 것이므로(독일민법 제925조 제1항 본문), 위의 예에서와 같이 일방의 물권적 의사표시가 전적으로 결여되어 있는 경우에는 우선 「부동산소유권양도합의」의 존재 자체를 인정하기 어려워 등기가 행하여질 수 없을 것이고,[1] 나아가 가령 무권대리인이 위임장

1) 독일법상 「부동산소유권양도합의」는 서면으로 행하여져야 하는 要式行爲는 아니다. 그러나 등기를 신청함에 있어서는 그 합의가 독일민법 제925조 제1항이 정하는 바에 따라 유효하게 행하여졌다는 것이 증명되어야 하는데(독일 부동산등기법 제20조, 제29조 제1항 참조), 「부동산소유권양도합의」가 適式하게 서면으로 작성되지 아니하고는 위의 증명이 행하여질 수 없다. 이에 대하여는 우선 Horber/Demharter, *Grundbuchordnung*, 22. Aufl.(1997), §20 GBO, Rn. 27 (S. 316f.) 참조.

등을 위조하여 그 의사표시를 하였어도 본인의 추인이 없는 한「부동산소유권양도합의」자체가 무효이어서[2] 소유권양도는 유효하게 행하여질 수 없으므로 양수인 앞으로의 소유권이전등기 역시 무효라고 할 수밖에 없을 것이다.[3] 또한 독일민법은 우리 민법 제110조 제 3 항과 같이 선의의 제 3 자를 보호하기 위한 규정이 없으나,[4] 등기에 公信力이 인정되므로(독일민법 제892조),[5] 소유자로 등기된 무권리자부터의 양수인은 적법하게 소유권을 취득한다.

그러나 독일의 경우에 대한 탐색은 위의 간략한 소묘에서도 알 수 있는 것처럼 우리와는 논의의 맥락을 달리하여, 쉽사리 참고로 할 만한 것이 되지 못한다. 그러므로 위의 문제들에 대한 응대는 선행업적의 직접적인 인도 없이 오로지 이미 논의되고 있는 법리를 바탕에 두고 조심스럽게 새로이 해결책을 모색하면서 이루어질 수밖에 없다.

Ⅱ.「實體關係에 符合하는 登記」에 관하여

1.「實體關係에 符合하는 登記」의 法理의 적용에서 요구되는 價値判斷

우리 나라의 확고한 판례는, 등기가 실체적 유효요건 또는 절차적 유효요건을 결하여 원칙적으로는 효력을 가지지 못하는 경우에도

2) 우선 Horber/Demharter(前註), § 20 GBO, Rn. 22(S. 315) 참조.

3) 독일에서는 우리가 알고 있는 '실체관계에 부합하는 등기'의 법리가 인정되지 않는다.

4) 이는 强迫뿐만 아니라, 심리유보 · 허위표시 · 착오 · 사기 등의 경우에도 마찬가지이다.

5) 그러므로 "등기의 정당함에 대한 이의가 등기되어 있거나 또는 취득자가 그 정당하지 아니함을 알았던 경우"(독일민법 제892조 제 1 항 제 2 문 참조)를 제외하고는, 부동산소유권의 양수인은 그 권리를 취득한다.

그것이 "실체관계(또는 실체적 권리관계)에 부합"하는 경우에는 이는 유효하다고 하는 태도(이하에서는 이러한 판례법리를 "「실체관계에 부합하는 등기」의 법리"라고 부르기로 한다)를 취하고 있다.

(1) 그런데 「실체관계에 부합하는 등기」의 법리와 관련하여 논의되는 사안유형의 종류와 범위는, 등기가 권리변동의 과정을 제대로 반영하지 못한 중간생략등기에서부터 애초 무효인 등기가 사후적으로 「실체관계」를 구비하게 된 소위 「무효등기의 유용」에 이르기까지 매우 다양하다.[6] 필자의 생각으로는 이들 사안유형 전부를 시야에 두고 논의하는 것은 바람직하지 않다. 그것은 등기의 효력발생을 저지하는 장애사유(통상 이는 등기의 「유효요건」이라는 이름 아래 논의되고 있다)는[7] 이를 일률적으로 논하기 어려울 만큼 그 성질이 서로 상이하다고 할 것이기 때문이다. 그 장애사유가 실체적 성질을 가지는 경우(통상 이는 등기의 「실체적 유효요건」이라고 불리운다)에 한정하더라도, 예를 들면 상속인으로부터 권리를 양수한[8] 자에 대하여 피상속인 명의로부터 바로 행하여진 소유권이전등기의 경우와 피담보채무의 변제로 소멸한 저당권등기에 대하여 등기부상 이해관계 없는 제3자가 없는 한 「실체관계에 부합」한다는 이유로 그 유용에 관한 합의의 효력을 인정하는 소위 舊登記의 流用의 경우는 서로 별도의 관점에서 설명될 수 있고 또 설명되어야 할 것이다.

---

6) 우리 판례가 인정하는 「실체관계에 부합하는 등기」의 법리에 대하여는 우선 沈在暾, "實體關係에 부합하는 登記", 法院行政處 編, 登記에 관한 諸問題(上)(재판자료 제43집)(1988), 283면 이하 참조.

7) 이에 대하여는 우선 金聖洙, "原因無效의 登記", 登記에 관한 諸問題(註 6), 467면 이하 참조.

8) 아직 등기가 이루어지지 않아서 권리가 실제로 이전된 것이 아니므로, 이를 「양수」라고 부르는 것은 정확하다고 할 수 없으며, 엄밀하게 말하면 「양수의 원인행위가 행하여졌다」고 할 것이다. 그러나 이 Ⅱ.1.의 항목에 한정하여서는 편의상 단지 매매 또는 증여 등과 같이 양도 또는 양수의 원인행위가 행하여진 경우에도 이를 통틀어 「양도」 또는 「양수」라고 부르고, 또한 그 당사자를 「양도인」 또는 「양수인」이라고 부르기로 한다.

(2) 우리의 設例와 관련하여 제기되는 「실체관계에 부합하는 등기」의 문제는 등기의 형식적 유효요건에 하자가 있는 경우 중에서 등기신청절차에 하자가 있는 경우와 관련지어 논의되어야 할 것이다. 특히 수증자가 등기에 필요한 서류를 위조하여 자기 앞으로 소유권이전등기를 경료한 경우는, 등기신청절차에 등기의무자의 의사관여가 전적으로 결여되어 있다는 점에서, 위조된 등기신청서류에 기하여 소유권이전등기가 경료된 경우에 類比되어 논의될 수 있을 것이다.

(3) 이러한 경우는 등기권리자가 말하자면 위법한 自力救濟를 행하였다는 점에서 공통된다. 이들은 「실체관계에 부합하는 등기」의 법리가 적용되는 다양한 사안유형 중에서 「자력구제형」이라고 부를 만한 경우에 해당한다.

권리의 실현을 私人의 힘에 맡겨서는 법평화가 도저히 달성될 수 없음은 자명한 바이므로 자력구제는 원래 허용될 수 없는 성질의 것이다. 만일 자력구제에 의한 권리실현의 결과를 유효한 것으로 인정하게 되면, 그것은 다른 제재를 무릅쓰고라도 이를 감행할 誘因이 된다. 그러므로 그와 같이 위법한 권리실현의 결과를 법적으로 공인하여서는 안 되는 것이 원칙이다(민법 제209조도 이러한 원칙에 서서 점유자에 대하여 극히 제한적인 요건 아래서만 자력구제를 허용한다). 그리하여 등기신청서류를 위조하는 등으로 등기의무자의 의사관여를 배제하고 행하여진 등기는 당연히 무효라고 할 것이다.

그럼에도 이들 경우에 「실체관계에 부합하는 등기」의 법리를 적용하여 예외적으로 그 등기의 유효를 인정하는 것은 위와 같은 자력구제의 감행에의 유인이라는 負價値를 상쇄하고도 남는 상당한 正價値가 있기 때문일 것이다. 또 그러한 정가치가 있어야만 그 법리를 적용할 수 있을 것이다. 다시 말하자면 이러한 사안유형에서 등기가 유효라고 인정되는 것은 단지 등기권리자가 실체적인 등기청구권을 가진다는 이유만에 의한 것이 아니며(만일 그러하다면, 실체법상의 등기권리자는 어떠한 위법을 범하더라도 자기 앞으로 등기를 이전하기만 하면 그 등기는 유효한 것으로 물권을 취득하게 될 것이다), 그 외에 일정한 부가적인 사정이 존재하여야 할 것이다.

(4) 이렇게 보면, 이러한 自力救濟型의 사안에서 「실체관계에 부합하는 등기」의 법리를 적용함에 있어서는 신중한 가치판단 또는 이익형량이 필요함을 알게 된다.

이를 가장 명료하게 보여주는 것은 二重讓渡의 경우에서이다. 즉 동일한 부동산이 이중양도된 경우에 양수인 중 1인이 등기서류를 위조하여 자기 앞으로 소유권이전등기를 한 경우에 이를 「실체관계에 부합하는 등기」의 법리에 의하여 유효한 것으로 취급할 수 있는가 하는 문제이다. 일본의 재판례로 日最判 1975. 6. 15(金融法務事情 764, 34)은 이중양도가 있은 후 제 2 양수인이 양도인의 死後에 전부터 그로부터 맡아 놓았던 인감을 사용하여 자기 앞으로 소유권이전등기를 한 사안에 대하여 그 등기의 유효를 부인하였다고 한다.[9] 이를 받아서 우리 나라에서도 "二重讓渡에 있어서는 만약 이중양수인이 위조한 등기신청서류에 의하여 경료한 등기를 유효하다고 인정한다면 타양수인의 등기를 구비할 기회를 박탈하게 되고 또 이중양수인만이 배타적 소유권을 취득할 수 있는 부당한 결과가 될 것이므로 특별한 사정이 없는 한 무효라고 보아야 할 것"이라는 견해가 주장되고 있다.[10]

이와 같이 「실체관계에 부합하는 등기」의 법리는 결코 일률적인 기준 또는 요건에 의하여 적용될 수 있는 것이 아니며, 문제의 사안 유형에 나타난 전형적 사정요소를 세밀하게 음미할 필요가 있다.

---

9) 다만 幾代通(德本伸一 補訂), 不動產登記法, 제 4 판(1994), 511면 註 5에 의하면 이 판결의 사안은 제 2 양수인이 배신적 악의자에 해당하여 애초 제 1 양수인에 대하여 대항할 수 없었던 경우가 아닌가 하는 의심이 있는 경우라고 한다.

10) 沈在暾(註 6), 314면.

2. 우리 判例上의「實體關係에 符合하는 登記」의 法理

사실 일본과 같이 법률행위로 인한 부동산물권변동에 관하여 소위 의사주의를 취하여 예를 들어 매매계약이 있으면 바로 부동산소유권이 매수인에게 이전한다는 태도를 취하는 나라에서는, 매수인이 등기서류를 위조하여 자기 앞으로 소유권이전등기를 하더라도, 그것은 어디까지나 이미 매수인의 소유에 속하는 부동산에 관하여 행하여졌으므로, 이는 등기를 현존의 실체관계와 일치시키는 것으로서 말하자면 당연히 그렇게 되어야 했을 것이었고, 따라서「실체관계에 부합하는 등기」라는 말은 그 용어의 통상적 의미에 좇은 것이라고 할 수 있을지도 모른다. 그러나 우리 민법에서와 같이 법률행위로 인한 부동산물권변동에 관하여 소위 형식주의를 취하는 나라의 경우에는 매수인에게 소유권이전등기가 경료되지 아니한 동안에는 그는 아직 소유자가 아니므로 그가 등기서류를 위조하여 자기 앞으로 한 소유권이전등기를 "당연히 그렇게 되어야 했을 것"이라고는 ── 적어도 논리적으로는 ── 말하기 어렵고, 따라서 엄밀한 의미에서는 그 등기가「실체관계에 부합한다」고 할 수 없을 것이다.

(1) 우리 대법원이「실체관계에 부합하는 등기」에 관하여 상론한 최초의 재판례라고 생각되는 것은 大判 78.2.22, 76다343(공보 596, 11061)이다.[11] 이 판결이 다음과 같은 복잡한 논의를 전개하는

11) 그 전에 大判 72.8.22, 72다1059(集 20-2, 169)은, "법률행위로 인한 부동산물권의 득실변경은 등기를 하여야만 그 효력이 생기는 것이므로 부동산을 매수한 자라고 할지라도 그 등기가 이루어지기 전에는 그 소유권을 취득한 것이라고 할 수 없고 또 위조문서를 이용하여 한 등기는 그 절차에 있어서 부적법한 것임은 소론과 같으나 등기가 부동산물권변동의 효력발생요건이 되었다고 할지라도 원래부터 그것이 부동산물권의 공시방법으로 채택되어 왔었다는 점에는 다름이 없는 이상 **그 절차보다는 그 공시된 외형을 중시하여야 할** 것이고 따라서 설사 그 절차에 있어서 하자가 있었다고 할지라도 그 공시된 외형과 같은 권리관계가 실재하고 있다면 그 공시방법으로서의 등기의 효력을 부정할 것이 아니라고 함이 상당할 것이며 이와 같은 결론은 현행민법(신민법) 시행으로 인하여 달리하

것은 바로 상고이유가 위와 같은 관점을 주장하였기 때문이라고 추측된다. 이 판결은 특히 앞의 1.(3)에서 제기한 문제, 즉 위법한 자력구제를 정당화하는 正價値의 구체적인 내용을 보여 준다는 점에서 주목할 만한다.

> "법률행위로 인한 부동산의 물권의 득실변경은 등기를 하지 아니하면 효력이 생기지 아니함은 민법 제186조가 규정하고 있는 바와 같으므로 부동산의 증여, 매매 기타 결국 부동산에 대한 물권을 이전할 것을 목적으로 하는 계약을 한 경우에 등기를 하지 아니하면 물권이전의 효과가 생기지 아니함은 논지가 지적하는 바와 같다고 할 것이다. 그러나 가사 부동산의 소유권을 이전할 것을 목적으로 하는 계약이 있고 동 계약당사자 간에 등기청구권을 실현하는 데 있어서 법률상 하등의 지장이 없고 따라서 등기의무자가 그 의무의 이행을 거절할 정당한 하등의 사유가 없는 경우에 양도인이 동 계약에 터잡아 양수인으로 하여금 사실상 그 목적부동산에 대한 전면적인 지배를 취득케 하여 그로써 양도인에 대한 관계에 있어서는 양수인은 소유권의 개념으로서 통합되어 그의 실질적인 내용을 이룩하고 있는 것으로 되어 있는 사용, 수익, 처분 등의 모든 권능을 취득하였다고 할 수 있는 상태에 이르렀다며는 특별한 사정이 없는 한 법적으로도 양도인과 양수인과의 이와 같은 실질적인 관계를 외면할 수 없는 것이라고 할 것이니 위와 같은 상태에서 양 당사자간의 관계를 상대적으로 다투는 데 있어서는 등기 전이라고 하더라도 소유권은 실질적으로 양수인에게 옮겨져 있는 것으로 해도 무방하다 할 것이며 등기가 위와 같은 양 당사자의 실질적인 관계에 상응하는 것이라면 동 등기가 등기의무자의 신청에 의하지 아니한 하자가 있다고 해서 이를 반드시 무효로 하지 않으면 안 될 이유가 있다고도 할 것이 아니

여야 할 이유가 없으니 같은 취지의 당원의 판례는 변경할 필요를 느끼지 아니한다"(강조는 인용자가 가한 것이다. 이하 같다)고 판시하여, 부동산물권변동에 관한 立法主義의 轉換에 따라 종전의 법리를 변경할 필요가 있는지 여부에 대하여 판단한 바 있다.

므로 등기가 실체관계에 부합하여 유효하다고 할 때 위와 같은 경우까지를 이에 포함시켜 무방하다 할 것이다(등기가 양 당사자의 위와 같은 실질적인 관계에 부응하는 것이라면 그 등기는 의당 있어야 마땅한 등기라고 할 것이고 이와 같은 등기는 일반적으로 등기의무자의 의사에 터잡고 있는 것이라고 할 수 있다. 양 당사자 간의 실질적인 관계가 위와 같은 상태에 이르렀다면 그와 같은 상태에 이르게끔 한 양도인의 행위는 특별한 사정이 없는 한 일반적으로 소유권의 양도계약 등 물권변동을 위한 법률행위 당시에 잠재적이고 부동적이었던 등기의무자의 등기의사를 현실화시키고 확정적인 것으로 하려는 의사에 원유하는 것이라고 보아 무방하다 할 것이므로 위와 같은 상태 하에서의 당사자 간의 그 실질관계에 부합되는 등기는 등기의무자의 등기의사를 바탕으로 하고 있다고 보아서 안될 이유가 있는 것이 아니므로 가사 그 등기가 등기의무자의 신청에 의하지 아니하였다고 하더라도 그것을 단지 등기의무자의 의사에 기하지 아니하였다고 하고 등기의무자의 말소청구를 시인하여야 할 이유나 필요는 없다고 할 것이다)."

이 판결은, 한편으로 「실체관계에 부합하는 등기」라고 하려면 반드시 이미 당사자 사이에 물권변동이 발생하였어야만 한다고 할 것은 아니라고 하면서, 다른 한편으로 그렇다고 해서 (i) 당사자 사이에 물권변동을 내용으로 하는 유효한 채권계약이 존재하는 것만으로는 충분하지 아니하지만, 그 외에 (ii) "당사자 간에 등기청구권을 실현하는 데 있어서 법률상 하등의 지장이 없고 따라서 등기의무자가 그 의무의 이행을 거절할 정당한 하등의 사유가 없"으며, 나아가 (iii) "양도인이 동 계약에 터잡아 양수인으로 하여금 사실상 그 목적부동산에 대한 전면적인 지배를 취득케" 한 경우라면, 이 경우에는 그 등기가 비록 "등기의무자의 신청에 의하지 아니한 하자가 있다고 해"도 이는 「실체관계에 부합」하여 이를 무효라고 할 것이 아니라는 것이다.

특히 위 판결은 그러한 결론을, 양도인의 일반적 권리이전의사(즉 당해 등기절차에서 실제로 등기신청을 한 것은 아니라도 단순한 채권계약을 넘는 물권적 합의로서의 "소유권의 양도계약"을 함에 있어서 그에 내재하는 확정적 물권변동의 의사)로부터도 뒷받침하고 있는 점 역시 흥미롭다(괄호 안의 설시부분). 즉 양도인에게 소유권이전등기가 양수인 앞으로 경료되는 것을 허용하는 의사는 반드시 등기신청절차에서 표시되어야 하는 것은 아니며 양수인에게 소유자로서의 「전면적 지배」를 사실상 용인하는 행태로부터도 인정될 수 있는데, 이러한 일반적 등기이전의사가 이미 있었다면 양수인 앞으로의 등기는 ── 혹 당해 등기 당시에는 등기신청의사가 없다고 하더라도 ── 유효하다고 해도 좋다는 것이다. 이 점은 앞의 (ii) 또는 특히 (iii)에 대한 부연 또는 그에 대한 법률논리적 설명이라고 볼 수도 있을 듯하나, 앞으로의 논의를 위하여 따로 (iv)의 항목으로 불러 보기로 한다.

(2) 그 전이나 그 후의 「실체관계에 부합하는 등기」의 법리에 관한 재판례들은 대체로 위 大判 78.2.22.의 판단틀로써 설명될 수 있다고 생각한다.

특히 우리의 문제의 해결과 관련하여서는 우선 大判 71.3.23, 71다178(集 19-1, 233); 大判 85.4.9, 84다카130등(集 33-1, 167)을 들어둘 만하다.

前者의 판결은, 매매계약이 체결된 후 대금의 일부만이 지급되었는데 매수인 甲이 등기서류를 위조하거나 부정사용하여 소유권이전등기를 한 사안에서 "甲은 그 매매대금을 지급하지도 아니하였고 대금지급 전에 소유권이전등기를 하기로 하는 약정도 없었으니 위 각 등기는 매도인의 의사에 반하는 것으로서 무효"라고 판시하였다. 이 판시 중 매매대금이 지급되지 아니하였다는 부분은 위의 (ii)와 관련되고, 대금지급 전이라도 소유권이전등기를 하기로 하는 약정이 없었다는 부분은 아마도 (iii) 또는 특히 (iv)와 관련된다고 해도 좋을 것이다.

後者의 판결은 "公簿上 공시된 등기가 실체적 권리관계에 부합한다 함은 그 등기절차에 문서의 위조 등 어떤 하자가 있다 하더라도 진실한 권리관계와 합치되는 것을 말하는 것으로 약정매매대금 전액이 지급되었다거나 또는 매매대금 완불 전이라고 하더라도 그 소유권이전등기를 하기로 하는 약정이 있었다고 할 수 없다면 소요서류 위조의 방법으로 한 매수인 명의의 소유권이전등기는 매수인의 의사에 반하는 것임이 분명하여 실체적 권리관계에 부합한다고 할 이유나 근거가 없다"고 판시하였다. 이 설시도 위의 大判 71.3.23.에 대하여와 같이 분석될 수 있을 것이다.

여기서는 공통적으로「실체관계에의 부합」여부를 판단하는 사정요소로, 첫째, 양수인이 소유권 취득을 내용으로 하는 채권계약에서 약정한 대금을 모두 지급하였을 것, 또는 둘째, 당사자 사이에 그 대금지급 전이라도 양수인 앞으로 소유권이전등기를 경료하기로 하는 합의가 있었을 것을 들고 있다. 이들 사정은 앞서 본 (ii) 또는 (iii)의 전형적 구체례라고 할 수 있을 것이나.

그런데 주목되는 것은 위의 두 판결 모두, 양수인 앞으로의 등기가 실체관계에 부합하지 아니하여 무효라고 하면서 그 등기가 양도인의 의사에 반한다는 것을 지적하고 있는 점이다. 이는 결국 양도인에게 앞서 본 (iv)에서 말하는 바의「일반적 권리이전의사」를 인정할 수 없다는 취지인 것으로 여겨진다.

(3) 위에서 본 바와 같은 판례의 태도는 실무가들에 의하여서도 그와 같이 인식되고 있다. 예를 들면 다음과 같은 이해가 표명되고 있는 것이다.

"위 판례들은 어떠한 등기가 실체적 권리관계에 부합하느냐의 여부를 판단함에 있어 일단 등기의무자의 등기의사를 기준으로 하면서도 그 의사는 등기의무자의 恣意가 아니라 그의 합리적인 의사를 가리키는 것으로 보아 등기의무자가 등기를 거부할 이유가 없는 경우에는 비록 그 등기가 등기의무자의 신청에 의하지 아니한 것이라 하더라도 이는 그의 등기의사에 바탕을 두고 있는 것으로 보고 있[다] …."[12)]

그렇다면 이는「실체관계에 부합하는 등기」의 법리에 관한 소위 主觀主義 내지는 修正된 主觀主義의 입장에 서 있는 것이라고 하겠다.[13)]

3. 우리의 問題에의 適用

이상에 비추어 보면, 위 사실관계에서와 같이 강박에 의한 증여계약에 있어서 수증자가 증여자의 의사관여 없이 위조된 등기신청서류에 기하여 자기 앞으로 소유권이전등기를 경료한 경우에 이 등기는「실체관계에 부합」한다고 할 수 없으며, 따라서 그 등기는 효력이 없어서 말소되어야 할 것이다.

(1) 우선 앞의 2.(1)에서 본 (ii)의 기준, 즉 "당사자 간에 등기청구권을 실현하는 데 있어서 법률상 하등의 지장이 없고 따라서 등기의무자가 그 의무의 이행을 거절할 정당한 하등의 사유가 없"는지 여부에 대하여 볼 때, 우리의 문제에서 A는 강박으로 증여의 의사표시를 한 것으로서 이를 취소할 권리를 가지는 이상, 수증자인 B가

12) 金聖洙(註 7), 482면. 또한 沈在暾(註 6), 297면도, 이러한 판례의 태도를 "등기를 결하여 적법·유효한 물권을 취득한 것은 아니지만 당사자 간의 실체적 관계에 있어서는 사실상 물권변동이 생긴 것과 같은 상태에 있는 경우에 그러한 자를 예외적으로 물권취득자와 같은 지위에 있는 것으로 취급하는" 경우로 이해하고 있다.

13) 우리 나라에서는 별로 논의되고 있지 않으나, 주관주의를 위시한 일본의 다양한 學說에 대하여는 우선 幾代通(註 9), 513면 이하 참조.

「등기청구권을 실현하는 데 있어서 법률상 하등의 지장이 없」다고 할 수 없으며, A는 증여계약상의 의무의 이행을 거절할 정당한 사유가 있었다고 할 것이다.

이에 대하여는, A가 취소권을 가진다고 하여도 이로써 증여가 당연히 무효가 되는 것은 아니므로 후에 이를 행사하여 취소의 의사표시를 적법하게 함으로써 비로소 증여계약의 효력이 소멸하여 수증자의 등기청구권 실현이 「법률장 장애」에 걸리게 되는 것이니, 그 때에서야 B의 소유권이전등기는 「실체관계에 부합」하지 않게 된다고 주장할는지도 모른다. 그러나 A가 증여계약을 취소하면 B의 소유권 취득은 그 효력을 상실하고 A가 소유권을 회복하므로 B 앞으로서의 소유권이전등기는 당연히 말소되어야 할 것이다. 여기서 문제되는 것은 증여계약 취소의 효과로서의 소유권회복이 아니라, 애초 이루어진 B 앞으로의 소유권이전등기가 증여자의 의사관여 없이 행하여진 것이어서 원칙적으로는 무효라고 할 것인데(따라서 애초 소유권이전은 행하여지지 않았다고 할 것인데), 다만 예외적으로 그러한 절차상의 하자를 치유하는 사유로서의 「실체관계에의 부합」이 인정될 것인가 하는 점이나. 이러한 예외적 구제수단의 요건으로서의 「실체관계에의 부합」 여부를 판단함에 있어서는, 원인행위가 무효로 됨으로 인한 등기의 ── 말하자면 당연한 ── 원상회복과는 별도의 관점에서, 그와 같은 예외적 치유를 모든 면에서 정당화할 만한 흠 없는 登記請求의 原因關係가 있어야 할 것이다. 그리고 앞서 본 (ii)의 기준은 바로 이 점을 표현하고 있다고 생각된다. 그렇게 본다면, 「실체관계에의 부합」 여부를 판단하는 기준으로서 판례가 말하는 바의 「등기청구권 실현의 법률적 장애」는, 취소의 의사표시가 행하여져서 원인행위가 실제로 무효가 되었다는 것이 아니라 그 원인행위에 취소권을 발생시키는 바의 하자가 존재하는 것 자체로써 인정되어야 할 것이다.

위와 같은 경우에 A는 B의 자신의 취소권을 행사할 가장 적실한 기회라고 할 당해 계약의 이행청구소송에서 방어방법으로 이를 행사할 기회를 불법한 등기이전으로 말미암아 상실하게 되었다. 이것은 A로서는 무시할 수 없는 법적 손실이다. 특히 우리의 設例에서 문제되고 있는 강박과 같이 피강박자의 취소를 선의의 제3자에게 대항할 수 없는 경우에는, 상대방으로서는 강박으로 계약을 체결하게 한 다음 함부로 자기 앞으로 소유권이전등기를 경료하고 바로 제3자에게 다시 양도 기타 처분을 함으로써 피강박자의 目的物 追及을 사실상 차단할 수 있게 되는 것이다. 이와 같이 불법한 강박과 불법한 등기이전이라는 二重의 不法이 「실체관계에 부합하는 등기」의 법리에 의하여 糊塗되어서는 안 된다고 생각한다.

(2) 나아가 앞의 1.(1)에서 본 (iii)의 기준, 즉 "양도인이 동 계약에 터잡아 양수인으로 하여금 사실상 그 목적부동산에 대한 전면적인 지배를 취득케" 하였는지의 기준에서 보더라도, 위 사실관계에서 A는 사실적으로 목적부동산에 대하여 전면적 지배를 허용한 일이 없는 것으로 생각된다.

(3) 또한 거기서 본 (iv)의 기준, 즉 양도인에게 일반적 권리이전의사, 즉 양수인이 당해 등기절차에서 실제로 등기신청을 한 것은 아니라도 단순한 채권계약을 넘는 물권적 합의로서의 "소유권의 양도계약"을 함에 있어서 그에 내재하는 확정적 물권변동의 의사가 있었는지의 관점에서 보더라도, A는 단지 증여의 의사표시를 하였을 뿐이지, 이를 넘는 확정적 소유권양도의 의사를 표시한 바는 없다고 할 것이다.

물론 위 사실관계에서는 부동산매매계약과 같이 대금의 지급을 전제로 하는 계약이 아니라 무상의 출연을 내용으로 하는 증여계약이 문제되므로, 앞의 2.(2)에서 본 大判 71.3.23.이나 大判 85.4.9.이 설시하는 바와 같은 대금의 지급과 관련한 사정을 고려할 수는 없다. 그렇다고 해서 증여계약이 체결됨과 동시에 위와 같은 일반적 권리이전의사를 추단하여서는 안 될 것이다. 오히려 그러한 의사는 우리의 設例에서와 같은 부동산증여계약에서는 통상 증여자가 수증자에게 목적부동산의 소유권이전등기에 필요한 서류를 작성·교부하는 행위를 통하여 표시될 것인데, 바로 그와 같은 의사를 B는 등기에 필요한 서류의 위조에 의하여 허위로 작출하고, 이에 기하여 자기 앞으로 소유권이전등기를 경료하게 하였던 것이다.

(4) 그러므로 우리의 設例에서 B 앞으로의 소유권이전등기는 이에 관한 판례의 법리에 비추어 보건대 어느 모로 보더라도 「실체관계에 부합」한다고 할 수 없다.

4. 贈與의 特殊性의 觀點에서

약간 관점을 달리하는 것이나, 「실체관계에 부합하는 등기」의 법리는 위 사실관계에서와 같이 당사자 사이에 증여와 같은 無償契約이 체결된 경우에는 이를 적용하여 그 등기를 유효로 하는 데에 더욱 신중하여야 한다고 생각한다. 즉 다름아닌 수증자가 증여자의 의사관여 없이 함부로 증여자를 등기의무자로 하는 등기신청을 하고 이에 기하여 소유권이전등기를 경료하는 것은 대부분의 경우에 증여자에 대한 背信行爲로 평가될 수 있을 것이며, 그 경우에는 이를 「실체관계에 부합하는 등기」의 법리에 의하여 유효한 것으로 판단되어서는 안 될 것이다.

(1) 우리 민법에서 증여계약은 소유권이전등기의 원인이 될 수 있는 다른 어떠한 계약과도 상이한 몇 가지 측면을 가지고 있다.

예를 들면 다른 전형계약과 달리 증여계약에서는 “증여의 의사가 서면으로 표시되지 아니한 경우"에 대하여는 계약의 구속력을 약화시켜서 당사자 쌍방이 이를 해제할 수 있도록 정하고 있다(민법 제555조). 이는 계약에 방식을 요구하는 통상의 이유인 증명기능(장래의 분쟁에 대비하여 확실한 증명수단을 미리 마련하고 이로써 분쟁 자체의 발생을 막는다는 기능)과 숙고기능(당사자로 하여금 의사표시를 하기 전에 숙고하도록 한다는 기능) 외에도,[14] 특히 증여계약에서는 증여자가 수증자에게 호의에 기하여 「무상의 출연」을 한다는 그 施惠的 성격에 비추어 볼 때,[15] 수증자(라고 주장하는 자)가 증여자(라고 주장되는 자)를 상대로 증여자가 약속한(약속하였다고 주장하는) 慈善을 베풀 것을 법적으로 강제하려고 하여 贈與約束의 유무와 내용에 관한 법적 쟁송을 벌이는 것을 피하기 위하여 아예 증여자의 권리행사를 용인하지 않는 것이다. 그러므로 법적으로 주장·관철될 수 있는 증여라고 하려면, 그만한 진지성과 격식을 갖추어야만 하며, 이러한 요구가 결국 서면 또는 공정증서의 작성이라는 객관적 형태로 표출되고 있는 것이다. 나아가 이러한 시혜적·호의적 성격에 상응하여 증여자는 원칙적으로 담보책임을 지지 않는다(민법 제559조).

그러나 이를 무엇보다도 잘 드러내는 것은 수증자에게 일정한 배신적 행위가 있으면 증여자로 하여금 증여계약을 해제할 수 있도록 하는 민법 제556조이다. 이에 의하면, 수증자가 "증여자 또는 그 배우자나 직계혈족에 대한 범죄행위가 있는 때", 또는 "증여자에 대하여 부양의무가 있는 경우에 이를 이행하지 아니하는 때"에는, 증여자는 증여계약 자체를 해제할 수 있다고 정하고 있다. 이는 말하자면 증여약속의 법적 유효성을 유지할 것인지의 판단에 있어서는, 서면에

14) 이에 대하여는 우선 츠바이게르트/쾨츠, 梁彰洙 譯, 比較私法制度論(1991), 98면 이하 참조.

15) John P. Dawson, *Gifts and Promises. Continental and American Law Compared* (1980), p. 83은 증여를 "자선의 계약(contract of benefaction)"이라고 부르고 있다.

의한 의사표시인지와 같은 증여계약 자체에 내재하는 사정뿐만 아니라, 증여계약이 체결된 후에 전개된 증여자와 수증자 사이의 人的 關係 전체를 시야에 두어야 함을 의미한다.

(2) 이렇게 보면 증여자가 증여약속을 하였다고 하여도 그 자신이 이를 이행하지 아니하고 있는 동안에 수증자가 「범죄행위」에 의하여 이를 실현한 경우에 이에 법적인 효력을 주는 것은 극력 피하여야 할 것이다. 그러한 수증자의 행위는 말하자면 증여계약의 「의미」에 반하는 것이고, 그 본질을 뒤집는 일인 것이다.

특히 우리의 設例에서와 같이 증여계약 자체가 수증자가 증여자를 협박하여 증여의 의사표시를 하도록 강박한 사안에서 나아가 그 이행으로 행하여진 소유권이전등기까지도 증여자의 의사를 전혀 무시하고 이루어진 경우라면 더욱 그러할 것이다.[16)]

(3) 혹 이에 대하여는 증여계약은 B 앞으로 소유권이전등기를 경료하기 위한 하나의 법적 형식에 불과한 것이므로 그 성질을 내세워 소유권이전등기의 효력을 판단할 수는 없다고 생각할 수 있을는지도 모른다. 그러나 그와 같은 논리에 의한다면, B 앞으로 행하여진 소유권이전등기는 전혀 아무런 원인도 없다고 하여야 할 것으로서 당연히 절대적으로 무효이다. 그러므로 그 등기는 바로 취소의 의사표시를 운운할 것도 없이 말소되어야 할 것이다. 왜냐하면 위와 같은 논리에 의하면 실제로 증여계약은 법적으로 無로 평가되어서, 아예 존재하지 않는다고 할 것이기 때문이다.

(4) 지금까지 나온 「실체관계에 부합하는 등기」의 법리에 관한 재판례 중에서 수증자가 증여자의 관계서류를 위조하는 등의 적극적

16) 특히 위 사실관계에서와 같이 증여계약의 이행이 증여자의 의사관여 없이 수증자의 불법행위로 행하여진 경우에도 이를 적법한 「이행」으로 보는 경우에는 민법 제558조("前 3條의 규정에 의한 계약의 해제는 이미 이행한 부분에 대하여는 영향을 미치지 아니한다")의 적용에 있어서 불합리한 결과를 가져온다.

인 위법행위를 한 경우에 대한 것은 잘 찾을 수 없다. 다만 앞의 2.(1)에서 본 大判 78. 2. 22.은, 미등기토지의 소유자 甲이 1955년 4월에 乙이 기성회장으로 있는 고등공민학교의 부지로 사용할 수 있도록 증여하고 인도하였는데 甲이 1962년 9월에 소유권보존등기를 한 후 사망하였고 그의 상속인(원고)이 증여사실을 부인하자 乙이 등기의 편의상 지목을 垈에서 田으로 변경한 후 1965년 6월에 「일반농지의 소유권이전등기 등에 관한 특별조치법」에 기하여 자기 앞으로 소유권이전등기를 경료한 사안에 대한 것이다. 그리고 대법원은 이와 같은 증여의 사안에서 피고의 소유권이전등기가 「실체관계에 부합」한다고 하여 원고의 청구를 기각하였다.

그런데 여기서는 우선 증여행위가 있은 후 10년 이상 목적토지가 증여의 목적대로 학교의 교육용 부지로 실제로 사용되어 만일 등기의 유효가 부인된다면 결국 이를 반환하지 않으면 안 된다는 사정이 중시되었다고 볼 수도 있겠다. 나아가 원고가 소유권이전등기를 거부하고 그 지상의 학교건물의 철거를 요구하자 그에게 일정한 금전을 지급하였다는 판결문에 나타난 사정도 고려되었는지 모른다. 그리고 이 사건에서 수증자 앞으로의 소유권이전등기는 등기서류위조 등 수증자의 적극적 위법행위에 의하여서가 아니라 위의 특별조치법이 정하는 절차에 기하여 행하여졌던 것이다.

그러므로 이 판결을 증여에 대하여도 「실체관계에 부합하는 등기」의 법리를 원래대로 적용한 예로 보기에는 주저가 있다.

5. 小　　結

결국 우리의 設例에서 B 앞으로 경료된 소유권이전등기는 「실체관계에 부합」한다고 할 수 없으며 무효라고 할 것이다. 그리고 A는 문제의 증여계약에 대하여 취소의 의사표시를 하지 아니하더라도, B

에 대하여 그 명의의 소유권이전등기가 위조된 등기 소요 서류에 기하여 행하여졌음을 이유로 그 말소를 청구할 수 있다고 할 것이다.

Ⅲ. 民法 제110조 제3항에 관하여

1. 問題의 提起

앞의 Ⅱ.에서 본 바와 같이 A가 증여를 취소하지 아니하고도 B 앞으로 행하여진 소유권이전등기가 위조 서류에 기하여 행하여졌다는 이유만으로 그 말소를 청구할 수 있다고 한다면, 비록 수증자가 이를 제3자에게 양도하였고 또 그 양수인이 善意라고 하더라도, 마치 어떤 사람이 아무런 등기원인도 없이 관계서류를 위조하여 자기 앞으로 소유권이전등기를 경료한 후 이를 선의의 제3자에게 양도한 경우와 마찬가지로, 그 양수인은 유효하게 권리를 취득할 수 없다고 하는 것이 논리필연적인 귀결이라고 할 수 있을는지도 모른다.

2. 善意의 第三者를 保護할 必要

그러나 이와 같이 단정할 수 있는지에 대하여는 민법 제110조 제3항의 취지 등에 비추어 보다 상세한 검토가 필요한 것으로 생각된다.

(1) 이처럼 「논리필연적인」 결론을 내리는 것을 일단은 주저하게 되는 이유는 다음과 같다. 결국 앞서 본 대로 위 사실관계에서 B 앞으로 경료된 소유권이전등기가 「실체관계에 부합」하지 아니한다고 판단하는 이유의 태반은 결국 그것이 강박을 이유로 취소될 수 있는 증여계약을 원인으로 하여 행하여졌다는 점과 관련되어 있다. 그런데

민법은 제110조 제3항에서 계약이 강박을 이유로 실제로 취소되었다고 하더라도 그 취소의 효력(즉 계약의 소급적 무효)을 「선의의 제3자」에게 대항하지 못하는 것으로 제한하고 있다. 혹시 이 규정이 선의의 제3자를 보호한다는 취지는 위와 같이 강박자 앞으로 애초부터 무효인 소유권이전등기가 행하여진 경우에도 미치는 것은 아닐까? 논리적으로만 말하면 계약이 취소되면 강박자 앞으로 행하여진 소유권이전등기는 애초부터 무효가 되므로, 강박자의 의사에 기하여 소유권이전등기가 행하여진 경우에도 일단 취소가 행하여진 후에는 위 사실관계에서와 같이 강박자의 의사관여 없이 소유권이전등기가 행하여진 경우와 다를 바가 없다. 그렇다면 역시 兩者는 같이 다루어져야 하지 않을까?

(2) 특히 大判 75.12.23, 75다533(集 23-3, 144)이, 사기로 행하여진 매매계약이 이를 이유로 취소된 후에 이 사실을 알지 못하고 제3자가 소유자로 등기되어 있던 사기자로부터 부동산을 매수하여 자기 앞으로 소유권이전등기를 경료한 사안에 대하여 민법 제110조 제3항을 적용하고 있는 것을 생각하면, 더욱 그러한 의문이 짙어질지도 모른다.[17] 이 경우에 사기자의 소유권이전등기는 이미 피사기자의 취소로 소급적으로 원인 없는 것이 되어 처음부터 무효인 것인데, 그럼에도 위의 대법원판결은 「거래안전의 보호」를 내세워 민법 제110조 제3항을 이에 적용하고 있는 것이다. 그리고 이 판결이 판시하는 바는 우리 민법에서 사기와 전적으로 동일하게 다루어지고 있는 강박

17) 이 판결은 다음과 같이 설시하고 있다: "사기에 의한 법률행위의 의사표시를 취소하면 취소의 소급효로 인하여 그 행위의 시초부터 무효인 것으로 되는 것이요 취소한 때에 비로소 무효로 되는 것은 아니므로 취소를 주장하는 자와 양립되지 아니하는 법률관계를 가졌던 것이 취소 이전에 있었던가 이후에 있었던가를 가릴 필요 없이 대저 사기에 의한 의사표시 및 그 취소사실을 몰랐던 모든 제3자에 대하여는 그 의사표시의 취소를 대항하지 못한다고 보아야 할 것이고 이는 거래안전의 보호를 목적으로 하는 민법 제110조 제3항의 취지에도 합당한 해석이 된다 …"

의 경우(민법 제110조 참조)에도 당연히 적용된다고 하겠다.

그렇다면 위 사실관계에서와 같이 강박자가 비록 위조된 등기소요서류에 기하여 자기 앞으로 소유권이전등기를 경료하였다고 하더라도, 선의의 제3자와 피강박자 중 누구를 앞서 보호할 것인가 하는 문제가 제기되는 경우에는, 앞의 1.에서 본 결론은 일견 「논리필연적」인 듯 보여도, 민법 제110조 제3항을 시야에 넣는 별도의 고찰이 필요하고 그것이 반드시 불가피하다고 생각되지는 않는 것이다.

3. 善意의 第三者 保護의 後退

그러나 역시 우리의 設例에서와 같이 강박을 행한 수증자가 증여자의 의사관여 없이 위조된 등기 소요 서류에 기하여 불법으로 자기 앞으로 소유권이전등기를 경료한 경우에는, 비록 그 후 「선의의 제3자」가 등장하였다고 하여도, 이에 민법 제110조 제3항의 보호를 적용할 수 없으며, 그 제3자의 소유권이전등기는 무효로서 말소되어야 하리라고 생각된다.

(1) 강박을 이유로 계약의 효력을 다툴 수 있도록 하는 경우에도 그로 인한 무효를 선의의 제3자에게 대항할 수 없도록 하는 것은, 결국 표의자가 당한 강박이 그의 자유를 전적으로 소멸시키는 것은 아니며 여전히 그에게 선택의 자유(즉 강박에 좇지 않고 해악을 감수할 것인가, 아니면 강박에 좇을 것인가의 선택)가 남아 있었음을 전제로 한다고 생각된다. 물론 강박자의 위법행위에 대한 矯正으로 이를 취소할 수 있도록 정하고 있다.[18] 그러나 일단 위법한 강박에 불복하

18) 우원한 인용인지도 모르겠으나, 사비니는 그 이전에 강박을 무효사유로 하는 견해에 반하여 다음과 같이 말한다. Savigny, *System des heutigen römischen Rechts*, Bd. 3(1840), S. 102ff.: "강박(Zwang)과 자유는 서로 배척하는 상태이어서 강박이 있으면 전혀 자유가 없다는 생각이 그럴 듯하게 보인다. 그러나 보다 상세히 고찰하면 이러한 견해는 전면적으로 포기되어야 한다. … 우리가 관심을 가지는 것은 現象的인 自由, 즉 복수의 상정가능한 결단 중에서 선택하는

여 행위한 자라도, 그의 행위로 말미암아 현출된 강박자에게 하자 없는 권리 또는 법률상태가 존재한다는 외관을 진실이라고 믿고 행위한 자에 대하여는 뒤로 물러나 그의 「선택」에 대한 책임을 그대로 져야 한다는 것이 아마도 민법 제110조 제3항의 입법이유일 것이다.

그런데 우리의 設例에서와 같이 강박자가 일방적으로 위법하게 자기 앞으로 소유권이전등기를 경료하였고 피강박자가 강박자의 그러한 권리외관에 대하여 아무런 意思關與를 하지 아니하고 기타 그에게 그러한 외관의 현출에 대하여 「책임을 물을 근거」를 찾을 수 없는 경우에는, 비록 선의의 제3자라고 하더라도 피강박자에 우선하는 보호를 주장할 수는 없다고 할 것이다.

그리고 이것이 앞의 2.(2)에서 본 大判 75.12.23.의 사안과 우리의 設例의 경우를 달리 취급하여야 할 이유이다. 즉 거기서는 사기자 앞으로의 소유권이전등기가 피사기자 자신의 의사에 기하여 경료되었던 것이다. 그러한 경우에는 피사기자가 계약을 취소하고 그 효력을 소급적으로 소멸시켰다고 하더라도 사기자의 권리외관의 현출에 대한 그의 책임은 이로써 종료되지 아니하며, 애초 자신의 「선택」으로 인하여 현출된 외관 자체를 제거하였어야 했을 것이다.

(2) 각도를 달리하여, 우리의 設例와는 달리 B가 등기에 필요한

능력만이다. 그리고 이 능력이 피강박자(der Bedrohte)에게 실제로 존재함은 의문의 여지가 없다. 그는 있을 수 있는 다음의 세 결단 중에서 선택할 수 있는 것이다. 강박자가 그에게 요구하는 행위를 하는 것, 저항하여 강요되고 있는 해악을 물리치는 것, 그리고 그 해악을 감수하는 것이 그것이다. 그가 이 세 방법 중 최초의 것을 선택한 경우에는 선택의 자유, 즉 意思의 自由(Freiheit des Wollens)는 실제로 존재하고 있었던 것이다. … 의사표시에 대한 강박이 행위자의 자유 그 자체를 소멸시키는 것은 아니라고 하더라도, 따라서 표시의 본래의 효력을 저해하는 것은 아니라고 하더라도, 강박은 모든 법의 목적, 즉 인격의 확실하고 독립적인 전개(sichere und selbständige Entwicklung der Persönlichkeit)라는 목적에 정면으로 모순된다. 따라서 강박 중에는 법의 영역을 교란적으로 간섭하는 反道德性(Unsittlichkeit)이 존재한다. … 이 반도덕성을 적극적인 反作用에 의하여 법의 영역으로부터 몰아내는 것은 실정법의 역할이다."(점선은 인용자가 생략한 부분을 가리킨다)

서류를 위조하여 자기 앞으로 소유권이전등기를 하기 전에 强迫을 행한 일이 없다고 하자. 다시 말하면 B는 막바로 등기에 필요한 서류를 위조하여 A 소유의 부동산에 관하여 자기 앞으로 소유권이전등기를 하였다고 해 보자. 이 경우에 제3자 C가 B로부터 선의로 부동산을 매수·양수하였다고 하여도, 그가 소유권을 취득하지 못하고 그의 소유권이전등기가 말소되어야 함에는 의문이 없을 것이다.

그런데 그에 앞서서 B가 A에 대하여 强迫을 행하였다고 해서, 결론이 달라져야 할 것인가? B가 A에 대하여 한 번 불법을 행하면 A는 소유권을 되찾을 수 있는데, B가 그에 앞서서 다른 불법을 행하였으면 이번에는 소유권을 찾을 수 없다는 말인가? 또 다른 관점에서 보면, 한 번 불법을 행한 B는 C로부터 민법 제570조의 추탈담보책임 기타 계약대로 소유권을 이전하여 주지 못함으로 인한 책임을 추궁당하여야 하는데, 두 번 불법을 행하면 그러한 책임을 면한다는 것인가? 이렇게 생각하면, 역시 A는 강박이 행하여지지 아니하고 위조된 등기서류로 소유권이전등기가 행하여진 경우와 같이 비록 제3자 C가 선의이더라도 소유권을 회복할 수 있어야 한다고 생각된다.

혹은 B가 A에 대하여 강박을 행함에 있어서 아예 등기에 필요한 서류까지 받았다면 역시 선의의 C는 부동산의 소유권을 취득하였을 것이므로, 강박으로 체결된 증여를 실행하기 위한 수단으로 등기소요서류를 위조한 경우도 그와 같이 취급되어도 좋을 것이라고 생각될지도 모른다. 그러나 이와 같은 立論은, 처음 행하여진 범죄행위에서 아예 다른 물건까지 대상으로 하였을 수 있었으므로 다음에 같은 피해자에 대하여 그 다른 물건을 대상으로 범죄행위를 하였어도 이는 별개의 범죄가 되지 않는다고 주장하는 것과 다를 바 없어서, 도대체 논의할 필요가 없다고 할 것이다.

(3) 앞의 Ⅱ.2.(2)에서 본 大判 85.4.9.도, 정면에서 위의 문제에

대하여 판시하는 것은 아니지만, 이에 대하여 해결방향에 대한 시사를 준다고 여겨진다.

(a) 이 판결의 내용은 多岐에 걸치나, 위의 문제와 관련되는 부분만을 적출해 보기로 한다.

우선 사실관계는 다음과 같다. 피고 甲이 원고(원래는 여럿이나 편의상 이렇게 부르기로 한다)로부터 토지 여러 필지를 매수하였는데, 아직 중도금을 지급하기 전에 그 목적토지 중 일부에 관하여 자신의 동생인 피고 乙(피고 甲과의 명의신탁관계가 인정되었다) 앞으로 관계서류를 위조하여 소유권이전등기를 경료하였다(그것이 1973년 3월이었다). 그리고 1978년 3월에 피고 丙이 피고 乙과의 사이에 매매예약을 하고 이를 원인으로 소유권이전등기청구권 보전을 위한 가등기를 경료하였다. 원고는 동년 4월에 피고 甲과의 위 매매계약을 적법하게 해제하였는데, 피고 丙은 동년 8월에 위 가등기에 기한 본등기를 경료하였다는 것이다. 원고는 이 사건 소송을 제기하여 ── 다른 청구와 아울러 ── 피고 丙에 대하여 그 소유권이전등기의 말소를 청구하였다.

원심법원은, 한편으로 피고 乙의 소유권이전등기는 비록 등기과정상 소요서류의 위조 등의 방법으로 행하여진 하자가 있다고 하더라도 그 목적물이 피고 甲이 매수한 것으로 피고 乙에게 명의신탁된 것이므로 그 등기는 실체권리관계에 부합한다고 볼 것이라고 하면서, 다른 한편으로 피고 丙은 민법 제538조 제1항 단서에서 정하는「제3자」에 해당하므로 원고는 그에 대하여 계약해제의 효과를 주장할 수 없다고 판단하여, 피고 丙에 대한 원고의 청구를 기각하였다.

대법원은 결론적으로 피고의 상고를 받아들여 원심판결을 파기하였다. 우선 피고 乙의 소유권이전등기에 대하여는 앞의 Ⅱ.2.(2)에서 본 대로 설시하여, 원고에게 대금 전부가 지급되거나 매매대금 완급전이라도 소유권이전등기를 경료하기로 하는 합의가 없는 이상 그 등기가 「실체관계에 부합」한다고 볼 수 없다고 하였다.[19] 중요한 것은 피고 丙에 대한 판시부분이다. 대법원은, 원심판결이 피고 丙이 해제의 효과에 영향을 받지 않는 민법 제538조 제 1 항 단서 소정의 「제 3 자」에 해당한다고 판시한 데 대하여는 일언반구 언급함이 없이, "피고 丙에 대하여서는 피고 乙 명의의 소유권이전등기가 실체적 권리관계에 부합한다고 하여 그에 기한 피고 [丙] 명의의 소유권이전등기의 말소를 구하는 원고의 청구를 배척한 원심조치는 이와 같은 점에서 이유불비 아니면 이유모순의 비난을 면할 길이 없다"(꺾음괄호 안은 인용자가 부가한 것이다)고 판시하고 있는 것이다.

(**b**) 피고 丙에 대한 위의 판시는, 그가 민법 제538조 제 1 항 단서에서 말하는 「제 3 자」에 해당한다고 하더라도 ── 실체관계에 부합하지 아니하여 무효인 ── 피고 乙의 소유권이전등기에 기하여 행하여진 것인 이상 당연히 무효로서 말소되어야 한다는 취지라고 이해될 여지도 있다고 할 것이다.

만일 그렇다고 한다면, 위의 판단은 여기서 논의하고 있는 문제에 대하여도 일정한 방향지시적 의미가 있다고 할 것이다. 즉 위 대법원판결의 사안에서 피고 乙 앞으로의 소유권이전등기가 비록 매매계약이라는 원인 자체는 엄존함에도 「실체관계에 부합」하지 아니하여 무효이고, 따라서 그에 기하여 행하여진 피고 丙의 소유권이전등기도 당연히 무효이며, 이는 피고 丙이 그 매매계약이 적법하게 해제되어 소급적 무효가 되는 경우에도 그에 의하여 영향을 받지 않는 「제 3 자」라고 해도 마찬가지라고 한다면, 우리의 設例에서도 마찬가지로 B 앞으로의 소유권이전등기는 비록 증여계약이라는 원인 자체는 엄존함

19) 그리고 "원심이 실체적 권리관계에 부합한다고 판시한 이유나 그 근거를 이해하기 어려우나 판문 그대로 이 사건 매매계약으로 이전받을 매매목적물인 까닭에 실체적 권리관계에 부합한다는 뜻이라면 이는 매매와 실체적 권리관계의 법리를 오해한 데 연유한 것으로 잘못임이 자명하다"고 덧붙이고 있다.

에도 「실체관계에 부합」하지 아니하여 무효이고, 따라서 그에 기하여 행하여진 제3자 C의 소유권이전등기도 당연히 무효이며, 이는 C가 그 증여계약이 적법하게 취소되어 소급적 무효가 되는 경우에도 그에 의하여 영향을 받지 않는 「선의의 제3자」라고 해도 다름이 없다고 판단되어야 하기 쉬울 것이다.

Ⅳ. 結　　論

1. 결론을 적는다면 다음과 같다.

첫째, 우리의 設例에서 B 앞으로 경료된 소유권이전등기는 「실체관계에 부합」한다고 할 수 없으며 무효라고 할 것이다. A는 문제의 증여계약에 대하여 취소의 의사표시를 하지 아니하더라도, B에 대하여 그 명의의 소유권이전등기가 위조된 등기 소요 서류에 기하여 행하여졌음을 이유로 그 말소를 청구할 수 있다고 생각된다.

둘째, 우리의 設例에서 위와 같이 B 앞으로 경료된 소유권이전등기가 「실체관계에 부합」하지 아니하여 무효이면, 그에 기하여 행하여진 C 앞으로의 소유권이전등기도 당연히 무효이며, 이에 대하여 C가 자신이 민법 제110조 제3항에 정하는 「선의의 제3자」임을 이유로 자신의 소유권이전등기의 유효를 주장할 수는 없다고 할 것이다.

2. 이상에서 한 논의를 밀고 나가면, 우리 학계에서 별로 의식되지 아니한 다음과 같은 보다 일반적인 문제에 상도하게 된다.

우리의 問題에서 증여는 소유권 양도의 원인행위이고, 나아가 이를 원인으로 한 소유권이전등기가 행하여짐으로써 객관적으로는 소유권 양도의 물권행위가 행하여진 것과 같은 외관이 형성되었다. 그러나 이 물권행위는[20] 그 하나의 요소인 소유권 양도를 내용으로 하는 物權的 合意를 결하여서 無效이고, 소유권 이전은 일어나지 않는다. 종전에 행하여진 물권행위의 무인성 유무에 관한 논의는 원인행위의 하자가 물권행위에 어떠한 영향을 미치는가에 대한 것이었다. 이는 오히려 물권행위 자체에 존재하는 하자로 인한 그 무효는 당연히 물권행위의 내용인 물권변동을 일으키지 않음을 전제로 하는 것이라고 생각된다. 「실체관계에 부합하는 등기」의 법리는 이러한 前提法理에 예외를 두어, 물권행위가 원래라면 무효이지만 일정한 요건 아래서 그 하자가 치유되어 효력을 가지게 됨을 인정한다. 이는 부동산물권변동의 원인이 되는 채권행위의 하자가 물권행위의 효력에 어떠한 영향을 미치는가의 문제와는 전혀 무관하다. 그러한 의미에서 그 법리는, 마치 선의취득제도가 원래라면 무효인 무권리자의 처분행위(민법 제249조: "**양도**인이 정당한 소유자가 아닌 때에도")를 일정한 요건 아래서 유효하게 하는 것과 마찬가지로, 물권행위에 독특한 效力補正을 인정하는 것이다.

한편 종전에는 민법 제107조·제108조·제109조의 각 제2항, 그리고 제110조의 제3항에서 정하는 "무효 또는 취소를 선의의 제3자에게 대항하지 못한다"는 규정을 생각함에 있어서, 暗默間에 거기서 다루어지고 있는 법률행위의 하자, 즉 비진의의사표시·허위표시·착오·사기·강박 등의 사정이 채권행위뿐만 아니라 그 이행으로 행하여진 물권행위에도 역시 존재하는 경우, 즉 독일민법학에서 말하는 「**동일한** 하자가 쌍방에 존재하는 경우(Fehleridentitätsfall)」를 염두에 두고 논의하여 온 것이 아닐까 하는 생각을 하게 된다. 그리하여 만일 양자에 각각 별개의 하자가 있는 경우는 어떠할까의 문제는 별로 의

---

20) 필자는 부동산물권변동을 내용으로 하는 물권행위는 물권적 합의라는 의사적 요소와 등기라는 사실적 요소의 둘이 갖추어짐으로써 비로소 성립한다는 입장을 취한다.

식되지 못한 것이다. 그 경우에도 제1의 하자를 이유로 하는 무효 또는 취소를 "선의의 제3자에게 대항하지 못한다"고 할 것인가? 예를 들어 정신능력이 모자라는 甲이 자기 소유의 부동산을 乙의 사기로 인하여 乙에게 매도하는 계약을 체결한 후 한정치산선고를 받았는데 이제 행위무능력이 된 甲이 법정대리인의 동의를 받지 아니하고 소유권이전등기를 경료하여 주었고 乙은 이것을 丙에게 매도·양도한 경우에, 甲이 사기를 이유로 하여 매매계약을 취소하였다면, 갑은 병으로부터 부동산소유권을 회복할 수 있을까? 물론 매매의 취소로 인하여 乙 앞으로의 소유권 양도는 효력을 상실하게 된다. 그것은 물권행위의 무인성이 부정되는 귀결이다. 그러나 그렇더라도 乙로부터 소유권을 양수한 선의의 제3자 丙의 권리취득을 시인하는 것이 위 규정의 의미이다. 그런데 이 때 乙에의 권리양도행위, 즉 물권행위에 위의 예에서 행위무능력과 같이 선의의 제3자에게 대항할 수 있는 무효 또는 취소의 사유가 되는 하자가 있는 경우에는 어떻게 될 것인가? 이것이 문제의 핵심이다. 위의 예에서 만일 甲이 행위무능력을 이유로 하여 소유권양도행위를 취소하였다면, 행위무능력으로 인한 취소에 대하여는 선의의 제3자를 보호하는 규정이 없으므로, 甲은 이제 丙으로부터도 소유권을 되찾을 수 있다고 할 것이 아닌가? 그리하여 해결은, 甲이 원인행위인 매매계약을 취소하였는가 아니면 그의 처분행위를 취소하였는가에 달려 있다고 할 것이 아닌가?[21)]

이상의 문제는, 제2의 하자가 물권행위를 아예 무효로 하고 이를 선의의 제3자에게도 대항할 수 있는 것인 경우, 예를 들면 위의 예에서 매매계약 후 乙 앞으로 소유권이전등기가 행하여지기 전에 부동산의 「처분」을 절대적으로 금하는 법규가 시행된 경우 또는 피사기

21) 독일에서 물권행위를 포함하는 처분행위의 취소의 법문제에 대한 최근의 문헌으로서는 우선 Hans Christoph Grigoleit, Abstraktion und Willensmängel — Die Anfechtbarkeit des Verfügungsgeschäfts, in: *AcP* 199(1999), S. 379ff. 참조.

자 甲이 후에 파산하여 자신의 재산에 대한 처분권을 상실한 상태(파산법 제7조 참조)에서 을에게 소유권이전등기를 한 경우 등에 대하여도[22] 마찬가지로 제기될 수 있다. 앞에서 필자가 논의·주장한 바는 결국 이 경우에 대하여는 이제 선의의 제3자를 보호하기 위한 규정이 적용되어서는 안 된다는 것이라고 할 수 있다.

결국 문제는 여기서도, 채권행위/물권행위(또는 처분행위)의 구분이라는 극히 독일법적인 요소와 법률행위의 무효 등의 대항불능이라는 극히 프랑스법적인 요소를 어떻게 무리 없이 조화할 것인가인 것이다.

(서울대학교 *法學* 41권 2호(2000), 299면 이하 所載)

---

22) 파산의 경우에 대하여는 파산법 제44조 제1항("파산자가 파산선고 후 파산재단에 속하는 재산에 관하여 한 법률행위는 이로써 파산채권자에 대항할 수 없다"), 특히 제46조 제1항("부동산 또는 선박에 관하여 파산선고 전에 생긴 채무의 이행으로서 파산선고 후에 한 등기 또는 부동산등기법 제3조의 규정에 의한 가등기는 이로써 파산채권자에 대항할 수 없다") 등이 규율하고 있다.

5. 共同所有

— 민법 제정과정에서의 論議와 그 후의 評價를 중심으로 —

Ⅰ. 序

1. 민법의 「共同所有」에 관한 규정(제262조 내지 제278조[1])은 공동소유의 종류로 共有·合有·總有의 셋을 정하고 있다. 이와 같이 공동소유의 三類型을 법으로 정하고 있는 것은 — 金曾漢에 의하면 — 우리 민법전이 "唯一한 立法例"이다.[2] 아닌게아니라 주요한 다른 나라의 민법전을 살펴보아도 대체로 공유나 합유를 규정함에 그치며, 우리 나라와 같이 그와 함께 總有를 法定하고 있는 예는 찾아보기 어렵다. 그렇다면 여기서 우리 民法典은 어떠한 경과를 거쳐 어떠한 이유로 이와 같이 특이한 규정을 가지게 되었을까 하는 궁금증이 자연스럽게 솟아난다.

그리고 더욱 중요한 것은 과연 그러한 규정들이 우리 사회의 공동소유문제를 적정하게 처리하는 法的 基礎가 될 수 있는 것인가 하는

1) 이하 특별한 法名의 지시가 없는 條項은 우리 민법의 그것이다. 나아가 다른 지시가 없는 한 이하 引用文 중 꺾음괄호 안과 고딕체에 의한 강조는 筆者가 附加한 것이며, 점선은 인용자가 생략한 부분을 가리킨다. 한편 引用文에서는 漢字를 한글로 옮긴 경우가 여럿 있고 맞춤법이나 띄어쓰기를 현행의 그것으로 바꾼 경우도 없지 않다.

2) 金曾漢, "共同所有形態의 類型論", 法曹協會雜誌 2권 3호(1950)(同, 民法論集(1978), 211면 이하에 再錄. 이하 이에 의하여 인용한다). 본문의 인용은 同書, 243면.

점이다. 그 문제는 결국 민법전의 제정 후 판례와 이론이 이들 규정을 어떻게 해석·운용하였는가, 그 해석·운용을 통하여 과연 공동소유 문제의 적정한 해결이 도출되었는가를 알아봄으로써 檢證될 수 있을 것이나,[3] 그에 앞서서 과연 민법의 공동소유규정이 그러한 問題解決에 초점을 두고 마련된 것인가를 먼저 검토해 볼 필요가 있을 것이다. 이는 우리 민법이 기본적으로 繼受法임을[4] 생각하여 볼 때, 그리고 공동소유관계가 많은 경우에 우리 사회의 土着的 現實, 즉 외국의 법이 알지 못하거나 그와는 구조적 맥락을 달리하는 社會關係에 뿌리박고 있다고 어려움 없이 말할 수 있음을 고려할 때, 우리 민법의 「現實適合性」 내지 「實效性」의 시금석으로서 그 의미가 적지 않다고 생각된다.

그런데 민법이 위와 같이 三類型을 법정한 것, 특히 합유나 총유에 대하여 규정한 것에 대하여는 뒤의 Ⅲ.1. 및 2.에서 보는 바와 같이 비판적이거나 별다른 의미를 부여하지 아니하는 見解도 있다. 그러한 평가가 어떠한 이유에 기한 것인지를 살펴보는 것도 앞으로의 입법, 그리고 무엇보다도 공부의 지향 등을 생각함에 있어서 참고가 될 것이다.

2. 本稿는 우선 민법전상의 공동소유규정이 제정되기까지의 과정을 개관한다(Ⅱ.). 그리고 이어서 공동소유규정, 특히 합유·총유에 대한 학자들의 견해를 요약한다(Ⅲ.). 이에 있어서는 다수의 학설은 공동소유의 형태를 인적 결합(단체)의 물권법적 반영이라는 관점에 서 있

3) 이에 대하여는 우선 「團體에 대한 私法的 規律」이라는 제목 아래 행하여진 심포지엄의 결과를 모은 民事判例研究 19집(1997), 521면 이하의 각 論考 중에서 특히 李東明(549면 이하. 宗中을 다룬다), 朴海成(583면 이하. 宗教團體를 다룬다), 金載亨(624면 이하. 組合을 다룬다), 高毅永(672면 이하. 마을·부락, 洑中, 각종, 협동조합, 노동조합, 노인회, 사업자단체, 채권자단체, 주택개량조합 등 도시개발 관련 단체, 아파트주민단체 등을 다룬다)의 글 참조. 이들 論考를 보면, 우리 민법의 공동소유규정 중 특히 總有規定이 단체의 재산귀속관계를 다루는 데 별다른 實際的 規範力이 없음을 확인하게 된다.

4) 이 점에 대하여는 우선 梁彰洙, "民法의 歷史와 民法學", 同, 民法研究 제 3 권 (1995), 117면 이하, 특히 141면 이하 참조.

으므로, 경우에 따라서 단체에 관한 견해도 살펴볼 필요가 있을 것이다.

본고는 우리 학설의 추이를 개관한다는 編輯意圖에 좇아 필자 자신의 견해를 피력하는 것은 되도록 억제하였다. 혹 直接引用이 지나치게 많은 것이 아닌가 하는 느낌도 있으나, 필요하지 않은 것도 아니어서 그대로 두었다.

3. 李英俊 변호사님은 필자가 군복무를 마치고 1979년 11월에 서울민사지방법원의 판사로 任官하여 근무할 당시 사무실을 이웃한 合議部의 부장으로 재직하고 계셨다. 거기에는 필자의 고등학교 선배이자 사법연수원 동기인 崔貞洙 판사(현재 변호사)가 계셔서 수시로 들락거렸는데, 그 부는 그 법원에서 사건 처리를 신속하게 하여 未濟事件이 가장 적었었다. 당시로서는 드물게 독일어문헌이 많이 인용된 사정변경의 원칙이나 계약체결상의 과실 또는 신의칙에 관한 긴 논문들을[5] 읽었는데 잘 알 수 없었다. 그 후로는 뵐 기회를 자주 가지지 못하였으나, 저서 『民法總則』과 『物權法』은 때때로 들추어보곤 한다. 이 글을 쓰면서 그 지난날을 되새겨 본다.

Ⅱ. 民法의 制定過程에서의 共同所有規定

1. 民法制定前의 法狀態

(1) 依用民法은 합유나 총유에 대하여 아무런 규정을 두지 않았다. 同法은 소유권에 관한 章(제2편 제3장)에서 「共有」라는 제목을

5) 李英俊, "事情變更의 原則에 관한 硏究 ── 獨逸의 行爲基礎論을 中心으로", 司法論集 5집(1974), 67면 이하; 同, "契約締結上의 過失責任의 法的性質에 관한 硏究", 玄勝鍾 박사 華甲紀念論文集(1979), 291면 이하; 同, "信義誠實의 原則에 관한 小考", 金曾漢 박사 華甲紀念論文集(1981), 23면 이하.

붙인 제 3 절을 두고 있는데(제249조 내지 제263조), 여기서 오로지 좁은 의미의 共有, 즉 持分的 共有에 대하여만 정하고 있다.[6]

다른 한편 依用民法은 전형계약의 하나로서의 組合에 대하여 규정하면서(제 3 편 제 2 장 제12절. 제667조 이하), "각 조합원의 출자 기타 組合財產은 總組合員의 共有에 속한다"고 정하였다(제668조). 그런데 다른 한편으로 "조합원이 조합재산에 대하여 그 持分을 처분한 때에는 그 處分은 조합 및 조합과 거래를 한 제 3 자에게 대항하지 못한다," 또 "조합원은 청산 전에 조합재산의 分割을 구할 수 없다"는 규정을 두고 있었다(제676조 제 1 항, 제 2 항). 그러나 공유자는 원칙적으로 공유물의 분할을 청구할 수 있고(제258조 제 1 항 본문), 공유지분의 처분에 대하여는 명문의 규정은 없으나 이를 자유롭게 할 수 있다고 해석되고 있었으므로,[7] 이러한 원칙과 위와 같이 달리 정하여져 있는 조합재산의 「공유」가 物權編에서 정하는 공유와는 다른 성질을 가지

---

6) 그 중에서 제263조는 "共有의 性質을 가지는 入會權"에 대하여 "各地方의 慣習에 좇는 외에는 本節의 規定을 적용한다"고 정한다. 한편 依用民法은 地役權에 관한 규정 중에 제294조에서 "共有의 性質을 가지지 아니하는 入會權"에 대하여 마찬가지로 "各地方의 慣習에 좇은 외에는 本節의 規定을 준용한다"고 정하고 있다. 여기서 말하는 「入會權」은 일본에서 德川封建時代의 遺制라고 인식되고 있어(우선 注釋民法(7)(1968), 508면 이하(川島武宜 집필) 참조), 우리 민법전의 제정과정에서 이러한 제도가 어떻게 다루어졌는가는 특히 依用民法과의 「단절」이라는 측면에서도 주목되는 바이다. 그런데 예를 들면 『民法案審議錄』은 이에 대하여, "── 現行法[의용민법을 가리킨다] 제263조를 削除한 理由 ── 현행법 제263조는 入會權에 관한 규정인바 同條의 趣旨는 草案[민법안을 가리킨다] 제262조에 包含되어 있다"고 하여(民法案審議錄, 上卷(1957), 168면 하단), 뒤의 本文 2.(1)에서 보는 민법안 제262조가 이에 대하여도 적용되는 것으로 이해하고 있다. 또한 소위 特殊地役權을 정하는 민법안 제289조(현행 민법 제302조와 같다. 이는 滿洲國民法 제293조와 완전히 일치한다)에 대하여 『民法案審議錄』은 "현행법 제294조에 대응하는 규정이다"라고 이해한다(上卷, 182면 하단). 결국 적어도 민법의 제정과정에 관여한 사람들로서는 우리 민법이 「入會權」을 受容하였다고 이해하고 있었던 것이다.

7) 이 점에 대하여는 우선 注釋民法(7)(1968), 308면 이하(川井健 집필)("民法은 이[지분권처분의 자유]를 共有의 箇所에서 明言하지 않으나, 민법[일본민법] 제206조의 소유권의 규정이 共有의 基礎에 대하여는 適用될 수 있다") 참조.

는 것이 아닌가가 논의되었다.[8)] 그리하여 일본민법학에서는 조합재산의 「공유」는 원래의 공유와는 달리 독일법이론상의 合有(Eigentum zur gesamten Hand 또는 Gesamthandseigentum)라는 개념으로 파악되어야 한다는 견해가 지배적이 되었다.[9)]

이러한 實定規定上의 共同所有形態와는 별도로 일본의 다수설은 역시 總有(Gesamteigentum)의 개념을 인정하였다.[10)] "총유와 합유를 명확하게 구별"하여 이 점에서 그 후의 학설에 결정적인 영향을 미친 것은[11)] 石田文次郎인데,[12)] 그에 의하면 총유는 "법률상 인격이 부여

---

8) 그 외에 共同相續에 관하여 依用民法 제1002조의 명문규정("遺產相續人이 數人 있는 때에는 相續財産은 그 共有에 속한다")에도 불구하고 소위 共有說과 合有說이 대립되었다. 우선 鈴木祿彌, 相續法講義, 改訂版(1996), 208면 이하 참조. 한편 同條에 관한 일본의 판례에 대하여는 右近健男, "民法八九八條·八九九條", 廣中俊雄·星野英一 編, 民法典の百年 Ⅳ(1998), 240면 이하 참조. 그리고 이 학설대립은 공동소유규정의 相違에도 불구하고 여전히 우리에게도 이어지고 있다. 우선 金疇洙, 親族·相續法, 제 5 전정판(1998), 530면 이하 참조.

9) 우선 注釋民法(17)(1969), 50면 이하(品川孝次 집필) 참조. 同書, 51면에 의하면, 日本民法 제정 후 어느 시기까지는 반드시 그렇지도 않았으나 1920년대에 독일적 合有理論이 「導入」되면서(平野義太郎, 石田文次郎, 横田秀雄 등을 통하여) 점차로 조합재산에 대한 「合有的 構成」이 채택되어갔고, 결국 我妻榮, 債權各論, 中卷 二(1962), 800면 이하에서 "合有說의 입장에서 조합의 재산관계 전반에 걸치는 體系的·具體的 解釋構成을 하"기에 이르러 "대부분의 論著가 대체로 我妻, 同書[의 서술]에 따른다"고 한다. 新版 注釋民法(17)(1993), 63면 이하(品川孝次 집필)의 서술에 의하면 그 후 현재에 이르기까지 상황은 별로 다를 바 없다. 보다 상세한 日本學說의 推移에 대하여는 山田誠一, "團體, 共同所有, および, 共同債權關係", 星野英一 編集代表, 民法講座 別卷 1(1990), 290면 이하 참조.

10) 우선 注釋民法(7), 302면 이하(川井健 집필) 참조. 보다 상세한 學說史에 대하여는 山田誠一(前註), 304면 이하 참조. 後者는 1920년대 이래 특히 末弘嚴太郞, 石田文次郎, 近藤英吉, 來栖三郞 등을 거치면서, 결국 我妻榮의 공유·합유·총유의 「세 개의 理想型」(특히 「공동소유형태는 인적 결합형태에 대응한다」는 理解도 포함하여) 수렴하여 가는 과정을 상세히 다룬다.

11) 이 점 山田誠一(註 9), 310면 이하 참조.

12) 石田文次郎, 土地總有權史論(1927); 同, 物權法論(1932)(이하 筆者 소장의 8판(1939)에 의하여 인용한다); 同, "合有論", 法學協會雜誌 49권 4호(1931); 同, "權利能力なき社團", 法學論叢 31권 2호(1934) 등에서 전개되었다(뒤의 두 논문은 그 후 同, 民法研究 제 1 권(1934)에 다시 收錄되었다). 기본적으로 그는 기르케의 견해에 입각하고 있다(그는 기르케에 대한 두 권의 저서가 있다. 즉 『ギールケの團體法論』(1929)과 『ギールケの法學』(1944)이 그것이다). 예를 들

되지 아니한 단체가 단체로서 물건을 소유하는 경우의 공동소유형태" 이고,[13] 합유는 조합재산과 공동상속재산에서 인정되는데 이 경우에는 "주체 사이에 어떠한 인적 결합의 관계가 존재하고 또 共同目的이 전체의 권리의무를 하나의 독립한 特別財產이라는 형태에서 발현되고 있"는 점에서 "아무런 인적 결합관계가 존재하지 않는" 공유와 대비된다.[14] 그리하여 그는 "순수한 개인소유권"인 공유와 "단체적 소유권"인 총유의 "중간에 제 3 의 합유권이 개재하고 있다"고 鳥瞰한다.[15] 이러한 공동소유의 세 형태를 鼎立시키고 이를 공동소유자 간의 단체적 결합관계의 강약으로 설명하는 방식은 기본적으로 我妻榮에도 이어지고 있다.[16]

이러한 학설의 전개를 일본민법학의 역사 중에서 "독일민법학 또는 독일민법의 체계에 좇아 일본민법전의 諸制度·諸概念을 이해, 해석, 체계화한 점"을 특색으로 하였다는 「獨逸法學 全盛의 時期」에 대하여 이를 증빙하는 現象의 하나로서 "어느 제도에 포함되는 事態를 독일법학식으로 分類하는 것"의 예증으로 드는 見解도 있다.[17]

면 Gierke, *Deutsches Privatrecht*, Bd. 2(1905), S. 376의 "중세게르만시대에 형성된 공동소유의 형태들은 인적 결합의 다양성을 물권법적으로 반영하여, 서로 매우 다른 성질을 지닌다(Die im *deutschen Mittelalter* ausgebildeten Formen des gemeinschaftlichen Eigentums spiegelten die Mannigfaltigkeit der Personenverbindungen sachenrechtlich wieder, und waren daher sehr ungleicher Art)"는 서술은 우리에게도 낯익은 것이다.

13) 石田文次郞, 物權法論, 519면.

14) 石田文次郞(前註), 128면. 그는 同所에서, "主體의 結合의 强弱이 [합유와 공유에서 각기] 持分權의 結合의 疏密에 반영된다"고 한다.

15) 石田文次郞(註 13), 484면; 同, "合有論", 民法硏究 제 1 권(1934), 129면 등 참조.

16) 山田誠一(註 9), 321면 이하 참조. 일본에서 最判 1957(昭 32). 11. 4(民集 11-12, 1943); 最判 1964(昭 39). 10. 15(民集 18-8, 1671) 등도 "권리능력 없는 사단의 재산은 실질적으로는 사단을 구성하는 總社員의 소위 總有에 속한다"고 한다. 그러나 시간적으로 우리 민법의 제정과정에 영향을 미칠 가능성이 있는 단계에서 이미 이러한 판결이 행하여졌는지는 잘 알 수 없다.

17) 星野英一, "日本民法學史(1)", 民法講義 — 總論[제 8 회], 法學敎室 8호(1981. 5), 39면 참조.

(2) 日政下에서 공동소유에 관한 판례의 태도는 1927년을 분기점으로 하여 모습을 달리한다.

그 전에는 依用民法에서 정하는 共有 이외에는 기껏해야 "朝鮮慣習"으로 인정되는 물권, 예를 들면 소위 「入會權」에 한하여 단체적 소유를 인정하였을 뿐이었다.[18] 그런데 朝鮮高等法院의 1927년 4월 19일 판결은[19] 「合有」의 개념을 인정하였다. 그 판결 중에서 「합유」 일반에 대하여 설시하는 바를 길더라도 아래에서 그대로 인용하기로 한다.

"살피건대 종래 일반적으로 단일의 소유권이 복수주체에 귀속하는 상태를 널리 공유라고 칭하여 왔으나, 그 중에는 하나의 소유권이 分數的으로 數人에게 속하는 것과 그것이 不可分的으로 수인에게 속하는 것이 있다. 前者는 민법 제2편 제2장 제2절[원문대로]에서 규정하는 普通의 共有에 속하고, 後者는 總有 또는 合有라고 불리우는 것에 속하며, 양자 사이에는 성질상 큰 차이가 있다. 보통의 공유는 공유자 各員의 이익을 主眼으로 하고 그 소유자로 하여금 지분에 좇은 이익을 향수할 수 있게 함을 목적으로 함에 반하여, 合有는 통상 그 總員으로 이루어지는 바의 共同團體의 이익을 위하여 공동사업의 경영·수행을 가능하게 할 것을 목적으로 한다. 그러므로, 各員

18) 예를 들면 朝鮮高等法院 1920년 6월 18일 판결(高等法院判決錄 7권, 267면)은, "洞里有山坂에 洞里民이 入會權을 가질 수 있음은 朝鮮慣習이 인정하는 바"라고 한다.

19) 高等法院判決錄 14권, 122면. 이 사건의 事實關係는, 侍天敎(보다 정확하게는 侍天敎徒 전원)가 소유하는 이 사건 부동산이 敎主에게 신탁되어 그 명의로 소유권등기가 행하여졌는데 그 후 교주가 사망하고 피고가 상속인이 되어 상속등기가 행하여지자 "侍天敎의 役員들이 臨時公會를 열어 시천교의 「道師」職에 있고 宗務長인 원고에게 이를 신탁, 관리시킬 것을 결의"한 후 위 役員들 및 원고와 피고 사이에 피고로부터 원고에게 바로 소유권이전등기를 경료할 것이 약정되었다는 것이다. 원고는 이 사건에서 이 약정을 원인으로 소유권이전등기를 청구하였다. 이 판결은, "위 公會의 決議는 법률상 허용되는가, 환원하면 시천교 공회가 그 결의로써 敎徒總員의 소유에 속하는 부동산을 직접으로 處分할 수 있는가 또는 처분의 권리를 役員에게 부여할 수 있는가" 하는 문제를 제기한 후, 이를 긍정적으로 답하면서 그 이유의 전제로 본문에서와 같이 설시한 것이다.

固有의 지분은 존재하지 않는다. 이와 같이 兩者는 그 본질상 큰 차이가 있으므로 그 효력도 역시 같지 아니함은 당연하다. 즉 보통의 공유에서는 공유자 각원은 독립하여 그 지분을 처분할 수 있고 또 그 지분에 좇아 목적물을 사용하는 권리를 가지나, 합유에서는 이에 반하여 各員은 個個獨立의 지분을 가지지 아니하므로, 그 고유의 권리를 임의로 양도하거나 담보에 제공하는 등의 처분을 할 수 없다. 이는, 이 權利는 공동단체의 일원으로서 일정한 신분을 가지는 자에 속함이 통상이고, 권리는 身分과 그 운명을 같이하여 不可離의 관계에 있기 때문이다. 또 各員은 개개의 이익을 위하여 목적물을 사용하는 권리를 가지지 아니한다. 어떠한 경우에 그 사용이 허용되는 일이 있어도 이는 권리주체이어서 가지는 권능이 아니라 당해 공동단체의 一員인 자격에서 향수하는 이익임에 불과하다. 이와 같이 보통의 공유와 합유는 그 성질 및 효력에 있어서 큰 차이가 있으므로, 그 목적인 물건 또는 권리의 관리 및 처분에 관해서도 兩者를 동일하게 규율하기 어렵다. 민법은 보통의 공유에 대하여 목적물에 변경을 가함에는 總員의 同意 있음을 요한다고 하고, 기타 공유물의 관리에 관한 事項은 各員의 지분의 가격에 따라 그 過半數로써 이를 결정한다고 한다. 그러나 合有에서는 개개의 지분이 존재하지 않으므로 지분의 가격에 따라 決議의 定足數를 정할 수 없음은 물론이고 이러한 종류의 共同團體에는 종종 방대한 것도 있어 數千 또는 數萬의 團員이 각지에 散在하고 또 變動無常한 것이 있다. 그러므로 그 처분 또는 권리에 관한 사항은 반드시 團員의 전원 또는 그 과반수의 동의를 얻을 것으로 함은 타당하지 아니하다. 타면 그러한 단체는 그 발달에 伴하여 성립하는 바의 규약 기타 단체 내에 행하여지는 일정한 규정이 있어서 재산의 처분 및 관리의 방법을 정함이 통상이고, 그 중에는 일정한 자를 단체의 기관으로 하여 그 권한 내에서 일체의 사항을 처리하게 하는 것이 있다. 그러므로 합유의 대상인 물건 또는 권리의 처분 및 관리에 관한 행위에 대해서는 항상 일정한 표준에 의하여야 한다고 할 수 없다. 각개의 경우에 당해 단체의 성질 및 그 단체 내에 행하여지는 규약 기타의 규칙을 참작하여 판정함이 상당하다."

그리하여 이 사건 不動產은 侍天敎徒 전원의 「합유」에 속한다고 인정되었던 것이다.[20] 이 판결에서 우선 注目되는 것은, 여기서는 공유 아닌 공동소유형태("총유 또는 합유")를 별도로 法認하는 것에 관심이 집중되어 있고, 합유와 총유가 구분되는지, 그 징표는 무엇인지 등은 문제되지 않았다는 점이다.

더욱 중요한 사실은 이러한 합유개념이 일단 승인되자 이를 즉각 宗中財產에 적용하였다는 것이다. 같은 해 9월 22일의 朝鮮高等法院 聯合部判決은[21] 위 同年 4월 19일 판결을 인용하면서 합유의 이론을 전개한 후, 종중재산이 依用民法上의 共有에 속한다는 취지를 포함하는 종전의 判決例를 변경하여 「合有」에 속한다고 판시하였다. 이러한 공유와 「합유」의 구분을 기초로 하여 위 판결은 "門中 또는 그 一派가 先祖의 墓地 또는 祭位土를 공동소유하는 경우에 있어서는 관습상 항상 소위 合有의 법률관계이고 共有의 법률관계는 존재하지 아니한다"고 판단하였다. 그리하여 이 사건에서 宗員인 원고들이 공유를 주장하여 각자의 지분에 관하여 지분권이전등기청구를 한 것은 "수장사

20) 본문에서 본 바와 같은 法理를 기초로 하여, 이 판결은 나아가 이 사건 부동산이 侍天敎 敎徒 全員의 「합유」에 속하며 그 敎徒 개개인에게 본문에서 인용한 바와 같은 法的 地位(持分의 存否, 처분이나 사용의 권능의 存否, 그 권리가 敎徒資格에 따라 "消長"한다는 것 외에도 分割請求權이 없음이 따로 부기되고 있다)가 인정됨을 확인하고 나아가 "管理 및 處分에 관하여는 … 法令에 別段의 規定이 없으므로 侍天敎 단체의 발달에 伴하여 생긴 바의 規約, 慣行 기타 단체 내에서 행하여지는 바의 규칙이 존재하면 이에 좇는 것을 요하고 또 이로써 족하다"고 한 다음, 侍天敎의 役員이 公會를 열어 그 決議에 좇아 재산을 적법하게 처분 또는 관리할 권한이 있다는 원심의 판단을 긍정하였다. 결국 上告를 기각하여 原告의 請求는 認容되었다.

21) 高等法院判決錄 14권, 321면. 이 사건의 사실관계는, 종중 소유의 부동산이 피고에게 신탁되어 그 명의로 査定 및 所有權保存登記가 행하여졌는데 종중의 결의로 신탁계약을 해제하고 宗員인 원고들 각자에게 각 48분의 1 지분에 관한 지분이전등기를 청구한 것이다.

실 자체로" 이유 없다고 판단하였다.

이러한 「합유」의 개념은 그 후로도 판례에 보다 구체적인 내용을 획득하여 갔는데, 그것은 결국 ① 「합유」는 관습상의 제도로서만 인정된다,[22] ② 「합유물」에 대하여 각 공동소유자는 持分을 가지지 못한다, ③ 각자는 자기 개인을 위하여서는 「합유물」을 사용할 권리가 없다, ④ 각자의 「합유물」에 대한 권리는 처분의 대상이 되지 못한다, ⑤ 「합유물」의 처분은 "권리자 전원의 承諾 또는 규약이나 관습에 의하여 정하여지는 決議 등에 의할 것을 요"하며 각자 임의로 이를 처분할 수 없다,[23] ⑥ 각 공동소유자는 「합유물」의 분할을 청구할 수 없다는 등의 내용을 가지는 것이었다. 과연 이와 같은 의미의 「합유」가 그 후 일본의 주류적인 학설이 합유와 총유를 준별하는 태도를 취하기에 이른 단계에서의 그 합유를 의미하는 것인지는 실로 의문이다. 특히 "전적으로 單一不可分의 것으로서 포괄적으로 數人에게 속

22) 그 외에 朝鮮高等法院 1931년 3월 31일 판결(高等法院判決錄 18권, 65면)이 주목된다. 이에 의하면 "권리의 합유에 대하여는 민법에 직접 이를 규정하는 法文이 없고 이 觀念은 일반의 법률거래에서 쓰여지는 일이 없으며, 단지 朝鮮에 있어서는 祭位土와 같이 관습상 이를 합유한다고 인정되는 것이 있으나 이는 특수한 沿革的 事情에 배태된 것이고 일반적으로는 당사자의 합의로 인하여 권리합유를 인정할 것이 아"니라는 것이다. 이 판결의 사실관계에서는 宗員 전원의 합의로 祭位土를 매도하여 그 대금으로 다른 토지를 구입, 같은 목적에 제공하기로 하였다는 것인데, 위 판결은 이와 같은 경우는 "組成物의 變更에 불과하고 새롭게 합유권을 설정하는 것이 아니"어서, 종전의 합유관계가 여전히 替地 위에 존속한다고 할 것이라고 판단하였다.

23) 朝鮮高等法院 1929년 2월 19일 판결(高等法院判決錄 16권, 21면) 참조. 이 판결은, 첫째 宗中財產은 비록 合有에 속하나 본문에 적은 바와 같은 요건을 갖추면 타인에게 讓渡될 수 있으며 "어떤 물건이 合有에 속한다고 해서 그에 관한 권리가 移轉性을 缺하여 법률상의 처분, 특히 讓渡가 허용되지 않는 것은 아니"고, 둘째, 종중재산이 양도된 경우 양수인이 복수이면 그들의 共有에 속하고, 셋째, 비록 그 양도가 信託的 讓渡라고 하여도 적어도 對外關係에 있어서는 공유관계이고 합유가 유지되지 않으며 이는 양수인이 宗員인 경우에도 다를 바 없다고 판시하였다. 그리하여 宗中이 宗員 數人에게 신탁하여 그들의 이름으로 査定을 받고 이어 그들 앞으로 共有의 所有權保存登記(위와 같은 법리에 의하여 이 등기는 "진실에 부합"하는 것이다)가 행하여진 경우에 그 중 1인의 持分賣渡를 유효한 것이라고 결론짓고 있다.

하는 상태"로서[24] 각자의 持分이 인정되지 아니하는 공동소유형태를 그러한 의미의 합유라고 하기는 어렵지 않은가 생각된다.

요컨대 日政下의 판례는 依用民法이 공동소유형태로서 명문으로 정하고 있는 공유 외에 별도의 공동소유형태가 존재하며 이 형태에 있어서는 각 공동소유자가 임의로 처분할 수 있는 持分이란 인정되지 아니한다는 것만을 밝히는 데 그쳤고, 그것이 그 후 학설이 구분하여 말하게 된 바의 합유인지 아니면 총유인지에 대하여는 명확한 태도를 밝힌 바 없었던 것이다.[25]

2. 民法制定過程에서의 論議

(1) 建國 후 중요법전의 편찬에 임하였던 法典編纂委員會가[26] 마련한 「民法典編纂要綱」은[27] 物權編에 대하여 "共有의 規定에 있어서 共有에 관한 規定을 左와 如히 세울 것. 「地方의 住民, 親族團體(宗中) 기타 慣習上 總合體를 이루고 있는 數人이 그 關係에 있어서 物權[原文대로이다]을 所有할 때에는 이를 總有라 한다.」"는 것을 그 항목의 하나로 정하고 있었다(物權編要綱 五.4.ㅁ.항).

政府案으로 제출된 民法案에서는 물권편의 제 3 장("所有權") 제 3 절은 "共有"라는 제목을 붙이고 있었는데, 위 編纂要綱項目에 좇아 同節의 제262조 내지 제264조는 원래의 공유 외에 새로운 공동소유형태를 규정하였다. 다만 그 호칭은 要綱과는 달리 「합유」라고 하였다. 그 내용은 다음과 같다.

24) 이러한 판시는 앞의 朝鮮高等法院 1927년 9월 22일 聯合部判決뿐만 아니라, 前註에서 본 同院 1929년 2월 19일 判決 등에서도 반복되고 있다.

25) 이러한 問題 자체를 의식하지 못하였다고 말하는 것이 보다 정확할는지도 모른다.

26) 法典編纂委員會의 구성이나 활동에 대하여는 우선 梁彰洙, "民法案의 成立過程에 관한 小考", 同, 民法研究 제 1 권(1992), 64면 이하 참조.

27) 그 全文은 梁彰洙(前註), 100면 이하에 附錄으로 轉載되어 있다.

제262조 (合有) 어느 地域의 住民, 親族團體 기타 慣習上 集合體로서 數人이 물건을 소유하는 때에는 合有로 한다.

합유물에 대한 권리의 득실변경 및 합유자의 권리, 의무에 관하여는 慣習에 의하는 외에는 이하 2條의 規定에 의한다.

제263조 (合有者의 權利) 합유자의 권리는 합유물 전체에 미친다. 합유자는 합유물의 분할을 청구하지 못한다.

제264조 (合有物의 處分, 變更, 保存) 합유자는 전원의 동의 없으면 합유물을 처분하거나 변경하지 못한다. 그러나 보존행위는 각자가 할 수 있다.

이들 규정안이 많은 부분에서「합유」에 대한 종전 판례의 태도를 정리한 것임은 쉽사리 알 수 있을 것이다. 우선 案 제262조 제1항이「관습상 집합체」의 공동소유형태만을「합유」로 인정하는 것(위 1.(2) 말미의 ① 참조)이 그렇고, 나아가 案 제263조 제1문이 합유자의 개별적인「지분」을 부정하는 취지(위 1.(2) 말미의 ② 참조)를 간접적으로 정한 것, 또 案 제263조 제2문이 분할청구권을 부정한 것(위 1.(2) 말미의 ⑥ 참조), 또한 案 제264조 본문, 제262조 제1항에 의하여 慣習에 다른 정함이 없는 한 全員의 同意 아래서만 처분할 수 있도록 하는 것(위 1.(2) 말미의 ⑤ 참조) 등이 그러하다.

다른 한편 위의 민법안의 내용은 기본적으로 滿洲國民法 제252조[28] 내지 제254조와 일치하는 것이다.[29] 다만 만주국민법은 이러한 공동

28) 예를 들어 滿洲國民法 제252조 제1항은 "어느 지방의 주민, 친족단체 기타 慣習上 總合體를 이루는 數人이 그 관계에 기하여 1개의 物件을 소유하는 때에는 이를 總有로 한다"고 정한다.

29) 이 규정들의 내용이 마련되는 데에는 中華民國民法 제827조("법률의 규정에 의하여 또는 계약에 의하여 하나의 公同關係를 이룬 數人이 그 公同關係에 기하여 하나의 물건을 共有하는 때에는 公同共有者로 한다. 각 공동공유자의 권리는 公同共有物 전부에 미친다"), 제828조("공동공유자의 권리의무는 그 公同關係를 규정한 법률 또는 계약에 의하여 이를 정한다. 前項의 법률 또는 계약에 별도의 규정이 있는 경우를 제외하고는 公同共有物의 處分 및 기타의 權利行使에 관하여는 公同共有者 전원의 동의를 얻어야 한다") 및 제829조("公同關係의 존속 중에는 각 公同共有者는 그 公同共有物의 분할을 청구하지 못한다")가 직접적

소유형태를 「총유」라고 부르고 있다.[30] 동일한 규정에 의하여 규율되는 사태에 대한 ―「民法案編纂要綱」도 포함하여― 이러한 用語의 差異 내지 混淆는 흥미로운 바 있으며, 이는 우리 민법상의 합유와 총유에 있어서도 반드시 兩者를 서로 배척적인 관계에 있다고 보아야 할 것인가 하는 문제와 관련하여서도 일정한 示唆를 주기도 한다. 어쨌거나 만주국민법의 규정에 대하여는 당시 이미 이들이 大綱만을 정하는 것이고 그 외는 일체를 慣習에 맡기는 취지라는 점에 의견이 일

인 영향을 미친 것으로 추측된다. 이 점에 대하여는 及川德助, "滿洲國新民法と日本民法", 法律時報 9권 9호(1937), 7면도 참조("總有라는 소유형태는 이미 일본에서도 존재하는 관념으로 入會權과 같은 것이 그것임은 學者에 의하여 설명되는 대로인데, 滿洲에서도 이미 公同共有라는 말로써 援用, 민법[중화민국민법을 가리킨다]에 규정되어 있다"). 한편 我妻榮·川島武宜, 中華民國民法 物權(上)(1941), 193면, 219면에 의하면, 中華民國民法의 公同共有에 관한 규정은 스위스민법을 본받아 「合手的 共有」, 즉 合有를 정한 것이다. 결국 우리 민법의 合有規定은 스위스민법 제652조 이하의 규정(다만 거기서는 후에 통상 總有라고 번역되는 Gesamteigentum이라는 용어를 사용하고 있다)이 중화민국민법과 만주국민법을 거쳐 수용된 결과이다. 스위스에서 合有規定이 성문화된 데는 그 起草者인 오이겐 후버가 게르만법학자인 것과 관련이 있다(이 점에 대하여는 우선 Hagemann, in: *Handwörterbuch zur deutschen Rechtsgeschichte*, Bd. 1(1971), Sp. 895 참조). Eugen Huber, *System und Geschichte des Schweizerischen Privatrechtes*, Bd. 3(1889), S. 149f.은 명백하게 게르만법학자 브룬칠리(및 그가 기초한 취리히민법전)와 베젤러에 언급하고 있다. 후버는 합유에 대하여 다음과 같이 설명한다(同書, S. 150): "이 법률관계에서 소유권은 持續的 共同體(dauernde Gemeinschaft)에 귀속되는데, 그 공동체는 게마인데同盟이나 계약적 의무와 같은 인적 결합에 근거할 수도 있고 친족법상의 관계에 근거할 수도 있다. 이 공동체의 본질상 소유권의 분할에 대한 소는 허용되지 않으며, 그리하여 개별 구성원의 권리는 단지 물건 전부(Gesamtsache)의 用益 및 管理에의 參與만을 내용으로 한다. 이러한 형태에 있어서는 앞서 다룬 공유와 다른 관계가 존재함은 명백하며, [스위스 몇몇 칸톤의] 법들도 이러한 관계에는 공유의 규정이 적용되지 아니한다고 정함으로써 이 점을 인정하고 있다." 한편 獨逸民法의 제정과정에서의 合有에 관한 논의에 대하여는 우선 上谷均, "ドイツ民法典の組合契約における合有制 ― 七一七條·七一八條·七三八條の立法過程を中心に", 石部雅亮 編, ドイツ民法典の編纂と法學(1999), 385면 이하 참조.

30) 그 외에 만주국민법은 공동소유에 관한 절(제2편 제3장 제2절)의 제목을 "共有 및 總有"로 하였다. 그러나 組合에 관한 규정(제3편 제2장 제13절)에서는 일본민법 제668조와 제676조에 해당하는 규정을 제686조와 제696조로 그대로 이어받고 있다.

치하고 있다.[31]

요컨대 民法案에서 「합유」에 관한 규정은 공동소유형태의 문제를 입법적으로 해결하여 명문으로 그 형태를 빠짐없이 지적하여 규율하자는 입장에서 마련되었다고 하기보다는, 공유 외에 민법안을 마련할 당시의 판례에 비추어 인정되고 조문화할 수 있는 정도로 파악된 慣習上의 共同所有形態를 가능한 한 成文化한다는 말하자면 「느슨한」 태도에 입각하고 있다고 할 것이다.[32] 그리고 공유 이외의 일반적 공동소유형태에 대하여는 입법적 태도결정을 유보하였고, 그러한 의미에서 민법안의 이에 대한 규정은 意識的으로 토르소의 형태를 취하였던 것이다. 이렇게 보면 民法案 제696조가 組合財産에 대하여 依用民法 제668조와 같이 이를 "組合員의 出資 및 기타 組合財産은 組合員의 共有에 속한다"고 정하는 것도 이해될 수 있는 바이다.

(2) 국회의 민법안 심의과정에서 法制司法委員會는[33] 공동소유에 관하여 별다른 제안을 하지 않았다.[34] 그러나 玄錫虎 의원 외 19

31) 예를 들면 我妻榮, "滿洲國民法典の公布", 法學協會雜誌 55권 9호(1937), 100면은, "總有는 우리 민법학계에서도 비교적 새로운 觀念이고 그 구체적 성질에는 여전히 討議의 餘地도 있고 특히 各地의 慣習에서의 그 顯現은 앞으로 신중한 연구를 필요로 한다. 따라서 입법으로서는 大綱을 제시하는 것에 그침이 賢明하다"고 한다(滿洲國民法의 입법작업에서의 我妻榮(「滿洲國民法草案審核」의 지위에 있었다)의 역할에 대하여는 우선 鄭鍾休, 韓國民法典の比較法的硏究(1989), 301면 참조). 또한 及川德助(註 29), 7면도 참조("本法[만주국민법]에서 총유라는 소유형태를 인정한 것은 일본민법에 비하여 현저한 특색이다. … 그러나 그 權利義務의 관계에 이르러서는 극히 多岐多端하고 종래의 舊慣을 상세히 조사하지 아니하면 이를 알 수 없다. 따라서 본법에서는 총유에 관한 大綱을 정할 뿐이고, 그 외는 모두 慣習에 따른다는 취지이다").

32) 이 점은 註 29에서 본 中華民國民法 제827조 이하의 규정이 일반적 공동소유형태로서의 「公同所有」를 정하는 것과 현저한 대조를 이룬다.

33) 法制司法委員會의 民法案審議 일반에 대하여는 우선 梁彰洙, "民法案에 대한 國會의 審議 (I) ── 法制司法委員會의 審議", 同, 民法硏究 제3권(1995), 1면 이하 참조.

34) 다만 依用民法 제254조와 동일한 내용의 民法案 제257조("共有者가 다른 공유자에 대하여 共有物에 관한 債權이 있는 때에는 그 特別承繼人에 대하여도 변제를 청구할 수 있다")를 삭제할 것을 「民法案에 대한 修正案」의 제63항으로 제

인이 제출한 "民法案에 대한 修正案"(이하 「玄錫虎修正案」이라고 부르기로 한다)은[35] 공동소유규정에 관하여 근본적인 수정을 담고 있었다(同案 제14항 내지 제18항, 組合財産을 合有로 정하는 同案 제36항 및 民法案 제706조를[36] 삭제한다는 同案 제37항).

주지하는 대로 玄錫虎修正案은, 당시 대학교수로서 구성된 民法草案研究會가 발표하였던 『民法案意見書』에서 민법안(및 법제사법위원회의 수정안)에 대하여 제시한 修正意見 중에서 중요한 것을 추려서 마련된 것이다.[37] 그런데 『民法案意見書』 중 공동소유규정에 대한 의견은 金曾漢에 의하여 집필되었다.[38] 이 의견은 우리 민법상의 공동소유규정, 특히 합유와 총유에 대한 규정의 「思考的 母胎」라고 할 것으로 극히 중요한 의미가 있다고 생각된다.[39]

안하였다. [제3대 국회] 제26회 國會定期會議速記錄, 제42호 附錄, 88면 참조. 民法案審議錄, 上卷(1957), 166면 하단에 의하면, 그 이유는 "本條는 獨民 제1010조와 같은 등기제도가 있으면 가하지만 그러한 제도 없이 本條와 같은 規定을 두는 것은 不可하고 특히 草案[民法案을 말한다]이 先取特權制度를 廢止하면서 本條와 같은 擔保物權을 인정함은 입법상 不均衡할 뿐만 아니라 초안이 現行法[依用民法을 말한다] 제259조[공유자가 다른 공유자에 대하여 공유에 관한 채권이 있는 때에는 共有物分割에서 채무자에게 돌아갈 공유물의 부분으로써 辨濟를 하게 하거나 그 賣却을 청구할 수 있다는 등의 규정]에 대응하는 규정을 설정하지 아니한 태도와도 그 權衡을 失하므로 本條 全文 삭제함에 합의"하였다는 것이다.

35) 玄錫虎修正案은, 速記錄(前註), 제42호 附錄, 102면 이하에 수록되어 있다.

36) 民法案 제706조: "조합원은 조합원 전원의 동의 없이 組合財産에 대한 持分을 처분하지 못한다. 조합원은 조합의 청산전에 조합재산의 분할을 청구하지 못한다"

37) 『民法案意見書』의 성립이나 玄錫虎修正案 등에 대하여는 우선 梁彰洙, "民法案에 대한 國會의 審議 (Ⅱ) ―國會本會議의 審議", 同, 民法研究 제3권(1995), 39면 이하 참조.

38) 民法草案研究會, 民法案意見書(1957), 96면부터 106면(金曾漢 담당). 이 理由說明은 동시에 "법인격 없는 사단 또는 재단에 대하여는 本章[法人에 관한 총칙편 제3장]에 관한 규정을 준용한다"는 修正意見(이는 후에 玄錫虎修正案의 제4항이 되었다)에 대한 이유설명을 겸하고 있다. 民法案意見書, 40면(金曾漢 담당) 참조.

39) 실은 註 2의 논문은 이 의견의 先驅的 形態라고 할 수 있는데, 이 논문 집필 당시 金曾漢(1920년 5월 6일생)은 만 29세의 젊은 나이였다. 이 논문에 대하여 金曾漢(註 2), 머리말, i면은 다음과 같이 인상깊게 回顧한다.

(가) 金曾漢의 출발점은, 인간의 結合關係는 "千態萬象"이라도 이는 4개의 類型에 포섭될 수 있다는 것이다. 法人, 權利能力 없는 社團, 合手的 組合 그리고 로마法上의 組合(societas)이[40] 그것이다. 이와 같이 人的 結合形態를 남김없이 파악할 수 있는 思考形式을 措定하는 것이[41] 그의 큰 특징이다.

그리고 그의 말대로 "공동소유의 유형은 그 주체인 인적 결합의 유형에 따라서 결정된다. 그러한 의미에서 공동소유형태는 인적 결합형태의 물권법에의 반영이다"라고 이해한다면,[42] 必然的으로 共同所

"처음 10여년은 주로 서양법제사와 로마법을 담당하였기 때문에, 나의 논문도 자연히 그런 관계의 것이 많았다.「공동소유형태의 유형론」은 그 대표적 예이다. 서양법제사라고 하지만 그 내용은 독일법제사이고, 그것도 주로 私法史를 강의하였기 때문에, Gierke의 Deutsches Privatrecht를 읽게 되고 그것을 읽어 보니 日本의 民法教科書에 설명되어 있는 것이 납득이 가지 않아서 약간의 異論을 세운 것이다. 그 후「민사법연구회」가 민법초안의 공동연구를 한 결과를「민법안 의견서」라는 책자로 정리하여 국회에 제출하였는데(1957년), 그 가운데에서 내가「민법초안에는 공동소유형태로 共有 하나만을 규정하고 있는 데 대하여 그 밖에 合有와 總有에 관하여도 규정할 것」이라는 의견을 제출하여, 그것이 국회에서 그대로 채택되어 우리 민법이 공동소유형태로 공유·합유·총유의 셋을 규정하는 결과로 되었다. — 지금 생각하니 感懷가 깊다. 그 논문은 1950년 3월에 法曹協會雜誌에 발표되었는데, 6·25動亂前에 — 주로 1949년 가을에 — 서울에서 電燈불 구경을 못하던 때에 石油 람프불로 매일 밤 1시, 2시경까지 앉아서 Gierke의 Deutsches Privatrecht와 씨름을 한 끝에 쓴 것이었다."

40) 金曾漢이 여기서 말하는「組合」또는 "로마法上의 組合"이란, 民法案意見書, 96면에 의하면, **"현행민법상의 조합과는 달라서** 조합원간에 하등 共同의 目的이 없고, 一組合員이 他組合員의 의사에 의하여 구속을 받는 일이 全然히 없으며, 각 조합원은 언제든지 組合關係를 종료시킬 自由를 가졌었다. 그러므로 그것은 독립한 개인의 多數에 불과하지, 하등 團體性 내지는 單一性이 없었으며, 그러한 의미에서는 人的 結合이라고 부를 수는 없는 것"이다. 그리고 "[현행]민법상의 조합은, Societas[즉 로마法上의 組合]이기보다도 오히려 合手的 組合이라고 하는 것이 近來의 通說이다."(民法案意見書, 100면)

41) 民法案意見書, 96면: "이 모든 人的 結合體를 법인과 조합이라는 두 개의 範疇로 파악해 버릴 수는 없다.「게르만」法學者들은 법인과 조합이라는 두 형태의 중간에 위치하는 千態萬象의 인적 결합체를「권리능력 없는 사단」과「합수적 조합」이라는 두 개의 유형으로 나누었다. … 그러므로 人的 結合形態는 ①법인 ②권리능력 없는 사단 ③합수적 조합 ④조합의 四類型으로 나누어진다."

42) 民法案意見書, 96면 이하.

有의 形態도 4개가 있을 수밖에 없다. 그런데 "法人은 개인에 준하여 파악된 것이고, 그 소유형태도 개인에 있어서와 마찬가지로 單獨所有이므로, 공동소유의 유형에서[는] 제외"된다. 그리하여 "결국 공동소유형태에는 권리능력 없는 사단에 있어서의 總有, 합수적 조합에 있어서의 合有, 組合에 있어서의 共有의 三類型이 있는 것으로 된다." 이와 같이 金曾漢의 理論은, 공동소유의 형태가 셋 존재한다, 또한 셋 존재할 수밖에 없다는 論理必然性의 주장을 바탕에 깔고 있는 것이다.

이러한 논리필연성은 共同所有形態에 대한 理論史에 의하여서 뒷받침된다.[43] 보다 정확하게 말한다면, 위의 논리필연성이야말로 그 理論史의 최종적 성과라고 하여야 할 것이다. 金曾漢이 이해하는 바에 의하면 그 종국적 형태는 기르케에서 나타나는데, 그가 "완성"한 "「게르만」法 固有의 團體法論 및 共同所有理論"은 "거의 모든 獨逸私法學者들 판에 통설 었다."[44] 그리고 독일민법이나 스위스민법에서 공동소유형태로 總有를 인정하지 않는 것은 "獨·瑞의 民法典이 모두 Gierke의 共同所有理論이 널리 보급되기 전에 制定되었기 때문이다."[45]

---

43) 民法案意見書, 97면 이하.

44) 이 점은 檢證을 요한다. 예를 들면 「獨逸私法(Deutsches Privatrecht)」의 교과서로서 金曾漢의 이 발언이 행하여진 1957년에 근접하여 출간된 Mitteis/Lieberich, *Deutsches Privatrecht*, 3. Aufl.(1959), S. 73은, 共同所有(Miteigentum)의 형태에 관하여 "合手的 共同所有(gesamthänderisches M.)"과 "持分的 共同所有(M. nach Bruchteilen)"의 둘만을 들고 있다. 前者는 "전체가 각 공유자에게 다른 공유자들과 공동으로 속하는" 형태로서, 전원이 공동하여서만 合手的으로 처분할 수 있을 뿐이며 共同關係의 존속 중에는 각 개인의 처분의 여지는 없고 공동관계의 해소시에 비로소 "潛在的인 持分(latente Anteile)"이 구속에서 벗어나게 된다고 설명되고 있다. 이는 명백히 合有에 대한 것으로, 소위 總有에 대하여는 전혀 언급되지 않고 있다.

45) 이 주장에 대하여는 다음과 같은 疑問이 자연스럽게 제기된다. 만일 권리능력 없는 사단의 소유형태가 總有(Gesamteigentum)라고 한다면, 권리능력 없는 사단에 대하여 組合에 관한 규정을 준용한다는 독일민법 제54조가 비영리사단에 관한 한 "효력을 상실하였다"고 일반적으로 일컬어지는(이에 대하여는 우선

동시에 위와 같은 金曾漢의 접근은, 民法案의 태도가 앞서 본 대로「意識的으로 토르소」의 형태를 취하였던 것과는 달리, 공동소유형태를 일반적으로 網羅하는 것이 되지 않을 수 없다. 人的 結合形態가 위와 같이 4개의 유형에 의하여 남김없이 파악될 수 있다고 한다면, 그것이 "물권법에 반영된 바"로서의 공동소유형태도 당연히 망라적이

MünchKomm/Reuter, § 54 BGB Rn. 2 (Bd. 1, 3. Aufl.(1993), S. 587) 참조) 독일에 있어서 總有가 권리능력 없는 사단의 ──논리필연적인── 소유형태로서 전혀 논의되지 않는 것은 무슨 이유에서인가 하는 것이다. 독일의 최근의 교과서는 물론이고 본격적인 물권법 체계서, 예를 들면, Baur/Stürner(1992년), Westermann(1998년), Wieling(1990년), Wilhelm(1993년) 등에서도 總有에 대하여 아무런 설명을 행하지 않으며, 이는 종전의 대표적인 體系書, 예를 들면 Ennecerus/Kipp/Wolff(1957년)나 Heck(1930년)에서도 마찬가지이다. 이는 독일민법상의 實定制度에 대한 解釋論的 說明을 위주로 한다는 교과서 또는 체계서의 저술목적에서 본다면 당연한 것일 수도 있겠으나, 다른 한편으로 권리능력 없는 사단의 소유형태는 논리필연적으로 總有일 수밖에 없다고 한다면 이와 같이 무시할 수 없을 개념에 대하여 누구나 설명을 가하지 않고도 泰然하다는 사태는 아무래도 釋然치 않은 느낌을 준다. 특히 이러한 느낌을 倍加하는 것은 獨逸法史에서도 과연 總有의 개념이 온전한 시민권을 얻은 것인지 의문이라는 것이다(前註에서 본 Mitteis/Lieberich도 참조). 예컨대 獨逸法史에 관하여 현존하는 문헌 중 가장 포괄적이라고 할 수 있는 *Handwörterbuch zur deutschen Rechtsgeschichte*(1971 이래 발간 중. 未完刊)에도 Gesamteigentum이라는 項目은 존재하지 않으며 단지「소유권(Eigentum)」에 대한 項目 중에서 다루어지고 있는데, 이를 옮기면 다음과 같다(Bd. 1(1971), Sp. 894(Hagemann 집필)).

"베젤러와 기르케에 연유하는 團體理論(Genossenschaftslehre)은 게르만법상의 植民共同體(Siedlungsgemeinschaft)와 중세의 農業團體 중에서 게노센샤프트的 總有의 전개를 발견할 수 있다고 믿었다. 그들에 의하면, 소유권에 포함되는 권능들 중에서 일부는「總體(Gesamteinheit)」안에 집결되고 다른 일부는「各 個員(Gesamtvielheit)」에게 個別權(Sonderrecht)으로 분산되는 것이 그 본질이라는 것이다. 그리하여 總體는 그 자체로서 共用地(Allmende)[이에 대하여는 우선 玄勝鍾·曺圭昌, 게르만法, 增補版(1989), 55면, 153면 참조. 金曾漢은 이를「共有地」라고 번역하고 있다. 金曾漢(註 2), 232면 註 26 참조]에 대한 처분권을 가지나, 用益은 처음에는 무제한적으로, 후에는 전체이익을 고려하여 제한적으로 개별 성원에게 맡겨졌다는 것이다. 게노센샤프트가 쾨르퍼샤프트(Körperschaft)로 된 경우에는 이제 게노센샤프트적 총유는 쾨르퍼샤프트적 총유로 발전하였다고 한다. 이 이론은 그것이 게르만시대 및 중세전기에도 적용됨을 주장하는 한에서는 최소한 근거가 흔들린 것(erschüttert)으로 보인다. … 다른 한편 그것이 중세후기의 諸般事情이나 思考形式과 어느 만큼 일치하는지는 오늘날의 연구성과에 따를 때 별로 확실하게는 말할 수 없을 것이다."

게 되는 것이다.

(나) 보다 중요한 문제는 이러한 유형들의 지적 자체라기보다는, 이들을 준별하는 徵表와 각 유형에 고유한 具體的 法理를 제시하는 것이라고 하겠다. 그런데 金曾漢은 이에 대하여 ── 총유가 권리능력 없는 사단에서의 공동소유형태이고, 합유가 「합수적 조합」에서의 그것이라는 것을 제외한다면 ── 兩者를 선명하게 구별할 수 있는 徵表를 제공하여 주지 못하고 있다.

(a) 그에 의하면 "總有에 있어서는 管理·處分과 같은 支配的 權能은 단체 전체에 속하고, 使用·收益과 같은 經濟的 權能은 各個의 成員에 속"한다고 한다. 그리하여 "이 團體의 전체적 권능과 成員의 개별적 권능이 단체의 조직적 통제에 의하여 종합통일되어 所有權의 全內容을 실현한다. **그러므로** 목적물의 관리 또는 처분에 관하여는 성원 전체의 동의 또는 단체의 규약에 기한 多數決에 의하여야 한다. 또 各成員은 단체가 정한 방법에 따라서 사용·수익하여야 한다"고 한다. 나아가 "團體成員이 가지는 사용, 수익의 권능은 그 成員인 身分에 수반하여 그 신분의 得喪에 따라서 취득 또는 상실되므로, 그 신분을 떠나서 相續 또는 讓渡의 목적이 될 수 없다. 또 관리·처분의 권능은 단체의 전체적 권능에 속하므로, 各成員은 分割請求權을 가지지 않는다"고 한다.[46)]

그리고 合有의 구체적 내용에 대하여는 다음과 같이 설명한다.

> "共有는 一個의 所有權을 量的으로 분할하여 그 분수적 일부를 각 공유자에게 분속시키는 것이다. 각 공유자는 그 지분에 대하여 완전한 소유권을 가지며, 각 공유자는 각각 독립하고 있어서, 서로 결합하여 일체를 이루는 일이 없다. … 또 공유의 객체는 物에 한하고, 재산이 일체로서 공유의 객체가 될 수는 없다. [改行] 이에 대하여

46) 이상 民法案意見書, 101면.

合有의 객체는 物인 수도 있으나 흔히 어떤 特別財産인 수가 많다. 합유는 다수권리자가 인적으로 결합되어서 一體로서, 일체로서의 특별재산을, 그 일체로서의 특별재산에 대한 지배를 통하여 그때그때에 그 특별재산에 포함되는 개개의 物을, 不可分的으로 지배하는 형태이다. … [改行] 합유에 있어서도 各權利者는 「지분」을 가진다. 이 持分權은 다수권리자 전체에 속하는 總體權에 대하여, 각개 권리자에게 속하는 個別權이다. … 그러나 이 지분권도 다른 권리자들과 결합하여 일체를 이루고 있는 總體權者로서의 지위와 내부적으로 결합되어 있기 때문에, 그 지분권도 따로 따로 독립하여 있는 것이 아니라, 서로 結合하여 있는 것이다. 따라서 각 권리자의 持分의 處分은 全然히 금지되는 것이 본래의 원칙이다. 따라서 합유관계의 존속 중은 성원의 지분권은 기대적 내지 잠재적인 것이다. 합유재산의 전부 또는 일부의 처분은 오로지 全員一致로써만 할 수 있고, 各成員은 지분이나 합유물의 분할을 청구하지 못한다. 전원일치로 합유물을 분할하고 합유관계를 종료시킬 때에는 顯在的으로 되어 그때에는 共有物의 분할에 있어서와 같게 된다."[47]

(b) 그런데 이상의 설명을 보아도, 과연 합유와 총유가 구분되는 징표가 무엇인지 確然하지 아니하다. 합유에 대한 설명에서 보는 대로 합유는 공유와의 대비 아래서만 설명될 뿐 총유와 어떻게 構成的으로 구별되는지에 대하여는 언급이 없고, 이는 총유에 대한 설명에서도 마찬가지이다.

具體的으로 보기로 하자.

먼저 總有에 있어서 관리·처분권능과 용익권능이 그와 같이 分屬되는 또는 분속되어야 하는 이유에 대하여는 전혀 말이 없다. 만일 그 이유가 권리능력 없는 사단과 「합수적 조합」과의 性質上 差異에 의하여 합리적으로 설명되지 않는 한 이 분속을 합유와 총유를 구분하는 徵表라고 할 수는 없을 것이다. 그러한 설명에서 여기서 總有는

47) 民法案意見書, 101면 이하.

선험적으로 당연히 그러한 權能分屬을 수반하는 것으로 주어지고 있다. 그러나 우리 민법의 규정 자체에 의하더라도, 總有라고 하여도 社團의 定款 기타 規約에 의하여 이러한 분속이 부인될 수 있고(제275조 제2항), 合有라고 하여도 契約에 의하여 그 분속이 인정될 수 있는 것이다(제271조 제2항).

나아가 총유에서 대비되고 있는 바의 「全體的 權能」/「個別的 權能」이 합유에서의 「總體權」/「個別權」과 어떻게 다른지 잘 이해되지 않으며, 오히려 이는 유사한 내용을 가지는 것으로 이해된다.[48] 또한 총유물에 대한 처분이 "成員 전체의 동의 또는 단체의 규약에 기한 多數決에 의하여야 한다"는 것은 "합유재산의 전부 또는 일부의 처분은 오로지 全員一致로써만 할 수 있"다는 것과 다를 바 없다고 하여야 할 것이다. 왜냐하면 총유에서 "「단체의 규약」에 의한 多數決"이란 결국 합유에서 "契約에 의하여" 합유물의 처분에 대하여 달리 정한다는 것(제271조 제2항)과 실제로는 크게 다르지 않을 수도 있기 때문이다. 또 합유자에게 「지분」이 있다는 설명이 만일 총유자에게는 그것이 없음을 含意하는 것이라고 하여도, 총유자가 가진다는 용익권능을 「지분」이라는 이름으로 부를 수 없는 이유가 언명되지 아니하였으므로, 이는 단순히 用語의 문제라고도 생각된다. 또한 합유에서 「지분」은 "다른 권리자들과 결합하여 일체를 이루고 있는 總體權者로서의 지위와 내부적으로 결합"되어 있다는 설명은, 총유에서 "團體成員이 가지는 사용, 수익의 권능은 그 成員인 身分에 수반하여 그 신분의 得喪에 따라서 취득 또는 상실"된다는 언급과 통하지 않을까? 마지막으로 총유에서나 합유에서나 각 공동소유자의 分割請求權은 부인되고 있는 것이다.

그 외에 합유가 "흔히" 특별재산을 대상으로 한다는 것은 물론이

48) 뒤의 註 49에서 보는 金曾漢의 言明도 참조.

고, 합유가 종료된 경우의 合有物分割이 "공유물분할에 있어서와 같게 된다"는 설명도 합유를 총유와 구별하게 하는 징표는 되지 않을 것이다. 총유에 있어서도 권리능력 없는 사단의 설립목적에 공여된 재산도 마치 組合財産에서와 마찬가지로 특별재산이라고 하지 못할 것은 없고, 또한 그 사단이 해산된 경우에 행하여지는 「淸算」은 오히려 조합의 해산(제721조 이하 참조)에서와 同質的인 것이기 때문이다.

이렇게 보면, 金曾漢의 설명 자체에 의하더라도, 공동소유형태로서의 합유와 총유는 本質的인 區別을 획득하지 못하는 것이 아닌가 하는 생각이 드는 것이다.[49]

(다) 그러므로 이제 남는 것은 처음으로 돌아가서 社團과 組合(金曾漢의 표현에 의하면「合手的 組合」)의 구별뿐이다. 그러나 과연 社團과 組合의 구별은 이 구별을 인정하는 견해에 의하더라도 단지 소위 團體性의「정도」의 문제에 불과한 것이 아닌가 하는 점은 차치하고라도, 이 구별에 일정한 의미가 있다고 하여 이것이 과연 공유와 법인의 단독소유라는 두 형태 사이에 다시 두 가지의 서로 다른 공동소유형태를 반드시 인정하여야 할 것인가? 예를 들어 社團의 재산관계는 이를 법인에 준하여 처리되는 것이 타당하다고 한다면, 그렇게 할 필요는 별로 없을 것이다. 그러므로 문제는 과연 권리능력 없는 사단에 대하여 그 재산관계를 포함하여 어떠한 법적 규율을 줄 것인

49) 이미 金曾漢(註 2), 234면 이하에서는 "총유·합유·공유 간의 구별"을 논하면서, "「합유」와「Körperschaft 아닌 단체의 총유」와를 비교한다면, 支配的 權能은 成員의 總體에 속하고 그 이외의 權能이 個別權으로서 各成員에 속한다는 構造에 있어서 조금도 차이가 없다. 다만 그 차이는 성원이 비교적 少數이어서 全成員이 總體權(지배적 권능)의 행사에 직접 참여하느냐, 또는 成員의 수가 많기 때문에 전원의 직접 참여가 곤란하여, 단체적 조직을 가지고 단체의 기관이 전체를 대표하여 이에 참여하느냐 라는 점에 구할 수 있을 뿐이다. 그러나 합유에 있어서도 그 修正形態에 있어서는 一員이 다른 全員을 대리하여 처분할 수 있게 되었었으니, 이 경우에 있어서는 總有에 더욱 가깝게 된다"고 설명하였었다. 여기서「Körperschaft 아닌 단체의 총유」란「Körperschaft의 총유」와 대비되는 것인데(同所, 230면, 234면 참조), 後者는 곧 法人所有를 말하는 것이므로 공동소유형태로서는 의미가 없다.

가에 달리게 된다고 하여도 過言이 아닐 것이다. 필자는 김증한의 수정의견에 좇아 마련된 민법 제275조 이하의 總有規定은 사실은 법인에 관한 규정에 의하여 표현되어 있는 社團法理를 통하여서도 동일한 규범을 획득할 수 있는 것이라고 생각한다.50)

(라) 어쨌거나 이상과 같은 관점에서 金曾漢은 民法案의「합유」규정을 다음과 같이 비판한다.51)

첫째, 案 제262조에서 정하는 바의 共同所有는 합유가 아니라 총유라고 부르는 형태라는 것이다. 이미 합유·총유의 개념구분이 通說로 확립되어 있는 이상에는 그 用語法에 따라야 한다.52)

둘째, 案 제262조는「관습상」존재하는 공동소유만을 규율하나, "관습상의 공동소유는 第一次로 관습의 규율을 받으며 그 관습의 내용은 비교적 명확하기 때문에, 민법이 이것을 규정할 필요는 거의 없"다. 오히려 規定을 둘 필요가 있는 것은 人爲的으로 성립하는 共同所有關係이다.53)

---

50) 요컨대 민법 제275조 제2항에서 보는 대로 社團이 하나의 단체인 이상 그 공동소유관계가 일차적으로 "社團의 定款 기타 規約"에 의하여 결정됨은 당연한 것이다(제276조 제2항은 이를 總有物의 用益에 관하여 불필요하게 반복하고 있다). 그런데 다른 한편 정관 등에 규정되지 아니한 사항은 그것이 비단 총유물의 관리·처분에 관한 것(제276조 제1항)이 아니라도 社員總會의 決議에 의하여 결정되는 것(제68조 참조)도, 사단의 소유물에 대한 社員의 권리의무가 따로 양도될 수 없고 사원 지위의 得喪에 따라 得喪됨(제56조 참조)도 역시 社團의 성질상 당연한 것이다.

51) 民法案意見書, 103면 이하. 한편 당시 李恒寧도 민법안 전체에 대한「總評」에서 "[공유 이외의] 공동소유형태는 현재에도 상당히 많을 뿐 아니라 장래에도 상당히 늘어가리라고 예상되는데, 草案이 이에 대하여 공유 외에 다만「합유」에 관한 몇 조문을 신설한 데 그친 것은 현명한 태도라고는 할 수 없다. 적어도「총유」에 관하여서도 규정을 두는 것이 당연하다"고 말하고 있다(民法案意見書, 10면 이하).

52) 여기서는 과연 합유·총유의 개념구분이 通說로 확립되어 있는지가 문제가 아니라 그것이 정당하게 유지될 수 있는지가 선결적으로 해결되어야 할 것이다. 이는 결국 당시의 일본민법학의 共同所有理論 또는 社團/組合論에 대한 평가를 요구한다.

53) 이는 立法的 選擇의 문제라고 할 것이다.

셋째, 案 제264조는 合手性의 原則을 규정한 것으로 총유에는 적용될 수 없다. 즉 "總有에 있어서는 관리처분은 사원총회의 결의에 의하는 것이 원칙이어서 「全員의 同意」를 요구할 수 없는 것이 普通이고, 또 總有에 있어서는 保存行爲도 단체의 규율에 의하여야 할 것이지 各自가 자유로이 할 수 있는 것이 아니다."[54)]

(3) 金曾漢의 수정의견에 좇은 玄錫虎修正案 제14항 내지 제18항, 제36항 및 제37항은 국회 본회의의 심의과정에서 아무런 수정 없이 채택되었다. 그리하여 결국 우리 민법 제271조 내지 제277조 및 제704조가 마련되었다.

본회의의 심의과정에서 결정적인 영향력을 행사하였던 張暻根은[55)] 본회의의 심의과정에서 "이것[玄錫虎修正案]은 지금 本草案에 비하여 대단히 정확합니다. … 법제사법위원회에서는 초안의 규정이 좀 불만족하지만 초안을 전부 다 뜯어고치는 것은 무엇하다 해서 그대로 뒀는데 지금 玄錫虎 의원으로부터 더 정확하게 규정한 이러한 수정안이 나온 이상에는 … 이것을 통과시키는 것이 좋을 것 같습니다"라고 발언하였던 것이다.[56)]

(4) 아마도 이것은 法司委修正案을 포함하여 民法案에 가하여진 최대의 修正이라고 할 것이기 때문에, 民法典의 성격을 이해하는 데도 약간의 端緖를 제공하는 점이 없지 않다.

(가) 무엇보다도 위와 같은 修正意見에서 주목을 끄는 것은, 우선 단체나 공동소유의 유형파악 및 그 각 유형의 내용설명이 거의 先驗的으로 전개되고 있고 우리 사회에서의 단체의 구성이나 운영의 실제에 대한 언급은 거의 이루어지지 않고 있다는 점이다. 기르케의 이

---

54) 이 비판에 대하여는 뒤의 (4) 참조.

55) 민법안에 대한 국회심의과정에서의 張暻根의 영향력에 대하여는 우선 梁彰洙(註 37), 38면 이하 참조.

56) [제 3 대 국회] 제26회 國會定期會議速記錄, 제47호, 7면 상단.

론이 로마법의 「概念强制(Begriffszwang)」에 반발하여 게르만법에 대한 학문적 연구에서 얻어진 것이라면,[57] 그것으로써 우리 나라의 각종 단체의 소유형태를 규율하려는 것은 또 다른 「概念强制」라고 부를 수 있는 점은 혹시 없을까 하는 의문이 즉각적으로 제기되는 것이다.[58] 그러므로 후에 이르러, 총유의 법리를 종중에 적용하는 것에 대하여, 중세게르만과 같이 주거·이전의 자유가 원칙적으로 인정되지 않아서 그 구성원의 파악·소집이 용이한 사회를 염두에 두고 파악된 총유개념을 "구성원들이 전국에 산재하여 생활하고 있기 때문에 그 구성원의 변동을 확인하기 어"려운 종중과 같은 血緣團體에 적용하여 총유물의 처분·관리를 사원총회의 결의에 의하도록 하는 것(제276조 제1항)의 妥當性에 의문이 제시되는 것도[59] 당연한 일이라고 할지 모른다.

이와 같이 기르케의 개념과 이론이 당연시되었다는 점은 당시의 우리 민법학이 자기 理論의 典據를 획득하기 위하여 고투하는 과정에

---

57) 예를 들면 金曾漢(註 2), 229면 이하는 "도대체 合有·總有라는 개념은 中世以前의 「게르만」法上의 共同所有形態를 설명하기 위하여 나온 것이고, 중세 이전의 「게르만」법상의 공동소유형태를 1개의 개념만으로는 파악하기 어렵다 하여 總有와 合有라는 개념을 구별하게 된 것"이라고 한다. 그러면서 다음과 같이 말하기도 한다. 즉 "근세에 들어와서 總有라는 개념은 극히 적은 役割밖에 못하였으나, 合有라는 개념은 各種의 法領域에서 많이 이용되었음은 事實"이라는 것이다(同所, 230면).

58) 이러한 의문과 관련하여 金曾漢은 민법 시행의 당년에 출간된 物權法教科書(同, 新物權法, 上卷(1960), 171면)에서 다음과 같이 말하고 있다: "총유·합유의 개념은, 중세게르만의 단체법의 연구를 통하여 밝혀진 것임은 사실이다. 그러나, 그것은, 총유·합유가 중세게르만의 사회에만 또는 그와 비슷한 발달단계에 있는 사회에서만 존재할 수 있다는 것을 의미하는 것은 아니고, 현대에 있어서도 어느 나라에 있어서나 총유 또는 합유의 개념으로 파악되지 않으면 안 될 공동소유형태가 不斷히 創造되고 있음을 잊어서는 아니된다. 요컨대 오늘날에 있어서는 多數人이 모여서 단체를 결성하는 추세는 더욱 늘어가고 있으며, 그 단체가 법인격을 취득하는 경우를 제외하고는, 그 財産關係는 필연적으로 총유 또는 합유의 개념으로 파악되지 않으면 안되는 것이다."

59) 李好珽, "우리 民法上의 共同所有制度에 대한 약간의 疑問", 서울대 法學 24권 2·3호(1983), 116면 이하 참조.

서 독일민법학에 의존하였다는 점 또는 독일민법학의 「權威」로써만 說明될 수 있을 것이다.[60]

(나) 또한 민법이 시행된 뒤에 발견된 難問과 관련하여서 그 문제의 淵源을 입법과정 중에서 찾아보는 것도 意味있는 일일 것이다.

그 難問이란 다름아니라 제272조 본문과 제706조 제2항과의 관계 여하이다. 前者는 "합유물을 처분 또는 변경함에는 합유자 전원의 동의가 있어야 한다"고 하는데, 後者는 "조합의 업무집행은 조합원의 과반수로써 결정한다. 업무집행자가 수인인 때에는 그 과반수로써 결정한다"고 정하고 있다. 만일 조합이 그 소유의 물건을 처분하려고 하는 경우를 생각하여 보자. 그 물건은 조합원들이 「조합체」로서 소유하는 것이므로 합유물이고(제704조도 조합재산은 조합원의 합유로 한다고 정하고 있다), 또 합유물의 처분은 명백히 「조합의 업무집행」에 속한다. 그렇다면 그 처분에는 前者의 규정에 따라 組合員 全員의 同意가 있어야 할 것인가, 아니면 後者의 규정에 따라 組合員(또는 業務執行者)의 過半數의 결정으로 족할 것인가. 이에 대하여 견해의 대립이 있음은 주지하는 대로이다.[61]

민법 제706조 제2항은 依用民法 제670조 제1항과 제2항을 합한 것으로서, 民法案 제698조 제2항이 국회의 심의과정 전체를 통하여 아무런 수정을 받음이 없이 채택된 결과이다. 그리고 民法案에서 공유 이외의 공동소유에 관한 규정은 앞에서 본 대로 「합유」에 대하여서만 정하고 있었고, 그 중에는 현행민법 제272조와 전적으로 같은 규정이 포함되어 있었다(同案 제264조). 그런데 이들 民法案의 규정은 "어느 지역의 주민, 친족단체 기타 慣習上 集合體로서 數人이 물건을

60) 金曾漢은 한참 뒤에 다음과 같이 말한 바 있다. 金曾漢, "韓國民法學의 進路", 서울대 法學 26권 2·3호(1985), 11면: "요컨대 일본법학의 굴레에서 벗어나서 우리 자신의 독자적 이론을 개척해 나가야 한다. 그것을 하는 데 있어서는 독일법학이 가장 손쉬운 의거처가 되지 않을 수 없다."

61) 우선 李好珽(註 59), 106면 이하 참조.

소유하는 때"의 공동소유관계에 대한 것이었으므로, 앞의 (1)의 말미에서 말한 대로, 이 「합유」에 대한 규정들은 조합재산에는 적용되지 않음을 예정하고 있었다.[62)]

그런데도 그 규정들의 내용은 玄錫虎修正案에서는 합유에 관한 것으로 그대로 남겨져 현행민법이 되었다. 즉 民法案 제263조 제1항은 민법 제271조 제1항 제2문으로, 同案 제263조 제2항은 민법 제273조 제2항으로, 同案 제264조는 민법 제272조로 된 것이다.[63)] 바로 여기서 위와 같은 난문이 연원하는 것이라고 추측된다. 玄錫虎修正案의 합유에 관한 규정들은 앞에서 본 대로 金曾漢이 수행한 게르만법상의 공동소유형태에 대한 연구에 기초를 둔 것인데, 그 규정들은 역사적으로 일정한 사회에 존재하는 공동소유형태를 유형화한 것을 沒歷史的으로 先驗的인 論理範疇(예를 들면 앞의 (2)(라)의 "셋째"에서 본 바의 金曾漢이 말하는 「合手性의 原則」 등)로 絶對化한 점이 없지 않았다.[64)] 그렇기 때문에 과연 합유에 관한 규정들이 우리 사회에서 존재하는 「組合體」의 재산소유관계(그 대표로서는 아무래도 조합재산관계를 들어야 할 것이다)를 어떻게 규율되는가 하는 觀點에서의 檢討가 소홀하게 되었던 것이다.

62) 앞에서 본 대로 民法案의 「合有」에 관한 규정은 滿洲國民法의 「總有」에 관한 규정과 동일한데, 거기서는 後者는 組合財產 기타 合有物에 대하여는 적용이 없는 것으로 이해되고 있었다. 예를 들면 石田文次郎·村教三, 滿洲民法(物權)(1942), 106면은, "滿洲에 있어서는 多數所有關係[공동소유관계를 말한다]에 있어서도 特異의 形態가 존재하는 터인데, 그 眞相은 밝혀져 있지 않다. 겨우 總有權의 존재가 人證되어 있을 뿐이다. 그러나 한편으로 개인 및 법인의 單獨所有權이 있고, 다른 한편으로 법인격이 부여되지 않은 사단의 총유권이 있음과 동시에 그 중간에 共有權과 조합의 合有權과 같은 소유권의 형태를 인정하지 않을 수 없을 것이다"라고 한다. 이는 滿洲國民法 제252조 제1항이 "慣習上 總合體"의 공동소유관계만을 「총유」라고 정함에 비추어 당연하다고도 할 수 있다.

63) 나머지 현행규정 중 제273조 제1항은 조합에 대한 민법안 제706조에서 가져온 것이다. 그리고 제274조(합유의 종료)만이 진정한 의미에서 신설된 것이다.

64) 注釋民法(7)(1968), 303면(川井健 집필)이 "처음부터 총유의 개념을 예정하고 그로부터 演繹的으로 법률관계[법률문제]를 해결한다는 태도는 정당하지 않다고 생각된다"고 하는 비판과도 통한다.

그리하여 뒤에 "合有에 관한 제272조는 우리 民法이 명문으로 合有로(민법 704조) 인정하고 있는 유일한 케이스인 組合財產의 合有에는 적용되지 않는다는 虛妄한 事實이 입증되게 된다. 우리는 이러한 시니칼한 結果를 솔직히 인정하여야 한다. 그렇다면 제272조는 민법 안에서는 적용의 기회가 없는 無用한 規定이라고 하지 않을 수 없다"는 과감한 發言이[65] 행하여질 수 있는 소지가 생겼던 것이다.

Ⅲ. 民法典의 共同所有形態에 대한 論議

1. 金基善의 見解

(1) 金基善은 공동소유에 대한 설명의 冒頭에서 공동소유를 "요컨대 권리의 분할"이라고 하고, 이에는 量的 分割과 質的 分割이 있다고 한다. 前者는 하나의 소유권을 分數的으로 분할하는 것이고, 後者는 소유권을 관리·처분·사용·수익 등의 권능으로 分解하여 갑이 관리·처분과 같은 지배적 권능을 가지고 을이 사용·수익과 같은 경제적 권능을 가지면서 "兩者의 권능을 **단체 내부의 조직법**에 의하여 결합시켜 완전한 소유권을 실현시키는 것"을 말한다. 그리하여 "前者는 개인주의적 법제하에서 인정된 공동소유의 형태이며 공유가 이에 속하고, 後者는 단체주의적 법제하에서 인정된 공동소유의 형태이며 총유가 이에 속한다. 합유는 공유와 총유의 중간에 위치하는 것이라 말할 수 있다."[66] 확연히 눈에 띄는 이러한 對稱的 敍述과 아울러, 무

65) 李好珽(註 59), 109면. 물론 그 글의 필자가 스스로 지적하는 바대로, 이러한 「허망한 사실」을 회피하기 위하여 다른 解釋論이 성립할 여지가 전혀 없는 것은 아닐 것이다.

66) 金基善, 韓國物權法, 改訂增補版(1985), 246면. 이러한 서술은 同書, 改訂版(1972), 279면 이하에서도 발견되는데, 이미 金基善, 改訂 新物權法(1959), 152면에 이 서술의 端緖라고 할 설명("양적 분할과 질적 분할")이 보인다. 이러한

엇보다도 그가 공동소유를 ── 적어도 우리 나라에서는 金曾漢이 제창하여[67] 그 후 지배적이 된 ── 「인적 결합관계의 물권법적 반영」이라고 설명하지 않는 것이 흥미롭다.[68] 다만 그 소위 質的 分割에 있어서는 "단체 내부의 조직법"이 분할된 양자를 결합시키는데, 총유에 관한 설명에 의하면 이는 "단체의 조직적 통제를 정한 내부적 규약"을 말하는 것이다.[69]

그러나 이러한 설명에서도 공유·합유·총유의 三分法이 당연히 전제되고 있고 다만 그 설명의 틀이 다를 뿐이라는 점도 역시 지적되어도 좋을 것이다.

(2) 金基善은 애초부터 「共同所有의 立法論」을 논하여 왔다. 그는 민법전이 "공유 이외에 합유·총유를 立法化"한 것에 대하여 줄곧 비판적이었다.[70]

그는 우선 부부재산, 공동상속, 조합에서 합유를 인정하는 독일민법의 태도를 다음과 같이 비판한다. 우선 앞의 둘은 게르만법의 殘滓에 불과하고 조합의 경우는 이와 달리 공동사업의 경영에 목적이 있지만 이 역시 상법에서 영리를 목적으로 하는 조합에 법인격을 부여

파악 내지 서술은 이미 石田文次郎(註 13), 482면 이하에서 행하여지고 있다. 그 외에 石田文次郎·村教三(註 62), 105면 이하도 참조.

67) 무엇보다도 金曾漢(註 58), 171면 이하 참조. 그 후 金曾漢, "人法과 物法과의 相關 ── 共同所有를 중심으로", 서울대 法學 22권 4호(1981), 1면 이하에서도 반복되고 있다. 사실 이러한 「인적 결합관계의 물권법적 반영」이라는 把握은, 이미 앞의 註 12에서 인용한 기르케의 발언에서도 알 수 있는 것처럼, 오래 된 것이다.

68) 애초의 金基善, 新物權法(1958), 146면에서는, "공동소유는 권리주체가 단수가 아니고 복수이므로 그들 간에는 반드시 결합관계가 있지 않을 수 없다. 공동소유에 있어서 다수인의 결합의 도는 결코 동일하지 않고 千差萬別이므로 그 度의 강약에 따라서 공동소유의 여러 형태가 나누어진다"고 설명하고 있다. 본문에서 본 설명과는 그 接近方式을 어느 정도 달리한다고 여겨진다.

69) 金基善(前註), 264면.

70) 그는 초기에는 合有만을 비판의 대상으로 삼았다. 金基善, 新物權法(1958), 149면 이하; 同, 改訂 新物權法(1959), 155면 이하 참조.

하여 合名會社를 설립할 수 있으므로 민법에 이와 별도로 합유를 규정할 필요가 없다는 것이다.

합유·총유에 적대적인 이러한 그의 태도는 우선「市民社會法」으로서의 민법에 대한 일정한 理解에 바탕을 둔 것이다. 그에 의하면 "市民社會法은 개인주의, 자유주의가 基幹이 되어야 하는 만큼 금일에 있어서 이와 배치되는 법률을 제정한다는 것은 입법론적으로 모순"이다. 그런데 "합유, 총유에 있어서 인정하는 團體主義는 개인주의, 자유주의와 상반하는 全體主義思想의 所產이므로 민주주의법률의 이념에서 멀어"지는 것이다.[71]

나아가 그는 이를「今日의 經濟的 社會秩序」라는 관점에서도 정당화한다. 즉 "경제적 사회질서가 주로 물건의 이용면에만 치중되어 있는 사회에 있어서는 공동소유를 인정하여도 하등 지장이 초래되지 않지만 물건을 교환의 객체로 삼는 근대사회에 있어서는 各人은 교환가치의 절대적 지배자로서 대립되어 있는 만큼 공동소유를 인정할 것 같으면 불합리한 결과가 발생"한다는 것이다. 그것은 공동소유물의 교환에는 공유자들의 동의를 얻어야 하는데, 이를 얻기 쉽지 않고 또 얻었어도 법률관계가 복잡하게 된다는 것이다. "그러므로 交換을 중심으로 하는 經濟體制下에서는 가급적이면 共同所有를 회피하고 單獨所有로 함이 時代上으로 보아서 合理的"이다.[72] 이와 같이 "공동소유는 단독소유로 변모하여야 할 시대적 필요성이 있는 이 마당에서 이 사실을 無視沒却하여 합유의 범위를 확대시키는 것은 時代에 逆行"하

71) 또한 金基善, 物權法, 改訂增補版(1985), 247면 이하는 같은 취지에서, "총유는 법인격 없는 단체가 단체로서 물건을 소유하는 경우이므로 團體主義에 입각하였음을 쉽게 알 수가 있다. 個人主義·自由主義를 기간으로 한 獨逸民法이 전체주의사상이 깃들여 있는 合有·總有의 立法化[原文대로]는 모순이라면 모순이라 하겠다. 이 비난은 역시 우리 나라 新民法에도 적합하는 것으로 믿는다"고도 한다.

72) 그에 의하면 공동소유 중에서도 "단독소유와 하등 모순되지 않는 … 共有는 의연히 근대사회에 있어서도 存在價值가 있"다.

는 것이다.

이와 같이 볼 때 "舊法이 공동소유로서 『로오마』법의 그것을 『모델』로 하여 共有만을 규정하고, 合有, 總有를 이것으로부터 제외한 것은 個人主義, 自由主義思想을 기초로 한 近代法에 있어서 단연코 일리가 있는 바"이며, 따라서 "합유, 총유를 입법화시키는 것보다는 오히려 종래에 不文的으로 인정한 그 範圍를 縮小시키는 것이 사회실정에 적합할 뿐만 아니라 이론상으로도 타당하다"는 것이다.

그는 나중에는 "설사 舊民法에 합유·총유가 있었더라도 新民法은 이의 削除가 옳거늘 없었다면 더욱 규정하지 않아야 할 것이다. 그런데도 이를 규정함은 시대의 역행이 아닐 수 없다. 總有는 法人所有로 하고, 合有는 공유로 하거나 기왕 총유를 인정하는 바에야 이를 포함시킴으로써 총유·합유를 정리함이 근대민법을 형성하는 길이라고 믿는다"고 결론짓고 있다.[73]

(3) 이와 같이 金基善의 주장은 매우 올이 성긴 —— 밀즈가 『사회학적 상상력』에서 말한 바 있는 —— 「巨大理論」에 의하여 뒷받침되고 있다. 그 이론들이 과연 충분히 납득할 만한 것인지, 또 그 이론들이 공동소유의 형태론이라는 개별문제에 얼마만큼 발언력이 있는지 의문이다.

우선 합유·총유의 개념 자체가 전체주의사상의 소산이어서 민주주의사상에 배치된다는 주장은 잘 이해가 되지 않는다. 性質上으로 分割이나 지분의 自由處分이 인정될 수 없는 공동소유형태는 조합재산의 예에서 보듯이 쉽사리 상정될 수 있으며, 이는 全體主義思想과는 무관하다. 요컨대 단체의 존재를 인정하고[74] 그 법률관계의 규율

73) 金基善, 物權法, 改訂增補版(1985), 248면.

74) 金基善 자신도, 同, 民法總則, 三改訂增補版(1985), 179면 이하에서, "법인의 요건을 완화하여 보았댔자 권리능력 없는 사단을 전적으로 없앨 수는 없고, 다만 그 존재의 범위를 축소시킨 데 불과하"며, "권리능력 없는 사단은 비록 법인격이 부여되어 있지 않을지라도 … 독립된 재산과 하나의 총체적 명칭을 갖고

에 적합한 법적 장치를 모색하는 것은 개인주의냐 전체주의냐의 문제와는 별도의 차원인 것이다. 金基善은 조합에 대하여 合名會社에 의하여 갈음될 수 있다고 하지만, 적어도 非營利團體에 대하여는 그렇게 말할 수 없을 것이다.

나아가 상품교환경제가 지배하는 사회라고 하여도 자유로운 교환에 친하지 아니한 재산은 얼마든지 있을 수 있다. 일정한 特別財產을 구성하는 개개의 목적물이 그 대표적인 예가 될 것이다. 다수인이 그 특별재산의 귀속주체인 경우라면, 이들 목적물을 그들 각자의 단독소유나 공유로 환원하는 것은 결국 특별재산을 해체하는 것에 다름아니어서 특별재산을 구성하는 의미에 스스로 모순된다. 오늘날의 사회에서 共有로써는 적절하게 파악될 수 없는 공동소유형태가 존재하는 경우에, 또는 입법자가 共有의 일반법리로써 규율하는 것이 적합하지 않다고 판단하는 공동소유형태가 존재하는 경우에, 이들을 법적 규율의 범위 밖에 방치하여야 할 이유는 없지 않을까?

2. 郭潤直의 見解

(1) 郭潤直은 1963년에 출간된 그의 『物權法』에서 민법전에 총유규정을 둔 것에 별다른 의의가 있다고 할 수 없으며 오히려 "民法의 하나의 裝飾物에 지나지 않는"다고 비판하고 있다. 그 요지는 다음과 같다.[75]

첫째, "사단법인의 단독소유·공유·합유의 세 형태가 근대적 공동소유의 관계라고 한다면 현대의 일부의 農村社會에서 아직도 찾아

있는 계속적 단체적인 組織體이므로 법인격이 부여되어 있는 사단과 그다지 다를 바가 없다"고 한다.

75) 郭潤直, 物權法(1963), 247면 이하. 그 후 同, 物權法, 新訂修正版(1999), 285면 이하에 이르기까지 全訂版(1975), 全訂增補版(1980), 再全訂版(1985), 新訂版(1992)을 통하여 그 서술은 전혀 변하지 않고 있다. 이하 인용은 특별한 지시가 없는 한 新訂修正版에 의한다.

볼 수 있는 게르만의 村落共同體에서와 같은 토지의 總有的 利用關係는 前近代的인 遺物이며, 근대적 소유권의 개념으로서는 처리할 수 없는 異質的 分子를 포함하고 있고, 사회적으로 장차 絶滅할 運命에 있는 것"이다.[76] 이와 같이 將來性이 없는 法律關係를 규율하기 위하여 민법에서 총유를 별도의 공동소유형태로 인정하고 이에 관한 규정을 둘 이유가 있는지 의문이라는 것이다.

둘째, 그러한 농촌토지에 대한 총유적 이용관계 외에, 權利能力 없는 社團의 所有關係가 총유로서 규율되어야 한다. 그런데 권리능력 없는 사단의 소유관계는 "극히 多樣性을 띠고 있어서 民法의 간단한 數個의 規定만에 의하여는 충분히 규율할 수도 없는 例外的인 경우에 지나지 않는다. 특히 민법이 규정하는 바는 게르만法學者에 의하여 밝혀진 전통적인 총유에 관한 것이어서 「권리능력 없는 사단」이라는 用語가 사용되어 있을 뿐, 아무런 現代的 感覺도 없다. 즉 민법의 총유는 권리능력 없는 사단의 소유관계를 규율하기에는 너무나 불명확한 법률구성을 가지고 있어서 과연 그 規律에 充分하다고 할 수 있을는지 대단히 의심스럽다"는 것이다.[77] 여기서는 비판의 초점은 민법전에 총유규정을 둔 것 자체에 있는 것이 아니라, 그 규정이 불충분·불명확하다는 것에 있다. 즉 권리능력 없는 사단은 "그 態樣도 반드시 일정하지 않"고 그 소유관계도 극히 多樣함에도 민법전상의 규정은 「전통적인 총유관계」만을 視野에 둔 것이어서 이를 규율하기에 충분하지 않다는 것이다. 또 그 규정의 법률구성이 "너무 불명확"하다고 한다.[78]

그는 결국 "民法이 총유에 관한 규정을 두고 있는 것은 다른 立法例에서는 볼 수 없는 하나의 특색이라 하고 그 의의가 크다고 하는

76) 郭潤直, 物權法, 286면.
77) 郭潤直, 物權法, 287면.
78) 여기서 "不明確"하다는 것의 具體的 內容은 잘 알 수 없다.

견해에는 찬동할 수 없으며, 구태여 의의를 찾는다면, 그러한 것에까지 배려하는 친절을 베풀고 있는 점이다. 私見으로는 그것은 민법의 하나의 장식물에 지나지 않는 것 같다"고 한다.[79] 그리하여 그는 1975년의 全訂版에 이르기까지는 총유에 대한 설명에서 거의 민법의 규정을 그대로 옮겨 적는 정도의 서술을 함에 그치고 있었다.[80]

(2) 그렇다면 郭潤直은 권리능력 없는 사단에 대한 법적 규율, 특히 그 소유관계는 어떻게 규율되어야 한다는 것인가? 그는 『民法總則』에서 권리능력 없는 사단에 대하여 설명하면서 다음과 같이 논한다.[81]

그는 우선 민법전에 권리능력 없는 사단에 대하여는 그 재산귀속관계를 총유로 한다는 규정을 두고 있을 뿐이라고 하면서, 이는 "民法의 立法的 不備의 하나"라고 한다. 그리고 민법이 "獨逸民法과 같은 잘못을 저지르지 않고서, 인격 없는 사단에 대하여 組合의 規定을 준용한다는 규정을 두지 않았다. 오히려 그 所有關係를 총유라고 규정함으로써 인격 없는 사단이 組合과는 본질적으로 다르다는 것을 간접적으로 밝히고 있다"고 한다.[82] 그렇다면 郭潤直도 민법전에 총유 규정을 둔 것 자체의 의미를 아주 부정하는 것은 아니라고 할 수 있을 것이다.

나아가 그는 권리능력 없는 사단의 「財產歸屬關係」를 논하면서 다음과 같이 말한다.

---

79) 郭潤直, 物權法, 287면.

80) 郭潤直, 物權法(1963), 263면 이하; 同, 物權法, 全訂版(1975), 347면 이하. 그 후의 서술에 대하여는 뒤의 (3) 註 84 본문부분을 보라.

81) 郭潤直, 民法總則(1963), 193면 이하 참조. 그 후 同, 民法總則, 新訂修正版(1998), 189면 이하에 이르기까지, 全訂版(1973), 全訂增補版(1979), 再全訂版(1985), 新訂版(1989)을 통하여 이 서술에는 별다른 변함이 없다. 이하 인용은 특별한 지시가 없는 한 新訂修正版에 의한다.

82) 郭潤直, 民法總則, 190면.

"財産歸屬關係를 어떻게 하느냐는 대단히 어려운 문제이다. 민법은 규정을 두어서 해결하고 있다. 즉, 「법인 아닌 사단의 社員이 集合體로서 물건을 소유할 때에는 總有로 한다」고 함으로써, 人格 없는 社團에 대하여 「총유」라는 공동소유형태를 인정하고 있다. … 한편 소유권 이외의 財産權에 관하여서도 총유에 관한 규정(275조 내지 277조 참조)이 준용되므로, 債權·債務를 비롯하여 각종의 재산권도 이를 「準總有」하는 것이 된다(278조). 따라서 인격 없는 사단의 구성원(社員)은 공유나 합유에 있어서와 같은 持分權을 가지지 않는다. 사단법인의 소유형태가 그 법인의 단독소유인 데 대하여, 인격 없는 사단의 재산소유형태는 이른바 총유 또는 준총유라고 하고 있으므로, 이 점에서 둘 사이에는 큰 차이가 있는 것이 된다."[83]

이 서술을 보면, 郭潤直도 민법상의 총유규정에 별다른 의미를 부여하지 않는다고 하기는 어렵지 않을까 하는 印象을 받게 된다. 그는 그 후 1980년에 나온 『物權法』의 全訂增補版에서, 총유에 대한 설명 중에 "<문제가 되는 總有財産>"이라는 中間項目을 새로 마련하여 주로 宗中財産, 敎會財産, 洞·里財産의 셋에 대한 判例의 태도를 요약하고 있다.[84] 이 부분을 읽어 보면, 위와 같은 인상은 더욱 짙어진다. 즉 그는 "빈번히 재판상 문제가 되는" 이들 재산에 대하여 이들은 모두 총유재산이라고 하면서, 예를 들면 종중재산에 대하여 재판례 중에는 이를 합유라고 한 것도 있지만 "宗中은 틀림없는 하나의 典型的인 「권리능력 없는 사단」이며, 따라서 그 소유형태는 「총유」라고 하여야 한다"고 설명하며, 이러한 설명방식은 교회재산이나 동·리재산에서도 마찬가지이다. 그 후의 1999년에 나온 『物權法』의 新訂修正版에서도, "종중재산의 법률적 성질에 관하여, 學說은 이를 총유로 새기는 데 일치되어 있고, 判例도 여러 변천이 있었으나 역시 總

83) 郭潤直, 民法總則, 191면.

84) 郭潤直, 物權法, 全訂增補版(1980), 340면 이하 참조. 그 내용은 同, 物權法, 新訂修正版(1999), 301면 이하에서도 별로 다를 바 없다.

有로 새기고 있다[재판례 인용]. 이는 종중을「권리능력 없는 사단」으로 보는 당연한 결과이기도 하다"고 서술하고 있다.[85]

만일 이와 같이「권리능력 없는 사단」의 소유형태는 합유가 아니고 당연히 총유일 수밖에 없고 총유에서는 공유나 특히 합유와는 달리 持分(또는 持分權)이 관념될 수 없으며, 그 근거는 바로 민법 제275조 이하의 규정이라면, 그 규정을 단순한「민법의 장식물」이라고 부를 수는 없지 않을까.[86] 그러한 整序 자체가 민법의 이해와 해석·적용에 의미가 있을 뿐만 아니라, 설사 그 규정이 불충분하고 불명확하다고 하더라도 이를 충분하고도 명확한 내용을 갖추도록 展開 또는 繼續形成(Fortbildung)하여 갈 수 있는 實定法上의 基礎가 마련되었다고 할 것이기 때문이다.

(3) 특히 郭潤直은, 민법전에 총유를 공동소유형태로 정한 것에 의의를 부여하는 견해와 마찬가지로, "공유·합유·총유라는 共同所有의 3모습은 人的 結合形態의 物權法에 있어서의 反映"이라는 전제에서 출발하고 있다.[87] 그리하여 共有는 "공동소유자 사이에 아무런 人的 結合關係 내지 團體的 統制가 없"는 경우의 공동소유형태인 데 반하여, 합유와 총유는 다수인의 결합인「團體」의 공동소유형태이다.[88] 그런데 곽윤직에 의하면, 단체는 "일정한 목적의 달성을 위한 사람의 결합"인데, 거기에는 "「社團」(Verein)과「組合」(Gesellschaft)의 두 類

85) 郭潤直, 物權法, 新訂修正版(1999), 302면. 그러나 곧 이어서 "그러나 종중을 그와 같이 일률적으로「권리능력 없는 사단」으로 새기는 이론의 타당성은 의심스러우며, 따라서 그 재산을 다시 일률적으로 總有라고 새기는 데는 문제가 있다고 생각한다"고 덧붙이고 있다. 그렇다면 宗中의 법적 성질은 어떻게 分化되어 파악될 수 있는지에 대하여는 언급이 없다.

86) 이는 특히 多數當事者의 채권·채무와 관련하여 채권·채무의「準總有」를 민법이 정하는 분할채권·채무관계 등과는 별도로 파악함은 물론, 채권·채무의 準共有·準合有와도 별개의 형태로 인정한다면(郭潤直, 債權總論, 新訂版(1994), 295면 이하는 이와 같이 설명한다), 더욱 그러하다.

87) 郭潤直, 物權法, 282면 이하(인용은 284면).

88) 郭潤直, 物權法, 283면

型이 있다."[89] 그리하여 합유가 "이른바 組合의 소유형태"라는 것이니,[90] 총유는 바로 社團의 공동소유형태, 그것도 사단이 법인격을 얻으면 그 소유관계는 법인의 "「單獨所有」인 것"이어서 이미 「공동소유」라고 할 수 없으므로,[91] 결국 총유는 "법인격 없는 사단"의 공동소유형태인 것이다. 이와 같이 곽윤직 자신의 논리를 따라가 보면, 總有는 **논리필연적으로** 공유·합유와는 별개의 공동소유유형이 되지 않을 수 없다. 그러니 그러한 총유를 민법에 정하였다는 것이 어떠한 의미에서 「장식물」이라고 불리울 수 있을까.

그런데 郭潤直은 다음과 같이도 말한다.

> "그러나 人格 없는 社團의 재산귀속형태를 總有라고 하는 民法의 태도가 정당한지는 대단히 의심스럽다. 이 문제는 非營利社團에서보다도 특히 營利社團에서 문제될 것이다. 따라서 주로 商法學에서 연구할 課題라고 하겠으나, 私見으로는 「合有」라고 하였더라면 훨씬 法律關係를 명확히 하여 좋았을 것으로 생각한다."[92]

그리고 여기에다 괄호 안에 二段組로 "獨民이나 瑞民은 組合法을 인격 없는 사단에 준용하고 있으므로, 거기서는 인격 없는 사단의 소유형태는 「合有」라고 하는 것이 된다. 「總有」라고 하는 것보다는 「合有」라고 하는 것이 좋다는 것은, 그것이 더 合理的이라고 하는 것뿐이며, 인격 없는 사단이 「조합」이라는 것을 의미하는 것이 아님을 注意"라고 덧붙이고 있다.

(a) 여기서는 우선 권리능력 없는 사단의 소유형태가 특히 영리사단에서 문제되며 또한 이는 주로 상법학에서 연구할 과제라는 發言은 적어도 필자에게는 놀라운 것이다. 郭潤直은 의용민법에서와는 달

89) 郭潤直, 民法總則, 184면 이하.
90) 郭潤直, 物權法, 283면.
91) 郭潤直, 同所.
92) 郭潤直, 民法總則, 191면. 이미 同, 民法總則(1963), 195면에 동일한 발언이 있다.

리 非營利이면서 동시에 非公益인 사단이 법인격을 취득할 수 있는 길이 열려 있는 현행법 아래서도 역시 권리능력 없는 사단이 많이 존재하는 이유가 무엇일까를 自問하고, 그 이유의 하나로 민법이 許可主義를 취하고 있어서 이를 얻지 못하는 동안은 권리능력 없는 사단으로 존재한다는 점을 들고, 다른 하나를 관할관청의 사전·사후의 간섭을 받고자 원하지 않으면 "法人設立[법인격 취득]이 강제되어 있지 않은 이상, 인격 없는 사단으로서 남아 있게 될 뿐"이라고 제시하고 있다.[93] 이러한 이유는 營利社團과는 적어도 무관한 것이다. 그리고 우리 사회의 실제를 보아도 권리능력 없는 영리사단에서 그 소유형태가 특히 문제된다고 생각되지는 않는다.[94] 그러니 우리 나라의 商法學이 권리능력 없는 영리사단의 소유형태에 대하여 아무런 발언도 하지 않는 것은 오히려 이해될 수 있는 것이다.

(**b**) 나아가 그가 독일이나 스위스에서 권리능력 없는 사단의 소유형태가 合有라고 하는 것을 우리 나라에서 권리능력 없는 사단의 소유형태를 合有라고 하는 것이 더 합리적이라는 주장과 관련하여 언급하는 것도 잘 이해가 되지 않는다. 郭潤直 스스로가 가령 독일에서 권리능력 없는 사단에 대하여 조합법을 준용하고 있는 것을 비판하고 있으며,[95] 특히 그것을 "人格 없는 社團과 組合의 본질적 차이"로써 설명하고 있는 것이다.[96] 만일 그러한 본질적 차이가 있는 것이라면,

---

93) 郭潤直, 民法總則, 186면.

94) 郭潤直, 民法總則, 187면에서도 "우리 나라에서도 많은 人格 없는 社團이 존재하고 있으나, 그러한 각종의 人格 없는 社團 가운데서 특히 자주 문제가 되는 것이 둘 있다. 「宗中」과 「敎會」가 그것이다. 그 밖에 洞·里나 部落도 간혹 문제가 되는 法人格 없는 社團이다"라고 한다. 이들은 모두 非營利社團이다.

95) 무엇보다도 註 82 본문의 인용부분("우리 민법은 독일민법과 같은 잘못을 저지르지 않"았다).

96) 郭潤直, 民法總則, 190면: "[독일에서는] 이러한 규정에도 불구하고 人格 없는 社團은 계속해서 나타났고, 또한 定款에서 組合에 관한 任意規定의 적용을 배제하여 社團의 내부조직과 대외적 지위를 될 수 있는 대로 권리능력 없는 사단의 그것에 접근시키는 것이 慣行으로서 행하여지게 되었던 것이다. 그뿐만 아

권리능력 없는 사단의 소유관계는 조합의 소유관계, 즉 合有와도 본질적 차이가 있다고 하여야 하지 않을까.

(c) 郭潤直은 권리능력 없는 사단의 소유형태를 오히려 合有라고 하여야 한다고 주장한다.

그러나 그는 다른 한편으로 "人格 없는 社團에 대하여는, 사단법인에 관한 규정 가운데서 법인격을 전제로 하는 것을 제외하고는 그대로 類推適用하여야 하며, 조합에 관한 규정을 적용하여서는 안 된다고 해석하여야 한다"고 주장하고 있다.[97] 그런데 합유가 "이른바 조합의 소유형태"라고 한다면,[98] 위와 같은 주장은 조합에 관한 규정을 적용하여서는 아니된다는 것과 首尾一貫한 태도라고 할 수 있을지 의문이다. 물론 이 부분의 발언은 立法論으로 이해될 수도 있을 것이나,[99] 공동소유유형이「인적 결합관계의 물권법적 반영」이고 또한 조합이 법인격 없는 사단과는「본질상」구별되는 것이라면, 합유규정을 이에 적용하는 것이 "법률관계를 명확"하게 한다는 것만으로 그것이 입법론으로 충분히 설득력 있는 것인지 의문이다.

3. 金容漢의 見解

(1) 金容漢은 우리 민법이 공동소유의 3형태, 특히 合有와 總有를 인정한 것을 긍정적으로 평가한다. "공동소유를 위한 인적 결합관

나라, 학설·판례가 人格 없는 社團과 組合과의 본질적 차이를 바로 보고, 사단에 적합하지 않은 組合에 관한 任意規定은 정관에 의하여 … 默示的으로 배제되어 있다고 해석하게 되어, 獨逸民法上 인격 없는 사단은 실질적으로는 社團法人과 마찬가지로 다루어지고 있다."

97) 郭潤直, 民法總則, 190면. 바로 이것이 "또한 이것이 현재 우리 나라의 압도적인 多數說이기도 하다"고 덧붙이고 있다.

98) 郭潤直, 物權法, 283면. 同所에서의 合有에 관한 설명은 민법 제703조, 제704조를 인용하는 등으로 직접적으로 민법상 組合規定과의 연관 아래서 행하여지고 있다.

99) 金容漢, 民法總則, 再全訂版(1993), 210면은 이와 같이 이해한다. 그런데 李銀榮, 物權法(1998), 488면 註 2는 이를 현행민법의 해석이라고 이해하고 있다.

계가 무수히 발생하고 있"는 고도로 발달된 경제사회에 있어서 공동소유관계를 共有만으로 규율하는 것은 "부당하고도 불가능"한 것이며, "사적 사치의 원칙이 전통적으로 지켜지고 있는 市民法理論으로서는 역시 총유나 합유의 법률관계의 성립도 자유롭게 인정"되어야 한다는 것이다. 나아가 덧붙이기를 "더욱 高次的인 관점에서 본다면 그것은 結社의 자유를 전제로 하는 經濟社會에 있어서의 人的 結合關係의 다양성을 예정한 것이라는 뜻에서 오히려 近代的 感覺을 느껴야" 한다는 것이다.[100] 그러니까 그로서는 인적 결합관계의 다양성에 대응하여 그 재산귀속관계를 수용하는 장치로서 合有나 總有의 개념에 적극적인 의미를 인정하는 것이라고 할 수 있다.

그러나 그는 특히 민법의 總有規定에 대하여는 다음과 같이 비판하고 있다. 즉 "특히 오늘날 우리 사회에서 볼 수 있는 권리능력 없는 사단의 내용은 극히 다채로운 것이기 때문에 민법상의 몇 개의 규정만으로써 규율하기는 매우 불충분하다는 점만은 부정할 수가 없다."[101] 그리하여 그는 "실제에 있어서는 社團法人에 관한 규정뿐만 아니라 組合에 관한 규정까지도 類推適用하여야 할 경우가 많을 것"이라고 한다.[102]

(2) 사실 金容漢은 총유와 합유를 구별하는 것(그리고 각각에 대하여 별도의 규정을 두는 것)의 전제가 되는 바의 「인적 결합형태」, 즉 사단과 조합의 구분에 대하여 獨特한 見解를 주장하고 있다. 그에 의하면 "일반적으로 團體의 구성원이 적고 구성원 각자의 개성이 그 團體 내에서 관철되는 경우가 많으며 비교적 短期間에 걸쳐 존재하는 단체는 組合性이 강하"고 그 반대의 경우는 社團性이 강하기는 하다.

100) 金容漢, 物權法論, 再全訂版(1993), 320면 이하. 이는 同, 物權法論(初版, 1975), 337면 이하와 전혀 다를 바 없는 서술이다.

101) 金容漢(前註), 321면.

102) 金容漢(註 100), 342면.

그러나 이는 "일종의 理念型이라고도 할 수 있"어서 "사회에 현실로 존재하는 團體 중에는 사단적 색채가 농후한 것으로부터 조합적 색채가 농후한 것에 이르기까지 여러 가지가 있"으므로, "사회학적 견지에서는 이러한 구별의 태도가 과연 타당한가 크게 의문"이라는 것이다.[103]

社團/組合 峻別論에 대한 이러한 유보적 태도는[104] 다음과 같은 귀결로 이어진다. 즉 社團에 있어서는 정관으로, 組合에 있어서는 계약으로 자신이 원하는 規約을 정할 수 있으므로, "어떤 구체적인 團體를 사단 또는 조합의 어느쪽으로 부각시킬 필요가 있는 경우는 그렇게 많지 않다. 또 단체의 규약이 없는 사항에 관하여도 사단법인의 규정을 유추적용하여야 하고 조합의 규정은 절대로 유추적용할 수는 없다고 일률적으로 말할 수 있을 것인가 의문이다. 오히려 문제된 團體의 내부관계에 관하여는 사단법인의 규정과 조합의 규정을 사항의 성질에 따라 분류함으로써 각각의 규정을 유추적용하는 것이 타당한 경우가 많을 것"이라는 것이다.[105] 이러한 입장에서 나아가 그는 "그렇다면 권리능력 없는 사단이란 이론 자체가 반드시 큰 의미가 있는 것은 아니"라는 結論에 도달한다.[106]

이와 같은 말하자면 「個別事項判斷論」이라고 부를 수 있는 관점에 선다면, "立法論으로서는 「合有」로 하는 것이 타당"하다는 앞서

---

103) 金容漢(註 99), 209면. 이 역시 同, 民法總則(初版, 1971), 212면 이하와 전혀 다를 바 없는 서술이다. 이 점은 그가 同書를 저술함에 있어서 크게 참고하였다고 여겨지는 幾代通, 民法總則(1969), 146면 이하에서 이미 시사된 바이다.

104) 이에 대한 일본의 학설로서 우선 星野英一, "いわゆる「權利能力なき社團」について", 法學協會雜誌 84권 9호(1967), 1면 이하(同, 民法論集 제 1 권(1970), 227면 이하에 再錄) 참조. 그는 어떠한 단체에 대하여 미리 그것이 사단인가 조합인가를 정하여 각각 사단법인규정 또는 조합규정을 적용한다는 종래의 방법에 의문을 표시하고, 결론적으로 "각 단체에 대하여 각 규정 또는 사고방식의 유추적용의 유무를 일일이 개별적으로 판단하는 것이 가장 구체적 타당성에 맞는 방법이라고 말할 수 있다"고 주장한다(同, 民法論集 제 1 권, 281면).

105) 金容漢(註 99), 209면 이하. 幾代通(註 103), 147면도 참조.

106) 金容漢(註 99), 210면.

본 郭潤直의 견해에 대하여도 다른 입장에서 비판을 가하게 된다. 즉 “권리능력 없는 사단을 독립된 책임재산의 주체로서 승인하는 한에 있어서는[107] 그 공동소유관계에 대한 구체적인 의미내용을 구태여 일률적으로「總有」또는「合有」등의 개념에 맞추어 규정할 필요는 없을 것”이라는 것이다.[108]

4. 李英俊의 見解

(1) 李英俊은 우리 민법이 공동소유의 3형태를 정하는 것을 적극 찬성한다.

그에 의하면, 우선 그 규정은 “드물기는 하나 대단히 논리적인 입법례이다. 일면 人的 結合形態와 共同所有形態를 연결시키고, 타면 所有權의 관리·사용 및 수익·처분권능의 분할을 예리하게 분석하여 인적 결합관계에 연결시켜서 총유·합유·공유의 소유형태를 유형화하여 이를 규정한 것은 이론적으로 우수하다”고 한다.[109] 또 그는 “합유나 총유를 단순히 分割이 禁止되는 특별한 공유형태로 취급하는

107) 金容漢(註 99), 211면은, 民事訴訟法 제48조, 민법 제275조 제 1 항, 제278조, 不動產登記法 제30조 제 1 항을 들어 “실정법으로서도 기본적으로 권리능력 없는 사단에 대한 私法上의 [權利]主體性을 이미 인정하고 있다”고 하는 것이다. 기본적으로 幾代通(註 103), 148면 이하 참조(“요컨대「권리능력 없는 사단」에는 역시 법인 그 자체와 전적으로 동일하다고는 말할 수 없는 약간의 장면이 있는 것을 제외하면 사법상의 법주체성이 실제상 인정되고 있다고 하지 않을 수 없고, 이것을 권리능력(법인격) — 내지는 불완전한 권리능력 — 이라고 부를 것인가는 단지 용어의 문제라고 생각된다.” 同書, 150면).

108) 金容漢(註 99), 211면. 幾代通(註 103), 148면도 참조.

109) 李英俊, 物權法, 全訂版(1996), 569면. 그는 애초에 우리 학설에는 공동소유를「소유권의 내용(즉 관리·사용수익·처분의 각 권능)의 기능적 분화와 그 귀속형태」로 파악하려는 관점과「인적 결합형태의 물권법에의 반영」으로 파악하려는 관점의 둘이 있다고 하면서, 兩者의 측면을 종합적으로 고찰하여야만 공동소유의 형태를 “더욱 실효성 있게 파악할 수 있다고 믿는”다고 한다. 同書, 567면 이하 참조. 그러나 그가 同書, 568면 이하에서 공유·합유·총유를 개별적으로 설명함에 있어서는 이러한「兩者의 측면」에 배려하고 있는지는 의문이고, 오히려「인적 결합형태의 물권법에의 반영」이라는 관점에 서 있는 것으로 여겨진다.

것은 성질이 判異한 것을 서로 묶는 것이어서 타당하지 않"다고도 한다.

(2) 나아가 "합유·총유가 현대사회에서 갖는 기능을 의심하는 것도 타당하지 아니하다." 그것은 "우리 判例의 集積이 보여 주는 바와 같이 현대에 있어서도 자주 나타나는 소유형태"이다. 즉 "판례는 권리능력 없는 사단 및 총유의 법리를 크게 발전시키고 이에 의하여 공동소유형태의 상당한 부분을 규율하고 있는 것이다. 이처럼 민법이 공동소유를 준별하여 규정함으로써 類型化에서 수반되는 혼란이 이미 사라지고 있는 것을 볼 수 있다"는 것이다.[110] 여기서 과연 실무가 구체적인 사건을 해결함에 있어서 실질적으로 총유의 법리를 「크게 발전시키고」 있는지는 檢證이 필요한 바라고 생각된다.[111]

어쨌거나 이와 같이 합유·총유의 개념을 인정한 것이 이론적으로 優秀하고 또한 실제의 분쟁해결에 有用하다면, 이를 법률에서 규정한 것은 타당하다고 하지 않을 수 없을 것이다. 그러나 그도, 민법이 "권리능력 없는 사단에 관하여 아무런 규정을 두고 있지 아니하고 總有에 관한 규정은 추상적이어서 권리능력 없는 사단의 소유관계를 규율하기에 부적당하다고 하는 [郭潤直의] 비판은 경청할 만한 것"이라는 점은 인정하고 있다.

Ⅳ. 小　結

1. 이상을 통하여 우리는 다음과 같은 점을 확인할 수 있다.

첫째, 민법의 제정과정에서, 공동소유형태로서 共有를 제외하고는 「慣習上」 단체의 소유만을 규율하려는 民法案의 태도, 즉 意識的으로 空白을 인정하는 태도에서부터 단체적 소유 전반을 포괄적으로

110) 李英俊(前註), 571면 이하.
111) 앞의 註 3도 참조.

규율한다는 태도로의 轉換이 일어났다.

둘째, 그러한 態度轉換은, ① 공동소유형태는 인적 결합형태의 물권법적 반영이다, ② 인적 결합형태는 사단과 조합의 두 이념형 중 어느 하나에 수렴된다, ③ 어떠한 인적 결합형태에 법인격이 주어지면 그 소유형태는 그 법인의 單獨所有가 되므로 이는 공동소유의 문제가 아니다, ④ 법인격 없는 사단의 소유형태는 총유이고 조합의 소유형태는 합유이다, ⑤ 거기에 비단체적("개인주의적") 공동소유형태인 공유를 가함으로써 **논리적으로 흠결 없는** 공동소유형태의 체계가 인정된다는 설명방식에 의하여 이론적으로 뒷받침되었다.

셋째, 그러나 여기서의 총유나 합유는 독일의 게르만法學者들이 중세게르만의 공동소유형태를 파악하는 과정에서 마련한 概念으로서, 이는 일본학자들의 受容을 통하여 우리에게도 先驗的으로 妥當한 것으로 전제되었다.

넷째, 민법 제정 후의 공동소유형태에 대한 論議도 대체로 기본적으로 위와 같은 설명방식의 틀을 벗어나지 않고 있다.

2. 언어에 대한 논의에서도 보는 것처럼, 法的 事象의 파악은 즉물적으로는 행하여질 수 없고 이를 인도하는 思考範疇가 요구된다. 法典은 그러한 사고범주 또는 槪念으로 가득 차 있고, 그것은 대부분 외국으로부터 차용한 것이다. 우리 민법학은 思考하기 위하여 또 외국의 민법학으로부터 차용한 개념을 사용한다. 그러나 거기에는 언제나 당연히 타당한 개념이란 없으며, 어떠한 경우에도 그 前提와 經過를 음미하고 또한 우리의 經驗과 觀察의 용광로를 거쳐야 할 것이다.

(韓國民法理論의 發展: 李英俊 박사 華甲紀念論文集(1999), 361면 이하 所載)

6. 名義信託에 대한 規律 再考
— 不動産實名法 시행 5년의 評價와 反省 —

Ⅰ. 序　論

1. 「부동산실권리자명의등기에 관한 법률」(이하 단지 「부동산실명법」이라고 줄여 부른다)은 1995년 3월 30일에 법률 제4944호로 공포되어, 같은 해 7월 1일부터 시행되었다(동법 부칙 제1조). 이 법률은 종전에 판례가 인정하여 온 소위 名義信託의 대부분을 금압하는 것을 주된 내용으로 하는 것이다.[1] 그 전에 法院은 일관하여 명의신탁의 유효성을 인정하는 전제 위에서 일정한 법리를 전개하였었다.[2] 이와 같이 법원이 허용되어 유효하다고 전부터 판단하여 온 行爲類型이 이제는 원칙적으로 금지되고, 그에 대하여 민사·형사·행정에 걸치는 각종의 제재가 규정되기에 이른 것이다.

명의신탁에 대한 규제는 부동산실명법이 처음이 아니다. 1990년 8월 1일에 법률 제4244호로 공포된 「부동산등기특별조치법」은 명의신탁을 이용한 탈법행위를 방지하기 위하여 "조세부과를 면하려 하거나 다른 시점 간의 가격변동에 따른 이득을 얻으려 하거나 소유권 등

1) 동법의 내용 및 해석상 문제에 대한 간략한 槪觀으로서는 우선 睦榮俊, "不動産實權利者名義登記에관한法律上 名義信託約定의 效力", 民事判例硏究 21집(1999), 93면 이하 참조.

2) 판례가 전개한 명의신탁법리의 개요에 대하여는 우선 權五坤, "명의신탁에 관한 판례의 동향", 民事判例硏究 10집(1988), 377면 이하 참조.

권리변동을 규제하는 법령의 제한을 회피할 목적으로 타인의 명의를 빌려 소유권이전등기를 신청하면 아니된다"는 제7조 제1항을 두고, 동법 제8조 제3호는 이에 위반하여 등기를 신청한 때에는 3년 이하의 징역이나 1억원 이하의 벌금에 처하도록 하였다. 그러나 위 법은 위 규정에 위반한 행위의 私法的 效力에 대하여는 정함이 없었는데, 大判 93.8.13, 92다42651(공보 93, 2413)은 위 규정을 강행규정이라고 할 수 없으며 그에 위반된 행위는 私法的으로 有效하다고 판단하였다.[3)]

그런데 부동산실명법은 부동산등기특별조치법 제7조 제1항이 규정하는 脫稅 등의 違法目的이 없는 경우를 포함하여[4)] 일반적으로 명의신탁을 금지하며 나아가 그 사법적 효력을 정면에서(동법 제4조 참조) 부정하고 있다.

2. 명의신탁은 과연 우리 사회에서 어떠한 의미를 가지며, 왜 행하여지는가? 명의신탁은 과연 탈세 등과 같은 위법목적과 성질상 필연적으로 결합되지 않을 수 없는 '악의 꽃'인가? 판례가 인정하는 명의신탁법리의 사실적 출발점이 日帝의 土地調査事業의 여러 가지 문제, 특히 宗中이 그 사업에서 토지의 소유자로 査定받을 자격을 인정받지 못함으로 인하여 부득이 종중재산을 종중원 명의로 사정받을 수밖에 없었다는 사정(뒤의 註 23 참조)에 있음을 상기하는 것만으로도, 위의 물음에 쉽사리 긍정적으로 답할 수 없다고 생각된다.

부동산실명법을 어떻게 평가할 것인가 또는 그 규정을 어떻게 해

3) 이 판례에 대한 評釋으로 文容宣, "명의신탁이론의 재검토 — 부동산등기특별조치법상의 명의신탁금지의 사법상 효력", 民事判例硏究 17집(1995), 61면 이하 참조. 결국 부동산등기특별조치법 제7조는 1995년 7월에 不動産實名法의 제정·시행과 동시에 삭제되었다.

4) 다만 탈세 등의 違法目的은, 명의신탁에 대한 제재가 예외적으로 면제되는 宗中財産의 명의신탁과 夫婦 간의 명의신탁에 있어서, 그 면제가 허용되지 않게 하는 사유로서 여전히 중요한 역할을 한다. 不動産實名法 제8조 참조.

석·운용할 것인가 하는 것은 물론이고, 특히 앞으로 부동산실명법을 계속 존치할 것인가 또는 어떻게 개정할 것인가의 문제는 명의신탁이 우리 사회에서 행하여지는 이유에 대한 基本的 理解에 달려 있는지도 모른다.

3. 本稿에서 필자는 시행한 지 만 5년이 지난 이제 부동산실명법의 시행결과를 되돌아보고, 차제에 명의신탁을 기본적으로 어떻게 볼 것인가에 대한 필자의 생각을 밝히고 이에 비추어 현재의 부동산실명법 규정에 대한 약간의 의문을 개진하고자 한다.

우선 부동산실명법 시행의 성과를 가늠하기 위하여 구체적으로 종전의 명의신탁이 어느 만큼 해소되었는지, 나아가 거기서 정하는 과징금 및 이행강제금이 어느 만큼 부과·징수되었는지를 알아본다(Ⅱ.). 나아가 재판 및 등기실무가 이 법의 해석·운용에 관하여 어떠한 태도를 취하였는가를 그 간의 재판례·대법원예규 등을 통하여 살펴보기로 한다(Ⅲ.) 그리고 명의신탁에 대한 필자의 기본시각을 서술한 다음(Ⅳ.), 그에 비추어 특히 개별적인 두 가지 점, 즉 동법 시행 당시 이미 행하여진 명의신탁에 대한 처리와 장기미등기자의 처리에 대한 동법의 규정에 대하여 약간의 의문을 덧붙이기로 한다(Ⅴ.).

Ⅱ. 不動産實名法의 施行結果

1. 旣存의 名義信託의 實名轉換[5)]

부동산실명법이 시행된 1995년 7월 1일부터 1996년 6월 30일까지[6)]

5) 이에 대하여는 財政經濟部, "不動産實名法 解說 ── 實務事例 問答收錄 ──" (1999), 8면 이하에 의하였다.

6) 1996년 6월 30일이 일요일이어서, 실제로는 동년 7월 1일이 終期이다.

1년의 유예기간 사이에, 다음의 [표 1]에서 보는 바와 같이, 명의신탁의 해지로 인한 실명전환이 65,651건, 성업공사에의 매각의뢰가 325건 행하여졌다. 이 중 토지가 54,300건으로 그 총면적은 1억2,113만평(4억43만평방미터)에 이르고, 건물은 11,676건으로 총면적은 936만평(3,096평방미터)에 이른다.

[표 1] 실명전환 실적

구 분	합 계	건 물	토 지
건수	65,976	11,676	54,300
면적(천m²)	431,399(1억3,050만평)	30,967(937만평)	400,432(1억2,113만평)

부동산의 종류별로 보면, 다음의 [표 2]에서 보는 대로, 토지는 田畓이 22,072건, 임야가 19,235건, 대지가 10,430건이며, 건물 중에는 주택이 6,624건으로 대부분을 차지하였다. 그 면적별로 보면, 임야가 73.3%로 압도적으로 많은 비율을 차지하고, 그 다음으로 전답이 12.9%, 주택 5.5%, 대지 2.9%의 순이었다.

[표 2] 실명전환 부동산 종류별 실적(면적단위: 천m²)

구 분	합 계	건 물			토 지				
		소 계	주 택	기 타	소 계	대 지	전·답	임 야	기 타
건 수 (비율)	65,976 (100)	11,676 (17.7)	6,624 (10.0)	5,052 (7.7)	54,300 (82.3)	10,430 (15.8)	22,072 (33.4)	19,235 (29.2)	2,563 (3.9)
면 적 (비율)	431,399 (100)	30,967 (7.2)	23,726 (5.5)	7,241 (1.7)	400,432 (92.8)	12,652 (2.9)	55,710 (12.9)	317,786 (73.7)	14,284 (3.3)

한편 당사자별로 보면, 법인 또는 개인 명의에서 개인 앞으로 실명전환된 것이 64,292건, 개인 또는 법인 명의에서 법인 앞으로 실명전환된 것이 1,684건이었다. 그 자세한 내역은 다음의 [표 3]과 같다.

[표 3] 실명전환 당사자별 실적

합 계	개 인			법 인		
	소 계	개인→개인	법인→개인	소 계	개인→법인	법인→법인
65,976 (비율)	64,292 (97.5)	59,955 (90.9)	4,337 (6.6)	1,684 (2.5)	1,461 (2.2)	223 (0.3)

그 외에 실명전환소송이 제기된 것이 4,970건이고, 나아가 신탁자가 제3자에게 매도 등 처분하여 그 앞으로 소유권이전등기를 함으로써 실명전환이 행하여진 것이 약 7만건으로 추정되고 있다. 이를 합하면 대략 14만건의 실명전환이 행하여진 셈이 된다.

재정경제부는 이것이 "당초의 예측을 크게 상회하는 결과"라고 하고, "실명전환을 하지 않을 경우의 과징금 등 제재의 엄격함으로 미루어 볼 때 아직까지 미전환된 명의신탁부동산은 그리 많지 않을 것으로 추정된다"고 하고 있다.[7)]

2. 課徵金 및 履行强制金의 賦課·徵收

2000년도 4월말까지 부동산실명법 위반으로 과징금 및 이행강제금이 부과된 내용을 보면, 다음의 [표 4]에서 보는 바와 같이, 부과건수가 과징금 574건, 이행강제금 42건으로 도합 616건이고, 부과액이 과징금 182억원, 이행강제금 9억9천만원으로 도합 192억원에 이른다. 과징금 등이 부과된 원인을 보면, 기존의 명의신탁에 대한 것이 304건, 102억원으로 반 이상을 차지하며, 부동산실명법 시행 후의 명의신탁에 대한 것은 89건, 57억원으로 건수로 약 14%에 불과하다. 그 외에 장기미등기를 이유로 하는 것이 223건, 32억원에 이르러, 건수로는 36%에 해당한다.

7) 財政經濟部(註 5), 11면.

[표 4] 과징금 및 이행강제금 부과·징수 현황(금액단위: 백만원)

구 분		징수결정		수납액		불납결손		미수납액		미수납비율	
		건수	금액	건수	금액	건수	금액	건수	금액	건수	금액
합 계		615	19,200	240	2,811	17	444	358	15,945	58.2	83.0
명의신탁	신규	88	5,701	16	214	3	129	69	5,358	78.4	94.0
	기존	304	10,279	128	2,018	9	264	167	7,997	54.9	77.8
장기미등기		223	3,220	96	579	5	31	122	2,590	54.7	80.4
과징금		574	18,204	230	2,769	16	409	327	15,026	57.0	82.5
명의신탁	신규	80	5,527	14	204	3	129	63	5,194	78.8	94.0
	기존	277	9,631	121	1,989	8	229	148	7,413	53.4	77.0
장기미등기		216	3,046	95	576	5	51	116	2,419	53.7	79.4
이행강제금		42	996	10	42	1	35	31	919	73.8	92.3
명의신탁	신규	8	174	2	10	–	–	6	164	75.0	94.3
	기존	27	648	7	29	1	35	19	584	70.4	90.1
장기미등기		7	174	1	3	–	–	6	171	85.7	98.3

3. 不動產實名法의 政策的 實效性

재정경제부의 평가에 의하면, 부동산실명법이 시행됨으로써 이제는 누가 부동산을 실제로 거래하고 소유하고 있는지가 보다 투명하게 드러나고 따라서 편법적인 거래가 발붙일 수 있는 여지가 줄어들었다고 한다. 종전의 명의신탁을 이용하여 조세의 면탈이나 법규의 적용을 회피하려는 시도는 광범위하게 봉쇄되어서, 부동산 실소유자의 납세의무가 확보되고 나아가 국토이용관리법이나 농지 관련 법규가 실효성 있게 집행될 수 있는 기반이 다져졌다는 것이다. 또 부동산실명법이 시행된 1995년 이후 소위 IMF경제위기가 몰아닥친 1997년 말까지 소비자물가는 1995년에 4.7%, 1996년에 4.9%, 1997년에 6.6%

상승하였음에도, 지가는 1995년에 0.55%, 1996년에 0.95%, 1997년에 0.31% 상승하여 부동산가격이 안정세를 보인 것에는,[8] 부동산실명법을 비롯한 정부의 강력한 부동산정책이 효력을 발휘하였다고 한다.[9]

그렇다면 부동산실명법이 부동산거래와 부동산소유를 투명하게 하고 명실상부하게 기여한 점은 평가되어야 할 점이 있을지도 모른다.

Ⅲ. 不動産實名法에 대한 法院의 解釋·運用

1. 登記에 관한 實務例規

(1) 대법원 등기예규 제817호

대법원은 부동산실명법의 시행을 앞둔 1995년 6월 14일에 등기예규 제817호로「부동산실권리자명의등기에 관한 법률 시행에 따른 업무지침」을 정하였다. 그 제 1 항 및 제 2 항은, 양도담보를 원인으로 하는 등기신청이 있는 경우에는 부동산실명법 제 3 조 제 2 항에 규정된 서면("채무자·채권금액 및 채무변제를 위한 담보라는 뜻이 기재된 서면")의 제출 여부를 확인하여야 한다는 것, 등기공무원이 양도담보보증서편철장을 조제하여 위 서면과 법 제14조 제 1 항에 의하여 제출하는 같은 기재내용의 서면을 편철하되, 그 편철장을 5년마다 별책으로 하고 5년간 보존한다는 것을 정하였다. 그러나 실제로 중요한 것은 다음과 같이 정하는 제 3 항이다.

"3. 위 법 시행일로부터 1년(법 제11조 제 3 항 및 제 4 항이 정

8) 그 후 1998년에 지가는 오히려 13.6% 하락하였다가, 1999년에 이르러 6월까지 1.19%가 상승하여 약간 회복세를 보이고 있다.

9) 財政經濟部(註 5), 14면 이하 참조.

하는 사유가 있는 때에는 각 사유가 소멸 또는 발생한 때로부터 1년) 후에는 제11조 제1항 단서에 해당되지 않는 한 명의수탁자 명의로 등기된 부동산에 관한 물권을 명의신탁자 명의로 하는 등기의 신청을 수리하여서는 아니된다."

(2) 대법원 등기예규 제824호

그런데 대법원은 1995년 11월 22일에 위 등기예규 제817호의 제3호를 다음과 같이 개정하는 등기예규 제824호를 정하였다.

> "3. 명의신탁해제를 원인으로 하는 소유권이전등기 또는 소유권이전등기말소등기의 신청은 수리하여서는 아니된다. 다만 동법 제8조 또는 제11조 제1항 단서에 해당하거나, 위 법 시행일로부터 1년(법 제11조 제3항 및 제4항이 정하는 사유가 있는 때에는 각 사유가 소멸 또는 발생한 때로부터 1년) 이내에 실명등기하는 경우에는 그러하지 아니한다."

종전의 등기예규 제817호의 제3호는, 우선 부동산실명법 제8조에서 정하는 종중 등의 특례의 경우에 이를 수리하여야 한다는 취지를 포함하지 아니하여 규율의 탈루가 있었고, 나아가 더욱 중요한 것으로 "명의수탁자 명의로 등기된 부동산에 관한 물권을 명의신탁자 명의로 하는 등기의 신청"을 수리하지 아니한다고만 정하여 등기실무에서 어떠한 등기신청을 수리하여서는 안 되는지 명확하지 아니하였다. 그리하여 위와 같이 개정함으로써 법 제8조에 대한 규정을 둘 뿐만 아니라, "명의신탁해제를 원인으로 하는 등기신청"은 허용되지 않음을 정면에서 밝힌 것이다.

위의 제3항은, 大決 97.5.1, 97마384(集 45-2, 127)가 밝히는 바와 같이, "부동산실권리자명의등기에관한법률 제11조 제1항 본문, 제12조 제1항, 제4조의 각 규정에 따르면, 부동산실권리자명의등기에관한법률 시행 전에 명의신탁 약정에 의하여 부동산에 관한 물권을 명의수탁자 명의로 등기한 명의신탁자는 유예기간 이내에 실명등기 등을 하여야 하고, 유예기간 이내에 실명등기 등을 하지 아니한 경우에는 유예기간이 경과한 날 이후부터 명의신탁 약정은 무효가 되고, 명의신탁 약정에 따라 행하여진 등기에 의한 부동산에 관한 물권변동도 무효가 되므로, **유예기간이 경과한 후 명의신탁 약정의 해지를 원인으로 한 명의신탁자의 소유권이전등기 신청은 그 신청취지 자체에 의하여 법률상 허용될 수 없음이 명백한 경우**로서 부동산등기법 제55조 제2호의 '사건이 등기할 것이 아닌 때'에 해당하여 등기공무원은 이를 각하하여야 한다"(강조는 引用者가 가한 것이다. 이하 같다)는 취지에 좇은 것으로 보인다.

이는, 대법원 등기예규 제277호에서 보는 것처럼, "신탁자는 언제든지 명의신탁을 해지하고 수탁자에 대하여 신탁관계의 종료만을 이유로 하여 소유명의의 이전등기절차이행을 구할 수 있"다고 하던 종전의 등기실무를 부동산실명법의 취지에 좇아 전면적으로 뒤엎는 것이다.

(3) 법원행정처 1997년 5월 26일 등기 3402-365호 질의회답

한편 위 등기예규 제3항은 "법 제11조 제3항 및 제4항이 정하는 사유가 있는 때에는 각 사유가 소멸 또는 발생한 때로부터 1년" 이내에는 실명등기를 하는 것이 허용된다고 정한다. 이와 관련하여 표제의 등기 3402-365호 질의회답은, 등기신청시 첨부되어야 할 임야대장이 복구되지 아니한 경우에는 임야대장이 복구된 날부터 1년 이내에는 실명등기를 할 수 있다고 하였다.

2. 名義信託의 私法的 效力에 관한 裁判例

명의신탁, 보다 정확하게는 명의신탁약정(법 제4조 제1항)과 그에 따른 물권변동(同條 제2항)의 사법적 효력에 관한 재판례는 이하

에서 보는 대로 대체로 유예기간 내에 실명전환을 하지 아니함으로써 법 제4조가 그에 적용되는(법 제12조 제1항 참조) 사안에 대한 것이다. 그렇다고 하여도 법 제4조의 해석에 관한 것임은 명백하므로, 부동산실명법 시행 후의 명의신탁에 관한 재판례라고 하여도 큰 잘못은 없을 것이다.

(1) 大判 98.12.11, 98다43250(공보 99상, 119)

그 사안은 다음과 같다. 부동산실명법 시행 전에 父 앞으로 명의신탁(소위 「삼자간 명의신탁」)이 행하여졌는데 1988년에 이르러 신탁자가 사망하였다. 그러자 수탁자인 망인의 부는 신탁자의 처(수탁자의 며느리. 피고) 앞으로 소유권등기를 이전하려고 하였는데 소득세 등의 문제가 있어, 우선 그 앞으로 우선 소유권이전등기청구권 가등기만을 경료하였다. 그런데 후에 수탁자도 사망하고, 그의 자식들(원고)이 그를 상속하였다. 그러자 이들은 피고를 상대로, 부동산실명법의 시행으로 위 가등기는 무효가 되었다고 주장하면서 그 말소를 청구하는 소송을 제기한 것이다.

대법원의 판단은 다음의 둘에 집약된다. 하나는 부동산실명법 제4조가 적용될 때 종전처럼 신탁자가 수탁자에 대하여 소유권이전등기를 청구할 권리를 가지는가, 나아가 그 청구권을 보전하기 위한 가등기는 유효한가 하는 점이고, 다른 하나는 수탁자는 여전히 부동산 소유권을 보유하는가 하는 점이다. 대법원은 우선 前者의 문제에 대하여,

> "부동산실권리자명의등기에관한법률 제4조, 제11조, 제12조 등에 의하면, … [라]고 규정하고 있으므로, 위 유예기간이 경과한 후에는 명의신탁약정의 무효로 말미암아 명의신탁자 또는 그 상속인은 명의수탁자에 대하여 명의신탁약정의 해지로 인한 소유권이전등기청구권을 갖지 아니하고, 명의수탁자에 대한 소유권이전등기청구권을

보전하기 위하여 가등기를 경료하여 두었다고 하더라도 그 가등기 또한 원인무효로서 말소되어야 한다"

라고 판시하였다. 이는, (i) 법 제4조 제1항에서 정하는 명의신탁약정의 무효가 그 해지로 인한 소유권이전등기청구권의 발생도 막으며, (ii) 따라서 그 청구권을 보전하기 위하여 경료한 假登記도 원인무효로서 효력이 없음을 밝힌 것이다. 물론 (i)의 점은 이미 앞의 1.(2)에서 본 등기예규도 전제하는 바이고 학설상으로도 이론이 없으나,[10] 대법원판결로 이 점이 확인되었다는 점에서 중요하다.[11]

나아가 後者의 문제에 대하여는,

"신탁자와의 명의신탁약정에 의하여 경료된 수탁자 명의의 소유권이전등기는 부동산실권리자명의등기에관한법률의 유예기간이 경과한 후에는 원인무효로서 말소되어야 하므로, 수탁자의 상속인으로서는 수탁된 토지에 대한 소유권자임을 주장할 수 없고, 소유권에 기한 물권적 청구권으로서 신탁자의 상속인 명의의 가등기에 대한 말소등기청구권을 행사할 수도 없다"

고 한다. 즉 수탁자는 이제 더 이상 명의신탁 부동산의 소유권을 가

---

10) 우선 梁彰洙, "不動産實名法 제4조에 의한 名義信託의 效力 ── 소위 登記名義信託을 중심으로", 同, 民法硏究 제5권(1999)(원래는 서울대 法學 38권 1호(1997.5) 所載), 114면 이하 참조.

11) 그런데 이 사건에서 문제된 假登記는 부동산실명법 시행 전에 신탁자(보다 정확하게는 그의 상속인) 앞으로 소유권이전등기를 환원하기 위한 절차로 행하여진 것이므로, 통상의 경우와는 다르지 않는가 하는 생각을 할 수도 있다. 그러나 역시 법 시행 후 유예기간 동안에 실명등기를 하지 아니하였다면, 그 효력을 인정할 수 없을 것이다. 부동산실명법에 의하여 신탁자측에 실명전환의무가 부과되었는데 가등기만으로는 어차피 그 의무를 이행한 것이 되지 못하는 이상, 위 법 시행에 행하여진 가등기의 유효를 별도로 주장할 수는 없다고 보아야 하기 때문이다. 또 그렇게 해석하지 아니하면 신탁자는 가등기만에 기하여 자신의 소유권이전청구권을 유효하게 보전하는 결과가 되어, 부동산실명법의 취지가 잠탈될 우려가 있다. 한편 신탁자측 앞으로 소유권 이전의 본등기가 행하여진 경우에는 판례의 「실체관계에 부합하는 등기」의 법리에 의하여 그 유효성을 인정할 것이다. 이에 대하여는 우선 梁彰洙(前註), 123면 참조.

질 수 없고 소유권에 기한 물권적 청구권을 행사하지 못하며, 따라서 그 명의의 소유권등기도 말소되어야 한다는 것이다.[12] 이 역시 부동산실명법 제4조의 해석상 당연하다고 할 것이다.[13] 다만 이 판결은 수탁자뿐만 아니라 그의 상속인도 소유권을 보유하지 못한다는 점을 밝히는 점에서 의미가 있다.[14] 그리하여 대법원은 결론적으로 원고들의 청구를 타당하게도 棄却하고 있다.

(2) 大判 99.9.17, 99다21738(集 47-2, 28)

이 판결은, 부동산매수인이 제3자와 매매계약을 체결하고 수탁자와는 명의신탁약정을 한 다음 매도인으로부터 직접 수탁자 앞으로 소유권이전등기를 경료한 소위 三者間 名義信託에서 신탁자(원고)가 유예기간이 도과된 후에 수탁자(피고)를 상대로 하여 원래의 매도인을 대위하여(민법 제404조 참조) 소유권이전등기의 말소를 청구한 사안에 대한 것이다. 즉 원고는 부동산실명법 제4조 제2항에 의하여 피고는 소유권을 상실하였고 따라서 그 명의의 소유권이전등기는 무효가 되었다는 것을 이유로 그 말소를 청구하였던 것이다.

대법원은 다음과 같이 판시하여 원고의 청구를 認容하였다.

12) 그 후의 大判 2000.3.10, 99다55069(공보 2000상, 932)도, 교회재산의 수탁자가 제3자에게 근저당권을 설정한 것이 詐害行爲(민법 제406조 참조)인가가 다투어진 사안에서, 부동산실명법의 규정에 의하여 유예기간이 도과된 후에는 명의신탁 부동산은 이제 受託者의 소유가 아니고, 따라서 수탁자의 責任財産에 속하지 아니하여 위 근저당권 설정행위는 애초부터 사해행위가 될 수 없다고 하여, 같은 취지를 판시하고 있다.

13) 梁彰洙(註 10), 112면 이하 참조.

14) 이미 그 전에 大判 98.6.12, 98다4996(未公刊)은 "부동산실권리자명의등기에 관한법률의 시행 전에 이루어진 명의신탁에 있어서 명의신탁자가 사망한 때에는 그 상속인들이 명의신탁자의 지위를 승계하여 위 법률이 규정하는 실명등기 의무를 부담하게 되므로, 위 상속의 경우에 위 법률 제11조, 제12조, 제4조의 적용이 배제된다고 볼 수 없다"고 하여 같은 취지로 판시한 바 있었다. 또한 그 후의 大判 2000.6.13, 99다52046사건(신문 2893, 9)도 본문에서 본 大判 98.12.11.의 판시를 반복하여 그 취지를 확인하고 있다.

"부동산실명법 소정의 유예기간 경과에 의하여 기존 명의신탁약정과 그에 의한 등기가 무효로 되면 명의신탁부동산은 매도인 소유로 복귀하므로 매도인은 수탁자에게 무효인 그 명의의 등기의 말소를 구할 수 있게 되고, 한편 부동산실명법은 매도인과 신탁자 사이의 매매계약의 효력을 부정하는 규정을 두고 있지 아니하여 위 유예기간 경과 후로도 매도인과 신탁자 사이의 매매계약은 여전히 유효하므로, 신탁자는 위 매매계약에 기한 매도인에 대한 소유권이전등기청구권을 보전하기 위하여 매도인을 대위하여 수탁자에게 무효인 그 명의의 등기의 말소를 구할 수 있다"

이 판결은 우선, (i) 앞의 (1)에서 본 대로 수탁자가 상실한 소유권이 원래의 소유자(즉 삼자간 명의신탁의 경우에는 매매 등 부동산취득계약에서 신탁자의 상대방)에게 복귀한다는 것, (ii) 그가 그 소유권에 기하여 원인 무효가 된 수탁자의 소유권등기에 대하여 그 말소를 청구할 수 있다는 것뿐만 아니라, (iii) 명의신탁약정이나 그에 따른 물권변동의 무효는 신탁자가 당사자가 된 부동산취득계약에는 그 효력에 영향을 미치지 않는다는 것, (iv) 따라서 신탁자는 그 부동산취득계약에 기하여 원래의 소유자에 대하여 소유권이전등기청구권을 가진다는 것을 판시한다. 그리고 결정적으로 중요한 것은, (v) 신탁자가 위 (iv)의 권리를 보전하기 위하여 원래의 소유자의 위 (ii)의 권리를 대위행사할 수 있다는 것이다. 이는 (i)부터 (iv)까지를 인정하는 이상 당연하다고 할 수 있는데, 이에 대하여는 이와 같이 하여서는 신탁자의 소유권 취득을 종국적으로는 허용하는 것이 되므로, 명의신탁을 금압한다는 부동산실명법의 취지가 무색하게 되지 않느냐는 우려도 제기되기도 한다.[15] 그러나 부동산실명법의 기본취지는 신탁

15) "特輯 '土地去來實名制' 座談會", 人權과 正義 1995년 7월호, 9면 이하의 高昌鉉 발언은 그러한 생각을 배경으로 한다고 추측된다. 이에 대한 반론으로는 同所, 27면 이하의 梁彰洙 발언 참조.

자의 소유권 취득까지를 아예 막겠다는 것이 아니라 그 취득과정에서 명의신탁을 드러나게 해서 그에 대한 응분의 제재를 가하겠다는 것이므로, 위와 같은 우려는 반드시 적절한 것이라고 할 수 없다.

나아가 위의 (iv)는, 설사 부동산취득계약의 상대방이 신탁자의 지시에 좇아서 수탁자 앞으로 소유권이전등기를 행하였다고 하더라도, 그것이 부동산실명법 제4조 제2항에 의하여 위와 같이 무효가 되면, 그 소유권이전등기에 의하여 그가 신탁자에 대하여 부담하는 소유권이전채무를 이행한 것으로 되지 아니한다는 것, 다시 말하면 그의 신탁자에 대한 소유권이전등기의무는 그 무효로써 부활한다는 것을[16] 전제로 한다. 위의 판결은 이 점에 대하여 정면에서 지적하지 않으나, 적지 않은 의미가 있다고 생각된다.

이상의 두 판결로 소위 등기명의신탁의 사법적 효력에 대한 법리의 骨幹은 타당하게 구축되었다고 할 것이다.

(3) 大判 2000. 3. 24, 98도4347(공보 2000상, 1101)

이 판결은, 부동산실명법이 시행된 후에 계약명의신탁이 행하여진 사안에 대한 것이다. 즉 임야를 10인이 매수하려고 하였는데 그 중 1인(피고인)이 당사자가 되어 매매계약을 체결하고 등기도 그 단독으로 이전받았다(매도인은 배후인의 존재를 알지 못하였다). 그 후 그는 그 목적물 전부를 자기 채무의 담보로 제공하여 제3자 앞으로 근저당권을 설정하여 주었던 것이다. 검사는 그를 부동산실명법 위반 외에 횡령죄로 기소하였다. 대법원은 다음과 같이 판시하여, 그가 횡령죄의 주체가 될 수 없다고 하고, 그 부분에 대한 무죄판결을 확정

16) 이 경우 수탁자 앞으로의 소유권이전등기의무가 부동산실명법의 시행보다 10년 이상 전에 행하여진 경우에는 신탁자의 매도인에 대한 소유권이전등기청구권이 時效로 消滅하였다고 할 것인지 문제될 수도 있겠으나, 이는 부인되어야 한다. 이에 대하여는 梁彰洙, "名義信託財産의 登記還元", 同, 民法硏究 제5권(1999), 186면 이하 참조.

지었다.

> "횡령죄는 타인의 재물을 보관하는 자가 그 재물을 횡령하는 경우에 성립하는 범죄인바, 부동산실권리자명의등기에관한법률 제2조 제1호 및 제4조의 규정에 의하면, 신탁자와 수탁자가 명의신탁약정을 맺고, 이에 따라 수탁자가 당사자가 되어 명의신탁약정이 있다는 사실을 알지 못하는 소유자와의 사이에 부동산에 관한 매매계약을 체결한 후 그 매매계약에 기하여 당해 부동산의 소유권이전등기를 수탁자 명의로 경료한 경우에는, 그 소유권이전등기에 기한 당해 부동산에 관한 물권변동은 유효하고, 한편 신탁자와 수탁자 사이의 명의신탁약정은 무효이므로, 결국 **수탁자는 전소유자인 매도인뿐만 아니라 신탁자에 대한 관계에서도 유효하게 당해 부동산의 소유권을 취득한 것으로 보아야 할** 것이고, 따라서 그 수탁자는 타인의 재물을 보관하는 자라고 볼 수 없다."

이 판결은 비록 刑事事件에 대한 것이나, 계약명의신탁의 효력에 관하여 판단한 최초의 재판례로서 주목된다. 물론 계약명의신탁에서 수탁자가 부동산의 소유권을 취득한다고 함은 부동산실명법 제4조 제2항 단서에 비추어 명백한 바로서, 이 판결은 이를 확인하고 있다. 나아가 이 판결은 그 소유권이 "신탁자에 대한 관계에서도 유효하"다고 하여, 부동산실명법이 암묵적으로 추구하는 또 하나의 목적, 즉 소유권의 귀속이 관계적으로 분열하는 것을 가능한 한 막자는 목적에도 부합하는 취지를 밝히고 있다. 한편 과연 위와 같이 부동산을 유효하게 취득한 수탁자가 이를 신탁자의 동의 없이 제3자에게 처분한 경우에 횡령죄가 되는가에 대하여는 논의가 있었는데, 이 판결은 타당하게 이를 부정하였다.[17]

17) 이에 대하여는 우선 梁彰洙, "不動産實名法의 私法的 規定에 의한 名義信託의 規律 ── 소위 契約名義信託을 중심으로", 同, 民法硏究 제5권(1999)(원래는 省谷論叢 28輯 3卷(1997.7) 所載), 158면 이하; 朴相基, "不動産의 契約名義信託과

3. 課徵金에 관한 裁判例

부동산실명법이 정하는 과징금이나 이행강제금에 대하여 대법원이 판시한 것은 지금까지 조사한 바로는 알려져 있지 않다. 그런데 비록 최상급법원의 판결은 아니라도, 장기미등기자에 대하여 과징금이 부과된 사안에 대한 행정법원의 판결, 즉 서울行判 99.11.19, 99구22416(신문 2843, 11)은 주목할 만하다.

이 사건은 다음과 같은 사안에 대한 것이다. 갑이 1976년에 대한주택공사(이하 「주공」이라고 부른다)로부터 서울 잠실의 주공아파트를 분양받았는데 그 때 주공으로부터 각 2백만원씩을 융자받았으므로 소유권이전등기는 그 융자금을 다 상환한 때에 해 주기로 약정하였다. 원고는 1980년에 주공의 승인을 받아 위 갑으로부터 수분양자의 지위 및 위 융자금채무를 인수하고, 위 아파트에 입주하였다. 주공은 1978년에 위 아파트에 대하여 자기 앞으로 소유권보존등기를 하였고, 원고는 1991년 10월에 융자금채무를 모두 상환하였지만 자기 앞으로 소유권이전등기를 경료하지 않았다. 피고(서울특별시 송파구청장)는 원고가 위와 같이 아파트를 매수·입주한 때부터 위 아파트에 대한 재산세 및 종합토지세를 부과하여 오다가, 1998년 10월에 이르러 원고가 부동산실명법이 시행된 때부터 3년 내에 자기 앞으로 소유권이전등기를 하지 않았다는 이유로 동법 제10조 제1항 등을 적용하여 아파트가액의 30%에 상당하는 4,740만원의 과징금을 부과하였다. 원고는 1998년 8월 24일에 위 부과처분의 예고통지를 받고 동년 9월 초에 자기 앞으로 소유권이전등기를 경료하였다. 그리고 이 사건에서

橫領罪", 법률신문 2875호(2000년 4월 13일자), 15면 참조. 한편 수탁자가 소유권을 가지지 못하는 등기명의신탁에서 수탁자가 이를 제3자에게 처분한 경우(유예기간을 도과하여 부동산실명법 제4조가 적용되는 事案이다)에 대하여, 大判 2000.2.22, 99도5227(공보 2000상, 884)은 부동산실명법 시행 전의 판례와 마찬가지로 횡령죄의 성립을 인정하고 있다.

위 과징금부과처분의 취소를 청구하였다.

위 법원은 원고의 청구를 인용하였는데, 우선 다음과 같이 부동산실명법 제10조 제1항에 대한 일반적 해석론을 전개한다.

> "헌법상의 평등의 원칙 및 비례의 원칙에 비추어, 법규위반행위에 대한 제재의 크기는 그 위반의 정도에 상응할 것이 요구되는데, 위 장기미등기자에 대한 제재의 내용은 부동산평가액의 100분의 30에 상당하는 다액의 과징금을 일률적으로 부과하고 아울러 5년 이하의 징역 또는 2억원 이하의 벌금을 가하는 내용으로서 그 처벌을 받는 당사자의 입장에서 볼 때 매우 가혹하므로, 그와 같은 처벌의 강도를 감안할 때, 그 적용대상은 위 규정의 입법취지에 반하여 **탈세, 투기 등 위법행위를 목적으로 권리관계를 은닉하거나 왜곡하기 위하여 고의로 등기를 방치한 자에 국한된다** 할 것이고, 그에 따라 위와 같은 과징금 및 형벌 부과규정의 적용이 배제되는 경우를 정하고 있는 법 제10조 제1항 단서의 '등기를 신청하지 못할 정당한 사유'는 같은 조항 본문의 요건을 충족한 사안 가운데 위와 같은 법규의 본래의 취지에 반하지 않는 경우를 넓게 포괄한다고 봄이 합헌적 해석이라 할 것이다."

이러한 입장에서 이 사건의 사실관계에 대하여는, (i) 공공기관인 주공으로부터 아파트를 분양받고, (ii) 등기 이전을 받기 전에 장기간 분양융자금을 상환하여야 하는 처지에 있어서 상환완료 후에도 등기절차를 이행하여야 할 긴절할 필요성을 느끼지 못하여 등기해태의 주된 이유가 되었고, (iii) 원고는 자신의 소유를 전제로 재산세 등 공과금을 성실하게 납부하여 온 것에 비추면 권리관계를 은닉하거나 왜곡하고자 하는 의도가 없었으며, (iv) 피고로서도 주공의 수분양대장을 기초로 권리변동상황을 소상하게 파악할 수 있어서 조세의 징수 등에 지장을 받을 가능성이 없었고, (v) 위와 같이 강력한 제재내용을 수반하는 새로운 법을 시행하려면 원고에게 분양에 따른 등기절차를 마칠 것과 그 불이행시의 불이익에 대하여 통지하여 이를 이행하도록 유도함이 지방자치단체 본연의 소임이라는 등의 이유를 들어, 원고가 소유권이전등기를 해태할「정당한 사유가 있는 경우」에 해당한다고 판시하였던 것이다.

이 사건은 장기미등기라고 하여도 그 중에는 갖가지 경우가 있을 수 있음을 알게 한다. 이는 결국 위 판결이 판시하는 대로, 부동산실명법 제10조 제1항 단서가 정하는 면책사유의 운용이 다양하게 될 수밖에 없음을 의미하는 것이다.

4. 旣存의 名義信託에 관한 裁判例

부동산실명법에 대한 재판례의 상당수는 동법 제12조 제4항에서 유예기간의 기산점의 연장의 요건으로 정하고 있는 "부동산물권에 관한 쟁송"에 해당하는지 여부에 대한 것이다.[18]

(1) 大判 97.4.8, 96다55846(공보 97상, 1395)

이 판결은 부동산실명법에 대한 대법원의 최초의 판단이다. 원고는 피고 명의의 등기가 원인무효라고 주장하여 피고를 상대로 그 등기의 말소를 청구하는 이 사건 소를 제기하여 소송이 진행 중 유예기간이 경과되고 난 후에야 비로소 명의신탁 해지를 원인으로 하여 소유권이전등기를 청구하는 것으로 변경하였다. 대법원은 이러한 경우도 유예기간 중에 법 제11조 제4항에서 정하는 "부동산물권에 관한 쟁송"(이하「법 제11조 제4항의 쟁송」이라고 한다)이 제기된 것에 해당한다고 판단하였다.

이 판결은, 법 제11조 제4항의「쟁송」이 반드시 애초부터 신탁

18) 대법원의 재판례에 대한 포괄적인 연구로는 梁彰洙, "名義信託不動産의 實名轉換(上)(下) ── 不動産實名法 제11조·제12조에 대한 裁判例를 계기로", 서울대 法學 40권 3호(1999.12), 133면 이하; 동 40권 4호(2000.2), 23면 이하(本書, 187면 이하 收錄) 참조.

자가 수탁자를 상대로 명의신탁해지를 원인으로 한 소유권이전등기청구소송을 제기한 경우일 것을 요하지는 않음을 밝힌 데 의미가 있다. 그리고 이 판결의 사안과 같은 경우에도 유예기간의 기산점의 연장을 인정하여도 좋을 것이다. 수탁자가 신탁자 앞으로의 등기환원을 어떠한 이유에서 거부하는 경우에 신탁자의 입장에서 이를 관철하는 데 필요한 법적 관점을 정확하게 지적하는 것은 반드시 용이한 것이 아니다. 예를 들면 수탁자의 소유권등기가 전혀 원인 없이 행하여졌는지, 가장행위에 기한 것인지, 그들 사이에 명의신탁약정이 존재하는지, 아니면 무슨 채권관계가 있어 담보약정이라도 있다고 할 것인지를 소송의 당초에 미리 정확하게 파악·주장될 것을 기대할 수는 없다. 명의신탁약정이 있었다는 것도 실은 소송에 나타난 자료의 면밀한 검토에 기하여 사후적인 법적 평가로서 비로소 發見 또는 象嵌된다고 하는 것이 실상에 보다 적절한 설명일 것이다.[19] 요컨대 이러한 사안맥락에서 법 제11조 제4항의 적용에 있어서 의미 있는 것은, 수탁자가 등기환원을 거부하였다는 것, 그리고 그에 따라 필요하게 된 신탁자의 법적 공격("쟁송")이 실제로 행하여졌다는 것 자체인 것이다.

(2) 大判 98.6.26, 98다12874(集 46-1, 466)

이 판결은 그 후의 재판례에 방향을 부여하는 중요한 의미가 있다.

이 사건의 사실관계를 단순화하면 다음과 같다. 원고와 피고가 원래의 토지소유자로부터 토지 1필의 특정 일부씩을 매수하였으나 등기를 넘겨받음에 있어서는 "분필로 인한 번거로움을 피하기 위하여" 두 사람이 합의하여 피고 1인 앞으로 소유권이전등기를 경료받았다. 그 후 피고는 그 전부를 갑에게 양도하였다. 그리하여 갑은 부동산실

19) 따라서 여기서 말하는 「신탁자」 또는 「수탁자」라는 用語도 그와 같이 사후적으로 주어져야 할 것이다.

명법 시행 전에 원고를 상대로 원고가 점유하는 토지부분의 인도를 구하는 소송(「前訴」)을 제기하였는데, 전소에서 원고(그 사건의 피고)는 "이 토지부분의 실질적 소유권은 원고에게 있고 갑 명의의 소유권이전등기는 피고의 배신적 처분행위[이는 아마도 피고가 명의수탁자로서의 채권적 의무에 반하여 목적물을 처분하였다는 의미일 것이다]에 갑이 적극 가담하여 이루어진 것이어서" 무효라고 주장하면서 다투었다. 그 결과 원고의 주장이 받아들여져서, 1996년 11월에 갑의 패소판결이 확정되었다. 그러자 원고가 동년 12월에 피고를 상대로 명의신탁의 해지를 원인으로 소유권이전등기를 청구한 것이 바로 이 사건이다.

원심법원은, 이 사건 소가 1996년 6월말로써 종료되는 부동산실명법상의 유예기간을 도과하여 제기되었으므로 이제 명의신탁의 해지를 이유로 하는 이전등기청구는 허용되지 않는다고 하여 청구를 기각하였다. 그러나 대법원은 다음과 같은 이유를 내세워 원심판결을 파기하였다.

> "수탁자 또는 전득자가 신탁자를 상대로 당해 부동산물권에 터잡아 제기한 인도청구소송 등에서 신탁자가 이 사건 부동산의 실질적 소유권은 자신에게 있고 전득자 명의의 소유권이전등기는 원인무효의 등기라고 적극 주장하여 그 소송에서 신탁자의 주장이 받아들여져 결국 위 인도청구소송 등이 수탁자 또는 전득자의 패소로 확정되어, 신탁자가 협의에 의한 소유권 회복을 기대하고 있다가 수탁자나 전득자가 이에 응하지 아니하여 부득이 명의신탁해지를 원인으로 소유권이전등기소송 등을 제기한 경우, 그 소송이 인도청구소송 등의 확정 후 상당한 기간 내에 이루어진 것으로서 당해 부동산에 관한 쟁송이 계속되고 있다고 평가되는 경우라면, 위와 같은 일련의 인도청구소송과 소유권이전등기청구소송 등은 그 전체로서 일체가 되어 위 법조항에서 말하는 '부동산물권에 관한 쟁송'에 해당된다고 봄

이 상당하다고 할 것이므로, 먼저 제기된 위 인도청구소송 등이 위 법 시행 전 또는 유예기간 중에 이루어진 이상, 위 일련의 소송의 계속 중에는 기존의 명의신탁관계가 실효되지 않는다고 보아야 할 것이다."

여기서 핵심적인 부분은, 법 제11조 제1항의 「쟁송」의 해석과 관련하여 前訴와 이 사건 소송은 이를 **전체로서 관찰하면** 「一體」로서 파악되어야 한다는 점이라고 할 것이다.[20]

물론 이 사건에서 유예기간의 기산점의 연장을 인정하는 결론은 수긍할 수 있겠다. 그런데 재정경제원이 부동산실명법의 입법취지를 설명한 『부동산실명법 해설』에 의하면, 법 제11조 제4항의 「쟁송」이란 "예를 들면 '95. 5. 1에 기존 명의수탁자를 상대로 전소유자(매도인)가 매매가 무효임을 주장하여 소유권이전등기[말소]소송을 제기하여 '96. 11. 30에 확정판결이 나는 경우 실명등기의 … 유예기간은 '97. 11. 30까지로 되는 것"을 말한다.[21] 그러므로 여기의 「부동산물권에 관한 쟁송」이란 신탁자 앞으로 등기를 환원하는 것 자체를 내용으로 하는 쟁송만을 가리키는 것이 아님은 명백하다. 그렇다면 위와 같이 어지러운 판시를 하기보다는 법 제11조 제4항의 「쟁송」이 반드시 실명전환 그 자체를 내용으로 하는 쟁송(즉 쉽게 말하면, 신탁자가 수탁자를 상대로 자기 앞으로 소유권이전등기를 경료할 것을 구하는 소송)이어야 할 필요는 없으며, 이 사건에서의 前訴와 같은 「실명전환을 하기 위하여는 그 존부의 확정이 필요한 권리관계」의 *存否*가 다투어진 쟁송(이하 「전제쟁송」이라고 한다)도 그 요건을 충족한다고 하였으면 충분하였을 것이다.

그리고 그러한 전제쟁송은 신탁자가 제기하였을 필요도, 수탁자

---

20) 大判 98. 11. 10, 98다30827(공보 98하, 2841)도 참조.

21) 財政經濟院, 不動産實名法解說(1995), 6면.

를 상대로 할 필요도, 실명등기를 할 것을 청구내용으로 할 필요도 없는 것이며, 그 존부가 확정되지 아니하면 실명등기를 하는 것이 무의미한 권리관계에 관한 쟁송이면 족한 것이다.

(3) 大判 98.11.10, 98다30827(공보 98하, 2841)

이 판결도 소송이 두 번에 걸쳐 행하여진 사안에 대한 것이다. 이 사건에서 명의신탁자는 前訴에서 유예기간 내에 수탁자의 공동상속인들에 대하여 명의신탁 해지를 원인으로 소유권이전등기를 청구하여, 전부의 승소판결을 받았다. 그런데 그 訴提起에 있어서 "공동상속인들 중 일부를 착오로 쟁송의 상대방에서 누락"시킨 결과 상속지분이 잘못 표시되어서, 결국 그 소송 결과에 따른 실명등기를 하지 못였다. 그러자 그는 유예기간이 지난 후에야 이 사건 소를 제기하여, 전소에게 누락되었던 공동상속인을 상대로 같은 청구를 하였던 것이다.

原審法院은 이 사건 제소가 유예기간의 도과 후에 행하여졌다고 해서 명의신탁약정이 무효가 되었으므로 그 해지를 원인으로 하는 소유권이전등기청구는 허용되지 않는다고 청구를 기각하였다. 그러나 대법원은 원심판결을 파기하였다. 대법원은 여기서 "[그러므로 그 규정상의] '부동산물권에 관한 쟁송'이라 함은 명의신탁자가 당사자로서 해당 부동산에 관하여 자신이 실권리자임을 주장하여 이를 공적으로 확인받기 위한 쟁송이면 족하다"고 설시한다. 그리고는 "[前訴에서의] 쟁송의 취지가 당해 명의신탁관계 전체를 대상으로 삼고 있는 것"이라면 누락된 공동상속인에 대하여도 '부동산물권에 관한 쟁송'이 제기된 것으로 보아야 한다고 판단한다.

이 판결 역시 구체적인 해결로서 유예기간의 연장을 인정한 점에서는 타당하나, 앞의 (2) 말미에서 말한 대로 법 제11조 제4항의「쟁송」이 반드시 명의신탁자가 당사자가 되어 자신이 실권리자임을 주장하여 이를 공적으로 확인받기 위한 쟁송이어야 할 필요는 없는 것이다.

(4) 大判 99. 1. 26, 98다1027(공보 99상, 347)

이 판결은 법 제11조 제4항의 「쟁송」은 "그 결과에 의하여 곧바로 실명등기를 할 수 있어야 하는 쟁송으로 제한되는 것은 아니"라고 하면서도, "[그러나] 적어도 **다툼의 대상인 권리관계가 확정되기 전까지는 실명등기를 할 수 없는 쟁송**이어야 한다고 해석함이 상당하다"고 한다. 이러한 판시 자체는 앞서 설명한 대로 타당한 방향을 지향하는 것이라고 평가할 수 있다.[22)]

그런데 위 판시는 신탁자의 가처분(아마도 처분금지가처분)이 법 제11조 제4항의 「쟁송」에 해당하지 않는다는 결론을 얻기 위한 것이다. 그렇다면 유예기간의 기산점의 연장을 인정하는 취지에 비추어 보면 그 쟁송은 당해 권리관계의 존부를 종국적으로 확인하는 내용이어야 하며 잠정적 처분인 假處分은 이에 해당하지 않는다고 설시하였으면 충분하다고 생각된다.

(5) 大決 99. 9. 9, 97마722(공보 99하, 2164)

이 판결은, 부동산실명법이 시행되기 전에 신탁자에서 실명등기를 내용으로 하는 소송을 제기하여 그 법 시행 후에 승소의 확정판결을 얻었으나 그 판결에는 그에 기하여 실명등기를 실현할 수 없는 하자가 있어서 확정판결이 있은 지 11개월 후에(그 때는 이미 유예기간이 도과되었다) 그 판결의 경정을 얻은 사안에 대한 것이다. 대법원은 앞의 (2)에서 본 대로 前訴와 이 사건 판결신청이 전체적으로 보아 일체이므로 법 제11조 제4항의 「쟁송」의 요건이 충족된다고 판단하였다.

물론 이 경우도 사건의 구체적 해결로서는 타당하나, 그 이유는, 경정결정은 원래 판결의 부속물에 불과한 것이므로 유예기간의 기산

22) 다만 여기서 "[그 확정까지는] 실명등기를 **할 수 없**"어야 하는 것은 아니고, 「실명등기를 하는 것이 무의미」하게 된다. 따라서 그 확정까지는 실명등기를 실행할 것을 객관적으로 기대할 수 없어야 한다고 하였으면 더욱 좋았을 것이다.

점이 되는 "확정판결이 있는 날"이란 위 경정결정이 있는 때를 가리킨다고 하면 될 것이다.

(6) 大判 2000. 7. 7, 2000다12273등(공보 2000하, 1880)

이 판결의 사안은, 앞에서 본 기존 명의신탁의 등기환원에 관한 재판례, 특히 (1)과 (3)의 판결에서 다룬 事案들에서 보는 '일의 얽힘'을 모아놓은 듯하다. 신탁자의 공동상속인 중 1인이 수탁자를 상대로 하여, 그 신탁부동산 전부에 대한 취지로, 그러나 실제로는 법률상 착오 등으로 그 일부만에 대하여 수탁자 명의의 등기의 원인무효를 이유로 하여 말소청구를 하였다가, 유예기간이 경과된 후 자신의 지분에 한정하여 명의신탁의 해지를 원인으로 하는 소유권이전등기청구로 변경하였다. 그리고 다시 다른 공동상속인들로부터 명의신탁의 해지를 원인으로 하는 소유권이전등기청구권을 양수하여 청구를 확장하였다. 대법원은, "애초의 말소소송에서 … 그 취지가 당해 명의신탁관계 전체를 대상으로 삼은 것인 한"에는 그 전체에 대하여 '부동산물권에 관한 쟁송'이 제기된 것으로 보아야 한다고 판단하였다. 그리하여 유예기간이 경과한 후에 청구확장된 부분에 대하여도 유예기간 중에 쟁송이 제기되었다고 하여, 원고의 청구를 인용하였다.

종전의 재판례를 전제로 한다면, 이러한 태도는 오히려 필연적이라고 할 수 있을 것이다.

Ⅳ. 名義信託에 대한 基本視角

1. 名義信託은 성질상 危險한가?

종전에 행하여져 오던 명의신탁의 거래유형이 조세의 면탈이나 법규적용의 회피에 오용될 여지가 있음은 물론이고, 바로 그러한 여지를 발본적으로 없애기 위하여 부동산실명법을 시행하여 명의신탁거래에 대하여 강력한 민사적·행정적·형사적 제재를 마련한 것이다.

그러나 명의신탁을 그 자체로서 성질상 위법한 것이고, 또는 전적으로 또는 거의 전적으로 위법적 목적을 달성하는 수단이라고 보아서는 안 된다. 원래 명의신탁의 개념은 日帝가 강점 초기에 종중의 법적 성질을 제대로 파악하지 못하고 그에 등기능력을 인정하지 아니하여[23] 부득이 우리 나라 사람들이 종중 소유의 토지를 그 宗員 명의로 등기함으로써 이를 보존하고자 하는 일이 광범위하게 행하여졌는데, 나중에 일제의 법원이 그 법률관계를 독일에서 수입한 「신탁행위」의 이론으로 설명·처리한 데서 연유하는 것이다.

오늘날에도 명의신탁의 상당 부분은 각종 단체(교회 등 종교단체, 동창회, 동호인회, 각종 계, 지역모임 등 일일이 열거할 수 없다)가 보유하는 부동산을 그 단체 자체의 이름으로 등기하지 아니하고 그 대표자 기타 그 구성원의 이름으로 행하는 관행에 가까운 사무처리에 의하여 성립한다. 또한 판례가 명의신탁의 한 유형으로 인정함에도 불구하고 부동산실명법에서 그 적용이 배제된 소위 相互名義信託(동법 제2조 제1호 단서 나목 참조)에서처럼, 단지 부동산의 보유에 반드시 필요한 등기를 함에 있어서의 편의를 위하여 명의신탁을 하는 경우도 적지 않다.[24] 한 걸음 더 나아가 기본적으로 자기가 사실적으로 그 이익을

23) 日帝는 1910년을 전후하여 소위 土地調査事業을 실시하여 전국의 토지를 측량하여 地籍을 작성하면서 동시에 그 소유권 기타 권리관계를 확정하였다. 그런데 일제 초기에 宗中에 토지를 소유하거나 그 명의로 등기를 할 자격을 전혀 인정하지 아니하였던 것이다. 그 후 1930년에 이르러서야 朝鮮不動産登記令을 개정하여 제2조의4("① 종중, 문중 기타 법인이 아닌 사단 또는 재단으로서 조선총독이 정하는 것에 속하는 부동산의 등기에 대하여는 그 사단 또는 재단을 등기권리자 또는 등기의무자로 간주한다. ② 전항의 등기는 그 사단 또는 재단의 이름으로 그 대표자 또는 관리인이 이를 신청한다")를 신설함으로써 종중에 등기능력이 주어졌다.

24) 소위 상호명의신탁(또는 「區分所有的 共有」)은 원래, 수천평, 수만평의 넓은 토지를 예를 들면 5십평에서 1백평 단위로 쪼개어 다수인에게 분양하는 경우에

전적으로 향유하는 부동산을 법적으로 다른 사람의 소유로 하는 것은 각자의 자유에 속하는 문제이다. 거기에는 일정한 위험이[25] 따르고 이 위험은 과소평가할 것은 아니다. 그러나 어쨌거나 그 선택은 각자의 판단에 맡겨져 있는 것이다. 만일 그것이 혹 조세의 포탈이나 법규적용의 회피와 같은 불법한 목적으로 행하여졌다면, 그 행위에 대하여 조세포탈로서 또는 당해 법규의 위반으로서 형벌 기타의 제재를 가하면 족한 것이고, 위와 같이 자신의 권리를 제3자에게 위탁하는 명의신탁 자체가 그 성질상 당연히 위법하다고는 할 수 없는 것이다.

대법원이 그토록 오랜 동안 명의신탁을 사법적으로 유효하다는 태도를 취한 것은, 단지 일제 때의 판례를 답습한 것이 아니라, 이러한 명의신탁의 본질을 제대로 파악한 것에 기초한 것이라고 이해된다. 또 앞의 I.1.에서 본 대로 부동산등기특별조치법 제7조 제1항이 명의신탁약정에 기한 등기를 "조세부과를 면하려 하거나 다른 시점 간의 가격변동에 따른 이득을 얻으려 하거나 소유권 등 권리변동을 규제하는 법령의 제한을 회피할 목적으로" 하는 경우에 대하여만 형사처벌을 규정하고 있었던 것도 이러한 전제에 서 있는 것이라고 보여진다.

2. 「禁忌의 사회」에서의 名義信託

한편 우리는 이 문제를 생각함에 있어서 우리 사회에 특유한 규

원래대로라면 먼저 각각의 매매목적 토지에 대하여 분필등기를 하고 그 개별 필지에 관하여 소유권이전등기를 하여야 하나, 그 사무가 매우 번잡하고 비용이 많이 들므로 이를 피하기 위하여, 경우에 따라서는 토지의 細密化를 방지하기 위하여 일정 평수 이하로의 분필을 금지하는 지적법규상의 제한을 피하기 위하여, 「생활의 지혜」라고나 부를 수 있는 方途로서 행하여진 것이다.

25) 물론 이러한 분리는 명의신탁자에게 일정한 위험을 과한 위에 인정되는 것이다. 전형적으로는, 명의수탁자가 제3자에게 부동산을 양도하거나 그 위에 저당권을 설정하거나 또는 명의수탁자의 채권자가 이를 압류하여 경매에 붙이는 경우에는 명의신탁자는 그 효력을 부인하지 못하며, 원래대로 소유권을 회복하지 못한다.

범의식도 문제삼지 않으면 안 된다.

우리는 법으로 금지되지 않는 것은 무엇이든 떳떳하게 할 수 있다는 생각을 용납하지 않는 사회에 살고 있다. 예를 들어 공무원이[26] 많은 재산을 가지고 있는 것 또는 그것이 알려지는 것은 "꺼려진다."[27] 그리고 이와 같은「꺼림」의 내용은 매우 미묘하고, 사람마다 차이가 있다. 물론 다른 나라에도 위법이 아니라는 것이 곧 사회적으로 긍정적인 평가를 받는 것은 아닌 영역이 존재하는 것이지만, 문제는 우리 사회가 이와 같이 합리적 근거 없이 두려움을 주는「꺼려지는」사항의 범위가 극도로 넓은「타부의 사회」, 과격하게 말하면 道德的 虛僞意識의 사회라는 것이다.

이와 같이 灰色地帶가 극히 넓은 사회에서 재산 보유의 명의와 그 실질의 문제를 단순한 黑白論理의 잣대로 잴 수는 없다. 회색이라고 하여 다 부인되어야 한다고 주장하는 것은, 우선 법적인 표현으로 말하면 주장·입증책임을 전도한 것이고, 나아가 진실을 밝힐 제도와 기회가 확실하게 작동하고 또 그 사이에 무언의 비난이 가하여지지 않는 사회에서나 통할 일이다. 그렇지 않다면 그것은 사회의 문법을 도외시하는 광신적 도덕주의자가 할 일이고, 삶에 대한「회의저 관점」을 바탕으로 하여야 하는 법률가가 할 일은 아니다. 명의신탁은 어떠한 의미에서 보면 이러한 사회에 몸담고 살아가는 생활논리의 일종이라고도 할 수 있고, 위법과「꺼려짐」은 명확하게 구별하여 생각되어야 한다.

---

26) 공무원뿐만 아니라 일반 사람들 사이에서도 이러한 분위기는 어느 정도 있지 않을까? 물론 문맥은 다르나, 황지우의 詩를 인용하자면 "잘 먹고 잘 사는 것이 죄악이다"라는 것이다.

27) 공무원이 많은 재산을 가진 것은 그가 뇌물을 그만큼 많이 받았다거나 기타 범죄행위를 하였다는 것을 추단케 한다고 할 것인가? 당연히 아니라고 하여야 할 것이다. 반대로 공무원이 재산이 적다는 것은 반드시 그가 청렴하다는 것을 추단시키는가? 당연히 아니라고 할 것이다.

3. 名義信託 인정의 어려움

물론 국가는 명의신탁이라는 거래형식이 일반적으로 조세의 면탈이나 법령 적용의 회피를 위하여 쓰여질 위험이 있고 또 실제로 그러한 위험이 어느 정도로 현실화하고 있다고 판단하는 경우에는 이를 금지하고 그 위반에 대하여 각종의 제재를 가하는 입법을 할 수 있다.[28] 그러한 의미에서 부동산실명법 자체가 전체적으로 입법적 재량의 한계를 넘어서는 것이라고는 말할 수 없을 것이다.

그런데 그 금지 및 제재에 있어서는 다음과 같은 점에 주의하여야 할 것이다. 명의신탁의 존재 여부는 그 판단이 용이하지 않다.[29] 한편으로는 의사의 흠결을 이유로 무효가 되는 虛僞表示의 행위, 즉 假裝行爲(민법 제108조 제 1 항 참조)와 구별되어야 하고,[30] 다른 한편으로 과연 문제의 권리를 아예 상대방에게 이전하지 아니하고 ―부동산실명법의 표현을 빌리자면― "내부적으로는" 소유권을 양도인에게 유보하기로 한 것인지가 판단되어야 한다.[31] 그 어려움 또는 경계의 불명확함은 명의신탁인지 여부가 문제된 재판실무를 보면 바로 알 수 있을 것이다.[32] 그러므로 사후적으로 법원에 의하여 그 행위가

---

28) 그러나 우리 법은 위법 목적의 추구에 오용될 소지가 있는 행위유형이라도 그 자체에 형사적·행정적 제재를 과하지 않는 경우가 적지 않다. 예를 들면 바로 뒤에서 말하는 민법상의 가장행위가 그러함은 누구나 수긍할 것이다.

29) 앞의 Ⅲ.4.의 (1) 및 (6)의 판결의 事案에서 모두 유예기간 후에야 명의신탁의 해지를 원인으로 청구변경한 것도 이와 관련이 있을 것이다.

30) 명의신탁은 허위표시에 해당하여 민법 제108조 제 1 항에 의하여 무효라고 하는 有力한 見解가 있다. 우선 郭潤直, 物權法, 新訂版(1995), 396면 이하 참조.

31) 흔히 있는 예를 들어서 외지에서 공부하는 자녀를 위하여 그 부모가 자금을 대서 아파트를 사서 그 자녀의 이름으로 등기하였다고 하자. 그것이 증여인지 아니면 명의신탁인지는 쉽사리 단정할 수 없다.

32) 단지 하나의 쉬운 예로 一方이 명의신탁으로 소유권이전등기가 이루어졌다고 주장하는데 相對方이 등기권리증을 가지고 있었던 사안에 대하여 판단한 최근의 세 개의 대법원판결, 즉 大判 2000. 1. 28, 99다41985(공보 2000상, 569); 大判 2000. 3. 28, 99다36372(공보 2000상, 1053); 大判 2000. 4. 25, 2000다6858(공보 2000상, 1284)을 읽어 보아도 명의신탁의 인정 여부가 얼마나 미세한 事實認定

명의신탁에 해당하는 것으로 판단된다고 하여도, 행위자는 행위 당시에 그것이 부동산실명법의 적용대상이라고 생각하지 않았고 또 그러한 생각이 전혀 근거 없는 것은 아니었던 경우도 적지 않을 것이다.

이와 같이 ── 법적 술어로 말하자면 ── 違法性의 認識이 결여되었던 예가 드물지 않다면, 그것은 부동산실명법의 實效性을 현저히 떨어뜨릴 것이다. 따라서 이를 피하려면 수범자, 즉 국민이 스스로 법적으로 허용되지 않는 것임을 명확하게 인식할 수 있는 행위유형을 적출하여 이를 규제의 대상으로 삼는 것이 바람직한 것이다.

V. 不動產實名法의 個別的 問題

이하에서는 위의 IV.에서 본 바와 같은 입장에서 기존의 명의신탁에 대한 처리(법 제11조, 제12조)와 장기미등기자의 문제(법 제10조)에 한하여 약간의 코멘트를 덧붙이고자 한다.

1. 旣存 名義信託의 處理

(1) 부동산실명법이 시행되기 전까지 명의신탁은 기본적으로 적법·유효한 것으로 다루어져 왔다. 물론 그 행위방식을 이용하여 위법목적을 추구하는 경우에는 그에 따른 제재를 받아야 할 것이나, 그렇지 아니한 이상에는 명의신탁 자체가 위법한 것은 아니었다. 이와 같이 종래 유효한 것으로 法認된 명의신탁에 기하여 명의신탁자가 가지

에 달려 있는 문제인가를 알 수 있다. 또 판례공보 111호(2000년 8월 1일자)에 실린 명의신탁에 관한 두 개의 재판례, 즉 大判 2000. 6. 9, 99다30466(공보 2000하, 1612)과 大判 2000. 6. 9, 99다37009(공보 2000하, 1617), 특히 前者(교회가 소속 교단 앞으로 자신의 교회건물에 대하여 증여를 원인으로 소유권이전등기를 한 사안에서, 원심이 명의신탁을 부정한 것을 ── 적어도 필자에게는 놀랍게도 ── 파기하였다)도 마찬가지이다.

던 재산적 지위는 명의신탁에 법적 효력을 인정하기를 거부하는 새로운 법률의 제정·시행에 의하여 영향받아서는 안 되는 것이 원칙이다. 그런데 부동산실명법은 등기를 「실질적 권리관계」와[33] 합치시키려는 입법목적을 실효 있게 달성하려면 장래에 대하여 명의신탁을 금지하는 것만으로는 부족하고, 종래 빈번하게 행하여져서 널리 퍼져 있는 기존의 명의신탁에도 부득이 손을 대서 이를 일정한 방향으로 규율하지 않을 수 없다는 입장을 취한 것이다. 그러므로 이를 遡及立法이라는 입장에서 문제삼을 수는 없다.

그런데 여기서 우리는 국민의 기본권을 제한하는 법률의 한계에 관한 다음과 같은 헌법상의 원칙도 상기할 필요가 있다. 기존의 명의신탁에 기한 기존의 「재산권」은 여전히 「보장」되어야 한다(헌법 제23조 제1항 제1문). 만일 이를 제한하고자 한다면, 우선 그 제한의 합리적인 근거를 제시·설득할 부담이 제한조치를 취하는 측(여기서는 국가)에게 지워지며, 나아가 그 제한의 내용도 그 근거인 목적을 달성하기에 적합하고(「적합성의 원칙」), 필요 이상으로 제한하여서는 안 되고(「최소침해의 원칙) 또 그 목적과의 사이에 균형이 맞는 것이어야 한다(「비례의 원칙」).[34] 물론 헌법 제23조 제1항에서 정하는 대로 재산권의 내용과 한계 자체가 법률로 정하여지므로, 그러한 소위 기본권형성적 법률유보에 대하여는 원칙적으로 이들 원칙을 기본권의 법률유보에 대해서와 같은 내용으로 적용하기 어려울지 모른다.[35] 그러

33) 이는 판례가 인정하는 바의 효력 없는 등기의 흠을 치유하는 그 「실체적 권리관계」라는 의미가 아니라 부동산실명법 제2조 제1호의 「事實上 保有」라는 말과 유사한 의미이다.

34) 헌법학에서 논의되는 이러한 「법률에 의한 기본권 제한의 한계」에 대하여는 우선 許營, 韓國憲法論, 新訂10版(1999), 276면 이하 참조. 한편 이들을 한 마디로 집약하는 바의 「과잉금지의 원칙」을 실제의 사건에 적용한 많은 헌법재판소의 재판이 있다.

35) 헌법 제23조 제1항 제2문에 표현된 재산권에 대한 立法形成權과 헌법 제37조 제2항에 기한 재산권제한입법에 대한 限界設定과의 긴장관계는 수많은 憲法裁判所決定에서 익히 아는 바이다. 최근의 예로 도시계획법 제21조에 대한 憲

나 기존의 명의신탁으로 이미 얻어진 재산권을 사후입법으로 제한하는 것에 대하여는 큰 차이를 두기 어렵다고 생각된다.

그렇게 보면 부동산실명법 제11조에서 정하는 유예기간의 부여 또는 연장은 오히려 당연한 것이고, 무슨 특혜가 아닌 것이다. 거칠게 말한다면, 법 제11조, 제12조 자체가 오히려 부득이한 예외적 제한이고, 따라서 종전의 명의신탁에 기한 당사자의 재산적 지위를 제한하는 법률규정은 이를 엄격하게 해석하여야 한다.

(2) 이와 같은 입장에서 보면, 법 제11조의 기간 내에 실명전환을 하지 않은 경우에 대한 제재를 정한 법 제12조는 헌법적으로 문제가 없지 않다. 이에 대하여 여기서 요점만을 제시하면 다음과 같다.

첫째, 유예기간을 둔 자체는 앞의 (1)에서 본 대로 당연한 것인데, 구체적으로 그 기간을 1년으로 정한 것은 지나치게 짧다. 앞의 註 4에서 본 대로 1999년 9월 2일 법률 제6015호로 제정된 「재외동포의 출입국과 법적 지위에 관한 법률」(1999년 12월 2일부터 시행된다) 제11조 제2항이 동법이 정하는 國內居住申告를 한 외국국적의 동포는 기존의 명의신탁에 관하여 "이 법 시행일로부터" 1년 내에 실명전환을 한 경우에는 부동산실명법 제12조 제1항 및 제2항을 적용하지 아니한다고 정하고 있는데, 이것이 위 유예기간의 문제점을 웅변으로 말하여 주고 있다고 생각된다.

둘째, 유예기간을 준수하지 아니한 경우에 대한 제재가 지나치게 일률적이고, 과혹하다. 유예기간 내에 실명전환을 하지 못한 이유는

裁決 98.12.24, 89헌마214등(憲集 10-2, 927)은, 한편으로 "재산권이 법질서 내에서 인정되고 보호받기 위하여는 입법자에 의한 형성을 필요로 한다. 즉, 재산권은 이를 구체적으로 형성하는 법이 없을 경우에는 재산에 대한 사실상의 지배만 있을 뿐이므로 다른 기본권과는 달리 그 내용이 입법자에 의하여 법률로 구체화됨으로써 비로소 권리다운 모습을 갖추게 된다"고 하면서도, 다른 한편으로 "그렇다고 하더라도 토지재산권에 대한 제한입법 역시 다른 기본권을 제한하는 입법과 마찬가지로 과잉금지의 원칙을 준수해야" 한다고 판시한다.

매우 다양할 것이고, 그 중에는 일반인에게 실명전환을 할 것을 기대할 수 없는 경우도 있을 것이다. 그런데 법은 사유 여하를 불문하고 이에 법 제4조 내지 제6조를 적용하여, 민사적 제재는 물론이고, 가차없이 행정적·형사적 제재를 가하도록 하고 있다. 우선 민사적 제재만 하더라도, 특히 삼자간 명의신탁에 있어서 신탁자가 종전처럼 수탁자를 상대로 하여 명의신탁 해지에 따르는 등기의 이전을 청구할 수 없고, 그로 하여금 자신에게 부동산을 매도한 자에 대하여 가지는 권리에 기하여서만 자신의 권리를 찾을 수 있도록 하고 있다.[36] 그러나 이미 한참 전에 행하여진 거래의 상대방을 이제 새삼 찾아내는 것조차 쉬운 일은 아닐 것이고, 예를 들면 매매계약서와 같이 소송에 필요한 증거가 파손 또는 폐기 등으로 제시하기 어려운 경우가 보통일 것이다. 그러한 불이익을 실명전환을 하지 못할「정당한 이유」있는 자에게 과하는 것이 과연 타당한가? 그가 무슨 하여서는 안 될 일을 하였다는 것인가? 그는 명의신탁 당시에도 그리고 부동산실명법이 시행된 지금도 아무런 위법을 범한 일이 없는 것이다. 나아가 행정적 제재, 더욱이나 형사적 제재는 따로 말할 것도 없다. 위와 같은 경우의 신탁자가 징역을 살고 과징금을 물어야 할 근거는 쉽사리 설명될 수 없는 것이다.

2. 長期未登記者의 處理

(1) 부동산실명법의 규정 중에서 법원실무에서 인정되는 명의신탁의 범위를 훨씬 뛰어넘어 새로운 규율을 마련함으로써 이채를 띠는 것이 바로 長期未登記者에 대하여 정하는 제10조이다. 즉 부동산등기특별조치법 제2조 제1항, 제11조의 적용을 받는 자가 3년 이내에 소유권이전등기를 신청하지 아니하는 경우에는 앞의 3. 및 4.에서 본

36) 앞의 Ⅲ.2.(2)에서 본 大判 99.9.17. 참조.

행정적 제재(과징금 및 이행강제금)와 형사처벌을 과하는 것이다. 여기서 "부동산등기특별조치법 제2조 제1항, 제11조의 적용을 받는 자"라 함은 부동산소유권의 이전을 내용으로 하는 계약(예를 들면 매매·교환·증여 등)을 체결한 취득권리자로서[37] 취득일(매매계약의 예를 들면 잔금을 지급한 날이 이에 해당한다. 동법 제2조 제1항 제1호 참조)로부터 60일 이내에 정당한 이유 없이 소유권이전등기를 신청하지 아니한 자를 말한다. 결국 그 60일이 도과된 때로부터 다시 3년이 경과하면 위와 같은 제재가 과하여지는 것이다.

재정경제원은 이 규정을, "미등기는 권리행사의 지체로서, 타인명의로 등기하는 명의신탁과 다르다"고 하면서도, "미등기라는 부작위상태가 장기화될 경우 사실상 전소유자와 명의신탁이 있는 것과 다름없고, 투기·위법의 수단으로 이용되는 정도도 현실적으로 거의 비슷하다. … 이러한 점 때문에 실명법에서는 장기미등기도 명의신탁과 함께 그 규제의 대상으로 한 것"이라고 설명하고 있다.[38]

그리고 앞의 Ⅱ.2.에서 본 [표 4]의 과징금 등 부과·징수 현황을 보면 알 수 있는 대로, 장기미등기를 이유로 하는 과징금·이행강제금의 부과는 건수가 총 616건 중 223건으로 36.2%를 차지하고, 금액으로는 총 192억원 중 32억2천만원으로 16.7%를 차지하여, 쉽사리 무시할 수 없는 비율을 점하고 있다.

(2) 그런데 3년 이상 등기를 미루어 두고 있는 이유가 지극히 다양할 것임은 우리 사회의 실림살이 모습을 살펴보는 것만으로 바로 알 수 있을 것이다. 단지 등기에 따르는 각종의 비용을 대기 어려운 경우도 없지 않으리라. 장기의 미등기를 앞의 (1)에서 본 입법당국자의 설명과 같이 "사실상 전소유자와 명의신탁이 있는 것과 다름없"다

37) 이러한 부동산취득계약이 아닌 원인, 예를 들면 相續이나 競賣에 기한 소유권 취득의 경우에는 위 규정은 적용이 없다.

38) 財政經濟院(註 21), 51면. 또한 同書, 118면 이하도 참조.

고 할 수는 없다. 명의신탁은 신탁자의 지위를 당사자들의 요해 아래 등기의 외형으로 적극적으로 감춘 것이고, 장기미등기는 등기권리자가 권리행사를 하지 못하거나 않고 있는 것이다. 만일 그러한 상태가 「투기·위반의 수단으로」 이용되는 경우가 실제로 얼마나 되는지 누구도 검증한 바 없다. 단지 그럴 가능성이 있다는 것만으로 수많은 무고한 장기미등기자(다시 말하거니와 그는 그 미등기상태를 누구와의 요해 아래 작출한 것이 아니다)를 범법자로 만들 수는 없는 노릇 아닌가?

그렇게 보면 앞의 Ⅲ.3.에서 본 서울行判 99.11.19.이 "헌법상의 평등의 원칙 및 비례의 원칙에 비추어, 법규위반행위에 대한 제재의 크기는 그 위반의 정도에 상응할 것이 요구되는데, 위 장기미등기자에 대한 제재의 내용은 부동산평가액의 100분의 30에 상당하는 다액의 과징금을 일률적으로 부과하고 아울러 5년 이하의 징역 또는 2억원 이하의 벌금을 가하는 내용으로서 그 처벌을 받는 당사자의 입장에서 볼 때 매우 가혹하므로, 그와 같은 처벌의 강도를 감안할 때, 그 적용대상은 위 규정의 입법취지에 반하여 **탈세, 투기 등 위법행위를 목적으로 권리관계를 은닉하거나 왜곡하기 위하여 고의로 등기를 방치한 자에 국한된다** 할 것이고, 그에 따라 위와 같은 과징금 및 형벌 부과규정의 적용이 배제되는 경우를 정하고 있는 법 제10조 제1항 단서의 '등기를 신청하지 못할 정당한 사유'는 같은 조항 본문의 요건을 충족한 사안 가운데 위와 같은 법규의 본래의 취지에 반하지 않는 경우를 넓게 포괄한다고 봄이 합헌적 해석이라 할 것"이라고 설시하는 것에 찬성하지 않을 수 없는 것이다.

그러한 의미에서 법 제10조는 장기미등기자를 조세의 면탈, 법규적용의 회피 등 위법목적이 있는 경우에 한정하여 제재를 가하는 내용이 되어야 할 것이다. 그리함으로써만 앞의 1.(1)에서 언급한 바 있는 過剩禁止는 허용되지 않는다는 헌법상의 원칙을 충족할 수 있을 것으로 보이고, 적어도 헌법상의 논란을 피할 수 있을 것으로 보인다.

Ⅵ. 小　　結

부동산실명법은 다른 나라에서는 유례를 찾아볼 수 없는 법이고, 우리 나라의 법학·법실무를 포함하는 법문화 전체의 수준과 문제점을 여실히 드러내 주는 점이 있다고 여겨진다. 이 법을 소재로 하여 명의신탁을 어떻게 규율할 것인가를 다시금 생각하여 보면, 우리의 입장에서는 선진외국의 법을 내재적으로 파악하고 열심히 배우는 것과 아울러, 우리 사회를 움직이는 고유한 논리도 예민하게 살피는 것이 절실하게 필요함을 새삼 깨닫게 된다. 課題는 모두 어렵기만 한 것이다.

(法曹 530호(2000. 11), 207면 이하 所載)

[後　　記]

本書의 출간을 위한 교정의 마지막 단계에서 헌법재판소가 2001년 5월 31일에 부동산실명법의 규정 중에서 일률적으로 부동산가액의 30%의 과징금을 부과하도록 하는 제 5 조 제 1 항(기존의 명의신탁에 대한 제12조 제 2 항 중 동 규정 적용부분 포함), 장기미등기의 경우를 통상의 명의신탁과 같이 취급하도록 하는 제10조 제 1 항 본문, 기존의 양도담보권자가 서면제출의무를 게을리 한 경우에 대한 제14조 제

2항에 대하여 헌법불합치결정을 하였다는 소식에 접하였다(99헌가18 등 사건).

여기서 장기미등기자에 대한 처리나 기존의 명의신탁에서 실명전환을 해태한 자에 대한 제재에 대하여는 本文 V.2. 및 V.1.의 "둘째"에서 주장한 바와 같은 내용이다. 다만 本文 V.1.의 "첫째"에서 말한 바 있는 기존의 명의신탁의 실명전환을 위한 유예기간(제11조 제1항 본문)이 지나치게 짧지 않은가 하는 주장에 대하여는, "명의신탁이 수십년간 적법한 법률행위로서 수없이 이루어져 온 점에 비추어 1년의 유예기간이 충분한 기간이라고 볼 수 없는 측면도 있"음을 인정하면서도, "과잉금지의 원칙에 위배될 정도로 단기라고는 할 수 없다"고 하여 합헌으로 판단하였다. 이에는 혹 대법원이 여러 사건에서 동 규정의 유효를 전제로 기존의 명의신탁에 대하여 부동산실명법 제4조 등을 적용하여 온 것이 사실상 영향을 미쳤는지도 모른다.

7. 名義信託不動産의 實名轉換

— 不動産實名法 제11조 · 제12조에 대한 裁判例를 계기로 —

Ⅰ. 序

1. 1995년 7월 1일부터 시행되고 있는 「不動産實權利者名義登記에 관한 法律」(이하 「부동산실명법」 또는 단지 「법」)은 주지하는 대로 판례가 파악·전개하여 온 바의 소위 名義信託을 규율하고 있는데, 이 법률의 해석에는 어려운 문제가 적지 않다. 필자는 종전에 발표된 논문에서[1] 이에 관하여 몇 가지 제안을 한 바 있다. 이 글들은 대체로 同法의 주된 규율대상, 즉 부동산실명법이 시행된 후에 행하여지는 명의신탁을[2] 염두에 두고 쓰여진 것이다. 그러나 아마도 당장 해결되

1) 梁彰洙, "不動産實名法 제4조에 의한 名義信託의 效力 — 소위 登記名義信託을 중심으로", 서울대 法學 38권 1호(1997. 5), 52면 내지 93면; 同, "不動産實名法의 私法的 規定에 의한 名義信託의 規律 — 소위 契約名義信託을 중심으로", 省谷論叢 28輯 3卷(1997. 7), 395면 내지 432면. 이들은 그 후 同, 民法硏究, 제5권(1999), 73면 이하 및 135면 이하에 각 收錄되었다(이하에서는 이에 의하여 인용한다).

2) 同法 附則 제1조는 동법이 1999년 7월 1일부터 시행된다고 정하고 있으며, 특히 附則 제2조 제2항은 명의신탁의 사법적 효력을 정하는 핵심규정인 동법 제4조가 "이 법 시행 전에 명의신탁약정을 하고 이 법 시행 후에 이에 의한 등기를 한 경우에도"(原文上의 漢字를 한글로 바꾸기도 하였다. 이하 같다) 적용된다고 특별히 정하여, 동법이 동법 시행 전의 명의신탁에는 적용되지 아니함을 명백히 하고 있다.

어야 할 것은, 부동산실명법이 시행되기 전에 이미 명의신탁이 행하여진 경우(이하 「기존의 명의신탁」)[3] 그 등기를 동법이 정하는 바의 「實權利者」 앞으로 전환하는 것과 관련된 문제들이다.

2. 이는 기본적으로 법 제11조, 제12조를 어떻게 해석·운용할 것인가에 귀착된다고 할 수 있다.

법 제11조 제1항은 기존의 명의신탁에 대하여 그 시행일로부터 1년(이를 「猶豫期間」이라고 한다) 내에 "실명등기하여야 한다"고 정한다. 여기서 「실명등기」란 "이 법 시행 전에 명의신탁약정에 의하여 명의수탁자의 명의로 등기된 부동산에 관한 물권을 **이 법 시행일 이후 명의신탁자의 명의로 등기**하는 것을 말한다."(법 제2조 제4호)(강조는 引用者가 가한 것이다. 이하 같다).[4] 그런데 同條 제3항, 제4항은 유예기간의 기산점이 동법 시행일보다 뒤로 미루어져서 결과적으로 유예기간의 연장이 인정되는 경우를 정하고 있다. 즉 "실권리자의 귀책사유 없이 다른 법률의 규정에 의하여 제1항 및 제2항의 규정에 의한 실명등기 또는 매각처분 등을 할 수 없는 경우"에는 그 사유가 소멸한 때로부터(제3항), 또 ── 뒤에서 보는대로 특히 빈번하게 문제가 되는 경우로서 ── "이 법 시행 전 또는 유예기간 중에 부동산물권에 관한 쟁송이 법원에 제기된 경우에는 당해 쟁송에 관한 확정

3) 前註에서 본 대로 명의신탁약정이 동법 시행 전에 행하여졌으나 그에 기한 등기가 그 후에 행하여진 경우에는 동법 제4조가 적용된다고 하는 것에 좇아, 여기서 「기존의 명의신탁」이란 동법 시행 전에 명의신탁약정이 행하여지고 또한 그에 기한 등기가 이미 행하여진 경우를 가리킨다.

4) 그런데 동조 제2항은 명의신탁자 앞으로 등기를 환원하지 아니하여도 그가 매매 등의 행위를 하고 유예기간 내에 그 취득자에게 직접 등기를 이전한 경우 및 그가 유예기간 내에 관할 시장이나 성업공사 등에 매각을 위탁한 경우에도 이를 실명등기한 것으로 본다고 정하고 있다. 뒤에서 보는 제3항, 제4항에서 「실명등기」 외에 **"또는 매각처분 등"**이라고 하는 것은 이 제2항의 경우를 가리키는 것이다. 이러한 경우를 모두 포함하여 이하에서는 「實名轉換」이라고 부르기로 한다.

판결(이와 동일한 효력이 있는 경우를 포함한다)이 있는 날로부터" 각기 1년 이내에 실명전환을 하여야 한다는 것이다.[5]

그러면 기존의 명의신탁에 관하여 법이 정하는 기간 내에 실명전환이 행하여지지 아니한 경우에는 명의신탁관계는 어떻게 되는가? 이 점을 정하는 것이 바로 법 제12조인데, 私法的 效力에 대하여 제1항은 기존의 명의신탁에 관하여 유예기간 안에 실명전환을 하지 아니한 경우에는 "그 기간이 경과한 날 이후의 명의신탁약정 등의 효력에 관하여는" 법 제4조를 적용한다고 정한다.[6] 그리하여 기존의 명의신탁에 있어서도 명의신탁약정 및 그에 기한 부동산물권변동은 모두 無效가 되는 것이다.

부동산실명법이 시행되기 전에 명의신탁이 빈번하게 행하여지던 것을 생각하면, 기존의 명의신탁의 실명전환에 관하여 정하는 위의 규정들을 둘러싸고 적지 않은 쟁송이 일어날 것임은 충분히 예상할 수 있는 일이었다.

3. 本稿는 그 사이에 나온 이에 대한 大法院의 裁判例를[7] 모아 그 내용을 분석하고 약간의 주석을 달고자 하는 것이다. 위 규정들에 대한 해석론을 추상적·일반적으로 전개하는 것보다는, 이러한 작업을 통하여 당사자들 사이에 일어나는 분쟁의 실제 양상을 이해하고

---

5) 그 외에 1999년 9월 2일 법률 제6015호로 제정된 「재외동포의 출입국과 법적지위에 관한 법률」(1999년 12월 2일부터 시행된다) 제11조 제2항은 동법이 정하는 國內居住申告를 한 외국국적의 동포는 기존의 명의신탁에 관하여 "**이 법 시행일로부터**" 1년 내에 실명전환을 한 경우에는 부동산실명법 제12조 제1항(및 제2항)을 적용하지 아니한다고 정하고 있다. 이 규정에 대하여는 우선 鄭印燮, "「在外同胞의 出入國과 法的地位에 관한 法律」의 내용과 문제점", 서울국제법연구 6권 2호(1999), 310면 이하 참조.

6) 그리고 同條 제2항은 과징금과 이행강제금에 대한 동법 제5조, 제6조도 적용된다고 정한다.

7) 적어도 公刊된 裁判集에 한정하는 한 下級審의 이에 대한 裁判例는 찾을 수 없었다.

이를 배경으로 보다 實直한 논의를 도모할 수 있지 않을까 생각되기도 하는 것이다. 물론 다른 한편으로 논의가 분산되고 체계성이 모자란 점이 있을지 모르나, 이는 감수하기로 한다.

그리하여 이하에서는 재판례가 나온 時間的 順序에 좇아 차례로 살펴보기로 한다. 다만 실명전환 없이 유예기간이 도과된 경우 명의신탁관계의 효력에 관한 두 개의 대법원판결은 뒤에 따로 모아서 보기로 한다(Ⅷ. 및 Ⅸ.).

Ⅱ. 大法院 1997년 4월 8일 판결 96다55846사건 (판례공보 97상, 1395면)

1. 이 판결은 필자가 아는 한에서는 부동산실명법에 대한 대법원의 최초의 판단이다.

원고는 피고 명의의 등기가 原因無效라고 주장하여 피고를 상대로 그 등기의 말소를 청구하는 이 사건 소를 제기하여 소송이 진행중 유예기간이 경과되고 난 후에야 비로소 名義信託解止를 원인으로 하여 소유권이전등기를 청구하는 것으로 변경하였다는 것이다. 대법원은 이 판결에서 이러한 경우도 유예기간 중에 법 제11조 제4항에서 정하는 「부동산물권에 관한 爭訟」(이하 「법 제11조 제4항의 쟁송」)이 제기된 것에 해당한다고 판단하였다. 그리하여 원심법원이 당사자간의 명의신탁관계를 인정한 다음 원고의 청구를 인용한 판결을 肯認하였다.

2. 이 판결은 우선, 법 제11조 제4항의 「쟁송」은, 애초부터 신탁자가 수탁자를 상대로 명의신탁해지를 원인으로 한 소유권이전등기

청구소송을 제기한 경우에 한정되지 않음을 밝힌 데 의미가 있다. 그러나 나아가 이 판결은 ── 적어도 이 단계에서는 ── 그 「쟁송」이란 원칙적으로 그러한 소송, 즉 ① 신탁자가 수탁자를 상대로 하여(當事者) ② 명의신탁해지를 원인으로 하여(請求原因) ③ 소유권이전등기를 청구하는(請求趣旨) ④ 본안소송(爭訟의 種類)을 의미한다는 입장을 취한 것이라고 이해될 여지도 없지 않다. 왜냐하면 여기서 위 1.에서와 같은 결론으로 이끄는 推論過程은 "명의신탁자가 위 법 시행 전 또는 유예기간 중에 수탁자를 상대로 명의신탁해지를 원인으로 한 소유권이전등기청구를 제기한 경우만이 아니라 이 사건에서와 같이 수탁자 명의의 소유권이전등기가 원인무효라는 이유로 그 말소를 청구하였다가 위 유예기간이 지나고 나서 비로소 명의신탁해지를 원인으로 하는 소유권이전등기청구로 변경한 경우에도 위 법 제11조 제4항에서 규정하는 유예기간 중에 부동산물권에 관한 쟁송을 제기한 것이 된다고 할 것"이라고 설시되고 있어서, 그 기준적 모델을 위 ① 내지 ④의 요건에 맞는 쟁송에서 구하고 있다고 여겨지기 때문이다.

바로 그렇기 때문에 위 판결은 이와 같이 기준적 소송에서 더 나아가 이 사건의 경우에도 위 「쟁송」의 요건을 충족한다고 보는 이유를 이것저것 들고 있다고 보아야 할 것이다. 즉, 법 제11조 제4항이 단지 "부동산물권에 관한 쟁송"이라고만 정하고 있다는 점, 법 제2조 제4호에서 실명등기의 형식이나 원인을 제한하지 않는다는 점, 그리고 그 법의 제정목적 등에 "비추어 보면", 그 판시와 같이 「쟁송」의 범위를 말하자면 「확장」하는 것도 허용된다는 것이다.

3. 오히려 생각하여 볼 문제는, 과연 위 ① 내지 ④의 요건에 맞는 쟁송이 법 제11조 제4항의 「쟁송」의 기준적 모델이어야 하는가, 어떠한 이유로 그것이 그러한가 또는 그러하여야 하는가 하는 점일

것이다.

(1) 만일 법 시행 전 또는 유예기간 중에 신탁자가 수탁자를 상대로 명의신탁해지를 원인으로 하여 소유권이전등기청구소송을 제기한 경우라면, 신탁자는 ―― 우리 실무가 즐겨 쓰는 상투어를 빌리자면 "다른 특별한 사정이 없는 한" ―― 언젠가는 승소의 확정판결을 받을 것이다. 그러므로 그 경우에 대하여 법 제11조 제4항은 단지 신탁자는 그 판결을 받은 후 1년 내에 이에 기하여 등기소에 실명등기를 신청하여야 한다는 의미 이상은 없다. 그런데 소송까지 제기하여 자기 명의의 등기를 원하는 명의신탁자라면 통상은 확정판결 후 바로 실명등기를 신청할 것이므로, 그러한 요구는 실제상으로는 대체로 불필요하다고 하여야 하지 않을까. 물론 승소의 확정판결을 받고도 실명등기를 게을리하는 신탁자도 없지는 않을 것이고 이 경우에는 수탁자 명의의 등기가 그대로 유지되므로 아마도 부동산실명법의 취지는 그 한도에서 실현되지 않는다고 할 수도 있겠다. 그러므로 그 경우에도 법 제11조 제4항이 적용된다고 하여야 할 것이다.

그런데 오히려 문제는 그것이 앞서 말한 의미의「기준적 모델」이어야 하는가 하는 점이다. 법 제11조 제4항이 과연 그와 같이 기껏해야 예외적으로만 있을 것인 경우를 주로 상정하여 마련되었던 것인가?

(2) 정작 입법과정에서 법 제11조 제4항을 마련하면서 念頭에 두었던 것은 이러한 경우는 아니었던 것으로 생각된다.

부동산실명법의 立法作業을 주도한 財政經濟院(후의 財政經濟部)에서[8] 발간된『不動産實名法 解說』은, 위 규정에 대하여 "한편 법 시행 전 또는 유예기간 중에 名義信託된 不動産物權에 관한 쟁송이 법원에 제기된 경우에는 **권리관계가 확정되어야 실명등기 또는 매각처**

8) 재정경제원(당시는 經濟企劃院)의 부동산실명법 입법작업 주동에 대하여는, 우선 梁彰洙(註 1. 登記名義信託), 76면 특히 註 8 참조.

분을 할 수 있으므로, 유예기간을 당해 쟁송에 관한 확정판결이 있은 날로부터 1년으로 연장하였다"고 설명하면서, 이어서 그 예로 "기존 名義受託者를 상대로 전소유자(매도인)가 매매가 무효임을 주장하여 소유권이전등기청구소송을 제기한 경우"를 들고 있다.[9] 여기서 「전소유자(매도인)」이라고 함은, 소위 「3자 간 등기명의신탁」의 경우,[10] 예를 들면 A로부터 부동산을 매수한 B가 이를 C에게 명의신탁하여 A로부터 C에게 직접 소유권이전등기를 경료한 경우의 「전소유자(매도인)」, 즉 여기서의 A를 말한다.

이 예에서 우선 흥미를 끄는 것은, 그 소송은 실권리자, 즉 명의신탁자가 제기한 것이 아니라는 점이다(위 ①의 當事者의 점). 그리고 무엇보다도 중요한 것은, **이 설명에 의한다면,** 법 제11조 제4항의 「쟁송」이란 실명전환의 법적 전제가 되는 권리관계, 다시 말하면 **실명전환을 하기 위하여는 그 존부의 확정이 필요한 권리관계**의 存否가 다투어진 쟁송을 의미한다는 것이다. 그리고 거기서는 반드시 명의신탁관계의 존부나 내용이 소송물이 되지 않는 것은 물론 그것이 爭點이 되거나 나아가 주장될 필요도 없다(위 ②, ③의 請求原因과 請求趣旨의 점). 위의 예에서 A가 제기한 「소유권이전등기청구소송」(이는 아마도 「소유권이전등기**말소**청구소송」의 잘못이 아닐까?)에서 그는 B와 C 사이에 명의신탁관계가 존재한다는 것에 대하여는 一言半句도 언급하지 않고서도, 자신과 B 사이의 매매의 무효를 주장하는 것만으로도 논리적으로 그 청구를 유지할 수 있는 것이다. 이것은 예를 들면 갑이 을에게 매도한 부동산을 을이 다시 병에게 매도하고 다만 소유권이전등기는 갑으로부터 병에게 직접 경료한 경우에 후에 갑이 을과의 매매계약의 무효를 주장함으로써, 또 그것만을 주장함으로써 충분히,

9) 財政經濟院, 不動産實名法 解說(1995. 4), 62면.

10) 소위 「3자 간의 등기명의신탁」에 대하여는, 우선 梁彰洙(註 1. 登記名義信託), 77면 이하 참조.

병에의 이전등기의 말소를 청구할 수 있는 것과 마찬가지이다.[11] 그러나 만일 그 소송에서 A가 승소하여 C의 등기가 말소된다면, 이미 B 앞으로의 實名登記는 불능이 된다고 하여도 좋다. 이는 예를 들면 갑이 을에게 매도한 부동산에 대하여 병이 그것이 자기 소유임을 주장하여 갑 명의로 있는 소유권이전등기의 말소를 청구하여 승소하면, 이미 갑의 을에 대한 소유권이전등기는 불능이 되는 것과 다를 바 없을 것이다. 위의 설명에 의하면, 이와 같이 여기서 문제되는 「권리관계」는 그 존재가 인정되면 실명전환을 할 수 있게 되는 법률관계만이 아니라, 그 존재에 의하여 실명전환이 불능이 되는 것도 포함한다.

이상과 같이 법 제11조 제4항의 「쟁송」은 적어도 입법단계에서는 위 ① 내지 ④의 요건에 맞는 법적 쟁송을 염두에 둔 것은 아니라고 하겠다.

(3) 다른 한편 위 판결이 말하는 위 ① 내지 ④의 요건에 맞는 쟁송은 결국 實名登記, 즉 명의신탁자 앞으로의 소유권이전등기 그 자체를 내용으로 하는 것이다. 만일 부동산실명법이 시행된 후에 그 법의 취지에 좇아 신탁자가 실명전환을 하고자 하여도 수탁자가 신탁자 앞으로의 실명전환을 어떠한 이유에서든 거부하는 경우에는, 이를 위하여 신탁자는 수탁자를 상대로 명의신탁해지를 원인으로 소유권이전등기를 청구할 수밖에 없을 것이다.

법 제11조 제4항과 같은 규정이 없다고 가정하여 보자. 그 때 신탁자가 유예기간 내에 위와 같은 소송을 제기·수행하여 실명등기를 위하여 할 수 있는 한의 노력을 한 경우에까지, 실명등기가 실제

11) 판례도 같은 태도를 취한다. 예를 들어 大判 90.5.11, 89다카10514(공보 875, 1252)은, A와 B 사이의 양도원인행위가 강행법규에 반하여 무효이면, A가 B로부터의 매수인 C에게 직접 소유권이전등기를 경료한 경우에도, A는 C에 대하여 그 소유권이전등기의 말소를 청구할 수 있다고 한다. 이에 대한 理論的 說明으로는, 우선 梁彰洙(註 1. 登記名義信託), 81면 이하 참조(다만 81면 밑에서 셋째 줄의 B는 A로, 82면 위에서 셋째 줄의 A는 B로 정정되어야 한다).

로 행하여진 것은 아니라고 하여, 법 제12조 제1항에서 정하는 대로 법 제4조를 기존의 명의신탁에 적용하여야 할 것인가? 필자는 그렇게 하여서는 아니된다고 생각한다. 즉 제11조 제1항에서 정하는 실명등기의무는, 실제로 실명등기가 행하여진 때는 물론이고, 위와 같이 신탁자가 실명등기를 실행하기 위하여 하여야 하고 또 할 수 있는 한의 권리행사를 유예기간 내에 실제로 한 경우에도 적법하게 이행된 것으로 보아야 했을 것이다. 다만 이 권리행사의 결과 승소의 확정판결을 얻는 등으로 실제로 실명등기를 실제로 할 수 있게 된 때에는 그로부터 상당한 기일 내에[12] 실명등기를 실행하여야 하며, 그렇게 하지 아니한 때에 비로소 법 제12조 제1항이 적용된다고 해석하면 족하였을 것이다.

이렇게 본다면, 법 제11조 제4항의 「쟁송」을 위와 같이 실명등기 그 자체를 내용으로 하는 것을 기준적 모델로 하여 이해하는 것은, 굳이 그 규정을 두어야 할 이유를 상당 부분 멸각시키는 결과가 된다.

(4) 또한 법 제11조 제4항의 규정위치로부터도 위와 같은 이해는 정당화된다. 이 규정과 그 앞의 同條 제3항은 모두 「유예기간의 연장」을 정한 규정으로 이해되고 있다.[13] 그런데 동 제3항은 "실권리자의 귀책사유 없이 다른 법률의 규정에 의하여 … 실명등기 또는 매각처분 등을 할 수 없는 경우"는 1년의 유예기간이 "그 사유가 소멸한 때"로부터 진행된다고 정하는데, 이 규정이 적용되는 예로서는 "유예기간 중 토지구획정리사업법에 의한 환지처분·도시재개발법에 의한 재개발사업 시행 등으로 인하여 소유권이전등기를 할 수 없는 경우 등"을 들고 있다.[14] 말하자면 同項은 실명전환이 법률의 정함이

12) 법 제11조 제4항은 이와 같은 경우에 관한 한 앞의 (1)에서 본 대로 이 「상당한 기간」을 구체적으로 法定한 것이라고도 이해될 여지가 있다.

13) 財政經濟院(註 9), 61면의 표제 참조.

14) 財政經濟院(註 9), 62면.

라는 객관적 장애사유에 걸려 있음으로 말미암아 실행될 수 없는 경우에 그 불실현에 대하여 신탁자에게 귀책사유가 있다고 할 수 없는 때에는 그 사유의 소멸시로부터 유예기간을 기산한다는 취지일 것이다.

그렇다면 바로 뒤의 제4항도 실명전환이 부동산물권에 관한 쟁송이라는 客觀的 障碍事由에 걸려 있음으로 말미암아 실행될 수 없는 경우(또는 당장은 실행될 수 있다고 하더라도 그 쟁송의 결과에 따라서는 실명등기의 효력이 부인되는 등으로 무의미하게 되는 경우)를 적어도 기준적 모델로 하여 마련되었다고 생각하는 것도 자연스러운 일일 것이다. 다시 말하면 위의 (2)에서 본 대로「실명전환을 하기 위하여(또는 실명전환을 실효 있는 것으로 하기 위하여) 그 존부의 확정이 필요한 권리관계에 대하여 그 존부에 관한 쟁송」이 계속 중이라는 객관적 장애사유가 있는 경우에는 당장 실명전환을 하게 하기보다는 그 쟁송의 결론을 기다려서 그로부터 1년 내에 실명전환을 하여야 한다는 취지라는 것이다.

따라서 그와 같은 장애사유가 있는 것이 아니고 단지 수탁자가 실명전환에 응하지 아니하는 등의 이유로 신탁자가 그를 상대로 소유권이전등기청구소송을 제기한 경우는 위 규정을 해석함에 있어서 지침적인 역할을 할 수는 없다고 하여야 하지 않을까.

4. 그러나 법 제11조 제4항과 같은 규정이 이미 명문으로 존재하는 마당에 위 ① 내지 ④의 요건에 맞는 쟁송을 거기서 말하는 "부동산물권에 관한 쟁송"에 해당한다고 해석할 것인가는 위 3.에서 본 문제와는 차원을 달리한다. 이 문제는 요컨대 거기서 정하는「유예기간의 연장」의 혜택을 그러한 소송에 인정함이 타당한지에 따라 정하여질 것이다. 그렇게 보면 이는 긍정하여야 할 것이라고 생각된다. 즉

수탁자가 임의로 신탁자 앞으로의 소유권이전등기를 경료하여 주려 하는 등으로 실명등기의 실행이 신탁자 자신의 의사만에 걸려 있는 경우에도 1년의 유예기간이 주어지는데, 그렇다면 신탁자가 ──수탁자가 등기환원을 거절하는 등의 이유로── 부득이 법 시행 당시 이미 또는 법 시행일로부터 1년 내에 수탁자를 상대로 하여 소유권이전등기청구소송을 제기하고 승소의 확정판결을 받아 놓아서 자신의 의사만에 의하여 실명등기를 실현할 수 있게 된 신탁자에게도 마찬가지로 그 시점(이 때 신탁자는 앞서 말한 경우와 같은 처지에 있게 된다)로부터 1년의 유예기간을 부여하는 것이 균형에 맞는다.

이와 같이 해석하는 경우에는, 앞의 3.에서 본 바의 「실명전환을 하기 위하여 그 존부의 확정이 필요한 권리관계」의 存否가 다투어진 쟁송과 여기서 본 위 ① 내지 ④의 요건에 맞는 쟁송과의 관계가 문제되지 않을 수 없다. 이에 대하여는 뒤의 Ⅳ.3.(2)(c)에서 보기로 한다.

5. 그러면 위 판결의 사안에서처럼 이미 신탁자가 수탁자를 상대로 그 등기가 원인무효라고 주장하여 그 말소를 구하는 소송을 제기하였다가 후에서야 비로소 이를 명의신탁해지를 원인으로 하는 소유권이전등기청구로 변경한 경우는 어떠한가? 이 역시 4.에서와 같이 판단되어도 좋을 것이고, 따라서 위 대법원판결의 결론은 수긍될 수 있다.

수탁자가 신탁자 앞으로의 등기환원을 어떠한 이유에서 거부하는 경우에 신탁자의 입장에서 이를 관철하는 데 필요한 法的 觀點을 정확하게 指摘하는 것은 반드시 용이한 것이 아니다. 예를 들면 수탁자의 소유권등기가 전혀 原因 없이 행하여졌는지, 假裝行爲에 기한 것인지, 그들 사이에 명의신탁약정이 존재하는지, 아니면 무슨 채권관계가 있어 담보약정이라도 있다고 할 것인지를 소송의 당초에 미리 정확하게 파악·주장될 것을 기대할 수는 없다. 명의신탁약정이 있었다는 것도 실은 소송에 나타난 자료의 면밀한 검토에 기하여 사후적인 법적 평가로서 비로소 發見 또는 象嵌된다고 하는 것이 실상에 보다 적절한 설명일 것이다.[15] 요컨대 이러한 사안맥락에서 법 제11조 제4항의 적용에 있어서 의미 있는 것은, 수탁자가 등기환원을 거부하였다는 것, 그리고 그에 따라 필요하게 된 신탁자의 법적 공격("쟁송")이 실제로 행하여졌다는 것 자체인 것이다.

Ⅲ. 大法院 1997년 5월 1일 결정 97마384사건 (대법원판례집 45권 2집, 127면)

1. 이 결정은 등기공무원의 처분에 대한 異議事件에 대한 것이다.

이 사건에서는 1971년 5월 19일자로 갑 앞으로 소유권이전등기가 행하여졌는데 을이 1996년 8월 27일에 이르러(따라서 법 시행 후 1년이 경과한 후에) 갑 명의의 등기가 자신과 을 사이의 명의신탁약정에 기하여 행하여졌다고 하여 명의신탁약정의 해지를 원인으로 자기 앞으로 소유권이전등기를 할 것을 신청하였다. 登記公務員은 이 등기신청은 부동산실명법에서 정하는 유예기간이 경과한 후에 행하여진 것으로서 不動産登記法 제55조 제2호에서 정하는 "사건이 등기할 것이 아닌 때"에 해당한다고 하여 이를 각하하였다. 乙의 재항고에 대하여 대법원은 법 제11조 제1항 본문, 제12조 제1항, 제4조의 규정에 비추어 위의 등기신청은 "그 신청취지 자체에 의하여 법률상 허용될 수 없음이 명백한 경우"로서 등기공무원의 처분은 정당하다고 판단하여 乙의 再抗告를 기각하였다.

---

15) 따라서 여기서 말하는 「신탁자」 또는 「수탁자」라는 用語도 그와 같이 사후적으로 주어져야 할 것이다.

2. 이는 비록 登記節次法上의 문제를 다룬 것이기는 하나, 종전의 명의신탁에 대하여 부동산실명법이 정하는 유예기간이 경과한 후에는 명의신탁해지를 원인으로 하는 등기청구권은 법률상 인정되지 아니함을 전제로 하는 것이라고 이해된다. 이 점에 대하여는 뒤의 Ⅷ. 이하에서 다시 보기로 한다.

그런데 명의신탁의 해지를 원인으로 한 登記申請에 대하여 등기공무원이 유예기간의 도과 여부를 스스로 판단하여 이를 却下하는 것은 소위 形式的 審査主義의 원칙에 반하는 것이 아닌가 하는 의문이 제기될 수도 있겠다. 한편으로 부동산등기법에서 신청각하사유로 정하는 "사건을 등기할 것이 아닌 때"의 의미에 대하여는, 그것이 반드시 등기법상 등기가 허용되지 않는 경우뿐만 아니라 실체법상 등기가 허용되지 않는 경우, 즉 신청대로 등기가 되었다고 가정하더라도 실체법상 당연히 무효이어서 등기의 효력을 발생할 여지가 없는 사항을 내용으로 하는 등기신청인 경우도 포함한다고 해석되고 있기는 하다.[16] 그러나 다른 한편으로 "실체법상 무효인지 또는 유효한지에 관하여 판례나 학설상 다툼이 있는 사항 또는 실체법상의 효력을 판단하기 어려운 사항에 관하여는, 일응 接受해서 등기하는 것이 상당한 조치"라고 설명되고 있으며,[17] 그리하여 위 규정에 의하여 신청을 각하할 수 있는 것은 "등기부를 見하는 것만으로 그것이 본래 등기하여서는 안 되는 것임이 명백한 경우"에 한정된다는 것이 판례의 태도이다.[18] 이러한 이해에 비추어 본다면, 또 특히 앞의 Ⅱ.3.에서 본 바와

16) 우선 郭潤直, 不動産登記法, 新訂(修正)版(1998), 222면; 申彦淑, 註解 改正 不動産登記法(1984), 369면 참조. 우리 규정과 같은 내용인 일본 부동산등기법 제49조 제2호의 해석에 대하여 幾代通, 不動産登記法, 제4판(1994), 156면; 吉野衛, 注釋 不動産登記法, 下卷, 新版(1982), 302면; 杉之原舜一, 新版 不動産登記法(1970), 222면 등 참조.

17) 郭潤直(前註), 同所. 幾代通(前註), 同所도 같은 서술을 한다.

18) 예를 들면 大判 72.11.29, 72마776(集 20-3, 153); 大判 80.2.13, 79마412(集 28-1, 88); 大判 80.7.10, 80마150(集 28-2, 178) 등 확고한 판례는, "부동산등

같이, 「실명전환을 하기 위하여 그 존부의 확정이 필요한 권리관계」의 存否가 다투어진 쟁송의 계속 기타 사유에 의하여서도 유예기간이 연장된다고 이해한다면, 과연 등기공무원이 명의신탁해지를 이유로 하는 등기신청에 대하여 등기신청을 각하할 수 있는지 의문이 제기될 여지가 없지도 않다고 생각된다.

그런데 1995년 6월 14일의 등기예규 제817호("부동산실권리자명의등기에관한법률 시행에 따른 업무지침") 제3항은, "명의신탁해지를 원인으로 하는 소유권이전등기 또는 소유권이전등기말소등기의 신청은 수리하여서는 아니된다. 다만 동법 제8조 내지 제11조 제1항 단서에 해당하거나, 위 법 시행일로부터 1년(법 제11조 제3항 및 제4항이 정하는 사유가 있는 때에는 각 사유가 소멸 또는 발생한 때로부터 1년) 이내에 실명등기하는 경우에는 그러하지 아니하다"고 정하고 있다. 이 例規에 의한다면, 유예기간의 연장을 주장하는 등기신청인으로서는 자신의 등기신청이 「법 제11조 제3항 및 제4항이 정하는 사유가 소멸 또는 발생한 때로부터 1년」에 행하여졌음을 밝히고 증명하여야 하고, 등기공무원은 그 당부를 판단하여야 한다. 그것이 「명백」하거나 간단한 일이 아님은 뒤의 Ⅶ.에서 보는 大決 99. 9. 9, 97마722(공보 99하, 2164)에서 분명히 드러난다.

3. 또한 위 결정은, 부동산실명법이 정하는 課徵金을 부과받은 명의신탁자는 나아가 "지체 없이 … 자신의 명의로 등기하여야 한다"고 정하는 법 제6조 제1항이 명의신탁자에게 명의신탁약정을 원인으로 하는 등기청구권을 부여하는 것이 아닌가 하는 문제도 다루고 있다. 대법원은 결론적으로 위의 규정은 "기존의 명의신탁약정과 명

기법 제55조 제2호의 '사건이 등기할 것이 아닌 때'라고 함은 등기신청이 그 신청취지 자체에 의하여 법률상 허용할 수 없음이 명백한 경우를 말하는 것"이라고 한다. 吉野衛(註 16), 同所도 同旨.

의수탁자 명의 등기가 무효로 되었음에도 불구하고 명의신탁자에게 새삼스럽게 명의신탁약정을 원인으로 하여 직접 명의수탁자로부터 등기를 청구할 수 있도록 私法上의 권리를 창설하는 것이라고 볼 수 없"고 단지 명의신탁자에 대하여 "공법상의 의무를 부과하는 것에 불과"하다고 판단하였다. 이 판단은 정당하다고 생각된다. 위 규정이 신탁자 앞으로 등기하여야 한다고 정하는 것은, 과징금의 부과 또는 납부에 의하여 實名登記義務(법 제3조 제1항 등 참조)가 면제되는 것이 아님을 주의적으로 규정하는 데 불과하고 명의신탁약정에 어떠한 私法上의 效力을 인정하는 취지는 아니기 때문이다.

4. 그런데 무엇보다도 이 대법원결정이 흥미를 끄는 것은, 부동산실명법 제12조를 적용하여 명의신탁약정에 기한 등기환원을 거부하였다는 사실 그 자체이다. 위 규정은 단기의「유예기간」안에 실명전환을 하지 아니하면 매우 엄한 제재(동조 제2항 참조)를 가하는 등 실제로는 명의신탁자의 종전의 지위를 실제로 박탈하는 것이 될 수 있어서, 재산권보장에 관한 헌법 제23조 등에 위반하는 규정이라는 違憲의 주장이 제기될 여지가 있다고 생각된다. 그러나 대법원은 이러한 위헌성의 문제에 대하여 적어도 일단은 부정적인 판단을 하여[19] 그 규정을 적용한 것으로 해석될 여지가 있다. 대법원이 위 결정을 함에 있어서 그 문제를 의식하였는지 여부는 확인할 자료가 없으나, 객관적으로 위 규정을 적용하여 명의신탁자의 권리를 부정한 것은 결국 위 규정이 합헌이어서 유효함을 前提로 한 것으로 이해되기 쉽기 때문이다. 물론 앞의 Ⅱ.에서 본 大判 97.4.8.도 위 규정의 적용이 문제된 것이기는 하나, 그 사건에서는 결론적으로 유예기간의 도과가 否認되어서, 위헌문제가 사건해결의 필연적인 논리고리를 형성하지는

19) 헌법재판소법 제41조 제1항에서 보는 대로, 대법원을 포함하여 법원은 당사자의 신청이 없어도 職權으로 위헌 여부의 심판을 제청할 수 있다.

아니하였었다. 그러나 이 결정은 위 규정을 정면에서 적용하여 종전에 인정되던 명의신탁자의 권리를 이제 부인한 것이므로, 兩者의 含意는 다른 바가 있다고 하지 않을 수 없다.

Ⅳ. 大法院 1998년 6월 26일 판결 98다12874사건 (대법원판례집 46권 1집, 466면)

1. 약 1년의 간격을 두고 다시 부동산실명법의 적용이 문제된 이 판결은 여러 모로 흥미로운 판단을 담고 있다. 그리고 이는 그 후의 裁判例들에 방향을 부여하는 중요한 의미를 가진다.

(1) 이 사건의 사실관계를 단순화하면 다음과 같다.

원고와 피고가 원래의 토지소유자로부터 토지 1필의 특정 일부씩을 매수하였으나 등기를 넘겨받음에 있어서는 "분필로 인한 번거로움을 피하기 위하여" 두 사람이 합의하여 피고 1인 앞으로 소유권이전등기를 경료받았다. 그 후 피고는 그 전부를 갑에게 양도하였다. 그리하여 갑은 부동산실명법 시행 전에 원고를 상대로 원고가 점유하는 토지부분의 인도를 구하는 소송(「前訴」)을 제기하였는데, 전소에서 원고(그 사건의 피고)는 "이 토지부분의 실질적 소유권은 원고에게 있고 갑 명의의 소유권이전등기는 피고의 배신적 처분행위[이는 아마도 피고가 명의수탁자로서의 채권적 의무에 반하여 목적물을 처분하였다는 의미일 것이다]에 갑이 적극 가담하여 이루어진 것이어서" 무효라고 주장하면서 다투었다. 그 결과 원고의 주장이 받아들여져서, 1996년 11월에 갑의 패소판결이 확정되었다. 그러자 원고가 동년 12월에 피고를 상대로 명의신탁의 해지를 원인으로 소유권이전등기를 청구한 것이 바로 이 사건이다.

原審法院은, 이 사건 소가 1996년 6월말로써 종료되는 부동산실명법상의 유예기간을 도과하여 제기되었으므로 이제 명의신탁의 해지를 이유로 하는 이전등기청구는 허용되지 않는다고 하여 청구를 기각하였다. 그러나 大法院은 원심판결을 파기하였다.

(2) 우선 대법원은, 부동산실명법이 유예기간을 둔 취지를 "오랜 기간 판례를 통하여 널리 그 효력이 인정되어 오던 부동산명의신탁 … [의] 사법적 효력을 부정함으로 인하여 발생할 수 있는 사회적 혼란을 막고 당사자의 법적 안정성을 도모하기 위하여 기존 명의신탁약정에 관한 한 이를 한시적으로 유효한 것으로 인정함으로써 명의신탁자로 하여금 그 기간 안에 명의신탁해지 등의 방법으로 실명전환을 할 수 있는 기회를 보장하자는 데에 있다"고 이해하고 있다(이하 판시 [1]). 여기서는 무엇보다 「사회적 혼란의 방지」나 「법적 안정성」만이 언급되고 명의신탁부동산에 대한 신탁자의 법적 지위의 유지·보장이라는 적어도 당사자에게는 보다 근본적인 이익에는 별로 주목하지 아니한다는 점이 눈에 뜨인다.

이어서 이 판결은, 규정취지가 그러하므로 "법 제11조 제4항에서 말하는 '부동산물권에 관한 쟁송'에는 명의신탁자가 기존 명의신탁약정에 기하여 직접 쟁송을 제기한 경우뿐만 아니라 명의신탁자가 명의신탁관계를 否定당하여 제소당한 경우도 포함된다"고 해석하여야 한다고 설시한다(이하 판시 [2]).

나아가 결론적으로 이 사건 소송에서 원고는 명의신탁의 효력, 나아가 그 해지를 원인으로 하는 소유권이전등기청구권을 주장할 수 있다고 판단한다. 그런데 이러한 결론은, 前訴가 ―판시 [2]의― "명의신탁자가 **명의신탁관계를 부정당하여** 제소당한 경우"에 해당한다는 이유에서 도출되고 있지 **않다**. 그와는 별도로, 이 사건의 사안을 교묘하게 시야에 둔 다음과 같은 설시(이하 판시 [3])가 위 판시에 이어지고 있다.

> "수탁자 또는 전득자가 신탁자를 상대로 당해 부동산물권에 터잡아 제기한 인도청구소송 등에서 신탁자가 이 사건 부동산의 실질적 소유권은 자신에게 있고 전득자 명의의 소유권이전등기는 원인무효의 등기라고 적극 주장하여 그 소송에서 신탁자의 주장이 받아들여져 결국 위 인도청구소송 등이 수탁자 또는 전득자의 패소로 확정되어, 신탁자가 협의에 의한 소유권 회복을 기대하고 있다가 수탁자나 전득자가 이에 응하지 아니하여 부득이 명의신탁해지를 원인으로 소유권이전등기소송 등을 제기한 경우, 그 소송이 인도청구소송 등의 확정 후 상당한 기간 내에 이루어진 것으로서 당해 부동산에 관한 쟁송이 계속되고 있다고 평가되는 경우라면, 위와 같은 일련의 인도청구소송과 소유권이전등기청구소송 등은 그 전체로서 일체가 되어 위 법조항에서 말하는 '부동산물권에 관한 쟁송'에 해당된다고 봄이 상당하다고 할 것이므로, 먼저 제기된 위 인도청구소송 등이 위 법 시행 전 또는 유예기간 중에 이루어진 이상, 위 일련의 소송의 계속 중에는 기존의 명의신탁관계가 실효되지 않는다고 보아야 할 것이다."

여기서 핵심적인 부분은, 제11조 제1항의 「쟁송」의 해석과 관련하여 前訴와 이 사건 소송은 이를 전체로서 관찰하면 「一體」로서 파악되어야 한다는 점이라고 할 것이다. 뒤의 V.에서 살펴보는 大判 98.11.10, 98다30827(공보 98하, 2841)과 합하여 보면, 이러한 全體的 觀察이야말로 제11조 제4항의 「쟁송」에 관한 판례의 태도를 이해함에 있어서 결정적인 의미를 가진 것이다. 나아가 만일 판례의 태도를 그와 같이 파악한다면 앞의 Ⅱ.에서 본 大判 97.4.8.도, 비록 복수의 소송이 행하여진 사안에 대한 것은 아니나, 하나의 소송절차 내에서 請求의 變更이 있은 경우로서 역시 이를 전체적으로 볼 때 「계속된 하나의 쟁송」이라고 평가되었기 때문에 그 요건이 충족되었다고 판단된 것이라고 ―사후적으로― 설명될 수 있을 것이다. 그리고 위의 인용설시에서 드는 다른 事實要素들, 예를 들면 前訴에서 명의신탁관계의 존재가 적극적으로 주장되었다든가, 전소가 종결된 후 신탁자가 협의에 의한 소유권 회복을 기대하고 있었다든가, 이 사건 소송이 전소의 종결 후 상당한 기간 내에 이루어졌다든가 하는 등의 사정은 그러한 전체적 관찰의 관점에서 볼 때 하나의 쟁송이 계속하고 있는지 아니면 별개의 쟁송이라고 할 것인지를 판단하는 하나의 자료에 불과한 것으로 이해될 수도 있을는지도 모른다.

또 하나 注目되는 것은, 이 판결은 後訴까지 합하여 부동산실명법 제11조 제4항의 「부동산에 관한 쟁송」에 해당한다는 취지로 판단하고 있어서, 후소가 진행되고 있는 동안에는 아직 猶豫期間은 그 진행을 개시하지조차 않았다는 귀결이 된다는 점이다. 同規定은 유예기간은 "당해 쟁송에 관한 確定判決" 등이 있는 날로부터 진행된다고 정하고 있는데, 이는 당해 쟁송이 종결되었다는 의미로 이해할 것이다. 그런데 아직 「당해 쟁송」이 係屬 중이므로 유예기간은 아직 起算되지 아니하는 것이다.

2. 우선 판시 [1]에 대하여 보자.

만일 법 제11조 제4항 등의 규정취지를 이와 같이 「사회적 혼란의 방지」나 「법적 안정성」이라는 관점에서 이해한다면, 판시 [2]나 [3]과 같이 법 제11조 제4항의 「쟁송」을 보다 넓게 해석하려는 지향은 잘 설명될 수 없다고 생각된다. 왜냐하면 가능한 한 예외(여기서는 유예기간의 연장)를 억제하고 조기에 기존의 명의신탁을 포함한 모든 명의신탁에 대하여 일률적·전면적으로 그 효력을 부인함으로써 「사회적 혼란」이 방지되고 「법적 안정성」이 도모된다고도 할 수 있기 때문이다.

필자는 그 규정의 취지를 바라보는 기본시각은 다음과 같은 것이어야 한다고 생각한다. 즉, 종래 유효한 것으로 法認된 명의신탁에 기하여 명의신탁자가 가지던 재산적 지위는 명의신탁에 법적 효력을 인정하기를 거부하는 새로운 법률의 제정·시행에 의하여 영향받아서는 안 되는 것이 원칙이다. 그런데 부동산실명법은 登記를「실질적 권리관계」와[20] 합치시키려는 입법목적을 실효 있게 달성하려면 장래에 대하여 명의신탁을 금지하는 것만으로는 부족하고, 종래 빈번하게 행하여져서 널리 퍼져 있는 旣存의 名義信託에도 부득이 손을 대서 이를 일정한 방향으로 규율하지 않을 수 없다는 입장을 취한 것이다. 그런데 여기서 우리는 국민의 기본권을 제한하는 법률의 限界에 관한 다음과 같은 헌법상의 원칙도 상기할 필요가 있다. 기존의 명의신탁에 기한 旣存의「財産權」은 여전히「保障」되어야 한다(憲法 제23조 제1항 제1문). 만일 이를 제한하고자 한다면, 우선 그 제한의 합리적인 근거를 제시·설득할 부담이 제한조치를 취하는 측(여기서는 국가)에게 지워지며, 나아가 그 제한의 내용도 그 근거인 목적을 달성하기에 적합하고(「적합성의 원칙」), 필요 이상으로 제한하여서는 안 되고(「최소침해의 원칙) 또 그 목적과의 사이에 균형이 맞는 것이어야 한다(「비례의 원칙」).[21] 물론 헌법 제23조 제1항에서 정하는 대로 재산권의 내용과 한계 자체가 법률로 정하여지므로, 그러한 소위 基本權形成的 法律留保에 대하여는 원칙적으로 이들 원칙을 기본권의 법률유보에 대해서와 같은 내용으로 적용하기 어려울지 모른다.[22] 그러나

20) 이는 판례가 인정하는 바의 효력 없는 등기의 흠을 치유하는 그「실체적 권리관계」라는 의미가 아니라 부동산실명법 제2조 제1호의「事實上 保有」라는 말과 유사한 의미이다.

21) 헌법학에서 논의되는 이러한「법률에 의한 기본권 제한의 한계」에 대하여는 우선 許營, 韓國憲法論, 新訂10版(1999), 276면 이하 참조. 한편 이들을 한 마디로 집약하는 바의「과잉금지의 원칙」을 실제의 사건에 적용한 많은 헌법재판소의 재판이 있다.

22) 헌법 제23조 제1항 제2문에 표현된 재산권에 대한 立法形成權과 헌법 제37조

旣存의 名義信託으로 이미 얻어진 財産權을 事後立法으로 제한하는 것에 대하여는 큰 차이를 두기 어렵다고 생각된다.

그렇게 보면 유예기간의 부여 또는 연장은 오히려 당연한 것이고, 무슨 특혜가 아닌 것이다(필자는 나아가 법 제11조, 제12조의 규정내용은 전체적으로 볼 때 이러한「한계」를 넘어선 것으로서 헌법에 합치하지 아니한다고 볼 여지가 있다고 생각한다). 거칠게 말한다면, 법 제11조, 제12조 자체가 오히려 부득이한 例外的 制限이고, 따라서 종전의 명의신탁에 기한 당사자의 재산적 지위를 제한하는 법률규정은 이를 엄격하게 해석하여야 하며, 그 반면으로 예를 들면 법 제11조 제4항의「쟁송」과 같이 종래의 재산적 지위가 그대로 유지되게 하는 바의 요건은 보다 완화해서 해석되어야 하는 것이다.

그런데 위 판결은 혹 이를 逆轉하여, 종전의 명의신탁도 위 법의 시행에 의하여 당연히 무효가 되어야 하는데, 다만「사회적 혼란의 방지」와「법적 안정성」을 위하여 예외적으로 유예기간의 특혜를 주었다고 본 것은 아닌가 하는 의문을 불러일으킨다.

3. 판시 [2]는 어떤가?

(1) 먼저 지적할 것은 여기서도 법 제11조 제4항의「쟁송」의 말하자면 原型 내지 基本型을 위 ① 내지 ④의 요건에 맞는 쟁송에서

제2항에 기한 재산권제한입법에 대한 限界設定과의 긴장관계는 수많은 憲法裁判所決定에서 익히 아는 바이다. 최근의 예로 도시계획법 제21조에 대한 憲裁決 98.12.24, 89헌마214등(憲集 10-2, 927)은, 한편으로 "재산권이 법질서 내에서 인정되고 보호받기 위하여는 입법자에 의한 형성을 필요로 한다. 즉, 재산권은 이를 구체적으로 형성하는 법이 없을 경우에는 재산에 대한 사실상의 지배만 있을 뿐이므로 **다른 기본권과는 달리** 그 내용이 입법자에 의하여 법률로 구체화됨으로써 비로소 권리다운 모습을 갖추게 된다"고 하면서도, 다른 한편으로 "그렇다고 하더라도 토지재산권에 대한 제한입법 역시 **다른 기본권을 제한하는 입법과 마찬가지로** 과잉금지의 원칙을 준수해야" 한다고 판시한다. 이 決定에 대한 評釋으로 金文顯, "都市計劃法 제21조에 대한 憲法訴願", 權寧星 교수 停年紀念論文集(1999), 709면 이하 참조.

구하는 태도를 그대로 유지되고 있다는 점이다. 그것은 판시 [2]의 전반부분, 즉 "법 제11조 제4항에서 말하는 '부동산물권에 관한 쟁송'에는 [①]명의신탁자가 [②]기존 명의신탁약정에 기하여 직접 쟁송을 제기한 경우뿐만 아니라"고 설시하는 部分에서 드러난다.

(2) 나아가 후반부분("명의신탁자가 명의신탁관계를 부정당하여 제소당한 경우도 포함된다")은 우선 前訴의 내용을 제대로 반영하는 것인지가 의문이다. 前訴는 명의수탁자로부터의 전득자가 목적부동산을 점유하는 신탁자를 상대로 하는 토지인도소송으로서, 그 청구는 명의신탁관계의 존재가 인정되더라도 긍정될 수 있고 「명의신탁관계가 부정」되어야만 성립할 수 있는 것이 아님은 물론이다. 그렇게 보면 前訴에서 그 원고가 명의신탁관계의 존재를 「부정」하는 주장을 하지 않았을 수도 있는 것이다.[23)]

그리고 이 판결에서 명의신탁자 자신이 제기한 소송이 아니라 그가 피고가 된 소송도 법 제11조 제4항의 「쟁송」에 해당할 수 있다는 부분은 종전에 보이지 않던 판시로서 의미가 없다고는 할 수 없다. 그러나 이 판결에서 결론을 지탱하는 설시는 역시 판시 [3]이라고 할 것이다. 또한 앞의 Ⅱ.3.에서 본 대로, 「실명전환을 하기 위하여는 그 존부의 확정이 필요한 권리관계」의 存否가 다투어진 쟁송이 행하여지는 것으로써 족하다고 해석하고, 거기다 그 쟁송에서 명의신탁자가 원고인지 피고인지 상관없으며 나아가 그가 전혀 당사자가 되지 아니한 경우라도 무방하다고 덧붙인다면(앞의 Ⅱ.3.(2) 참조), 판시 [2]와

---

23) 혹 그 취지는 大判 97.10.10, 96다38896(공보 97하, 3401)에서 판시하는 대로 명의수탁자가 목적물을 처분하여 제3자가 이를 유효하게 취득함으로써 "명의신탁관계는 소멸"하였다고 하는 의미인지도 모른다. 그런데 그 전의 大判 87.5.12, 86다카2653(공보 803, 968)은 수탁자로부터 제3자 앞으로 소유권이전등기가 경료되어 형식상 수탁자의 명의신탁관이 해소되었다는 사유만으로 신탁자와 수탁자 사이의 신탁계약상의 법률관계가 소멸하지 아니한다고 판시하고 있다. 그러므로 위 大判 97.10.10.의 취지를 일반화하는 데는 주저를 느낀다.

같은 설시는 반드시 필요하지 않았을 수도 있을 것이다.

4. 나아가 판시 [3]에 대하여 본다.

(1) 우선 이와 같이 **전체적 관찰에 의하여** 법 제11조 제4항의 「쟁송」 유무를 판단한다는 대법원의 태도를 어떻게 평가할 것인가?

어떠한 구체적·개별적 법률요건의 충족 여부가 「**전체적** 관찰」 또는 「**종합적** 관찰」에 의하여 판단되어야 한다는 思考는 實務에서 즐겨 채용되고 있는 법해석수단의 하나이다.

(가) 단지 몇 가지 예를 들어 보자.

(a) 민법 제652조는 민법 제643조(토지임차인에게 地上物買受請求權을 부여하고 있다) 등에 위반하는 약정으로 임차인에게 불리한 것은 무효라고 정한다. 그런데 토지임대차계약에서, 임차인이 계약기간의 만료 후 "건물을 철거하고 원상회복하여 임대인에게 토지를 반환"하기로 약정하였다고 하자. 이 약정은 토지임차인의 지상물매수청구권을 배제하는 것으로서 명백히 「임차인에게 불리」하다고 하지 않을 수 없을 것이다. 그러므로 위 약정은 민법 제652조에 좇아 무효인 것으로 생각된다. 그런데도 大判 92.4.14, 91다36130(集 40-1, 301); 大判 93.12.28, 93다26687(공보 94상, 521) 등은, "불리한 약정인지 여부는 **우선** 당해 계약의 조건 자체에 의하여 가려져야 하지만, 계약체결의 경위와 제반 사정 등으로 **종합적으로 고려하여 실질적으로** 임차인 등에게 불리하다고 볼 수 없는 **특별한 사정**을 인정할 수 있는 때에는 위 강행규정에 저촉되지 아니한다"(강조는 引用者)고 판시하고, 이에 기하여 「당해 계약의 조건 자체」로 보면 임차인에게 불리하다고 하여야 할 約定을 당사자간의 계약관계의 「종합적 관찰」을 함으로써 불리하지 아니한 것으로 판단하고 있다.

이미 그러한 抽象論이 설시되기 전에 大判 82.1.19, 81다1001(集

30-1, 17)은, 임차인이 증·개축한 시설물과 부속 시설을 임대차 종료시의 현상대로 임대인에게 귀속시키기로 하는 임대차계약상의 약정이라도 "그 대가로 보증금 및 월차임을 파격적으로 저렴하게 하고 그 임대기간도 장기간으로 약정하였으며, [나아가] 임대인이 임대차 종료 후 즉시 임대건물을 철거하고 그 부지에 건물을 신축하려 하였으며 임차인이 계약 당시부터 이를 알고 있었"던 事實關係 아래서는 "**단지** 부속물매수청구권을 배제하기로 하거나 또는 부속물을 **대가 없이** 임대인에게 귀속시키는 약정들과는 달라서" 임차인에게 불리한 약정이 아니라고 판시하여, 위와 같은 抽象論을 先取한 바 있는 것이다.

(**b**) 그리고 최근의 예로는 무엇보다도, 목적물을 인도받은 부동산매수인이 이를 제3자에게 매도하고 그 점유를 이전한 경우 원래의 매도인에 대한 그의 소유권이전등기청구권이 시효에 걸리는지 여부가 문제된 大判(全) 99.3.18, 98다32175(공보 99상, 718)을 들 수 있다. 주지하는 대로 同判決에서 대법관 8인의 多數意見은 이를 부정하고 그 경우 소유권이전등기청구권은 소멸시효에 걸리지 않는다고 판단하였다. 그런데 그 이유의 하나로 "인도, 등기 중 어느 한쪽만이라도 권리행사하는 자는 **전체적으로 보아** 부동산에 관하여 권리 위에 잠자는 자라고 할 수 없다"는 점을 들고 있는 것이다.

그 외에 주택임대차보호법 제3조 제1항의 「주민등록」의 요건과 관련하여 일단 아들과 함께 住民登錄을 하였다가 일시적으로 다른 곳으로 이를 옮긴 후 다시 轉入申告한 사안에 대한 大判 96.1.26, 95다30338(공보 96상, 745)이나, 상해보험에서 무면허운전면책약관의 효력과 관련하여 "보험사고가 전체적으로 보아 고의로 평가되는 행위로 인한 경우에만" 그 약관의 유효성이 인정되며 무면허운전 자체가 고의행위인 것과는 별도라는 大判 96.4.26, 96다4909(공보 96상, 1719) 등도 그 한 예로 들 수 있을 것이다.

(나) 물론 어떠한 법조항도 하나의 언어표현인 이상 그 의미는 그 표현이 자리잡은 전체적 문맥 속에서 파악되어야 함은 물론이다. 법해석방법의 하나로서의 體系解釋이란 바로 이러한 관점에서 행하여지는 바이다. 그리고 법률요건에 따라서는 그 성질상 당연히 "구체적 사건의 제반사정을 고려하여" 판단되어야 하는 경우도 없지 않다. 이는 예를 들면 과실상계의 비율을 정하는 때와 같이 非訟的 要素가 있는 경우가 그러할 것이나, 앞의 (가)에서 본 대로 어떠한 계약조항의 「불리」 여부와 같이 그 자체로서 당사자의 제반 사정에 대한 일정한 평가를 전제로 하는 경우도 아마 그렇다고 하여야 할 것이다.

그러나 일반적으로 말하면, 개별 법률요건의 충족 여부를 「개별 사안의 전체적 평가(Gesamtwürdigung des Einzelfalles)」에 기하여 행하는 태도에 대하여는 愼重한 留保를 주장하지 않을 수 없다. 우선 당사자의 소송상 주장이나 입증의 활동은 법원의 판단이 어떠한 構圖 아래 행하여질 것인가를 예측하여 행하여지는데, 그러한 「전체적 평가」는 당사자의 변론활동의 초점 내지 방향을 불명료하게 한다. 뿐만 아니라 법원으로서도 심리·판단의 범위가 뜻하지 않게 넓어지게 되어 부담이 가중된다. 그리고 강조하고 싶은 것은, 이러한 「전체적 평가」는 실제로는 法適用者가 이미 내린 법적 결론을 사후에 논리적으로 정당화하기 위한 하나의 方便으로 내세워질 위험이 있다는 점이다. 그러한 위험은 특히 당해 판결에서 당해 사선에 존재하는 다양한 事實要素 중 무엇이 당해 요건의 충족 여부를 결정하였는지가 알기 어렵다는 데서 잘 나타난다고 생각된다.

무엇보다도 「전체적 관찰」에는 일정한 제약이 있다. 「전체적」 또는 「종합적」이라고 하여도 결국은 부분적이며 또 부분적일 수밖에 없는 것이다. 당사자들이 주장하는 바의 「사실」 자체가 부분적이고, 법적용자는 어차피 당사자들의 「모든」 사정을 고려하지는 않으며, ── 명확하게 의식하든, 의식하지 아니하든 간에 ── 해결되어야 할 당해 문제와 관련되는 또는 관련된다고 자신이 생각하는 사정만을 선별하여 고려한다. 그러므로 법해석자가 행하는「전체적 관찰」이란 실상 일종의 形容矛盾인 것이다.

(다) 판시 [3]은 바로 이러한 위험을 담고 있다고 할 것이다. 그리고 이러한 판단의「稀釋化」는 결론을 법적 추론에 의하여 정당화하였다는 논리적 요구를 충족할는지는 몰라도, 사실은 그 判斷의 實質的 理由를 정면으로 드러내지 아니함으로써 장래 法運用의 지침으로서의 기능 역시 희석화하는 것이다.

(2) 그리고 위 사건에서 법원은 이러한「전체적 관찰」에 의하지 아니하고 보다 구체적인 법리의 적용으로도 동일한 結論을 얻을 수 있었다고 생각된다. 그것은 앞에서 이미 누차 시사한 대로 前訴 및 後訴를 공히 법 제11조 제4항의「쟁송」으로 해석할 것이기 때문이다. 즉 실명전환 그 자체를 내용으로 하는 쟁송(이하「實名轉換爭訟」) 뿐만 아니라「실명전환을 하기 위하여는 그 존부의 확정이 필요한 권리관계」의 存否가 다투어진 쟁송(이하「前提爭訟」)도 법 제11조 제4항의「쟁송」인 것이다.

(가) 앞의 I.에서 본 대로 법 제11조 제4항은 신탁자에게 유예기간을 연장하여 주는 규정이다. 부동산실명법은 기존의 명의신탁부동산에 대하여 동법이 시행되는 날로부터 實名轉換할 의무를 부과한다(법 제11조 제1항 본문).[24] 그러나 당사자에게「실명전환」을 하고자 하는 진지하고 확정적인 의도가 있더라도, 그 意圖만으로는 실명전환을 할 수 없는 경우도 얼마든지 있을 수 있다. 우선 생각할 수 있는

---

24) 여기서 말하는「실명전환」은 반드시 명의신탁자 앞으로 등기를 환원하는 경우만을 말하는 것은 아니고, 앞의 註 4에서 본 대로, 신탁자가 제3자에게 매도하여 수탁자로부터 그 매수인 앞으로 직접 소유권이전등기가 경료되는 경우나 성업공사 등에 매각을 의뢰하는 경우를 포함한다(법 제11조 제2항 참조).

것은, 명의수탁자가 명의신탁의 사실을 부인하는 경우, 또는 어떠한 이유에서이든 「실명전환」을 거부하는 경우(수탁자가 신탁자로부터의 매수인에게 직접 소유권이전등기를 경료하는 것을 거부하는 경우도 이에 해당한다)이다. 이러한 사정이 있으면 명의신탁자는 등기환원을 위하여 명의수탁자를 상대로 예를 들면 명의신탁의 해지를 원인으로 하는 소유권이전등기를 법원에 청구할 수밖에 없을 것이다. 그 소송이 1년 이상을 끄는 경우에도 신탁자가 實名轉換義務를 위반하였다고 하여 부동산실명법이 과하는 여러 가지 法的 不利益을 그에게 과할 수는 없을 것이다. 그러므로 이와 같이 신탁자측이 실명전환을 위하여 합리적으로 기대될 수 있는 법적 수단을 강구한 경우에는 법 제11조 제4항에서 정하는 "爭訟이 法院에 제기"되었다고 하여 유예기간이 연장되어야 할 것이다.

그러한 경우에 비록 그 소송이 원고(통상은 명의신탁자일 것이나, 그 외에 신탁자로부터의 매수인과 같이 신탁자를 대위하여 提訴한 사람인 경우도 있을 것이다) 승소의 판결이 확정된다고 하더라도, 그것 자체로 「실명전환」이 되는 것은 아니고,[25] 원고가 이 판결을 가지고 실제로 등기신청을 하여야 한다(민사소송법 제695조, 부동산등기법 제29조 참조). 법 제11조 제4항에서 말하는 유예기간이란 이러한 실제의 실명전환등기를 위한 기간으로서의 의미를 가지는 것이다.

(나) 다른 한편 앞의 Ⅱ.3.에서 본 대로, 법 제11조 제4항은 실명전환이 부동산물권에 관한 쟁송이라는 客觀的 障碍事由에 걸려 있음으로 말미암아 실행될 수 없는 경우(또는 당장은 실행될 수 있다고 하더라도 그 쟁송의 결과에 따라서는 실명등기의 효력이 부인되는 등으로 무의미하게 되는 경우)를 적어도 기준적 모델로 하여 마련되었다고 생

25) 등기 없는 부동산물권변동에 관한 민법 제197조에서 정하는 「판결」이 形成判決만을 의미한다는 것은 우선 大判 63.4.18, 62다223(集 11-1, 248) 이래 大判 70.6.30, 70다568(集 18-2, 104) 등 확고한 판례의 태도이다.

각된다. 그 규정이 의미하는 바는, 어떠한 장애사유에도 불구하고 법 시행 1년 내에는 반드시 실명전환을 할 것을 명하는 것이 아니라, 실명전환을 객관적으로 기대할 수 없게 하는 사정이 있으면 그 사정이 제거된 때로부터 1년 내에 실명전환을 할 것을 명하는 것이라고 이해된다. 그러므로 전제쟁송에서는 명의신탁관계의 존부가 다투어지거나 또 명의신탁자나 수탁자가 그 당사자가 되거나 할 필요는 없다. 나아가 그 소송물이나 구체적인 쟁점이 무엇인지도 묻지 아니한다. 요컨대 그 쟁송은 그 결과 여하에 따라 명의신탁자가 실명전환을 위하여 진력할 것을 객관적으로 기대할 수 없게 되는 내용이면 족하고 할 것이다.

위 사건의 사안에서 수탁자로부터의 전득자가 신탁자를 상대로 제기한 부동산인도소송에서 신탁자가 패소하였다고 가정하여 보자. 이 때 그는 물론 전득자에 대하여 예를 들면 그의 소유권이전등기를 말소할 것을 청구하는 別訴를 제기하는 것은 가령 既判力에 의하여 차단되지 않으며, 만일 그 소송에서 승소한다면 실명전환을 실현할 가능성이 있다. 그러나 일단 전득자의 소유권취득이 긍정되어 인도소송에서 패소한 그에게 다시 그와 같은 別訴를 제기하여서까지 실명전환을 실현하여야 한다는 것은 객관적 기대가능성의 범위를 넘어서는 것이라고 생각된다. 따라서 위 판결의 結論은 首肯될 수 있다.

이상은 수탁자로부터의 양수인이 신탁자로부터의 매수인 또는 임차인를 상대로 목적물인도청구소송을 제기한 경우에도 마찬가지일 것이다. 신탁자는 명의신탁의 「채권적」 관계에 기하여 목적물을 점유하여 사용·수익할 권리를 가지는데, 그는 이를 제3자로 하여금 점유하게 하거나 사용·수익하도록 할 수 있다. 다시 말하면 신탁자의 의사에 기하여 목적물을 점유하는 자는 수탁자의 소유물반환청구를 부인할 수 있는 「占有할 權利」(민법 제213조 단서)를 가지는 것이다.[26] 만

26) 이에 대하여는 우선 梁彰洙(註 1. 登記名義信託), 99면 이하 참조. 大判 95.

일 위 소송에서 피고가 패소한다면, 이는 곧 수탁자의 원고에의 讓渡가 유효한 것이어서, 이제 신탁자에게는 실명전환에의 진력을 객관적으로 기대할 수 없음을 의미한다. 또한 이는 신탁자로부터의 매수인 등을 상대로 수탁자 자신이 명의신탁관계를 부인하면서 인도청구소송을 걸어온 경우도 크게 다를 바 없을 것이다.

(다) 이상과 같이 해석하면 실명전환쟁송과 전제쟁송 간의 관계가 문제될 수 있다. 이에 대하여는 다음과 같은 解釋論的 提案을 하고자 한다.

첫째, 전제쟁송이 법 시행 당시 또는 유예기간 동안에 係屬된 경우에는 명의신탁자는 그 쟁송에 관한 확정판결이 있는 날로부터 1년(이하「延長期間」) 이내에 실제로 실명전환을 하면 이로써 적법한 실명전환이 행하여져서 법 제12조는 적용될 여지가 없다. 이에 대하여는 별도의 설명이 필요 없을 것이다.

둘째, 실제로 실명전환이 행하여지지 아니하더라도 명의신탁자가 연장기간 내에 실명전환소송을 제기한 경우에는, 그 실명전환소송에 관한 확정판결이 있는 날로부터 1년 이내에 실명전환을 함으로써 족하다. 이는 실제로는, 판시 [3]이 선세쟁송의 종결 후 "상당한 기간 내에" 실명전환쟁송이 제기되어야 한다고 설시하여 「상당성」이라는 불명확한 요건에 걸리게 하는 것을, 그로부터 1년이라는 기간으로 명확히게 고정한다는 의미가 있다. 전제쟁송이 종료된 후에도 1년의 기간을 부여한다면, 그것이 신탁자가 수탁자에게 그 기간 중 어느 때라도 실명전환을 요구한 경우에 수탁자가 이에 응하는가(그 경우에는 바로 실명전환이 행하여진다) 아니면 이에 불응하는가(그 경우에는 실명전

10. 12, 95다22283(공보 95하, 3733) 등도 同旨. 이 판결은 피고가 갑에게 명의신탁한 주택을 원고에게 임대한 사안에 대하여, "피고가 비록 이 사건 주택의 소유자가 아니라고 하더라도 주택의 명의신탁자로서 사실상 이를 제 3 자에게 임대할 권한을 가지는 이상, 임차인인 원고는 등기부상 주택의 소유자인 명의신탁자에 대한 관계에서도 적법한 임대차임을 주장할 수 있다"고 판시한다.

환쟁송이 제기되어야 한다)에 의하여 달리 취급되어서는 안 될 것이다.

셋째, 전제쟁송이 동시에 다수 계속한 경우에는, 그 전부가 終結되는 때로부터 연장기간이 개시된다.

넷째, 전제쟁송에 관한 확정판결이 있는 날로부터 1년 이내에 다시 전제쟁송이 계속하는 경우에는, 뒤의 전제쟁송이 종결되는 때로부터 다시 연장기간이 설정된다고 할 것이어서, 그로부터 1년 내에 실명전환 또는 실명전환쟁송이 행하여지면 된다. 아무리 실명전환의 전제가 되는 법률관계가 전소에 의하여 확정적인 것이 되어 실명전환에 대한 법적 장애가 제기되었다고 하더라도, 앞의 (가)에서 본 것처럼 명의수탁자가 실명전환을 거부한다면 역시 별도의 「爭訟」이 제기될 수밖에 없고, 그와 같이 실명전환을 위하여 필요한 것을 다한 사람에게 實名未轉換을 이유로 하는 각종의 법적 불이익을 과할 수는 없는 이치인 것이다.

(라) 결국 위 판결의 사실관계에서 문제된 대로, 前訴에서 명의신탁부동산을 수탁자로부터 취득한 제3자가 신탁자를 상대로 하여 자신의 권리취득의 유효를 전제로 하는 소송상 청구를 하였다면, 그리고 그 유효 여부가 쟁점이 되었다면, 그것만으로 전소는 위 규정에서 말하는 「부동산에 관한 쟁송」에 해당된다고 보아야 할 것이다. 그리고 위 판결의 事案에서 정작 다루어져야 할 것은, 前訴가 종료된 후에 이번에는 「실명전환」 그 자체를 내용으로 하는 後訴가 제기된 경우에, 어떠한 요건 아래서 유예기간의 개시가 그 후소의 종결시로 미루어진다고 할 것인가 하는 문제가 아니었을까. 그리고 이는 앞의 (다)에서 본 대로 前訴의 종결 후 1년 내에 後訴가 제기된 경우에는 肯定되어야 할 것이다. 그렇다면 이 사건에서 전제쟁송이 종결된 다음달에 제기된 실명전환쟁송도 역시 바로 법 제11조 제4항의 「부동산에 관한 쟁송」이라고 할 것이다.

이렇게 보면 위 판결이 위 「쟁송」이 진행 중이어서 유예기간은 아직 개시조차 하지 않았고, 따라서 법 제12조가 적용될 여지가 없어서 종전의 명의신탁관계는 그대로 존속한다고 판단한 것은 타당한 것이다.

V. 大法院 1998년 11월 10일 판결 98다30827사건 (판례공보 98하, 2841면)

1. 이 판결도 소송이 두 번에 걸쳐 행하여진 사안에 대한 것이다.

(1) 이 사건의 사실관계에서 명의신탁자는 前訴에서 유예기간 내에 수탁자의 공동상속인들에 대하여 명의신탁 해지를 원인으로 소유권이전등기를 청구하여, 전부의 승소판결을 받았다. 그런데 그 訴提起에 있어서 "공동상속인들 중 일부를 착오로 쟁송의 상대방에서 누락"시킨 결과 상속지분이 잘못 표시되어서, 결국 그 소송 결과에 따른 실명등기를 하지 못하였다. 그러자 그는 1996년 7월 이후에 제기된 이 사건 소에서 전소에게 누락되었던 공동상속인을 상대로 같은 청구를 하였던 것이다.

原審法院은 이 사건 제소가 유예기간의 도과 후에 행하여졌다고 해서 명의신탁약정이 무효가 되었으므로 그 해지를 원인으로 하는 소유권이전등기청구는 허용되지 않는다고 청구를 기각하였다 그러나 대법원은 원심판결을 파기하였다.

(2) 대법원은 大判 98.6.26.(앞의 Ⅳ. 참조)에서 설시한 바 있는 법 제11조 제4항의 입법취지(판시 [1])를 그대로 반복한 후에, "[그러므로 그 규정상의] '부동산물권에 관한 쟁송'이라 함은 **명의신탁자가 당사자로서** 해당 부동산에 관하여 자신이 실권리자임을 주장하여 이를 공적으로 확인받기 위한 쟁송이면 족하다"는 일반적인 해석론을

앞세운다(이하 판시 [4]). 이러한 **일반적 · 추상적** 해석론은 종전에는 보이지 않던 것이다.

그리고는 "[前訴에서의] 쟁송의 취지가 당해 명의신탁관계 전체를 대상으로 삼고 있는 것"이라면 누락된 공동상속인에 대하여도 '부동산물권에 관한 쟁송'이 제기된 것으로 보아야 한다고 판단한다. 나아가 위 판결은 "그 제2차 소송이 제1차 소송의 확정 후 상당한 기간 내에 이루어진 것으로서 당해 쟁송이 계속되고 있다고 평가되는 경우라면, 위와 같은 일련의 소송들은 **그 전체가 일체가 되어** 위 법조항에서 말하는 '부동산물권에 관한 쟁송'에 해당된다고 봄이 상당하다"고도 판시하고 있다. 이러한 판단에 기하여 결국 "공동상속인의 일부를 누락한 채 제기된 前訴訟이 법 시행 전 또는 유예기간 중에 이루어진 이상, 위 일련의 소송의 계속 중에는 기존의 명의신탁관계가 실효되지 않는다"고 결론짓는 것이다.

2. 이 대법원판결을 어떻게 볼 것인가?

(1) 이 중 뒤의 판단이 앞의 Ⅳ.에서 본 大判 98.6.26.에서 이미 표명된 「전체적 관찰」의 태도를 반복한 것임은 명백하다. 특히 "상당한 기간 내에 …" 운운하는 부분은 大判 98.6.26.의 판시와 직결된다.

문제는 판시 [4]의 의미이다. 이는, 「전체적 관찰」과는 별도로, 前訴에서의 명의신탁자의 소송상 주장이 物的으로 신탁목적물 전체에 미치는 것이었다면 비록 그것이 人的으로 누락이 있었다고 하여도 제11조 제4항의 쟁송요건을 충족한다는 태도를 취한 것이라고 이해될 여지도 있다. 그러나 이 부분 판시도 역시 「전체적 관찰」의 커다란 테두리 안에서 보다 特化된 考慮要素로서의 의미를 가지는 것이지, 그와는 무관하게 제11조 제4항의 「쟁송」의 요건을 충족하는 별개의 徵表를 제시한 것은 아니라고 이해하는 것이 적절하지 않을까. 적어도「전체적 관찰」에 입각하여 제11조 제4항의 쟁송요건을 판단한다는 대법원의 태도를 전제로 하는 경우에는 그렇게 말할 수 있을 것이다.

(2) 그러나 판시 [4]의 抽象論 그 자체가 적절한지에는 의문이 없다. 앞서도 본 대로, 법 제11조 제4항의「쟁송」에는 實名轉換을 하기 위하여 그 존부의 확정이 요구되는 權利關係가 다투어진 쟁송, 즉 전제쟁송이 포함된다. 거기서는 반드시 신탁자가 당사자이어야 할 이유가 없다. 나아가 신탁자가「實權利者」라거나 기타 명의신탁관계 자체의 존부나 내용이 소송물이거나 爭點일 필요도 없다. 또 거기서「권리관계」란 그 존재가 인정됨으로써 실명전환이 허용되게 되는 법률관계뿐만 아니라 그 존재가 확인됨으로써 실명전환을 할 수 없게 되는 것도 포함된다고 하겠다.

그러므로 법 제11조 제4항의「쟁송」이라고 하려면 어느 경우에나 "명의신탁자가 당사자가 되어"야 하고 또한 그 쟁송이 "실권리자임을 공적으로 확인받기 위한 것"이어야 한다는 판시에 찬성할 수 없다. 이러한 抽象論은 결국 猶豫期間이 연장되는 경우를 부당하게 제한하는 것이다.

(3) 그러나 구체적 사건해결로서는 대법원판결의 태도는 타당하다고 할 것이다.

이 사건에서는 법 제11조 제4항의「쟁송」에 해당함에 의문이 없는 實名轉換爭訟에 있어서 수탁자가 사망하여 그 공동상속인을 상대로 物的으로 신탁부동산 전부의 실명전환등기를 訴求하였다는 것이다. 여기서는 원래 수탁자가 1인이었는데 그가 사망하고 공동상속이 일어남으로써 실명전환소송이 그 복수의 상속인들을 상대로 하여 행하여진 것뿐으로서, 신탁부동산 전부에 관하여 소유권이전등기청구를 한 것을 보아도 신탁자의 실명전환소송은 명의신탁관계의 전면적 종결을 의욕한 것이라고 여겨진다. 그렇다면 뒤의 VI.2.에서 보는 대로 요컨대 중요한 것은「실명전환」의 확정적 의사가 공적으로 표현되었는지 여부라고 할 것이므로, 비록 人的으로 피고의 지정에 잘못이 있었다고 하여 달리 볼 것은 아니라고 하여야 하지 않을까. 결국 위의 판결은 유예기간 연장의 한 요건으로서의「실명전환쟁송」의 내용을 보다 구체적으로 제시하는 데 의미가 있다고 할 것이다.

(4) 다른 한편 이 사건은, 명의신탁 당사자의 일방이나 쌍방, 또는 그 목적물이 다수인 경우에 그 중 일부 사람 사이에서 또는 일부 목적물(또는 1개의 목적물의 일부)에 관하여만 전제쟁송 또는 실명전환쟁송이 행하여진 경우에 그것이 유예기간의 연장에 어떠한 영향을 미치는가 하는 흥미로운 一般問題를 의식하게 한다.

이에 대하여는 여기서 詳論하지 아니하나(한편 뒤의 Ⅶ.2.(1) 참조), 유예기간을 인정한 취지에 비추어 보면, 적어도 원칙적으로는 當事者마다 또한 目的物마다 각각 별개로 유예기간 연장을 인정할 것인가를 판단하여야 하며, 이는 전제쟁송이든 실명전환쟁송이든 다를 바 없다고 생각된다. 그러나 개별적 사안에 따라서는 예외적으로 이를 보다 擴張的으로 인정하여야 할 경우도 없지 않을 것이다. 예를 들면 하나의 쟁송에서 당사자 전원에 대하여 또는 목적물 전부에 대하여 공통되는 爭點이 제기되어서 그 쟁송의 결과에 좇아 관련 분쟁 전부가 해결될 것으로 객관적으로 기대될 만한 합리적 사정이 있다면, 그리하여 당사자 전원 또는 목적물 전부에 대하여 쟁송을 제기하지 아니한 것이 정당화될 수 있는 것이라면, 당해 쟁송이 그 전원 또는 전부에 대하여 법 제11조 제 4 항의「쟁송」으로서의 의미를 가진다고 하여야 할 경우가 있을 수 있을 것이다. 혹 위 大判 98.11.10.은 이러한 理解틀 안에서 설명하는 것이 더욱 유의미할는지도 모른다.

Ⅵ. 大法院 1999년 1월 26일 판결 98다1027사건 (판례공보 99상, 347면)

1. 이 판결은 우선 그 간의 裁判例에서 판단된 바들이 보다 종합적인 설명틀 안에서 위치를 부여받고 있다는 점에서 주목할 만하다. 이에 의하면, 出發點은 앞의 V.에서 본 大判 98.11.10.의 판시 [4]이다. 그로부터("따라서") 판시 [2](즉 법 제11조 제4항의 「쟁송」에는 신탁자가 신탁관계에 기하여 적극적으로 쟁송을 제기한 경우 외에도 그가 신탁관계를 부정당하여 제소당한 경우도 포함된다는 命題)가 도출된다. 이 論理聯關은 반드시 당연한 것은 아니라는 점에서 그러한 설시는 흥미롭다. 그리하여 이 판결은 나아가 제11조 제4항의 「쟁송」은 "그 결과에 의하여 곧바로 실명등기를 할 수 있어야 하는 쟁송으로 제한되는 것은 아니"라고 한다. 그러나 앞서 본 대로 전제쟁송이 그 「쟁송」에 포함된다고 해석한다면, 이는 당연한 판시라고 하겠다.

2. 그런데 ―이 판결의 主眼은 여기에 있는데― "[그러나] 적어도 다툼의 대상인 권리관계가 확정되기 전까지는 실명등기를 할 수 없는 쟁송이어야 한다고 해석함이 상당하다"는 것이다(이하 판시 [5]). 이는, 이 사건에서 문제된 등기청구권 등의 보전을 위하여 행하여진 假處分(아마도 處分禁止假處分)은 제11조 제4항의 「쟁송」에 해당되지 않는다는 결론을 이끌어내기 위한 논리적 전제로서 설시된 것이다.

(1) 판시 [5]의 抽象論은 전제쟁송이 법 제11조 제4항의 「쟁송」에 해당한다고 이해하는 입장에서는 환영할 만한 것이다. 그러나 그러한 입장에서 보면 위 판결이 판시 [4]를 이 문제에 대한 출발점

으로 설시하는 것은 유감이다. 아니면 판시 [4]도 충분히「柔軟」하거나 ―보다 정직하게 말하면―「내용 없는」空虛定式(Leerformel)이어서, 그 實質的 內容을 판시 [5]로 채울 수 있는 가능성은 여전히 남는다고 볼 수 있을까?

(2) 그런데 위의 판시 [5]가 가처분사건으로는 법 제11조 제4항의「쟁송」에 해당하지 않는다는 결론을 도출함에 있어서 반드시 필요한 것인가에는 의문이 없지 않다.

예를 들면 수탁자가 신탁자를 상대로 하여 신탁부동산의 인도를 청구하여 제기한 소송에서 신탁자가 명의신탁관계을 주장하여 다투는 것이[27]「쟁송」에 해당함은 앞의 Ⅳ.3.(2)(나)에서 본 대로이다. 그런데 이러한 결론은, 판시 [5]에 따르는 한, 거기서 말하는「다툼의 대상인 권리관계」가 이 경우 수탁자의 인도청구권 자체뿐만 아니라 항변사유를 뒷받침하는 바의 명의신탁관계도 포함한다고 해석하지 않으면 위와 같은 결론을 끌어낼 수 없다. 그렇다면 예를 들면 명의신탁해지로 인한 소유권이전등기청구권을 보전하기 위한 처분금지가처분의 경우에도 판시 [5]에서 말하는「다툼의 대상인 권리관계」에는 역시 명의신탁관계가 포함된다고 하여야 할 것이다. 그렇게 보면 판시 [5]가 어떠한 의미에서 가처분으로써는 제11조 제4항의 쟁송요건이 충족되지 않는다는 이유가 된다고 할 것인지 하는 의문이 드는 것이다.

3. 그런데 위 판결은 현명하게도 다음과 같은 이유를 덧붙이고 있다. 즉 "가처분은 그것이 당해 부동산에 대하여 이루어지고 그 필요성이 인정되는 경우라고 하더라도 등기청구권 등의 피보전권리를 보전하기 위한 것이지 가처분권자인 실권리자의 권리를 공적으로 확인받기 위한 절차라고 볼 수는 없으므로 이러한 가처분은 위에서 말

27) 신탁자의 債權的 用益權에 관하여는 앞의 Ⅳ.3.(2)(나) 참조.

하는 '부동산물권에 관한 쟁송'에 해당한다고 할 수 없다"는 것이다.

(1) 이 판결이 신탁자의 위와 같은 처분금지가처분으로는 일반적으로 법 제11조 제 4 항의 「쟁송」에 해당하지 않는다고 판단한 것은 타당하다. 그런데 그 理由에 대하여는, 가처분만으로는 통상 법 제11조 제 4 항이 유예기간의 연장을 인정하는 취지를 충족하지 못한다고 하였으면 족하였을 것이다.

앞의 Ⅳ.2.(2)(가)에서 말한 바와 같이, 수탁자가 실명전환을 거부하는 등의 사유가 있어 신탁자가 실명전환쟁송을 제기하였다면 이와 같이 신탁자측이 실명전환을 위하여 합리적으로 기대될 수 있는 법적 수단을 강구한 경우에까지 신탁자에 대하여 실명전환의무불이행을 이유로 하는 법적 제재를 가할 수는 없는 것이다. 그러면 신탁자가 수탁자를 상대로 처분금지가처분을 얻은 경우도 「합리적으로 기대가능한 실명전환을 위한 법적 조치」를 다했다고 할 것인가? 만일 명의신탁의 해지를 원인으로 하는 소유권이전등기청구소송을 本案으로 제기할 수 있었는데도 가처분을 거는 것에 그쳤다면(그리고 이것이 通常이다), 이를 긍정할 수 없으며 따라서 이에 대하여 유예기간의 연장이 인정되어서는 안 될 것이다.

이러한 법의 취지는 법 제11조 제 4 항이 "당해 爭訟에 관한 確定判決이 있는 날"을 연장된 유예기간의 기산점으로 규정하고 있는 데서도 명확하게 드러난다고 생각된다. 주지하는 대로 가처분은 決定에 의하여서도 행하여질 수 있고(민사소송법 제715조, 제700조 제 1 항 참조), 또 대부분은 실제로 결정으로 행하여지는 것이다.

(2) 이와 관련하여서는 다음과 같은 점도 지적되어야 한다. 처분금지가처분의 집행(민사소송법 제719조 제 3 항, 제710조 참조)이 있어도, 가처분채무자인 수탁자는 여전히 부동산소유자로 등기된 채로 남아 있고 또한 실체적으로도 부동산소유자로서의 지위를 잃지 않으며,

단지 그가 목적물에 대한 처분을 하여도 일정한 요건 아래서 그 효력을 가처분채권자에 대하여 대항할 수 없을 뿐이다(소위 相對的 無效). 이로써 물론 법 제2조 제4호에서 정하는 바의「實名登記」에 해당하지 아니하고 나아가 實名轉換이 행하여졌다고도 할 수 없는데, 이와 같이 신탁자가 실명등기를 하지 아니하고 단지 스스로를 위하여 수탁자의 처분을 막아 자신의 권리를 保全하였다는 것만으로 공공적 목적을 위하여 부과된 실명전환의무가 말하자면 ——유예기간의 연장이라는 형태로——「완화」되어야 할 이유는 없는 것이다.

4. 이 판결은 신탁자의 가처분, 아마도 처분금지가처분이 법 제11조 제4항의「쟁송」에 해당하지 않는다고 한다. 그렇다면 예를 들어 수탁자에 대하여 파산절차나 회사정리절차가 개시된 경우에 신탁자가 채권을 신고하여 그 절차에 참가하는 것(파산법 제201조, 회사정리법 제125조)은 어떠할까? 이는 파산 등의 경우 신탁자는 환취권이 없고 단지 일반채권자로서의 지위에 있을 뿐임을 전제로 하는 것이다.[28] 이들 절차에서 그 신고에 의하여 확정채권이 債權表 또는 整理債權者表에 기재되면 확정판결과 동일한 효력을 가지므로(파산법 제215조, 회사정리법 제145조), 이 경우도 법 제11조 제4항의「쟁송」에 해당한다고 하고, 그 절차의 종료시부터 연장기간이 진행된다고 해석할 수도 있을 것이다. 그런데 수탁자에 파산절차 등이 개시되면 수탁자에 대한 개별적 권리행사는 금지되고 신탁부동산은 포괄적 채권실현에 제공되어 일반적으로 실명전환이 불가능하게 되며, 그 한도에서는 유예기간에 관한 논의 자체가 무의미하다. 따라서 위와 같은 해석은 파산절차 등의 폐지(파산법 제319조 이하, 회사정리법 제272조 이하)

28) 신탁자는 신탁법상의 신탁에서 信託法 제22조에 의하여 還取權을 가지나, 명의신탁의 경우에는 개별집행절차에서도 第三者異議의 訴를 제기하지 못한다. 大判 74. 6. 25, 74다423(공보 495, 7960); 大判 84. 4. 24, 83누506(集 32-2, 364) 등 참조.

등으로 개별적 권리행사가 허용됨으로써 실명전환이 가능하게 되는 경우에 한정되어야 할 것이다.

Ⅶ. 大法院 1999년 9월 9일 결정 97마722사건 (판례공보 99하, 2164면)

1. 이 판결은, 부동산실명법이 제정되기 전에 신탁자측에서 실명전환쟁송을 제기하여 승소의 확정판결을 얻었으나 그 판결 등에 실명등기를 할 수 없는 사정이 있었던 사안에 대한 것이다.

(1) 이 사건 재항고인은 1993년 12월에 수탁자의 상속인들 전원을 상대로 하여 명의신탁의 해지를 원인으로 한 소유권이전등기청구소송을 제기하였다. 그 소송은 1995년 9월 15일에 재항고인(그 소송의 원고)의 전부승소로 종결되었는데, 아마 소송 중에 피고들 일부가 청구를 인낙하여서 그들에 대하여는 판결이 없었던 듯하다. 그런데 위 판결과 인락조서를 가지고도 실명등기를 하지 못하였는데, 그것은 그 판결 등의 당사자 표시에 오류가 있었기 때문이었다. 재항고인은 위 판결 등의 경정을 신청하여, 1996년 9월 3일에 更正決定을 얻었다. 그리고 동월 30일에 위 판결 등 및 경정결정에 기하여 소유권이전등기를 신청하였는데, 동년 10월에 이르러 등기공무원은 그 등기신청이 부동산실명법 소정의 유예기간 도과 후에 이루어졌다고 하여,[29] 부동산등기법 제55조 제2호를 이유로 이를 각하하였다. 이 사건에서 재항고인은 등기공무원의 이 각하처분에 대하여 이의를 제기한 것이다.

원심법원은 등기공무원의 처분이 적법하다고 판단하였으나, 대법원은 이를 파기하였다.

29) 부동산실명법의 시행에 따르는 등기절차실무에 대하여는 앞의 Ⅲ.2. 참조.

(2) 위 결정에서 대법원은 판시 [1]과 판시 [4]를 잇달아("…이므로"라는 말로 연접되고 있다) 인용한 후에, 이 사건을 겨냥하여서는 다음과 같이 판시한다.

> "[i] 수탁자의 지위를 승계한 공동상속인들을 쟁송의 상대방으로 하여 소송을 제기하였는데 각기 다른 시기에 그 판결 등이 확정된 경우에는 그 쟁송의 취지가 당해 명의신탁관계 전체를 대상으로 삼고 있는 것이므로, 그에 관한 판결 등이 최종적으로 확정된 때를 당해 쟁송에 관한 확정판결 등이 있는 날로 봄이 상당하며, [ii] 이러한 소송에서 명의신탁자가 전부 승소하였음에도 불구하고 그 판결 등에 오류가 있어 그 소송결과에 따른 실명등기를 하지 못한 채 부득이 판결 등의 경정신청을 한 경우, 그 경정신청이 소송의 확정 후 상당한 기간 내에 이루어진 것으로서 당해 부동산에 관한 쟁송이 계속되고 있다고 평가되는 경우라면, 위와 같은 일련의 소송과 경정신청은 그 전체가 일체가 되어 위 법 조항에서 말하는 '부동산물권에 대한 쟁송'에 해당한다고 봄이 상당하다고 할 것이다."

그러므로 위 소송이 법 시행 전 또는 유예기간 중에 이루어지고 그에 기한 등기신청이 최종적인 판결 및 경정결정일로부터 1년의 유예기간 내에 이루어진 이상, 기존의 명의신탁관계가 실효되지 않는다고 한다. 그런데 이 사건의 사실관계에서는 ① 위 소송은 당해 명의신탁관계 전체를 대상으로 삼고 있는 것이고, ② 그 更正申請은 위 소송 확정 후 상당한 기간 내에 이루어진 것이어서 위 소송과 경정절차는 그 전체가 일체가 되어 법 제11조 제4항의「쟁송」에 해당하며, ③ 등기신청이 위 경정결정일로부터 1년의 유예기간 내에 이루어졌으므로, 법 제12조는 적용되지 않고 기존의 명의신탁관계는 여전히 존속된다는 것이다.

2. 이 결정도 유예기간 연장의 요건으로서의「실명전환쟁송」의

내용을 보다 구체적으로 제시하는 데 의미가 있다고 할 것이다.

(1) 신탁자가 수탁자의 공동상속인들 전원을 상대로 명의신탁의 해지를 원인으로 소유권이전등기청구소송을 제기하였다면, 비록 그 소송이 일부 피고의 認諾 등으로 인하여 그들에 대한 소송관계가 먼저 종결된 경우라도, 유예기간은 그 전원에 대하여 종결된 때로부터 진행한다고 해석할 것이다. 이러한 경우에는 "명의신탁관계 전체를 대상으로" 하는 쟁송이 제기된 이상 신탁자로서는 그 쟁송 전체의 「승소」를 기다려서 실제의 실명등기에 나서는 것이 절차의 간편성의 점에서만 보더라도 합리적인 조치이므로, 먼저 소송이 종결된 피고들에 관하여 실명등기를 할 것을 강요하는 것은 무리일 것이다. 따라서 위의 설시 [i]은 수긍할 만하다. 이러한 태도는 수탁자의 지위가 공동상속된 경우를 다룬 大判 98.11.10.(앞의 V. 참조)과도 궤를 같이한다고 이해될 수 있다.

한편 이와 관련하여서는 당해 「쟁송」이 확정판결(또는 이에 준하는 사유) 이외의 사유로 종결된 경우, 예를 들면 訴의 取下(취하간주의 경우를 포함한다)나 却下로 종결된 경우를 어떻게 처리할 것인가 하는 문제가 제기된다. 당해 「쟁송」이 실명전환쟁송인 경우이거나 신탁자가 원고가 된 전제쟁송의 경우에는 처음부터 법 제11조 제4항의 「쟁송」이 계속되지 아니한 것으로 취급하여야 하며, 예를 들면 소멸시효에 관한 민법 제170조 제2항에서 정하는 바와 같은 追完은 여기서는 맥락을 달리하여서 허용되지 않는다고 할 것이다. 따라서 취하 등이 있은 후 6개월 내에 다시 소를 제기하더라도 유예기간의 연장은 인정되지 아니한다. 그러나 전제쟁송에 있어서 신탁자측이 피고로서 수동적 당사자가 된 경우에는 이와 같이 말할 수 없을 것이다. 이러한 경우에는 신탁자는 취하 등에 의하여 실명전환 실현의 장애사유가 제거되었다고 할 것이므로, 그 때부터 유예기간이 진행된다고 할 것이다.

(2) 위 설시 [ii]는 요컨대 실명전환쟁송에서 신탁자가 승소의 확정판결을 얻었어도 이에 기하여 실명등기를 실행할 수 없는 事由가 있는 경우에 그 사유가 판결경정절차에서 치유될 수 있는 성질의 것이고 또 상당한 기간 내에 그 절차에 의하여 실제로 치유된 때에는, 연장기간은 更正決定이 확정된 날로부터 진행된다는 취지이다. 이는 기본적으로 납득할 수 있으나, 세부적으로는 의문도 없지 않다.

(가) 법 제11조 제4항이 「쟁송」에 관한 "확정판결(이와 동일한 효력이 있는 경우를 포함한다)이 있는 날로부터" 1년 내에 실명전환을 하여야 한다고 정하는 것은, 실명전환쟁송의 경우에는 그 확정판결 등에 기하여 실명전환이 가능함을 전제로 하는 것이다. 그러므로 만일 판결에 민사소송법 제197조 제1항에서 정하는 바의 「명백한 오류」가 있어서 그로 말미암아 실명전환을 할 수 없다면,[30] 그것이 경정되어 실명전환을 할 수 있게 된 때로부터 연장기간이 진행된다는 것은 오히려 당연하다고 하겠다.

(나) 다만 판결경정이 법원의 직권으로 행하여지는 경우는 별론으로 하고, 그것이 當事者의 申請에 의하여 행하여지는 경우에 그 신청이 언제까지 행하여져야 하는가의 문제가 제기될 수 있다. 위 판시 ②는 확정판결 후 상당한 기간 내에 신청이 있어야 한다고 한다. 그러나 이러한 입장에 의한다면 불합리한 결과가 생길 수 있다. 구체적 사건에서 그 「상당한 기간」이 1년 미만이라고(아마도 이것이 대부분의 경우가 아닐까?), 가령 6개월이라고 가정하여 보자. 그 기간을 도과하여 경정신청이 행하여진 경우에도 애초의 확정판결시로부터 1년 내에 실명등기가 신청되면 이에 기한 등기가 이루어져야 할 것이다. 그 때 등기를 신청하는 데는 경정결정이 요구되는데, 경정이 신청된다고 하여 바로 경정결정이 행하여지는 것은 아니다. 그러므로 실명등기가

30) 실명전환의 실현에 영향을 미치지 않는 「명백한 오류」는 애초 고려의 대상이 되지 못한다.

행하여지는지 여부는 결국 법원이 당사자의 경정신청에 대하여 얼마나 빨리 대응하느냐에 달려 있게 되는 수긍하기 어려운 결과가 된다. 이러한 난점을 어떻게 극복할 것인지 의문이 없지 않으나, 결국 위와 같은 경우에도 당사자가 확정판결 후 1년 이내에 경정을 신청함으로써 족하다고 하면 어떨까.

위 판결의 사안에서 확정판결 후 11개월 15일도 더 지난 후 경정신청이 행하여졌어도, 대법원은 이것을 「상당한 기간」 내라고 하였는데, 그렇다면 이를 아예 1년으로 못박아도 좋다고 생각되는 것이다.

(다) 한편 위 설시 [ii]에서는 다시 앞서 살핀 「전체적 관찰」을 구사하여 "위와 같은 일련의 소송과 경정신청은 그 전체가 일체가 되어 위 법 조항에서 말하는 '부동산물권에 대한 쟁송'에 해당한다고 봄이 상당하다"고 하고 있다. 그러나 이는 「전체적 관찰」을 전제로 하여 이를 위 판결의 사안에 부자연스럽게 투영한 논리구사에 불과하다. 앞의 Ⅳ.3.(1)에서 논한 바와 같이 이를 不要라고 평가한다면, 앞의 (가), (나)에서 말한 구체적 해석론으로 바로 처리될 수 있었을 것이다. 여기서는 구체적 해석론으로 結晶될 수 있는 「판결경정」이라는 개별적 事情要素를 「전체적 관찰」이라는 막연한 理解틀을 가지고 접근함으로써 오히려 그 윤곽이 불분명하게 되었다고 할 것이다. 마치 계약상 급부의 이행의무는 바로 계약의 효력으로 실명될 수 있음에도, 약속자는 「신의칙상」 당해 급부를 이행하여야 할 의무를 진다고 설명하는 것처럼.

Ⅷ. 大法院 1998년 12월 11일 판결 98다43250사건 (판례공보 99상, 119면)

이하에서 다루는 두 판결은 실명전환 없이 유예기간이 도과된 경우 명의신탁관계의 效力에 관한 것이다. 우선 大判 98.12.11, 98다43250(공보 99상, 119)을 본다.

1. 그 사실관계 및 소송의 경과는 다음과 같다.

(1) 甲은 부동산을 매수하고 대금을 지급하였으나 등기명의를 아버지 乙 앞으로 하여 두었다. 그는 생전에 그 명의를 妻인 피고에게 돌리려고 하였는데 소득세 등의 문제로 乙과 합의하여 피고 앞으로 우선 매매예약에 기한 소유권이전등기청구권가등기만이 이루어졌고 본등기는 나중에 하기로 하였다. 그 후 甲도 乙도 모두 사망하였는데, 乙의 상속인인 원고들은 이 사건에서 피고의 가등기의 말소를 청구하였다. 청구원인은 명확하지 않으나 아마도 그 가등기의 원인인 명의신탁약정이 부동산실명법의 시행 및 유예기간의 도과로 무효가 되었다는 데 있다고 추측된다.

(2) 원심법원은 원고들의 청구를 기각하였다. 그 이유는 "수탁자인 乙이 신탁자의 상속인의 1인이자 그 상속인들의 실질적인 대표인 피고에게 장래 그 소유권을 이전할 의사로써 위 매매예약을 한 것"이어서 위 가등기는 피고가 乙에 대하여 가지는 소유권이전등기청구권을 表象하는 것으로서 실체적 권리관계에 부합한다는 것이다.

大法院은 우선 "유예기간 경과 후에는 명의신탁약정의 무효로 말미암아 신탁자 또는 그 상속인은 그 약정의 해지로 인한 소유권이전등기청구권이 없고, 수탁자에 대한 소유권이전등기청구권을 보전하기 위하여 가등기를 해 두었어도 이 역시 원인무효로서 말소되어야 한다"고 판시하여, 원심이 피고가 소유권이전등기청구권을 가진다고 판단한 것은 잘못이라고 하였다. 그렇지만 대법원은 결국 원고의 상고를 기각하였는데, 그것은 수탁자측의 소유권이전등기 자체도 명의신탁의 무효(부동산실명법 제4조 참조)로 인하여 말소되어야 하는 것으로서 그에게 所有權이 없으므로, 피고 명의의 가등기의 말소를 청구할 權原이 없다는 것이다.

2. 이 판결은 우선 위 사실관계에서와 같은 소위「3자 간 명의신탁」에 있어서 종전의 명의수탁자가 유예기간의 도과 후에는 소유권을 상실하며 또한 신탁자도 수탁자를 상대로 가령 명의신탁의 해지 등을 원인으로 하는 소유권이전등기청구권을 가지지 못하여 신탁자 명의의 가등기는 말소되어야 한다는 점을 정면에서 긍정한 점에서 의미가 있다고 하겠다. 이에 대하여는 별도로 논한 바 있으므로,[31] 여기서는 따로 언급하지 아니한다.

3. 그런데 나아가 이 판결에서 주목되는 것은 **부동산실명법의 시행 전에** 신탁자가 소유권의 회복을 위하여 자기 앞으로 소유권이전등기청구권의 보전을 위한 가등기를 해 두었던 경우에도 역시 그 가등기는 原因無效라고 판시한 점이다. 유예기간의 도과는 명의신탁약정과 그에 기한 부동산물권변동의 무효를 가져온다(법 제12조에 의한 제4조 적용). 그런데 만일 법 시행 전에 명의신탁약정이「解止」되었고(이 사건의 사실관계에 그와 같은 법적 의미를 부여하는 것도 가능하지 않을까?), 그에 기하여 신탁자 앞으로의 등기회복은 아직 행하여지지 아니하였으나 그의 소유권이전등기청구권은 이미 **현실적으로** 발생하였다면, 그 경우에도, 과연 부동산실명법의 시행 및 유예기간의 도과에 의하여 그 권리가 소멸한다고 할 것인가? 이 판결의 사실관계는 이러한 문제를 제기한다. 위 판결은 혹 이러한 경우에도 그 소멸을 인정하였다는 점에서 의미가 있다고 할 수 있을지도 모른다.

위의 문제는 역시 긍정적으로 답하여져야 할 것이다. 신탁자가

31) 이에 대하여는 우선 梁彰洙(註 1. 登記名義信託), 112면 이하, 115면 참조.

명의신탁를 해지한 데서 한 걸음 나아가 실명전환소송을 제기하고 법 시행 전에 승소의 확정판결을 얻었던 경우에도, 유예기간 내에 실명전환이 실제로 행하여지지 아니하면 역시 법 제12조의 적용을 받아야 한다. 그렇다면 단지 명의신탁이 법 시행 전에 해지된 것에 불과한 경우에는 더욱 그러할 것이다. 법 제11조에서 요구하는 것은 실명전환 그 자체이며, 다만 이를 위한 유예기간을 설정한 것뿐이다. 그러므로 실명전환을 하는 데 선행적으로 필요한 법적 조치를 취하였다는 것만으로는 그 요구가 충족되지 아니하는 것이다. 그리고 이는 법 시행 전에 신탁자가 권리보전을 위한 가등기를 얻었다는 사실에 의하여 달라질 수 없다. 법이 요구하는 것은 더 나아가 그 가등기에 기한 본등기로써 실명등기를 행하는 것이다.

Ⅸ. 大法院 1999년 9월 17일 판결 99다21738사건 (대법원판례집 47권 2집, 28면)

1. 이 판결의 사실관계는 대법원판결만으로는 명확하지 아니하다. 그러나 아마도 원고가 甲으로부터 매수한 부동산을 피고에게 명의신탁하여 甲으로부터 피고에게 직접 소유권이전등기가 경료되었는데, 그 후 유예기간이 도과한 다음에 이 사건에서 원고가 甲을 대위하여 피고에 대하여 그 명의의 소유권이전등기의 말소를 청구한 것으로 추측된다.

대법원은 원고의 청구를 인용한 원심판결을 다음과 같이 판시하여 유지하였다.

"부동산실명법 소정의 유예기간 경과에 의하여 기존 명의신탁약정과 그에 의한 등기가 무효로 되면 명의신탁부동산은 매도인 소유로 복귀하므로 매도인은 명의수탁자에게 무효인 명의수탁자 명의의 등기의 말소를 구할 수 있게 되고, 한편 부동산실명법은 매도인과 명의신탁자 사이의 매매계약의 효력을 부정하는 규정을 두고 있지 아니하여 위 유예기간 경과 후로도 매도인과 명의신탁자 사이의 매매계약은 여전히 유효하므로, 명의신탁자는 위 매매계약에 기한 매도인에 대한 소유권이전등기청구권을 보전하기 위하여 매도인을 대위하여 명의수탁자에게 무효인 명의수탁자 명의의 등기의 말소를 구할 수 있다."

2. 기존의 명의신탁에서 위 사건의 원고와 같은 명의신탁자가 유예기간을 도과하여 버렸다면, 그는 이제 등기명의를 회복할 방도가 없는가? 위 판결은 대법원이 이 문제를 최초로 정면으로 다룬 것이다.

위 판시는 우선 기존의 명의신탁이 앞에서도 본 소위 「3자 간의 등기명의신탁」인 경우에 유예기간의 경과로 신탁부동산의 소유권은 원래의 소유자에게 복귀함을 정면에서 밝히고 있다. 이 판시 자체는 명의신탁약정으로 인한 부동산물권변동이 무효가 되는 이상(법 제4조 제2항 본문) 당연하다고 할 수 있을 것이다. 그런데 그 경우에 명의수탁자는 不法原因給與의 법리에 의하여 소유권을 여전히 보유한다는 주장도[32] 있을 수 있음을 배경으로 하여 생각한다면, 위와 같은 판시는 이를 부정함을 시사하는 것으로 이해될 수 있을는지도 모른다.

3. 나아가 위 판시는 부동산실명법 제11조, 제12조, 또 동법 제4조는 원래의 소유자와 신탁자 사이의 채권관계에 영향을 미치지 않으며, 따라서 신탁자는 그 채권관계상의 소유권이전등기청구권에 기하여 이제 소유권을 회복한 원래의 소유자를 대위하여 그가 수탁자에

32) 필자는 전에 이러한 입장은 채택할 바 되지 못한다고 주장하였었다. 梁彰洙(註 1. 登記名義信託), 115면 이하.

대하여 가지는 등기정정청구권을 행사할 수 있음을 밝히고 있다. 이러한 태도는 지극히 정당하다고 할 것이다.

(1) 부동산실명법 제12조 제1항은 종전의 명의신탁에 관하여 유예기간 안에 실명등기를 하지 아니한 경우에는 同法 제4조를 적용한다고 규정하고 있다. 同項은 "… 그 期間이 經過한 날 이후의 名義信託約定 등의 效力에 관하여는 제4조의 규정을 적용한다"고 정하여, 마치 명의신탁약정이 유예기간 경과 후에 행하여진 경우에 대하여 제4조를 적용한다는 듯한 文章構造를 하고 있으나, 여기서 「그 기간이 경과한 날 이후의」가 「효력」에 걸리고 그 앞의 「명의신탁약정」에 걸리지 않는다고 이해할 것임은 여러 말을 요하지 않는다.

그러므로 문제는 결국 종전의 명의신탁에 대하여 부동산실명법 제4조가 구체적으로 무엇을 의미하는가에 달려 있다.[33]

(2) 부동산실명법 제4조는 주지하는 대로 명의신탁약정과 그 약정에 기한 부동산물권변동을 모두 무효라고 정하고 다만 그 무효는 "第三者에게 對抗하지 못한다"고 정한다. 명의신탁에 관한 종전의 판례법리에 의하면, 명의신탁약정은 유효이고 명의수탁자는 이를 원인으로 유효하게 소유권을 취득하며 한편 명의신탁자는 소위 「내부적 소유권」을 가지고 또 언제든지 명의신탁약정을 「해지」하여 그 등기의 이전을 청구할 수 있다고 하였었다. 그런데 이제 부동산실명법 아래서는 수탁자는 소유권을 가지지 못하고 따라서 등기도 무효이며 신탁

33) 金相容, "不動産實名法 規定의 諸矛盾點", 考試界 1997년 2월호, 87면; 同, 物權法, 全訂版(1999), 458면은, 부동산실명법 제11조, 제12조의 규정은 효력규정이 아니라 단순한 단속규정이라고 하여야 한다고 주장한다. 이 주장은, 동법 제4조가 동법 시행 후의 명의신탁에 대하여는 효력규정이라고 하면서 제12조에 의하여 준용되어 기존의 명의신탁에 적용되는 경우에는 단속규정이라고 하는 것에 귀착된다. 그러나 하나의 규정이 규율대상의 시간적 선후에 따라 이와 같이 性質이 달라져야 할 이유는 없으며, 나아가 위와 같은 해석은 立法趣旨에도 맞지 않는다.

자로서도 신탁약정이나 그 해지를 이유로 해서는 등기의 환원을 청구할 수 없게 된다.

위 규정을 B가 A로부터 부동산을 매수하고 C에게 명의신탁하여 A로부터 C에게 바로 소유권이전등기가 경료된 경우(소위 「3자 간의 등기명의신탁」)에 적용하여 보면, 결국 신탁자 B는 A를 상대로 하여서 매매계약상의 채권을 가질 뿐이고 소유권은 여전히 A에게 남아 있다는 것이 된다. 이 경우 매도인 A가 매수인 B의 요청에 따라 C에게 소유권이전등기를 경료하여 줌으로써 그의 매도인으로서의 채무는 이미 변제에 의하여 소멸하였으므로 이제 부동산실명법의 적용을 받는다고 해서 그 채무가 다시 살아난다고 할 수는 없는 것이 아닌가 하는 의문이 제기될 수 있다. 물론 동법 시행 전에는 그러한 C 앞으로의 등기는 A와 B 사이의 第三者方 給付의 約定에 좇은 것이어서[34)]"債務의 內容"에 따른 이행이 되고, A의 채무는 C의 소유권 취득과 함께 소멸되었다. 그러나 동법 시행 후에 그러한 일이 행하여지면 이제 C는 소유권을 취득할 수 없고 따라서 A는 C에의 등기이전으로써는 소유권이전채무를 이행할 수 없다. 그러므로 그의 그 채무는 여전히 남아 있게 되는 것이다.

이는 가령 토지거래허가를 받아야 하는 어떤 부동산을 갑이 을에게, 을이 병에게 매도하였는데 토지거래허가를 갑과 병 사이의 매매계약에 대하여 받고 그에 기하여 갑에서 병 앞으로 소유권이전등기가 된 경우에 類比하여 생각하여 볼 수 있다. 大判 96.6.28, 96다3982 (공보 96하, 2344)은 타당하게도, 이러한 경우 병의 등기는 적법한 토지거래허가가 없이 행하여진 것이어서 무효라고 판시한다. 이 경우에도 여전히 갑은 원래대로 을에 대하여 토지거래허가에 관한 협력의무를 부담하며, 을의 요청에 의하여 병 앞으로 직접 소유권이전등기가

34) 이 점에 대하여는 梁彰洙(註 1. 登記名義信託), 78면 이하 참조.

행하여졌다고 해서 이를 부정할 수 없을 것이다. 이는 이제 무효인 명의신탁약정에 의하여 수탁자 앞으로 소유권이전등기가 행하여진 경우에도 다를 바 없는 것이다.

그리하여 결국 신탁자의 법적 지위는 매매목적물에 관하여 제3자의 무효등기가 행하여진 경우 일반과 같다. 즉 그는 매도인의 소유물방해배제청구권을 대위행사하여 제3자(이 경우에는 수탁자)로부터 등기의 환원(抹消, 또는/및 眞正登記名義回復請求權을 인정한 大判(全) 90.11.27, 89다카12398(集 38-4, 50) 이후는 移轉)을 청구하고, 나아가 자기 앞으로의 소유권이전등기를 구할 수 있는 것이다.[35]

(3) 이러한 법리는 기존의 명의신탁에서 부동산실명법이 제11조에서 요구하는 實名轉換을 하지 못한 경우에도 마찬가지라고 하여야 한다고 생각된다.

우선 앞서 본 부동산실명법 제12조 제1항이 그 문언 자체로 "제4조의 規定을 적용한다"라고 하였으므로, 동법 시행 후의 명의신탁에서와 다른 결과를 인정하여서는 안 된다.

나아가 명의신탁이 명문으로 금지되었음에도 積極的으로 명의신탁약정 등을 한 사람에게도 위의 (2)에서와 같은 方策이 인정되는 터에, 명의신탁이 허용되는 때에 행한 명의신탁에 있어서 단지 消極的으로 실명전환을 하지 아니하였다고 해서 보다 가혹한 불이익을 지우는 것은 균형이 맞지 않는다.

그러므로 실명전환을 하지 못한 信託者라고 하여서 부동산을 「빼앗기지 않을 수 없게」 되는 것은 아니다. 이러한 「전부 아니면 무」의 해결방안은 부동산실명법의 제정과정에서 극력 피하려고 하였던 選擇

35) 同旨: "特輯 '土地去來實名制' 座談會", 人權과 正義 1995년 7월호, 28면의 梁彰洙 발언; 梁彰洙(註 1. 登記名義信託), 112면; 權五乘, "부동산명의신탁의 법률관계에 관한 시론", 人權과 正義 1996년 11월호, 69면; 睦榮俊, "부동산실권리자명의등기에 관한 법률상 법률관계의 효력", 人權과 正義 1998년 5월호, 99면; 李銀榮, 物權法(1998), 276면 이하.

肢이었다. 다만 제12조 제2항에서 정하는 대로 동법 제5조 및 제6조가 적용되어, 과징금과 이행강제금의 제재를 받을 수 있게 되는 것뿐이다.

물론 이에 대하여는, 부동산실명법 시행 전에 일단 수탁자 앞으로의 소유권이전등기를 함으로써 소멸하였던 매도인(앞의 (2)에서 든 예에서의 A)의 소유권이전채무가 동법의 시행으로 그리고 동법 제12조의 적용에 의하여 다시 살아나게 되는 것, 다시 말하면 변제의 효력이 동조의 적용을 받음과 함께 상실된다는 것이[36] 부자연스럽게 느껴질는지도 모른다.

그러나 이러한 식의 「부자연스러움」은 법의 세계에서는 반드시 드문 것만도 아니다. 예를 들어, 갑이 매매계약에 기하여 가지게 된 대금채권을 가지고 매수인 을에 대한 별도의 금전채무와 상계하여 대등액에서 채권채무를 그 당시로서는 완전히 유효하게 소멸시켰다고 하여도, 후에 그 매매계약이 적법하게 해제되면, 그 결과 을의 금전지급채무가 되살아남은 물론이고 갑의 금전채무도 부활하게 되는 것이다.[37] 결국 부동산실명법 제12조가 실명전환하지 아니한 명의신탁에 대하여 동법 제4조를 적용하도록 한 것은 위와 같은 결과를 인정하는 것이라고밖에 해석될 수 없는 것이다.

(4) 또한 명의신탁이 부동산실명법의 시행보다 10년 이상 전에 행하여진 경우에는 신탁자의 매도인에 대한 소유권이전등기청구권이 時效로 消滅하였다고 할 것이어서 결국 신탁자는 소유권을 찾을 수 없다고 주장할는지도 모른다.

그러나 실제에 있어서 매도인은 매매대금을 지급받음과 동시에 목적물인 부동산을 신탁자=매수인에게 「인도」하는 것이 통상이다.

---

36) 위 판결은 이를 당연한 전제로 판단하고 있다.

37) 大判 80.8.26, 79다1257등(공보 642, 13114) 참조.

그러므로 大判(全) 76.11.6, 76다148(集 24-3, 277) 이래의 확고한 판례에 의하여, 신탁자의 소유권이전등기청구권은 비록 채권적 권리임에도 불구하고 소멸시효에 걸리지 않는 것이 역시 통상일 것이다. 덧붙일 것은, 가령 매도인이 직접점유를 계속하였다고 하여도 신탁자가 그를 매개로 하여 간접점유를 취득하였다면 역시 「매수인에의 인도」가 있다고 할 것이므로 신탁자의 소유권이전등기청구권은 소멸시효에 걸리지 않는다는 점이다(민법 제196조 제2항, 제189조 참조). 이는 가령 매수인=신탁자가 지시하는 제3자에게 목적물의 직접점유를 이전한 경우에도 다를 바 없다. 요컨대 소멸시효의 적용을 배제하는 요건으로서의 「매수인에의 인도」는 반드시 직접점유의 이전에 한정되지 않으며, 점유개정 등을 포함하는 넓은 의미로 이해되어야 한다.

한편 명의신탁에 있어서 목적물이 신탁자에게 「인도」되지 아니한 예외적인 경우에는 어떠한가? 이 경우에는 신탁자의 소유권이전등기청구권이 ──마치 소유권에 기한 말소등기청구권 등 물권적 청구권으로서의 등기청구권에서와 같이── 애초 소멸시효에 걸리지 않는다는 判例法理는 적용될 여지가 없을 것이다. 그러나 명의신탁약정에 기하여 수탁자 앞으로 소유권이전등기가 행하여진 통상의 경우에라면, 그 소멸시효는 문제의 명의신탁이 부동산실명법 제12조의 적용을 받게 된 때로부터, 즉 빨라도 유예기간이 종료된 1996년 7월 1일부터 진행된다고 할 것이다. 왜냐하면 수탁자 앞으로의 소유권이전등기에 의하여 일단 소멸되었던 신탁자의 소유권이전등기청구권은 바로 同條의 적용에 의하여 비로소 부활되는 것이기 때문이다. 그러므로 실제로 신탁자의 소유권이전등기청구권이 시효로 인하여 소멸한다는 의문은 근거 없다고 할 것이다.

X. 小　結

1. 지금까지 명의신탁부동산의 실명전환과 관련하여 부동산실명법 제11조, 제12조를 적용한 대법원판결들을 중심으로 차례로 살펴보았다. 우리는 우선 대법원이 이에 관하여 「안정된」 태도를 가지게 되기까지에는 상당한 우여곡절을 겪었음을 확인할 수 있다. 또한 앞에서 본 대로 이들은 사건해결의 결론에서는 대체로 수긍할 수 있는 태도를 취하고 있기는 하나, 그 결론을 뒷받침하는 이유의 제시에 있어서는 의문도 없지 않다. 이상은 주로 위 판결들이 법 제11조 제4항의 「쟁송」에 관하여 신탁자가 등기의 회복 자체를 내용으로 하여 제기하는 소송을 기준적 모델로 상정한 데서 연유한다고 생각된다. 그러나 앞서 논증한 대로 위 규정은 원래는 그러한 「실명전환쟁송」이 아니라, 「실명전환을 하기 위하여는 그 존부의 확정이 필요한 권리관계」의 *存否*가 다투어진 쟁송, 즉 「전제쟁송」을 염두에 두었던 것이다. 만일 대법원이 이 점을 인식하고 정당하게 평가하였다면, 아마도 「전체적 관찰」 운운하는 方法論的으로 의심쩍은 판단틀을 동원할 필요는 없었을 것이다.

2. 아울러 本稿에서는 위 판결들을 계기로 하여 법 제11조 제4항의 「쟁송」에 대한 몇몇의 해석론을 제안하였다. 기존의 명의신탁에 관한 분쟁이 가까운 장래에 종식되리라고는 아마도 기대할 수 없을 것이다. 그 처리에 있어서 시사하는 바가 있다면 다행일 것이다.

외국에 유사한 논의를 찾기 힘든 名義信託의 문제는 그러한 의미에서 「보편성」이 없다고도 할 수 있다. 그러나 이는 이 땅에서 법해석학을 영위하는 사람에게는 크나큰 挑戰이고 동시에 자신의 *存在理*

由를 확인하는 계기가 될 소지가 있다고 한다면, 지나친 말일까?

(서울대학교 法學 40권 3호(1999), 133면 이하;
동 40권 4호(2000), 23면 이하 所載)

[後　　記]

I. 필자는 이 글에서 주장한 견해에 대한 실무가들의 생각을 듣기 위하여 2000년 2월 14일에 있었던 民事實務研究會에서 이 글을 축약된 형태로 발표하였다. 그에 이어진 질의 또는 의견개진(필자의 견해에 찬성하는 의견도 적지 않았지만) 중에서 필자의 입장에서 언급할 필요가 있다고 여겨지는 것에 대한 필자의 解明 또는 主張을 이 글의 논지를 보충하는 뜻에서 덧붙이고자 한다.

1. 부동산실명법 제11조 제4항에서 정하는 유예기간 연장의 혜택을 받는 것은 당연히 필자가 명명한 바의 實名轉換爭訟이 행하여진 경우만에 한정되며, 그것은 규정의 문언으로 보아도(그 말미의 "實名登記 … 하여야 한다"는 말은 곧 그 앞의「爭訟」도 실명전환 그 자체를 내용으로 하는 것을 의미한다는 것이다) 그렇다는 견해가 있었다. 그러므로 소위 전제쟁송이 행하여진 때에는 그것이 그 후에 행하여진 실명전환쟁송과 ―― 대법원판결들이 말하는 대로 ――「전체적으로 보아 일체를 이루는 경우」에 한정하여 고려될 여지가 있다는 것이다.

그러나 규정의 문언을 그렇게 이해하는 자체가 문제라고 생각되며, ―― 本文의 Ⅱ.3.에서 이미 밝힌 이유와 함께 ―― 특히 위와 같이 해석하면, 전제쟁송이 종결된 후 1년 내에 당사자들이 自意로 실명전환등기를 신청해 온 경우(따라서 실명전환쟁송이 전혀 행하여지지 아니한 경우)에 그 신청이 수리되어서는 아니된다는 부당한 결론에 이르게 된다.

2. 나아가 위 규정은 유예기간의 연장을 1회에 한하여 허용하는 취지이고, 바로 그렇기 때문에 대법원은 「전체적으로 보아 1회」라는 논리를 끌어들였다고 이해되는데, 필자의 주장대로라면 전제쟁송과 실명전환쟁송에 각 1회씩 도합 2회의 연장을 허용하는 것이 아닌가 하는 견해가 있었다.

이에 대하여는 첫째, 대법원의 입장대로 하더라도 전제쟁송이 법 제11조 제1항의 유예기간 내에 행하여지고 그 종결로부터 상당한 기간 내에 실명전환쟁송이 행하여지고 다시 그 승소판결에 기하여 상당한 기간 내에 실명등기신청이 행하여진 경우에는, 그 등기신청대로 등기가 이루어져야 한다는 점을 지적하고 싶다. 그렇다면 이는 2번에 걸쳐 기간의 연장이 부여되는 것이 아니고 무엇일까. 그것이 "상당한 기간"이면 ── 그것이 1년에서 조금 모자란 11개월 15일이라고 하여도 ── 허용되고, "1년의 기간"이라고 확정적으로 정하면 안 된다고 할 이유가 있을까. 그러한 견해는 지나치게 기교적이라고 생각된다. 본문에서도 쓴 것처럼(앞의 Ⅳ.3.(2)(다) 참조), 전제쟁송과 실명전환쟁송 간의 기간관계에 대한 필자의 해석론적 제안은 그 「상당한 기간」이라는 불명확한 요건을 명확하게 고정하기 위한 것이다.

둘째, 전제쟁송과 실명전환쟁송을 합하여 「전체적으로 보아 1회」라고 보는 논리는 수긍하기 어렵다. 앞의 Ⅳ.에서 본 大判 98.6.26.의 事案이나 앞의 Ⅱ.3.(2)에서 본 『부동산실명법 해설』의 예에서 보는 것처럼, 전제쟁송과 실명전환쟁송은 當事者나 請求趣旨는 물론이고 특히 請求原因 나아가 爭點이 동일하거나 유사할 필요가 없는 것이다. 兩者는 단지 명의신탁의 목적물이 된 부동산에 대한 쟁송이라는 것 외에 무슨 관련이 있을 것이 요구되지 않는다. 어떠한 의미에서 양자가 「전체적으로 보아 1회」의 쟁송이라는 것인지 필자는 납득하기 어렵다. 오히려 여기서 「전체적으로 보아 1회」라는 이유설시는 "이미 내린 법적 결론을 사후에 논리적으로 정당화하기 위한 하나의 方便" (앞의 Ⅳ.4.(1)(나))에 불과하다고 생각하게 되는 것이다.

셋째로, 위와 같은 의견은, 실명전환쟁송은 당연히 있어야 하는데 다만 그 전에 이것과 「전체적으로 보아 1회」라고 볼 수 있는 쟁송이 있으면 이것이 제기되는 시점에서 실명전환기간의 준수 여부를 판정하여 주는 것이라는 이해와 관련되는 것이다. 그러나 그러한 이해는 부당하다고 생각한다. 실명전환등기는 반드시 실명전환쟁송의 확정판결에 기하여 행하여져야 하는 것은 아니며, 오히려 앞의 Ⅲ.에서 본 大決 97.5.1.에서도 보는 것처럼 당사자들이 自意로 실명전환등기를 신청하는 경우가 통상일 것이다. 이를 전제로 법 제11조 제4항은 ── 적어도 그 입법의 취지로서는── 전제쟁송이 걸려 있는 경우에는 그 종결을 기다려 그로부터 1년 내에 실명전환을 하여도 좋다는 취지인 것이다. 그러므로 위와 같은 이해는 본문에서도 누누이 말한 것처럼 앞뒤가 뒤바뀐 것이다(혹 어떤 법관들은 자신들이 다루는 것이 쟁송이므로, 쟁송이 아니면 법적 논의는 실제로 별다른 의미가 없는 것으로 생각하여, 부동산실명법이 정하는 실명전환은 당연히 신탁자가 수탁자를 상대로 실명등기를 구하는 쟁송을 제기하는 것을 통하여 행하여진다고 생각하는 것이나 아닌가 하는 억측을 하여 본다).

3. 또한 "복수의 소송을 전체적으로 보면 결국 실명등기를 할 수 있는 청구원인의 쟁송으로 볼 수 있는 경우에는 법 제11조 제4항의 쟁송에 해당한다고 보는 것이 대법원의 태도"라는 의견이 있었다.

그러나 이러한 의견도 우선 실명전환쟁송은 당연히 있어야 하고 그 판결에 의하여 실명전환이 행하여는 것을 전제한다고 생각되어서, 찬성하기 어렵다. 나아가 앞의 『부동산실명법 해설』의 예에서 보는 것과 같은 등기말소소송은 그에 의하여 "실명등기를 할 수 있"는 소송이라고는 말할 수 없다. 위의 견해는 이러한 쟁송만이 있는 경우에는 기간 유예의 혜택이 주어지지 않는다는 것이 대법원의 태도라고 주장하는 것일까?

Ⅱ. 이 글이 발표되기까지 나온 대법원의 재판 중에서 명의신탁의 실명전환에 관하여 다룬 것으로 大判 99.4.9, 98다51541(공보 99상, 843)이 또 있는데, 이를 본문에서 다루지 못하고 누락하였다. 그 사안은, 신탁자가 실명법 시행 전에 수탁자를 상대로 신탁해지를 원인으로 이전등기소송을 기하였다가 舊「외국인의 토지취득 및 관리에 관한 법률」(1998년 5월 25일 법률 제5544호로 外國人土地法으로 전문 개정)상의 토지취득허가를 받지 못하여 신탁관계가 존재함의 확인을 구하는 것으로 소를 변경하였다가 원래의 유예기간이 지난 후에 위 법률의 변경에 따라 다시 신탁해지를 원인으로 한 이전등기청구를 예비적으로 추가하였다는 것이다. 대법원은 이 경우에도 법 제11조 제4항에서 정하는 유예기간 중에 「쟁송」이 제기된 것으로 보아야 한다고 판단하였고(本文의 Ⅱ. 및 Ⅴ.에서 본 大判 97.4.8.과 大判 98.11.10.을 인용한다), 나아가 신탁자의 채권자가 그를 대위하여 수탁자를 상대로 위와 같은 내용의 소송을 제기한 경우에도 마찬가지라고 하였다. 이 판결의 판단이 정당하고 또 대법원의 태도가 수미일관한 것임에 대하여는 별도의 설명이 필요 없을 것이다. 이 사건에서는 특히 원래의 유예기간 내에 실명전환쟁송이 제기되었고, 그 소송의 진행 중에 당시의 법상태에 좇아 소의 변경 등이 있었다는 것이므로, 여기서 그

「쟁송」임을 부인한다면, 지금까지의 대법원의 결론은 설 땅을 잃을 것이다. 한편 신탁자의 채권자가 제기한 「쟁송」이라도 무방하다는 판시는 이미 본문 Ⅳ.4.(2)(가)에서도 언급한 바이다.

Ⅲ. 이 글이 발표된 후에 소위 「기존의 명의신탁」에 있어서의 실명전환의 문제에 대하여 판단한 대법원의 재판례로는, 大判 2000.7.7, 2000다12273등(공보 2000하, 1880); 大判 2000.9.8, 2000다27985(공보 2000하, 2099); 大判 2000.10.6, 2000다32147(공보 2000하, 2291); 大判 2000.12.22, 2000다46399(공보 2001상, 348) 등이 있다.

(1) 大判 2000.7.7.은, 신탁자의 공동상속인 중 1인이 신탁부동산 전부를 대상으로 하는 취지로(실제로는 법률상의 착오 등으로 일부에 대하여만) 원인무효를 이유로 하는 소유권이전등기말소청구를 하였다가 원래의 유예기간이 경과된 후에 자신의 지분에 한정하여 명의신탁의 해지를 원인으로 하는 소유권이전등기청구로 변경하였고, 그 후에 다른 공동상속인들로부터 명의신탁의 해지를 원인으로 하는 소유권이전등기청구권을 양수하여 청구를 신탁부동산 전부로 확장한 사안에 대한 것이다. 대법원은 "애초의 소유권이전등기말소소송에서 명의신탁재산 전체를 쟁송의 대상으로 삼은 이상, 그 범위 내에서 유예기간 후에 확장된 부분에 대하여도" 법 제11조 제4항의 「쟁송」이 긍정된다고 판시하였다.

이 판결의 사실관계는, 한편으로 애초에는 원인무효를 원인으로 말소소송을 제기하였다가 유예기간 경과 후 비로소 명의신탁의 해지를 원인으로 하는 이전등기청구로 변경하였다는 점에서 本文의 Ⅱ.에서 본 大判 97.4.8.의 사안과 유사하고, 다른 한편으로 당사자의 사망으로 공동상속인들이 신탁관계상의 지위를 승계하였는데 그 중 1인이 자신의 지분 일부에 대하여만 권리행사를 하였다가 후에 다시 전부로 확장하였다는 점(물론 別訴의 제기인가 청구확장인가, 상속이 신탁자측에 있었는가 수탁자측에 있었는가 등의 차이는 있으나, 그것이 법 제11조 제4항의 「쟁송」에 해당하는지 여부를 판단함에 있어서 큰 의미가 있다고는 생각되지 않는다)에서 本文의 V.에서 본 大判 98.11.10.와 유사하다. 이 판결은 그러한 兩者의 事情이 겹친 경우에도, 그 「쟁송」에 해당함을 긍정하고, 결국 실명전환의 길을 열었다는 데 의미가 있다. 그리고 이러한 결론은, 本文의 Ⅱ.5.와 특히 V.2.(3) 및 (4)에서 말한 바("하나의 쟁송에서 당사자 전원에 대하여 또는 목적물 전부에 대하여 공통되는 爭點이 제기되어서 그 쟁송의 결과에 좇아 관련 분쟁 전부가 해결될 것으로 객관적으로 기대될 만한 합리적 사정이 있다면, 그리하여 당사자 전원 또는 목적물 전부에 대하여 쟁송을 제기하지 아니한 것이 정당화될 수 있는 것이라면, 당해 쟁송이 그 전원 또는 전부에 대하여 법 제11조 제4항의 「쟁송」으로서의 의미를 가진다고 하여야 할 경우가 있을 것")를 적용하여도 이를 수긍할 수 있을 것이다.

(2) 大判 2000.9.8.도 2차의 소송이 행하여진 사안에 대한 것으로, 여기서도 수탁자의 사망으로 상속이 일어났다. 前訴에서 신탁해지로 인한 소유권이전등기소송 중 피고인 수탁자가 사망하였는데 공동상속인들이 상속재산협의분할로 그 중 1인인 甲에게 단독상속시켰음에도 전원이 수계신청을 함으로써 각 상속인의 법정상속분별로 신탁자가 승소의 확정판결을 얻었다. 이 판결은 甲에 대한 승소부분에만 집행되사, 원래의 유예기간의 경과 후 나머지 지분에 대하여 다시 갑을 상대로 신탁해지를 원인으로 하는 이전등기를 구한 것이 이 사건 소송(후소)이다. 대법원은 本文의 V.에서 본 大判 98.11.10.의 결론에서 예상되는 바대로 그 청구를 인용하였다.

(3) 大判 2000.10.6.은 명의신탁자의 채권자가 신탁자를 대위하여 제기한 「쟁송」(그 내용은 판문상 명백하지 아니하다)도 법 제11조

제4항의 「쟁송」에 해당한다고 하였다. 이 점은 앞의 Ⅱ.에서 본 大判 99.4.9.에서도 이미 판시한 바이다.

(4) 大判 2000.12.22.은, 유예기간 내에 실명전환쟁송이 제기되었어도 그 종국판결 후에 소가 취하되었다면, 그 기간 도과 후에 제기된 後訴에 의하여 쟁송이 계속되고 있다거나 그 전체로서 「부동산에 관한 쟁송」이 있다고 할 수 없다는 원칙("특별한 사정이 없는 한")을 선언하고 있다. 그 이유는 소의 취하에 의하여 소급적으로 訴訟係屬의 효력이 없어진다는 점(따라서 전소로써는 쟁송의 존재 자체가 인정되지 아니한다는 점)에 있다. 필자는, 실명전환쟁송 등이 예를 들면 소취하와 같이 확정판결 이외의 사유로 종결된 경우에는 처음부터 당해 「쟁송」이 계속되지 아니한 것으로 취급되고, 이에 대하여는 민법 제170조 제2항과 같은 追完은 인정되지 않으며, 따라서 後訴가 제기된 때를 기준으로 원래의 유예기간의 도과 여부를 판단하여야 한다는 주장을 이미 本文의 Ⅶ.2.(1)에서 한 바 있고, 위의 대법원판결이 이와 동일한 태도를 취한 것은 환영할 만한 일이다.

나아가 이 판결은 종전에 대법원이 일반적으로 엄밀한 의미에서는 원래의 유예기간 도과 후에 제기되었다고 하여야 할 실명전환쟁송에 대하여도, 본문에서 본 대로, 「전체적 관찰」의 이름 아래 일반적으로 법 제11조 제4항의 「쟁송」임을 인정하여 온 것을, 그야말로 소취하의 효과라는 「개별적 관찰」에 의하여 제한하였다는 점에서 오히려 극히 중요한 의미가 있다. 사실 이 사건에서 소가 취하된 이유는, 前訴의 1심에서 패소한 수탁자와 사이에 수탁자가 "이 사건 토지를 매도하여 그 대금을 신탁자에게 주겠다"고 약정을 한 데 있었던 것이다. 그러므로 신탁자가 신탁부동산에 대한 권리 또는 이익을 실현할 것을 기도하여 법적 절차를 취한다는 관점을 기준으로 한다면, 그 후 그 약정이 지켜지지 아니하여 다시 신탁해지를 원인으로 이전등기청구(後訴)를 제기한 것은 이를 「전체적으로 볼 때」에는 그 때까지 쟁송이 계속된다고 평가할 여지도 전혀 없는 것은 아닐 것이다. 이제 부동산실명법이 시행된 지도 5년 이상이 지났으므로, 이제 대법원은 소위 기존의 명의신탁의 처리에 있어서 形式的·劃一的 基準의 도입을 생각하고 있는 것일지도 모른다.

Ⅳ. 한편 本文의 Ⅷ. 이하에서 살펴본 바 있는, 실명전환 없이 유예기간이 도과된 경우 명의신탁관계의 效力에 관하여 그 후 나온 대법원의 재판례로는, 大判 2000.6.13, 99다52046(신문 2893, 9) 등이 있다. 이 판결은, 유예기간이 도과한 후에는 수탁자는 소유자가 아니므로 그 명의의 소유권이전등기는 효력이 없고, 그의 상속인도 소유권을 주장할 수 없다고 한다. 이러한 태도는 이미 本文의 Ⅷ. 및 Ⅸ.에서 본 大判 98.12.11.와 大判 99.9.17.에서 명백히 전제된 바이었다.

그 외에 참고로, 大判 2000.2.22, 99도5227(공보 2000상, 884)은 형사판결이나, "부동산을 소유자로부터 명의수탁받은 자가 이를 임의로 처분하였다면 명의신탁자에 대한 횡령죄가 성립하며, 그 명의신탁이 부동산실권리자명의등기에관한법률 시행 전에 이루어졌고 같은 법이 정한 유예기간 이내에 실명등기를 하지 아니함으로써 그 명의신탁약정 및 이에 따라 행하여진 등기에 의한 물권변동이 무효로 된 후에 처분행위가 이루어졌다고 하여 달리 볼 것이 아니"라고 한다.

Ⅴ. 이 글은 소위 「기존의 명의신탁」에 있어서의 실명전환만을 다룬 것이다. 부동산실명법 시행 후에 행하여진 名義信託의 효력 등과 관련한 재판례 등에 대하여는, 이 글보다 나중에 쓰여지고 발표된 "名義信託에 대한 規律 再考 ── 不動産實名法 시행 5년의 評價와 反

省", 法曹 530호(2000.11), 207면 이하(本書, 151면 이하 收錄)을 우선 참조하라.

3. 民法典 施行 後 擔保法의 展開와 課題

Ⅰ. 序

1. 擔保는 금융을 포함한 신용거래를 형성하는 骨格이다. 신용거래(Kreditgeschäft)는 그것이 물적 신용이든 금전신용이든 단순히 채무자의 성실성에 대한 신뢰만에 기하여 이루어지지 아니하며, 장차 채무가 이행될 것에 대한 客觀的 保障이 있어야만 채권자는 현재 채무자에게 일정한 출연을 하면서 채권을 취득하는 것이다. 채권은 단지 채무자에 대하여 이익의 실현을 구할 수 있는 법적 힘으로서, 그 이익은 아직 실현된 것이 아니다. 그러므로 채권은 담보와 결합하여야만 「견고」하게 되어 사람의 장래를 맡길 만한 바탕이 된다.

2. 담보, 즉 채권의 만족을 확보하는 법적 수단은 실로 다양하다. 우리는 직접적으로는 채권의 만족확보와 무관한 법적 장치가 간접적으로 「담보적 기능」을 한다고 말하는 경우가 많다. 가령 同時履行의 抗辯權이 그렇고, 相計가 그러하며, 나아가 국면에 따라서는 債權者代位權이나 債權者取消權 등도 그러하다. 이러한 법제도 중 어떤 것은 실제의 거래에서 담보라는 관점에서도 현저히 중요한 역할을 하며, 오히려 통상의 담보제도보다도 더욱 강력한 작용을 한다고까지 말할 수 있을는지 모른다. 예를 들면 부동산을 매도한 사람이 매매목적물인 소유권을 매수인에게 이전하여 자기의 채무를 이행하게 되는

것은, 물론 계약적 신의("약속은 지켜야 한다")를 지킨다는「사람으로서의 도리」에 충실하려는 것도 있겠지만,[1] 동시에 그것이 없으면 자신이 매수인으로부터 받을 것, 즉 매매대금을 얻을 수 없기 때문이기도 하다. 이와 같은 경우에는 말하자면 문제되는 거래 자체의 내적 논리에 의하여 채권의 만족이 확보되는 것이다.

그러나 거래의 내적 논리에 의하여 통제될 수 없는 경우도 있다. 그 전형적인 예가 금전신용의 대표적인 법적 형식인 消費貸借이다. 이 계약유형에서 貸主는 먼저 대여목적물을 借主에게 제공하지 않으면 채권을 취득하지 못한다. 다시 말하면 그는 자신의 소유권을 상대방에게 현실적으로 이전하는 대가로 채권을 얻는 것이다. 소유권을 버리고 채권을 취하는 것은 소유권과 채권의 法力의 차이만큼의 법적 불이익을 — 그것도 자발적으로 — 입는 것이다. 원래의 의미의 담보제도가 이러한 거래유형에서 제 기능을 하는 것도 그것이 바로 이러한 법력의 차이를 보전하여 주기 때문이다.

3. 담보법은 실로 방대한 분야인데, 더욱이 이는 민법의 여러 素材 중에서 절차법과 관련이 깊어서 더욱 접근을 어렵게 한다. 담보권은 경매절차를 통하여 실행되며, 구체적인 담보권이 어떠한 효력을 가지는가는 많은 경우에 配當에 있어서의 地位로 표현된다. 특히 파산이나 회사정리와 같은 包括的·集團的 執行節次에서 각종의 담보권

---

1) 이러한 側面은 법에서도 결코 과소평가되어서는 안 된다. Gustav Boehmer, *Einführung in das bürgerliche Recht*, 2. Aufl.(1965), §24 Ⅱ 2(S. 248f.) 참조: "自意的 從順으로써 법명령에 좇아야 한다는 債務者의 意思拘束的 義務는, 그가 이 의무를 이행하지 아니하는 경우에는 채권자가 국가의 助力을 받아 스스로 攻取함으로써 채무목적물 또는 그 가액을 자신에게 실현할 수 있는 권리에 의하여 보충된다. … 그러나 이 경우에도, 사회학적으로 보면, 채무자의 義務感과 倫理意識이 통상 그에 대한 강제집행상의 공취의 위협보다도 더 중요함에는 의문의 여지가 없다. '채무자 자신의 자발적 履行意思는 그의 재산의 責任資力보다 가치가 있다. 특히 이 後者는 너무도 쉽게 손괴되고 잠탈될 수 있는 것이기에.'"

이 어떠한 취급을 받는가(가령 別除權이나 財團債權, 公益債權 또는 整理擔保權 등의 문제)는 이론적으로도 실제적으로도 중요한 문제이다. 그러므로 담보법을 생각함에 있어서는 이러한 실행절차에 배려할 필요가 있다.[2)]

4. 본 심포지엄은 민법 시행 40주년을 맞아 그 「回顧와 展望」을 주제로 한다. 그러나 발표자는 방대하고 어려운 담보법에서 일어난 그 간의 법발전을 전반적으로 검토할 능력이 없다.

그리하여 힘이 닿는 대로 주로 민법 제정 후 담보법의 분야에서 행하여진 立法을 중심으로 하여 그 내용을 개관하고[3)] 그 법률의 운용에 관한 판례와 ― 부족하나마 ― 이론의 대응을 살펴보기로 하였다. 그 중에서 「가등기담보 등에 관한 법률」(Ⅱ.)과 임차인(또는 전세입자)의 보증금반환청구권의 만족확보를 위한 입법적 조치(Ⅲ.)만을 다루었다. 그 외에도 소위 IMF경제위기에 대응하여 행하여진 여러 가지 조치에는 담보법과도 관련이 적지 않은 것이 있으나,[4)] 이러한 非常手段은 별도의 관점에서 종합적으로 논의할 필요가 있다고 생각되며, 여기서는 거론하지 아니하기로 한다.

마지막으로 「장래의 과제」를 그야말로 간단히 덧붙인다(Ⅳ.). 이는 공부를 하는 과정에서 그때그때 생각났던 것을 성급하게 모은 것

2) 그런데 이러한 視角은, 우리 나라 法文化의 큰 난점의 하나인 「이론과 실무의 隔絶」이 여기서도 발현되어서, 충분히 주목되지 못하고 있다는 것이 솔직한 느낌이다.

3) 따라서 예를 들면 繼續的 保證人의 責任制限이나 抵當權·根抵當權, 나아가 相計 등에 관하여 판례가 눈부시게 전개한 법리 등에 대하여는 다루지 못하였다.

4) 예를 들면 「금융산업의 구조개선에 관한 법률」(1997년 1월 13일 법률 제5257호) 제10조 제1항 제8호, 제14조, 제14조의2 등(소위 「계약이전명령」), 「금융기관 부실자산 등의 효율적 처리 및 성업공사의 설립에 관한 법률」(1997년 8월 22일 법률 5371호) 제26조, 「자산유동화에 관한 법률」(1998년 9월 6일 법률 제5555호), 특히 제6조 이하, 「주택저당채권유동화회사법」(1999년 1월 29일 법률 제5692호) 등.

으로 전혀 망라적 · 포괄적이 아니다.

Ⅱ. 非典型擔保에 대한 法的 規律—「假登記擔保 등에 관한 法律」

1. 序

「가등기담보 등에 관한 법률」(이하 假登記擔保法)은 1983년 12월 30일 법률 제3681호로 공포되어 1984년 1월 1일부터 시행되고 있다.[5] 이 법률은 1997년 12월 13일 법률 제5454호로 한 차례 개정되었는데, 개정내용은 단지 競賣法이 1990년 9월 1일부로 폐지됨으로 인한 用語의 整備에 그치는 것으로 그 규정의 실질에는 전혀 변경이 없다.

이 법률은 민법에서 규정하고 있는 擔保物權 외에 物的擔保形態(즉 非典型擔保 또는 變則擔保)를 특별법에 의하여 정면에서 규율한 최초의 예이다.

2. 適用範圍

이 법의 適用範圍와 관련하여 두 가지만을 지적하여 두기로 한다.

(1) 假登記擔保法의 두드러진 특징은 이 법률이 "민법 제607조 및 제608조의 정신을 살려서 이를 구체화한 特別法으로 기초"되었다는 점이다.[6] 同法의 규율을 받는 것은 "민법 제608조에 의하여 그 효

5) 이 법률의 입법과정 등에 대하여는 우선 梁彰洙, "「假登記擔保 등에 관한 法律」의 現況과 問題點", 民事判例研究 12집(1990), 383면 이하(同, 民法研究 제1권(1991), 290면 이하. 아래에서는 이에 의하여 인용한다) 참조.

6) 黃迪仁, "假登記擔保法案에 대한 批判과 管見", 서울대 法學 24권 2·3호(1984), 68면. 이 법률이 이러한 태도를 택하게 된 것은, 그 입법작업에 직접 관여하였던 사람들이 민법 제607조, 제608조가 모든 비전형담보의 규율에 있어서

력이 상실되는 代物返還의 豫約에 포함되거나 병존하는 債權擔保의 契約"(동법은 이를 「擔保契約」이라고 부른다)에 한정된다(제2조 제1호). 그리고 동법의 목적 자체가, 민법 제607조, 제608조의 적용을 받는 경우, 즉 "借用物의 返還에 관하여 借主가 借用物에 갈음하여 다른 재산권을 移轉할 것을 豫約함에 있어서 그 재산의 예약 당시의 價額이 借用額 및 이에 붙인 利子의 합산액을 초과하는 경우"에 있어서 그 "담보계약과 그 담보의 목적으로 경료된 假登記 또는 所有權移轉登記의 효력을 정함"에 있다(제1조). 따라서 이 법은 적어도 그 文言上으로는 민법 제607조, 제608조의 적용이 있는 경우에만 적용되며, 그 외의 경우에는 적용되지 않는다.[7)]

(2) 假登記擔保法은 소위 가등기담보뿐만 아니라, 讓渡擔保에 대하여도 일정한 사항을 규율하고 있다(제4조 제2항). 이 점에 관하여 立法關與者의 의사는 "이 法에 의하여 變則擔保 一般의 私的 實行을 모두 規制하려는 것"이므로,[8)] 양도담보의 경우에는 유담보형뿐만 아니라 정산형에도 적용이 있다는 취지인 것으로 이해된다. 또한 그 제1조에서 그 법의 목적은 "담보의 목적으로 經了된 … 소유권이전등기의 효력을 정"하는 데도 있다고 하고, 또 제4조 제2항이 "이미 소유권이전등기가 經了된 경우"에 관하여 정하고 있는 것으로부터도 이

적절한 출발점을 제공한다는 主張을 채택한 결과이다. 그 주장은 金曺鉉, "民法 제607조·제608조의 出發點에 대한 根本的인 反省과 再構成 ── 假登記擔保法의 制定과 관련하여", 法曹 31권(1982) 2호, 1면 이하; 3호 1면 이하(韓國民事法學會 編, 民事法改正意見書(1982), 302면 이하에 再錄되어 있다)에 의하여 전개되었다. 非典型擔保 전반에 대한 同人의 견해에 대하여는 同, "讓渡擔保의 法的 構成에 관한 最近의 判例硏究 (上)(中)(下)", 司法行政 1976년 10월호 내지 12월호(民事實務硏究會 編, 民事裁判의 諸問題 1권(1977), 21면 이하에 재록되어 있다); 同, "讓渡擔保의 擔保權的 構成 및 還買, 再賣買豫約의 法律的 性質에 관한 檢討", 法院行政處 編, 變則擔保·行政訴訟實務上의 諸問題(재판자료 13집)(1982), 33면 이하 참조.

7) 이로 인한 동법의 적용범위 등에 관한 문제에 대하여는 뒤의 4.(1)에서 살펴보기로 한다.

8) 黃迪仁(註 6), 67면 이하, 68면 참조.

를 알 수 있다. 이 점은 일본의 「假登記擔保契約에 관한 法律」이 담보계약 당시에 아직 소유권이 이전되지 아니한 경우만을 규율하고 있는 것(同法 제1조 참조)과 현저한 대조를 이룬다.

3. 主要內容

이 법의 主要한 內容은 다음과 같다.

(1) 이 법은 이와 같은 담보계약과 그 담보의 목적으로 經了된 가등기 또는 소유권이전등기에 의하여 채권자가 "擔保契約에 의한 擔保權"(제3조 제1항)을 취득하는 것을 전제로 하여, 첫째 그 "담보권"의 내용과 그 실행방법, 둘째 그 "擔保權"과 後順位債權者와의 관계, 셋째 채무자(物上保證人과 담보가등기 후 소유권을 취득한 제3자를 포함한다)의 목적물에 대한 권리 등에 관하여 정하고 있다. 이하 순서대로 살펴보기로 한다.

(2) "擔保契約에 의한 擔保權"의 內容과 實行方法

"擔保契約에 의한"의 내용을 살펴봄에 있어서는 채권자가 假登記만을 경료해두고 있는 경우(제2조 제3호 참조. 이하 假登記擔保라고 해두기로 한다)와 소유권이전등기를 경료한 경우를 구분할 필요가 있다. 전자에 관하여는 규정이 비교적 상세하나, 후자에 대하여는 별로 규정이 없다.

(가) 假登記擔保의 경우

가등기 담보의 경우에 債權者("擔保假登記權利者"라고 한다. 제12조 제1항 이하의 규정 참조)는 대체로 두 가지의 權能을 가진다.

첫째는 抵當權者와 유사한 지위이다. 즉 그는 競賣를 청구할 수 있고(제12조 제1항 제1문 후단), 또 경매(강제경매와 경매법에 의한 경매를 포함한다. 제2조 제4호 참조)가 개시된 경우(다른 채권자나 담보권자에 의하여 개시된 경우도 물론 포함된다)에는 그 절차에서 저당권자와 마찬가지의 지위에서 다른 채권자보다 자기 채권의 優先辨濟를 받을 권리를 가지는 한편으로(제13조 제1문), 부동산의 賣却으로 假登記擔保權은 소멸한다(제15조). 나아가 가등기담보권 자체를 경매 이외의 절차, 가령 파산절차·국세징수절차·회사정리절차 등에서도 저당권과 동일하게 취급하도록 하고 있다(제13조 제2문, 제17조).

둘째, 假登記擔保權利者는 소위 歸屬淸算의 방법으로 자기 채권의 만족을 얻을 수 있다(제12조 제1항 전단, 제3조 이하). 소위 處分淸算은 위에서 본 저당권자와 유사한 지위에서 競賣를 통해서만 할 수 있다. 가등기담보법의 가장 중요한 내용 중의 하나는 이 귀속청산절차에 엄격한 제한을 가하는 점에 있다. 그 제한의 요체는 "淸算期間"을 도입하여, 채권자가 청산금의 평가액을 통지한 때로부터 起算하여 2개월이 도과하여야만 담보부동산의 소유권이전등기를 청구할 수 있다는 것이다(제3조, 제4조 제1항·제2항). 그리고 채무자의 淸算金請求權을 확보하기 위하여 그것과 채권자의 위와 같은 所有權移轉登記請求 그리고 引渡請求의 사이에는 同時履行의 관계가 있음을 못박았다(제4조 제3항. 이 경우 채무자가 동시이행의 항변을 하지 않음으로써 채권자가 바로 소유권이전등기를 받은 경우에는 그대로 소유권을 취득하는가 하는 문제가 뒤에서 보는 애초부터 소유권이전등기를 받은 경우와의 균형이라는 관점에서 제기된다. 아마 이를 부인하여, 역시 청산금을 지급하여야 소유권을 취득한다고 해석할 것이다. 뒤의 4.(1)(라)도 참조). 그리고 이와 귀속실행의 절차에 관한 규정은 强行規定으로 하여 이와 다른 내용의 특약은 원칙적으로 이를 無效로 하였다(제4조 제4항).

(나) 所有權移轉登記가 이미 이루어진 경우

채권자가 擔保不動產에 관하여 소유권이전등기를 경료받았더라도 그것만으로는 그 부동산의 소유권을 취득하지 못한다는 것은 명백하다(제4조 제2항 전단). 그러나 그렇다면 소유권이전등기를 경료받은 채권자는 어떠한 법적 지위를 가지는가 하는 점에 대하여는 이를 적극적으로 정하는 아무런 규정이 없다(단지 제11조 본문이 "채권담보의 목적으로 경료된 소유권이전등기"라고 하고 있으나, 이 규정 역시 擔保本登記權利者의 법적 지위에 관하여는 직접 언급하지 않는다).

법은 단지 그 경우 채권자는 청산기간 경과 후 淸算金을 지급하여야만 目的不動産의 소유권을 취득한다고 정할 따름이다. 따라서 淸算期間 및 淸算金支給에 관한 규정이 "擔保本登記權利者"에도 적용된다는 것을 알 수 있고, 따라서 제3조 제1항에서 말하는 "담보계약에 의한 담보권"이 담보본등기권리자에게도 해당된다고 推論할 수 있을는지도 모른다. 그 "담보권"의 구체적인 내용, 가령 競賣請求權이나 優先辨濟權의 존재 등에 대하여는 아무런 언급이 없다.[9)]

(3) 後順位權利者와의 관계

假登記擔保法은 "후순위권리자"로 "담보가등기 후에 등기된 抵當權者·傳貰權者 및 擔保假登記權利者"를 들고 있다(제2조 제5호). 따라서 擔保本登記가 經了된 경우에도 있을 수 있는 위에서 든 바와 같은 권리자, 가령 채무자와 전세계약을 체결하고 채권자(즉 담보본등기명의자)의 협력을 얻어 전세권등기를 한 자는 "後順位權利者"에 관한 規定(제5조 이하)의 적용을 주장할 수 있는가 하는 문제가 제기될 수 있다. 일단 우선 규정의 내용을 들어둔다.

담보가등기권리자가 위에서 본 소위 歸屬淸算의 방식으로 자신의 권리를 실행하기로 한 경우에, 법은 '後順位權利者'로 하여금 담보가등기권리자가 채무자에게 지급하여야 할 청산금에 대하여 자신의 권리를 행사할 수 있도록 하였다(제5조 제1항). 그리고 그와 같은 권리행사를 확보할 수 있도록 하기 위하여, 擔保假登記權利者는 일정한

9) 이에 관하여는 우선 李孝鍾, "變則擔保와 不動産賣買", 法院行政處 編, 强制執行·任意競賣에 관한 諸問題(下)(재판자료 36집)(1987), 299면 이하 참조.

시기에 '후순위권리자'에게 청산금에 관하여 일정한 내용을 통지하도록 하고(제6조), 채무자의 淸算金請求權에 관한 처분이나 채권자의 청산기간 經過 전 또는 위 通知 전의 청산금지급은 '후순위권리자'에게 대항하지 못한다고 한다(제7조). 그리고 후순위권리자의 이러한 청산금에 관한 권리행사를 저지하려고 하는 자는 "청산금을 押留 또는 假押留하여야 한다"(제5조 제4항).

(4) 債務者의 權利

채무자의 권리는 법에 의하여 적극적으로 규정되어 있지 않고, 다른 관계인에 대한 규정의 陰畫로부터 묘사될 수 있다. 가령 담보본등기권리자가 그 청산금을 支給할 때까지는 소유권을 취득하지 않는다는 제4조 제2항 전단의 규정에 의하여, 그 때까지 채무자는 所有權登記를 가지고 있지 않음에도 불구하고 목적물의 소유권을 가지게 된다는 식으로. 단지 제11조는 채무자의 소위 還受權에 관하여 규정하고 있다. 그에 의하면 채무자는 "淸算金債權을 변제받을 때까지" 그 債務元利金을 지급하고 담보본등기의 말소를 청구할 수 있다(동조 본문). 이를 뒤집어서 말하면, 채무자는 그 채무원리금을 지급하지 아니하면 그 담보본등기의 말소를 청구할 수 없다. 이상과 같이 소유권은 담보본등기권리자에게 이전되지 않으나 그의 소유권이전등기는 유효하다는 셈이다.[10]

그러나 그러한 登記抹消請求權은 "그 채무의 辨濟期가 경과한 때로부터 10년이 경과하거나 또는 善意의 제3자가 소유권을 취득한 때"에는 소멸한다(동조 단서). 그런데 청산절차가 경료되어 還受의 여지가 없어지지 아니한 한 담보권자는 소유권을 취득하지 못한다고 하는 것이 위 법의 기본태도이므로, 여기서 「선의의 제3자가 소유권을 취득한 때」를 어떻게 법적으로 설명·구성할 것인지는 상당히 어려운

10) 發表者는 이러한 입법적 선택에는 크나큰 문제가 있다고 생각한다. 이에 대하여는 梁彰洙(註 5), 338면 이하 참조.

문제이다.[11)]

4. 判例의 展開

(1) 앞의 2.(1)에서 본 대로, 이 법률은 민법 제607조·제608조의 적용이 있는 범위에서만 가등기담보 또는 양도담보를 규율한다. 이러한 出發點은 實務로 하여금 종래 위 규정의 적용범위에 관한 판례태도를 전제로 하여 이를 적용하도록 함으로써 그 적용범위를 현저히 축소하는 태도를 취하게 하는 이유가 되었고, 이로써 이 법률은 비전형담보에 대한 말하자면 一般法으로서의 지위를 차지하지 못하고 있다.

(가) 판례는 동법이 消費貸借 또는 準消費貸借에 기한 返還債務에 관한 담보계약에만 적용된다고 한다. 즉 민법 제607조·제608조는 소비대차계약에 있어서 "借用物의 返還에 관하여"「대물반환의 예약」이 행하여진 경우에 관한 규정이므로, 동법은 그 외의 계약 기타 원인에 의하여 발생하는 債權을 위한 담보계약에 대하여는 적용이 없다는 것이다. 그리하여 예를 들면 大判 90.6.26, 88다카20392(공보 90, 1554)은, "매매대금 등의 지급의 담보와 그 불이행의 경우의 제재 내지 보상[아마도 손해배상채권 등]을 위하여 … 가등기가 경료된 경우"에 대하여 동법의 적용을 부정하였다.[12)] 그 외에도 大判 92.4.10, 91다45356등(공보 92, 1547)은 공사대금채무에 대한 담보에,[13)] 大判 92.10.27, 92다22879(공보 92, 3277)은 물품대금선급금의 반환채무에

---

11) 뒤의 4.(2)에서도 보는 대로, 大判 92.12.8, 92다35066(공보 93, 438)은 양도담보권자가 청산절차를 거침이 없이 목적물을 제3자에게 양도한 경우에 양수인은 "확정적으로 소유권을 취득"한다고 판시하면서, 그 양수인의 선의·악의를 문제삼고 있지 않다.

12) 大判 91.9.24, 90다13765(공보 91, 2593)도 같은 취지를 밝힌다.

13) 同旨: 大判 96.11.12, 96다31116(공보 97상, 9): "공사잔대금의 지급을 담보하는 계약에 대하여는 가등기담보법이 적용되지 않는다."

대한 담보에, 大判 95.4.21, 94다26080(공보 95상, 1932)은 불하대금채무의 담보에, 大判 96.11.29, 96다31895(공보 97상, 165)은 매매계약의 해제로 인한 대금반환채무의 담보에, 大判 98.6.23, 97다1495(공보 98하, 1944)은 부동산의 낙찰자로서의 권리를 포기하는 데 대한 대가로 지급하기로 한 금전의 담보에 각기 가등기담보법은 적용되지 아니한다고 판시하였다. 다만 準消費貸借에 있어서는 "소비대차의 효력이 생"기므로, 이에는 동법의 적용을 인정한다.[14]

이와 같이 하여 이미 假登記擔保法은 비전형담보, 즉 권리이전형담보 일반에 대한 원칙적 규범으로서의 기능을 할 수 없게 된 것이다.

(나) 나아가 민법 제607조·제608조는 "차용물의 반환에 갈음하여 다른 재산권을 이전하기로 예약한 경우", 즉 소위 代物返還의 豫約이 있는 경우에만 적용되는 것으로 정하고 있다.

그러므로 종전의 판례는, 이들 규정은 담보계약이 流擔保特約을 포함하는 경우에만 적용된다고 해석하여 왔다. 예를 들면 大判 66.9.6, 66다981(集 14-3, 9)은, "본건의 경우에 당사자 간에 특히 변제기에 債務辨濟를 하지 아니하면 채권채무관계는 소멸되고 부동산의 소유권이 확정적으로 채권자에게 귀속된다는 명시의 특약이 없는 이상 대물변제의 예약이 있었다고 인정할 수 없으므로, 원심이 본건 채무를 담보하기 위한 소유권이전등기절차를 이양하였음이[은] 매도담보에 그치는 것이고 대물반환예약이 있었다고 인정되지 아니한다는 이유로 민법 제607조를 적용할 수 없다고 단정하였음은 정당하다"고 판시하였던 것이다.[15] 그러므로 통상적인 양도담보, 즉 精算型 讓渡擔

14) 大判 92.10.9, 92다13790(공보 92, 3110); 大判 97.3.11, 96다50797(공보 97상, 1070) 등 참조. 판례는 大判 65.9.21, 65다1302(集 13-2, 145); 大判 67.10.31, 67다1990(集 15-3, 259) 등에서 이미 민법 제607조·제608조는 준소비대차상의 채권에 대하여도 적용된다고 판시하였었다.

15) 그 전에 大判 64.11.20, 64다613(郭潤直, 判例教材 物權法(1972), 640면)은, 원심이 양도담보에는 제607조 등이 적용되지 않는다고 한 것을, 양도담보라도 "변제기 도과와 동시에 채권은 소멸되고 채권자가 본건 부동산에 대한 완전한

保에 대하여는 민법 제607조 등은 적용이 없으며, 나아가 通常的인 假登記擔保의 경우, 즉 채무의 이행기가 도래하였을 때 채권자에게 ― 담보목적물을 가등기에 기한 본등기를 하는 방식으로 ― 이전하되 나중에라도 채무를 이행하면 그 목적물의 반환을 청구할 수 있고 또 채권자가 담보권을 실행하여 목적물을 처분하거나 자신에게 귀속시키면 그에 따른 精算을 하는 것으로 약정한 경우에 대하여도 마찬가지인 것이다.

그렇다면 민법 제607조·제608조의 「實行節次法」인 가등기담보법은 역시 위와 같은 流擔保特約이 있는 權利移轉型 擔保에만 적용된다고 할 것인가? 이러한 문제를 정면으로 문제삼아 태도를 밝힌 裁判例는 아직 찾지 못하였다.[16] 그런데 大判 96.6.24, 95다34781(공보 96상, 1694)은 다음과 같이 판시하고 있다.

> "원심이 확정한 바와 같이, 원고가 이 사건 각 토지를 피고에 대한 위 차용원리금에 대한 대물변제조로 피고에게 양도하기로 약정하고 위 차용원리금의 담보조로 이 사건 각 토지에 소유권이전등기청구권 가등기를 하였다가 위 차용원리금에 갈음한 현실적인 대물변제조로 위와 같이 피고 앞으로 소유권이전등기를 한 것이라면, 원·피고 간의 위 약정은 민법 제607조 소정의 대물반환의 예약이라고 할 것이어서 같은 법 제607조, 제608조가 적용"된다는 것이다.[17]

이 판결은 가등기담보법이 제정되기 전에 「대물반환의 예약」이 행하여졌던 事案에 대한 것이나, 만일 위 판결이 그 설시하는 경우에

소유권을 취득한다는 特約"이 있다면, 이에는 동 규정이 적용된다고 하여 파기환송하였었다. 여기서도 流擔保特約이 있어야 제607조 등이 적용된다는 점은 명백하다.

16) 학설에서도 이러한 문제는 별로 의식되지 못하는 것으로 여겨진다.

17) 이 판결은 그 외에 민법 제607조에 의하여 목적물의 가액과 채무원리금을 비교하는 기준시점은 목적물을 채권자에게 현실적으로 이전할 당시가 아니라 「대물반환의 예약」시라고 한다.

한정하여 민법 제607조의 적용을 인정하는 취지라고 한다면, 이는 실로 가등기담보법 시행 전의 판례준칙을 반복하고 있는 것이라고 여겨진다.

또한 大判 91.12.24, 91다11223(공보 92, 667)도 참고가 된다. 이 사건의 사실관계는 다음과 같다. 원고의 처 甲이 피고의 모 乙로부터 1980년 5월부터 수 차례 금전을 차용하였다. 원고와 피고는 1985년 5월에 차용원금 및 이자를 도합 4천2백만원으로 확정지으면서 "그 변제의 방법으로 원고가 피고에게 이 사건 토지를 양도하기로 하되, 그로부터 3년 내에 원리금을 지급하면 이를 돌려받기로 하는 약정(환매특약)"을 하였다. 피고는 그 환매기간인 3년이 경과한 후에야 원리금을 공탁하고 이 사건에서 소유권이전등기의 말소를 청구하였다. 대법원은 원고의 청구를 기각한 원심판결을 파기하였는데, 그 이유는, 우선 "1985.5.13. 원·피고 간에 한 위 약정이 **종전의 채권채무를 완전히 소멸**시키고 피고가 이 사건 토지의 실질적인 토지를 취득하기로 한 대물변제의 약정이라고 볼 수 없"다는 것이고, 나아가 "설사 … 대물변제의 의사로 한 것이라 하더라도 위 약정을 함에 있어 약정 후 3년 이내에 원고가 그 간의 원리금을 지급하면 피고는 이 사건 토지를 원고에게 되돌려 주기로 하는 약정도 함께 하였다면, 이는 결국 대물변제의 예약이라고 봄이 상당"하여 그렇다면 민법 제607조·제608조에 의하여 그 「대물반환의 예약」이 무효이므로[18] 원고는 환매기간이 도과하여도 그 담보권실행에 의한 정산절차가 있기까지는 채무원리금을 변제하여 담보물의 반환을 청구할 수 있다고 판시하였다. 이 판결을 위와 같은 問題視角에서 볼 때 어떻게 이해되어야 할 것인가는 반드시 명확하지 않으나, "종전의 채권채무를 완전히 소멸"시키는 代物辨濟의 約定을 전제로 하여 일정한 기간 내의 담보물 환수가능성을

18) 민법 제608조에 의하여 "效力이 없"게 되는 약정은, 擔保契約 전체가 아니라 그 중 流擔保約定만이라고 해석하여야 할 것이다.

약정한 「대물반환의 예약」을 인정한 것이라고 한다면, 이 역시 판례는 가등기담보법을 유담보특약 있는 권리이전형 담보에만 적용하려는 태도를 취하고 있다고 추론할 단서를 제공한다고 하겠다.

만일 그렇다면 가등기담보법의 汎用性은 더욱더 沮害된다. 왜냐하면 판례의 해석대로 통상의 양도담보는 청산을 전제로 하는 소위 「약한 의미의 양도담보」라고 한다면, 가등기담보법은 예외적으로만 적용되는 결과가 되기 때문이다.[19)]

(다) 또 假登記擔保法이 적용되려면 민법 제607조에 의하여 「대물변제의 예약」 당시의 목적물의 시가가 채무원리금을 넘어야 한다.[20)] 따라서 「예약」 당시의 목적물 시가가 채무원리금을[21)] 넘지 않았으면 위 법률은 적용의 여지가 없다. 그리고 이 경우에는 비록 채권자가 목적물을 현실적으로 취득할 당시에는 그 시가가 채무원리금을 넘게 된 경우에라도 「대물변제의 예약」은 유효하여서, 그에 기한 「대물변제」(즉 流擔保)도 확정적으로 유효하고, 따라서 채무자는 채무원리금을 지급하여도 그 목적물을 「還受」할 수 없게 된다.

그리하여 이 점은 경우에 따라서 당사자의 법적 지위에 중대한 영향을 줄 수도 있는데, 大判 91.2.26, 90다카24526(集 39-1, 212)은 목적물에 先順位의 根抵當權이 설정되어 있는 경우는 "그 현존 피담

---

19) 發表者는 가등기담보법을 유담보특약부 권리이전형 담보에만 적용된다고 해석하는 것에는 ── 同法의 文言에도 불구하고 ── 찬성할 수 없다. 그것은 무엇보다도 그렇게 해석하면 債權者가 자신의 이익을 위하여 유담보특약을 붙이면 그렇게 하지 아니한 통상의 경우(즉 精算型)보다 위 법률의 적용에 의하여 오히려 더 不利한 법적 지위에 놓이게 되는데, 이러한 결과는 衡平에 비추어 도저히 용납될 수 없기 때문이다.

20) 그러한 理由에서 同法의 적용을 거부한 예로 大判 90.1.23, 89다카21125(공보 90, 515); 大判 91.11.22, 91다30019(공보 91, 271); 大判 93.10.26, 93다27611(공보 93, 3181) 등이 있다.

21) 大判 66.5.31, 66다638(集 14-2, 52)에 의하면, 兩者를 比較함에 있어서는 변제기까지의 이자를 합산할 뿐, 변제기 이후의 지연손해금을 포함하여서는 아니된다고 한다.

보채무액"을 그 시가에서 공제하여야 한다고 한다.

(라) 또한 가등기담보법은 "그 담보계약과 그 담보의 목적으로 경료된 假登記 또는 所有權移轉登記의 효력을 정함"을 목적으로 한다고 정하고 있다. 그러므로 이 법이 부동산에 대한 권리이전형 담보에만 적용되고(同法 제18조도 참조), 登記될 수 없는 동산이나 채권에 대하여는 적용되지 아니한다.[22] 그런데 더욱 흥미로운 문제는, 담보계약은 존재하고 그에 기하여 아직 가등기 또는 소유권이전등기가 경료되지 아니한 경우에 동법의 규정은 이 등기의 청구에 어떠한 영향을 미치는가 하는 점이다.

사실 이 문제는 大判 96.11.15, 96다31116(공보 97상, 9)에 의하여 의식되었다. 이 판결은, "차용금채무의 담보를 위한 양도담보계약이 체결되었으나 그에 따른 소유권이전등기가 경료되지 않은 경우, 양도담보는 그 담보계약에 따라 소유권이전등기를 경료함으로써 비로소 담보권이 발생하는 것이므로 채권자는 가등기담보법상의 정산절차를 밟기 전에 우선 담보계약에 따른 소유권이전등기절차의 이행을 구하여 소유권이전등기를 받은 다음 위 法에 따른 청산절차를 밟으면 되고, 따라서 채무자는 동법 소정의 청산절차가 없었음을 이유로 그 소유권이전등기절차의 이행을 거절할 수는 없다"고 판시하였다.[23] 그리고 최근의 大判 99.2.9, 98다51220(공보 99상, 478)도 같은 취지로 판시하고 있다. 즉 내법원은, 대물변제의 약정(및 그에 포함된 양도담보약정)에 기하여 소유권이전등기청구를 하려면 가등기담보법상의 청산절차를 밟을 필요가 없다고 판시하면서, 원심이 청산절차를 거치지

---

22) 발표자의 관찰에 의하면, 사실 讓渡擔保에 관한 한 우리 사회의 담보거래에서 動産(특히 集合動産)이나 債權에 대한 양도담보도 무시할 수 없는 비중을 차지하며, 이러한 경향은 점차로 현저하게 되고 있다.

23) 동 판결은 그에 앞서서 공사잔대금채무의 담보에 대하여는 가등기담보법이 적용되지 않는다고 판시하고 있어서(앞의 註 13 및 그 본문부분 참조), 本文에서 인용한 설시는 말하자면 예비적 판단에 불과한 것이었다.

않았음을 이유로 소유권이전등기청구를 기각한 것을 破棄還送하였다. "차용금채무의 변제에 갈음하여 부동산소유권을 양도하기로 하는 대물변제의 약정이 체결된 경우에, … **그에 기한 소유권이전등기를 아직 경료하지 아니한 경우**에는 아직 양도담보가 설정되기 전의 단계이므로 가등기담보법 제3조의 담보권 실행에 관한 규정이 적용될 여지가 없고, 채권자는 양도담보의 약정을 원인으로 소유권이전등기를 청구할 수 있다"는 것이다.

이러한 판례의 태도에는 의문이 있다. 담보가등기가 행하여진 경우에 本登記를 행함에는 清算節次가 요구됨에는 의문이 없다.[24] 그렇다면 양도담보약정만 있고 아직 소유권이전등기가 행하여지지 아니한 경우를 담보가등기가 이미 행하여진 경우와 차등을 둘 이유가 있을까? 後者의 경우는 오히려 담보권자가 더욱 공고한 법적 지위를 가지고 말하자면 담보물의 취득에 더욱 「가까왔던」 경우인데도 청산절차가 요구되는데, 아직 登記가 없어 제3자에의 대항력 등의 면에서 오히려 훨씬 취약한 前者의 경우에는 청산절차 없이도 소유권이전등기를 경료받을 수 있다는 것은 균형이 맞지 아니한다고 여겨진다. 위 판결과 같은 태도를 취하면 채무자가 清算金을 실제로 지급받을 기회를 얻지 못할 가능성에 그대로 직면하게 되어 清算金이 현실적으로 지급되는 것에 1차적인 관심을 기울이고 있는 가등기담보법의 취지를 沒却하게 될 우려가 있다. 또 위와 같이 하여 소유권이전등기를 얻었어도 채권자는 아직 소유권을 취득하지 못한 것이므로(동법 제4조 제2항 참조), 채권자로서도 결국 소유권의 취득을 위하여는 다시 청산절차를 밟아야 함으로써 二重의 節次가 요구되는 것이다.

24) 특히 大判 94.1.25, 92다20132(공보 94상, 790)은, 뒤의 (2)에서 보는 대로, 가등기담보에서 同法 제3조의 청산절차 없이 가등기에 기한 본등기를 거치면 이 본등기는 무효이고 약한 의미의 양도담보로서도 유효라고 할 수 없다고 판시하였다.

(2) 앞의 3.(2)(가)에서 본 대로 가등기담보법의 요목 중의 하나는 청산금통지로부터 기산되는 「淸算期間」을 도입한 데 있다. 그리하여 大判 94.1.25, 92다20132(공보 94상, 790)은 가등기담보에서 同法 제3조의 청산절차 없이 가등기에 기한 본등기를 거치면 이 본등기는 무효이고 또한 약한 의미의 양도담보로서도 유효라고 할 수 없다고 판시하였다. 그리고 大判 95.4.28, 94다36162(공보 95상, 1965)은, 제3취득자에의 청산통지가 없으면 가등기담보권자의 본등기청구(또는 양도담보권자의 소유권 취득)가 부정된다고 한다.

그러나 다른 한편 양도담보권자가 청산절차를 거치지 아니한 채 목적물을 제3자에게 양도한 경우에 대하여 大判 92.12.8, 92다35066(공보 93, 438)은 그 양수인은 목적물의 소유권을 확정적으로 취득한다고 판시하면서 양수인의 선의·악의를 문제삼고 있지 않다(앞의 3.(4) 참조).[25] 또한 그 淸算節次의 내용에 대하여도 大判 92.9.1, 92다10043(공보 92, 2760); 大判 96.7.30, 96다6974등(공보 96하, 2650)은, 담보권실행의 통지에 있어서 채권자가 통지할 청산금의 액은 주관적으로 평가된 것으로 족하며 객관적 평가액에 미달하여도 청산절차의 진행에는 영향이 없고[26] 다만 채무자는 객관적 청산금이 제공될 때까지 본등기청구를 거절할 수 있을 뿐이라고 한다.

이와 같이 판례는 淸算節次의 의미에 관하여 말하자면 兩面的인 태도를 취하고 있다고 할 수 있다.

---

25) 만일 이 판결이 악의의 양수인도 소유권을 취득한다는 의미라면, 이는 동법 제11조 단서 제2경우("善意의 第三者가 소유권을 取得한 때")에 비추어 찬성할 수 없다.

26) 이러한 立場과 가등기담보법 제9조에서 정하는 청산통지의 구속력과는 어떠한 관계가 있는지에 대하여는 태도를 밝히지 않는다.

5. 學說의 反應

가등기담보법에 대한 학설의 반응에 대하여는 다양한 접근이 가능하다. 그러나 여기서는 이를 계기로 하여 이루어진 讓渡擔保의 法的 構成에 대한 態度變化만을 살펴보기로 한다.

(1) 주지하는 대로 양도담보의 법적 구성에 관하여는 종전부터 학설상 信託的 讓渡說과 擔保權說의 대립이 있었으나, 판례는 신탁적 양도설에 입각하고 있었다.[27]

그런데 위 법이 제정된 후 양도담보의 법률구성에 관한 立場轉換을 가장 극적으로 보여 주는 것은, 郭潤直, 物權法, 全訂增補版(1980), 626면 이하의 서술과 同, 物權法, 再全訂版(1985), 682면 이하의 서술의 대비이다. 앞의 책에서는 양도담보의 법률구성에 대한 "각 이론의 검토"를 행하면서, 소위 「담보물권적 구성」에 대하여 "그 이론이라는 것이 너무 막연하여, 앞으로 나아갈 하나의 방향제시로서는 몰라도, 현실의 이론으로서 받아들이기 어렵다"고 하고(627면), 이어서 "아직은 신탁적 양도이론보다 합리적이라고는 할 수 없는 것 같다"고 하여, 결국 "가장 오랜 역사를 지니는 신탁적 양도이론이 현시점에서는 그런 대로 양도담보의 이론으로서 무난하다고 하여야 한다"고 결론지었었다(629면). 그러나 가등기담보법이 시행된 후에 나온 뒤의 책에서는 양도담보목적물의 여하를 불문하고 전적으로 담보권설을 취하고 있다. 즉 "채권자는 양도담보권이라고 일컬을 수 있는 일종의 담보권을 가질 뿐이고, 설정자에게는 소유권에서 이 양도담보권을 뺀 권리가 잔존·귀속하는 것으로 구성하여야 한다"(684면). 이러한 서술은 그 후의 同, 物權法, 新訂版(1995), 728면 이하에서도 그대로 반복되고 있는데, 다만 여기서는 「動產讓渡擔保의 法律構成問題」라는 항목

27) 가등기담보법 이전의 학설상황 등에 대하여는 우선 民法注解[Ⅶ](1992), 276면 이하(徐廷友 집필), 특히 285면 이하의 상세한 서술 참조.

을 하나 추가하여, 결론적으로 "目的物에 따라 그 理論構成과 規制가 각각 다르게 된다는 것은 도저히 합리적이라고 할 수 없다"고 하여, 동산양도담보에 대하여도 마찬가지라고 할 것이라고 한다(730면).[28)]

(2) 그러나 判例는 종전과 마찬가지로 신탁적 양도설을 유지하고 있다고 생각된다.

예를 들면 大判 94.8.26, 93다44739(공보 94하, 2514)은 명백히 假登記擔保法 시행 후에 動產讓渡擔保가 행하여져서 이에 기하여 양도담보권자가 제3자이의의 소를 제기한 사안에서, 원심이 "양도담보권자는 淸算節次가 없는 한 소유자가 아니며 그 전에는 단지 우선변제청구의 소를 제기할 수 있을 뿐"이라고 하여 원고의 청구를 기각하였는데, 대법원은 "동산에 관한 양도담보계약이 이루어지고 원고가 점유개정의 방법으로 인도를 받았다면 그 청산절차를 마치기 전이라도 목적물에 대한 사용수익권은 없지만 제3자에 대한 관계에 있어서는 그 물건의 소유권을 주장하고 그 권리를 행사할 수 있다"고 하여 원심판결을 파기하고 있는 것이다.[29)]

28) 金曾漢·金學東, 物權法, 제9판(1997), 598면 이하도, 가등기담보법이 동산의 양도담보에는 적용이 없다고 하면서도, "같은 양도담보를 목적물에 따라 그 이론구성과 법률적 성질을 달리하는 것은 타당치 않다"는 이유로, 동산양도담보를 "일종의 담보물권"이라고 한다.

29) 그 외에도 예를 들면 大判 95.7.28, 93다61338(集 43-2, 52)은 주식의 양도담보에 대하여, 양도담보권자 甲이 대외적으로 주식의 「소유권자」(주주권을 가진다는 의미일 것이다)라고 할 것이므로, 양도담보설정자 乙 등으로서는 그 후 甲으로부터 담보주식을 매수한 丙 등에 대하여는 특별한 사정이 없는 한 그 所有權을 주장할 수 없다고 하고, 소론과 같이 위 양도담보가 精算型으로서 정산문제가 남아 있다 하더라도 이는 담보주식을 매수한 자에게 대항할 수 있는 성질의 것이 아니라고 판시하였다. 또한 大判 96.6.28, 96다9218(공보 96상, 2349)은, 토지매수인이 자기 비용으로 건물을 건축함에 있어서 그 건축허가명의를 매도인으로 한 경우에 대하여, 매도인 앞으로 소유권이전등기가 됨으로써 — 건물을 원시취득한 토지매수인으로부터 — 매매대금채권의 담보목적의 범위에서 매도인 앞으로 소유권이 이전된 것이라고 판시하였다(앞의 4.(1)(가)에서 본 대로 매매대금채무의 담보에는 가등기담보법이 적용되지 않는다는 것이 판례의 태도이다). 한편 大判 91.11.8, 91다21770(공보 92, 75)은, "채권담보를 위하여 소유

필자는 대법원의 태도가 타당하다고 생각하며, 학설상황의 변동에도 불구하고 대법원이 이러한 태도를 堅持하고 있는 데 대하여 敬意를 표한다. 앞의 4.(1)에서 본 대로 가등기담보법 제4조 제1항은 不動産讓渡擔保에만, 그것도 특히 민법 제607조에 반하는 부동산양도담보(동법 제2조 제1호 참조)에만 적용이 있다고 할 것이고, 動産이나 債權 등의 讓渡擔保에는 여전히 信託的 讓渡說이 타당하다. 당사자들은 제3자의 攻取의 排除, 채권만족의 방법·시기의 자유로운 선택의 필요 등 그럴 만한 합리적 이유에 기하여 信託的 讓渡를 의도한 것이며,[30] 이러한 의사는 법률의 규정이 없는 한 함부로 그 효력이 부정되어서는 안 된다. 한편 가등기담보법은, 그 자체의 「醜像」은 별론으로 하더라도,[31] 양도담보권을 부동산에 대하여만 설정될 수 있는 抵當權에 준하는 것으로 규정하고 있어서, 동산이나 채권 등의 양도담보에는 類推適用될 성질의 것이 아니다. 동산이나 채권에 대한 양도담보권자가 「담보권」을 가진다고 할 때, 그것이 구체적으로 어떠한 종류인지를 명확하게 말하지 않는데, 만일 動産質權이라는 취지라면

권이전등기를 경료한 양도담보권자는 채무자가… 피담보채무의 이행지체에 빠졌을 때에는 담보계약에 기하여 취득한 목적 부동산의 처분권을 행사하기 위한 환가절차의 일환으로서, 즉 **담보권의 실행**으로서 채무자에 대하여 목적 부동산의 인도를 청구할 수 있고 제3자가 채무자로부터 적법하게 목적 부동산의 점유를 이전받아 있는 경우에는 목적 부동산의 인도청구를 할 수도 있다 할 것이나 **직접 소유권에 기하여 그 인도를 구할 수는 없다**"고 판시한다. 이 판결은 양도담보의 법률구성에 관한 담보권설을 취한 것으로 이해될 소지도 있는 것으로 생각되기도 하나, 이 점에 대하여는 사실관계를 달리하는 그 직전의 다른 裁判例(大判 91.8.13, 91다13830(공보 91, 2348). 이 사건에서는 채권자가 채무자에게 목적물의 분양을 위탁한 것으로 보이고, 따라서 채무자로부터 분양을 받아 입주한 자는 채권자=소유자에 대하여도 민법 제213조 단서의 「占有할 權利」를 가진다)에서의 說示를 부당하게 一般化한 것이 아닌지 의문이다. 그 전에 大判 86.8.19, 86다카315(공보 86, 1218)은, "동산양도담보권자는 대외적으로 그 소유권을 행사할 수 있는 것이므로 제3자에게 바로 그 목적동산의 인도를 구할 수 있"다고 판시하였었다.

30) 이 점을 지적하는 것으로, 무엇보다도 中野貞一郎, "讓渡擔保權者と第三者異議の訴", 强制執行·破産の硏究(1971), 97면 이하, 특히 115면 이하 참조.

31) 이 점에 대하여는 梁彰洙(註 5), 281면 이하 참조.

(그 외에 어떠한 동산담보권이 있다는 것인가? 「담보권」 또는 「담보물권」이라는 물권은 존재하지 않는다) 이는 占有質原則을 정하는 민법 제331조에 정면으로 반한다. 또 예를 들어서 地上權이 그 목적토지의 건물과 함께 양도담보의 목적이 된 경우에 지상권을 목적으로 하는 「담보권」이란 무엇을 말하는지 알 수 없다(민법 제345조 단서는 "부동산의 사용, 수익을 목적으로 하는 권리"는 權利質權이 설정될 수 없다고 정한다).

Ⅲ. 傳貰金返還債權의 滿足確保를 위한 立法的 措置

1. 序

제한물권의 하나로 민법에 법정되어 있는 傳貰權에 대하여 민법의 제정과정에 관여하였던 사람들은 이를 用益物權의 하나로 이해하고 있었던 것으로 보인다.[32] 민법 제303조 제1항은 전세권을 "전세금을 지급하고 타인의 부동산을 점유하여 그 부동산의 용도에 좇아 사용, 수익할 권리"라고만 정의하고 있는 것이다. 민법에 대한 심의과정에서도 이 물권을 신설하는 意味는 주로 목적부동산의 새로운 소유자에 대하여 用益의 계속을 보장하여 준다는 것으로 설명되고 있다.[33] 그리하여 애초의 민법은 전세권반환채권의 만족을 확보하는 방안에 대하여 별다른 배려를 하고 있지 않다. 다만 전세관계가 종료된 후의 각 당사자의 원상회복의무에 同時履行關係를 인정하고(제317조), 나아

32) [第3代 國會] 제26회 國會定期會議速記錄(이하 「速記錄」), 29호 16면의 정부측 제안설명: "종래 임대차의 일종으로 취급되던 전세권을 用益物權의 일종으로 신설 …"

33) 예를 들면 速記錄, 29호 8면의 張暻根 발언("[傳貰權]登記를 하면 傳貰不動產의 소유자가 변경되더라도 새 소유자에 대하여 傳貰權을 미치게 … 함으로써 전세하고 있는 조그마한 小市民들의 보호를 기한 것") 참조. 그 외에 速記錄, 48호 3면 상단 이하의 同人 발언도 참조.

가 전세금반환청구권에 기한 競賣請求權을[34] 부여하는 데 그친다(제318조).[35]

오히려 민법안에 대하여 제출된 修正案 중에 전세금반환청구권의 만족확보에 배려한 것이 있었다. 즉 소위 玄錫虎修正案[36] 제34항은 전세금반환청구권에 기하여 목적물에 기한 留置權을 인정하자는 내용이었다.[37] 이 흥미로운 제안은 傳貰에 관한 규율을 債權編에 둔다는 위 수정안의 기본적 태도가 받아들여지지 아니함으로써 이와 함께 否決되었다.[38]

그러나 우리 나라에서 부동산에 관한 傳貰慣行 또는 賃貸借慣行에서는 전세금 또는 보증금(이하에서는 「전세금」이라고만 한다)이 목적물의 반액 정도인 경우도 적지 않는 등으로 상당히 고액이고 이것은 많은 경우 전세입자 또는 임차인인 庶民의 적극재산의 중요부분을 차지하며 특히 우리 나라의 건물사정상 대체로 전세금을 반환받으면 이

---

34) 民議院 法制司法委員會 民法案審議小委員會, 民法案審議錄, 上卷(1957), 335면 下段은, 전세권에 관하여 "경매청구에 관한 한 담보물권과 유사하다"는 理解를 제시하고 있다. 다만 이러한 이해는 전세권의 행사로 인한 매도인의 담보책임에 관한 규정(현행 민법 제576조)을 심의하는 과정에서 表出된 것이다.

35) 이러한 규정들은 그나마 소위 債權的 傳貰 또는 賃貸借에는 적용되지 아니한다.

36) 이 修正案 및 그 배후에 있는 『民法案意見書』에 대하여는 梁彰洙, "民法案에 대한 國會의 審議 (Ⅱ) — 國會本會議의 審議", 同, 民法研究 제 3 권(1995), 39면 이하 참조.

37) 그 이유는, 民法案意見書(1957), 185면(朱宰璜 집필)에 의하면, "判例는 그 청구권[전세금반환청구권]은 목적물에 관하여 발생한 채권이라고는 볼 수 없다고 하여 借主의 유치권을 인정하지 않고 있으나(이 점은 이론상 검토의 여지가 있다), 借主는 목적물의 價格의 半額 이상의 대금을 전세금으로 지급하고 있는 만큼, 그 자에게 유치권을 부여함으로써 자금회수를 보장하여 주는 것이 사회정책상 필요한 것으로 생각되는 고로, 留置權을 명시하는 규정을 두고자 하는 바이다"라는 것이다.

38) 민법이 시행된 후에도 大判 60. 9. 29, 4292民上229(總覽 2-2(A), 649); 大判 76. 5. 11, 75다1305(集 24-2, 16)은 임차보증금반환청구권에 기한 유치권을 부인하는 태도를 취하였다. 이에 대하여는 우선 梁彰洙, "留置權의 發生要件으로서의 「債權과 物件 간의 牽聯關係」", 同, 民法研究 제 1 권(1991), 239면 이하, 특히 249면 이하 참조.

것으로 유사한 건물을 다시 임차할 수 있어 당사자로서는 用益權의 제 3 자에 대한 貫徹보다 오히려 전세금 반환의 확보에 더욱 관심을 가지는 등의 事情이 있다. 그리하여 점차로 전세금반환청구권의 만족 확보에 대한 立法的 配慮가 행하여졌고, 이에 따라서 전세권의 담보물권적 측면이 보다 명확하게 强調되어 갔다.

2. 競賣法 등

그 始發點을 이룬 것은, 競賣法(1962년 1월 15일 법률 제968호)이 제34조 제 3 항에서 경매대금의 배당에 관하여 "抵當權者와 傳貰權者와의 順位는 登記의 先後에 의한다"고 정한 것이다.[39] 이를 계기로 하여 전세권(보다 정확하게 말하면 전세권이 소멸한 후에 종전의 전세권자가 가지는 전세금반환청구권)에 優先辨濟權이 인정되는지에 관한 논의가 벌어졌는데,[40] 이 論議는 기본적으로 실체법인 민법에서 명문으로 정하여지지 아니한 우선변제권이 절차법인 경매법의 규정에 의하여 인정될 수 있는가 하는 法體系上의 문제에 관한 것이라고 이해된다. 그러나 어쨌거나 위 규정에 의하여 실제의 경매절차에서 전세권자가 우선변제를 얻게 되었다.

3. 民法의 改正

(1) 아마도 이러한 論議를 배경으로 하여 그 후 1984년의 민법개정(동년 4월 10일 법률 제3723호)에서는 전세권의 내용에 용익적 권능 외에도 "그 不動産 全部에 대하여 後順位權利者 기타 채권자보다 傳貰金의 優先辨濟를 받을 권리"가 포함되는 것으로 明定되었다. 이

39) 破産法(1962년 1월 20일 법률 제998호) 제84조가 傳貰權에 기하여 別除權을 인정한 것도 궤를 같이한다.

40) 이에 대하여는 우선 金曾漢, 物權法(下)(1970), 64면 이하 참조.

로써 앞서 본 경매법 등의 절차규정의 실체법적 기초가 확실하게 된 셈이다.[41)]

(2) 여기서 주목할 것은 부동산의 일부가 전세권의 목적이 된 경우(부동산등기법 제139조 제2항 참조)에도 우선변제권은 부동산의 전부에 미치는 것으로 규정된 점이다. 이에 대하여는 立法關與者로부터 "不動産의 一部에 대한 우선변제권을 인정한다는 것은 그 전제가 되는 경매가 실제상 불가능하고, 이론상 가능하다 하더라도 客體의 分筆이나 價格의 精算에 있어서 극히 복잡한 문제가 따르기 때문이며, 보다 根本的으로는 전세권자를 충분히 보호하기 위한 것"이라는 설명이 행하여지고 있다.[42)] 이 설명에 의하면 아마도 부동산 일부의 전세권자는 부동산 전부에 대하여 ── 명문으로 정하여진 우선변제권뿐만 아니라 ── 競賣請求權을 가진다는 것이 원래의 立法意圖이었던 것으로도 보이는데, 이에 관하여는 학자들 사이에 논의가 있었다.[43)] 그런데 大決 92.3.10, 91마256등(공보 92, 1269)은 전세권의 목적이

---

41) 우선 金容漢, "民法 一部改正의 背景과 內容", 韓國民事法學會 編, 改正民事法解說(1985), 56면 이하 참조. 1990년 1월 13일의 법률 제4201호에 의한 민사소송법 개정에 따른 경매법의 폐지(동 개정법률 부칙 제2조)로 종전의 경매법 제34조 제3항과 같은 규정은 없어졌다. 그러나 그 내용은 해석상 그대로 유지되고 있다. 우선 郭潤直, 物權法, 新訂版(1999), 366면 이하 참조(또한 민사소송법 제608조 제2항도 참조).

42) 金容漢(前註), 57면. 金容漢은 위 민법개정작업을 담당한 「民法·商法改正 特別審議委員會」(대통령령 제10643호에 기하여 설치되었다)의 위원이었을 뿐만 아니라 그 「민법분과위원회」에서 "審議의 便宜上" 구성한 5인의 小委員會에 속해 있었다. 이에 대하여는 金曾漢, "民事法改正의 背景과 立法過程·民法改正의 要點", 改正民事法解說(前註), 29면 이하 참조.

43) 이에 대하여는 우선 郭潤直(註 41), 368면 이하; 李英俊, 物權法, 全訂版(1996), 741면 등 참조. 郭潤直은 원칙적으로 傳貰權의 목적이 된 부분에 대하여만 경매신청을 할 수 있고(그 전제로 分割登記를 하여야 한다고 한다. 건물 일부에 대한 유치권자의 그 부분에 대한 경매신청에 대하여 분할등기를 요한다고 판시한 大決 73.5.31, 73마283(集 21-2, 41) 참조), 다만 그 부분만으로는 만족을 얻을 수 없는 때(그리고 분할이 불가능한 때)에 한하여 전부에 대한 경매신청을 할 수 있다는 견해를 제시한다. 李英俊은 애초 전부에 대한 경매신청을 할 수 있다고 한다.

된 부분에 대하여만 경매신청을 할 수 있다고 판시하였다.[44]

4. 住宅賃貸借保護法

(1) 이상은 등기하여야 성립되는 傳貰權에 관한 것이다. 그러나 전세권등기는 예를 들어 1997년의 법원통계에 의하면 8만2천여건이 행하여질 뿐이다.[45] 이는 우리 나라에서 이루어지는 타인의 부동산을 사용하는 관계의 總數에 비하면 실로 미미한 것이다. 따라서 등기되지 아니한 傳貰나 통상의 保證金附 賃貸借에서 전세금 또는 보증금의 반환청구권에 대하여는 별다른 만족확보책이 입법적으로 강구되지 아니한 상태이었다.

이 점에 변화를 가져온 것이 住宅賃貸借保護法이었다. 이는 1981년 3월 5일의 법률 제3379호로 공포·시행된 후로 1999년 5월 24일의 법률 제5983호로 개정되기까지 모두 5차의 개정을 거쳤다. 그리고 이들 개정은 대체로 보증금반환청구권(또는 전세금반환청구권. 同法 제12조 제2문 참조)의 만족확보를 중요한 내용으로 하는 것이었다. 이 법은 부동산임대차 일반에 적용되지 아니하고, 건물임대차, 그 중에서도 一時使用을 위한 것이 아닌 住宅賃貸借에만 적용된다(제2조).[46] 한편

44) 이에 대한 판례연구로서 閔日榮, "不動產의 一部에 대한 傳貰權者의 不動產全部에 대한 競賣申請의 可否", 民事判例研究 15집(1993), 100면 이하는 이 문제에 대한 학설 등에 대한 概觀을 제공한다. 위 판결은 전부에 대한 경매청구권을 전적으로 부정하는 듯이 표현하고 있으나, 과연 분할등기가 불가능한 경우에까지 그러한지 명확하지 아니하다.

45) 法院行政處, 司法年鑑 1998(1998), 922면. 『司法年鑑 1999』에서는 이 통계를 발견할 수 없었다. 이 전세권등기건수는 서서히 증가하고 있다. 예를 들면 1992년에는 약 6만건이었다.

46) 동법이 정하는 것과 유사한 보호를 店鋪賃借人에게도 주어야 한다는 主張은 결국 「상가(또는 점포)임대차보호법」을 제정하자는 입법론적 제안으로 이어진다. 고상룡, "상가(점포)임대차법의 입법의 필요성 및 문제점", 오늘의 법률 122호(1999. 3), 1면에 의하면, 이미 주택임대차보호법에 대한 제1차 개정작업이 행하여지던 1983년에 이에 대한 논의가 있었으며, 1996년 7월에는 議員提案 法

이는 통상의 임대차뿐만 아니라 소위 채권적 전세에도 아울러 적용된다(제12조).[47)]

同法은 임차권의 대항력요건 완화(제3조), 계약기간이나 그 갱신 등에 관한 규율(제4조 내지 제6조), 차임·보증금의 증감청구(제7조) 등에 대하여도 규정하나, 그 要目의 하나는 보증금반환청구권의 만족확보를 위한 법적 장치에 있다.[48)]

(2) 1983년 12월 30일의 법률 제3682호의 개정법률로 새로이 도입된 제도의 하나는, 소액보증금임차인에게 일정한 범위에서 "다른 擔保物權者보다 우선하여 변제받을 권리", 즉 소위 最優先辨濟權을 인정한 것이다(제8조). 이는 임차인이 대항력요건을 갖추기 전은 물론 임대차관계가 성립하기 전에 성립한 抵當權에도 앞서는 우선변제권을 인정하는 劃期的인 것으로,[49)] 빈민층의 주거생활의 보장이라는 사회법적 고려에 의하여 설명되었다.[50)]

律案으로 「점포임대차보호법안」이 마련되었으나, 관철되지 아니하였다고 한다. 위의 입법제안에 대하여는 신중한 評價를 요한다고 생각된다.

47) 이 규정은 1983년 12월 30일의 법률 제3682호에 의한 제1차 개정에서 도입된 것이나, 그 전에도 해석상으로 疑問의 餘地가 없었다.

48) 물론 임차권의 對抗力의 확대는 일정한 범위에서 間接的으로이기는 해도 보증금반환청구권의 만족을 담보한다. 즉 임차인이 대항력요건을 갖춘 후 목적물의 소유권이 제3자에게 이전한 경우에는 새로운 소유자는 임대인의 계약상 지위를 당연 승계하므로(제3조 제2항), 임차인은 ── 임대차관계의 존속 중에는 목적물을 반환하지 아니하여도 되고, 나아가 ── 임대차관계가 종료하여도 새로운 소유자의 목적물반환청구에 대하여 보증금반환청구권에 기하여 同時履行의 抗辯을 할 수 있는 것이다(大判(全) 77.9.28, 77다1241등(集 25-3, 121)은 종전의 착종한 裁判例를 정리하여 이 문제에 관한 태도를 통일하였다).

49) 高翔龍, "住宅賃貸借保護法中 「改正法律」의 解說", 改正民事法解說(註 41), 239면: "[주택임대차보호법 제8조는] 어떤 의미에서는 **경이적인 조항**이라고 할 것이다. … 입주 전에 이미 담보물권 등을 취득한 자에 대하여도 대항할 수 있다고 생각하여 피해를 보는 경우가 非一非再하다. 결국 이러한 자는 임대차법상 구제할 방법이 없기 때문에 **임차인의 전재산이라고 할 수 있는 영세임차인의 소액보증금의 반환확보를 최우선의 과제로 하여** 제3자에 대한 특례규정으로 다시 신설된 것이 제8조인 것이다."(강조는 인용자)

50) 이 규정은 기본적으로 勤勞基準法 제37조 제2항(1997년 3월 13일의 법률 제

(가) 그 내용은 점차로 확장되어 왔다.

(**a**) 우선 최우선변제권이 부여되는 임차인의 범위에 대하여 본다. 애초에는 보증금이 서울특별시 및 직할시에서는 3백만원, 기타의 지역에서는 2백만원 이하인 경우에 한정되었다가, 1987년 12월 1일부터는 각기 5백만원, 3백만원으로 확장되었다. 이 당시까지는 최우선변제권이 부여되는 임차인의 범위와 최우선변제를 받을 수 있는 보증금의 범위가 일치되었는데, 1990년 2월 19일부터는 兩者가 분리되어 각각 정하여지는 것으로 바뀌었는데, 처음에는 前者가 2천만원, 1천5백만원으로, 後者가 7백만원, 5백만원으로 확장되었다. 그리고 다시 1995년 10월 19일부터는 前者가 각기 3천만원, 2천만원, 後者가 각기 1천2백만원, 8백만원이 되었다.

(**b**) 최우선변제권의 물적 범위도 당초에는 대지의 가액을 포함한 住宅價額의 2분의 1에 한정되어 있었다. 그러나 1999년 5월 24일의 법률 제5983호는 이를 3분의 2의 범위 안에서 매년 대통령령으로 정하도록 하였다.

5309호에 의한 全文改正 전의 제30조의2 제2항)에 규정된 최종 3월분의 賃金 등에 기한 最優先辨濟權과 취지를 같이한다. 이 근로기준법상의 최우선변제권은 「사용자의 전재산」에 대한 것으로 그 범위가 주택임대차보호법에서보다 훨씬 넓으며, 그만큼 더욱 어려운 해석문제가 있다. 이에 관한 몇 가지 중요한 裁判例를 들면, 우선 大判 94.1.11, 93다30938(集 42-1, 40); 大判 94.12.27, 94다19242(공보 95상, 663)은 이는 "우선변제를 정한 것일 뿐 사용자의 특정재산에 대한 배타적 지배권을 본질로 하는 추급효까지 인정한 것은 아니"라고 하며, 이러한 태도는 大判 96.12.20, 95다28304(공보 97상, 342)의 "실체법상 우선변제권이 있어도 경매절차에서 適法한 配當要求를 하지 아니하면 배당채권자에 대하여 부당이득반환청구를 할 수 없"다는 판시로 이어지며, 나아가 大判 98.12.22, 97다9352(集 46-2, 340)은 임금채권자가 사용자의 수 개의 부동산 중 일부로부터 우선변제를 받은 경우에는 그 중 하나의 부동산에 대한 저당권자에 대하여 共同抵當에서 後順位抵當權者의 代位에 관한 민법 제368조 제2항 후문이 類推適用된다고 의미심중한 판시를 하였다. 이와 같이 적어도 담보권의 설정 당시 公示되지 아니하면서 후에 담보권자의 법적 지위를 필연적으로 현저히 약화시키게 되는 「社會法的」 最優先辨濟權의 확대는 1980년대 擔保法의 가장 두드러진 특징 중의 하나이다.

(나) 물론 이와 같이 담보권 설정 당시 존재하지 아니하였던 법적 지위에 기하여 후에 담보권에 앞서는 우선변제권이 부여됨으로 인하여 擔保去來 나아가 金融去來 일반에 주는 否定的인 影響은[51] 아마도 위와 같은 「사회법적 고려」에 의하여 입법자가 처음부터 甘受한 것이라고 할 수 있을 것이다. 물론 이러한 입법정책의 當否에 대하여도 논의의 여지가 있다고 할 것이나, 그 외에도 이 제도는 ──종래 별로 지적되지 아니한 점이라고 생각되는데── 法體系的 觀點에서 다음과 같은 문제를 낳는다.

위 규정에 의하면 등기한 전세권자보다도 등기하지 아니한 채권적 전세입자를 더욱 두텁게 보호하는 결과가 된다. 즉 後者는 목적물의 換價金으로부터 그에 앞서서 설정된 담보물권자보다도 우선하여 보증금의 변제를 받을 수 있으나, 後者는 기껏해야 자기보다 "後順位權利者"(민법 제303조 제1항 참조)에 대하여만 우선변제권을 가지는 것이다. 나아가 後者는 원래의 목적물인 住宅의 환가금으로부터만 전세금반환채권의 만족을 얻을 수 있으나, 前者는 주택뿐만 아니라 垈地의 환가금으로부터도 우선변제를 받을 수 있다.[52] 물론 앞서 본 대

51) 특히 임대인이 소액임차인을 급조하여 그를 통하여 경매대금으로부터 우선배당을 받음으로써 저당권자 기타 선의의 債權者가 충분한 채권만족을 얻지 못하는 결과가 되는 弊害는 이미 주택임대차보호법의 시행 당초부터 지적되어 왔다. 가령 法律新聞 1795호(1988년 11월 7일자), 4면의 "경매대금배당시 假裝少額賃借權 피해 극심"이라는 표제의 記事 등 참조. 이러한 폐해를 막기 위하여 제8조 제1항 단서("이 경우 賃借人은 주택에 대한 競賣申請의 登記 전에 제3조 제1항의 요건을 갖추어야 한다")가 1989년 12월 30일 법률 제4188호의 개정법률에 의하여 도입되었다.

52) 최근의 大判 99.7.23, 99다25532(공보 99하, 1740)은, 대지저당권의 설정 후에 신축된 주택에 대한 소액임차인의 최우선변제권이 대지의 환가대금에도 미치는가 하는 문제를 다루었다. 그에 의하면, "통상적으로 건물의 임대차에는 당연히 그 부지부분의 이용을 수반하는 점 및 입법취지 등을 종합하여 보면" 대지에 대한 경매절차로부터 우선변제를 받을 수 있으나, 이는 대지저당권 설정 당시 이미 지상건물이 존재하는 경우에 한한다고 하면서, "공시방법이 불완전한 소액임차인에게 우선변제권을 인정한다면 저당권자가 예측할 수 없는 손해를 입게 되는 범위가 지나치게 확대되어 부당"하다고 덧붙인다.

로 최우선변제권의 물적 범위는 그 환가금의 2분의 1 또는 3분의 2에 한정되나, 경우에 따라서는(아마도 대부분의 경우에는) 역시 등기하지 아니할 수 있을 것이다. 이러한 評價矛盾은 특별법을 마련하면서 일반법을 충분히 고려하지 아니한 데 그 연유가 있다고 생각된다.[53] 어쨌거나 이러한 평가모순은 어느 한 방향으로 解消되어야 한다. 그렇다면 등기한 전세권자도, 住宅賃貸借保護法이 적용되는 범위에서는, 즉 목적물이 住居用 建物이고 전세금이 서울이라면 3천만원 이하인 경우에는, 동법 제8조의 보호를 받는다고 할 것이다.

(3) 위의 최우선변제권의 보호를 받는 賃借人은 앞서 본 대로 그 보증금이 일정액 이하인 경우에 한정되고, 그 액을 넘으면 아예 그 보호의 대상에서 除外된다. 그러므로 이 경우에는 보증금의 반환은 결국 對抗力으로 인한 간접적 방식(앞의 註 48 참조)으로밖에 관철되지 못하게 된다. 그런데 특히 임대차계약 체결시 이미 저당권이 설정되어 있는 경우에는[54] 목적물에 행하여진 競賣節次上의 競落人에 대하여 임차권을 대항할 수 없게 됨으로 말미암아[55] 이러한 간접적

---

53) 다른 制度와의 關聯이라는 다른 한편 다음과 같은 문제도 제기된다. 앞의 註 39에서 본 대로 破産法에서 傳貰權에 대하여는 別除權이 인정되는데, 소액보증금임차인 또는 뒤의 (3)에서 보는 확정일자를 받은 주택임차인의 보증금반환청구권에는 같은 권리가 인정될 것인가 하는 점이다(아마도 적어도 後者에 대하여는 이를 긍정하여야 하지 않을까). 특히 소액보증금임차인의 최우선변제권은 적어도 통상의 경매절차에서는 異論의 여지 없이 租稅債權에도 우선하는 것인데, 파산법상으로는 조세채권이 財團債權으로 정하여져 파산채권보다 우선적으로 만족을 얻는 데 반하여(破産法 제38조 제2호, 제41조) 소액보증금임차인의 보증금반환채권에 대하여는 이러한 규정이 없다.

54) 賃借權의 對抗力에 대하여 정하는 민법 제621조 제2항은 "부동산임대차를 등기한 때에는 그때부터 第三者에 대하여 효력이 생긴다"고 정한다(주택임대차보호법 제3조 제1항은 대항력요건을 갖춘 다음날부터 제3자에 대하여 효력이 생긴다고 정하여, 이 점은 마찬가지이다).

55) 이것이 大判 87. 2. 24, 86다카1936(공보 87, 525); 大判 87. 3. 10, 86다카1718(공보 87, 636); 大判 90. 1. 23, 89다카33043(공보 90, 516) 등 확고한 판례이고, 또 다수학설의 태도이다. 다시 말하면 이 때 임대차목적물의 새로운 소유자인 競落人은 임대인의 계약상 지위를 승계하지 아니하므로 임차인은 그에 대하여 임대

방식도 인정될 수 없다.

그리하여 도입된 것이 주택임차인이 임대차계약증서에 確定日字를 받고 또 對抗力要件을[56] 갖추면 그의 보증금반환청구권에 우선변제권을 인정하는 것이다(제3조의2).[57] 이는 1989년 12월 30일 법률 제4188호에 의하여 도입되었다. 이 우선변제권은 경매절차에서 대지를 포함하는 임차주택의 환가대금으로부터 "後順位權利者 기타 債權者보다 우선하여 保證金을 변제받는 권리"로서, 우선변제권능에 관한 한 전세권등기가 된 것과 같은 효력이 부여된다. 그리하여 임차인이 그 규정상의 요건을 갖추면 그보다 후순위의 저당권자에는 우선하여 보증금의 우선변제를 받을 수 있게 된다.[58]

이 규정의 실제 운용과 관련하여 중요한 裁判例로서는, 대항력 있는 임차인이 기간만료 전에 우선변제청구를 할 수 있다는 大判 96.

차관계상의 對抗事由(가령 보증금반환청구권에 기한 동시이행의 항변권)를 주장할 수 없으며, 이는 당해 경매절차가 임차인이 대항력요건을 갖춘 후에 설정된 저당권에 기하여 개시되었더라도 그 요건 구비 전에 선순위의 저당권이 존재하는 경우(소위 中間賃借權의 경우)에는 그 선순위저당권은 민사소송법 제608조 제2항에 의하여 소멸한다고 할 것이므로(掃除主義) 그를 보호하기 위하여 마찬가지로 해석하여야 한다는 것이다. 이 中間賃借權 경우에 대하여는 임차권을 경매신청을 한 저당권자에게 대항할 수 있으면 그 임차권은 경락인에게 대항할 수 있으며 그 경락인은 선순위저당권의 부담을 승계하는 것으로 해석하여야 한다는 견해(경매신청인기준설)도 존재함은 주지하는 대로이다. 이 견해는 주로 민사소송법 제608조 제1항, 제616조에서 정하는 剩餘主義의 의미를 강조한다. 우선 金鎭鉉, "中間賃借人의 保護에 관한 比較法的 考察", 江原法學 8권(1996), 104면 이하; 高翔龍, "이른바 中間賃借權者의 法的 地位", 月刊考試 1988년 10월호, 78면 이하 참조.

56) 여기서 「대항력요건」이란 동법 제3조 제1항에서 정하는 바의 住宅引渡와 住民登錄을 마쳤다는 의미이고, 그에 기하여 경매절차상의 경락인에 대항할 수 있다는 것과 같이 對抗力을 제대로 갖추었다는 의미는 아니다.

57) 그 改正立法의 경과에 대하여는 우선 李銀熙, 抵當權과 賃借權의 關係에 관한 硏究, 1998년 서울대학교 법학박사학위논문, 114면 이하 참조.

58) 그 규정이 도입되기 전에는 이러한 경우에도 임차인은 대항력요건을 갖춘 후에 설정된 저당권에 대하여도 配當에 있어서 劣後한다고 해석되고 있었다. 大邱高判 84. 9. 30, 84나798(下集 3, 244); 趙容完, "賃貸借의 對抗力 ──住宅賃貸借保護法을 중심으로", 法院行政處 編, 銀行去來·賃貸借事件의 諸問題(재판자료 32집)(1986), 482면 등 참조.

7.12, 94다37646(集 44-2, 1),[59] 대항력과 우선변제권을 겸비한 임차인이 배당요구를 하였다가 완제받지 못한 경우에는 보증금 잔액을 경락인에 대하여 청구할 수 있다는 大判 97.8.29, 97다11195(공보 97하, 2856), 대항력과 우선변제권을 겸비한 임차인이 배당요구를 하였다가 완제받지 못한 경우에 경매절차 종료 후 새로 설정된 근저당권에 기한 별도의 경매절차에서 우선변제권을 행사할 수 없다는 大判 98.6.26, 98다2754(공보 98하, 1984),[60] 임차인이 확정일자를 받은 날보다 늦게(또는 동시에) 대항력요건을 구비하였는데 그 당일에 저당권설정등기가 행하여진 경우에는[61] 저당권자가 임차인에 우선한다는 大判 97.12.12, 97다22393(공보 98상, 267)[62] 등이다.

이 규정의 신설로 하여 傳貰權의 제도는 이제 住宅에 관한 한 實用性을 대체로 상실하게 되었다. 전세권제도는 효과의 점에서 보면, 민법 제303조 제1항에서 정하는 바대로 ① 전세목적물의 새로운 소유자에 대한 용익권의 관철, 즉 對抗力과 ② 優先辨濟權能을 핵심으로 하고, 여기다가 ③ 양도·전전세 등 전세권의 자유로운 처분의 점에서 物權的으로 强化된 것이라고 할 수 있다. 그런데 ①과 ②의 점이 훨씬 저렴한 비용으로[63] 또한 간편하게 달성될 수 있는 다른 방도

59) 이에 대한 評釋으로 閔日榮, "대항력 있는 주택임차인의 임차기간 만료전의 배당요구", 人權과 正義 1996년 11월호, 128면 이하; 李均釜, "대항력 있는 주택임차인의 우선변제권 행사", 民事判例硏究 19집(1997), 115면 이하 등이 있다.

60) 임차인이 대항력과 우선변제권의 兩者를 겸비하고 있는 경우에 그들 간의 關係 및 行使要件 등이 문제되는데, 이상의 세 판결은 기본적으로 이에 대한 것이다.

61) 이 문제는 위 규정이 優先辨濟權의 取得時期에 관하여 登記簿上의 權利와의 사이에 우열을 가릴 기준을 정하지 아니한 데서 연유한다. 동법은 對抗力과 관련하여서는 그것이 주택인도와 주민등록의 "翌日부터" 발생한다고 정함으로써 이 문제를 해결하고 있는데, 우선변제권에 대하여는 그러한 점에 배려가 없는 것이다.

62) 大判 99.3.23, 98다46938(공보 99상, 733)도 同旨이다.

63) 전세권설정등기를 위하여는 傳貰金의 1천분의 2에 해당하는 登錄稅를 납부하여야만 하는 것에 비하여(地方稅法 제131조 제1항 제6호 (4) 참조), 確定日字를 부여받는 데는 公證人에 의하는 경우에는 원칙적으로 1천원(公證人手數料規則(법무부령 제138호. 數次 개정) 제22조), 法院公務員에 의하는 경우에는 원칙

가 있다고 한다면,「制度의 競爭」에서 패배할 것은 별다른 어려움 없이 단언할 수 있을 것이다.

(4) 1999년 1월 21일 법률 제5641호에 의한 주택임대차보호법 개정은 무엇보다도 소위 賃借權登記命令制度를 도입하였다(제3조의 3 이하). 이는 담보권과는 적어도 직접적으로는 관련이 없으므로, 여기서는 詳論하지 아니하기로 한다.[64)]

Ⅳ. 將來의 課題

기본적으로 자본주의는 모든 財貨의 流動化(Mobilisierung)를 요구한다.[65)] 이 요청에는 부동산("움직이지 않는 재산")이라고 하여 예외가 아니며,[66)] 물건뿐만 아니라 채권 등의 권리도 마찬가지이다. 그리

적으로 6백원(「사문서의 일자확정청구 수수료규칙」(대법원규칙 제413호. 이후 數次 개정) 제2조 제1항)이다. 그 외에 법무사비용 기타 등기사무처리비용도 들지 않는다.

64) 이 새로운 제도에 대한 비판적 검토로서는 우선 閔日榮, "住宅賃借人의 優先辨濟를 위한 對抗要件의 終期", 民事判例硏究 21집(1999), 356면 이하 참조.

65) 어음 기타 유가증권을 효시로 하는 권리발생·권리양도·담보권설정 기타 처분에 관한 無因性原則의 대두, 債務와 責任의 분리, 會社 기타 法人制度 및 特別財産(Sondervermögen)의 발달 등은 그 법적 표현이다. 이에 대하여는 우선 Helmut Coing u. Walter Wilhelm(Hrsg.), *Wissenschaft und Kodifikation des Privatrechts im 19. Jahrhundert*, 6 Bde.(1974-1982) 所收의 여러 논문 참조.

66) 우리 나라의 민법학에 큰 영향을 미친 我妻榮의 사고방식을 적지 않게 규정하는 것으로 보이는 유명한 Justus Wilhelm Hedemann, *Die Fortschritte des Zivilrechts im XIX. Jahrhundert*, Bd. 2: Die Entwicklung des Bodenrechts von der französischen Revolution bis zur Gegenwart, 1. Hälfte(1930) u. 2. Hälfte(1935)은 19세기 독일, 프랑스, 스위스, 오스트리아의 私法이 어떻게 "부동산가치의 유동화(Mobilisierung der Bodenwerte)"를 법적으로 실현하였는가를 극명하게 추적한 문헌이다. 한편 헤데만의 我妻榮에 대한 영향에 대하여는 우선 廣渡淸吾, 法律からの自由と逃避 ── ヴァイマル共和國下の私法學(1986), 4면 이하 참조. 同書, 8면 註 2에 의하면, 我妻는, 첫째, 법의 진화(발표자는 進化主義 내지 歷史主義는 일본법학, 나아가 그 영향을 받은 우리 민법학의 두드러진 특징

고 물건이라고 하여도 종래와 같이 현존하는 개개의 물건이 아니라, 장래의 물건도 문제되며, 나아가 현재 및 장래의 물건의 단일한 집합을 一體로서 처리하는 것도 요청된다. 이는 권리에 대하여도 마찬가지로 말할 수 있다.[67]

그런데 특히 담보를 위한 유동화에 있어서는 채권자들이 優先的 地位를 차지하려고 서로 다투게 되므로 이 문제를 해결하기 위하여 각자가 신용을 제공하여 채권을 취득하기 전에 그 채권만족의 가능성을 계산할 수 있도록 해 줄 필요, 즉 담보목적물 또는 담보제공자의 법상태를 제3자에 대하여 公示할 필요가 절실하게 제기된다.[68] 현존하는 개개의 물건과는 달리, 장래의 물건, 물건의 집합, 그리고 권리에 대하여는 合理的 公示手段을 정비하는 것이 결정적으로 중요한 문제이다.[69] 나아가 이미 교과서 등에서도 강조되고 있는 대로 담보권

이라고 생각한다. 이 점에 대하여는 우선 梁彰洙, "韓國 民事法學 50년의 成果와 21세기적 課題", 同, 民法硏究 제4권(1997), 36면 이하 참조)를 중세적 諸拘束으로부터의 해방에 의하여 창조된 절대적 자유로서의 근대적 자유(그 範型은 절대적 소유권개념이다)가 점차 社會的인 관점에 의하여 수정되어 간다는 방향으로 파악하는 점, 둘째, 따라서 법의 적용에 있어서도 自由와 그 修正原理로서의 平等을 二大原理로 하여 그 내용을 실현하여야 할 것인데, 자유를 수정하기 위한 장치로서 一般條項이야말로 가장 적절한 실정법상의 근거라고 이해하는 것이었다고 한다. 우리의 민법교과서에서 흔히 발견하는 "「19세기 자유주의」의 민법에서 「20세기 민법」으로의 발전"이라는 圖式을 상기하라.

67) 집합물 또는 집합권리에 대한 권리이전형 담보는 비교적 근자의 담보법학에서 즐겨 다루어지는 테마이다. 우선 金在協, "集合動產讓渡擔保", 司法硏究資料 16집(1989), 71면 이하; 梁彰洙, "내용이 변동하는 집합적 동산의 양도담보와 그 산출물에 대한 효력", 民法硏究 5권(1999), 405면 이하; 南潤三, "우리 나라 動產擔保制度의 改善方向 (上)(下) — 比較法的 考察을 중심으로", 司法行政 1999년 2월호, 18면 이하; 3월호 24면 이하 참조. 일본에서는 이미 1950년대 중반부터 특히 금융법률실무가를 중심으로 하여 원료·반제품·제품 등을 집합적으로 담보목적물로 파악함에 따르는 법률문제가 다양하게 논의되고 있다. 現代財產法硏究會 編, 讓渡擔保の法理, ジュリスト增刊(1987) 말미의 「讓渡擔保關係文獻一覽表」 참조.

68) 담보의 요구가 부동산등기제도의 발달에 미친 영향에 대하여는 우선 Hedemann(註 66), Bd. 2, 2. Hälfte(1935), §13 I c(S. 32ff.) 참조.

69) 최근에 집합동산(또는 집합채권)의 담보화와 관련하여 그 공시수단으로 法人

부 채권 나아가 담보권 자체의 유통성을 확보하는 것이 유동화를 뒷받침하는 중요한 법적 장치의 하나이다. 이는 이미 證券化(securitization)의 현상으로 발현되고 있다.[70]

우리는 이러한 요청에 답하기 위하여는 ──迂遠한 발언인지도 모르겠으나── 세계로 눈을 돌릴 필요가 있다. 특히 종래 유럽대륙에 고정되어 있던 시선을 특히 영미로도 기울여야 할 것이다.[71] 물론 영미법, 특히 미국법의 핵심인 普通法의 전통은 우리에게는 일단 낯선 것으로 보일지도 모른다. 그러나 미국 뉴욕의 월街의 법률가들이 고안해 낸 각종의 금융거래형태가 세계의 금융시장에서 현저한 비중을 차지하고 있는 오늘날 이 課題를 외면할 수는 없다. 이 작업을 수행하기 위한 전제는 법관에 의하여 형성·발전되는 普通法의 문법과 논

登記簿를 이용하려는 논의가 있다. 이 논의는 그러한 성질의 재산 등을 담보화하기 위한 방법으로 우선「登錄質」이나「動産(또는 權利)抵當」의 제도가 검토되는데, 이러한 방법의 채택 여부는 결국 현실적으로 가용한 登錄制度를 어떻게 마련할 것인가의 문제와 표리일체의 관계에 있다.

70) 최근의 자산유동화 또는 증권화에 관한 논의에 대하여는 일반적으로, 윤승한, 자산유동화의 이론과 실무(1998); 이미현, "저당권부 대출채권의 증권화(securitization)에 관한 고찰", 辯護士 28집(1998), 265면 이하; 김건식·이중기, "금융자산의 증권화", 商事法硏究 17권 2호(1998), 75면 이하; 자산유동화실무연구회, 금융혁명 ABS── 자산유동화의 구조와 실무(1999) 등 참조.

71) 이러한 작업은 이미 유럽대륙의 법학자들이 특히 유럽私法의 통합작업과 관련하여 실제로 주목·수행하고 있는 작업이다. 독일법학자들이 본「새로운 세계」미국의 法文化의「印象」에 대하여는, 우선 Reinhard Zimmermann(Hrsg.), *Amerikanische Rechtskultur und europäisches Privatrecht. Impressionen aus der Neuen Welt* (1995) 所收의 여러 논문 참조. 同書에 수록된 글들은 우리의 미국법에 대한 通念을 수정하고 그 實狀을 파악하는 데 유용하다. 예를 들면,「미국私法」은 우리가 생각하는 것만큼 통일적인 모습을 가지지 않는다는 것, 소위 범미국 로스쿨(national law schools)에서의 법률가양성 등을 통한「공통 미국법」의 형성·보급은 실제로는 제한적으로밖에 수행되지 않는다는 것, 나아가 법학교수들의「학문적」작업이나 리스테이트먼트 등의 판례법실무 나아가 法形成에 대한 영향력은 미미하다는 것 등이 그것이다. 특히 Zimmermann, "Common law" und "civil law", Amerika und Europa ── Zu diesem Band, 同書, p. 1ff. 및 同, Law Reviews ── Ein Streifzug durch eine fremde Welt, 同書, p. 87ff. 및 Mathias Reimann, Amerikanisches Privatrecht und europäische Rechtseinheit ── Können die USA als Vorbild dienen?, 同書, p. 132ff.가 참고가 된다.

리 그리고 기능체계를 知的으로 解得하는 것이다.[72] 그리고 그 해득은 ―― 우리 나라의 유학생들이 지금까지 주로「연구」하였다는 ―― 증권거래법이니 세법이니 회사정리법이니 경쟁법이니 환경법이니 하는 기본적으로 制定法律(statutes)에 입각한 법분야와는 매우 다른 修練을 요할 것이다.[73]

(저스티스 32권 4호(1999), 29면 이하 所載)

[後　　記]

이 글은 韓國法學院이 1999년 10월 25일 행한「民法 40周年의 回顧와 展望」라는 주제의 학술대회에서 발표한 것에 수정·가필한 것이다. 글 중에서 "본 심포지엄" 또는 "발표자" 등이 운위되는 것은 이러한 사정에 의한 것이다.

72) 이는 예를 들면 미국에서의 辯護士實務만으로는 체득될 수 없다고 생각된다.

73) 이러한 대립을 분명하게 의식하면서 제정법의 홍수(「미국법의 制定法化(또는 成文法國化) statutorification of American law」) 속에서 보통법이 처한 挑戰을 묘사하고 제정법화의 문제점(저자는 이를「法의 老朽化(현실적응성의 상실) legal obsolescence」라고 부른다)에 대응하는 보통법(즉 법관들)의 「지혜」 내지 방법적 가능성을 논한 것으로, Guido Calabresi, *A Common Law for the Age of Statutes* (1982) 참조.

9. 「유럽契約法原則」에서의 債務不履行法理

Ⅰ. 序

1. 1990년대에 들어와 계약법의 분야에서 세계적으로 가장 흥미로운 현상 중의 하나는, 각국의 국내법을 통일 또는 조화·조정하려고 하는 국제적인 움직임이 극히 활발하게 전개되어 그 성과가 계속 공표되고 있다는 사실이라 함은 이미 언명한 바 있다.[1)]

물론 소위 「비엔나협약」, 즉 유엔통일국제동산매매법[2)](이하 CISG라고[3)] 한다)은 1980년에 체결되었으나, 이 협약이 주요한 나라에서 국내법으로 전환되어 그 효력을 실제로 가지게 된 것은 1980년대 말부터이다.[4)] CISG의 영향력은 그것이 실정의 법률로서 가지는 법효력

---

1) 梁彰洙, "「유럽계약법원칙」에 대한 一考 및 그 飜譯", 서울대 法學 40권 1호(1999. 5), 358면 이하(本書, 320면 이하).

2) 원래는 「국제물품매매계약에 관한 유엔협약(United Nations Convention on Contracts for the International Sale of Goods)」라고 한다. 이 협약은 10개국의 비준·가입으로 1988년 1월 1일부터 효력이 발생하였으며, 미국, 독일, 프랑스, 이태리, 중국, 캐나다, 호주 등 우리 나라의 주요한 무역상대국을 포함한 약 50개의 나라가 가입하고 있다(아직 가입하지 아니한 나라로서는 영국과 일본 등이 있다). 우리 나라는 아직 이에 가입하지 않고 있다. 이 협약에 대한 우리 나라의 문헌으로는 우선 林泓根·李泰熙 共編, 國際物品賣買契約에 관한 UN協約上의 諸問題(1991); 슈레히트림(金玫中 譯), 유엔統一賣買法(1995); 崔興燮, 유엔국제매매법 ── 국제물품매매계약에 관한 유엔협약(1997) 참조.

3) 이 略稱의 「국제성」에 대하여는 우선 Schlechtriem(Hrsg.), *Kommentar zum Einheitlichen UN-Kaufrecht*, 3. Aufl.(2000), Vorwort, S. 5 u. Fn. 1 참조.

4) 1999년 7월 현재의 체약국에 대하여는 우선 Schlechtriem(前註), S. 924 참조. 그 현재의 가입현황은 *www.uncitral.org/en-index.htm*의 "Status of Texts" 항목에서 검색할 수 있다.

에서라기보다는 거기서 비교법적 작업의 결과로 채택된 법리의 「보편성」에서 나오는 것으로 보인다. 한편 1994년 5월에 발표된 UNIDROIT의 「國際商事契約原則(Principles of International Commercial Contracts)」(이하 「Unidroit원칙」이라고 한다)은[5] 각국에 대하여 국내법화를 구할 무슨 강제적 장치를 갖춘 것이 아니다. 이는 국제거래에서 의거할 합리적 계약법의 「표준」으로서 정하여진 것으로서, 어디까지나 내용의 설득력에 의존하고 있다. 또한 이 원칙은 비단 매매계약뿐만 아니라 국제거래 일반을 대상으로 하여 그 시야를 매우 넓게 잡고 있으며(예를 들면 플랜트계약 등도 고려하고 있다), CISG에서는 다루어지지 않았던 계약의 무효사유에 관한 문제, 즉 착오·사기·강박 등의 문제도 규정하고 있다.[6] 그리고 마지막으로 유럽聯合의 틀 안에서 통일유럽민법전을 제정하려는 노력의[7] 일환으로 1998년 11월에 그 確定版이 발표된 「유럽契約法 原則: 제 1 부 및 제 2 부(The Principles of European Contract Law. Part Ⅰ and Ⅱ)」(이하 PECL이라고 한다)가 있다.

2. 「유럽계약법원칙」의 목적, 용도, 주요한 내용 및 이를 작성한

5) 이에 대하여는 우선 梁彰洙(註 1), 358면 이하 참조.

6) UNIDROIT는 이 「國際商事契約原則」을 확대한 「제 2 판」을 계획하고 그 작업을 활발하게 추진하고 있다. 그 내용에 대하여는 우선 梁彰洙(註 1), 360면 이하 참조. 거기서 적은 2000년 1월 24일부터 카이로에서 열린 實務小委 제 3 차회의의 내용에 대하여는 *www.unidroit.org/english/principles/wg-2000.htm* 참조.

7) 이에 대하여는 우선 梁彰洙(註 1), 361면 이하 참조. 그 후의 진전에 대하여는 우선 梁彰洙, "독일의 새로운 민법개정제안 ── 연방법무부의 「채권법쇄신법」의 토론용 초안에 대하여", 서울대 法學 41권 4호(2001), 107면 이하(本書, 380면 이하) 참조. 이 방향에 관련한 최근의 문헌으로 가장 흥미로운 것은, 유럽의회의 「법률 및 역내시장」위원회의 요청을 받아 수행된 연구결과를 묶은 연구보고서(European Parliament, PE 168.511)인 *The Private Law Systems in the EU: Discrimination on Grounds of Nationality and the Need for a European Civil Code*(1999)이다(독문본이 원문이라고 한다). 이는 *www.europarl.eu.int/working-papers/juri/pdf/103-en.pdf*에 공개되어 출력할 수 있다.

「유럽계약법위원회(Commission on European Contract Law)」(위원장인 란도의 이름을 따서 통상 「란도위원회」 Lando Commission라고 불리운다)의 개요나 작업경과 등에 대하여는 이미 朴永馥 교수의 논문에 의하여 소개된 바 있다.[8] 그러므로 여기서는 단지 거기서 언급되지 아니한 사항에 대하여 간략하게 언급하는 데 그치기로 한다.[9]

1995년에 나온 PECL 제1부는 14년에 걸치는 제1차 란도위원회의 작업성과를 집약한 것으로서, 4개의 장으로 구분되어, 일반규정, 계약의 내용, 그리고 채무불이행법(제3장 및 제4장)을 다루고 있었다.[10] 1992년에 그 제2차위원회가 구성되어 그 작업을 1996년에 완결지었다. 이 위원회는 계약체결, 대리, 계약의 유효요건,[11] 그 해석 및 효력에 대하여 검토하였다. 이들 사항에 대한 초안은 빌(영국), 드로브니히(독일), 혼디우스(네덜란드), 란도(덴마크), 그리고 탈롱(프랑스)에 의하여 마련되었다. 그리고 최종정리와 편집은 제1부와 마찬가지로 란도와 빌이 맡았다. 동시에 앞서 공간된 제1부에도 손질을 가하고, 또 제1부와 제2부가 통일된 모습을 갖추도록 하였다. 그리하여 도합 131개의 조항(제1부는 모두 59개조로 되어 있었다)이 새로 배열되었다. 그리고 그 소문에 「주석」과 「비교법적 노트」를 붙이고, 거기다 문헌·판례·사항에 대한 각 색인을 덧붙인 決定本이 출간되었다.[12]

1996년 5월에 스톡홀름에서 열린 제2차위원회의 마지막 회의에서 제3차위원회를 구성하기로 결의하여, 동 위원회는 1997년 7월부

8) 朴永馥, "유럽의 統一契約法", 法曹 1999년 1월호, 235면 이하; 2월호, 236면 이하 참조.

9) 주로 Reinhard Zimmermann, Die „Principles of European Contract Law." Teil I und II, *ZEuP* 2000, S. 391ff.에 의거하였다.

10) Ole Lando and Hugh Beale(ed.), *Principles of European Contract Law. Part I: Performance, Non-performance and Remedies*(1995).

11) 의사흠결은 검토의 대상에 포함되었으나, 능력이나 강행법규 위반 또는 공서양속 위반의 문제는 다루지 않았다.

12) Ole Lando and Hugh Beale(ed.), *Principles of European Contract Law. Part I and II*, Combined and Revised(2000)이다.

터 레겐스부르크에서 그 작업을 개시하였다. 이 위원회는 상계, 채권양도·채무인수·계약인수, 소멸시효, 다수당사자의 채권관계, 강행법규 및 공서양속 위반, 조건 및 複利를 다룬다고 한다. 주목되는 점은, 우선 이들 과제가 Unidroit원칙의 「제 2 판」을 준비하는 실무소위의 작업내용과[13] 상당 부분 일치한다는 것이고, 나아가 우리로 보면 계약법의 범위를 벗어나서 채권총론에 속하는 사항을 다수 포함하고 있다는 것이다. 동 위원회는 2002년에 그 보고서를 공표할 예정이라고 한다.

3. 本稿는 PECL의 내용을 채무불이행법리에 초점을 맞추어 살펴보려는 것이다. 우선 불이행책임의 발생요건에 대하여(Ⅱ.), 이어서 채무불이행에 대한 구제수단들, 즉 불이행책임의 내용에 대하여 살펴본다(Ⅲ.).

法務部는 1999년 2월 초에 「민법(재산법)개정특별분과위원회」를 구성하여, 민법개정작업을 진행 중이다. 필자도 그 위원의 1인이 되었는데, 특히 계약총칙, 채무불이행법 및 변제법, 나아가 총칙의 의사표시법 등에 대하여는 앞서 말한 CISG와 Unidroit원칙과 아울러 PECL도 의미 있는 입법참고자료가 될 것으로 믿는다.[14] 그리하여 여기서도 마지막으로 우리에게 시사하는 바가 있는 몇 가지 점에 대하여 언급하기로 한다(Ⅳ.).

13) 이에 대하여는 梁彰洙(註 1), 361면 참조.
14) 이에 대하여는 우선 梁彰洙(註 1), 364면 참조.

Ⅱ. 債務不履行責任의 要件

1. 出發點 ── 包括概念으로서의「不履行」

PECL은 채무불이행의 법리를 포괄적인 「불이행(non-performance)」의 개념을[15] 중심으로 하여 구축하고 있다.「불이행」은 "면책되는지 여부를 불문하고 계약상 의무가 이행되지 아니하는 경우 일체를 가리키며, 이행지연, 결함 있는 이행 및 계약을 완전히 실현하기 위한 협력을 하지 아니하는 것을 포함한다"고 정의되고 있다(제1:301조 제4호).[16]

몇 가지 설명을 가하여 본다.

(1) 우선 일반적으로 「불이행」은 일반적으로 '계약상 의무'의 불실현으로 파악된다. 이로써 결국 당사자가 당해 계약에 기하여 어떠한 의무를 부담하는가에 핵심적인 의미가 주어지게 된다.

그리하여 첫째, 종전에 '급부의무의 위반'에 해당하는 사유는 당연히 이에 해당한다.[17] 그리하여 이에 당사자가 급부의 실현('이행')에 착수하지 아니하는 경우(total inactivity)는 물론이고, 이행을 하였으나 그것이 어떠한 점에서든 계약에 합치하지 아니하는 경우, 예를 들면 지체되거나 불완전하거나 기타 '결함 있는' 경우를 모두 포함한다.[18]

한편 이행지체에 대하여는 몇 가지 주의를 요하는 점이 있다. 우선 채무자가 이행기 전에 이행을 제공하여도 채권자는 "제공의 수령이 그의 이익을 불합리하게 해하지 아니하는 경우"를 제외하고는 그

15) Lando/Beale(註 12), p. 361 Note 1이 이를 명언한다.
16) PECL의 조항은 梁彰洙(註 1), 365면 이하에 그 全文이 번역되어 있다.
17) 뒤의 2.(3)에서 보는 대로, 이행기 도래 전에도 불이행이 인정될 수 있다(소위 「이행기 전의 불이행」).
18) Lando/Beale(註 12), p. 123.

수령을 거절할 수 있다(제7:103조 제1항). 즉 이행기 전의 변제는 우리 법(민법 제468조 본문)과는 반대로 원칙적으로 허용되지 않는 것이다. 따라서 이행기보다 먼저("too early") 실행된 경우도 불이행에 해당할 수 있다.[19] 나아가 이행기가 도과된 경우는 이행청구 기타의 附遲滯要件 없이도 바로 불이행에 해당한다.[20] 그 외에도 이행지체(delay in performance)에 대하여는 약간의 별도의 규정이 마련되어 있는데, 본질적 불이행에 해당하지 않는 이행지체에서 계약을 해제할 수 있는 요건에 관한 제8:106조 제3항,[21] 금전채무의 이행지체에서 지연이자의 지급의무에 관한 제9:508조 등이 그것이다.

둘째, 종전에 '부수의무의 위반'에 해당하는 사유도 이에 해당한다.[22] 이는 위 정의규정의 뒷부분에서 "계약을 완전히 실현하기 위한 협력을 하지 아니하는 것"도 불이행에 해당한다고 정면에서 정하는 것에서도 명백히 드러난다. PECL은 제1:202조에서 계약의 당사자는 각자 위와 같은 협력의무(duty to co-operate)를 부담한다고 정하는데, 그 의무의 위반은 여기서 말하는 「불이행」이 되는 것이다. 「주석」에 의하면, 그 협력의무에는 상대방 당사자가 계약을 이행하여 계약에서 정한 대가를 받을 수 있도록 협력하는 것, 예를 들면 FOB매매의 매수인이 운송선박을 지정한다거나 건물건축계약에서 도급인이 건축허가를 신청하는 것 등도 포함된다.[23] 따라서 당사자가 이를 하지 아니

19) Lando/Beale(註 12), p. 359.

20) Lando/Beale(註 12), p. 373, 435 참조.

21) 이에 대하여는 뒤의 Ⅲ.2.(2) 말미 참조. 또한 제9:301조 제2항이 계약의 해제에 관하여 이 규정을 준용한다.

22) Lando/Beale(註 12), p. 359은 명백하게 "부수의무(accessory duty)의 위반"이 불이행에 해당한다고 언명하면서, 그 예로, 기업비밀의 공개(이 비밀준수의무에 대하여는 제2:302조에서 명문으로 정하고 있다)와 경우에 따라서 부담할 수도 있는 상대방의 이행을 수령 또는 수취할 의무(duty to receive or accept)의 위반을 들고 있다.

23) Lando/Beale(註 12), p. 119. 同所는, 이러한 의무는 계약에서 명시적으로 정하였는지를 불문하고 인정된다고 한다.

하는 경우에는 '불이행'이 된다.

한편 채무자가 자신의 의무 이행을 제 3 자에게 위탁한 경우에도 그는 여전히 이행에 대한 책임을 진다(제8 : 107조).[24] "계약당사자와 [위탁을 받은] 제 3 자와의 내부관계는 이 맥락에서는 의미가 없다(irrelevant)."[25] 이는 그 제 3 자가 채무자의 지시감독을 받는 피용자이든, 그렇지 않은 독립한 자이든 마찬가지이다.[26]

(2) 이상에서 주목되는 것은, 우리 민법에서 현저한 지위를 차지하고 있는 「불능(Unmöglichkeit; impossiblity)」과 같은 개념은 전혀 채택되지 않고 있다는 것이다.

PECL 제4 : 102조는 "인수한 의무의 이행이 계약의 체결시에 불능이라는 이유 또는 당사자가 계약의 목적이 되는 재산을 처분할 권한이 없다는 이유만으로는 계약이 무효가 되지 아니한다"고 정한다. 이로써 원시적으로 불능인 급부를 목적으로 하는 계약을 무효로 하는, 독일민법(제306조)에 특유한, 그리고 우리 민법(제535조)에도 수용되고 있는 법리는 배척되고 있는 것이다.[27] 따라서 적어도 원시적/후발적 불능의 구분은 여기서는 그 중요성을 잃고 있다고 할 수 있다.

나아가 뒤의 Ⅱ.3.에서 보는 대로 당사자를 '면책'시키는 사유와 관련하여서도, 또 손해배상의 내용과 관련하여서도, 불능은 언급되지 않는다. 다만 불능은 채권자가 채무자에 대하여 원래의 이행을 청구할 수 없는 예외적 사유 중의 하나로서만 규정되고 있을 뿐이다(제9 :

24) 한편 이러한 이행보조자에게 발생한 장애사유로 인한 채무자의 면책에 대하여는 뒤의 Ⅲ.3.(2) 참조.

25) Lando and Beale(註 12), p. 378.

26) PECL은 이와는 별도로 제 3 자의 인식 또는 과실로 인한 불인식을 채무자 본인에게 귀속시키는 것에 관하여 제1 : 305조를 두고 있다.

27) 이는 다음과 같이 설명된다. 즉 "빈번하게 이러한 사안에서는 본질적 착오가 존재하여 그 착오를 일으킨 당사자가 계약을 무효로 할 수 있는 경우에 해당한다. 그러나 당사자 일방이 불능의 위험을 인수하여서 계약을 무효로 할 수 없다고 하여야 할 경우도 존재하는 것이다." Lando/Beale(註 12), p. 228.

102조 제 2 항 (a)호).

(3) 나아가 「불이행」은 그에 대하여 당사자가 면책되는 경우에도 긍정된다.[28] PECL은 제8 : 108조에서 당사자가 일정한 장애사유를 이유로 '면책'된다고 정하고 있다. 그러나 PECL은, 우리가 흔히 채무불이행책임이라고 할 때 연상하는 것과는 반대로, 그 규율의 적어도 출발점에 있어서는 「불이행」에 대한 채무자의 면책 여부에 불구하고 공통적으로 적용되는 "일반적 구제수단"을 규정하고 있다(제8 : 101조 제 1 항, 제 2 항 참조). 면책되는 「불이행」에 대하여 인정되지 않는 구제수단은 본래이행청구권과 손해배상청구권의 둘뿐이며(제8 : 101조 제 2 항), 계약의 해제와 대금감액은 당사자가 면책되더라도 여전히 남는 것이다.

한편 불이행의 효과의 하나인 손해배상에 대하여 설명하면서, 「주석」은 다음과 같이 말하고 있기도 하다. 즉 "당사자의 의무가 결과의 창출이 아니라 단지 상당한 주의와 기능을 발휘하는 것이라면, 그는 그 의무를 충족하지 못한 때, 즉 그가 약속한 주의와 기능을 발휘하지 아니한 때에만 책임을 진다(liable)."[29] 그러한 의무의 예로서는 의사가 하는 수술을 들고 있다. 이 경우 의사가 상당한 주의와 기능을 다하였다면 비록 수술이 성공하지 못하였더라도 그는 책임을 지지 않는데, 그것은 "그의 약속이 단지 주의깊게 행위하는 것이었지, 성공적인 결과를 보장하는 것이 아니었기 때문이다."[30] 반대로 만일 결과를 달성하는 것이 의무의 내용인 경우에는 이와 다르다. 예를 들어 실내온도 20도를 내는 중앙난방장치를 시공하기로 한 사람은 그가 모든 주의와 기능을 다하여 시공을 하였음에도 그 장치가 최고 16도밖에 내지 못한다면 그로 인한 책임을 져야 한다. 다시 말해서 「불이행」으로 인한 책임을 '과실이 없음'을 이유로 하여서는 면할 수 없다

28) Lando/Beale(註 12), p. 361 Note 1 참조.
29) Lando/Beale(註 12), p. 434.
30) Lando/Beale(註 12), p. 435.

는 것이다. 그런데 우리에게 프랑스민법에서 논의되는 결과채무/수단채무로 알려진 이상의 구분에[31] 대하여 PECL이 어떠한 체계적 지위를 인정하는지, 즉 그것이 「불이행」이 있는지 여부를 판단하는 기준이 되는 것인지, 아니면 단지 손해배상책임의 발생을 저지하는 사유로서 논의되는 것인지는, 반드시 명확하지 않다.

2. 本質的 不履行

(1) PECL의 체계에서 「본질적 불이행(fundamental non-performance)」은 매우 중요한 의미를 가진다. 「불이행」이 본질적인지 여부는, 첫째, 추완을 청구할 수 있는가(제8:104조), 둘째, 채권자가 채무자를 상대로 계약에 좇은 이행에 대한 상당한 보장의 제공을 청구할 수 있는가(제8:105조), 셋째, 채권자가 「불이행」을 이유로 계약을 종료시킬 수 있는가(제9:301조 이하)의 문제를 판가름하는 기준이 된다.

(2) 「불이행」은 그것이 제8:103조가 정하는 다음의 셋 중의 하나에 해당하는 경우에는 본질적이다.

(가) 의무의 엄격한 준수가 계약의 핵심에 해당하는 경우(동조 (a)호).

여기서 문제되는 것은, 뒤에서 보는 경우들에서처럼 불이행의 強度가 아니라, 의무의 엄격성, 즉 계약을 엄격하게 준수하는 것(예를 들면 인도시기를 준수한다는 것)이 매우 중요한 의미를 가진다는 당사자들 사이의 합의이다. 이러한 합의는 묵시적으로도 행하여질 수 있음은 물론인데, 그 효과가 바로 불이행이 본질적으로 다루어진다는 것이다.[32]

---

31) 이에 대하여는 우선 南孝淳, "프랑스민법에서의 행위채무와 결과채무 — 계약상 채무의 불이행책임의 체계", 民事法學 제13·14호(1996), 135면 이하 참조.

32) Lando/Beale(註 12), p. 364.

(나) 불이행이 채권자로부터 그가 계약상 기대할 수 있는 것을 중요한 점에서(substantially) 박탈하는 경우. 다만 상대방이 그 결과를 예견하지 아니하였고 또 합리적으로 예견할 수 없었던 때에는 그러하지 아니하다(동조 (b)호).

여기서는 불이행이 채권자에게 가져오는 결과의 중대성이 문제된다. 예를 들면 일정시기에 개업하는 채권자의 영업장을 위하여 그 때까지 주차장건물과 도로를 만들고 또 그 사이의 통로를 열어 포장하기로 하는 계약에서 그 약정기일까지 건물과 도로를 건설하기는 하였지만 포장이 되지 않음으로써 그 주차장을 이용하지 못하게 되었을 경우에는, 그 불이행은 본질적이다. 그러나 그 경우 포장이 되지는 않았어도 주차장에의 통로로 이용할 수 있었다면 그렇지 않다는 것이다.[33)]

(다) 불이행이 고의적이고 또 채권자에게 채무자의 장래의 이행을 기대할 수 없다고 믿을 만한 이유를 제공하는 경우(동조 (c)호).

비록 위반된 계약조항이 엄격히 준수되어야 하는 것도 아니고 또 그 결과가 중대한 것이 아니라도, 이 요건이 갖추어진 경우에는 그 불이행은 본질적이다. 예를 들어 채권자의 물건만을 팔고 그와 경쟁하는 업체의 물건은 팔지 않기고 약정하였는데, 채무자가 경쟁업체와의 사이에 그의 물건을 팔기로 하는 계약을 체결하였다면, 비록 실제로는 경쟁업체의 물건을 전혀 팔지 못해서 채권자와의 거래에 별다른 영향을 끼치지 않았어도, 이 행위는 본질적이라고 하여야 할 경우도 있다는 것이다. 또 비용상환청구권이 계약상 인정된 대리점이 그에 기하여 후에 청구한 비용이 실제와 맞지 않는 경우에는, 비록 그 차액이 소액이라도 이에 해당할 수 있다.[34)]

(3) 여기서 하나 지적되어야 할 것은, 본질적 불이행(제9:301조 이하)과 관련하여서는, 그 불이행이 이행기가 도래한 후에 행하여질

33) Lando/Beale(註 12), p.365 예 1 및 2.
34) Lando/Beale(註 12), p.366 예 5 및 6.

것이 요구되지 않는다는 점이다. 제9:304조는 "본질적 불이행이 있을 것이 이행기 전에 명백한 경우에는, 상대방은 계약을 해제할 수 있다"고 하여, 소위 「이행기 전의 불이행(anticipatory non-performance)」에 대하여 정하고 있다. 이는 채무자에게 이행의 의사 혹은 능력이 없음(unwillingness or inability)이 이행기 전에 명백히 밝혀지고,[35] 또한 그 장래의 불이행이 본질적인 것일 경우를 말한다. 한편 이 규정 자체는 불이행을 이유로 하는 계약해제권에 대하여 정하는 것이나, 이에 대한 「주석」에 의하면, 이 규정은 이행기 전의 본질적 불이행이 실제의 본질적 불이행과 같이 취급됨을 함의하는 것으로서, 채권자는 손해배상을 포함하여 기타의 모든 구제수단을 행사할 수 있다고 한다.[36]

「노트」에 의하면, 실제로 극히 중요한 이 법리는 애초 커먼로에서 유래하는 것이지만, 프랑스와 프랑스계의 나라(스페인, 포르투갈)를 제외하고는 어떠한 형태로든 유럽대륙의 여러 나라에서 일반적으로 인정되고 있다. 그리고 CISG 제72조 제1항, Unidroit원칙 제7.3.3조, 1964년의 헤이그통일국제동산매매법("ULIS") 제76조에서도 채택되었다고 한다.[37]

Ⅲ. 債務不履行에 대한 救濟手段

1. 規律의 出發點

(1) PECL은, 채무불이행의 요건을 위와 같이 포괄적·통일적으

35) 단순히 의심을 일으킬 정도인 경우라면, 제8:105조에 의한 보장의 제공을 청구할 수 있을 뿐이다.

36) 이상에 대하여 Lando/Beale(註 12), p.417f.

37) 우리 나라의 관련 법리에 대하여는 우선 梁彰洙, "獨自的인 債務不履行類型으로서의 履行拒絶", 同, 民法硏究 제4권(1997), 121면 이하 참조. 우리 법에서도 「이행기 전의 불이행」이 명문의 규정은 없으나 불이행책임을 발생시키는 것이 특히 판례상으로 인정되고 있다.

로 정하고 그 유형을 개별적으로 열거하는 태도를 취하지 않는 것과 상응하여, 그에 대한 구제수단도 채무불이행에 대하여 인정되는 각종의 구제수단을 병존적으로 열거하는 태도를 취한다. 예를 들어 구제수단을 정하는 제8장의 冒頭規定인 제8:101조 제1항은 "당사자가 계약상의 의무를 이행하지 아니하고 그 불이행이 제8:108조에 따라 면책되는 것이 아닌 경우에는, 그 때마다 채권자는 제9장에서 정하는 구제수단 중 어느 것이라도 원용할 수 있다(may resort to any of the remedies)"라고 정하고 있다.[38] 제8:102조은 이를 다시 부연하여, "양립할 수 없는 것이 아닌 구제수단은 중첩될 수 있다. 특히 당사자는 손해배상을 청구할 권리를 그 외의 어떠한 구제수단에 대한 권리를 행사함으로써 박탈당하지 아니한다"고 명확하게 정하고 있다. 그러므로 비록 채권자가 계약을 해제하였더라도 그는 손해배상을 아울러 청구할 수 있는 것이다.

(2) 그러나 '양립할 수 없는(incompatible)' 구제수단은 이에서 제외된다. 예를 들어 원래의 이행을 청구하면서 동시에 계약을 해제할 수는 없다. 또 하자 있는 이행을 수령한 다음 대금의 감액을 청구하고(제9:401조 참조) 다시 계약을 해제할 수는 없다. 이는 손해배상의 내용을 정함에 있어서도 고려되어서, 예를 들어 대금감액을 청구하면서 동시에 하자 있는 이행의 감소된 가액 상당에 관하여 손해배상을 청구할 수는 없는 것이다.[39]

다만 한 번 구제수단을 선택하였다고 해서 이것에 언제까지나 구속되어야 하는 것은 아니며, 다른 구제수단으로 변경할 수 있다(「구제수단의 변경」). 이는 먼저 선택하였던 구제수단과 양립할 수 없는 것인 경우에도 마찬가지이다. 그러나 경우에 따라서는 일단 선택된

38) 제8:101조 제2항도, 면책사유가 있으면 허용되지 않는 본래이행청구권과 손해배상청구권을 제외하고는, 마찬가지로 「구제수단」의 중첩을 인정한다.

39) 이상 Lando/Beale(註 12), p. 363.

구제수단의 성질상 그 변경이 허용되지 않는 경우도 있다. 예를 들어 계약해제를 선택한 후에 다시 원래의 이행을 청구할 수는 없는 것이다. 뿐만 아니라 성질상으로는 그 변경이 허용되더라도, 채무자가 그 선택을 믿고 일정한 조치를 취한 경우에는 변경이 허용되지 않는다.[40] "이 법리는, 일방 당사자가 자신의 의사를 표명하여 상대방이 이를 신뢰하고 행위하도록 한 경우에는 그는 표명된 의사에 모순되는 행위를 하여서는 안 된다는 일반적으로 승인된 원칙에 좇은 것이다."[41]

(3) 한편 제8:101조 제3항은, "채권자 자신의 행위가 채무자의 불이행을 야기한 한도에서" 그는 구제수단을 원용하지 못한다고 정한다. 여기서 「행위(act)」란 부작위를 포함한다(제1:301조 제1항 참조). 이 규정이 적용되는 전형적인 예는 '채권자지체(mora creditoris)'에 해당하는 경우로서, 예를 들면 채권자 소유의 토지 위에 건물을 건축하는 계약에서 채권자가 그 토지의 통행을 금지하는 것이다. 또 예를 들면 채권자가 건축할 건물을 채무자가 설계하는 계약에서 채권자가 건물이 들어앉을 정확한 위치를 알려주지 아니한 경우에도, 비록 그에 대하여 채권자에게 과책이 없어도, 마찬가지이다.[42] 또 이 규정은 채권자가 채무자의 불이행을 부분적으로만 야기한 경우에도 타당하다("… 한도에서").

2. 不履行의 「補正」을 위한 制度들

PECL은 채권자의 구제수단으로, 본래이행청구권, 이행거절권, 계약해제권, 대금감액권 및 손해배상청구권의 다섯을 정하고 있다. 그런데 이와 같이 우리에게도 낯익은 각종의 구제수단과는 별도로

40) 제8:106조에 좇아 채권자가 추가급부의 기간을 허여한 경우에도 같은 이치에 의하여 그 기간 동안에는 계약을 해제할 수 없다고 한다.

41) Lando/Beale(註 12), p. 363.

42) Lando/Beale(註 12), p. 360, 특히 예 3 및 4.

PECL은 이러한 책임의 추궁과는 별도로 채무자 또는 채권자에게 추후적으로라도 적정한 이행을 할 수 있도록 하는 길을 열어두고 있다. 그것은 한편으로 채무자에게 추완권을(제8:104조. 아래 (1)), 다른 한편으로 채권자에게 적정한 이행에 대한 보장을 청구할 권리(제8:105조. 아래 (3))와 적정한 이행을 할 추가적인 기간을 설정할 권리(제8:106조. 아래 (2))를 부여하는 것이다.

(1) 제8:104조는 "당사자 일방이 제공한 이행이 계약에 상응하지 아니하여서(not conform to the contract) 그러한 이유로 상대방이 이를 수령하지 아니한 경우에, 그 당사자는, 이행기가 아직 도래하지 아니하거나 지연이 본질적 불이행이 되지 아니하는 때에는, 계약에 상응하는 새로운 이행을 제공할 수 있다"고 정한다.

우선 채무자가 제공한 급부에 하자가 있어서 채권자가 이를 수령하지 아니하였더라도 아직 이행기가 도래하기 전이라면 채무자가 새로이 계약에 좇은 이행을 제공함으로써 불이행책임을 피할 수 있는 것은 우리의 법이해로서는 당연한 것으로 생각된다.[43] 그럼에도 이러한 규정을 굳이 둔 것은, 아마도 미국의 통일상법전("UCC") 제2-508조 제1항에서의 태도, 즉 이러한 경우에 매도인으로 하여금 추완의사 있음을 미리 통지한 후에 비로소 추완이행을 하도록 하는 태도를 취하지 않음을 명백히 하려는 의도가 아니었나 추측되기도 한다.

나아가 이행기가 도래한 후라도 이행의 지연이 본질적 불이행이 되지 아니하는 동안에는 추완을 할 수 있음을 정한다. 이상과 같은 이행기 도과 후의 추완권은 "대륙법에서는 원칙적으로 알려지지 아니한 것이다."[44] 그런데 예를 들면 CISG 제48조는 이행기 도래 후에도

---

43) Schlechtriem/Schwenzer, *Kommentar zum Einheitlichen UN-Kaufrecht*, 3. Aufl. (2000), Art. 37 Rn. 3(S. 396)도, 매도인이 이행기 전에 제공한 물건에 하자가 있는 경우에 매도인의 하자보수 등의 권리를 정하는 CISG 제37조에 대하여 동일한 취지를 말한다.

44) Schlechtriem/Schwenzer(前註), Art. 37 Rn. 2(S. 395).

계약이 해제되지 아니한 한 원칙적으로 채무자에게 추완권을 부여하며, 다만 그 추완이행이 불합리하게 늦어지거나 채권자에게 불합리한 불편을 주는 등의 경우에만 이를 배제한다. 그러나 위의 규정은 이행기 도래 후에는 이행지연이 본질적 불이행이 되지 아니하는 경우에만 추완권을 인정하는 것이다. 채권자로서는, 이행기의 준수가 계약의 핵심인 경우(이에 대하여는 앞의 Ⅱ.2.(2)(가) 참조)가 아니더라도,[45] 뒤의 (2)에서 보는 제8:106조에 좇아 유예기간을 설정하고 그 기간이 도과함으로써 그 불이행을 본질적인 것으로 만들어서, 채무자의 추완이행을 봉쇄할 수 있다.

(2) 제8:104조가 채무자를 위한 규정이라고 한다면, 제8:105조와 제8:106조는 채무자의 계약위반이 예상되거나 실제로 일어난 경우에 채권자가 현재 취할 수 있는 조치에 대하여 규정하고 있다.

먼저 제8:106조를 보면, 동조는 그 제1항에서 채무자의 「불이행」이 있으면 채권자는 그 불이행이 어떠한 형태의 것이든[46] 계약에 좇은 이행을 할 수 있는 기간("유예기간")을 설정하여 줄 수 있다고 정한다. 이는 특히 채권자가 본질적 불이행을 이유로 즉시 계약을 해제할 수 있는 권리를 가지는 경우에도 마찬가지이다.[47] 이와 같이 유예기간이 설정되면, 그 기간 동안 채권자는 대가관계에 있는 자기 채무의 이행을 유보할 수 있고 그 기간에 대하여 손해배상을 청구할 수 있으나, 그 기간 동안에 그 외의 구제수단, 예를 들면 본래이행의 청구나 계약의 해제 등은 이를 할 수 없다(제2항 제1문). 그 기간 중에 채무자로부터 계약에 좇은 이행을 하지 않겠다는 통지를 받거나

45) Lando/Beale(註 12), p. 368에 의하면, 물품의 상사매매에서 인도시기의 준수는 통상적으로 계약의 핵심에 해당하나, 건설계약에서 완공기일의 준수는 통상적으로 그렇지 않다고 한다.

46) 즉 아예 이행이 없는 경우이든 이행이 있었으나 그에 하자 있는 경우이든 묻지 않는다. 후자의 경우 「유예기간」은 추완이행이 행하여지는 기간으로 설정된다.

47) Lando/Beale(註 12), p. 374.

그 기간이 도과되면, 채권자는 이제 각종의 구제수단들을 ──그 요건이 갖추어지는 한에서── 행사할 수 있게 되는 것이다(동항 제2문).

중요한 것은, 본질적 불이행에 해당하지 않는 이행지체를 이유로 채권자가 계약을 해제할 수 있는 권리의 발생요건(우리 민법 제544조 참조)이 이 조항과 관련하여 규정되어 있다는 점이다. 즉 그 경우 채권자가 "상당한 기간을 정하여" 유예기간 설정의 통지를 한 경우에는 그 기간의 도과로 계약을 해제할 수 있게 되는 것이다(제8:106조 제3항 제1문).[48] 이는 급부를 실행하여야 할 채무자가 채권자로부터 그에 필요한 협력을 받지 못하거나 채권자가 그 제공된 급부를 수령하지 않는 경우에 채무자의 계약해제권에 관하여서도 마찬가지이다. 여기서는 유예기간이 확정적이어야 하고,[49] 또 상당하여야 한다. 다만 상당하지 아니한 기간을 정한 경우에도 제2의 통지를 할 필요는 없으며, 객관적으로 상당한 기간의 도과로 해제권이 발생한다(동항 제3문). 나아가 채권자는 유예기간을 부여하는 통지를 함에 있어서 그 기간의 도과로 계약이 자동적으로 해제된다고 정할 수 있다(동항 제2문). 즉 원래 계약이 해제되려면 원칙적으로 해제권자가 해제의 의사표시를 하여야 하는데(제9:303조 참조), 이 경우에는 이 의사표시가 유예기간의 통지와 함께 유예기간의 도과라는 조건부로 행하여질 수 있는 것이다. 여기서 주의할 것은, 이행지체 이외의 非本質的 不履行에 대하여는 위와 같은 유예기간의 설정과 도과가 있다고 하여 계약해제권이 발생하는 것은 아니라는 점이다.[50] 이행지체 이외의 불이행에서는 원칙으로 돌아가 그것이 본질적인 경우에만 계약을 해제할 수

48) Lando/Beale(註 12), p. 374도, 이 경우가 유예기간의 설정이 행하여지는 "가장 빈번한" 예가 될 것이라고 예측하고 있다.

49) 따라서 "이 통지를 받는 대로 곧" 또는 "가능한 한 빨리" 이행하라는 통지는 이에 해당하지 않으며, "1주일 내에" 또는 "7월 1일까지" 등으로 유예기간이 정하여져야 한다. Lando/Beale(註 12), p. 375 참조.

50) Lando/Beale(註 12), p. 374f.은, "제8:106조 제3항은 이행지체에만 적용되고 하자 있는 이행에는 적용되지 아니한다"라고 하여, 이 점을 명언한다.

있다(제9:301조 제1항 참조).

(3) 한편 제8:105조은 그 제1항 전단에서 "상대방에게 장래 본질적 불이행이 있을 것이라고 합리적으로 믿는 당사자는 적정한 이행의 상당한 보장(adequate assurance of due performance)을 요구할 수 있"다고 정한다. 이는 채무자가 장래 본질적 불이행을 할 것이라고 믿는 채권자가 이러한 규정이 없는 경우에 빠지게 될 딜레마에서 구출하기 위한 것이다. 즉 만일 이행기가 도래할 때까지 기다려 비로소 채무자의 계약위반을 확인하여야 한다면 그 사이에 심중한 손해를 입을 수 있고, 만일 채무자에게 「이행기 전의 불이행」(위의 Ⅱ.2.(3) 참조)을 주장하여 당장 계약을 해제하였는데 후에 채무자가 계약을 이행하는 경우에는 자신이 불이행을 범하는 것이 되는 것이다.[51] 이러한 경우에 채권자는 적정한 이행의 상당한 보장을 요구할 수 있되, 만일 채무자가 이에 좇지 않으면 그 자체를 본질적 불이행으로 취급하여 채권자로 하여금 계약을 해제할 수 있도록 하는 것이다(동조 제2항).[52]

장래의 본질적 불이행이 있을 것으로 합리적으로 믿게 하는 사유로서는 무엇보다도 채무자의 재정상태가 현저히 악화된 경우 또는 도산의 경우를 들 수 있으나, 이에 한정되지는 않는다. 그리고 무엇이 「상당한 보장」이 되는가는 채무자의 현재의 상태나 성실성, 계약에 관련한 과거의 행태, 채권자의 의심을 불러일으킨 사태의 성질 등을 고려하여 개별적으로 정하여진다. 경우에 따라서는 채무자가 이행할 의사가 있음을 선언하는 것으로 충분할 수 있다.

한편 위와 같이 채권자가 장래의 본질적 불이행에 대한 합리적 의심을 가지는 경우에는 그는 자신의 채무의 이행을 유보할 수 있다

51) Lando/Beale(註 12), p.370. 이와 유사한 규정으로는 UCC 제2-609조, CISG 제71조 등이 있다.

52) 다만 이 경우의 계약해제는 "지체없이(without delay)" 행하여져야 한다.

(동조 제1항 후단). 이는 우리 민법 제536조 제2항에서 정하는 소위 不安의 抗辯權에 상응하는 것으로 평가된다.[53]

3. 債務者의「免責」

채무자의 불이행에 대한 채권자의 구제수단 중에서 본래의 이행을 청구할 권리와 손해배상(위약금을 포함하여)의 청구권은 채무자의 「면책(excuse)」이 인정되는 경우에는 주어지지 않는다. 그러므로 여기서는 채무자의 면책에 대하여 살펴보기로 한다.

(1) 제8:108조 제1항은 "당사자가 그의 불이행이 그의 지배를 벗어난 장애사유(impediment beyond its control)로 인한 것이며 또 그 장애사유를 계약의 체결시에 고려하는 것이나 그 장애사유나 그 결과를 회피하거나 극복하는 것이 합리적으로 기대될 수 없었음을 증명하는 경우에는 그의 불이행은 면책된다"고 정한다. 이는 기본적으로 CISG 제79조 제1항에 좇은 것으로서, 독일민법에서와 같이 채무불이행책임의 발생에 채무자의 과책을 요하는 태도와 영미법에서와 같이 이를 요하지 아니하는 태도를 조화시킨 것이다. 이 요건은 事情變更을 이유로 계약의 변용 또는 해제가 인정되는 요건(제6:111조)과는 구별되어야 한다.

이 규정은 우리 민법 제397조 제2항 후단에서와는 달리 금전채무에도 적용된다. 물론 無資力은 그 원인이 "그의 지배를 벗어난" 것이 아니므로 통상 이에 해당한다고 할 수 없지만, 국가의 지급금지령은 해당할 수 있다.[54] 계약체결 당시 이미 존재하던 장애사유도 이 규정의 적용을 받지 않을 이유는 없는 것으로 보이는데, 다만 특히 목적물의 부존재와 같은 원시적 장애사유를 쌍방 당사자가 알지 못한

53) Lando/Beale(註 12), p. 372 참조.
54) Lando/Beale(註 12), p. 379.

경우에 대하여는 이 규정에 의하여 다루어지지 않고, 착오를 이유로 계약이 무효가 될 수 있다고 한다.[55]

(2) 「주석」에 의하면, 이 조항에서 정하는 면책사유는 "전통적인 不可抗力의 요건에 유비될 수 있"는데, 이것을 면책을 주장하는 자가 입증하여야 함은 문언에서 명백하다.[56]

우선 불이행을 일으킨 장애사유가 채무자의 지배를 벗어난 것이어야 한다. 채무자 자신 또는 그 이행보조자의 행위, 채무자 소유의 기계의 고장이나 특히 채무자의 이행지체로 말미암아 그 사유가 계약의 이행에 영향을 미치게 된 경우 등은 이 요건에 의하여 면책사유가 되지 못한다. 그러나 돌연 질병에 걸린 것은 이에 해당할 수 있다.[57]

나아가 장애사유가 이것을 계약체결시에 고려하는 것이 합리적으로 기대될 수 없는 것이어야 한다. 이는 그 사유의 발생에 대한 합리적 예견가능성(reasonable foreseeablity)을 의미한다.

또한 그 사유나 그 결과를 회피도 극복도 할 수 없는 것이어야 한다. 지진다발지역에서 그에 대비하여 적절한 시공방법을 취하지 않은 것은 면책사유가 되지 못한다. 그러나 "그 위험과 균형이 맞지 않는 사전조치나 위법한 조치를 취할 것을 기대하여서는 안 된다."[58]

(3) 「면책」이 인정되면, 채권자는 본래의 이행을 청구할 수 없고 또 그 장애사유로 인하여 발생한 손해의 배상도 청구할 수 없다. 그러나 그는 계약을 해제시키거나 대금을 감액할 수는 있다. 다만 원래 계약의 해제에는 원칙적으로 채권자의 의사표시가 있어야 하는데, 장애사유로 인하여 전부 그리고 영구적으로 이행을 할 수 없는 경우에 이를 요구하는 것은 무의미하므로, 그 때는 계약이 자동적으로 해제

55) Lando/Beale(註 12), p. 379.
56) 이상 Lando/Beale(註 12), p. 379f.
57) Lando/Beale(註 12), p. 380, 382.
58) Lando/Beale(註 12), p. 381.

되는 것으로 정한다(제9:303조 제4항). 그러므로 채권자의 계약해제권이 실제로 의미 있는 것은, 일부장애의 경우이다. 그 장애로 본질적 불이행이 야기되면, 그는 나머지 이행에 관한 계약의 유지 여부를 선택하여야 하는 것이다. 또한 특이한 것은, 채무자에 대하여 문제의 장애사유 및 그것이 그의 이행능력에 미치는 영향에 관하여 채권자에게 통지할("그가 그러한 사정들을 알았거나 알았어야 했을 때로부터 합리적 기간 내에 수령되도록"[59]) 의무를 부과하고, 만일 그 위반이 있으면 채권자가 그 통지가 없음으로 인한 손해의 배상을 청구할 수 있다고 정한 것이다(제8:108조 제3항).

한편 장애사유가 일시적인 경우에 위와 같은 면책의 효력은 그 사유가 존속하는 기간 동안에 한하여 발생한다. 그러나 그로 인한 지체가 본질적 불이행에 해당하면, 채권자는 이를 이유로 계약을 해제할 수 있다(동조 제2항).

4. 本來履行請求權

불이행에 대한 구제수단으로서의 본래이행청구권(right to performance)은 금전채무와 비금전채무로 나뉘어 규율된다(제9장 제1절).

(1) 금전채무에 있어서 그것이 "채권자 자신의 이행에 의하여 취득된(earned by the creditor's own performance)"[60] 경우에는 채권자는 본래의 이행을 청구할 권리를 가진다(제9:101조 제1항). 이는

59) 여기서 「합리적(reasonable) 기간」이라는 용어는 우리 법에서 통상 「상당한 기간」(예를 들면 민법 제131조, 제381조, 제544조, 제552조, 제564조, 제603조, 제639조, 제662조, 제667조, 제1077조 등)이라고 표현되는 것이다.

60) 원문에는 "금전채무가 due한 경우"라는 말이 쓰여지고 있고, 「주석」에 의하면, due란 금전채무가 "채권자 자신의 이행에 의하여 취득된" 상태를 말한다. Lando/Beale(註 12), p. 391 참조. 이는 아마도 우리 법의 용어로 말하면, 채권자가 자신의 반대채무를 이행함(또는 그 제공을 함)으로써 채무자의 이행거절의 항변(이 경우에는 동시이행의 항변)을 받지 아니하고 바로 그에 대하여 이행을 청구할 수 있는 상태라고 추측된다.

지급의 방식이나 통화의 종류를 불문하고 그러하며, 나아가 이자나 손해배상과 같은 2차적 채무의 경우에도 마찬가지이다.

채권자는 자신의 반대채무를 이행하지 아니하면 원칙적으로 금전채무의 이행을 청구할 수 없을 것인데, 채권자가 이행제공을 하더라도 채무자가 이를 수령하지 아니할 것이 명백한 때에도 그러할까? 이에 대하여는 복잡한 논의가 있는데, 이 논의는 우리 법과는 별다른 상관이 없다고 여겨지므로 여기서는 생략하기로 한다.[61]

(2) 비금전채무에 있어서도 채권자는 본래의 이행을[62] 청구할 수 있다(제9：102조 제1항).[63] 이는 영미법의 금전배상청구의 원칙을 배제하고, 대륙법의 전통에 좇은 것이다. 여기서 말하는 「본래의 이행」에는, 특히 하자 있는 이행이 수령된 경우에는, 하자의 補修도 포함되어, 예를 들어 수선, 부품의 보충 또는 교환 등이 청구될 수 있다.

그런데 이를 할 수 없는 예외적인 경우로, (i) 이행이 불법이거나 불능인 경우, (ii) 이행이 채무자에게 불합리한 노력이나 비용을 야기하는 경우, (iii) 이행이 인적 성질이 있는 용역 또는 작업의 제공을 내용으로 하거나 인적 관계에 의존하는 것인 경우 및 (iv) 채권자가 다른 출처(source)로부터 합리적으로 이행을 얻을 수 있는 경우를 규정한다(동조 제2항). 여기서 (i) 내지 (iii)은 대체로 우리 법에 비추

61) PECL은 원칙적으로 채권자는 그 경우에도 자신의 반대채무를 이행하고 금전채무의 이행을 청구할 수 있다고 하면서, 다만 예외적으로 (i) 채권자가 상당한(significant) 노력이나 비용지출 없이 합리적인 대체거래(substitute transaction)를 할 수 있었을 경우 및 (ii) 이행이 당해 정황 아래서 불합리한 경우에는 이를 할 수 없다고 한다(제9：101조 제2항). 이 예외의 경우에는 채권자는 손해배상을 청구할 수 있다(제9：103조 참조).

62) 원문에서는 영미법에서 온 「특정이행(specific performance)」이라는 용어를 쓰고 있다. 「주석」에 의하면, 이는 다른 적절한 용어를 발견할 수 없기 때문에 궁여지책으로 채택된 것이다. Lando/Beale(註 12), p. 394 참조.

63) 나아가 채권자는 본래이행청구권을 실현하기 위한 수단(무엇보다 법원에의 소송제기)도 사용할 수 있다. 물론 구체적인 이행판결의 실현절차는 각국의 법률에 맡겨진다. Lando/Beale(註 12), p. 394f. 참조.

어서도 별다른 어려움 없이 이해될 수 있을 것이다.[64)]

한편 (iv)는, 채권자가 쉽사리 대체급부를 획득할 수 있다면, "그로 하여금 가장 용이한 구제수단을 선택할 것을 촉진"하기 위하여 규정되었다고 한다.[65)] 이는 우리 법의 입장에서 말하면, 채권자가 제3자와의 대체거래에 의하여 원래의 급부를 취득하고 그에 지출된 비용을 손해배상으로 청구하는 것과 강제이행의 한 태양으로 인정되는 소위 대체집행(민법 제389조 제2항 후단, 민사소송법 제692조 참조)에 의하여 만족을 얻는 것과의 사이에 별다른 차이가 없음에 비추어, 후자의 방도를 아예 봉쇄하고 전자의 방도를 취할 것을 요구하는 것이라고 평가할 수 있으리라.

한편 채권자는 "그가 불이행을 알았거나 알았어야 할 때로부터 합리적 기간 내에" 본래이행청구권을 행사하지 않으면, 그 권리를 상실한다(제9:102조 제3항). 이는 채권자가 상당한 시일의 경과 후에 본래의 이행을 청구한다면 채무자가 처할지도 모르는 곤경을 고려한 것이다. 그렇게 하여도 채권자는 다른 구제수단, 특히 손해배상을 구할 수 있으므로,[66)] 그로서도 큰 불이익은 없다는 것이다.[67)]

5. 債權者의 履行拒絶權

제9:201조는 그 제1항에서 채권자의 이행거절권에 관하여, "상대방[의 이행]과 동시에 또는 그보다 후에 이행하여야 하는 당사자는

64) 그 중 (ii)는 우리 법에서라면 많은 경우에 불능의 한 태양인 「사회관념상 불능」 또는 집행단계에서 집행불능으로 처리될 것이다. 이는 특히 수급인의 담보책임의 한 내용으로 인정되는 채권자의 보수청구권이 배제되는 예외적인 사유로 "하자가 중요하지 아니한 경우에 그 보수에 과다한 비용을 요할 때"라고 정하는 제667조 제1항 단서를 연상시킨다.

65) Lando/Beale(註 12), p. 398.

66) 제9:103조는 "이 절에서 이행청구권이 배제된다는 사정은 손해배상의 청구권을 배제하지 아니한다"고 하여, 이를 명문으로 정한다.

67) Lando/Beale(註 12), p. 398.

상대방이 이행을 제공하거나 이행할 때까지 이행을 유보할(withhold performance) 수 있다. 그는 당해 정황 아래서 합리적인 바에 따라 이행의 전부 또는 일부를 유보할 수 있다"고 정한다. 이는 우리 민법 제536조 제1항에서 정하는 동시이행의 항변권에 상응하는 것으로서, 우리 법과 마찬가지로 쌍무계약(synallagmatic contract), 특히 동일한 당사자들 사이의 하나의 계약으로부터 발생하는 대립하는 채무를 전제로 하고, 다른 계약으로부터 발생하는 채무들 사이에 동일한 권리가 인정되는가에 대하여는 규율하지 아니한다.[68] 이 규정은 "채권자를 미리 신용을 주는 것으로부터 보호하고, 또한 상대방으로 하여금 이행을 하도록 할 誘因을 주"기 위한 것이다.[69]

이 규정은 상대방과 동시에 또는 그보다 늦게 이행하도록 정하여진 채권자에게 적용된다. 이행의 순서는 물론 계약에서 정하여지나, 달리 해석되지 아니하는 경우에[70] 대하여는 제7:104조에서 규율한다. 동조는 원칙적으로 동시에 이행되어야 함을 정한다.[71] 그러나 설사 일방 당사자가 먼저 이행하여야 하는 경우에도 "상대방의 [의무의] 이행기가 도래하였을 때 그가 불이행할 것이 명백한" 경우에는 그 동안 마찬가지로 이행거절권을 가진다(제9:201조 제2항). 물론 이러한 경우에 그 당사자는 제9:304조에서 정하는「이행기 전의 불이행」(앞의 Ⅱ.2.(3) 참조)을 이유로 계약을 해제할 수 있을 것이나, 이 규정에 의하여 그 전에 자신의 의무이행을 거절할 수 있는 것이다.[72]

채권자의 이행거절권은 채무자의 불이행이 본질적일 것을 요구하

68) Lando/Beale(註 12), p. 404f.

69) Lando/Beale(註 12), p. 404.

70) 물론 당사자 쌍방이 서로 축차적으로 상대방에 대하여 이행에의 협력 또는 일부이행을 하여야 하는 경우도 적지 않게 있을 것이다.

71) 제7:104조: "당사자들의 각 이행이 동시에 행하여질 수 있는 한도에서 당사자들은 제반 사정이 달리 추단시키지 아니하는 한 그 이행을 동시에 행하여야 한다."

72) Lando/Beale(註 12), p. 406.

지 않는다. 영미법에서와는[73] 달리, 위 규정은 불이행당사자에게 이행을 촉구하기 위하여 사소한 불이행이 있어도 채권자는 자신의 반대채무 전부의 이행을 거절할 수 있다는 태도를 취한다. 다만 제1:201조에서 정하는 신의성실 및 공평거래의 원칙에 좇아, 채무 전부가 아니라 일부만을 이행거절할 수 있는 경우도 있다고 한다.[74]

6. 契約解除權과 代金減額權

PECL에서 정하는 제도 중 우리에게 가장 흥미로운 것의 하나는 아마도 계약해제에 관한 규율일 것이다.

(1) 제9:301조 제1항은 불이행이 본질적이면[75] 채권자는 계약해제권을 가진다고 정한다. 우리 법과는 달리 채무자가 그에 대하여 유책일 것은 요구되지 않는다(제8:101조 제1항, 제2항 참조).[76] 그런데 여기서 우리 법도 당사자 쌍방에 책임 없는 이행불능의 경우, 즉 채무자가 통상은 면책되는[77] 본질적 불이행의 중요한 유형에 대하여 계약이 자동적으로 해제되는 것과 같은 처리를 하고 있음(민법 제537

73) 영미법에서는 기본적으로 채무자는 상대방의 불이행이 있어도 자신의 채무를 전부 이행하여야 한다는 태도를 취한다고 한다. 다만 당사자들은 명시적 또는 특히 묵시적으로 상대방의 의무이행을 자신의 의무이행의 조건으로 정할 수 있고, 그 경우에는 상대방의 본질적인 불이행이 있어야 의무이행을 거절할 수 있다고 한다.

74) Lando/Beale(註 12), p. 405.

75) 한편「이행기 전의 불이행」도 이에 해당할 수 있음에 대하여는 앞의 2.(3) 참조.

76) 이는 최근의 입법 또는 입법제안에서 공통된 경향이다. 네덜란드 신민법 제6:74조, ULIS 제74조, CISG 제79조 및 Unidroit원칙 제7.3.1조 등 참조. 여기서 지적하여 둘 것은 이들은 모두 채무불이행에 있어서「불능」을 별도의 유형으로 인정하지 않는다는 점이다.

77) 앞의 3.에서 본 대로 PECL에서의「면책(excuse)」과 우리 법에서의「책임 없음」(민법 제390조 단서, 제537조, 제546조 등 참조)은 추상적인 기준으로만 보면 그 내용이 반드시 일치하지 않는다. 그러나 우리 법에서도 적어도 계약불이행에 관한 한 실제의 운용에 있어서는 현격한 차이는 없다고 생각된다. 이에 대하여는 우선 梁彰洙, 民法入門, 新修版(2000), 204면 이하 참조.

조 참조)을 유의할 필요가 있다. 그 한도에서 우리 법도 PECL의 태도와 크게 다르지 않다.[78] 한편 채권자만의 과책으로 인한 이행불능의 경우에는 우리 법에서 계약실효의 결과는 일어나지 않는데(민법 제538조 제1항 제1문 참조), PECL에서도 채권자가 그의 행위로 상대방의 불이행을 일으킨 경우에는 각종의 구제수단을 일절 행사하지 못한다고 정하고 있어서(제8:101조 제3항. 앞의 1.(3) 참조),[79] 역시 그 점에서도 양자는 다를 바 없는 것이다. 그러므로 차이가 있다면, 이는 본질적 불이행 중 종래의 「불능」에 해당하지 않는 경우에서 두드러진다고 하겠다. PECL과 같이 과책 없는 불이행에도 계약해제를 인정하는 태도를 취할 것인지는 결국 거칠게 말하면 「불능」이라는 개념을 우리 민법에서 그대로 유지할 것인가에 달려 있는 문제라고도 할 수 있다.[80]

또한 불이행이 본질적이어야 해제권이 발생한다는 것도 우리와는 달라 보인다. 그러나 이 점은, 한편으로 우리 법에서도 통설이나 판례가 부수적 의무의 위반을 이유로 하여서는 원칙적으로 채권자에게 해제권이 인정되지 않는다고 인정하고 있으며,[81] 다른 한편으로 PECL도 지체를 이유로 하는 해제권의 발생에 대하여는 ──그것이 본질적 불이행이 아니라도 또 그 한도에서── 우리 법과 마찬가지로(민법 제544조) 유예기간의 설정을 요건으로 부가하여 인정하고 있다(제8:106

78) 이는, 특히 앞의 3.(3)에서 본 대로 PECL이 그 제9:303 제4항에서, 채무자가 면책되는 본질적 불이행이 전면적이고 영구적인 경우에는 자동적으로 계약이 해제된다고 정하는 것을 아울러 생각하면, 더욱 그러하다.

79) 제9:301조에 대한 「주석」도 해제권의 발생과 관련하여 특별히 이 점에 언급하고 있다. Lando/Beale(註 12), p. 410 참조.

80) 최근 독일에서의 채권법개정작업 중에서 「불능」의 문제에 대한 논의에 관하여는 우선 梁彰洙(註 7), 94면, 106면 이하 참조.

81) 우선 최근의 판례로서 大判 96. 7. 9, 96다14364등(공보 96상, 2453); 大決 97. 4. 7, 97마575(공보 97상, 1525)만을 들어 둔다. 한편 해제권의 발생을 본질적 불이행에 한정하여 인정하는 이유에 대한 「주석」의 설명(Lando/Beale(註 12), p. 409 참조)은, 우리 법에서 부수적 의무의 위반에 대하여 일반적으로 해제권이 인정되지 않는 이유에 대한 설명과 그 내용에서 다를 바 없다.

조 제3항. 앞의 2.(2) 말미 참조). 따라서 이 점은 실제로는 큰 차이가 없다고 할 것이다.

한편 제9:302조는 "계약이 개별적으로 분할하여(in separate parts) 이행되어야 하고 또 그 각 부분에 대하여 반대급부가 할당될 수 있는 경우에, 본질적 불이행이 있는 때에는, 채권자는 이 절에서 정하는 해제권을 문제되는 부분에 관하여 행사할 수 있다. 그는 불이행이 전체로서의 계약에 대하여 본질적인 경우에만 계약 전부를 해제할 수 있다"고 정한다. 이는 전형적으로는 급부가 축차적으로 행하여지고 그 각각에 대하여 대가가 정하여진 계약에 적용되나, 나아가 가분급부의 경우에 대가가 포괄적으로 정하여졌어도, 그것이 "각 부분급부에 할당될 수 있으면(apportioned)" 마찬가지로 적용된다.[82] 이는 계약의 일부해제에 해당하는 것이다.

(2) 계약해제권은 해제권자의 일방적인 의사표시에 의하여 행하여진다(제9:303조 제1항). 다시 말하면 프랑스에서와 같이 법원에 대하여 해제소권을 행사하여 그 판결을 받거나 할 필요는 없다.[83] 그러나 앞의 3.(3)에서 본 대로 본질적 불이행에 대하여 채무자가 면책되는 경우에 일정한 요건이 갖추어지면 계약이 해제권자의 의사표시 없이 자동적으로 해제되기도 한다(제9:303조 제4항).

한편 해제권의 행사에 대하여는 일정한 시간적 제한이 있다. 우선 채권자가 "불이행을 알았거나 알았어야 할 때로부터 합리적 기간 내에" 해제의 의사표시를 하지 않으면 그는 해제권을 상실한다(동조 제2항). 이는 채무자로 하여금 채권자가 이제 계약에 좇은 이행을 수령할 것인지 여부에 관한 불확실성을 조기에 제거함으로써 준비한 급부 등을 합리적으로 처리할 수 있도록 하기 위한 것이다.[84] 그런데

82) Lando/Beale(註 12), p.412.

83) Lando/Beale(註 12), p.410 참조.

84) Lando/Beale(註 12), p.414.

이 규정은 채권자가 늦은 또는 하자 있는 급부를 수령한 경우에 대한 것이다. 아예 이행이 제공되지 아니한 동안에는, 위와 같은 기간제한은 적용이 없다(동조 제3항 (a)호 제1문).[85] 그러나 그 경우에도 채무자에게 합리적 기간 내에 이행을 제공할 의사가 있음을 채권자가 알았거나 알 수 있었는데 채권자로서는 그것을 수령하지 아니할 의도인데도 이를 채무자에게 불합리하게 통지하지 아니한 때에는,[86] 채무자가 실제로 그 합리적 기간 내에 제공하면, 채권자는 해제권을 상실한다(동항 (b)호). 이는 이러한 경우에 채무자로 하여금 이행준비를 위한 노력을 계속하게 하는 것은 신의성실에 반한다는 이유에 기한 것이다.[87]

(3) PECL이 정하는 해제의 효과에 대한 규정은, 아직 계약이 이행되지 아니한 부분에 관한 것과 이미 이행된 것의 반환에 관한 것의 둘로 나누어 살펴볼 수 있다.

(가) 전자에 대하여 제9:305조 제1항은 "계약의 해제는 쌍방 당사자를 장래의 이행을 실행하고 수령할 의무로부터 해방시키나, 이는 해제시까지 이미 발생한 권리와 책임에는 영향을 미치지 아니하되, 제9:306조 내지 제9:308조에 따른다"고 정한다.

여기서도 분명한 대로, PECL은 해제가 소급적 효력을 가지지 않는다는 태도를 취한다. 그 이유는, 소급효를 인정하여 계약이 애초 체결되지 않았던 것과 같이 처리한다면, 첫째, 채권자의 기대이익의 상실과 같은 손해는 이를 배상받기 어려울 것이고, 둘째, 계약이 실효되

85) 이 경우 후에 제공이 뒤늦게 행하여진 때에는, 위 제2항의 기간은 그 제공을 알았거나 알았어야 할 때로부터 기산된다(동조 제3항 (a)호 제2문).

86) 그러므로 채무자에게 이행제공의 의사가 없는 경우, 채권자가 채무자의 이행제공의사 유무를 알 수 없었던 경우 또는 채권자가 제공될 이행의 수령 여부를 결정하지 못하고 있는 동안에는 이 규정은 적용이 없다. Lando/Beale(註 12), p. 414f 참조.

87) Lando/Beale(註 12), p. 415.

어도 적용될 것으로 의도된 계약조항, 예를 들면 중재조항을 배제하는 불합리한 결과가 되며,[88] 셋째, 수령한 급부가 반환되어야 하는데 이는 장기간에 걸쳐 실행되는 계약에서 장래에 대하여만 실효시킴으로써 족한 경우에는 적합하지 않다는 것이다.[89]

한편 PECL상의 해제에 관한 규정은 오로지 당사자 사이의 법률관계에 대하여 적용될 뿐이라고 한다.[90] 예를 들어 매수인의 채권자, 매수인이 도산한 경우의 도산관재인이나 선의의 전득자에 대하여 계약의 해제가 어떠한 영향을 미치는가, 즉 그들이 계약목적물의 원상회복을 저지할 수 있는가는 그에 적용되는 내국법의 문제라는 것이다.

(나) 이와 같이 계약의 해제가 소급효를 가지지 않는다고 해서, 당사자들이 이미 수령한 급부를 항상 보유할 수 있고 또는 보유하여야만 하는 것은 아니다. "해제 전에 발생한 바를 '원상으로 돌리는(undo)' 것이 적절한 경우도 있는 것이다." 지적될 필요가 있는 것은, PECL이 이러한 원상회복관계를 단순히 수령한 급부를 반환하여야 할 의무의 차원에서만 규율하지 아니하고, 오히려 그것을 반환할 수 있는 권리로서도 파악한다는 점이다.

(a) 먼저 제9:306조는, 채권자가 수령한 재산이 "상대방의 불이행의 결과로 자신에 대하여 그 가치가 본질적으로 저하된 경우"에는 그 재산을 거절할(reject) 수 있다고 정한다. 여기서 「불이행의 결과」는 불이행 자체(예를 들면 하자 있는 이행)로 발생한 결과는 물론이고 계약이 해제됨으로써 나머지 급부를 수령하지 아니함으로 인한 결과도 포함한다. 그 경우에 채권자는 제9:502조에 의하여 손해배상을

88) 제9:305조 제2항은 이러한 취지를, "해제는 분쟁의 해결에 관한 계약규정 또는 기타 해제 이후에도 적용되어야 할 규정에 영향을 미치지 아니한다"라고 정면에서 규정한다.

89) Lando/Beale(註 12), p.420. 이들 설명이 반드시 설득력 있는가에 대하여는 검토를 요한다. 특히 "첫째"의 이유에 대하여 PECL은 이 장면에서 돌연 논리적·구성적 설명을 시도하고 있다.

90) Lando/Beale(註 12), p.423.

청구하거나 제9 : 401조에 의하여 대금감액을 청구할 수도 있을 것이나, 특히 아직 채무자에 대하여 대금을 지급하지 아니한 경우에는 그의 이행을 「거절」함으로써 감액된 대금도 지급할 필요가 없게 되는 것이다.[91)]

(b) 나아가 계약이 해제되면, 각 당사자는 자신이 이행하여 상대방이 수령한 것에 대하여 그대로 또는 그 가액을 반환청구할 수 있다고 할 것인가? 많은 나라가 이를 당연히 긍정함에 대하여, PECL은 "일방 당사자가 상대방에게 어떠한 이익을 주기는 하였지만, 그 대가로, 정하여진 반대이행을 받지 못한 경우에" 한하여 그 이익의 반환청구를 인정하는 태도를 취한다. 그리고 「어떠한 이익」을 지급된 금전(제9 : 307조), 금전 이외의 다른 재산으로서 반환가능한 것(제9 : 308조) 및 반환불가능한 것(제9 : 309조)의 셋으로 나누어, 각각에 대하여 규율한다.

우선 제9 : 307조는 "계약이 해제되면, 당사자는 자신이 수령하지 아니하였거나 적절하게 거절한 이행에 대하여 그 전에 지급된 금전을 회복청구할(recover) 수 있다"고 정한다. 이는, 예를 들어 물건의 매수인이 대금을 지급하고 매도인으로부터 하자 있는 물건을 수령한 경우에 그것이 본질적 불이행에 해당하여 매수인이 매매계약을 해제하였다면, 매수인은 그 물건을 앞의 (a)에서 본 바에 따라 적법하게 「거절」한 때에만 그 대금의 반환을 청구할 수 있다는 의미인 것으로 보인다. 만일 그러한 의미라고 한다면, 매수인이 적법한 「거절」을 할 수 없는 경우에는, 그는 대금감액 또는 손해배상을 청구할 수 있을 뿐이라는 결과가 된다.

또한 제9 : 308조는 "계약이 해제되면, 금전지급 또는 기타의 반대이행을 수령하지 아니하고 재산을 공급하였던 당사자는 그것이 반

---

91) Lando/Beale(註 12), p. 421.

환될 수 있는 때에는 그 재산을 회복청구할 수 있다"고 정하는 것이다.[92] 예를 들어 매도인이 목적물을 매수인에게 인도하였는데 대금지급의 지체를 이유로 유예기간 설정 후에 계약을 해제한 경우에, 그는 목적물의 반환을 청구할 수 있다.[93] 이 경우에 매수인이 일부의 이행을 하였다면, 즉 그가 대금 일부를 이미 지급하였고 나머지 대금에 대하여 그 지급을 지체하여 계약이 해제된 것이라면 어떠한가 하는 점에 대하여는 「주석」에 별다른 언급이 없다. 이 경우에도 당연히 매도인이 인도한 목적물의 반환을 청구할 수 있어야 하지 않을까 하는 생각이 드는데,[94] 그렇다면 위 제9 : 308조의 "금전지급 또는 기타의 반대이행을 수령하지 아니하고"란 계약상 정하여진 반대이행의 일부라도 수령하지 못한 경우를 포함하는 의미라고 할 것이다. 이렇게 본다면, 다시 그 경우에 이제 자신이 수령한 목적물을 인도할 의무를 부담하게 된 매수인은 그 대금의 반환을 청구할 수 있는가가 문제될 것이다. 특히 이는 금전의 반환청구로서 역시 위의 제9 : 307조의 요건을 갖추어야만 할 것이 아닌가 하는 의문이 드는 것이다. 이러한 문제에 대하여도 「주석」은 명확하게 언급하는 바가 없는데, 그런데 다른 한편으로 "불이행당사자도 그가 이미 채권자에게 인도한 재산의 원상회복을 구할 수 있다"고[95] 말하는 것에 비추어 보면, 금전이라고 하여 달라질 것은 없고 따라서 그 반환청구를 긍정하는 취지인지도

92) 한편 제9 : 309조도 "그 이행이 상대방에 대하여 가지는 가치에 상응하는 합리적 금액을 회복청구할 수 있다"고 정한다.

93) 다만 그 재산의 원상회복에 회복의무자에게 지나치게 큰 부담을 주는 경우에는, 제9 : 102 제 2 항 (b)호를 여기에 준용하여(원문에는 "제 4 장 제 1 절의 규정을 준용하여"라고 되어 있으나, 이는 「확정판」 이전의 제 1 부의 관련규정을 그대로 인용한 오류인 것으로 보인다) 원물의 반환청구는 허용되지 않으며, 제9 : 309조에 의한 가액반환청구를 할 수 있을 뿐이라고 한다. Lando/Beale(註 12), p. 424 참조.

94) Lando/Beale(註 12), p. 418도, 「해제의 의미」, 즉 당사자들이 해제를 하는 목적의 하나로, 해제 전에 행하여진 것을 '원상으로 돌리는' 것을 들고 있다.

95) Lando/Beale(註 12), p. 423.

모른다.

(4) 제9：401조 제 1 항 제 1 문은 "계약에 상응하지 아니하는 이행의 제공을 수령한 당사자는 대금을 감액할 수 있다"고 정한다. 여기서 「계약에 상응하지 아니하는」이란 모든 형태의 불이행을 말하며, 목적물의 양이나 질에 불완전한 경우는 물론이고 인도의 시기에 좇지 않은 경우도 포함한다. 대금감액의 비율은 이행제공 당시를 기준으로, 제공된 이행의 제대로 된 이행에 대한 비율에 따라 행하여진다(동항 제 2 문).

대금감액권은, 손해배상을 대체하는 적절한 방법이 될 경우도 있고,[96] 또는 손해배상의 요건을 갖추지 못한 경우의 구제수단이 될 수 있다. 대금감액은 채권자가 이미 대금을 지급하였어도 이를 할 수 있으며, 그 경우에는 상대방으로부터 초과지급액의 반환을 청구할 수 있다(제9：401조 제 2 항). 한편 "대금을 감액한 당사자는 이와 아울러 이행의 가액의 감소를 이유로 손해배상을 청구할 수 없"지만, "그가 입은 기타의 손실"에 대하여는 제9：501조 이하의 규정에 의하여 손해배상을 받을 수 있다(동조 제 3 항).

7. 損害賠償請求權

(1) 우선 출발점은 "손실 없으면 손해배상도 없다(no damages without loss)"는 것이다. 다시 말하면 손해배상은 손실의 전보를 내용으로 하며, 손해배상으로 채권자가 불이행이 없었을 경우보다 이익을 얻어서는 안 된다. 제9：501조 제 1 항에서 정하는 대로, 채권자는 "상대방의 불이행으로 인하여 발생한 손실에 대하여 손해배상을 청구할

96) 예를 들면 100에 맡긴 공사가 제대로 완성되어도 80의 가치만을 가지는데(소위 「밑지는 거래」 bad bargain), 수급인이 공사 잘못으로 완성물이 40의 가치를 가지는 경우, 도급인은 손해배상으로는 40을 받을 수 있으나, 대금감액으로는 50을 받을 수 있는 것이다.

권리"가 있는 것이다. 그리고 위 규정에서 바로 알 수 있는 대로 나아가 불이행과 손실 사이에 인과관계가 있어야 한다. 그런데 손해배상을 청구함에는 사전의 통지나 이행청구 기타 부지체와 같은 별도의 절차는 요구되지 않으며,[97] 특히 상사매매에 관하여 여러 나라에서 정하고 있는 검사 및 하자통지의무(우리 상법 제69조 참조) 등은 인정되지 않는다.[98]

한편 PECL은, 고통이나 불편함, 정신적 스트레스, 쾌락의 상실과 같은 비재산적 손실(non-pecuniary loss)도 배상받을 수 있고,[99] 나아가 장래의 손실도 그것이 발생할 개연성이 있는 한[100] 배상받을 수 있다고 한다(제9:501조 제2항). 후자에는 불필요한 지출과 같은 적극적 손실뿐만 아니라 일실이익과 같은 소극적 손실도 포함된다.[101]

(2) 손해배상은 소위 이행이익의 배상을 내용으로 한다. 즉 그것은 "계약이 적정하게 이행되었다면 채권자가 놓였을 상태"에 가능한 한 근접하도록 산정되는 것이다(제9:502조 제1문).[102] 거기에는 적극적 손해뿐 아니라 소극적 손해도 포함한다(동조 제2문). 물건이나 용역의 공급을 내용으로 하는 계약에서는 통상 계약상 대가와 급부의 현재의 시가의 차액이 그 내용이 된다.[103] 한편 채권자가 불이행으로 이익

97) 이에 대하여는 앞의 Ⅱ.1.(1)도 참조.

98) Lando/Beale(註 12), p. 435, 437.

99) 이는, 비재산적 손해의 배상은 법률이 별도로 정하는 사안유형에 한하여 허용한다는 독일, 이태리, 네덜란드 등에서 취하고 있는 태도를 PECL이 취하지 아니함을 의미한다.

100) 따라서 이러한 손해배상을 함에는, 불명확한 두 가지 요소, 즉 발생의 개연성과 그 손실의 정도를 평가할 필요가 있다.

101) 장래의 손실은 기회상실(loss of a chance)의 모습으로 나타날 수도 있다. 이상 Lando/Beale(註 12), p. 436.

102) 즉 소위 「기대이익(expectation interest)」, 즉 계약의 적정한 이행으로부터 채권자가 기대하는 바의 가치가 달성되도록 하는 것이다. 이는 당사자를 단순히 계약이 없었던 상태로 복귀시키는 것(이는 소위 신뢰이익의 배상에 의하여 달성된다)을 지향하지 아니함을 의미한다.

103) Lando/Beale(註 12), p. 438f. 다만 채권자가 대체거래를 한 경우에는 그 거래

을 얻었으면, 이는 공제되어야 한다.[104] 즉 순손실만이 배상되는 것이다.

손해배상의 범위는 채무자가 계약체결시에 불이행의 가능한 결과로 예상하였거나 합리적으로 예상하였어야 했던 손실에 한정된다(제9:503조).[105] 이는 특히 소위 후속손해(consequential loss)에서 문제된다. 흥미로운 것은, 그러나 이러한 배상범위의 제한은 채무자가 불이행에 관하여 고의 또는 중과실이 있는 경우에는 적용되지 아니한다는 점이다.

또한 채무자는 채권자가 "불이행 또는 그 결과에 기여한 범위에서 그가 입은 손실에 대하여 책임을 지지 아니한다"(제9:504조). 이와 같이 채권자에게 '돌릴 수 있는' 손실, 즉 채권자가 불이행에 대하여 원인의 일부를 제공하여 발생한 손실 또는 그 자신의 불합리한 행태로 인하여 야기되거나 확대된 손실에 대하여는 채무자는 배상책임이 없는 것이다.[106] 소위 손해감경의무의[107] 위반(failure to mitigate loss)으로 인한 배상액의 감경, 즉 합리적 조치를 취함으로써(또는 불합리한 조치를 회피함으로써) 손실을 줄일 수 있었을 범위에서의 배상액 감경을 정하는 제9:505조도 이와 아울러 생각할 필요가 있다.[108] 그 반면으로 제9:506조는 채권자가 계약을 해제하고 합리적인 대체거래(substitute transaction)를 한 경우에는 그는 우선 "계약상 대

에서 지급되는 대가(소위 cover price)와 계약상 대가와의 차액이 된다.

104) 공제되어야 하는 「이익」에는 채권자가 기대이익을 얻기 위하여 지출하여야 할 것을 불이행으로 인한 지출하지 않음으로 인한 이익도 포함된다.

105) 이는 프랑스민법이 정하는 「직접손해」에의 제한이나, 독일법에서 논의되는 상당인과관계의 구성을 배척하고, 영미법의 태도에 좇는 것이다. Lando/Beale(註 12), p. 442f. 참조.

106) 이는 앞의 1.(3)에서 본 "채권자 자신의 행위가 채무자의 불이행을 야기한 한도에서" 그는 구제수단을 원용하지 못한다고 하는 일반적 법리(제8:101조 제3항 참조)의 한 적용으로 이해되고 있다. Lando/Beale(註 12), p. 444 참조.

107) 이는 물론 엄격한 의미에서의 의무가 아니며, 단지 「자기 자신에 대한 주의의무」, 즉 소위 間接義務(Obliegenheit)에 불과하다.

108) 다른 한편 동조 제2항은 채권자가 손실을 감경하기 위한 합리적 조치를 취함에 있어 지출한 비용의 상환을 청구할 수 있다고 한다.

가와 대체거래상의 대가의 차액"을 배상받을 수 있고, 나아가 기타의 손실도 그 요건을 갖추는 한 손해배상을 청구할 수 있다고 정한다.[109]

(3) 위와 같은 손해배상의 원칙과는 별도로 PECL은 두 개의 보충적 규정을 둔다.

하나는, 금전채무의 불이행에 대한 것으로, 채권자는 우선 최소한 "이행기로부터 지급시까지 이행이 행하여지는 곳의 일반 상업은행의 계약상 통화에 대한 최우량 신용등급 고객을 위한 단기대여이율에 따른 이자를 청구할 권리"가 있으며, 나아가 기타의 손실에 대하여도 그 요건을 갖추는 한 손해배상을 청구할 수 있다는 것이다(제9 : 508조).

다른 하나는, 위약금에 대한 것으로, 그 약정이 있으면 채권자는 "그의 실제의 손실과는 무관하게 그 금액을 지급받는" 것이 원칙이다(제9 : 509조 제1항). 「주석」에 의하면 이는 우리 법과는 반대로 최소한의 배상액을 의미하는 데 그치며, 따라서 채권자는 약정위약금액을 넘는 손해를 입증하여 그 배상을 청구할 수 있다고 한다.[110] 한편 그 액이 과다한 경우에는 법원은 이를 합리적 액으로 감축할 수 있다(동조 제2항). 우리 법과 같이(민법 제398조 제2항 참조) 과다한 경우만을 규제하고 과소한 경우를 규제하지 아니하는 것이[111] 주목된다.

---

109) 채권자가 실제로 대체거래를 하지 아니하였어도 "계약상 약정된 급부에 대한 現時價가 존재하는 경우"에 대하여 제9 : 507조는 같은 취지를 규정한다. 그것은 그 경우에도, 합리적 대체거래가 행하여진 경우와 마찬가지로, 채무자의 불이행으로 입은 채권자의 손실을 적어도 「추상적으로는」 공정하게 평가할 수 있기 때문이다.

110) Lando/Beale(註 12), p. 454.

111) 예를 들어 프랑스민법 제1152조 제2항은 과소한 경우에 대한 법원의 증액권도 인정한다.

Ⅳ. 小結 — 우리 法의 立場에서

만일 PECL이 현재 유럽의 주요한 나라에서 납득할 수 있는 한의 채무불이행법리를 표현하고 있다고 가정한다면, 우리는 그러한 시각에서도 우리 민법의 현재의 채무불이행법리가 기본적으로 적극적으로 평가될 수 있는 것임을 확인한다. 세부적인 일치점을 일일이 들 필요는 없을 것이나, 기본적인 것에 한정하더라도, 첫째, 채무불이행의 요건을 일반적·포괄적으로 정하는 태도를 취하는 것(민법 제390조 본문 참조), 둘째, 강제이행청구를 일반적으로 인정하는 것(민법 제389조 참조), 셋째, 불이행책임의 내용으로 손해배상과 해제의 병존을 인정하는 것(민법 제551조 참조), 넷째, 해제를 일방적 의사표시만으로 하는 것(민법 제543조 제1항 참조), 다섯째, 손해배상의 범위를 예견가능한 것에 제한하는 것(민법 제393조 참조) 등을 들 수 있다.

그런데 다음과 같은 점은 우리 법의 입장에서도 검토를 하여 볼 필요가 있다고 생각된다.

첫째, 매도인과 수급인의 담보책임법을 일반적인 채무불이행법에 흡수하여 규정할 수는 없는가.

둘째, 채무자에게 채무불이행에 대한 고의·과실이 없는 경우에 그의 면책을 인정하는 태도를 일정한 내용으로 보다 세한하는 것으로 변경할 것인가.

셋째, 법정해제권의 발생요건을 「본질적」 불이행으로 제한할 것인가, 그 경우 채무자에게 과책이 없어도 계약의 해제를 인정할 것인가(이에 대하여는 앞의 Ⅲ.6.(1)도 참조).[112]

넷째, 소위 「이행기 전의 불이행」 또는 장래의 불이행이 명확하

112) 만일 이러한 태도를 취한다면, 危險負擔에 관한 별도의 규정은 불필요하게 될 것이다.

게 예견되는 경우를 어떻게 규율할 것인가.

이러한 문제들은 넓은 의미에서의 불이행법리를 전면적으로 再考할 것을 요구하는 것으로서, 보다 신중한 연구가 필요하고 섣불리 손댈 수는 없다고 하겠다.

(저스티스 60호(2001.4), 24면 이하 所載)

[附　　錄]

「유럽契約法原則」에 대한 一考 및 그 飜譯

1. 1990년대에 들어와 계약법의 분야에서 세계적으로 가장 흥미로운 현상 중의 하나는, 각국의 국내법을 통일 또는 조화·조정하려고 하는 국제적인 움직임이 극히 활발하게 전개되어 그 성과가 계속 공표되고 있다는 사실이다.

우선 私法統一國際協會(International Institute for the Unification of Private Law. 통상 UNIDROIT라는 약칭으로 불리운다)가[1)] 1994년 5월에 前文 및 7개의 장으로 된 全文 119조의 「國際商事契約原則(Principles of International Commercial Contracts)」(이하 「Unidroit원칙」이라고 한다)을 확정하여 발표하였다.[2)]

1) 본부를 로마에 두고 있는 이 협회는 1926년에 당시의 國際聯盟의 부속기관으로 출발하였는데, 1940년 이래 독립한 국제기관으로 활동하고 있으며, 우리 나라를 포함한 50여개국이 가입하고 있다. .이 협회에서는 영어와 불어가 公用語로서, 「국제상사계약원칙」도 영어판과 불어판이 있고, 兩者 사이에는 흥미롭게도 미묘하게 차이가 나는 점도 있지 않나 여겨진다. 여기서는 英語만을 들어두기로 한다.

2) 이 Unidroit원칙에 대한 문헌으로 주요한 것은 다음과 같은 것이 있다. M.J. Bonell, *An International Restatement of Contract Law. The UNIDROIT Principles*

(1) 이 작업은 1971년의 동 협회 이사회의 결의에 의하여 개시되어, 당초 프랑스의 다비드, 영국의 슈미트호프, 루마니아의 포페스투의 3인의 법학자로 구성된 위원회가 이를 진행하였다. 그러나 본격적으로는 1980년에 새로이 조직된 實務小委員會(Working Group)가 이를 행하였다. 그 위원회의 구성원에는 그 사이에 변화가 없지 않으나, 위 원칙을 발표할 당시의 위원으로는, 보넬(Bonell. 委員長, 이태리), 브라질(Brazil. 캐나다), 크레포(Crepeau. 캐나다 퀘벡), 데이트-바(Date-Bah. 영국), 디 마조(Di Majo. 이태리), 판스워스(Farnsworth. 미국), 드로브니히(Drobnig. 독일), 퐁테느(Fontaine. 벨기에), 펌스톤(Furmston. 영국), 가로(Garro. 아르젠틴), 하트캄프(Hartkamp. 네덜란드), 히로세(廣瀨久和. 일본), 황(黃. 중국), 코마로프(Komarov. 러시아), 란도(Lando. 덴마크), 마스코우(Maskow. 독일), 탈롱(Tallon. 프랑스), 그리고 간사로서 위 협회 사무국의 피터스가 있었다. 그야말로 세계 각국으로부터 쟁쟁한 계약법의 전문가를 모은 것이다.

(2) 위의 원칙은 조문의 형식으로 편성되어 전체적으로 法典의 체계를 갖추고 있다. 그러나 이는 국제조약도 아니고, 각국에 대하여 國內法化를 구할 무슨 강제적 장치를 갖춘 것도 아니다. 이는 국제거래에서 의거할 합리적 계약법의 「표준」으로서 정하여진 것으로서, 어디까지나 내용의 설득력에 의존하고 있다. 이 점에서 1980년의 소위 「비엔나협약」과[3] 크게 다르다. 또한 비단 매매계약뿐만 아니라 국제

of International Commercial Contracts, 2nd ed.(1997); Symposium: Contract Law in a Changing World, in: *American Journal of Comparative Law*, Vol. 40 (1992), p. 541-702; Institute of International Business Law and Practice(ed.), *UNIDROIT Principles of International Commercial Contracts: A New Lex Mercantoria?*, ICC Publication n° 490/1(1995); *Tulane Law Review*, Vol. 69(1995), p. 1149-1257; *Tulane Journal of International and Comparative Law*, Vol. 3 (1994).

3) 원래는 「국제물품매매계약에 관한 유엔협약(United Nations Convention on Contracts for the International Sale of Goods)」이라고 한다. 이 협약은 10개국의

거래 일반을 대상으로 하여 그 시야를 매우 넓게 잡고 있으며(예를 들면 플랜트계약 등도 고려하고 있다), 비엔나협약에서는 다루어지지 않았던 계약의 무효사유에 관한 문제, 즉 착오·사기·강박 등의 문제도 규정하고 있다.

(3) 몇 가지 주목할 만한 내용을 들어 보면:

① 당사자에게 신의성실과 공정거래(good faith and fair dealing)의 요구에 좇아 행위할 것을 일반적으로 요구하면서 이를 배제 또는 제한할 수 없도록 하는 규정(제1.7조)

② 당사자는 자유로 교섭할 수 있으며 합의에 달하지 아니함으로 인하여 책임을 지지 않는다고 하면서도, "불성실하게 교섭하거나 교섭을 불성실하게 파기한(negotiate or break off negotiations in bad faith) 당사자는 상대방이 입은 손실에 대하여 책임을 진다"고 하는 규정(제2.15조)

③ 일반계약약관에 의하여 체결된 계약에 대하여 둔 특별한 규정(제2.19조 이하), 예를 들면 당사자 쌍방이 각기 자신이 마련한 일반계약약관에 의한 계약체결을 주장하는 소위 「정형계약서 간의 싸움(battle of the forms)」에[4] 관한 규정(제2.22조)

비준·가입으로 1988년 1월 1일부터 효력이 발생하였으며, 미국, 독일, 프랑스, 이태리, 중국, 캐나다, 호주 등 우리 나라의 주요한 무역상대국을 포함한 약 50개의 나라가 가입하고 있다(아직 가입하지 아니한 나라로서는 영국과 일본 등이 있다). 우리 나라는 아직 이에 가입하지 않고 있다. 이 협약에 대한 우리 나라의 문헌으로는 우선 林泓根·李泰熙 共編, 國際物品賣買契約에 관한 UN協約上의 諸問題(1991); 슈레히트림(金玟中 譯), 유엔統一賣買法(1995); 崔興燮, 유엔국제매매법 ─국제물품매매계약에 관한 유엔협약─(1997) 참조.

4) 이 문제에 대한 비교법적 연구로서는 우선 Kötz, *Europäisches Vertragsrecht* (1996), S. 47f.; v. Mehren, The »Battle of the Forms«: A Comparative View, *Am.J.Com.L.* 38(1990), p. 265; Neumayer, Das Wiener Kaufrechtsübereinkommen und die sog. »battle of forms«, *Festschrift für Giger*(1989), S. 501; Jacobs, The Battle of the Forms: Standard Term Contracts in Comparative Perspektive, *Int.Comp.L.Q.*, 34(1985), p. 297 등 참조.

④ 원시적 불능은 계약의 효력에 영향을 미치지 않는다고 하는 규정(제3.3조)

⑤ 계약의 효력에 영향을 미치는 錯誤를 공통착오, 상대방이 야기한 착오, 상대방이 방치한 착오에 제한하는 규정(제3.4조 내지 제3.7조)

⑥ 계약 전체나 개개의 계약조항이 부당하게(unjustifiably) 일방에 과도한 이익(excessive advantage)을 주는 경우에는 상대방은 이를 취소할 수 있다고 하는 규정(제3.10조)

⑦ 「가혹사유(hardship)」가 있는 경우, 즉 사정변경이 예외적으로 고려되어야 할 경우에 당사자로 하여금 再交涉을 요구할 수 있도록 하고, 합리적 기간 내에 당사자 사이에 합의가 없으면 법원이 그 해제나 適應(adapt)을 명할 수 있도록 하는 규정(제6.2.1.조 이하)

⑧ 계약불이행의 「추완(cure)」에 관한 규정(제7.1.4조)

⑨ 면책조항의 주장의 제한에 관한 규정(제7.1.6조)

⑩ "법원이 당사자에게 이행을 명하는 때에는, 이 명령에 좇지 아니하면 그 당사자는 制裁金(penalty)을 지급하여야 함을 명할 수도 있다"는 규정(제7.2.4조)

⑪ 그리고 무엇보다도 「본질적」 불이행이 있으면 당사자에게 귀책사유가 있는지 여부를 불문하고 계약을 해제할 수 있다는 규정(제7.3.1조 이하)[5)]

등이 있다.

(4) UNIDROIT는 이 「國際商事契約原則」을 확대한 「제 2 판」을 계획하고 그 작업을 활발하게 추진하고 있다.

우선 1998년 3월 16일부터 19일까지 로마의 同協會에서 열린

5) 한편 장래 본질적 불이행이 있을 것으로 믿을 만한 사유가 있는 경우에 자신의 채무이행을 유보하고 상대방에 대하여 적정한 이행의 보장(assurance of due performance)을 요구할 수 있다는 제7.3.4조(유럽계약법원칙 제8:105조에 상응한 규정이 있다)도 주목할 만하다.

「UNIDROIT 國際商事契約原則의 擴大第 2 版을 위한 實務小委員會」의 제 1 차회의에서, 이 제 2 판에 새로이 추가할 항목으로, 대리(보넬), 제소기간(limitation of actions. 소멸시효 등)(쉴레히트림), 계약상 권리와 의무의 이전(퐁테느), 제 3 자를 위한 계약(펌스톤), 상계(조프레-스피노시 Jauffret-Spinosi. 프랑스), 권리포기(핀 Finn. 호주)의 각 주제를 임시적으로 정하고, 각 주제에 대하여 포지션 페이퍼를 작성할 보고자(Rappoteur)를 각각 지정하였다(그 이름은 위 괄호 안).[6]

그리하여 1999년 2월 22일부터 이태리의 볼차노에서 열린 위 實務小委의 제 2 차회의에서는 우선 대리, 제소기간, 계약상 권리와 의무의 이전, 제 3 자를 위한 계약에 관한 각각의 보고서가 검토되었고, 이 중 제소기간과 제 3 자를 위한 계약에 대하여는 각각의 보고자에게 다음 회의에서의 검토를 위한 조문화작업을 의뢰하였다. 그리고 다음의 제 3 차회의를 2000년 1월 24일부터 개최하기로 하였다.

2. 그리고 주목되어야 할 것이, 유럽聯合의[7] 틀 안에서 통일유럽민법전을 제정하려는 노력의 일환으로 1998년 11월에 그 確定版이 발표된 「유럽契約法原則(The Principles of European Contract Law. Completed and revised version 1998)」이다.

(1) 유럽연합의 틀 안에서 「유럽의 새로운 보통법(ius commune)」을 지향하는 노력은 다양하게 행하여지고 있다. 예를 들면 「유럽사법의 공통핵에 관한 트렌토계획(Trento Project on the Common Core of European Private Law)」은 1994년부터 이태리 트렌토대학의 부사니와 마테이 두 교수에 의하여 주도되고 있는 것인데, 이는 어떠한 법통일의 달성을 직접의 목표로 지향하지 아니하고, 일단 “유럽

6) 그 외에 일본의 우치다(內田貴)에게, Unidroit원칙을 電子商去來에 적용하는 경우의 변응문제에 관한 覺書(note)의 제출을 위탁하였다.

7) 유럽연합의 조직 및 법 일반에 대하여는 우선 金大淳, EU法論(1995) 참조.

안의 서로 다른 법체계에 있어서 관련 요소들에 대한 최대한으로 정확한 지도를 작성"하려는 것을 목적으로 작업한다. 나아가 지적되어야 할 것은, 이태리의 피렌체에 있는 「유럽대학(European University Institute)」의 법과대학에 「유럽민법」의 강의가 마련되어, 그를 위한 講義資料(예를 들면, 미국의 소위 national law school들에서 쓰여지는 것과 같은 「유럽보통법 케이스북(casebooks on the common law of Europe)」 혹은 「유럽케이스북(European Casebooks)」) 등을 준비하고 있다는 점이다.

그런데 1997년 2월 28일에 네덜란드의 헤이그에서 열린 국제심포지엄의 「유럽民法典을 향하여(Towards a European Civil Code)」라는 제목이[8] 웅변으로 말하여 주듯이, 바로 통일적인 「유럽의 민법」을 起草하고자 하는 노력도 행하여지고 있다.[9] 1994년 5월 6일에 유럽議會는 "회원국의 사법의 일정한 분야를 조화시키는 것에 관한 결의"를 하였는데, 그 중에는 「유럽통일민법전(Common European Code of Private Law)」의 起草可能性을 검토하도록 유럽위원회에 요구하는 내용이 포함되어 있다.

(2) 「유럽계약법원칙」의 용도, 주요한 내용 및 이를 작성한 「유럽계약법위원회(Commission on European Contract Law)」(그 위원장인 란도의 이름을 따서 통상 「란도위원회」 Lando Commission라고 불리운다)의 개요 등에 대하여는 이미 朴永馥 교수에 의하여 소개된 바 있다.[10]

8) 이 모임에 참가하였던 어느 일본학자의 다음의 印象記는 우리의 입장에서 一讀의 가치가 있다: 小粥太郎, "ヨーロッパ統一民法典と法學者", NBL 617호(1997. 5), 54면 이하.

9) 이 계획을 學問的으로 뒷받침하고자 하는 努力의 결실로는 우선 민법의 여러 중요한 테마에 대하여 각국 학자의 글을 모은 Hartkamp & von Bar(ed.), *Towards a European Civil Code*(1994; 2nd ed., 1998)를 들 수 있다. 이 책의 편집은 1991년에 시작되었다고 한다.

10) 朴永馥, "유럽의 統一契約法", 法曹 1999년 1월호, 235면 이하; 2월호, 236면 이하 참조. 일본의 문헌으로 渡邊達雄, "「ヨーロッパ契約法の諸原則」における不履行法の體系", 法學志林 95권 1호(1997), 31면 이하; 95권 3호(1998), 37면 이

그런데 그 글은 1995년에 나온「유럽계약법원칙. 제 1 부: 이행·불이행 및 구제수단」을[11] 중심으로 하여 쓰여졌고, 나아가 1997년에 나왔다는「(비공식)시안」의 내용을 소개하고 있을 뿐이며, 1998년 11월에 개정 및 완성된「유럽계약법원칙」確定版에[12] 대하여는 언급이 없다. 그러므로 여기서 이 確定版을 번역·소개하는 것도 전혀 의미가 없지는 않으리라고 여겨진다.

(3)「유럽계약법원칙」과 앞서 본 Unidroit원칙은 많은 점에서 유사한 내용을 담고 있다. 앞의 1.(3)에서 든 항목에 따라 열거하자면:

① 계약상의 신의성실의무에 대하여 제1:201조

② 신의에 반하는 계약교섭 및 교섭의 부당한 파기에 대한 책임에 관한 제2:301조

③ 개별적으로 합의되지 아니한 계약내용, 즉 일반거래약관을 사용한 계약의 효력발생요건 또는 그 효력의 제한에 대하여 특히 정하는 제2:104조 이하, 제4:110조, 제5:103조 이하, 나아가「정형계약서의 충돌」에 관한 제2:209조

④ 원시적 불능이 계약의 효력에 영향을 미치지 않는다고 하는 제4:102조

⑤ 계약의 효력에 영향을 미치는 착오를 상대방이 야기한 착오, 상대방이 알았거나 알았어야 하면서 신의에 반하여 방치한 착오, 공

하; 96권 1호(1998), 35면 이하; 潮見佳男, "最近のヨーロッパにおける契約責任·履行障害法の展開——改正オランダ民法典·ドイツ債務法改正委員會草案·ヨーロッパ契約法原則", 阪大法學 47권(1997) 2호, 41면 이하; 3호, 103면 이하 등 참조.

11) Ole Lando and Hugh Beale(ed.), *Principles of European Contract Law. Part I: Performance, Non-performance and Remedies*(1995).

12) 이를「完成 및 修訂版(completed and revised version)」이라고 부르는 것은, 예를 들면 1994년에 공표된「제 1 부: 이행·불이행 및 구제수단」이나 기타의 규정들에 대하여도「修訂」을 행하였고, 나아가 거기서 규율되지 아니하였던 규정들, 예를 들면 제 3 장의 대리나 제 1 장의 일부「일반규정」의 규정을 새로이 가하여「完成」시켰다는 의미일 것이다.

통착오로 제한하는 제4 : 103조

⑥ 과잉이익 또는 부당이득을 이유로 계약을 취소할 수 있다고 정하는 제4 : 109조

⑦ 사정변경을 이유로 하는 재교섭청구 및 법원의 해제 또는 변응을 정하는 제6 : 111조

⑧ 계약불이행의 「추완」에 관한 제8 : 104조

⑪ 본질적 불이행만을 계약해제권 발생요건으로 정하는 제9 : 301조 등이 그러하다.

그것은 그 작성작업을 실제로 주도한 사람이 양측에 공통된 바 많다는 人的 理由도 중요하겠으나,[13] 오늘날의 계약법이 가지는 문제점에 대하여 얻어지는 합리적이고 설득력 있는 해결은 대체로 일치하고 있다고도 설명될 수 있을 것이다.

(4) 그런데 「유럽계약법원칙」은 Unidroit원칙에서는 채택되지 아니한 몇 가지 흥미로운 규정도 포함하고 있다. 무엇보다도 이는 代理(agency)에 대하여 전면적으로 규율하고 있는데(제 3 장), 그 외에도 개별적인 예를 들면:

(i) 각 계약당사자에게 계약을 완전히 실현하기 위하여 협력할 의무라는 일반적·포괄적 의무를 부과하는 제1 : 202조

(ii) 소위 「完結條項」(이에 대하여는 Unidroit원칙 제2.17조에서도 규정하고 있다)의 효력을 보다 제한하는 제2 : 105조, 특히 "당사자의 언명이나 행태를 상대방이 합리적으로 믿은 한도에서"는 완결조항의 원용을 금지하는 그 제 4 항

(iii) 계약교섭의 과정에서 획득한 정보 또는 비밀의 누설을 금지

13) 예를 들어 「란도위원회」의 起草委員 5인 중 드로브니히, 란도, 탈롱(나머지는 영국의 빌(Beale)과 구드(Goode)이다. 기초위원에 대하여는 Lando/Beale(前註), Preface p. xi 참조)은 Unidroit원칙의 실무소위원회의 위원이기도 한데 그 위원으로서 상당 부분의 「보고자(Rapporteur)」로서도 일하였다.

하는 제3:302조

(iv) 착오를 이유로 계약을 취소할 권한이 발생한 경우에 일정한 요건 아래서 상대방의 청구가 있으면 계약의 변응을 인정하는 제4:105조

등을 들 수 있을 것이다.

나아가 보다 중요한 특징으로는, 「합리성(reasonableness)」(그 定義는 제1:302조에서 행하여지고 있다)의 요건이 이 원칙에서 가지는 막중한 의미이다. 이 요건은, 계약의 성립, 계약의 해석, 각 당사자의 계약상 권리·의무의 내용, 불이행에 대한 구제수단 등 모든 국면에서 고개를 내밀고 있다. 이와 같은 不明確要件이 광범위하게 채택되어 있는 배경에는 아마도 이를 「價値充塡」하여 그 내용을 개별적 상황에서 명확하게 할 임무를 수행하는 法適用者, 특히 法官에 대한 신뢰가 자리하고 있을 것이다.

3. 한편 法務部는 1999년 2월 초에 「민법(재산법)개정특별분과위원회」를 구성하였다. 譯者도 그 위원의 1인이 되었는데, 특히 계약총칙, 채무불이행법 및 변제법, 나아가 총칙의 의사표시법 등에 대하여는 앞서 말한 Unidroit원칙과 「유럽계약법원칙」은 의미 있는 입법참고자료가 될 것으로 믿는다.

주지하는 대로 우리 민법은 유럽대륙의 주요한 나라, 특히 독일·프랑스 등의 민법전을 주요한 참고자료로 하여 제정되었다. 그런데 이제 저 유럽에서는 이제 독일이나 프랑스 등 개별국가의 민법전을 넘어선 「유럽통일민법전」을 제정하려는 움직임이 활발한 것이다. 이러한 움직임은 무엇보다도 우리 민법학이 가지는 약점 중의 하나, 즉 아무런 필연적인 이유 없이 어느 한 나라(그 동안에는 특히 독일)의 제도나 법리를 절대화하여 이를 우리 민법의 해석에 直輸入하려고 하

는 경향과 관련하여 反省의 계기를 제공한다. 오히려 민법이 繼受法이기에, 그것도 混合的 繼受의 法이기에 오히려 우리는 모든 나라의 모든 제도를 비판적으로 음미하여 이를 해석에 반영할 수 있는 보다 자유로운 位置에 있다고 또는 있어야 한다고 할 것이다. 그런데 그러한 「비판적 음미」는 바로 위와 같은 유럽 자체 내의 움직임에서 그들 자신에 의하여 행하여지고 있는 바인 것이다. 물론 「유럽통일민법전」 제정에 대하여는 반대하거나 시기상조라는 견해도 만만치 않고, 그 야심찬 구상이 적어도 가까운 시일 내에 실현될 가능성은 거의 없다고 하더라도 말이다.

4. 번역에 있어서는 直譯을 위주로 하였다. 원문을 내세워 對譯으로 할 것도 생각하여 보았으나, 중요한 용어·표현 등에 대하여 원문을 併記하는 것에 그치는 것으로 하였다(요즈음 별로 필요도 없는 對譯이 흔히 행하여지는 데 대한 反感도 작용하였다). 그리하여 번역으로서는 혹 원어가 지나치게 많다는 느낌도 없지 않을 것이나, 이는 원문이 條文(black letter rules) 형식의 法典體制를 갖추었다는 것과 관련되는 점으로서 이해를 구한다.

[번 역] 유럽계약법원칙

제 1 장 일반규정

제 1 절 원칙의 적용범위

제1:101조 [원칙의 적용] (1) 이 원칙은 유럽공동체에서 계약법의 일반규정으로 적용되는 것을 의도로 한다.

(2) 이 원칙은 당사자들이 이를 계약의 내용으로 할 것 또는 계약이 그에 의하여 규율되는 것을 합의한 경우에 적용된다.

(3) 이 원칙은 다음의 경우에 적용될 수 있다:

(a) 당사자들이 계약이 "법의 일반원칙", "상관습법(lex mercantoria)"

또는 유사한 것에 의하여 규율되는 것을 합의한 경우; 또는
(b) 당사자들이 계약을 규율할 법체계 또는 법규칙을 선택하지 아니한 경우.

(4) 이 원칙은 적용할 수 있는 법체계 또는 법규칙이 제기된 문제를 해결하지 못하는 경우 그 해결을 제공할 수 있다.

제1:102조 [계약의 자유] (1) 당사자들은 계약을 체결하고 그 내용을 결정할 자유가 있다. 다만 신의성실과 공정거래의 요구와 이 원칙에 의하여 정하여진 강행규정에 따라야 한다.

(2) 당사자들은 이 원칙에서 달리 정하지 아니하는 한 이 원칙의 어느 것이라도 그의 적용을 배제하거나 그 내용과 다른 정함을 하거나 그 내용을 변경할 수 있다.

제1:103조 [강행법] (1) 본래 적용되어야 할 법이 선택을 인정하는 경우에는, 당사자들은 당해 계약을 규율하는 것으로 이 원칙을 선택하고 강행규정은 적용되지 아니하는 것으로 정할 수 있다.

(2) 그러나 國際私法의 관련 규정이 계약을 규율하는 법과는 무관하게 적용된다고 정하는 국내법, 초국가법(supernational law),[14] 국제법상의 강행규정에는 효력이 부여되어야 한다.

제1:104조 [합의 유무의 문제에 대한 적용] (1) 이 원칙을 채택하거나 계약의 내용으로 하는 당사자들의 약정의 존부와 유효성은 이 원칙에 의하여 결정된다.

(2) 그러나 당사자는, 제반 사정에 비추어 그의 행태의 효과를 이 원칙에 좇아 결정하는 것이 합리적이 아니라고 여겨지는 경우에는, 그가 합의하지 아니하였음을 증명하기 위하여 그의 상주거소(habitual residence)가 있는 나라의 법을 원용할 수 있다.

제1:105조 [관행 및 거래관례] (1) 당사자들은 그들이 동의한 관행(usages) 및 그들 사이에 성립한 거래관례(practices)에 구속된다.

(2) 당사자들은 그들과 같은 처지에 있는 사람이 일반적으로 적용될 것으로 여길 관행에 구속된다. 다만 그 관행을 적용하는 것이 불합리한 경우는 그러하지 아니하다.

제1:106조 [해석 및 보충] (1) 이 원칙은 그 목적에 상응하여 해석되고 전개되어야 한다. 특히 신의성실 및 공정거래, 계약관계의 명확성 및 적용의 통일을 촉진할 필요에 유념하여야 한다.

(2) 이 원칙의 규율범위에 포함되나 이 원칙이 명시적으로 해결하지 아

14) EC와 같은 國家聯合 등의 법을 말한다.

니한 문제는 가능한 한 이 원칙의 바탕을 이루는 이념에 상응하여 해결되어야 한다. 이러한 해결을 얻을 수 없는 경우에는, 국제사법의 규정에 의하여 적용되는 법체계가 적용된다.

제1:107조 [유추에 의한 이 원칙의 적용] 이 원칙은 계약을 변경하거나 종료시키는 약정, 일방적 약속 및 어떠한 의도를 지시하는 기타의 언명이나 행태에 적절한 변경을 가하여 적용된다.

제 2 절 일반적 의무

제1:201조 [신의성실 및 공정거래] (1) 각 당사자는 신의성실 및 공정거래(good faith and fair dealing)에 좇아 행위하여야 한다.

(2) 당사자들은 이 의무를 배제하거나 제한할 수 없다.

제1:202조 [협력의무] 각 당사자는 상대방에 대하여 계약을 완전히 실현하기 위하여 협력할 의무(a duty to co-operate in order to give full effect to the contract)를 진다.

제 3 절 용어 및 기타 규정

제1:301조 [용어의 의미] 문맥상 달리 해석되지 아니하는 한, 이 원칙[에서 쓰여진 용어]에서

(1) 「행위(act)」는 부작위를 포함한다;

(2) 「법원(court)」은 仲裁法廷을 포함한다;

(3) 「고의」의(intentional) 행위는 무모하게(recklessly) 행하여진 행위를[15] 포함한다;

(4) 「불이행(non-performance)」은, 면책되는지(excused) 여부를 불문하고 계약상 의무가 이행되지 아니하는 경우 일체를 가리키며, 이행지연(delayed performance), 결함 있는 이행 및 계약을 완전히 실현하기 위한 협력을 하지 아니하는 것을 포함한다.

(5) 어떠한 사항이 같은 처지에 있는 합리적 인간이 제의된 내용대로 계약을 체결할 것인지 또는 계약을 체결할 것인지 자체를 결정함에 있어서 상대방에게 영향을 줄 것임을 알았어야 했던 것이면, 이 사항은 「실질적이다(material)」.

(6) 「서면에 의한」(written) 언명은 전보, 텔렉스, 팩스, 전자메일 및 기타 양측에 대하여 언명의 판독가능한 기록을 제공할 수 있는 의사소통수단을 포함한다.

---

15) 불어 원문에는 "면책될 수 없는 행위(action inexcusable)"라고 되어 있다.

제1 : 302조 [합리성] 이 원칙에서, 합리성(reasonableness)은 당사자들과 같은 처지에 있는 성실하게 행위하는 사람들이 합리적이라고 여길 바를 기준으로 판단된다. 특히 무엇이 합리적인가를 평가함에 있어서는 계약의 성질과 목적, 구체적 경우의 여러 사정, 당해 거래계 또는 직업의 관행 및 거래관례가 고려되어야 한다.

제1 : 303조 [통지] (1) 통지(notice)는, 서면 또는 기타 어떠한 것이든, 제반 사정에 적절한 모든 수단으로 행하여질 수 있다.

(2) 통지는 상대방에게 도달한 때에 효력을 가지게 된다. 다만 제 4 항, 제 5 항에 좇아야 한다.

(3) 통지는, 상대방 또는 그의 영업지 또는 우편주소에 전달된 때, 또는 상대방에게 영업지나 우편주소가 없는 경우에는 그의 상주거소에 전달된 때에, 그에게 도달한다.

(4) 당사자 일방(one party)이 상대방의 불이행을 이유로 또는 자신에게 그러한 불이행이 합리적으로 예견됨을 이유로 통지를 행하고, 또한 그 통지가 상당하게 발송되거나 행하여진 경우에는, 그 통지의 전달에서의 지연이나 부정확 또는 통지의 불도달은 효력의 발생에 장애가 되지 아니한다. 통지는 그것이 정상적인 사정 아래서라면 도달하였을 때에 효력이 발생한다.

(5) 통지는 그 철회가 통지보다 먼저 또는 그와 동시에 상대방에게 도달한 경우에는 효력이 없다.

(6) 이 조에서 「통지」는 약속, 언명, 청약, 승낙, 청구, 요구 기타 표명의 의사전달을 포함한다.

제1 : 304조 [기간의 계산] (1) 당사자가 서면으로 상대방이 응답하거나 기타의 행위를 할 기간을 서면으로 정한 경우에 그 기간은 그 서면의 작성일자로 적힌 날부터 기산한다. 작성일자가 없는 경우에는, 그 기간은 서면이 상대방에게 도달한 때로부터 기산한다.

(2) 기간 안에 존재하는 공식 휴일, 공식 비근로일은 기간의 산정에 포함된다. 그러나 기간의 마지막 날이 상대방의 주소(address)에서 또는 문제된 행위가 행하여져야 할 곳에서 공식 휴일이나 공식 비근로일인 경우에는, 그 기간은 그 곳에서의 최초의 근로일까지 연장된다.

(3) 일, 주, 월 또는 연으로 표시된 기간은 다음날의 0시부터 시작하고, 기간의 최종일의 24시에 종료한다; 그러나 기간을 정한 당사자에게 도달하여야 하는 모든 응답 또는 행하여야 하는 다른 행위는 기간 종료일에, 관련되는 곳의 영업의 정상적 종료시까지 도달 또는 완성되어야

한다.

제1:305조 [인식 또는 의사의 추정] 당사자의 동의 아래 계약의 체결에 관여한 사람 또는 당사자에 의하여 이행을 위탁받거나 그 동의 아래 이행하는 사람이
(a) 어떠한 사실을 알았거나 예견하였던 경우 또는 그 사실을 알았어야 했거나 예견하여야 했던 경우; 또는
(b) 고의로 또는 중대한 과실로(with gross negligence) 행위한 경우 또는 신의성실 및 공정거래에 맞지 아니하게 행위한 경우에, 그 인식, 예견 또는 행위는 그 당사자 자신에게 귀속된다.

제 2 장 계약의 체결

제 1 절 일반규정

제2:101조 [계약 체결의 요건] (1) 계약은,
(a) 당사자들이 법적으로 구속되려는 의도를 가지고, 또한
(b) 그들이 충분한 합의에 도달한 경우에는,
다른 요건을 충족할 필요 없이 체결된다.
(2) 계약은 서면으로 체결 또는 입증될 것을 요하지 아니하며, 또한 형식에 관한 어떠한 다른 요건에도 걸리지 아니한다. 계약은 證人을 포함하는 모든 수단에 의하여 증명될 수 있다.

제2:102조 [의도] 계약에 의하여 법적으로 구속되려는 당사자의 의도는 그 당사자의 언명 또는 행태로부터 그것이 상대방에 의하여 합리적으로 이해되는 바에 따라 정하여진다.

제2:103조 [충분한 합의] (1) 그 내용이
(a) 당사자들에 의하여 충분히 확정되어 계약이 실행될 수 있을 때, 또는
(b) 이 원칙에 의하여 정하여진 때에는,
충분한 합의가 인정된다.
(2) 그러나 당사자 중 일방(one of the parties)이 당사자들이 어떠한 특정한 사항에 관하여 합의하지 아니하면 계약을 체결하기를 거절하는 경우에, 그 사항에 관한 합의에 도달하지 아니한 때에는 계약은 성립하지 아니한다.

제2:104조 [개별적으로 합의되지 아니한 내용] (1) 개별적으로 합의되지 (individually negotiated) 아니한 계약내용은 이를 원용하는 당사자가

계약 체결 전에 또는 체결시에 상대방이 이에 주의하도록 하기 위한 합리적 조치를 취한 경우에만 상대방이 이를 알지 못한 경우에도 이를 그에 대하여 원용할 수 있다.

(2) 계약서면에 단순히 계약내용을 지적하는 것만으로는 비록 상대방이 이에 서명하였어도 그로 하여금 이에 주의하도록 하기 위한 적절한 조치가 취하여졌다고 할 수 없다.

제2:105조 [완결조항] (1) 서면에 의한 계약이 계약의 모든 내용을 담고 있음을 표명하는 개별적으로 합의된 조항("완결조항" merger clause)을 포함하는 경우에는, 서면에 포함되지 아니한 사전의 언명, 약속 또는 합의는 계약의 일부가 되지 아니한다.

(2) 완결조항이 개별적으로 합의되지 아니한 때에는, 이는 당사자들이 그들의 사전의 언명, 약속 또는 합의가 계약의 일부가 되지 아니할 것을 의도하였음을 추정하게 하는 효력만을 가진다. 이 규정은 배제되거나 제한될 수 없다.

(3) 당사자들의 사전의 언명은 계약의 해석을 위하여 이용될 수 있다. 이 규정은 개별적으로 합의된 조항에 의하는 외에는 배제되거나 제한될 수 없다.

(4) 당사자는 상대방이 그의 언명이나 행태를 합리적으로 믿은 한도에서 그 언명이나 행태로 인하여 완결조항의 원용이 금지될 수 있다.

제2:106조 [서면에 의한 수정] (1) 계약을 수정하거나 종료시키는 합의가 서면으로 행하여질 것을 정하는 서면계약상의 조항은, 그 계약을 수정하거나 종료시키는 합의가 서면으로 행하여지지 아니하면 이는 법적으로 구속력 있는 것으로 의도되지 아니하였음을 추정하게 하는 효력만을 가진다.

(2) 당사자는 상대방이 그의 언명이나 행태를 합리적으로 믿은 한도에서 그 언명이나 행태로 인하여 그러한 조항의 원용이 금지될 수 있다.

제2:107조 [승낙 없이 구속력 있는 약속] 승낙 없이도 법적으로 구속력 있는 것으로 의도된 약속은 구속력이 있다.

제2절 청약과 승낙

제2:201조 [청약] (1) 제안은,

(a) 타방 당사자가 이를 승낙하면 계약이 성립하는 것으로 의도되고, 또한

(b) 계약을 구성하기에 충분히 확정적인 내용을 포함하는 경우에는,

청약이 된다.

(2) 청약은 1인 또는 다수의 특정인에 대하여 또는 일반공중에 대하여 행하여질 수 있다.

(3) 광고나 카탈로그에 의하여 직업적 공급자가 행하는 또는 물품의 진열에 의한, 제시된 가격으로 물품이나 용역을 제공한다는 제안은, 물품의 재고 또는 공급자의 용역공급능력이 소진되는 때까지는, 그 가격으로 매도하거나 공급한다는 청약으로 추정된다.

제2:202조 [청약의 철회] (1) 청약은 청약 상대방이 그 승낙을 발송하기 전까지, 또는 행태에 의한 승낙의 경우에는 계약이 제2:205조 제2항 또는 제3항에 의하여 체결되기 전까지, 철회될 수 있다.

(2) 일반공중에 대한 청약은 청약을 한 것과 같은 수단으로 철회될 수 있다.

(3) 그러나 청약의 철회는,

(a) 청약이 그것이 철회할 수 없는 것임을 지시한 경우; 또는

(b) 승낙을 위한 확정기한을 정한 경우; 또는

(c) 청약 상대방이 청약이 철회할 수 없는 것이라고 믿는 것이 합리적이고 또한 그가 청약을 신뢰하여 행위한 경우에는,

효력이 없다.

제2:203조 [청약의 실효] 청약에 대한 거절이 청약자에게 도달하면, 청약은 실효한다.

제2:204조 [승낙] (1) 청약 상대방에 의한 어떠한 형식의 언명 또는 행태라도 그것이 청약에 대한 동의를 지시하는 경우에는 승낙이 된다.

(2) 침묵이나 무활동은 그 자체로서 승낙이 되지는 않는다.

제2:205조 [계약 체결의 시기] (1) 청약 상대방이 승낙을 발송하면, 그 승낙이 청약자에게 도달하는 때에 계약이 체결된다.

(2) 행태에 의한 승낙의 경우에는 그 행태가 청약자에게 알려지는 때에 계약이 체결된다.

(3) 청약에 의하여, 당사자들 사이에 성립한 거래관례에 의하여 또는 관행에 의하여, 청약 상대방이 청약자에의 통지 없이 일정한 행위를 함으로써 승낙할 수 있는 경우에는, 그 행위의 실행이 시작한 때에 계약이 체결된다.

제2:206조 [승낙의 기간제한] (1) 청약에 대한 승낙이 유효하려면, 승낙은 청약에서 정하여진 기간 내에 청약자에게 도달하여야 한다.

(2) 청약자가 기간을 정하지 아니한 경우에는 승낙은 합리적 기간 내에

청약자에게 도달하여야 한다.

(3) 제2 : 205조 제3항에 따라 이행행위에 의하여 승낙이 행하여지는 경우에는 그 행위는 청약자가 정한 승낙기간 내에, 또는 그러한 시간이 정하여지지 아니한 때에는 합리적 기간 내에 행하여져야 한다.

제2 : 207조 [지연된 승낙] (1) 지연된 승낙은, 청약자가 지체없이 청약 상대방에게 이를 승낙으로 다룰 것을 고지한 경우에는, 그럼에도 불구하고 유효하다.

(2) 지연된 승낙을 포함하는 서신 기타의 서면이 만일 그 전달이 정상적이었다면 적정한 시기에 도달하였을 사정 아래서 송부되었음을 나타내는 경우에는, 지연된 승낙은, 청약자가 지체없이 청약 상대방에게 자신이 청약을 실효한 것으로 여긴다는 뜻을 고지하지 아니한 한, 승낙으로서 유효하다.

제2 : 208조 [변경된 승낙] (1) 청약의 내용을 실질적으로(materially) 변경하는 추가된 또는 다른 내용을 명시적 또는 묵시적으로 포함하는 청약 상대방의 응답은 거절이고 또한 새로운 청약이다.

(2) 청약에 대하여 확정적으로 동의하는 응답은 그것이 추가된 또는 다른 내용을 포함하고 있는 경우에도 그 내용이 청약의 내용을 실질적으로 변경하지 아니하는 때에는 승낙으로 기능한다.

(3) 그러나 그러한 응답은,

(a) 청약이 명시적으로 청약의 내용에 대한 승낙을 제한하는 경우; 또는

(b) 청약자가 추가된 또는 다른 내용에 지체없이 이의한 경우; 또는

(c) 청약 상대방이 승낙을 추가된 또는 다른 내용에 대한 청약자의 동의를 조건에 걸리게 하고 또한 그 동의가 합리적 기간 내에 청약 상대방에게 도달하지 아니한 경우에는,

청약의 거절로 본다.

제2 : 209조 [일반약관의 충돌] (1) 당사자들이 청약과 승낙이 각기 서로 상반하는 계약일반약관을 지시하는 것을 제외하고는 합의에 도달한 경우에는, 계약은 그럼에도 불구하고 성립한다. 이들 일반약관은 그들이 실체적으로 동일한 한도에서 계약의 일부가 된다.

(2) 그러나 당사자 일방이

(a) 제1항에 기한 계약에 구속될 의도가 없음을, 미리, 명시적으로, 또한 일반조건에 의하지 아니하고 지시한 경우; 또는

(b) 그러한 계약에 구속될 의도가 없음을 지체없이 상대방에게 고지한

경우에는,
계약은 체결되지 아니한다.

(3) 계약의 일반약관이란, 일정한 성질을 가지는 불특정한 수의 계약을 위하여 미리 마련된 내용으로서 당사자들 사이에서 개별적으로 합의되지 아니한 것을 말한다.

제2:210조 [직업적 서면확인] 직업적 종사자가 계약을 체결하였으나 그것을 최종서면에 담지 아니한 경우에, 당사자 일방이 지체없이 상대방에게 송부한 계약의 확인을 목적으로 하는 서면이 추가된 또는 다른 내용을 포함하는 때에는, 그 내용은 계약의 일부가 된다. 다만 다음의 경우는 그러하지 아니하다.

(a) 그 내용이 계약의 내용을 실질적으로 변경하지 아니하는 경우; 또는

(b) 상대방이 지체없이 이에 이의한 경우.

제2:211조 [청약과 승낙에 의하지 아니하고 체결된 계약] 절의 규정은 계약체결의 과정이 청약과 승낙으로 분해되지 아니하는 경우에도 적절한 변경을 가하여 적용된다.

제 3 절 교섭에 대한 책임

제2:301조 [신의성실에 반하는 교섭] (1) 당사자는 교섭의 자유를 가지며, 합의에 도달하지 못한 것에 대하여 책임을 지지(liable) 아니한다.

(2) 그러나 신의성실 및 공정거래에 반하여 교섭하거나 교섭을 중단한 당사자는 상대방이 입은 손해에 대하여 책임을 진다.

(3) 특히 당사자가 상대방과 합의에 도달할 진정한 의도 없이 교섭을 개시하거나 계속하는 것은 신의성실 및 공정거래에 반한다.

제2:302조 [비밀의 침해] 교섭의 과정에서 당사자 일방이 비밀의 정보를 제공한 경우에, 상대방은, 후에 계약이 체결되었는지 여부를 불문하고, 그 정보를 공개하거나 자신을 위한 목적으로 사용하지 아니할 의무를 진다. 이 의무의 위반으로 인한 구제수단은 발생한 손해의 배상 및 상대방이 얻은 이익의 반환을 포함할 수 있다.

제 3 장 대리인의 권한

제 1 절 일반규정

제3:101조 [이 장의 규율범위] (1) 이 장은 대리인 또는 기타의 매개인(agent or other intermediary)이 제 3 자[즉 대리행위의 상대방]와의

계약에 관하여 그의 본인을 구속할 권한을 규율한다.

(2) 이 장은 법률에 의하여 수여된 대리인의 권한이나 공적 또는 사법적 권한에 의하여 임명된 대리인의 권한을 규율하지 아니한다.

(3) 이 장은 대리인 또는 매개인과 그의 본인 간의 내부관계를 규율하지 아니한다.

제3:102조 [대리의 형태] (1) 대리인이 본인의 이름으로 행위하는 경우에는 직접대리에 관한 규정이 적용된다(아래 제 2 절). 본인의 동일성이 대리인의 행위시에 제시되었는지 아니면 후에 제시될 것인지는 문제되지 아니한다.

(2) 매개인이 본인의 지시에 기하여 그의 이익을 위하여 행위하나 그의 이름으로 행위하지 아니한 경우 또는 제 3 자가 매개인이 대리인으로서 행위하는 것을 알지 못하고 또 알 수 있는 근거가 없는 경우에는 간접대리에 관한 규정이 적용된다(아래 제 3 절).

제 2 절 직접대리

제3:201조 [명시적 대리권, 묵시적 대리권 및 표견대리권] (1) 본인이 대리인에게 자신의 이름으로 행위할 권한을 수여하는 것은 명시적으로 또는 제반 사정에 비추어 묵시적으로 행하여질 수 있다.

(2) 대리인은 대리권이 수여된 목적을 달성하기 위하여 당해 정황 아래서 필요한 모든 행위를 행할 권한이 있다.

(3) 어떠한 사람의 언명 또는 행태가 제 3 자로 하여금 그가 표견대리인(apparent agent)이 행하는 행위에 대한 대리권을 그에게 수여하였다고 합리적으로 또 신의성실에 좇아 믿게 하는 경우에는, 그 사람은 표견대리인에게 대리권을 수여한 것으로 본다.

제3:202조 [대리권을 행사하는 대리인] 대리인이 제3:201조에서 정하여진 대리권의 범위 내에서 행위하는 경우에, 그의 행위는 본인과 제 3 자를 서로에 대하여 직접 구속한다. 대리인 자신은 제 3 자에 대하여 구속되지 아니한다.

제3:203조 [본인의 불명] 대리인이 본인의 이름으로 계약을 체결함에 있어서 본인의 동일성이 후에 제시될 것이었던 경우에, 제 3 자가 요구한 후 합리적 기간 내에 그 동일성이 제시되지 아니한 때에는, 대리인 자신이 계약에 의하여 구속된다.

제3:204조 [대리권이 없거나 대리권을 넘는 대리인] (1) 대리인으로 행위하는 사람이 대리권 없이 또는 그의 대리권의 범위를 넘어서 행위한 경우에는 그의 행위는 본인과 제 3 자를 구속하지 아니한다.

(2) 제3:207조에 의한 본인의 추인을 얻지 못한 때에는 대리인은 제 3 자를 그가 대리권을 가지고 행위하였던 경우와 같은 지위에 놓을 손해배상을 제 3 자에게 할 책임을 진다. 이는 제 3 자가 대리인의 대리권의 흠결을 알았거나 모를 수 없었던 때에는 적용되지 아니한다.

제3:205조 [이익상반] (1) 대리인이 체결한 계약이 대리인을 이익상반(conflict of interest)의 입장에 놓이게 하는 경우에 제 3 자가 이를 알았거나 알 수 있었을 때에는 본인은 제4:112조 내지 제4:116조의 규정에 좇아 계약을 취소할 수 있다.

(2) 다음의 경우에는 이익상반이 있는 것으로 추정된다:

(a) 대리인이 제 3 자의 대리인으로서도 행위한 경우; 또는

(b) 계약이 그 자체로서 대리인의 專屬的 능력(personal capacity)에 속하는 경우.

(3) 그러나 본인은 다음의 경우에는 계약을 취소할 수 없다:

(a) 그가 대리인이 그와 같이 행위하는 것에 동의하였거나 이를 알 수 있었던 경우; 또는

(b) 대리인이 이익상반을 그에게 밝히고 그가 합리적 기간 내에 이의하지 아니한 경우.

제3:206조 [복대리] 대리인은 인적 성질이 없고 또 대리인이 직접 수행할 것을 기대하는 것이 합리적이 아닌 업무를 수행하기 위하여 복대리인(subagent)을 선임할 묵시적 권한이 있다. 이 절의 규정은 복대리에 적용된다; 복대리인과 대리인의 권한 내에서 행하여진 복대리인의 행위는 본인과 제 3 자를 서로에 대하여 직접 구속한다.

제3:207조 [본인의 추인] (1) 대리인으로 행위하는 사람이 대리권 없이 또는 그의 대리권의 범위를 넘어서 행위한 경우에 본인은 그의 행위를 추인(ratify)할 수 있다.

(2) 추인이 행하여지면 대리인의 행위는 권한에 기하여 행하여진 것으로 간주되나, 다른 사람의 권리는 불이익을 입지 아니한다.

제3:208조 [대리권의 확인에 관한 제 3 자의 권리] 본인의 언명이나 행태가 제 3 자로 하여금 대리인의 행위가 권한에 기하여 행하여진 것으로 믿을 만한 이유를 제공하는 경우에 제 3 자가 그 권한[의 유무]에 대하여 의심이 있는 때에는 그는 본인에게 서면의 확인요청서를 보내거나 그의 추인을 요구할 수 있다. 본인이 지체없이 그 요구를 거절하거나 응답하지 아니하는 경우에는, 대리인의 행위는 권한에 기하여 행하여

진 것으로 본다.

제3 : 209조 [대리권의 존속기간] (1) 대리인의 권한은 제 3 자가 다음의 사실을 알았거나 알았어야 하는 때까지 존속한다:

(a) 대리인의 권한이 본인, 대리인 또는 양자에 의하여 소멸되었다는 사실; 또는

(b) 대리권이 수여된 목적인 행위가 완료되었거나 대리권의 존속기간이 만료되었다는 사실; 또는

(c) 대리인이 채무초과되거나(insolvent), 자연인의 경우에는 사망하거나 능력을 상실한 사실; 또는

(d) 본인이 채무초과된 사실.

(2) 애초에 대리권이 고지되거나 공표된 것과 같은 방식으로 위 제 1 항 (a)에 정한 대리권 소멸이 고지되거나 공표된 경우에는 제 3 자는 그 대리권 소멸을 알았던 것으로 본다.

(3) 그러나 대리인은 본인이나 그 승계인의 이익을 보호하기 위하여 필요한 행위를 하기에 합리적인 기간 동안에는 여전히 대리권을 가진다.

제 3 절 간접대리

제3 : 301조 [본인의 이름으로 행위하지 아니하는 매개인] (1) 매개인이

(a) 본인의 지시에 기하여 그의 이익을 위하여 행위하나 그의 이름으로 행위하지 아니한 경우, 또는

(b) 본인으로부터의 지시에 기하여 행위하나 제 3 자가 이를 알지 못하고 또 알 수 있는 근거가 없는 경우에는,

매개인과 제 3 자는 서로에 대하여 구속된다.

제3 : 302조 [매개인의 채무초과 또는 본인에 대한 본질적 불이행] 매개인이 채무초과된 경우, 또는 그가 본인에 대하여 본질적(fundamental) 불이행을 범한 경우, 또는 본질적 불이행이 있을 것이 이행기 전에 명백한 경우에는,

(a) 본인의 요청이 있으면 매개인은 제 3 자의 이름과 주소를 본인에게 고지하여야 한다; 또한

(b) 본인은 제 3 자에 대하여 매개인이 본인의 이익을 위하여 취득한 권리를 행사할 수 있으되, 제 3 자는 매개인에 대하여 가지는 대항사유(defences)를 행사할 수 있다.

제3 : 303조 [매개인의 채무초과 또는 제 3 자에 대한 본질적 불이행] 매개인이 채무초과된 경우, 또는 그가 제 3 자에 대하여 본질적 불이행을

범한 경우, 또는 본질적 불이행이 있을 것이 이행기 전에 명백한 경우에는,

(a) 제 3 자의 요청이 있으면 매개인은 본인의 이름과 주소를 제 3 자에게 고지하여야 한다; 또한

(b) 제 3 자는 본인에 대하여 그가 매개인에 대하여 가지는 권리를 행사할 수 있으되, 본인은 매개인이 제 3 자에 대하여 가지는 대항사유 및 자신이 매개인에 대하여 가지는 대항사유를 행사할 수 있다.

제3:304조 [통지요건] 제3:302조 및 제3:303조에 정한 권리는 이를 행사할 의도가 각각 매개인에게 또한 제 3 자 또는 본인에게 통지되어야 행사될 수 있다. 통지를 수령하면 제 3 자 또는 본인은 이제 매개인에게는 이행할 수 없다.

제 4 장 유 효 성

제4:101조 [규율의 대상이 아닌 사항] 이 장은 불법성, 부도덕성 또는 능력의 결여로 인한 무효에 대하여는 규율하지 아니한다.

제4:102조 [원시적 불능] 인수한 채무의 이행이 계약의 체결시에 불능이라는 이유 또는 당사자가 계약의 목적이 되는 재산을 처분할 권한이 없다는 이유만으로는 계약이 무효가 되지 아니한다.

제4:103조 [사실 또는 법에 관한 착오] (1) 당사자는 계약의 체결시에 존재하는 사실 또는 법에 관한 착오를 이유로 하여서 다음의 경우에 계약을 취소할 수 있다:

(a) (i) 착오가 상대방에 의하여 제공된 정보에 의하여 야기되었거나; 또는

(ii) 상대방이 착오를 알았거나 알았어야 하고 또 착오 당사자를 착오상태에 놓아 두는 것이 신의성실 및 공정거래에 반하거나; 또는

(iii) 상대방이 동일한 착오에 빠졌거나, 또한

(b) 상대방이 착오 당사자가 사실을 알았다면 계약을 체결하지 아니하였거나 본질적으로 다른 내용으로만 계약을 체결하였을 것임을 알았거나 알았어야 하는 경우.

(2) 그러나 당사자는 다음의 경우에는 계약을 취소할 수 없다:

(a) 당해 정황 아래서 그의 착오가 변명할 수 없는 것이거나; 또는

(b) 그가 착오의 위험을 인수하였거나 당해 정황 아래서 인수하였어야 하는 경우.

제4:104조 [의사표명상의 부정확] 언명의 표시 또는 전달상의 부정확은

그 언명을 하거나 발송한 사람의 착오로 다루어지며, 제4:103조가 적용된다.

제4:105조 [계약의 변응] (1) 당사자가 착오를 이유로 계약을 취소할 권한이 있으나 상대방이 계약을 취소할 권한 있는 당사자가 이해한 바대로 이행할 의사가 있음을 표시하거나 실제로 그와 같이 이행하는 경우에는, 그 당사자가 이해한 대로 체결된 것으로 본다. 상대방은, 계약을 취소할 권한 있는 당사자가 계약을 이해한 바에 대하여 고지받은 후 바로, 또 그 당사자가 취소의 통지[의 유효]를 신뢰하여 행위하기 전에, 이행할 의사를 표시하거나 그 이행을 하여야 한다.

(2) 그러한 표시나 이행 후에는 취소권은 소멸하고, 그 전에 행하여진 취소의 통지는 효력이 없다.

(3) 당사자 쌍방이 동일한 착오에 빠진 경우에는, 각 당사자의 청구에 의하여 법원은 착오가 없었다면 합리적으로 합의하였을 바대로 계약을 변경할 수 있다.

제4:106조 [부정확한 정보] 상대방이 제공한 부정확한 정보를 신뢰하여 계약을 체결한 당사자는 그 정보가 제4:103조에 의하여 착오를 이유로 계약을 취소할 권리를 발생시키지 아니하는 경우에도 제4:117조 제2항 및 제3항에 따라 손해배상을 청구할 수 있다. 다만 정보를 제공한 당사자가 그 정보가 정확하다고 믿을 이유가 있는 때에는 그러하지 아니하다.

제4:107조 [사기] (1) 당사자는, 언어에 의하든지 행태에 의하든지를 불문하고 상대방의 사기적 표시에 의하여 또는 신의성실 및 공정거래에 좇아 상대방이 開示하였어야 할 정보의 사기적 不開示에 의하여 계약을 체결하도록 유도된 경우에는, 계약을 취소할 수 있다.

(2) 당사자의 표시 또는 불개시는 그것이 기망의 의도로 행하여진 때에는 사기적이다.

(3) 신의성실 및 공정거래가 당사자가 특정한 정보를 개시할 것을 요구하는지 여부를 정함에 있어서는 다음을 포함하여 모든 사정이 고려되어야 한다:

(a) 그 당사자가 특수한 전문지식을 가지는지 여부;

(b) 그 관련 정보를 획득하기 위하여 그가 지출하는 비용;

(c) 상대방이 합리적으로 스스로 그 정보를 획득할 수 있었는지 여부; 또

(d) 상대방에 대한 그 정보의 명백한 중요성.

제4:108조 [강박] 당사자는 상대방의 다음과 같은 행위의 급박하고 심각한 위협에 의하여 계약을 체결하도록 유도된 경우에는, 계약을 취소할 수 있다:

(a) 그 자체 위법한 행위, 또는

(b) 계약이 체결되도록 하기 위하여 사용하는 것이 위법한 행위.

다만 그 당사자가 당해 정황 아래서 합리적 대안을 가졌던 경우는 그러하지 아니하다.

제4:109조 [과잉이익 또는 부당이익] (1) 당사자는 계약의 체결시 다음과 같은 사유가 있었던 경우에는 계약을 취소할 수 있다:

(a) 상대방에게 의존하였거나 그와 신뢰관계에 있었거나, 경제적으로 궁박하거나 긴박한 결핍상태에 있었거나, 경솔하거나 무지하거나 무경험하거나 교섭수법을 결여하였으며, 또한

(b) 상대방이 이러한 사정을 알았거나 알았어야 하고, 또 당해 정황과 계약의 목적에 비추어 당사자의 처지를 중대하게 불공평하게 이용하거나 과도한 이익(excessive benefit)을 얻은 경우.

(2) 취소할 권한 있는 당사자의 청구에 의하여 법원은 그것이 적절한 경우에는 신의성실과 공정거래의 요건이 충족되었다면 합의되었을 바에 좇도록 하기 위하여 계약을 변응시킬 수 있다.

(3) 과잉이익 또는 부당이익을 이유로 취소의 통지를 받은 당사자가, 그 통지를 받은 후 바로, 또 그 통지를 한 당사자가 그 통지[의 유효]를 신뢰하여 행위하기 전에, 그에게 고지한 경우에는, 법원은 그 통지를 받은 당사자의 청구에 의하여 계약을 변응시킬 수 있다.

제4:110조 [개별적으로 합의되지 아니한 부당조항] (1) 의무의 내용인 이행의 성질, 계약의 모든 다른 조항 및 계약의 체결시의 제반 사정을 고려할 때, 개별적으로 합의되지 아니한 계약조항이 신의성실 및 공정거래의 요구에 반하여 그 계약으로부터 발생하는 당사자들의 권리와 의무에 있어서 당사자 일방의 불이익으로 상당한 불균형(significant imbalance)을 초래하는 경우에는, 그 당사자는 그 조항을 취소할 수 있다.

(2) 이 조는 다음에는 적용되지 아니한다:

(a) 계약의 주된 사항(main subject matter)이 평범하고 이해될 수 있는 용어로 서술된 경우 그 주된 사항; 또는

(b) 일방 당사자의 의무의 가액을 타방 당사자의 의무의 가액과 비교하여서의 대등성.

제4：111조 [제 3 자] (1) 그 행위에 대하여 당사자가 책임 있는(responsible) 제 3 자 또는 당사자의 동의 아래 계약의 성립에 관여하는 사람이:

(a) 정보를 제공함으로써 착오를 야기하거나 착오를 알거나 알아야 하는 경우,

(b) 부정확한 정보를 제공하는 경우,

(c) 사기를 한 경우,

(d) 강박을 한 경우, 또는

(e) 과잉이익이나 부당이익을 취한 경우에는,

이 章에서 정하는 구제수단은 그 행태나 인지가 그 당사자 자신의 것이었던 경우와 동일한 요건 아래서 인정된다.

(2) 기타의 모든 제 3 자가:

(a) 부정확한 정보를 제공하는 경우,

(b) 사기를 한 경우,

(c) 강박을 한 경우, 또는

(d) 과잉이익이나 부당이익을 취한 경우에는,

당사자가 그 사실을 알았거나 알았어야 했던 때 또는 취소시에 당사자가 아직 계약을 신뢰하여 행위하지 아니하였던 때에는, 이 章에서 정하는 구제수단이 인정된다.

제4：112조 [취소의 통지] 취소는 상대방에 대한 통지로 행하여야 한다.

제4：113조 [기간의 제한] (1) 취소의 통지는 취소 당사자가 관련 사실을 알았거나 알았어야 하는 때 또는 자유롭게 행위할 수 있게 된 때로부터 제반 사정을 적정하게 고려할 경우에 합리적 기간 내에 행하여져야 한다.

(2) 그러나 제4：110조에서 정한 개별조항에 대하여는 상대방이 그 조항을 원용하는 때로부터 합리적 기간 내에 당사자가 취소의 통지를 하는 경우에는 이를 취소할 수 있다.

제4：114조 [추인] 계약을 취소할 권한 있는 당사자가 취소의 원인을 알거나 자유롭게 행위할 수 있게 된 후에 계약을 명시적 또는 묵시적으로 추인하는 경우에는 계약의 취소는 배제된다.

제4：115조 [취소의 효력] 취소가 행하여지면 각 당사자는, 그가 취소된 전부 또는 일부의 계약에 기하여 급부한 것에 관하여, 그가 동시에 그 계약에 기하여 수령한 것을 원상회복하는 경우에는, 그 원상회복을 訴求할 수 있다.

제4:116조 [일부취소] 취소의 원인이 계약의 특정한 조항만에 관한 것인 경우에는 취소의 효력은 그 조항에만 미친다. 다만 구체적 경우의 모든 사정을 적정하게 고려할 때 나머지 계약의 효력을 유지하는 것이 불합리한 때에는 그러하지 아니하다.

제4:117조 [손해배상] (1) 이 장의 규정에 기하여 계약을 취소한 당사자는, 상대방이 착오, 사기, 강박 또는 과잉이익이나 부당이익의 수취를 알았거나 알았어야 했던 경우에는, 자신을 계약이 체결되지 아니한 것과 같은 지위에 가능한 한 근접하게 하는 손해배상을 청구할 수 있다.

(2) 이 장의 규정에 기하여 계약을 취소할 권리를 가지나 그 권리를 행사하지 아니하거나 제4:113조 또는 제4:114조에 의하여 그 권리를 상실한 당사자는, 착오, 사기, 강박 또는 과잉이익이나 부당이익의 수취에 의하여 그에게 야기된 손해에 한하여 제1항에 따라 그 배상을 청구할 수 있다. 당사자가 제4:106조의 의미에서의 부정확한 정보에 의하여 오도된 경우에도 이와 동일한 범위의 손해배상이 적용된다.

(3) 기타의 사항에 있어서 손해배상은 제9장 제5절의 관련 규정이 적절하게 변응된 바에 따라 행하여진다.

제4:118조 [구제수단의 배제 또는 제한] (1) 사기, 강박 또는 과잉이익이나 부당이익의 수취에 대한 구제수단 및 개별적으로 합의되지 아니한 불공정조항을 취소할 권리는 배제되거나 제한될 수 없다.

(2) 착오 및 부정확한 정보에 대한 구제수단은 그 배제나 제한이 신의성실 및 공정거래에 반하지 아니한 한 배제되거나 제한될 수 있다

제4:119조 [불이행에 대한 구제수단] 당사자가 불이행에 대한 구제수단을 발생시키는 사정 아래서 이 장에서 정하는 구제수단을 가지는 경우에는 당사자는 어느 구제수단도 이를 주장할 수 있다.

제5장 해 석

제5:101조 [해석의 일반규칙] (1) 계약은 그것이 문언의 문자적 의미와 다른 경우에도 당사자들의 공통한 의도에 따라 해석되어야 한다.

(2) 일방 당사자가 계약이 특별한 의미를 가지는 것으로 의도하였음이 증명되고 계약의 체결시에 타방이 그의 의도를 모를 수 없었던 경우에는, 계약은 그에 의하여 의도된 바대로 해석되어야 한다.

(3) 어떠한 의도가 제1항 및 제2항에 의하여 증명될 수 없는 경우에는, 계약은 당사자들과 동일한 유형의 합리적 사람들이 동일한 입장에서 부여하였을 의미에 따라 해석되어야 한다.

제5 : 102조 [관련 있는 사정들] 계약을 해석함에 있어서는 특히 다음의 사정이 고려되어야 한다:

(a) 예비적 교섭을 포함하여, 계약이 체결된 정황;

(b) 계약이 체결된 후를 포함하여, 당사자들의 행태;

(c) 계약의 성질과 목적;

(d) 당사자들이 유사한 조항에 이미 부여한 해석 및 그들 사이에 성립한 거래관례;

(e) 그 계약조항과 표현에 당해 거래계에서 공통적으로 부여되는 의미 및 유사한 조항에 주어진 해석;

(f) 관행; 및

(g) 신의성실 및 공정거래.

제5 : 103조 [작성자 불리의 원칙] 개별적으로 합의되지 아니한 계약조항의 의미에 관하여 의문이 있는 경우에는, 이를 제공한 당사자에게 불리한 해석이 우선한다.

제5 : 104조 [개별약정 우선의 원칙] 개별적으로 합의된 조항은 그러하지 아니한 것에 우선한다.

제5 : 105조 [계약 전체의 고려] 각 계약조항은 그것이 그 안에 자리하는 전체 계약에 비추어 해석된다.

제5 : 106조 [유효 해석의 원칙] 계약의 조항을 적법하고 또는 유효하다고 하는 해석이 그러하지 아니한 해석에 우선한다.

제5 : 107조 [언어상의 불일치] 계약이 둘 이상의 언어본(language versions)으로 작성되고 그 중 어느 언어가 기준인지가 정하여지지 아니한 경우에, 그 각 언어본 사이에 불일치가 있는 때에는, 계약이 최초로 작성된 언어본에 따른 해석이 우선한다.

제 6 장 내용과 효력

제6 : 101조 [계약상 의무를 발생시키는 언명] (1) 계약의 체결 전이나 체결시에 행하여진 일방 당사자의 언명은, 상대방이 당해 정황 아래서 다음과 같은 사정을 고려할 때 계약상 의무를 발생시키는 것으로 합리적으로 이해하였던 경우에는, 계약상 의무를 발생시킨다:

(a) 그 언명이 가지는 상대방에 대한 중요성;

(b) 그 당사자가 그 언명을 거래과정에서 행하였는지 여부;

(c) 당사자들의 각각의 전문지식.

(2) 당사자 중 일방이 직업적 공급자(professional supplier)로서 용역이

나 물품 기타 재산의 질이나 이용에 관한 정보를 그것의 판매활동이나 선전을 하는 과정에서 또는 다른 방식으로 계약의 체결 전에 제공하는 경우에는, 그 언명은 계약상 의무를 발생시킨다. 다만 상대방이 그 언명이 부정확함을 알았거나 모를 수 없었음이 증명된 때에는 그러하지 아니하다.

(3) 용역이나 물품 기타 재산을 전문적 공급자를 위하여 선전하거나 판매활동하는 사람 또는 종전에 거래상 연결관계에 있던 사람이 제공한 그러한 정보 및 기타의 보장(undertakings)은 전문적 공급자측에 계약상 의무를 발생시킨다. 다만 그가 그 정보나 보장을 알지 못하였고 또 알 이유가 없는 경우에는 그러하지 아니하다.

제6:102조 [묵시적 의무] 계약은, 명시적 내용에 부가하여, 다음으로부터 인정되는 묵시적 내용을 포함할 수 있다:

(a) 당사자들의 의도;

(b) 계약의 성질과 목적 및

(c) 신의성실 및 공정거래.

제6:103조 [은닉행위] 당사자들이 그들의 진정한 합의를 반영할 의도로 행하여지지 아니한 외견상의 계약(apparent contract)을 체결한 경우에는, 당사자들 사이에서는 그 진정한 합의가 효력을 가진다.

제6:104조 [가격의 결정] 계약이 가격 또는 그것의 결정방법을 확정하지 아니한 경우에 당사자들은 합리적 가격으로 합의한 것으로 본다.

제6:105조 [일방 당사자에 의한 일방적 결정] 당사자 일방이 가격이나 다른 계약내용을 정하기로 한 경우에, 그 결정이 현저하게 불합리한 때에는, 합리적 가격이나 다른 계약내용이 이에 갈음하며, 이와는 다른 정함이 있어도 이는 같다.

제6:106조 [제 3 자에 의한 결정] (1) 제 3 자가 가격이나 다른 계약내용을 정하기로 한 경우에, 그 제 3 자가 이를 할 수 없거나 할 의사가 없는 때에는, 당사자들은 이를 정할 다른 사람을 지명할 권한을 법원에 수여한 것으로 추정한다.

(2) 제 3 자가 정한 가격이나 다른 계약내용이 현저하게 불합리한 경우에는 합리적 가격이나 다른 계약내용이 이에 갈음한다.

제6:107조 [부존재하는 사정에 의한 결정] 가격이나 다른 계약내용이 어떠한 사정에 기하여 정하여지기로 정한 경우에, 그 사정이 존재하지 아니하는 때 또는 그것이 소멸하거나 이용되지 못하게 된 때에는, 그에 가장 근접한 상응하는 사정이 이에 갈음한다.

제6:108조 [이행의 품질] 계약이 품질을 특정하지 아니한 경우에는, 당사자는 적어도 평균품질의 이행을 하여야 한다.

제6:109조 [불확정기한을 정한 계약] 불정확기한을 정한 계약은 각 당사자에 의하여 합리적 유예기간을 두어 통지함으로써 종료될 수 있다.

제6:110조 [제 3 자를 위한 약정] (1) 승약자(promisor)와 요약자(promisee)가 제 3 자에게 계약상 의무의 이행을 청구할 권리를 수여하는 것을 명시적으로 합의하거나 그러한 합의가 계약의 목적 또는 구체적 경우의 제반 사정으로부터 추단되는 경우에는, 제 3 자는 계약상 의무의 이행을 청구할 수 있다. 제 3 자의 동일성이 그 합의가 행하여질 당시에 정하여질 것을 요하지 아니한다.

(2) 제 3 자가 그 권리를 행사할 권리를 포기하는 경우에는, 그 권리는 처음부터 성립하지 아니한 것으로 본다.

(3) 요약자는 승약자에 대한 통지로써 제 3 자의 이행청구권을 소멸시킬 수 있다. 다만 다음의 경우는 그러하지 아니하다:

(a) 제 3 자가 요약자로부터 그 권리가 철회될 수 없다는 통지를 받았던 경우, 또는

(b) 승약자 또는 요약자가 제 3 자로부터 그가 그 권리를 승인한다는 통지를 받았던 경우.

제6:111조 [사정의 변경] (1) 이행비용이 증가하거나 당사자가 수령하는 이행의 가액이 감소하는 등의 이유로 이행의 부담이 보다 커지는 경우에도 당사자는 그의 의무를 충족하여야 한다.

(2) 그러나 계약의 이행이 사정의 변경으로 인하여 극도로 부담스럽게(excessively onerous) 된 경우에, 다음의 요건이 갖추어진 때에는, 당사자들은 계약의 변응이나 종료를 위한 교섭을 개시하여야 한다:

(a) 사정변경이 계약의 체결 후에 일어나고,

(b) 사정변경의 가능성이 계약의 체결시에 합리적으로 예상될 수 있는 것이 아니었으며, 또한

(c) 사정변경의 위험이, 계약에 의하면, 그에 의하여 불이익을 입는 당사자가 부담하여야 할 것이 아닌 때.

(3) 당사자들이 합리적 기간 내에 합의에 도달하지 못한 경우에는, 법원은:

(a) 법원이 정하는 시기와 내용으로 계약을 소멸시키거나; 또는

(b) 사정변경으로 생기는 손실과 이익(losses and gains)을 당사자들 사이에서 정의롭고 공평하게 분배하기 위하여 계약을 변응시킬 수 있다.

어느 경우에나 법원은 교섭을 거부하거나 신의성실 및 공정거래에 반하여 교섭을 중단한 당사자에 대하여 발생한 손실에 대하여 손해배상을 명할 수 있다.

제7장 이 행

제7:101조 [이행지] (1) 계약상 의무의 이행지가 계약에 의하여 정하여지지 아니하거나 결정될 수 없는 때에, 이행지(place of performance)는:

(a) 금전지급의무의 경우에는 계약 체결시의 채권자의 영업지;

(b) 금전지급 이외의 의무의 경우에는 계약 체결시의 채무자의 영업지이다.

(2) 당사자가 둘 이상의 영업소를 가지는 경우에는, 전항의 목적을 위한 영업지는, 계약 체결시에 당사자들이 알았거나 고려된 제반 사정에 비추어 계약과 가장 밀접한 관련을 가지는 곳이 된다.

(3) 당사자가 영업지를 가지지 아니하는 경우에는 그의 상주거소를 그의 영업지로 본다.

제7:102조 [이행기] 당사자는 다음의 시기에 이행을 실행하여야 한다:

(1) 시기가 계약에 의하여 정하여지거나 결정될 수 있는 경우에는, 그 때에;

(2) 기간이 계약에 의하여 정하여지거나 결정될 수 있는 경우에는, 그 기간 중 어느 때라도. 다만 구체적 경우의 세반 사정이 상대방이 그 시기를 정할 것을 추단시키는 경우에는 그러하지 아니하다;

(3) 기타의 경우에는 계약의 체결 후 합리적 기간 내에.

제7:103조 [이행기 전의 이행] (1) 이행의 제공이 이행기 전에 행하여진 경우에 당사자는 이를 거절할 수 있다. 다만 그 수령이 그의 이익을 불합리하게 해치지 아니하는 경우에는 그러하지 아니하다.

(2) 당사자가 이행기 전에 제공된 이행을 수령하여도 이는 그 자신의 의무의 이행에 대하여 정하여진 시기에 영향을 미치지 아니한다.

제7:104조 [이행의 순서] 당사자들의 각 이행이 동시에 행하여질 수 있는 한도에서 당사자들은 제반 사정이 달리 추단시키지 아니하는 한 그 이행을 동시에 행하여야 한다.

제7:105조 [선택적 이행] (1) 채무가 선택적 이행들(alternative performances) 중 하나에 의하여 소멸시킬 수 있는 것인 경우에는, 그 선택[의 권리]은 제반 사정이 달리 추단시키지 아니하는 한 이행하는 당사자에게 속한다.

(2) 선택을 하여야 할 당사자가 계약상 정하여진 시기까지 이를 하지 아니하는 때에는,

(a) 선택의 지연이 본질적인 경우에는, 선택권은 상대방에게 이전한다;

(b) 지연이 본질적이 아닌 경우에는, 상대방은 합리적 기간을 추가적으로 정하여 선택을 하여야 할 당사자로 하여금 그 안에 선택을 하도록 통지를 할 수 있다. 그 당사자가 이를 하지 아니하는 때에는, 선택권은 상대방에게 이전한다.

제7:106조 [제3자의 이행] (1) 계약이 본인의 이행(personal performance)을 요구하는 경우를 제외하고, 채권자(obligee)는 다음의 경우에는 제3자가 하는 이행을 거절할 수 없다;

(a) 제3자가 채무자(obligor)의 동의를 얻어 행위하거나; 또는

(b) 제3자가 이행에 정당한 이해관계를 가지고 또 채무자가 이행하지 못하거나 이행기에 이행하지 못할 것이 명백한 경우.

(2) 제1항에 따라 이루어진 제3자의 이행은 채무자를 해방시킨다(discharge).

제7:107조 [금전지급의 방법] (1) 의무 있는 금전의 지급은 통상의 거래과정에서 이용되는 어떠한 방법으로도 할 수 있다.

(2) 계약에 따라 또는 자의로 수표나 기타의 지급지시 또는 지급약속을 수령하는 채권자(creditor)는 그것이 결제되는 것을 조건으로 이를 수령하는 것으로 추정한다.

제7:108조 [지급통화] (1) 당사자들은 금전지급이 특정한 통화로만 행하여질 것을 약정할 수 있다.

(2) 그러한 약정이 없는 경우에는, 지급지의 통화와 다른 통화로 표시된 금액은 이행기에 그 곳에서 통용되는 교환비율에 의하여 그 곳의 통화로 지급될 수 있다.

(3) 전항의 경우에 채무자(debtor)가 이행기에 지급하지 아니한 때에는, 채권자는 이행기 또는 실제의 지급시에 그 곳에서 통용되는 교환비율에 좇아 이행지의 통화로 지급할 것을 청구할 수 있다.

제7:109조 [변제충당] (1) 당사자가 동일한 성질의 의무를 다수 부담하는 경우에, 행하여진 이행이 이들 전부를 소멸시키기에 충분하지 아니한 때에는, 당사자는 그 이행이 충당(appropriate)되어야 할 의무를 지정할 수 있되, 제4항에 따른다.

(2) 이행 당사자가 그러한 지정을 하지 아니하는 때에는 상대방은 합리적 기간 내에 그 이행을 그가 선택하는 대로 그 의무에 충당할 수 있다. 그러나 다음의 의무에 대한 충당은 효력이 없다:
(a) 아직 이행기가 도래하지 아니한 의무; 또는
(b) 불법의 의무; 또는
(c) 다툼 있는 의무.
(3) 어느 당사자의 [지정]충당도 행하여지지 아니한 경우에는, 제4항을 제외하고, 그 이행은 다음에서 지적된 순서로 그 중 하나의 기준을 충족하는 의무에 충당된다:
(a) 이행기가 도래한 채무 또는 최초로 이행기가 도래한 채무;
(b) 채권자의 담보가 최소인 채무;
(c) 채무자의 부담이 최대인 채무;
(d) 최초로 발생한 채무.
이 중 어느 하나의 기준도 적용되지 아니하는 경우에는, 그 이행은 모든 채무에 안분하여 충당된다.
(4) 금전채무의 경우에는 채무자에 의한 금전지급은, 첫째, 비용에, 둘째, 이자에, 셋째, 원본에 충당된다. 다만 채권자가 다른 충당을 한 경우에는 그러하지 아니하다.
제7:110조 [수령되지 아니한 유체재산] (1) 상대방이 금전 이외의 유체재산(tangible property)을 수령하거나 인수하지 아니함으로 인하여 이를 점유하게 된 당사자는 그 재산을 보호하고 보존하기 위한 합리적 조치를 취하여야 한다.
(2) 점유 당사자는 그의 인도의무 또는 반환의무로부터 다음과 같이 하여 면할 수 있다:
(a) 재산을 상대방의 지시에 따를 것으로 하여 합리적 조건으로 제3자에게 보관시키고, 이를 상대방에게 통지함으로써; 또는
(b) 상대방에의 통지 후에 재산을 매도하고, 그에게 순매득금(net proceeds)을 지급함으로써.
(3) 그러나 그 재산이 급속히 劣化하거나(rapid deterioration) 그 보존에 불합리한 비용이 드는 경우에는, 당사자는 이를 처분하기 위한 합리적 조치를 취하여야 한다. 그는 순매득금을 상대방에게 지급함으로써 자신의 인도의무 또는 반환의무를 면할 수 있다.
(4) 점유 당사자는 합리적으로 발생한 비용을 매득금으로부터 공제하거나 상환받을 권리를 가진다.

제7:111조 [수령되지 아니한 금전] 당사자가 상대방이 적절하게 제공한 금전을 수령하지 아니한 경우에는, 상대방은 불수령 당사자에의 통지 후에 이행지의 법에 좇아 불수령 당사자의 지시에 따를 것으로 하여 금전을 보관시킴으로써 그 의무를 면할 수 있다.

제7:112조 [이행비용] 각 당사자는 그 의무의 이행비용을 부담한다.

제 8 장 불이행과 구제수단 일반

제8:101조 [可用한 구제수단] (1) 당사자가 계약상의 의무를 이행하지 아니하고 그 불이행이 제8:108조에 따라 면책되는 것이 아닌(not excused) 경우에는, 불이행당한 당사자(aggrieved party)는 제 9 장에서 정하는 구제수단 중 어느 것도 원용할 수 있다.

(2) 당사자의 불이행이 제8:108조에 따라 면책되는 것인 경우에는, 불이행당한 당사자는 제 9 장에서 정하는 구제수단 중 이행 및 손해배상을 청구하는 것을 제외하고는 어느 것도 원용할 수 있다.

(3) 당사자 자신의 행위가 상대방의 불이행을 야기한 한도에서 그는 제 9 장에서 정하는 구제수단을 원용할 수 없다.

제8:102조 [구제수단의 중첩] 양립할 수 없는 것이 아닌 구제수단은 중첩될 수 있다. 특히 당사자는 손해배상을 청구할 권리를 그 외의 어떠한 구제수단에 대한 권리를 행사함으로써 박탈당하지 아니한다.

제8:103조 [본질적 불이행] 다음의 경우에는 의무의 불이행은 계약에 있어서 본질적이다:

(a) 의무의 엄격한 준수가 계약의 핵심에 해당하는 경우; 또는

(b) 불이행이 불이행당한 당사자로부터 그가 계약상 기대할 수 있는 것을 중요한 점에서(substantially) 박탈하는 경우. 다만 상대방이 그 결과를 예견하지 아니하였고 또 합리적으로 예견할 수 없었던 때에는 그러하지 아니하다; 또는

(c) 불이행이 고의적이고 또 불이행당한 당사자에게 상대방의 장래의 이행을 기대할 수 없다고 믿을 만한 이유를 제공하는 경우.

제8:104조 [불이행 당사자에 의한 추완(cure)] 당사자가 제공한 이행이 계약에 상응하지 아니한다는(not conform to the contract) 이유로 상대방이 수령하지 아니한 경우에, 이행기가 아직 도래하지 아니하거나 지연이 본질적 불이행이 되지 아니하는 것인 때에는, 그 당사자는 계약에 상응하는 새로운 이행을 제공할 수 있다.

제8:105조 [이행의 담보] (1) 상대방이 장래 본질적 불이행을 할 것이라

고 합리적으로 믿는 당사자는 적정한 이행의 상당한 보장(adequate assurance of due performance)을 요구할 수 있고, 또 동시에 그 자신의 의무의 이행을 그러한 합리적 믿음이 계속하는 한 유보할 수 있다.

(2) 이 보장이 합리적 기간 내에 주어지지 아니하는 경우에, 이를 요구하는 당사자가 장래 상대방의 본질적 불이행이 있을 것으로 여전히 합리적으로 믿고 또 지체없이 해제(termination)의 통지를 하는 때에는 그는 계약을 해제할 수 있다.

제8:106조 [이행을 위한 추가적 기간을 정하는 통지] (1) 어떠한 불이행이 있는 경우에도 불이행당한 당사자는 상대방에 대한 통지로써 이행을 위한 추가적 기간을 허용할 수 있다.

(2) 추가적 기간 중에 불이행당한 당사자는 그 자신의 반대의무의 이행을 유보하고 또 손해배상을 청구할 수 있으나, 다른 구제수단을 원용할 수는 없다. 그가 상대방으로부터 상대방이 그 기간 내에 이행하지 아니할 뜻의 통지를 받은 경우 또는 그 기간의 경과까지 적절한 이행이 행하여지지 아니한 경우에는, 불이행당한 당사자는 제9장의 정함에 따라 가용한 구제수단 중 어느 것이라도 원용할 수 있다.

(3) 이행이 지연되고 그것이 본질적이 아닌 경우에, 불이행당한 당사자가 합리적 길이의 추가기간을 정하는 통지를 하였던 때에는, 통지상의 기간이 도과하면 당사자는 계약을 해제할 수 있다. 불이행당한 당사자는 그 통지에서, 상대방이 통지에서 정한 기간 내에 이행하지 아니하면 계약이 자동적으로 해제됨을 정할 수 있다. 통지된 기간이 지나치게 짧은 경우에는, 통지상의 기간으로부터 합리적 기간이 지난 후에야 불이행당한 당사자가 계약을 해제할 수 있고, 또는 경우가 그러하다면 계약이 자동적으로 해제된다.

제8:107조 [타인에게 위탁된 이행] 계약의 이행을 타인에게 위탁한 당사자는 여전히 이행에 대하여 책임 있다.

제8:108조 [장애사유로 인한 면책] (1) 당사자가 그의 불이행이 그의 지배를 벗어난 장애사유(impedement beyond its control)로 인한 것이며 또 그 장애사유를 계약의 체결시에 고려하는 것이나 그 장애사유나 그 결과를 회피하거나 극복하는 것이 합리적으로 기대될 수 없었음을 증명하는 경우에는 그의 불이행은 면책된다.

(2) 장애사유가 일시적인 경우에는 이 조에서 정하는 면책은 그 장애사유가 존속하는 기간 동안 효력이 있다. 그러나 지연이 본질적 불이행에 해당하는 때에는, 채권자는 이를 본질적 불이행으로 취급할 수 있다.

(3) 불이행 당사자(non-performing party)는, 장애사유 및 그것이 자신의 이행능력에 미치는 영향에 대한 통지가 그가 그러한 사정들을 알았거나 알았어야 했을 때로부터 합리적 기간 내에 수령되도록 하여야 한다. 상대방은 그러한 통지의 불수령으로 인하여 발생하는 모든 손해에 대하여 배상을 청구할 수 있다.

제8:109조 [구제수단을 제한하거나 배제하는 계약조항] 불이행에 대한 구제수단은 배제되거나 제한될 수 있다. 다만 그 배제나 제한을 원용하는 것이 신의성실 및 공정거래에 반하는 경우에는 그러하지 아니하다.

제 9 장 불이행에 대한 특별구제수단

제 1 절 이행청구권

제9:101조 [금전채무] (1) 채권자는 이행기가 도래한[16] 금전의 지급을 청구할 권리가 있다.

(2) 채권자가 아직 자신의 의무를 이행하지 아니한 경우에, 채무자가 이행을 수령할 의사가 없음이 명백한 때에는, 채권자는 그럼에도 불구하고 자신의 의무를 이행하고 계약에 기하여 의무 있는 금액의 지급을 청구할 수 있다. 다만 다음의 경우는 그러하지 아니하다:

(a) 상당한(significant) 노력이나 비용지출 없이 합리적인 대체거래(substitute transaction)를 할 수 있었을 경우; 또는

(b) 이행이 당해 정황 아래서 불합리한 경우.

제9:102조 [비금전채무] (1) 불이행당한 당사자는 금전지급 이외의 의무에 대하여, 결함 있는 이행의 추완을 포함하여 특정이행(specific performance)을 청구할 권리가 있다.

(2) 그러나 다음의 경우에는 특정이행을 얻을 수 없다:

(a) 이행이 불법이거나 불능인 경우; 또는

(b) 이행이 채무자에게 불합리한 노력이나 비용을 야기하는 경우; 또는

(c) 이행이 인적 성질이 있는 용역 또는 작업의 제공을 내용으로 하거나 인적 관계에 의존하는 것인 경우; 또는

(d) 불이행당한 당사자가 다른 출처(source)로부터 합리적으로 이행을 얻을 수 있는 경우.

(3) 불이행당한 당사자는, 그가 불이행을 알았거나 알았어야 할 때로부

16) 여기서「이행기의 도래」로 번역한 due의 의미에 대하여는 本文의 註 60 참조.

터 합리적 기간 내에 특정이행을 구하지 아니하면, 특정이행을 청구할 권리를 상실한다.

제9:103조 [손해배상청구권의 존속] 이 절에서 이행청구권이 배제된다는 사정은 손해배상의 청구권을 배제하지 아니한다.

제 2 절 이행을 유보할 권리

제9:201조 [이행을 유보할 권리] (1) 상대방[의 이행]과 동시에 또는 그 후에 이행하여야 하는 당사자는 상대방이 이행을 제공하거나 이행할 때까지 이행을 유보할(withhold performance) 수 있다. 그는 당해 정황 아래서 합리적인 바에 따라 이행의 전부 또는 일부를 유보할 수 있다.

(2) 당사자는, 상대방의 [의무의] 이행기가 도래한 때 그의 불이행이 명백한 동안에는, 이행을 마찬가지로 유보할 수 있다.

제 3 절 계약의 해제

제9:301조 [계약을 해제할 권리] (1) 상대방의 불이행이 본질적인 경우에는 당사자는 계약을 해제할 수 있다.

(2) [이행]지연의 경우에는 불이행당한 당사자는 제8:106조에 따라 계약을 해제할 수도 있다.

제9:302조 [분할이행되어야 할 계약] 계약이 개별적으로 분할하여(in separate parts) 이행되어야 하는 경우에, 반대이행(counter-performance)이 할당될 수 있는 그 어느 한 부분에 대하여 중대한 불이행이 있는 때에는, 불이행당한 당사자는 문제되는 부분에 관하여 이 절에서 정하는 해제권을 행사할 수 있다. 그는 불이행이 전체로서의 계약에 대하여 본질적인 경우에만 계약 전부를 해제할 수 있다.

제9:303조 [해제의 통지] (1) 계약을 해제할 당사자의 권리는 상대방에 대한 통지에 의하여 행사한다.

(2) 불이행당한 당사자는 그가 불이행을 알았거나 알았어야 할 때로부터 합리적 기간 내에 통지하지 아니하면 계약을 해제할 권리를 상실한다.

(3) (a) 이행이 이행기까지 제공되지 아니한 경우에는, 불이행당한 당사자는 제공이 행하여지기 전에는 해제의 통지를 할 필요가 없다. 그 후에 제공이 행하여진 때에는, 그가 그 제공을 알았거나 알았어야 할 때로부터 합리적 기간 내에 그러한 통지를 하지 아니하면, 계약을 해제할 권리를 상실한다.

(b) 그러나 불이행당한 당사자가 상대방이 합리적 기간 내에 제공할

의도가 여전히 있음을 알거나 알 이유가 있고, 그가 상대방에게 자신이 이행을 수령하지 아니할 것임을 불합리하게 통지하지 아니한 경우에, 상대방이 실제로 합리적 기간 내에 제공한 때에는, 불이행당한 당사자는 자신의 해제권을 상실한다.

(4) 당사자가 전체적이고 영속적인 장애사유로 인하여 제8:108조에 따라 면책되는 경우에는, 계약은 그 장애사유가 발생한 때에 자동적으로 또 통지 없이도 해제된다.

제9:304조 [이행기 전의 불이행] 본질적 불이행이 있을 것이 이행기 전에 명백한 경우에는, 상대방은 계약을 해제할 수 있다.

제9:305조 [해제의 일반적 효과] (1) 계약의 해제는 쌍방 당사자를 장래의 이행을 실행하고 수령할 의무로부터 해방시키나, 이는 해제시까지 이미 발생한 권리와 책임에는 영향을 미치지 아니하되, 제9:306조 내지 제9:308조에 따른다.

(2) 해제는 분쟁의 해결에 관한 계약규정 또는 기타 해제 이후에도 적용되어야 할 규정에 영향을 미치지 아니한다.

제9:306조 [가치가 저하된 재산] 계약을 해제한 당사자는 그 전에 상대방으로부터 수령한 재산의 가치가 상대방의 불이행의 결과로 자신에 대하여 본질적으로 저하된 경우에는 그 재산을 거절할 수 있다.

제9:307조 [지급한 금전의 회복청구] 계약이 해제되면, 당사자는 자신이 수령하지 아니하였거나 적절하게 거절한 이행에 대하여 그 전에 지급된 금전을 회복청구(recover)할 수 있다.

제9:308조 [재산의 회복청구] 계약이 해제되면, 금전지급 또는 기타의 반대이행을 수령하지 아니하고 재산을 공급하였던 당사자는 그것이 반환될 수 있는 때에는 그 재산을 회복청구할 수 있다.

제9:309조 [반환불가능의 이행에 대한 회복청구] 계약이 해제되면, 금전지급 또는 기타의 반대이행을 수령하지 아니하고 재산을 공급한 당사자는, 그것이 반환될 수 없는 때에는, 이행이 상대방에 대하여 가지는 가치에 상응하는 합리적 금액을 회복청구할 수 있다.

제 4 절 대금감액

제9:401조 [대금감액의 권리] (1) 계약에 상응하지 아니하는 이행의 제공을 수령한 당사자는 대금을 감액할 수 있다. 이 감액은, 이행이 제공된 당시의 그 이행의 가액을 그 당시에 계약에 상응하는 이행제공이 가졌을 가액에 대하여 비교하였을 때의 감소분에 비례하여 행하여진다.

(2) 전항의 규정에 의하여 대금을 감액할 권리가 있는 당사자가 감액된 대금을 넘는 액을 이미 지급하였을 경우에는 그는 상대방으로부터 그 초과액을 회복청구할 수 있다.

(3) 대금을 감액한 당사자는 이와 아울러 이행의 가액의 감소를 이유로 손해배상을 청구할 수 없으나, 그가 입은 기타의 손실에 대하여는 이 장 제5절에 의하여 塡補될 수 있는 한도에서 손해배상을 청구할 수 있다.

제5절 손해배상과 이자

제9:501조 [손해배상청구권] (1) 불이행당한 당사자는 제8:108조에 따라 면책되지 아니하는 상대방의 불이행으로 인하여 발생한 손실에 대하여 손해배상을 청구할 권리가 있다.

(2) 손해배상으로 전보될 수 있는 손실에는 다음이 포함된다.

(a) 비재산적(non-pecuniary) 손실; 및

(b) 합리적으로 발생할 것으로 보이는(reasonably like to occur) 장래의 손실.

제9:502조 [손해배상의 일반적 산정] 일반적으로 손해배상은 불이행당한 당사자를 계약이 적정하게 이행되었다면 그가 있었을 처지에 가능한 한 근접하게 하는 액으로 산정된다.

제9:503조 [예견가능성] 불이행 당사자는 그가 계약의 체결시에 그의 불이행의 개연적인 불이행 당사자는 그가 계약의 체결시에 그의 불이행의 개연적인 결과(likely result)로 예견하였거나 합리적으로 예견할 수 있었던 손실에 대하여만 책임을 진다. 다만 불이행이 고의적이거나 중대한 과실로 인한 것인 경우에는 그러하지 아니하다.

제9:504조 [불이행당한 당사자에게 귀책되는 손실] 불이행 당사자는 불이행당한 당사자가 불이행 또는 그 결과(effects)에 기여한 범위에서 그가 입은 손실에 대하여 책임을 지지 아니한다.

제9:505조 [손실의 경감] (1) 불이행 당사자는 불이행당한 당사자가 합리적 조치를 취함으로써 손실을 경감할 수 있었을 범위에서 그가 입은 손실에 대하여 책임을 지지 아니한다.

(2) 불이행당한 당사자는 손실의 경감을 시도하는 과정에서 합리적으로 지출한 모든 비용을 전보받을 권리가 있다.

제9:506조 [대체거래] 불이행당한 당사자가 계약을 해제하고 합리적 기간 내에 합리적 방식으로 대체거래를 한 경우에 그는 계약가격과 대체거래가격의 차액 및 이 절의 규정에 의하여 전보받을 수 있는 한도에서 기타의 손실에 대하여 손해배상을 청구할 수 있다.

제9:507조 [시가] 불이행당한 당사자가 계약을 해제하고 대체거래를 하지 아니하였으나, 계약의 내용인 이행에 대하여 시가(current price)가 있는 경우에는, 그는 계약가격과 해제 당시의 시가와의 차액 및 이 절의 규정에 의하여 전보받을 수 있는 한도에서 기타의 손실에 대하여 손해배상을 청구할 수 있다.

제9:508조 [금전지급의 지연] (1) 금전의 지급이 지연된 경우에, 불이행당한 당사자는 그 액에 대하여 이행기로부터 지급시까지 이행이 행하여지는 곳의 일반 상업은행의 계약상 통화에 대한 최우량 신용등급 고객을 위한 단기대여 이율에 따른 이자를 청구할 권리가 있다.

(2) 불이행당한 당사자는 그 외에도 이 절의 규정에 의하여 전보받을 수 있는 한도에서 기타의 손실에 대하여 손해배상을 청구할 수 있다.

제9:509조 [불이행의 경우를 위하여 합의된 금전지급] (1) 계약에서, 당사자가 이행하지 아니하면 그 불이행을 이유로 상대방에게 특정한 금액을 지급할 것이 규정되어 있는 경우에는, 불이행당한 당사자는 그의 실제의 손실과는 무관하게 그 액을 지급받는다.

(2) 그러나 그에 반하는 어떠한 합의에도 불구하고 그 특정된 액은 그 불이행으로 인한 손실 및 기타의 제반 사정에 비추어 현저하게 과도한 경우에는 합리적 액으로 감축될 수 있다.

제9:510조 [손해배상 산정의 기준통화] 배상될 손해는 불이행당한 당사자의 손실을 가장 적절하게 반영하는 통화로 산정되어야 한다.

(서울대학교 法學 40권 1호(1999.5), 358면 이하 所載)

10. 獨逸의 새로운 民法改正提案
— 聯邦法務部의 「債權法刷新法」의 討論用 草案에 대하여 —

I. 序

1. 독일의 연방법무부는 2000년 9월에 「채권법쇄신법(Schuldrechtsmodernisierungsgesetz)」의 토론용 초안(Diskussionsentwurf. 이하 그때그때의 편의에 좇아 초안, 안 또는 DE라고 한다)을 발표하였다.[1] 이

1) 이는 *www.bmj.bund.de/ggv/eschurmo.pdf*에서 공개되어 있어서 출력할 수 있다. 이 초안에 대한 독일연방법무부측의 설명은 우선 Jürgen Schmidt-Räntsch, Der Entwurf eines Schuldrechtsmodernisierungsgesetzes, *ZIP* 2000, 1639 참조(그 필자는 이 작업의 실무책임자라고 한다. 동시에 그는 뒤에서 보는 채권법개정위원회의 위원이기도 하였었다). 이 제안에 대한 평가로서는 Peter Krebs, Die große Schuldrechtsreform, in: *DB* 2000, Beil. Nr. 14 zu Heft 48; Ulrich Huber, Die Unmöglichkeit der Leistung im Diskussionsentwurf eines Schuldrechtsmodernisierungsgesetzes, *ZIP* 2000, 2137; Barbara Dauner-Lieb, Die geplante Schuldrechtsmodernisierung — Durchbruch oder Schnellschuß?, *JZ* 2001, 8; Heinrich Honsell, Einige Bemerkungen zum Diskussionsentwurf eines Schuldrechtsmodernisierungsgesetzes, *JZ* 2001, 18; Beate Gsell, Kaufrechtsrichtlinie und Schuldrechtsmodernisierung, *JZ* 2001, 65 등 참조. 그 외에 2000년 11월 17일과 18일에 레겐스부르크에서 이 제안을 대상으로 하는 심포지엄이 열렸는데, 여기서는 Zimmermann(심포지엄의 목적과 방향), Weis(DE에 대한 개관), Huber(채무불이행), Zimmer(매매), Schlechtriem(「소비재매매지침」에 비추어 본 담보책임), Roth(유럽법의 맥락에서의 채권법쇄신), Seiler(도급 I), Peters(도급 II), Dauner-Lieb(판례법의 실정화), Mansel(소멸시효), Hager(해제법 및 철회법), Köndgen(소비대차), Pfeiffer(특별법의 민법전에의 통합), Hess(「留止訴訟法」), Lieb(일반론으로서 "채권법의 쇄신에 대한 우리 시

는 그 이유를 포함하여 640면에 이르는 방대한 것이며, 그 중 입법제안된 법조항만으로도 164면을 차지한다. 독일연방정부는 금년 3월에는 政府案(Regierungsentwurf)을 제시하고 2002년 1월 1일부터 시행에 들어갈 계획이라고 한다.

이 제안의 주요 내용은, (i) 채권총론에 속하는 채무불이행법에 “심중한 결과를 발생시키는 근본적인 체계변혁”을 도모하며, (ii) 계약법 중 중추적인 지위에 있는 매매계약 및 도급계약에 대하여 “이론적으로도 실제적으로도 현저한 변화”를 꾀하고, 나아가 (iii) 민법총칙의 소멸시효법을 “완전히 새롭게 구축”하며,[2] (iv) 독일의 약관규제법의 실체법적 부분을 포함하여 일련의 소비자보호 관련 입법을 민법전에 통합하며, 형식적으로 (v) 민법의 모든 조항에 표제를 붙인다는 것이다. 이로써 이 제안의 광범성과 대담성을 미루어 짐작할 수 있을 것이다.

뒤의 Ⅵ.에서 보는 대로 이 초안이 그 대강에 있어서나마 입법화될 가능성에 대하여는 반드시 낙관적인 전망을 할 수 없다고 생각된다. 아마 이 법안의 제목 자체만으로도 독일민법전의「문화적 기념비(Kulturdenkmal)」로서의 의미에[3] 긍지를 가지는 많은 독일의 법률가들은 이와 같이 본질적인 개정이 이와 같이 성급하게 진행되는 것을 쉽사리 용인할 수 없으리라 여겨진다. 그러나 많은 부분에서 ——다른 나라의 그것들과 함께—— 독일의 민법전 또는 그 민법학의 영향 아

대의 사명”), Ernst(일반론으로서 “채권법쇄신이 계속되려면”), Medicus(일반론으로서 “결어”) 등 독일의 유수한 민법학자들이 채권법쇄신법안의 제반 국면에 대하여 자신들의 의견을 밝히고 있다. 이 심포지엄에 대한 극히 흥미로운 참관보고서는 Jakobs, Tagungsbericht, *JZ* 2001, 27 참조. 이 심포지엄의 결과는 Ernst/Zimmermann(Hrsg.), *Zivilrechtswissenschaft und Schuldrechtsentwurf* (2001)로 공간되었다.

2) Dauner-Lieb(註 1), 9.

3) Werner Flume, Vom Beruf unserer Zeit für Gesetzgebung. Die Änderungen des BGB durch das Fernabsatzgesetz, *ZIP* 2000, 1429.

래서 제정된 민법전을 가지고 있고 우리의 입장에서는 독일에서 다름 아닌 정부 차원에서 행하여진 이와 같은 개정제안에 대하여 호기심을 가지지 않을 수 없다.

2. 이하에서는 현재 우리 나라에서 진행 중인 민법(재산법)개정 작업을 염두에 두어서 그와 별로 관련이 없는 (iv)나 (v)는 다루지 아니하고, 우리의 관점에서 주의할 만한 (i)부터 (iii)에 대하여 설명한다(II. 내지 V.). 초안의 「이유」에[4] 대하여도 최소한 필요한 한도에서만 언급하기로 한다.[5] 그리고 마지막으로 이 개정제안의 장래의 귀

---

4) 「부록」의 A.1.에서 보는 대로 이 초안은 기본적으로 1992년에 발표된 채권법개정위원회의 「최종보고서」, 즉 Bundesminister der Justiz(Hrsg.), *Abschlußbericht der Kommission zur Überarbeitung des Schuldrechts*(1992)를 작업의 출발점으로 하고 있다. 이에 대하여는 우선 金亨培, "독일채권법개정위원회의 민법개정안", 考試研究 223호(1992. 10), 63면 이하; 鄭鍾休, "독일민법의 문제점과 개정제안(상)(하)", 司法行政 1992년 7월호, 69면 이하; 8월호, 27면 이하; 金東勳, "독일 채무불이행법의 개정논의에 관한 비판적 고찰(상)(하)", 司法行政 1994년 7월호, 27면 이하; 8월호, 30면 이하 참조. 동 보고서의 개정초안의 번역으로는 鄭鍾休, "독일채권법개정초안", 民事法學 13·14호(1996), 484면 이하가 있다. 이 「최종보고서」의 태도는 주지하는 대로 소위 비엔나협약, 즉 유엔국제동산매매법(CISG)(독일은 이를 1991년에 국내법으로 전환하여 시행하였다)에 의하여 영향받은 바가 큰데, 이 법률에 대한 국내의 문헌으로는 우선 林泓根·李泰熙 共編, 國際物品賣買契約에 관한 UN協約上의 諸問題(1991); 슈레히트림(金玟中 譯), 유엔統一賣買法(1995); 崔興燮, 유엔국제매매법 — 국제물품매매계약에 관한 유엔협약(1997) 등이 있고, 그에 대한 최선의 문헌으로 Peter Schlechtriem(Hrsg.), *Kommentar zum Einheitlichen UN-Kaufrecht*, 3. Aufl.(2000)(이는 독일문헌으로는 드물게 1998년에 옥스포드대학출판부에서 英譯版이 출간되었다) 참조. 한편 위의 「최종보고서」에 이르기까지의 독일연방법무부에 의하여 뒷받침된 채권법개정작업, 특히 뒤의 註 42에서 보는 문헌에 수록된 감정의견들에 대하여는 우선 李銀榮, "서독의 채권법개정계획", 法曹 33권(1984) 2호, 11면 이하; 3호, 25면 이하 참조; 延基榮, "독일채무관계법의 개혁에 관한 연구", 현대법학의 제문제(金斗熙 박사 화갑기념논문집)(1987), 111면 이하; 同, "독일채무관계법의 개혁에 관한 연구(II)", 한국민법학의 현대적 전개(裵慶淑 박사 화갑기념논문집)(1991), 723면 이하 등 참조.

5) 입법제안의 배경 등에 대하여는 독일연방법무부의 이 초안에 대한 「설명(Informationspapier)」(이 역시 *www.bmj.bund.de/ggv/arbeitsh.pdf*에서 공개되어 있다)이 붙어 있다.

추와 관련한 간단한 코멘트를 붙이기로 한다(Ⅵ.). 요컨대 이 글은 하나의 입법자료를 제공할 목적으로서 급하게 마련된 것이다.

Ⅱ. 債務不履行法

1. 개정안의 출발점은, 불능과 이행지체라는 개별적 불이행유형을 채무불이행에 대한 규율의 기초로 삼는 현행 독일민법의 태도를 버리고 의무위반(Pflichtverletzung)이라는 단일한 일반요건을[6] 택한다는 것이다(안 제280조 제1항 제1문). 이는 종전의 불능과 지체는 물론이고 불완전급부나 부수의무 위반(특히 뒤의 4.에서 보는 「고려의무」의 위반)을 모두 포함하는 개념으로 이해된다. 한편 채무불이행책임의 발생에 주관적으로 채무자의 과책을 요구하는 태도는 그대로 유지된다(안 제280조 제1항 제2문, 제283조 제4항).

2. 이로써 불능개념은 그 下種, 즉 객관적 불능/주관적 불능, 원시적 불능/후발적 불능의 구분과 아울러 독일민법에서 완전히 자취를 감춘다.

원시적인 객관적 불능을 이유로 하는 계약의 무효를 정하는 현행 제306조는 삭제되고,[7] 지금까지 후발적 불능에 주어졌던 급부의무의 소멸이라는 효과는 "채무자가 채권관계의 내용과 성질에 비추어 의무를 지는 노력으로도 급부를 실현할 수 없는 한"이라는 요건으로 교체된다(안 제275조 제1문).[8] 또 귀책사유 있는 불능에서 채권자가 가지

6) DE, S. 316은, 이를 "기본요건이자 포괄요건(Grund- und Auffangstatbestand)"이라고 한다.

7) 따라서 원시적인 객관적 불능의 급부를 목적으로 하는 계약이 무효임을 전제로 신뢰이익의 손해배상책임을 정하는 독일민법 제307조도 그 삭제가 제안된다.

8) 귀책사유 없는 불능의 경우에 대한 규정, 예를 들면 대가위험에 관한 현행의

는 전보배상청구권에 대하여는, 이제는 전보배상청구권의 발생요건 자체가 채무불이행의 경우 일반에 대하여 원칙적으로 채권자가 일정한 기간을 유예하고 이행최고를 하였음에도 그 기간이 도과된 때에 주어지는 것으로 제안되었는데(안 제282조 제1항 제1문), 종전의 불능은 그 이행최고가 요구되지 않는 예외적인 요건 중의 하나, 즉 "이행최고가 효과 없을 것이 명백한 경우"(안 제282조 제2항 제1문)에 포섭되는 것으로 예정된다. 이는 쌍무계약에 있어서 채무불이행의 효과로 인정되는 해제에 관해서도 마찬가지이다(안 제323조 제1항, 제2항 제1호. 뒤의 6. 참조).

3. 다만 이행지체의 유형(그 요건에 대하여는 안 제283조 참조)은 여전히 살아남아서, 그에 대하여 특별한 법률효과, 즉 "급부의 지연으로 인한 손해"의 배상청구권(안 제282조 제2항 제2문)과 이행지체 중의 가중된 책임(안 제284조. 우리 민법 제392조 참조) 및 금전채무의 이행지체에서의 지연이자지급의무(제285조)가 정하여진다. 이와 같이 이행지체를 특별히 취급하는 것은 "오래 된 관습을 고려한 것"이라고 한다.[9]

4. 채무불이행책임을 발생시키는 기초가 되는 「채권관계상의 의무」는 급부의무(현행의 제241조 제1항은 그대로 유지된다)는 물론이고, 신설이 제안되고 있는 제241조 제2항("채권관계는 그 내용과 성질을

독일민법 제323조도 삭제된다. 이 초안의 태도에 의하면, 채권자의 해제권은 채무자가 채무불이행에 대하여 과책 있는지 여부를 불문하고 주어지는데(이에 대하여는 뒤의 6. 참조), 종전이라면 불능에 해당하는 경우에 채권자가 ── 이행최고 없이 바로 ── 계약을 해제하면 이로써 채무자의 채권자에 대한 반대채권도 상실되는 것이다. 이와 같이 하여, 쌍방의 귀책사유 없는 불능으로 인하여 채무자의 반대채권이 自動的으로 상실된다는 종전의 태도는 이 초안에서는 유지되지 않는다. *Abschlußbericht*(註 4), S. 166 참조.

9) Schmidt-Räntsch(註 1), S. 1642.

고려하여 각 당사자에게 상대방의 권리와 법익을 특별히 고려할 의무를 지울 수 있다. 채권관계의 내용은 이 의무만에 한정될 수 있다")에서 정하는 바의 소위「고려의무」도 가리키는 것이다.

한편 특히 계약에 기한 채권관계에 대하여 안 제305조 제1항 제2문은 "제241조 제2항에서 정하는 의무를 내용으로 하는 채권관계는 계약의 교섭에 의하여(durch die Anbahnung des Vertrags) 이미 성립할 수 있다"고 정한다. 이는 지금까지 소위 계약체결상의 과실을 성문화한 규정으로 이해되고 있다.[10)]

5. 채무불이행책임의 내용은 우선 손해배상청구권이다. 이제 배상되는 손해의 종류로는, 앞의 3.에서 본 지연손해를 제외하고도, "급부에 갈음하는 손해의 배상(Schadensersatz statt der Leistung)"과 "계약의 불실행으로 인한 손해의 배상(Schadensersatz wegen Nichtdurchführung des Vertrags)"을 들 수 있다.

전자는 안 제282조에서 정하는 별도의 요건이 충족되어야 비로소 청구할 수 있는데(안 제280조 제2항 제1문), 그 요건이란 원칙적으로 앞의 2.에서 본 대로 유예기간부[11)] 이행최고를 하여 그 기간이 도과되는 것이다. 그러나 예외적으로 (i) "이행최고가 효과 없을 것이 명백한 경우"이거나 (ii) "양당사자의 이익을 형량할 때 손해배상청구권의 즉각적인 행사를 정당화하는 특별한 사정이 존재하는 경우"에는 그 이행최고 없이도 전자의 손해배상청구권이 발생한다.

후자는 채권자가 계약을 해제한 후에 청구할 수 있게 되는 손해배상, 즉 "계약의 불실현으로 인하여 채권자에게 발생한 손해"의 배상이다(안 제280조 제2문 제3문, 제325조 제1항 제1문). 이 초안은

10) DE, S. 341ff.

11) 당사자가 유예기간을 정하지 아니하거나 정한 기간이 상당하지 아니한 경우에는, 상당한 기간이 설정된 것으로 본다(안 제282조 제1항 제2문).

지금까지 인정되는 해제와 손해배상 사이의 양자택일관계를 청산하고(안 제325조), 해제를 하더라도 남는 손해의 배상을 청구할 수 있는 태도를 취하는데, 그 경우의 손해배상청구권이 바로 후자인 것이다. 그런데 이 초안은 후자의 손해배상에 대하여 이에 갈음하여 "채권자가 계약의 실행을 믿었음으로 인하여 그에게 발생한 손해", 즉 신뢰손해의 배상을 청구할 수도 있다고 정한다(안 제325조 제1항 제2문). 이 특색 있는 제안은, 채권자가 계약의 이행을 위하여 지출한 비용은 ──특히 계약의 획득 자체가 목적인 경우와 같이 애초 상대방의 반대급부로써 그 비용의 전보를 꾀하지 아니한 경우에는── 이를 상대방의 계약불이행으로 인한 손해, 즉 이행이익에 대한 손해라고 할 수 없을 것인데, 채무불이행을 이유로 해제한 채권자에게 이러한 계약의 「수익성(Rentabilität)」의 유무, 즉 그 비용이 상대방의 적절한 이행으로 커버될 수 있었는지 여부를 불문하고 그 전보를 청구할 수 있도록 하려는 취지라고 한다.[12]

6. 쌍무계약상 채무의 불이행으로 인하여 채권자는 일정한 요건 아래서 해제권을 가진다.[13] 법정해제권에 관하여 규정하는 현행의 제325조, 제326조, 제280조, 제286조는 이제 안 제323조의 한 규정에 통합하여 정하여진다. 그리고 담보책임에 기한 매수인 또는 수급인의

12) DB, S. 405f.

13) 한편 이 초안은 법정해제·약정해제를 막론하고 해제권 행사의 효과에 대하여도 우리의 입장에서 흥미로운 제안을 몇 가지 하고 있다. 특히 果實 기타 收益의 반환의무(안 제346조 제1항, 제347조)나 가액반환의무(안 제346조 제2항, 제3항) 등이 그러하다. 여기서 문제되는 법정해제의 경우에 대하여 보면, 우선 반환되어야 할 목적물이 해제권자에게서 멸실하거나 훼손된 경우에 그가 "자신의 사무에 대하여 할 주의"(우리 민법의 용어로 말하면 "자기 재산과 동일한 주의")를 다한 때에는 그는 가액반환의무도 지지 않는다고 한다(안 제346조 제3항 제1문 제3호). 또 과실 기타 수익에 대하여도 해제권자는 자신의 사무에 관하여 할 주의에 대하여만 책임을 진다고 정한다(안 제347조 제1항 제2문). 이상의 제안들은 입법론적으로 의문이 있는 우리 민법 제553조와 관련시켜 볼 필요가 있다.

해제도 현행(특히 독일민법 제465조 참조: "해제(Wandlung)는 매도인이 매수인의 청구에 의하여 그에 동의함을 표시한 때에 실현된다")과는 달리 이제는 통상의 해제(Rücktritt)로 정하여진다(안 제438조, 제636조).[14)]

그 해제권의 원칙적 발생요건은, (i) 채무자의 사소하지 아니한(nicht unerheblich) 의무위반과 (ii) 유예기간부 이행최고이다(안 제323조 제1항 제1문, 제3항 제1호). 중요한 것은 여기서는 손해배상청구권의 경우와는 달리 채무자가 그 의무위반에 대하여 과책 있을 것을 요구하지 않는다는 점이다. 한편 앞의 4.에서 본 고려의무의 위반이라고 해서 언제나「사소」하여 해제권을 발생시키지 않는 것은 아니다. 안 제323조 제3항 제2문은 그 의무위반의 경우에 대하여 "그럼에도 불구하고 채권자에게 계약에의 구속이 기대될 수 있는 때"에 한하여 해제가 배제된다고 정하고 있는 것이다.[15)] 여기서도 (ii)의 이행최고는, 그 효과가 없을 것이 명백한 경우 또는 "특별한 사정으로 인하여, 양당사자의 이익을 고려할 때 즉각적인 해제가 정당화되는 경우"에는 요구되지 않는다. 이 후자의 예외는 "특별히 중대한 의무위반의 경우에 대한 포괄규정으로 이해된다"고 한다.[16)]

그 외에 안 제323조 제4항은 "해제권의 발생요건이 충족될 것임이 명백한 때에는 채권자는 이행기의 도래 전에 이미 해제권을 가진다"고 정한다. 이 규정은 "이행기의 도래 전에, 제거될 수 없는 이행장애가 발생하거나 채무자가 명백하고 종국적으로 이행거절의 의사를 표시한 경우"에 대하여 유엔국제동산매매법(CISG) 제72조 제1항에 좇아 정면에서 해제권을 긍정하는 것이다.[17)]

14) 이는 대금감액(Minderung)에 대하여도 마찬가지이다(안 제439조, 특히 동조 제1항 제2문, 제637조 참조).

15) 한편 안 제323조 제3항 제3문은 "의무위반에 대하여 채권자만이 또는 주로 그가 책임을 지거나 채무자에게 책임 없는 의무위반이 채권자의 수령지체 중에 발생한 경우"에는 해제권이 배제된다고 정한다.

16) Dauner-Lieb(註 1), S. 13.

17) DE, S. 400f.

7. 반드시 채무불이행과 관련되는 것은 아니나, 민법제정작업과 관련하여 논의될 만한 몇 가지 사항을 들어보기로 한다.

(1) 우선 안 제307조는「行爲基礎의 교란」이라는 표제 아래 다음과 같은 규정을 제안한다.[18]

> "① 계약의 기초가 된 사정이 계약체결 후 현저히 변경되고, 당사자들이 이 변경을 예견하였다면 그 계약을 체결하지 아니하였거나 다른 내용으로 체결하였었을 경우에, 당해 사안의 모든 사정, 특히 계약상 또는 법률상의 위험분배를 고려할 때 당사자 일방에게 원래의 계약에 구속될 것을 기대할 수 없는 때에는, 계약의 變應(Anpassung)이 요구될 수 있다.
>
> …
>
> ③ 계약의 변응이 불가능하거나 당사자 일방에게 기대될 수 없는 경우에는, 손실을 입은 당사자는 계약을 해제할 수 있다. 계속적 채권관계에서는 [이 초안] 제308조에서 정하는 중대한 사유를 이유로 하는 해지가 해제권에 갈음한다."(꺾음괄호 안은 인용자가 부가한 것이다. 이하 같다)

이 제안의 의미는 "단지 행위기초의 결여와 탈락에 대하여 이미 법제도가 된 원칙을 그 현저한 중요성으로 인하여 민법전에 자리잡게 하려는 데 있다"고 설명되고 있다.[19]

(2) 또 안 제308조는「계속적 계약관계의 해지」라는 표제 아래 다음과 같은 규정을 제안하고 있다.[20]

> "① 각 계약당사자는 중대한 사유가 있으면 계속적 채권관계를 해지기간을 준수함이 없이 해지할 수 있다. 당해 사안의 모든 사정을

18) 이 중 제 2 항은 소위 주관적 행위기초에 관한 것이다.

19) DE, S. 356.

20) 해지권이 있음을 안 날로부터 "상당한 기간 내에" 행사되어야 한다는 제 3 항, 해제와 손해배상의 병존을 정하는 안 제325조를 준용하는 제 5 항 등은 생략한다.

고려하고 양당사자의 이익을 형량할 때 해지하는 당사자에게 계약관계를 약정된 기간 동안 또는 해지기간이 만료할 때까지 존속시키는 것을 기대할 수 없는 경우에는 중대한 사유가 인정된다.

② 중대한 사유가 계약상 의무의 위반으로 인한 경우에는 해지는 구제를 위하여 정하여진 기간이 도과하거나 경고를 하였으나 효과 없는 때에 비로소 할 수 있다. [이 초안] 제323조 제 1 항 제 2 문 및 제 2 항은 이에 준용된다."

이는 계속적 계약관계의 소위 非常解止에 관한 일반규정임은[21] 물론인데, 이 새로운 입법의 제안 역시 한편으로 이 법제도의 중요성에 의하여, 다른 한편으로 그 내용이 "확고한 판례의 태도"인 점에 비추어 정당화된다고 설명되고 있다.[22]

Ⅲ. 賣 買 法

매매법에 대한 개정제안은 그 전반에 미치는 본격적인 것이나, 이하에서는 담보책임법을 중심으로 설명한다.

1. 이 초안은 물건하자와 권리하자의 구분을 기본적으로 폐기한다.[23]

현행의 독일민법에서 권리하자는 일반의 채무불이행법에 의하여 처리되고 있는 반면(제440조 제 1 항, 제434조 이하, 제320조 이하), 물건

---

21) DE, S. 363.

22) DE, S. 363.

23) 소비재매매지침은 '하자'라는 개념을 별도로 사용하지 아니하고, '契約適合性 (conformity with the contract; Vetragsmäßigkeit)' 있는 물건을 인도할 의무(제 2 조 제 1 항)를 전제로, 인도된 물건이 '계약적합성을 결여한 것(lack of conformity; Vertragswidrigkeit)'을 책임요건으로 정한다(제 3 조 제 1 항).

하자는 그로 인한 담보책임에 대하여 별도의 款을 두어 상세히 규정하고 있다(제459조). 그러나 이 초안은 제433조 제1항 제2문에서 "매도인은 매수인에게 목적물을 물건하자 및 권리하자 없이(frei von Sach- und Rechtsmängeln) 이전하여야 한다"고 하고,[24] 제437조 제1항은 담보책임의 기본요건을 "목적물에 하자가 있는 때"라고 정하여 기본적으로 이 구분을 유지하지 아니한다.

한편 담보책임을 발생시키는 하자는 "위험이전시에" 존재하여야 한다(안 제434조 제1항). 뒤의 4.에서 보는 대로 위험은 일률적으로 목적물의 인도시에 이전되므로, 결국 판단의 기준시점은 인도시가 된다. 이는 현행 독일민법의 태도(제459조 제1항 제1문)와 같은 것이다. 그런데 소비재매매지침 제5조 제3항은 "달리 정하여지지 아니한 한" 인도 후 6개월 내에 드러난 하자는 원칙적으로[25] 인도시에 존재하였던 것으로 추정한다고 정하고 있다. 이 초안은 이 추정규정을 반영하지 않고 있다.

그 외에 이 초안은 현행의 독일민법에서 유지되고 있는 특정물매매와 종류물매매의 구분(제480조 참조)도 인정하지 아니한다. 어느 경우에나 목적물에 하자가 있으면, 뒤의 4.에서 보는 대로, 1차적으로 「추완급부(Nacherfüllung)」가 행하여져야 하는 것이다. 또한 가축매매(Viehkauf)에 관한 특칙(독일민법 제481조 내지 제492조)은 선적으로 폐기된다.

2. 물건하자의 개념은 현행보다 훨씬 상세히 규정되어 있다(안 제434조). 그러나 내용적으로는 현재의 통설인 주관적 하자개념과 크

24) 이는 특정물매매에서도 하자 없는 목적물의 인도의무를 인정하는 것으로서, 극히 중요한 태도전환의 제안이다.

25) 즉 동 규정에서 정하는 "그 추정이 목적물의 성질이나 하자의 성질에 비추어 적합하지 아니한 경우"를 제외하고는.

게 다를 바 없다(특히 동조 제1항 제1문, 제2문 제2호). 주목되는 것은, 특히 "매도인, 제조자 및 그들의 보조자가 공개적으로 행한 언명, 특히 광고나 라벨에 의하여 기대할 수 있었던 성상"을 갖추지 못한 것도 원칙적으로 하자가 된다는 점이다(동조 제1항 제3문). 이는 유럽공동체의 소비재매매지침(1999/44/EG) 제2조 제2항 d호에 따른 것이다.[26] 또 특이한 것은, 매매목적물과 다른 물건을 인도하거나 너무 작은 양을 인도한 것도, 명백히 이를 이행으로 볼 수 없는 것이 아닌 한, 하자로 본다는 안 제434조 제3항이다.[27]

3. 한편 매도인의 담보책임은 우선 매수인이 계약체결 당시 하자의 존재를 알았거나 중대한 과실로 알지 못한 때에는 발생하지 아니한다(안 제441조 제1항 제1문).[28] 이 중대한 제한은 기본적으로 소비재매매지침 제2조 제3항에서 유래한다.[29] 현행의 독일민법은 기본적으로 매수인의 고의의 경우에만 담보책임을 배제하며(제439조 제1항, 제460조 제1문), 매수인이 하자를 중과실로 알지 못한 경우에도

26) 그 외에, 계약상으로 매도인이 조립하기로 되어 있는데 그 조립에 하자가 있는 경우와 매수인이 매도인의 조립지시에 의하여 조립한 것에 하자가 있는 경우도 하자가 긍정된다(안 제434조 제2항). 이는 소비재매매지침 제2조 제5항을 수용한 것이다.

27) 이는 독일상법 제368조가 매수인의 검사의무 및 하자통지의무(동법 제367조. 우리 상법 제69조에 상응한다)와 관련하여 규정하는 바이다. 이 초안은 이를 매매목적물의 하자 일반의 차원으로 끌어올린 것이다.

28) 다만 부동산등기부에 기재된 부담은 매수인이 이를 알았어도 제거되어야 한다(안 제441조 제2항). 이는 기본적으로 현행의 독일민법 제439조 제2항과 같은 취지이다.

29) 소비재매매지침은 이 맥락에서 고의 외에 "합리적으로 보아 모를 수 없는 때(could not reasonably be unaware of)"라는 표현을 쓰고 있다. 이 용어는 예를 들면 「유럽계약법원칙」(이에 대하여는 梁彰洙, "「유럽契約法原則」에 대한 一考 및 그 飜譯", 서울대 법학 40권 1호(1999. 5), 358면 이하(本書, 320면 이하)참조)의 제3 : 204조, 제3 : 205조 제1항, 제3항 a호, 제5 : 101조 제2항, 제6 : 101조 제2항 등에서도 채택되고 있다. 이 초안의 이유서에 의하면, 이 용어는 "독일민법전의 용어법에 의하면 중대한 과실로 이해된다"고 한다. DE, S. 512 참조.

매도인은 원칙적으로 담보책임을 지고 다만 물건하자의 경우에 매도인이 하자 없음을 보증하였거나 그 하자를 고의로 묵비한 때에만 책임을 지도록 한다(제460조 제2문). 그런데 제안자의 설명에 의하면, 이러한 책임배제의 확장은 중과실을 매도인이 입증하여야 하고 또 특별한 사정이 없는 한 매수인이 검사의무를 지는 것은 아니므로, 실제적인 의미는 별로 없다고 한다.[30]

중요한 것은, 매수인이 하자를 발견한 때부터 2개월 내에 매도인에게 통지하지 아니한 때에도 매도인의 담보책임이 배제된다는 점이다(안 제441조 제1항 제2문). 이는 전적으로 새로운 규정을 제안하는 것인데, 소비재매매지침 제5조 제2항 제1문에 따른 것이다.[31] 그 이유는 다음과 같이 설명된다.

> "이로써 담보책임의 소멸시효기간이 현저히 길어짐으로 인한 매도인의 불이익이 완화된다. 시효기간의 장기화는 오늘날 위험이전 후 상당한 기간이 경과하여야 하자가 드러나는 복잡하고 내구성 있는 실용품이 점점 늘어나고 있다는 사정을 고려한 것이다. 그러나 일단 하자가 밝혀지면, 가능한 한 신속하게 이를 알아서 매수인의 제반 청구에 대비할 수 있어야 한다는 매도인의 정당한 이익이 승인되어야 한다. 또한 이로써 불량한 매수인이 하자가 드러난 목적물을 일정 기간 사용하고 시효의 완성 직전에 완전물급부청구를 함으로써 이제 중고품이 된 물건을 새 물건으로 '교환'할 수 있는 위험을 줄일 수 있다"[32]

4. 담보책임의 내용은 1차적으로 追完給付이다(안 제437조). 즉 매수인의 선택에 좇아 하자의 제거 또는 하자 없는 물건의 인도가 청

30) DE, S. 512.

31) 우리 법으로 말하면, 이는 상법 제68조에서 商事賣買에 대하여 정하고 있는 매수인의 검사의무 및 하자통지의무 중에서 후자를 매매 일반에 부분적·제한적으로 수용하는 것이다.

32) DE, S. 513.

구될 수 있다. 이는 특히 특정물매매에서 하자보수청구권을 명문으로 도입한다는 점에서 획기적인 것이다. 이에 대하여 매도인은 추완급부를 과다한 비용으로써만 실현할 수 있는 경우에는 이를 거절할 수 있다(동조 제2항). 계약해제나 대금감액은, 원칙적으로, 추완급부를 청구하였으나 상당한 기간 내에 그것이 행하여지지 아니한 경우에 비로소 할 수 있다(안 제438조 제1항, 제439조 제1항).

지금까지 보증된 성상이 결여되거나 하자를 악의로 묵비한 경우에만 인정되었던 損害賠償請求權(독일민법 제463조)은 이제 그러한 제한 없이 인정된다(안 제440조). 이는 "이제는 하자 없는 급부를 하는 것이 매도인의 이행의무에 속하게 되어서 하자 있는 급부는 안 제280조 제1조에서 정하는 의무위반이 된다는 것으로부터의 논리적인 귀결로서 인정되는 것이다."[33] 다만 이 청구권은 매도인의 과책을 전제로 한다.[34] 이는 그 권리가 채무불이행으로 인한 손해배상청구권에 관한 제280조 등에 좇아 인정되는 데 따른 것이다. 지금까지 하자결과손해에 대하여는 보증된 성상의 결여로 인한 담보책임에 관한 한 손해배상청구권이 항상 인정되는 것은 아니고, 그것이 인정되지 않는 한에서는 적극적 채권침해를 이유로 하는, 따라서 과책을 요건으로 하는 채무불이행책임이 적용되었다.[35] 그러나 이 초안에 의하면 이러한 차별적 취급은 이제 명백히 폐기된다. 그리고 「원래의 하자손해」, 즉 목적물에 하자가 없었으면 가졌을 가치를 가지지 못하게 된 손해도 그 배상을 청구할 수 있게 된다.[36]

33) Dauner-Lieb(註 1), S. 13 a.E.

34) 무엇보다도 DE, S. 460, 508. 그 외에 Krebs(註 1), S. 19; Dauner-Lieb(註 1), S. 14도 참조.

35) 독일민법 제463조의 손해배상청구권의 내용 및 그 청구권과 다른 법제도들과의 관계 일반에 대하여는 우선 MünchKomm/Westermann, § 463 BGB Rn. 29ff., 34ff.; Jauernig/Vollkommer, § 463 Rn. 15f., 20f. 참조.

36) DE, S. 503, 506. 한편 DE, S. 508은, "이것이 매매법에서의 [하자담보책임으로 인한] 손해배상청구권에 대한 새로운 규율의 핵심이다"라고 한다.

그 외에 손해배상청구권의 구체적인 내용에 대하여는 별도의 정함이 있다(안 제440조 제2항, 제3항). 예를 들어 "계약의 불실행으로 인한 손해", 즉 목적물을 반환하고 자신이 목적물의 하자로 인하여 입은 손해 전부를 배상받으려면(소위 「큰 손해배상」) 먼저 계약을 해제하여야 한다(안 제440조 제3항, 제325조).[37] 한편 소위 「작은 손해배상」, 즉 물건을 그대로 보유하면서 하자손해 또는 그와 직접적으로 관련 있는 손해(예를 들면 용익하지 못함으로 인한 손해)만을 배상받으려면, 안 제282조에서 정하여진 "급부에 갈음하는 손해배상"의 요건이 갖추어져야 한다(안 제440조 제1항 제1문, 제282조).[38] 따라서 손해배상청구권도 통상적으로는 1차적으로 추완급부청구권이 행사되었으나 추완급부가 제대로 행하여지지 아니하였음을 전제로 한다.[39]

5. 이 초안은 담보책임의 내용으로 인정되는 추완급부청구권, 해제권이나 대금감액권, 또는 손해배상청구권에 대하여 별도의 단기 소멸시효기간을 정하지 아니한다.

현행의 독일민법은 권리하자로 인한 담보책임에 대하여는 ―그것이 일반의 채무불이행법에 의하여 규율됨에 비추어 당연히― 통상의 소멸시효기간(30년)을, 물건하자로 인한 담보책임에 대하여는, 악의의 묵비로 인한 손해배상청구권을 제외하고는, 극히 단기의 소멸시효기간("인도시로부터" 동산의 경우에는 6개월, 부동산의 경우에는 1년)을 정한다(제477조 제1항 제1문).[40] 특히 판례는 이 단기의 기간을 매수인이 하자를 안 때로부터 기산하여야 한다는 일부 학설의 주

37) 이는 이미 안 제280조 제2항 제3문이 동일한 취지를 규정하고 있는 것을 "주의적으로" 다시 정하는 것이라고 한다. DE, S. 508.

38) DE, S. 507, 509. 또한 Dauner-Lieb(註 1), S. 14도 참조.

39) 한편 이러한 추완급부의 지연으로 인한 손해배상청구권에 대하여는 별도의 규정이 있다(안 제440조 제2항).

40) 예외는 하자를 악의로 묵비한 경우에만 인정된다.

장을 배척하고 문언대로 인도시부터 기산된다는 태도를 취하였다. 이와 같이 극단적으로 다른 취급이, 나아가 특히 물건하자가 "숨겨진 것"이어서 상당한 기간이 경과한 후에만 비로소 발견될 수 있는 것인 경우에도 위와 같이 사실상 담보책임을 배제하는 처리가 과연 타당한 것인지에 대하여는 심각한 의문이 제기되었다.[41] 그리고 그 단기의 시효기간의 적용범위를 둘러싸고는 극도로 착종된 논의가 행하여지고 있다.[42] 이는 결국, 한편으로 앞서 본 법정책적인 입장에서 제기되고 있는 의문에 어떻게 대처할 것인가 하는 관점과, 다른 한편으로 하자문제의 신속한 해결을 통한 법적 안정성의 확보와 과책 없는 매도인의 보호라는 위 규정의 취지에 비추어, 원래의 담보책임을 묻는 것은 아니라도 물건에 하자가 있음을 종국적인 이유로 하는 것인 다른 권리, 예를 들면 불완전급부나 부수의무 위반 등의 적극적 채권침해 또는 계약체결상의 과실을 이유로 하는, 또는 나아가서는 불법행위를 이유로 하는 손해배상청구권에 대하여도 이 규정이 적용되어야 하지 않는가 하는 관점 사이에서 설득력 있는 태도를 획득하기 어려움을 반영하는 것이라고 생각된다.

그리고 담보책임에 관련하여 아예 단기의 소멸시효기간을 정하는 규정을 두지 않음으로써,[43] 새로 제안되는 3년의 일반소멸시효기간(안 제195조 제1문)에 걸리도록 한다.[44] 이로써 위와 같은 문제는 제

41) 우선 U. Huber, Leistungsstörungen, in: Bunderminister der Justiz(Hrsg.), *Gutachten und Vorschläge zur Überarbeitung des Schuldrechts*, Bd. 1(1981), S. 886ff. 참조. 앞의 본문 3.에서 인용한 DE, S. 513도 참조.

42) 이에 대하여는 MünchKomm/Westermann, §477 BGB Rn. 24ff.; Jauernig/Vollkommer, §477 Rn. 4ff. 참조.

43) 다만 건축물의 하자 또는 그것을 일으킨 건축자재의 하자를 이유로 하는 매매계약상의 청구권은 건축물의 완성으로부터 5년이 경과하기 전에는 소멸시효에 걸리지 않는다(안 제196조 제1항 제2문, 제2항).

44) 한편 소비재매매지침 제5조 제1항 제1문은 목적물의 인도시부터 2년 안에 하자가 드러난 때에 매도인이 하자담보책임을 지도록 정하고 있는데, 이 초안은 이러한 제한을 보다 장기의 소멸시효기간의 적용으로 수용하였다고 할 수 있겠다.

기될 여지가 없게 된다.[45)]

6. 매매법에 대한 개정제안 중에는 그 외에도 들어둘 만한 것이 없지 않다. 예를 들면 위험이전에 관하여 단일하게 목적물의 인도를 기준시점으로 하여(안 제444조 제1항), 지금까지의 부동산이나 선박의 매매 또는 송부매매에 관한 특칙(독일민법 제446조 제2항, 제447조)을 없애고, 나아가 채권자의 수령지체를 그 경우의 인도와 동일시한다는 제안을 하고 있다(안 제444조 제2항). 특히 송부매매에 관한 특칙을 유지하지 않는 이유에 대하여는 별다른 언급이 없다.[46)]

Ⅳ. 都 給 法

1. 우선 중요한 것은 앞으로 제작될 또는 생산될 동산을 목적물로 하는 계약은 도급계약법의 적용을 받지 않고 전적으로 매매법에 의하여 규율된다는 것이다(안 제631조 제3항 제1문). 이는 소비재매매지침 제1조 제4항과 궤를 같이하는 것이다. 그리하여 제작물공급계약에 관한 현행의 독일민법 제651조는 삭제가 제안된다.

2. 수급인의 담보책임에 관한 이 초안의 개정제안은 기본적으로 매도인의 담보책임에 대하여서와 같다.[47)] 즉 1차적으로는 추완급부청구권, 즉 瑕疵補修請求權이(안 제634조), 그리고 그 청구가 실현되지

45) 한편 소멸시효에 관한 특약에 관한 안 제212조은 제1항에서 시효기간의 연장 및 단축의 약정이 유효하다고 하는데, 그 제2항은 다만 소비재매매에 있어서 매도인의 담보책임을 2년 미만(중고품의 경우에는 1년 미만)으로 하는 事前約定은 무효라고 정한다.

46) 이를 탓하는 것으로 Krebs(註 1), S. 18.

47) 도급계약에서도 수급인은 "물건하자 및 권리하자 없이 일을 완성할 의무"를 부담한다는 규정이 앞선다(안 제633조 제1항).

아니한 경우에 비로소 해제권이나 대금감액권 또는 손해배상청구권이 발생한다(안 제636조 내지 제638조). 다만 도급인은[48] 수급인이 정하여진 기간 내에 추완급부를 하지 아니하는 경우에는 스스로 하자를 제거하고 그에 필요한 비용을 청구할 수 있다(안 제635조).

그리고 단기소멸시효에 관한 현행 규정(제638조)은 그 삭제가 제안된다. 다만 건축물의 하자를 이유로 하는 도급계약상의 청구권은 현행 규정과 같이 5년의 소멸시효에 걸린다(안 제196조 제1항).

3. 한편 현행의 독일민법에서 수급인의 報酬請求權은 원칙적으로 도급인이 완성된 일을 수취(abnehmen)함으로써 이행기가 도래한다(제641조 제1항 제1문). 여기서 「수취」는 단순히 급부를 수령하는 것만을 말하는 것이 아니라, 일이 계약에 맞게 완성되었음을 인정하는 것을 포함한다.[49] 이 초안은 이와는 달리 원칙적으로 일의 완성으로 보수청구권의 이행기가 도래하고, 수취는 별도로 약정되거나 일의 성질상 통상적인 경우에만 요구될 것을 제안한다(안 제639조 제1항 제1문, 제2항 제1문). 이는 중요한 변경이 아니며, 단지 "수취가 법현실에 있어서는 통상적인 경우가 아니"라는 것을 법적으로 명확하게 하는 의미가 있다고 한다.[50]

4. 또 도급인이 일의 완성 전에는 언제든지 계약을 해지할 수 있도록 하는 현행의 독일민법 제649조는[51] 삭제가 제안된다. 통상 매

48) 종전에 '도급인'을 가리키는 Unternehmer라는 용어는 독일민법 제14조에서 2000년 6월 30일부터 새로이 도입된 '사업자(Unternehmer)' 개념과의 혼동을 피하기 위하여 Hersteller로 변경하는 것이 제안되었다.

49) 이에 대하여는 우선 MünchKomm/Soergel, § 640 BGB Rn. 2 참조.

50) DE, S. 582f.

51) 우리 민법 제673조에 상응한다. 그러나 독일민법은 계약해지의 경우 단지 "손해를 배상"하는 데 그치는 것이 아니라, 수급인은 약정한 보수 자체를 지출을 면한 비용 등을 공제한 다음 청구할 수 있다고 정한다.

도인보다도 계약의 이행을 위한 노력을 더욱 많이 하는 수급인이 계약의 구속력의 보호를 매도인보다 덜 받을 이유가 없으며, 그가 보수청구권을 가진다고 해도 지출하지 않아도 되는 비용 등을 공제하여야 하므로 이것만으로는 충분하지 않다는 것이 그 이유이다.[52]

V. 消滅時效

소멸시효법에 대한 개정제안의 가장 큰 특징은 단순화에 있다.

1. 가장 중요한 점은 일반소멸시효기간을 현행의 30년에서 3년으로 단축한다는 것이다(안 제195조 제1문). 이 제안에 대하여는 "한 극단으로부터 다른 극단으로"라는 평가도 있다.[53] 종전의 30년 시효는, 절대권에 기한 반환청구권,[54] 친족법·상속법상의 청구권 및 재판상 확정된 청구권(또는 이에 준하는 채무명의 있는 청구권)에 대해서(안 제197조 제1항 제1문), 그리고 불법행위나 기타의 원인(예를 들어 계약상의 보호의무 위반[55])으로 생명, 신체, 건강 또는 자유와 같은 절대적 법익이 침해된 경우(소위 人損)의 손해배상청구권 또는 留止請求權(안 제200조 제1항 내지 제3항)에 대하여만 유지된다. 한편 불법행위로 인한 손해배상청구권 및 유지청구권은 원칙적으로는 행위시(위험책임에서는 위험의 실현시)로부터 10년의, 또 권리자가 손해와 배상의무자를 아는 때부터 3년의 소멸시효에 걸린다(안 제200조 제1항, 제3항).

52) DE, S. 552f.

53) Honsell(註 1), S. 20. 혼젤은 우리 민법에서와 같이 10년의 일반소멸시효기간을 제안하고 있다.

54) 주지하는 대로 독일민법에서 소멸시효에 걸리는 권리는 청구권(Anspruch)에 한정되는데(제194조 제1항), 이는 초안에서도 그대로 유지된다(안 제194조 제1항).

55) DE, S. 262 참조.

그 외에 매도인이나 수급인의 담보책임에 대하여 인정되던 단기 소멸시효 등은 더 이상 인정되지 않는다.[56]

2. 소멸시효는 청구권의 이행기가 도래함으로써 개시된다(안 제198조 제1항 제1문). 다만 약정된 대가의 지급청구권, 규칙적으로 반복되는 급부의 청구권, 부양청구권은 그 이행기가 되는 해가 종료함으로써, 채무불이행으로 인한 청구권은 의무위반행위가 행하여진 때에,[57] 매도인 또는 수급인의 담보책임으로 인한 청구권은 상대방이 목적물 또는 일을 지배하게 된 때에 각기 개시된다(동조 제2항 내지 제4항).

3. 또 한 가지 중요한 개정제안은 현행의 시효중단 대신에 「시효재진행(Neubeginn der Verjährung)」의 제도를 두고, 재진행사유로 의무자의 승인과 청구권자의 집행행위만을 인정하는 것이다(안 제201조 제1항). 그 이외에 권리자의 각종의 권리행사는 단지 시효정지만을 일으킬 뿐이다(안 제203조 제1항). 예를 들어 소의 제기는 확정판결 기타 절차의 종결까지 시효의 진행을 정지시킨다(안 제203조 제1항 제1호, 제204조 제1항 제1문).

4. 현행의 독일민법은 소멸시효를 법률행위에 의하여 배제 또는 가중할 수는 없고, 이를 경감할 수만 있다고 정한다(제225조). 그러나 이제는 이를 가중하는 것도 허용한다는 개정이 제안된다(안 제212조 제1항 제1문).

---

56) 다만 앞의 註 42 및 Ⅳ.2.에서 본 건축물 등의 하자를 이유로 하는 5년의 소멸시효는 예외이다.

57) 다만 주된 급부의무의 이행기가 도래하기 전에는 개시되지 않는다.

Ⅵ. 改正草案의 將來에 대한 展望

이 토론용 초안이 그 대강에 있어서라도 그대로 법률이 될 것인지는 이를 쉽사리 낙관할 수 없다. 무엇보다 유럽연합의 지침을 국내입법으로 실행하여야 한다는 점은 유럽연합의 가입국으로서의 의무로 이를 시인하지 않을 수 없다고 하더라도,[58] 이 초안이 그 출발점으로 삼고 있는 대로 이를 계기로 「대해결」을 택하여 민법전의 기본제도를 근본적으로 변혁할 것이 아니라 그 지침을 특별법에 의하여 수용하는 「소해결」을 추구할 것이라는 주장이 적어도 학자들 사이에서는 대세를 점하는 듯하다. 학자들의 이 초안에 대한 비판은, 제안된 규정들의 세부에 대한 각론적인 지적은 별론으로 하더라도, 총론적인 점에 관하여서 다음과 같이 집약될 수 있다.

첫째, 이 초안이 추구하는 입법정책적 가치는 "단순화, 투명성, 법적 안정성"인데, 과연 이 초안의 개정제안이 이와 같은 목표를 달성하고 있는지 의문이라는 것이다. 특히 「단순화」를 추구하다 보면, 반대로 추상적인 개념을 사용하거나 준용기술을 구사하지 않을 수 없다고 한다. 예를 들어서 채무불이행의 요건을 「의무위반」으로 통합한다고 하여도, 이행지체의 유형은 별도로 법정하고 있을 뿐 아니라,[59] 종전에 논하여지고 있던 각종의 채무불이행유형에 상당히 친숙한 사람만이 그 구체적인 내용을 이해할 수 있다는 것이다. 그러므로 결국에는 "실무는 바로 이미 알려진 유형들을 통하여 보다 다양화된 채무불이행범주에로 적어도 부분적으로는 회귀할 것을 예기하지 않을 수

58) 그런데 Honsell(註 1), S. 19은, 유럽이사회에 소비자보호에 관한 권한을 부여한 것 자체가 "좋은 생각이 아니었음"을 확인하지 않을 수 없다고 한다.

59) Honsell(註 1), S. 19; Huber(註 1), S. 2137은, 不能의 개념은 비록 현재의 독일민법전과 같은 압도적인 지위는 주어질 수 없다고 하여도, 여전히 유지되어야 한다고 주장한다.

없다."[60] 이는 특히 현재 판례에 의하여 인정되는 법리, 예를 들면 계약체결상의 과실책임, 계속적 계약관계의 비상해지, 행위기초 등에 관한 규정의 제안에서도 현저하게 드러난다.[61]

둘째, 소비자보호입법과 같은 "사회적 요소"를 담은 법률을 민법전에 통합하거나 소비재매매에 관한 별도의 款을 매매법 중에 두는 것은 독일민법전의 이념이나 구성에 이질적인 요소를 도입하는 것이다.[62] 그러한 의미에서도 단순화, 투명성의 목표는 달성되지 않을 것이고, 오히려 더욱 나쁜 방향으로 실현될 가능성이 높다.

셋째, 유럽적 관점에서 보더라도 현재 유럽연합 전체에 통일적인 입법작업 또는 그 예비작업이 적어도 계약법에 관한 한 견실하게 진행 중이다.[63] 그런데 이 단계에서 독일민법전을 힘들여 발본적으로 개정하는 것은 불필요한 이중의 작업이 되는 것이다. 이 논거는 아마도 정치적으로는 이번의 개정제안에 대한 가장 강력한 반대이유가 되지 않을까 추측된다.[64]

---

60) 이상 Dauner-Lieb(註 1), S. 16.

61) 이 점은 Jakobs(註 1), S. 28f.에 의하여서도 신랄하게 지적되고 있다.

62) Jakobs(註 1), S. 29.

63) 이에 대하여는 우선 梁彰洙(註 30), 361면 이하 참조. 최근의 작업을 개관하는 것으로 Reinhard Zimmermann, *ZEuP* 2000, S. 391ff., 특히 S. 393 참조. 梁彰洙, 同所에서 언급한 「유럽사법의 공통핵」이라는 트렌토계획으로부터 이미 Zimmermann/Whitaker(ed.), *Good Faith in Europran Contract Law*(2000)가 출간되었고, 머지 않아 James Gordley(ed.), *The Enforceability of Promises in Europran Contract Law*가 출간될 것이라고 한다. 또한 그 전에 유럽의회의 위탁을 받은 연구보고서로 Klaus H. Offermann(ed.), *The Private Law System in the EU: Discriminating on grounds of nationality and the need for a Europran Civile Code*(1999)가 발간되었다(이 문헌은 *www.europarl.eu.int/workingpapers/juri/pdf/103-en.pdf*에서 출력할 수 있다). 그리고 2000년 11월에는 독일의 트리어에 있는 「유럽법아카데미(Academy of European Law)」와 유럽의회의 「법과 역내시장」 분과위원회가 법통일을 주제로 한 심포지엄과 청문회를 각각 개최하였다. 이는 유럽연합의 법통일에의 정치적 의지를 표명하는 행사로 이해되고 있다.

64) 필자가 1993년 독일에 머물면서 프라이부르크대학의 쉴레히트림 교수로부터 직접 들은 바에 의하면, 1992년에 발표된 채권법개정위원회(동 교수는 이 위원회의 16인의 위원 중 한 사람이었고, Schlechtriem, *Schuldrechtsreform*(1987)을

넷째, 이 초안이 그 태도의 밑바탕으로 삼고 있는 채권법개정위원회의 작업이 1980년대 중반까지의 민법학 또는 민법을 기초로 하여 행하여진 것이고 그 제안 자체가 이미 10년이 지난 것이라는 점이다.[65] 그 사이에 "현대적이고 많은 찬사를 얻은" 새로운 네덜란드민법이 시행되었고 UNIDROIT의 국제상사계약원칙이나 소위 란도위원회의 「유럽계약법원칙」이[66] 1994년 이후로 발표되었는데, 과연 이 초안이 이러한 국제적인 동향을 어느 만큼 반영하고 있는지 따져 볼 필요가 있다는 것이다.

이 초안이 발표된 후에 독일의 연방법무부장관은 그의 관저에서 작업실무자들과 함께 일단의 민법학자들과 「간담회」를 가졌는데,[67] 그 자리에서 장관은 "교수들은 박물관의 현상유지를 지지한다"고 발언하였다고 한다.[68] 물론 여기서 「박물관」이란 독일민법전을 말한다. 과연 민법전은 이제는 쓰이지 않는 과거의 유물을 한곳에 모아 놓는 창고인가? 그런데도 불구하고 교수들이 그 틀을 변경하여서는 안 된다고 주장하고 있는 것은 아닐 것이다.

(서울대학교 法學 41권 4호(2001. 2), 92면 이하 所載)

저술하여, 채권법개정작업의 전제·가능성 및 대상을 논한 바 있다)의 「최종보고서」가 그 후 구체적인 입법작업으로 연결되는 기미조차 없었던 가장 큰 이유는 유럽통합의 진행과정에서 개별국가의 기본법률에 중요한 개정을 행하는 것이 현명하지 않다는 말하자면 「정치적」 고려이었다고 한다.

65) Dauner-Lieb(註 1), S. 15.

66) 「유럽계약법원칙」에 대하여는 梁彰洙(註 28) 참조.

67) Dauner-Lieb(註 1), S. 11 Fn. 26, 28에 의하면, 2000년 11월 6일에 베를린에서 「간담회」가 있었음을 알 수 있다.

68) Jakobs(註 1), S. 30.

[後　記]

1. 서울대학교「21세기 세계 속의 한국법의 발전 교육연구단」(두뇌한국(BK)21 사업단)의 초빙으로 2001년 4월 16일에 독일 뮌헨대학의 쾨스터 교수가 동 대학교 법과대학에서 행한 "독일의 채권법개정(Schuldrechtsreform in Deutschland)"이라는 제목의 강연은 本稿가 작성된 2001년 2월 이후의 독일에서의 채권법개정논의에 대하여 다음과 같이 보고하고 있다.

> "2000년에도 다수의 지도적인 민법교수들이 참여한 전문가회의에서 제 1 초안[토론용초안을 말한다]이 논의되고 엄하게 비판을 받았다. [독일의 연방]법무부는 이러한 비판을 반영하여 2001년 1월에 채무불이행법의 수정을 위한 전문가위원회와 다른 개정분야를 위한 연구팀을 만들었다. 이러한 위원회의 연구성과물이 초안에 수용되고, 초안이 상당히 수정되어 2001년 3월 6일에 새로이 발표되었다[각주: 이른바 "Konsolidierte Fassung". *www.lrz-muenchen.de/~lorenz/schu-mod/index.htm*]. 결국 독일민법교수협의회(Deutsche Zivilrechtslehrer-vereinigung)가 2001년 3월 말 특별회의에서 이 초안을 다루었는데, 이 회의에 법무부의 보고자와 함께 연방법무부장관 자신도 참여하였다. 이 회의의 중요한 결과로서 다음과 같은 것을 들 수 있다. 즉 '대개정'에 대하여 원칙적으로 반대하는 사람은 소수인 것으로 드러났다. 내용적인 문제와 빡빡한 시간에 관하여 우려가 있음에도 불구하고, 다수가 개정에 대하여 원칙적으로 찬성했고 기꺼이 초안의 개선작업에 건설적으로 협력하겠다는 의사를 표명하였다. 그리하여 채권법 개정이 실현될 가능성이 상당히 높아졌고 아마 실현될 것이라고 말할 수 있다."(金載亨 譯, 동 강연자료(제15차 Foreign Authority Forum), 25면 이하에 좇되, 부분적으로 수정을 가하였다)

특히 이 종반의 文章에 대하여는 아마도 검증이 필요할 것이다.

2. 거기서 언급된「수정안」에서 가장 크게 달라진 부분은, 채무불이행책임의 객관적 요건으로「의무위반」이라는 통일적 요건을 유지하되, 履行不能을 종전과 같이 법정유형으로 인정한다는 점이다(本文의 Ⅱ.2. 및 Ⅵ. "첫째" 참조). 종전의 객관적 불능·주관적 불능의 구분은 철폐되고, 그 대신 자연적 불능과 사실상(사회관념상) 불능(physische bzw. faktische Unmöglichkeit)이 구분되어, 전자가 제1차적 급부의무(및 그에 대응하는 이행청구권)를 소멸시키는 반면(수정안 제275조 제1항. 이것과 채무불이행책임과는 별개의 문제이다) 후자는 채무자에게 영구적 항변권으로서의 이행거절권을 발생시킨다(동조 제2항). 그러나 후자의 경우에도 채무자가 그 권리를 행사하면, 전자의 경우와 마찬가지로 그의 반대급부청구권은 소멸한다(수정안 제326조 제1항 제1문). 다만 채권자에게 책임 있는 사유로 불능이 된 경우 및 이행지체 중에 채무자에게 책임 없는 사유로 이행불능이 된 경우는 그러하지 아니하다(동조 제2항). 그 외에 이행불능으로 인한 채무자의 책임(즉 손해배상과 해제)에 대하여는 채무불이행 일반에 대한 규정(수정안 제280조 내지 제284조. 本文의 Ⅱ.5. 및 6. 참조)이 적용된다. 이상으로 수정안은 우리 민법의 채무불이행에 대한 규율과 본질적으로 다른 것이 없다고 할 태도를 취하게 되었다고 할 수 있을 것이다. 그러나 ―우리 민법과는 달리― 원시적·객관적 불능이 계약을 무효로 한다는 현재의 규정(독일민법 제306조)을 폐지하는 태도는 그대로 유지된다(수정안 제311조의a).

3. 원래 이 글에는 그 부록으로 本文의 註 5에서 언급한 독일연방법무부의「설명」이 역주와 함께 번역되어 있었다(서울대학교 *法學*

41권 4호(2001), 109면 이하. 李準珩 박사가 그 草譯과 일부의 譯註를 마련하여 주었었다). 本書에 이를 수록함에 있어서는 이 부분을 할애하였으나, 本文의 글과 함께 읽어주기를 바란다.

4. 이 글이 발표된 후에 독일에서 연방법무부의 채권법개정작업에 관하여 나온 문헌(그 전의 문헌에 대하여는 本文 주 1 참조)으로는, Reinhard Zimmermann, Schuldrechtsmodernisierung?, *JZ* 2001, 171; Wolfgang Ernst, Die Schuldrechtsreform 2001/2002, *ZRP* 2001, 1; Eberhard Wieser, Eine Revolution des Schuldrechts, *NJW* 2001, 121; Helmut Heinrichs, EG-Richtlinie zur Bekämpfung von Zahlungsverzug im Geschäftsverkehr und Reform des Verzugsrechts nach dem Entwurf eines Schuldrechtsmodernisierungsgesetzes, *BB* 2001, 157; Hans-W. Micklitz, Fernabsatz und E-Commerce im Schuldrechtsmodernisierungsgesetz, *EuZW* 2001, 133; Gert Brüggemeier und Norbert Reich, Europäisierung des BGB durch große Schuldrechtsreform?, *BB* 2001, 213 등이 있고, 또 本文 주 1에서 본 심포지엄에 대한 참관보고로 동소에 든 것 외에 Beate Gsell und Thomas Rüfner, Symposium Schuldrechtsmodernisierung, *NJW* 2001, 424가 있다.

11. 債權者의 保證人에 대한 配慮義務에 관한 序說
― 獨逸民法을 중심으로 한 立法例 ―

Ⅰ. 序

1. 우리 나라에서 人的 擔保의 중추를 이루는 保證制度는 보증인이 채권자에 대하여 "主債務者가 履行하지 아니하는 債務를 履行할 義務", 즉 保證債務를 부담하는 것(민법 제428조 제 1 항)[1]을 핵심적인 내용으로 한다. 그러면 반면에 채권자쪽에서는 보증인에 대하여 어떠한 의무도 부담하지 아니하는 것일까? 예를 들어 주채무에 관하여 이행기가 도래하였을 당시에 주채무자에게 충분한 資力이 있어 그로부터 자기 채권의 만족을 얻을 수 있었음에도 이를 게을리하고 있다가 주채무자가 무자력하게 된 후에 보증인에 대하여 보증채무의 이행을 청구하는 경우에, 보증인으로서는 채권자의 위와 같은 권리실현의 해태를 들어 자신의 免責을 주장할 가능성은 인정되지 아니하는 것일까?

2. 현행법의 해석으로 그러한 免責可能性은, 신의칙과 같은 일반조항이 적용될 수 있는 예외적인 경우를 제외하고는, 부정되고 있다고 할 것이다.

---

1) 이하 民法의 규정은 달리 필요가 없는 한 法名을 지시함이 없이 인용한다.

(1) 주지하는 대로 민법은 보증인에게 催告·檢索의 抗辯權을 인정한다. 제437조는 "債權者가 保證人에게 債務의 履行을 請求한 때에는 保證人은 主債務者의 辨濟資力이 있는 事實 및 그 執行이 容易할 것을 證明하여 먼저 主債務者에게 請求할 것과 그 財産에 대하여 執行할 것을 抗辯할 수 있다"고 정하는 것이다. 그런데 여기서 항변권 발생의 요건이 되는 주채무자의 변제자력과 집행의 용이라는 사실의 존부를 판정하는 基準時點은 물론 보증인이 그와 같은 항변권을 행사하는 때이다. 그러므로 그 전에, 특히 「채권자가 보증인에게 보증채무의 이행을 청구」하기 전에 그러한 요건이 갖추어졌던 일이 있다고 하더라도, 위 기준시점에서 주채무자에게 변제자력이 없다면 최고·검색의 항변권은 인정될 수 없는 것이다.

(2) 또한 제485조는 변제자대위와 관련하여, 제481조에 의하여 法定代位할 자가 있는데도 채권자가 고의나 과실로 담보를 상실 또는 감소시킨 때에는 대위할 자는 그로 인하여 償還받을 수 없게 되는 한도에서 그 책임을 면한다고 정한다. 보증인이 보증채무를 이행한 경우에 "當然히 債權者를 代位"한다는 점에는 의문이 없다(제482조 제2항 제1호도 참조).[2] 그리고 거기서의 「상실이나 감소」에는 이를 방치하는 不作爲의 경우도 포함한다고 해석되고 있다.[3] 그러나 同條에서 정하는 「담보」에는 채무자의 재산으로 일반채권자의 변제에 제공되는 一般擔保는 포함되지 않는다고 해석되고 있다.[4] 그러므로 채권

2) 우리 민법 제485조에 대응하는 프랑스민법 제2037조, 독일민법 제776조, 스위스채무법 제503조, 제509조는 保證人에 한하여 면책을 정하고 있으나, 日本民法 제504조가 이를 그 외에 法定代位를 할 수 있는 사람, 즉 物上保證人이나 담보부동산의 第三取得者 등에 확장하여 인정한 것이다.

3) 우선 民法注解[XI], 216면(李仁宰 집필) 참조.

4) 前註 同所 참조. 한편 근자에 大判 96. 12. 6, 96다35774(공보 97상, 199)은, 은행이 제3자로부터 일부의 代位辨濟만을 받고 그에게 자신의 근저당권 전부를 이전하여 준 事案에서, 이는 민법 제485조에서 정하는 담보의 「故意喪失」에 해당되어, 보증인(기술신용보증기금)이 만일 변제를 하였다면 法定代位에 의하여

자가 주채무자에 대한 권리실현을 해태한 경우는 제485조에서 정하는 「고의나 과실로 담보를 상실 또는 감소」시켰다고 하는 要件을 충족하지 못하는 것이다.

(3) 한편 실무는 보증인의 이익으로 신의칙을 적용하는 것에 대하여도 반드시 적극적이라고는 할 수 없다. 예를 들면 大判 87.1.20, 86다카1262(공보 87, 305)은, 금융기관이 보증인들을 상대로 보증책임을 訴求한 사건에서, 피고들이 제기한 항변, 즉 "원고가 주채무자가 제공한 담보물의 가치를 과다하게 평가한 다음 대출과 지급보증을 계속함으로써 채권 회수가 곤란한 상태에 이르게 하고 담보물을 처분하여 얻은 대금을 불량채권부터 변제충당한 다음 피고들에게 보증채무의 이행을 구하는 것은 신의칙에 반한다"는 抗辯에 대하여 다음과 같이 판시하였던 것이다.

> "자금을 대출하여 이자수입을 얻는 것은 은행 본래의 영업이고 담보가 보장되는 이상 대출규모를 확장하여 수익을 도모하는 것은 영리기업인 은행으로서 당연한 일이며 인적 담보란 **채권의 회수불능에 대비한 은행 자신의 보호책**인데 보증인의 이익을 고려하여 내출을 삼가함으로써[원문대로] 채권회수불능상태에 빠지지 않도록 조치하여야 한다는 신의칙상의 의무가 은행에게 있다고 할 수 없다."[5)]

한편 "擔保能力이 微弱한 企業의 債務를 保證"하기 위하여 특별법에 의하여 설립된 公法人인 信用保證基金(이와 유사한 공법인으로서 技術信用保證基金 등이 있다)이 기업이 은행 등으로부터 대출받는 施設資金에 대하여 보증을 하는 경우에는, 기업이 후에 그 자금을 사용하여 마련하는 시설이나 설비를 준공하거나 설치한 즉시 은행이 이를 「主擔保」로 취득하고 자신의 보증은 해지할 것과 만일 은행이 이를

근저당권의 일부를 취득하여 그 실행에서 배당받을 수 있었던 한도에서 보증인은 그 책임을 면한다고 판단하였다.

5) 고딕체에 의한 강조 및 꺾음괄호 안은 인용자가 가한 것이다. 이하 같다.

위반하면 보증인은 보증채무를 면한다는 특약을 하는 것이 통상이다. 그런데 위와 같은 특약이 있는 경우에 대하여, 大判 94.6.14, 94다8150(공보 94하, 1957) 등은 그 특약의 취지가 "채무자가 시설한 공장건물 및 시설에 관하여 채권자가 물적 담보를 취득한 경우에 [비로소] 그 취득한 담보가치 범위 내에서 신용보증계약을 해지하여 피고의 신용보증책임을 면하게 한다는 것에 그치지 않고, 후에 피고가 보증책임을 이행한 경우에 채권자를 대위하여 채무자에게 구상권을 행사하여도 물적 담보가 없어 실효를 거둘 수 없는 결과가 초래되지 아니하도록, 채무자가 공장건물과 시설을 준공하면 그에 관하여 1순위 근저당권을 설정하는 등 방법으로 물적 담보를 확보하게 하는 의무를 채권자에게 부담시키고, 채권자의 귀책사유로 인하여 담보를 확보하지 못하게 되면 피고의 책임이 면책되는 것으로 약정한 취지라고 [해석]할 것이다"라고 판시한 바 있다. 그리고 그 후에도 大判 95.7.28, 95다18734(공보 95하, 2980); 大判 96.12.10, 96다37619(공보 97상, 325) 등은 이러한 契約解釋에 기하여 채권자가 主擔保의 취득을 게을리하였다고 하여 보증인을 免責시키고 있다.[6] 그러나 이는 어디까지나 위와 같은 特約이 존재하는 경우에 한정되는 것이고, 그러한 特約이 없는 통상의 보증에는 無緣한 것이라고 하겠다.

3. 그런데 채권자가 보증채무의 이행을 구하여 제기한 소송에서 보증인이 위와 같은 主張을 하는 일이 적지 않다고 한다. 특히 주채무자가 소위 IMF경제위기로 인하여 무자력하게 됨으로써 금융기관 등의 채권자가 대량으로 보증금청구소송을 제기하였는데, 이러한 경우에 피고가 된 보증인은 흔히 주채무자가 정상적으로 사업을 영위하고 자력이 있는 동안에 채권의 실현을 게을리한 채권자를 「비난」하게

6) 이에 대하여는 우선 梁彰洙, "債權者의 擔保確保義務違反으로 인한 保證人의 免責", 오늘의 법률 제99호(1997.4), 3144면 이하(同, 民法散考(1999), 157면 이하에 再錄) 참조.

되는 것이다.

그러한 狀況에 처하여서 보면, 채권자가 보증인의 이익을 위하여 주채무자에 대한 권리를 성의 있게 실현할 의무를 부담한다고 할 것인가 하는 로마법 이래 법률가 사이에서 열심히 논의되었던 문제를 상기하게 된다. 종전에 우리 나라에서는 별로 논의된 바 없으나, 이하에서 보는 대로 이 문제는 각국의 입법과정에서 논의된 바 있으며, 대륙법의 법률가 사이에서는 周知의 것이었다고 생각된다.

4. 本稿는 보증인 보호의 필요와 그 한계라는 문제의식을 배후에 두고, 우리 민법에서 立法論的으로 채권자의 보증인을 위한 배려의무 또는 주의의무를 인정할 것인가 하는 문제를 생각하기 위한 資料의 一端을 제공하는 것을 목적으로 한다.

(1) 이는 애초 필자가 현재 법무부에서 추진 중인 민법개정준비작업에 관여하고 있는 것을 계기로 개정의 중요항목 중의 하나인 保證法에 대하여 그 개정방향을 구상하는 것과도 관련된다. 물론 보증인의 법적 지위는, 그 외에도 예를 들면 보증인의 책임범위, 최고·검색의 항변권의 인정 여부 및 내용, 주채무자가 가지는 대항사유의 원용, 다른 보증인들과의 관계, 변제자대위의 내용 등 다양한 法技術과의 유기적인 관련 아래서 논의되어야 할 것이다. 그러나 이들 전부에 손대는 것은 여건이 허락하지 않으므로, 우선 위의 문제에 한정하고자 하는 것이다. 아마도 이 한정에 대하여는 심각한 視角狹小의 비난을 받을 가능성이 있음은 감수하고자 한다.

(2) 本稿에서는 촉박한 시간의 제약 아래서 모을 수 있는 한에서 광범위하게 주요한 다른 나라의 立法例를 모으고, 나아가 가능하면 관련되는 問題檢討의 現狀도 전달하고자 하였다. 어디까지나 입법적인 고려의 전제작업으로서 행하여진다는 점을 생각하면, 혹 불비한

여러 가지 점에 대한 변명이 될는지 모르겠다.

필자의 사정에 의하여 독일에서 민법전의 입법과정에서의 논의와 그 후의 해석이 많은 부분을 차지하게 되었다. 그리하여 그 編成도 독일에 관한 것을 기준으로 하여(Ⅲ.), 그 앞(Ⅱ.)과 뒤(Ⅳ.)로 나누어 살펴보기로 한다. 그리고 마지막에 우리가 이 문제를 생각함에 있어서 긴요하다고 생각되는 점을 제시하여 본다(Ⅴ.).

Ⅱ. 獨逸民法 制定 以前

1. 로 마 法

(1) 보증은 로마에서 가장 즐겨 이용된 담보형태이었다.[7] 그 이유는 한편으로 물적 담보가 公示의 不在(비점유질원칙)나 다양하고 강력한 法定擔保權의 인정 등으로 매우 취약한 존재이었다는 점과[8] 다른 한편으로 로마사회에서 일반적 덕성으로 성실의무가 극히 강조되었고 특히 보증인은 보증을 요하는 처지에 빠진 주채무자를 위하여 그의 후견자(patron)로서의 의무로서 보증을 서게 되는 일이 흔하였는데 보증인과 주채무자 사이의 이러한 信義關係로 인하여 채권의 만족이 보장되었다는 점 등을 든다.

고전기에 인정되었던 보증의 법적 형태로는 로마시민들 사이에서만 가능하였던 誓約保證(sponsio), 비로마시민에게도 인정되었던 信約保證(fidepromissio), 가장 늦게 발전되었으나 고전기 보증의 기본적 형태이었던 信命保證(fideiussio)의 셋이 있었다.[9] 이러한 問答契約保

---

7) 로마법상의 보증제도 일반에 대하여는 우선 Kaser, *Römisches Privatrecht*, 16. Aufl.(1992), §57 Ⅱ(S. 254ff.) 참조.

8) 이에 대하여는 우선 Kaser(前註), §31 Ⅰ(S. 139f.) 참조.

9) 崔秉祚, 로마법강의(1999), 451면 참조.

證(Stipulationsbürgschaft)들에는 공통적으로 ① 보증인이 주채무자보다 더 무거운 책임을 지지 않고 보증인은 채무자의 대항사유를 주장할 수 있으며, ② 공동보증의 경우에 원칙적으로 분별의 이익이 인정되었고, 특히 주목할 만한 것으로는 ③ 채무자와 보증인에 대한 소는 동일한 사건에 대한(de eadem re) 것으로 인정되어, 그 중 하나의 소송의 爭點決定 후에는 다른 소송은 허용되지 아니하며(소위 消耗競合), 따라서 어느 하나에 대한 쟁송의 결과 채권만족을 얻지 못하면 타자에게는 제소할 수 없었다. 그리고 “변제자력이 있는 주채무자에 대하여 보증인에 앞서서 訴求하는 것이 도덕적으로 채권자에게 요구되었다. 변제의 용의가 있는 주채무자 대신에 보증인에게 소구하는 것은 人格侵害(iniuria)로 다루어졌다.”[10]

(2) 로마법상으로 채권자가 보증인을 위한 성실의무를 부담하는가의 문제에 대한 一次的 法源은 學說彙纂의 한 法文(Scaev. D.46.1.62)으로 알려져 있다.[11] 이에 의하면, “보증인이 채권자에 대하여, 주채무자를 상대로 금전을 지급하도록 강요할 것(compelleret) 또는 담보를 실행할 것을 요청하였는데, 채권자가 이를 하지 아니하였으면, 보증인은 [후에 보증인을 상대로 청구한] 채권자에 대하여 惡意의 抗辯(doli mali exceptione)을 할 수 있는가? [스카이볼라는] 이를 할 수 없다고 대답하였다”(大意)는 것이다. 따라서 고전로마법에서는 적어도 보증의 일반적 형태인 信命保證에 대하여는 채권자의 보증인을 위한 성실의무는 부인되는 것으로 해석되고 있다.[12]

그런데 이러한 귀결에 대하여는, 이는 보증인에 대하여 問答契約

10) Kaser(註 7), § 57 Ⅱ 3 d(S. 256).

11) Rolf Knütel, Zur Frage der sog. Diligenzpflichten des Gläubigers gegenüber dem Bürgen, in: *Festschrift für Werner Flume zum 70. Geburtstag*, Bd. 1(1978), S. 566f. 참조.

12) 우선 Knütel(註 11), S. 566f., 572; Windscheid, *Lehrbuch des Pandektenrechts*, Bd. 2, 9. Aufl.(1906), § 478 Anm. 10(S. 1096) 참조.

에 기한 소권이 행사된 경우이어서 문언성에 엄격하게 지배되는 嚴正訴權의 법리에 따라서 채권자의 권리만을 정하는 방식서의 문언으로 인하여 채권자의 보증인에 대한 의무는 인정될 여지가 없었다는 설명이 행하여지고 있다.[13)]

(3) 그러나 채권에 대한 인적 담보의 기능을 하면서도 誠意訴權에 의하여 추급될 수 있는 경우에 대하여는 이와는 다르다고 한다. 예를 들어 信用委任(mandatum qualificatum), 즉 제3자에 대하여 소비대차를 주라고 하는 위임에 기하여 그 제3자에게 신용이 공여된 경우에 있어서는 受任人이 ――신용을 받은 사람을 상대방으로 하는 소비대차소권와 아울러―― 위임인을 상대로 한 委任訴權(actio mandati contraria)도 가진다는 점에서 보증과 유사한 것이다.[14)] 그런데 이 경우에 대하여 예를 들면 Pap. D.46.3.95.11은 "채권자가 채무자에 대한 소송에서 자신의 과책으로 만족을 얻지 못할 경우에는 위임인에 대한 위임소권으로 아무것도 얻지 못한다. 왜냐하면 그가 위임인에게 소권을 이전할 수 없음이 자신의 과책으로 일어났기 때문이다"(大意)라고 한다. 신명보증과 비교하여 볼 때, 이러한 행위유형에 있어서는 당사자 간의 법률관계가 엄격한 문언에 얽매이지 아니하고 보다 자유롭게 「誠意에 기하여서(ex bona fide)」 판단될 수 있다는 점에 특색이 있는 것이다.

또 문답계약이 문제된 경우, 예를 들면 채권자가 채무자에 대하여 권리를 추급하였으나 만족을 얻지 못한 것에 한하여 급부할 것을 문답계약으로 약속한 소위 損害塡補保證(fideiussio indemnatatis)의[15)] 경우에 대하여도 Modes. D.46.1.41.pr은, 채권자가 채무자에 대하여

13) Knütel(註 11), S. 567 참조.

14) Kaser(註 7), § 57 Ⅲ(S. 257); 同, *Das Römische Privatrecht*, Bd. 1, 2. Aufl. (1971), § 155 Ⅲ(S. 666) 참조.

15) 독일이나 스위스에서 말하는 「손해전보보증(Schadlos- oder Indemnitätsbürgschaft)」 또는 「缺額保證(Ausfallbürgschaft)」이 이에 대응한다.

자기 채권의 만족을 얻을 수 있었음에도 불구하고 이를 하지 아니하고 있는 동안에 채무자가 무자력하게 되었다면, 이제 그 缺額保證人에게 "신명보증인에 대한 소권에 준하는 것을 주기는 어려울 것(non temere utilem in fideiussores actionem competere)"이라고 한다.[16] 이는 채무자로부터 만족을 얻지 못하였음을 조건으로 하는 일종의 조건부 계약으로서, 그 조건의 성취 여부와 관련하여 채권자의 성실한 행태가 요구되기(우리 민법 제150조 제2항 참조) 때문이라고 설명된다. 즉 그 조건은 채권자가 채무자에 대하여 주의를 다하여 권리를 행사하였음에도 만족을 얻지 못한 경우에 보증인이 책임을 지는 내용으로 해석되어야 한다는 것이다.

그러므로 로마법률가의 견해를 크뉘텔에 의거하여 요약한다면, 그것은 "해석의 여지가 인정되는 경우에는, 채권자는 그의 채무자에 대한 권리를 주의를 기울여 추급하여야 한다"는 것이라고 한다.[17]

(4) 고전기를 지나면서 로마보증법은[18] 오히려 誠意法的으로 되어 갔다고 말할 수 있다. 특히 535년에 공포된 新勅法(Nov. 4 c. 1. 제4법령 제1절)은 통상의 보증인에게도 채권자가 먼저 주채무자에게 소송을 제기하고 나아가 강제집행을 행할 것을 항변할 수 있도록 인정하였다. 그 후 통상 「檢索의 利益(beneficium excussiones)」이라고 불리우게 된 이 항변의 인정에 기초하여 中世 이래 「판덱텐의 현대적 관용」의 시기까지에는 보증인은 조건부로 책임을 진다는 생각이 일반적이 되었고, 이와 함께 앞서 본 신용위임이나 손해전보보증에서와 같은 채권자의 보증인에 대한 주의의무 내지 배려의무가 인정되었다. 즉 채권자가 자신의 과실로 인하여 주채무자로부터 만족을 얻지 못한

16) 여기서 문제가 된 事案은 後見(cura)이 개시되고 그 後見人(curator)을 위하여 缺額保證人이 설정된 경우이다.

17) Knütel(註 11), S. 572.

18) 그 구체적인 내용에 대하여는 우선 Kaser, *Das Römische Privatrecht*, Bd. 2, 2. Aufl.(1975), § 278(S. 457ff.) 참조.

경우에는 보증인에 대하여 청구하지 못한다는 것이다.

그리고 이는 19세기 말까지의 普通法學에서도 다를 바 없었다. 예를 들어 빈트샤이트는 그의 『판덱텐교과서』에서 "채권자가 주채무자로부터 만족을 얻을 수 없는 이유가 채권자의 懈怠(Nachlässigkeit)인 경우에는, 보증인은 전혀 청구를 받지 아니한다"는 명제를 제시한 후, 이에 대한 註에서 "이 명제는 고전로마법에서 통상의 신명보증에는 타당하지 아니하나[앞서 본 D.46.1.62 인용], 채무자로부터 만족을 얻지 못한 것에 대한 신명보증(fideiussio eius quod a debitore servari non potest)[즉 결액보증]에 대하여는 그러하지 아니하다[앞서 본 D.46.1.41 인용]. 新勅法 제 4 법령 제 1 절 이래 이는 통상의 보증에도 적용되어야 한다. 먼저 주채무자에게서 만족을 시도하여야 할 의무가 보증계약의 내용이 아니라 법률에 의하여 부과되었다는 것은 아무런 차이도 낳지 아니한다"고 설명하고 있는 것이다.[19)]

2. 프랑스민법

1804년의 프랑스민법 제2037조는 "채권자의 행위로 인하여 채권자의 권리, 저당권 및 선취특권에의 대위가 채무자를 위하여 실현되지 못하는 때에는 보증인은 면책된다"고 정한다.[20)] 여기서 「채권자의 행위(le fait de ce créancier)」란, 통설에 의하면, 바로 채권자의 過責(faute)을 의미하고, 거기에는 故意(faute intentionelle) 외에 過失(faute d'imprudence)도 포함되며, 또한 不作爲로도 족하다고 해석되고 있다.[21)]

19) Windscheid(註 11), § 478 A. 10(S. 1096).

20) 프랑스민법 제2037조: "La caution est déchargée, lorsque la subrogation aux droits, hypothèques et privilèges du créancier, ne peut plus, par le fait de ce créancier, s'opérer en faveur de la caution."

21) 우선 Philippe Simler, in: *Juris Classeur*, Art. 2034 à 2039, cautionnement: Fasc. J(1990), n°s 78 et suiv. 참조. 한편 이에 의하면 파기원의 재판례 중에는

한편 우리의 눈을 끄는 것은, 저당권 및 선취특권에의 대위가 실현되지 못한 경우뿐만 아니라 "채권자의 권리에의 대위(la subrogation aux droits … du créancier)"가 실현되지 못한 경우도 보증인의 면책사유로 정하고 있다는 점이다. 이는 혹 채권자가 주채무자에 대한 권리행사상의 과책으로 자신의 채권을 사실상 실현곤란한 것으로 만드는 경우를 포함하는 것이 아닐까? 그러나 통설은, 단순한 一般債權은 이에 포함되지 않으며, 일반채권자에 우선하여 만족을 얻을 권리, 다시 말하면 優先權(droit préférentiel)에 한정된다고 한다. 그러므로 채권자가 채무자의 재산에 대하여 가지는 一般擔保(droit de gage général)의 상실 또는 감소는 그에 해당하지 않고, 특정된 목적물에 대한 우선권(droit préférentiel précis)만을 말하는 것이다.[22)]

결국 프랑스민법 제2037조는 앞의 I.2.(2)에서 본 우리 민법 제485조와 크게 다를 바 없는 내용을 정하고 있다고 할 수 있겠다.

3. 오스트리아민법

채권자의 보증인을 위한 성실의무를 규정하고 있는 선형적인 예로는 1811년의 오스트리아민법 제1364조 제2문을 들 수 있다. 이 규정은 "채권자도 주채무의 추급에 있어서의 그의 태만으로 말미암아(wegen dessen Saumseligkeit in Eintreibung der Schuld) 보증인이 구상을 얻음에 있어서 손해를 받은 것에 대하여는 책임이 있다"고 정한다.

(1) 同條 제1문 前段은, 주채무의 이행기가 도래하였으나 채권자가 주채무자에게 권리를 행사하지 아니한 경우(기한을 유예하여 준

오히려 과책 유무를 불문하는 것으로 오해될 만한 판시를 하는 것도 없지 않으나, 이를 당해 사안과 분리하여 이해될 수는 없는 것이라고 한다.

22) Simler(前註), n°s 48 et suiv.; 同, *Le Cautionnement*(1982), n° 587(p. 572) 참조.

경우도 포함된다[23]))에도 보증인이 면책되지는 않는다고 정한다. 그러나 그러한 경우에 보증인을 위하여 同條는 나아가 두 가지의 구제수단을 부여한다. 하나는, 주채무자의 동의를 얻어 보증인이 된 사람에 한정하여, 주채무자에 대하여 담보의 제공을 청구할 수 있는 권리가 주어진다(同文 後段). 다른 하나는, 채권자의 태만으로 말미암아 보증인이 주채무자에 대한 求償權의 만족을 얻을 수 없게 된 때에는 그로 인한 손해의 배상을 청구할 수 있는 권리이다. 이를 정하는 것이 바로 위에서 본 제2문인 것이다.

이 규정에 의하여, 채권자는 자신의 권리행사를 지체함으로써 보증인의 구상권이 실현되지 아니하는 것에 대한 危險을 부담하게 된다. 즉 주채무자가 이행기에 이행하지 아니하는데도 채권자가 주채무자 또는 보증인에게 訴求하거나 기타 권리행사를 하지 아니함으로써[24] 그 사이에 가령 주채무자의 資力惡化로 인하여 보증인이 가지게 될 주채무자에 대한 구상권이 결국 실현될 수 없게 됨으로 말미암아 입는 손해에 대하여 책임을 져야 한다는 것이다.[25] 보증인은 이 손해배상청구권을 가지고 소송상 또는 소송외에서 채권자의 채권과 상계함으로써 그 한도에서 보증채무의 이행을 거절할 수 있고, 나아가 別訴를 제기할 수도 있다고 한다.[26]

---

23) Schwimann/Mader, *Praxiskommentar zum ABGB*, 2. Aufl.(1997), § 1364 Rn. 2 (Bd. 2, S. 416) 참조.

24) Rummel/Gamerith, *Kommentar zum ABGB*, Bd. 2, 2. Aufl.(1992), § 1365 Rn. 3 (S. 892f.)은, 채권자가 자신의 주채무자에 대한 반대채무와 상계하지 아니하고 자신의 채권이 보증인에 의하여 담보되어 있음을 고려하여 그의 반대채무를 현실적으로 이행한 경우도 들고 있다.

25) Ehrenzweig/Mayrhofer, *System des österreichischen allgemeinen Privatrechts*, 2. Buch: Das Recht der Schuldverhältnisse, 1. Abt., 3. Aufl.(1986), § 20 IV 1 (S. 133); Rummel/Gamerith(前註), § 1365 Rn. 3(S. 892); Koziol/Welser, *Grundriß des bürgerlichen Rechts*, Bd. 1, 9. Aufl.(1992), S. 316 참조.

26) Schwimann/Mader(註 23), § 1364 Rn. 2(S. 416); Rummel/Gamerith(註 24), § 1364 Rn. 5(S. 893).

(**2**) 중요한 것은, 위의 규정이 채권자의 보증인에 대한 「일반적이고 포괄적인 주의의무(eine allgemeine und umfassende Sorgfaltspflicht)」의 「基礎」 내지는 그 「發現」으로 이해되고 있다는 점이다.[27] 즉 오스트리아의 판례(*RdW* 1987, 370=*BankArch* 1987, 924)가 말하는 대로, "채권자는 보증인의 구상권을 보전하기 위하여 필요한 모든 조치를 취하여야 할 의무가 있다"는 것이다.

4. 작센민법

1865년 시행된 작센민법의 제1466조는 "채권자의 과책으로 보증인이 하는 先訴의 제기 또는 주채무자에의 구상이 좌절된 경우, 특히 채권자가 주채무자로부터 만족을 얻지 못하는 데 대하여 과책이 있는 경우(insbesondere wenn der Gläubiger verschuldet, daß er von dem Hauptschuldner Befriedigung nicht erlangen kann) 또는 그가 주채무자에 대하여 애초 정하여진 이행기의 경과 후에 주채무자가 무자력상태에 빠질 것을 예상할 수 있었던 사정 아래서 기한을 유예한 경우에는, 보증은 소멸한다"고 정한다.

이 규정에 대하여 필자가 찾을 수 있었던 唯一한 文獻으로부터는,[28] 그 『이유서』가 주채무자와 고용관계에 있는 채권자가 그에 대한 감독을 소홀히 한 경우, 주채무에 관한 담보를 보증인의 동의 없이 포기한 경우를 그 예로 들고 있음을 알 수 있으며, 아울러 그 문헌은 채권자가 주채무자에 대한 관계에서 受領遲滯를 범한 경우도 이에 속한다고 하고 있다.

---

27) Rummel/Gamerith(註 24), §1364 Rn. 3(S. 893); Schwimann/Mader(註 23), §1364 Rn. 4(S. 417).

28) Karl Magnus Pöschmann, *Commentar zu dem bürgerlichen Gesetzbuche für das Königreich Sachsen*, Bd. 2: Das Recht der Forderungen, 2. Aufl.(1869), S. 371.

5. 舊스위스채무법

1881년 제정되어 1883년부터 시행된 舊스위스채무법(1911년 제정되어 1912년부터 시행된 스위스채무법에 의하여 개정되기 전의 법률)의 제493조 제1항은 “채권자는 단순보증인에 대하여 주채무자가 파산하거나 그의 과책 없이 주채무자에 대한 추행이 실효를 거두지 못한 경우(wenn der Hauptschuldner … ohne Verschulden des Gläubigers erfolglos betrieben worden ist)에 비로소 지급을 청구할 수 있다”고 규정하고 있다. 여기서 「단순보증인」이란 동법 제495조에서 정하는 連帶保證人이 아닌 보증인을 말한다. 「추행의 실패」란 예를 들면 채권이 담보의 실행에 의하여서 만족되지 아니하는 경우 또는 채권자가 채권을 행사하였으나 결국 채무자의 무자력으로 만족을 얻지 못한 경우를 말하며, 담보가 충분히 존재하는 경우는 이에 해당하지 아니한다.[29]

이와는 별도로 同法 제508조는 “채권자는 채권자가 보증인의 불이익으로 보증체결시 존재하였거나 주채무자가 사후적으로 취득한 다른 담보를 감소시키지 아니하거나 존재하는 입증방법을 훼손하지 아니하는 것에 대하여 보증인에 대하여 책임을 진다”고 규정하고 있다.

Ⅲ. 獨逸民法의 制定過程에서의 論議

1. 第1委員會에서의 論議

(1) 주지하는 대로 독일민법의 입법과정의 처음 단계에서 債權編에 대하여는 다른 編에서와는 달리 별도의 豫備草案(Vorentwurf)이

29) 이상 同規定의 解釋은 우선 H. Hafner, *Das Schweizerische Obligationenrecht. Textausgabe mit Anmerkungen und Sachregister*(1883), S. 144에 의하였다.

마련되지 아니한 부분이 있었고, 그 부분에 대하여는 1866년의 소위 드레스덴草案의[30] 관련 부분을 그 심의의 기초로 삼았다.[31] 同草案 제948조는 다음과 같이 정하였다.

> "채권자가 그의 과책으로 제940조에 정한 권리의 보증인에의 이전을[32] 불능으로 만든 경우, 특히 보증이행시에 주채무를 위하여 설정되어 있던 담보권 기타의 담보를 보증인의 동의 없이 포기한 경우 또는 보증인에게 이전되는 권리의 행사의 無實效性(Erfolglosigkeit der Geltendmachung der auf den Bürgen übergehenden Rechte)에 대하여 과책이 있는 경우에는, 보증인은 주채무자에 대한 채권이 이들 권리에 의하여 보전되는 한도에서 그의 채무로부터 면책된다. 채권자가 주채무자에 대한 소송추행의 무실효성에 대하여 과책이 있는 경우에는 보증인은 채권자가 그 과책 없으면 주채무자로부터 만족을 청구할 수 있었을 한도에서 그의 채무로부터 면책된다"고 규정하고 있었다.

이 규정에서 "채권자가 보증인에게 이전되는 권리의 행사의 無實效性에 대하여 과책이 있는 경우"에 보증인의 면책을 인정하는 것은 필경 채권자의 보증인을 위한 성실의무를 전제로 하는 것이라고 이해된다.

(2) 제1위원회의 심의과정에서 위의 드레스덴초안 제948조에 대하여는 우선 플랑크(Planck)가 다음과 같은 修正提案을 행하였

30) 그 정확한 이름은 「채권관계에 대한 일반독일법전의 초안(Entwurf eines allgemeinen deutschen Gesetzes über Schuldverhältnisse)」이다.

31) 이에 대하여는 우선 Werner Schubert, *Materialien zur Entstehungsgeschichte des BGB. Einführung, Biographien, Materialien*(1978), S. 43ff., insb. S. 45 참조. 그것은 주로 채권편의 예비초안의 기초를 담당한 프란츠 폰 퀴벨(Franz von Kübel)이 그 작업을 다 마치지 못한 채 死亡한 것에 기인한다.

32) 드레스덴초안 제940조는 보증채무의 이행으로 인하여 채권자의 권리가 당연히 보증인에 이전한다는 것, 즉 辨濟者代位에 대하여 정한다. 뒤의 註 36도 참조.

다.[33]

> "채권자가 보증 인수시에 이미 성립하고 있던 담보권 또는 기타 보증채권의 강화를 위한 종된 권리를 포기한 경우에는, 그 권리가 제940조에 의하여 보증인에게 이전되었다면 그로부터 만족을 얻을 수 있었을 범위에서 보증인은 그 채무로부터 면책된다."[34]

제1위원회는 1883년 9월 26일의 심의에서, 드레스덴초안 제948조의 배후에 있는 "채권자는 보증인에 대하여 주의의무를 부담하며, 보증인에 대한 청구는 그가 채권의 추급이나 보전 또는 담보의 보전에 있어서(bei der Betreibung oder Wahrung der Forderung oder bei der Erhaltung von Sicherheiten) 채무자의 손실로 어떠한 해태도 범하지 아니한 한에서만 가능하다"는 견해를 배척하고, 위의 수정제안을 다수의견으로 채택하였다. 다만 거기서 "보증 인수시에 이미 성립하고 있던"을 삭제하여 보증 후에 새로이 발생한 담보권 등이 포기된 경우도 포함되는 것으로 하였다.[35]

그리하여 독일민법 제1초안 제679조가 마련된 것이다.

> "① 채권자가 주채권과 결합된 그 담보를 위한 종된 권리(ein mit der Hauptforderung verbundenes, zu deren Sicherheit dienendes Nebenrecht), 특히 담보권을 포기한 경우에는, 보증인은 그 권리가 제676조에 의하여 그에게 이전되었다면 그로부터 보전을

33) 이에 대하여는 Jakobs/Schubert(Hrsg.), *Die Beratung des Bürgerlichen Gesetzbuches*, Recht der Schulverhältnisse Ⅲ: §§ 652 bis 853(1983), S. 511ff. 참조. 이 자료(『審議錄』)에 대하여는 우선 梁彰洙, "獨逸民法典 制定過程에서의 法律行爲規定에 대한 論議 ── 意思欠缺에 관한 規定을 중심으로", 法律行爲論의 史的展開와 課題(李好珽 교수 화갑기념논문집)(1998), 108면 이하(同, 民法硏究 제5권(1999), 30면 이하) 참조.

34) 원래의 수정제안에는 "강화를 위한"의 부분은 없었는데 후에 추가되었으며, 원래의 수정제안에 "포기한 경우" 다음에 있던 "그 소멸에 과책 있는 경우"의 부분은 후에 삭제되었다.

35) 이에 대하여는 뒤의 (4) 참조.

청구할 수 있었을 범위에서 그의 채무로부터 면책된다. ② 제1항의 규정은 그 종된 권리가 보증계약의 체결 후에 취득된 경우에도 적용된다."[36]

(3) 그 이유를 『理由書』는 다음과 같이 전한다.

"제679조는, 보통법학에서 다투어지고 있고 근자의 입법들에서 다양하게 취급되고 있는, 채권자가 보증인에 대하여 어떠한 범위에서 誠實義務(Diligenzpflicht. culpa in exigendo)를 부담하는가의 문제에 대하여, 일반적으로 이를 부정한다. 채권자는 보증에 의하여 단지 권리만을 취득하고 의무를 인수하는 것이 아니다. 이미 이것만으로도 진정한 성실의무는 인정될 수 없다. 그리고 보증의 본질과 법적 개념에 따른다면(gemäß dem Wesen und dem juristischen Begriffe der Bürgerschaft), 채권자의 권리가 그의 일정한 행태에 걸려 있으며 적어도 그 권리의 보존을 위하여 많건 적건 간에 특정한 성실의무를 부담한다고도 주장될 수 없다. 또한 채권자의 성실의무는 보증인을 위한 두 가지 권리, 즉 先訴의 抗辯과 채권자를 代位할 權利로부터도 도출될 수 없다. 즉 선소의 [항변의] 구제수단은 단지 채권자로 하여금 먼저 주채무자에 대하여 청구할 것을 또한 그의 급부능력 없음이 밝혀질 때까지 권리추구를 속행할 것을 요구할 뿐이다. 그러나 그러한 사정이 일단 확인된 경우에는, 비록 채권자가 선량한 家父의 주의를 다하였다면 채무자로부터 만족을 얻을 수 있었을 경우에라도, 그 구제수단은 소진되는 것이다. 또한 다른 하나의 권리[즉 변제자대위]로부터는 단지 채권자가 만족을 얻을 당시에 가지고 있었던 권리를 그 한도에서 취득한다는 것이 귀결될 뿐이다."[37]

그런데 제1위원회에서 가장 활발히 논의되었던 문제는, 이미 계

---

36) 한편 同草案 제676조(현행 독일민법 제778조)는 보증채무의 이행으로 인한 辨濟者代位를 정하는 규정이다(우리 민법 제481조, 제482조 제1항 참조).

37) Motive Ⅱ, S. 678f. = Mugdan Ⅱ, S. 379. 이 서술은 기본적으로 Jakobs/Schubert(註 33), S. 511f.와 일치한다.

약의 이행 일반에 관하여 채택하기로 결의한 바 있는 信義誠實의 原則에 비추어 채권자가 보증인에 대하여 일정한 행태의무, 즉 보증인의 권리를 보전하여야 할 일정한 성실의무를 부담한다고 할 것이 아닌가 하는 점이었다. 이에 대하여는 다음과 같은 논의가 행하여졌다.[38]

"이는 아마도 곧바로 부인될 수는 없을 것이기는 하다". 그러나 드레스덴초안 제948조와 같이 광범한 의무는 인정될 수 없다. 우선 그 내용이 불분명하다. 그 규정은 「過責(Verschuldung)」을 반복해서 말하나, 그 의미가 명확하지 아니하다. 그 의미를 명확하게 하면서 동시에 초안의 의미를 살리자면, "채권자는, 채무자에 대한 권리추급에 있어서, 보증으로 담보되지 아니한 선량한 家父의 주의를 하지 아니한 결과 그러한 懈怠로 인하여 채무자로부터 만족을 얻지 못하거나 보증인이 채무자로부터 구상을 얻을 전망을 상실한 한도에서, 채권자는 보증인에 대하여 청구할 수 없다"고[39] 규정화하는 것을 생각할 수는 있을 것이다. 그런데 설사 그와 같이 定式化되었더라도 이는 채택될 수 없다. 그러한 규정은 분명 채권자를 난감한 처지에 빠뜨릴 것이고, 보증의 가치를 저락시키며, 실무에게 많은 분쟁을 불러일으킬 것이다. 또한 실제로 先訴의 抗辯을 포기하고 인수되는 많은 보증의 경우에 그러한 규정이 적합하지 않음은 의문의 여지가 없다. 나아가 성실의무를 다른 방식으로 규정하거나 또는 제한적으로 정한다고 하여도 마찬가지의 문제를 일으킬 것이므로 역시 적절하지 않다. 그러

38) 이 논의에 대하여는 『理由書』보다는, Jakobs/Schubert(註 33), S. 512가 상세히 전달하고 있다.

39) 드레스덴초안 제948조를 대체하는 구체적 제안으로서 吟味해 볼 만한 바가 없지 않으므로, 여기서 그 原文을 들어두면 다음과 같다: "Der Gläubiger kann insowiet den Bürgen nicht in Anspruch nehmen, als er in Ansehung der Rechtsverfolgung gegen den Hauptschuldner nicht die Sorgfalt eines ordentlichen, durch Bürgschaft nicht gesicherten Hausvaters angewendet und durch eine solche Nachlässigkeit bewirkt hat, daß er seine Befriedigung von dem Hauptschuldner nicht erhalten oder der Bürge die Aussicht verloren hat, sich an dem Hauptschuldner zu erholen."

므로 “보다 오래된 로마법과 근자의 여러 입법례”에 좇아 이러한 성실의무를 일반적으로 否定하는 것이 타당하다는 것이다. 그리고 그 「최근의 많은 입법례」로서, 헤센민법 제611조, 바이에른民法草案 제892조, 오스트리아민법 제1360조, 츄리히民法 제1802조, 그리고 당시의 스위스채무법 제508조를 인용한다.[40]

이상과 같은 신의성실의 원칙의 구체화로서의 채권자의 보증인을 위한 일반적 성실의무에 관한 논의를 『理由書』는 다음과 같이 요약하여 전한다.

> “마지막으로 제359조에서 인정된 계약의 이행에 있어서 신의성실을 고려하여야 한다는 원칙으로부터도,[41] 학설이나 일부 입법(특히 드레스덴초안 제948조)이 하는 것과 같이, 주채무자에 대하여 채무를 추심함에 있어서의 그와 같이 광범한 보증인["채권자"의 잘못?]의 성실의무를 도출해 낼 수는 없다. 이에 있어서는 보증의 가치는 그러한 성실의무의 부과에 의하여 현저히 저상될 것이고, 실무에서 다수의 분쟁을 불러일으킬 것이라는 점도 고려되어야 한다. 일반적 성실의무를 명확하게 획정하는 것은 이러한 실제적 곤란과 항상 결합되어 있기 때문에 실행불가능한 것이다. 그러므로 초안은 보다 오래 된 로마법과 근자의 여러 입법례에 좇아 그러한 성실의무를 부정하였다.”[42]

40) 그러나 그것이 과연 같은 지향을 가지는 「입법례」로서 적절한 引用인지에 대하여는 의문이 없지 않다. 예를 들면 오스트리아민법에 대하여도 앞의 Ⅱ.3.에서 본 대로 채권자의 보증인에 대한 성실의무를 규정한 同法 제1364조 제2문에는 전혀 언급하지 아니하며, 또한 앞의 Ⅱ.5.에서 본 舊스위스채무법 제483조 제1항에 대하여도 마찬가지이다. Knütel(註 11), S. 561 Fn. 13도, 『理由書』가 여기서 “근자의 여러 입법례(mehrere neuere Kodifikationen)”를 원용하고 있는 것은 “매우 誤導的(sehr irreführend)”이라고 한다.

41) 독일민법 제1초안 제359조는 後에 契約의 解釋에 관한 독일민법 제15조(“계약은 신의성실이 거래관행을 고려하여 요구하는 대로 해석되어야 한다”)가 된 규정인데, 다음과 같이 정한다: “계약은 계약당사자로 하여금, 계약의 규정과 성질로부터 법률과 거래관행에 좇아 그리고 신의성실을 고려하여 그의 의무내용으로 인정되는 바에 대하여 의무를 부담시킨다.”

42) Motive Ⅱ, S. 679 = Mugdan Ⅱ, S. 379.

결국 독일민법이 채권자의 보증인을 위한 일반적 성실의무를 부정하는 이유는 다음의 셋으로 요약될 수 있다. 첫째, 채권자의 주의의무를 인정하는 것은 채권자에게 권리만을 부여하는 보증의 「본질」에 반한다. 둘째, 그 주의의무는 보증인을 위하여 인정되는 先訴抗辯(우리 민법에서 정하는 「檢索의 抗辯權」에 대응한다)이나 辨濟者代位와 같은 다른 개별적 법적 장치로부터 도출되지 아니한다. 셋째, 만일 이를 인정하면 보증의 가치가 현저하게 저락하며 실무에서 많은 분쟁을 불러일으킬 것이므로, 信義誠實의 일반원칙의 구체적 표현으로 이를 제한적인 범위에서일지라도 明定하는 것도 바람직하지 아니하다.

(4) 한편 제 1 위원회는, 채권자가 담보 기타 「종된 권리」를 포기한 경우에는 보증인이 그 한도에서 면책됨을 정면에서 인정하기로 결의하였다.[43] 다만 위의 (2)의 冒頭에서 본 플랑크의 수정제안을 약간 확장하여, 보증계약이 체결된 후에 성립한 담보 등의 포기도 보증인을 면책시키는 것으로 하였다.[44]

이러한 규정은 신의성실의 원칙에 기하여 정당화되는 한편으로, 일반적 성실의무를 인정하는 경우에 제기될 것이 명백한 위에서 본 바와 같은 「실제적 문제점(praktische Schwierigkeiten)」은 이 경우에는 제기될 여지가 없다는 것이다. 그런데 『議事錄』에 의하면, 이 규정은 채권자에게 어떠한 종류의 성실의무를 부과하는 것이 아니며 단지 "衡平의 考慮만을 근거로 하는 實定的 性格"의 규정이라고 한다.[45]

---

43) 이에 대하여는 Motive Ⅱ, S. 679 = Mugdan Ⅱ, S. 379; Jakobs/Schubert(註 33), S. 512 참조.

44) 그 외에 플랑크의 수정제안 중에서 "强化(Verstärkung)를 위한"이라는 구절이 "擔保(Sicherheit)를 위한"으로 수정되었다. 이 수정은 誤解의 소지를 없애는 목적을 가지는 것으로, 이 수정에 의하여 포기되어서는 안 되는 권리에 優先權(Vorzugsrecht)도 포함되고 다른 한편 이미 발생한 違約金(Konventionalstrafe)은 포함되지 않음이 명백하게 되는 것이다. 이에 대하여는 Jakobs/Schubert(註 33), S. 513 참조.

45) Jakobs/Schubert(註 33), S. 514 참조.

(5) 이상과 같은 論議 외에 제 1 위원회는 보증인이 가지는 別途의 法的 措置에 대하여도 언급한다. 하나는, 채권자가 주채무자에게 적극적으로 권리행사를 하지 아니하는 경우에 보증인은 즉각 채권자를 만족시킴으로써 ——주채무자의 위탁을 받아 보증인이 된 것이 아닌 경우에도—— 주채무자에 대한 권리를 취득하여 이를 행사할 수 있다는 것이다.[46] 그리하여 주채무자의 무자력위험에 대비할 법적 기초를 가지게 된다는 의미일 것이다. 다른 하나는, 보증계약에서 채권자가 명시적 또는 묵시적으로 주채무자에 대한 권리추급에 관하여 약속을 하였다면, 이는 앞서 본 誠實義務와는 무관하다는 것이다. 그리고 이러한 특약은 특히 信用保證(Kreditbürgschaft), 즉 조건부나 기한부 채무 기타 장래의 채무의 보증에서 실제적으로 문제될 수 있다고 한다.[47]

2. 第 2 委員會에서의 論議

(1) 제 2 위원회는 기본적으로 제 1 초안의 基本決斷, 즉 "채권자는 보증인에 대하여 주의의무를 부담하며, 보증인에 대한 청구는 그가 채권의 추급이나 보전 또는 담보의 보전에 있어서 채무자의 손실로 어떠한 해태도 범하지 아니한 한에서만 가능하다"는 견해를 배척한다는 決斷에 대하여는 이를 당연한 전제로 하였고, 더 이상 學論조차 되지 않았다. 『議事錄』에 의하면, "채권자의 보증인에 대한 성실의무의 否認에 반대하는 의견은 전혀 제기되지 아니하였다. 이를 부인하는 것은, 혹 보증인의 의무를 [앞의 註 41에서 본 제 1 초안] 제359조의 일반규정으로부터 도출하는 것과 모순되지 않는다는 것이, 오히려 강조되었다"고 한다.[48]

46) Jakobs/Schubert(註 33), S. 514; Motive Ⅱ, S. 679 = Mugdan Ⅱ, S. 379 참조.
47) Motive Ⅱ, S. 679f. = Mugdan Ⅱ, S. 379.
48) Protokolle Ⅱ, S. 481 = Mugdan Ⅱ, S. 1029. 한편 Otto Gierke, *Der Entwurf*

(2) 논의는 一次的으로 제 1 초안 제679조의 내용을 보다 명료하게 하는 데 향하여졌다. 그리하여 우선 동 초안규정에서 그 포기가 있으면 보증인이 면책되는 권리를 "주채권과 결합된 담보를 위한 종된 권리"라고 하여 보다 포괄적으로 표현되어 있던 것을, 우선권·담보권·보증인에 대한 권리라고 개별적으로 명확하게 정하였다. 그리하여 제 2 초안 제715조 제 1 항은 "채권자가 채권과 결합된 우선권, 채권을 위한 저당권, 질권 또는 공동보증인을 위한 권리를 포기한 때에는, 보증인은 포기된 권리로부터 [변제자대위에 관한 제 2 초안] 제713조에 의하여 상환을 받을 수 있었을 한도에서 채무를 면한다"고 정하였고, 이는 그대로 현행 독일민법 제776조 제 1 문이 되었다.

(3) 나아가 채권자가 포기한 권리가 보증의 인수 후에 성립한 것인 경우에도 그 포기에 보증인의 면책을 결합시킬 것인가가 논의되었다. 즉 이를 긍정하는 제 1 초안 제679조 제 2 항에 반대하는 입장이 강력하게 주장되었던 것이다. 이와 같이 보증인의 면책범위를 오히려 축소하자는 견해는 결국 9대8의 아슬아슬한 표차로 채택되지 아니하였다. 그리하여 제 1 초안 제679조 제 2 항은 그대로 유지되기로 결의되었으며, 단지 사소한 수정을 거쳐 결국 현재의 독일민법 제776조 제 2 문이 되었다.

그런데 이와 같이 보증인에 대한 채권자의 성실의무의 인정과는 더욱 반대되는 방향의 견해를 뒷받침하였던 理由는[49] 우리의 문제관심에서도 흥미로운 바 있다. 그에 의하면, 제 1 초안과 같이 보증 후에

eines bürgerlichen Gesetzbuches und das deutsche Recht(1889), S. 258은, 제 1 초안이 스위스의 舊채무법이 정하는 바와 같은 보증인에 대한 「充分한 配慮」를 베풀지 아니하였다고 비판하면서, 그 예로 "일정한 시기에 解止하고 채권을 推尋함으로써 채권관계를 처리할 것을 청구할 보증인의 권리(Anspruch auf rechtzeitige Erledigung des Schuldverhältnisses durch Kündigung und Beitreibung der Forderung in bestimmter Zeit)"를 인정하지 아니하였음을 지적하고 있다. 同所는 반대로 제 1 초안의 태도에 찬성하는 견해로 Hachenberg(필자 未見)를 들고 있다.

49) 그 논의의 내용에 대하여는 Protokolle Ⅱ, S. 481f. = Mugdan Ⅱ, S. 1029.

성립한 담보 등 권리의 포기도 보증인을 면책시키는 태도는 "사정에 따라서는 거래관념에 반하는 결과가 될 수 있다. 가령 보증 후에 채권자가 물적 담보를 설정받고 추가로 금융을 주면서, 흔히 그 물적 담보는 이미 보증에 의하여 담보되었던 주채무도 담보한다는 약정이 행하여지는데, 그 경우에 채권자는 후에 일부의 만족을 얻음에 있어서 물적 담보를 푸는 것에 대하여 아무런 주저를 느끼지 않을 것이고, 이 때 그는 그 물적 담보의 가치만큼 보증인에 대한 권리를 상실한다고는 생각하지 않을 수 있다. 계속적 거래관계에서 발생하는 채무(Schulden aus laufender Geschäftsverbindung)의 보증에서는 채권자는 이와 같이 하여 無知로 말미암아 쉽사리 모든 담보를 상실할 수 있다"는 것이다.

이러한 생각에 기하여, 제1초안에 대하여 다양한 修正提案이 행하여졌다. 이는 連帶保證(selbstschuldnerische Verbürgung)의 경우에는 채권자의 담보포기로 인한 보증인면책을 아예 인정하여서는 안 된다는[50] 것에서부터 보증인수에 성립한 담보를 포기한 때에 대하여는 보증인이 당해 담보의 취득에 「협력하였던(mitwirken)」 경우에 한정하여 면책이 인정되어야 한다는[51] 것까지 다양하였다.

그러나 앞서 본 대로 이와 같이 보증인의 면책범위를 축소하자는 주장은 채택되지 아니하였다. 예를 들어 연대보증의 경우를 배제하는 수정제안은 연대보증인은 단지 先訴의 抗辯을 포기한 것뿐이고 변제자대위로 인한 담보취득까지 포기한 것은 아니라는 이유로 배척되었다.[52] 특히 보증 후 성립한 담보를 포기한 것으로는 전적으로 보증인

50) 이는, 채권자의 담보포기로 인한 보증인면책은 그 한도에서 채권자의 보증인에 대한 성실의무를 인정하는 것인데, 연대보증의 경우에는 "그 意味에 비추어" 그러한 의무는 전혀 인정될 수 없다는 생각에 기한 것이다.

51) 이는, 그 경우에는 보증인은 擔保의 維持에 대하여 보증인수 전에 담보가 성립한 경우와 같은 이해관계를 가진다는 생각에 기한 것이다.

52) 그리고 면책을 사후의 담보취득이 보증인의 「협력」으로 행하여진 경우에 한정하자는 견해는 그것이 "너무 불명확하다"는 이유로 배척되었다.

의 면책을 부인하자는 견해에 대하여는 다음과 같은 反對理由가 관철되었다. 즉 보증인이 종된 권리의 추가적 성립을 알았던 경우에는 그 포기에 면책을 인정하지 않는 것은 그에게 苛酷하다. 그렇다면 그 경우에 한하여 면책을 인정하는 것도 생각될 수 있겠지만, 보증인이 그 추가적 성립을 알았는지 여부라는 우연적이고 확정하기 어려운 사정에 종된 권리의 포기의 효과를 걸리게 하는 것은 「實用性(Praktikabilität)」의 견지에서 바람직하지 아니하다는 것이다.

이 이유제시는 특별히 「강력」하다고는 생각되지 않는데, 거기다가 앞서 본 票差를 아울러 고려하여 보면, 여기서도 독일민법의 입법자들은 채권자의 보증인에 대한 성실의무에 대하여 매우 敵對的인 태도를 취하였음을 확인할 수 있다.

3. 判例·學說上의 配慮義務

(1) 앞서 본 입법자의 적대적 태도에 좇아 독일민법 제정 후 적어도 초기의 판례와 학설은 독일민법 제776조를 넘는 채권자의 보증인에 대한 주의의무를 인정하는 것에 일반적으로 매우 소극적이었다. 즉 독일민법 제776조는 통설에 의하면 예외로서의 성질을 가지는 특별규정으로서, 이를 넘는 채권자의 의무는 비록 부수적 의무(Nebenpflichten)라고 하더라도 당사자 사이에 특별한 약정이 없는 한 발생하지 아니한다는 것이다.[53]

그리하여 實際의 裁判例는 다음과 같은 태도를 취한다.[54] 채권자는 채무자의 재산상태가 악화하여 무자력에 빠질 위험이 있다고 하여서 주채무자에 대한 권리를 지체없이 행사하거나 소비대차계약을 해

53) 우선 Staudinger/Horn, §776 BGB, Rn. 1(13. Aufl., 1997)(초기의 문헌과 판례를 다수 인용하고 있다) 참조.

54) 이하는 Staudinger/Horn, §776 BGB, Rn. 2; Jauernig/Vollkommer(9. Aufl., 1999), §765 BGB, Rn. 18를 요약한 것이다.

지할 의무는 없다(그러한 경우라면 보증인이 스스로 채권자에 대하여 변제를 함으로써 스스로 주채무자에 대하여 권리행사를 할 수 있다는 것이다). 보증인은 채권자에 대하여 제3자로부터 주채무의 일부변제를 얻기 위하여 필요한 담보포기를 청구할 수 없다. 채권자는 보증인에게 주채무자에 대하여 강제집행이 개시되었다는 사실을 통지하지 않아도 되며(저당권의 실행을 저당채무자에게 통지하여야 할 의무에 관한 독일민법 제1166조는[55] 준용되지 아니한다), 이는 주채무의 이행지체사실에 대하여도 마찬가지이다. 또 채권자는 주채무자에 대한 파산절차가 개시된 경우에도 채권신고를 할 의무가 없고 보증인에게 이 사실을 알리지 않아도 된다. 나아가 채권자는 주채무자에 대한 관계에서 설정된 신용공여의 한도를 넘을 수 있고, 주채무자의 자력을 충분히 검사하지 않고 신용을 확대하여도 된다는 것이다.[56]

(2) 그러나 1990년을 전후하여 학설과 판례는 변모하기 시작한 것으로 생각된다.[57] 거기에는 아마도 1989년 이래 독일연방대법원의 두 部가 소위「주채무자와 근친관계에 있는 僅少資力者의 보증」이 良俗에 반하여 無效라고 할 것이 아닌가 하는 문제에 관하여 서로 다른 견해를 취하고 결국 연방헌법재판소가 1993년 10월 19일 결정[58] 이래 양속위반에 관한 독일민법 제138조의 일반규정을 통하여 헌법상의 기본권규정을 보다 적극적으로 고려할 것을 천명함으로써 위 문제에

55) 독일민법 제1166조 제1문: "인적 채무자가 채권자를 만족시키면 소유자로부터 구상할 수 있는 권리를 가지는 경우에, 채권자가 토지의 강제경매를 추행하면서 지체없이 이를 채무자에게 통지하지 아니한 때에는, 채무자는 그가 통지의 해태로 인하여 손해를 입은 한도에서 채권자가 강제경매에서 만족을 얻지 못한 것에 대하여 그를 만족시키는 것을 거절할 수 있다."

56) 이는 앞의 I.2.(3)에서 인용한 大判 87.1.20.의 태도와 일치하는 것이다.

57) Dieter Medicus, Entwicklungen im Bürgschaftsrecht — Gefahren für die Bürgschaft als Mittel der Kreditsicherung?, in: *JuS* 1999, S. 833은, "지난 10년간 보증법은 격렬하게 변화하였다"는 말로 시작하고 있다.

58) *BVerfGE* 89, 214 = *JZ* 1994, 408 = *ZIP* 1993, 1775.

대하여 보증계약의 효력을 제한하는 방향으로 결론을 낸 것이[59] 일정한 영향을 미친 것이 아닌가 추측된다. 위 결정은, "법원은 계약이 强者의 의사를 관철시키기 위한 도구로 이용되지 않도록 이러한 일반조항을 해석·적용할 의무를 진다. 계약내용이 일방에게 심히 불리하여 적절한 이익의 조절로 볼 수 없음이 명백한 경우에는 법원은 이러한 약정이 구조적인 교섭능력의 불평등에서 온 것은 아닌지 살피고, 필요한 경우에는 현행법상의 일반규정이 허용하는 범위 안에서 적극적으로 이를 수정하여야 한다"라고 판시하고 있는데, 이와 같이 일반조항을 통하여「구조적인 힘의 불균형」이 시정되도록 법을 운용할 법원의 의무를 강조하게 되면, 이는 결국 명문의 규정이 없어도 채권자와 보증인 사이의 채권관계도 역시 지배한다는 데 이론이 없는 信義則(독일민법 제242조)에 의하여 일정한 부수의무를 인정할 여지가 보다 광범위하게 열릴 수 있기 때문이다.

그리하여 오늘날에는 채권자가 보증인에 대하여 설명의무 기타의 부수적 의무를 부담할 수도 있으며, 독일민법의 입법자들과 같이 채권자의 보증인에 대한 주의의무가 신의칙에 기하여서도 일반적으로 인정될 수 없다는 태도가 유지될 수 없다는 원칙적 입장에 대하여는 대체로 동의하는 듯하다.[60] 그러나 나아가 그 인정범위에 관한 기본

59) 이들 재판을 상세히 추적한 국내의 문헌으로는 우선 安春洙, "保證 등 財産 없는 家族員에 의한 共同責任引受의 效力 ── 독일 判例를 중심으로", 比較私法 제5권 제2호(1998. 12), 285면 이하 참조. 또한 이 문제와 관련하여서는 金永文, "과중한 민사책임·채무의 헌법적 통제 ── 근로자책임과 보증책임의 제한가능성을 중심으로", 經營法律 제9집(1999), 511면 이하도 참조. 한편 최근의 독일 재판례에 대하여는 우선 Martin Tonner, Die Haftung vermögen- und einkommenloser Bürgen in der neueren Rechtsprechung, in: *ZIP* 1999, S. 901ff. 참조. 물론 이러한 해석이 보증의 담보로서의 기능을 저해하게 된다는 일단 당연한 우려에 대하여는 우선 Medicus(註 56), S. 833ff. 참조.

60) 아예 광범한 주의의무를 인정할 것을 주장하는 Knütel(註 11), S. 581ff.는 물론이고, 그 외에도 예를 들면 Larenz/Canaris, *Lehrbuch des Schuldrechts*, Bd. Ⅱ/2, 13. Aufl.(1994), §60 Ⅲ 4(S. 14f.); MünchKomm/Habersack(Bd. 5, 3. Aufl., 1997), §765 BGB, Rn. 84(S. 873); Soergel/Mühl(Bd. 4, 11. Aufl., 1985), §776

태도에 있어서는 상당한 차이가 있는데,[61] 여전히 "담보수단으로서의 보증의 가치를 저하시키지 않기 위하여" 아무래도 보다 소극적이어야 하며 이를「과도하게」밀고 나가서는 안 된다는 입장이 우세하다.[62]

(3) 그리하여 우선 특이한 事案類型으로 채권자가 보증계약의 의미에 반하여 보증인에게 그 책임을 물어야 하는 상황을 스스로 초래한 경우에는 보증책임을 물을 수 없다고 별다른 이의 없이 해석되고 있다. 예를 들면, 채권자가 주채무자에 대하여 채무를 이행하지 않도록 유도하였을 때[63] 또는 채권자가 주채무자가 제공하는 급부를 수령하지 아니한 때 등이 그러하다. 이에 대하여는 우리 민법 제150조 제 2 항에 상응하는 독일민법 제162조 제 2 항을[64] 類推適用할 수 있을 것이라는 설명도 있다.[65]

한편 채권자가 주채무자에 대한 자신의 채권을 보존하고 특히 실행·관철하는 데 있어서 보증인의 이익에 배려할 의무가[66] 있는가에 대하여 학설은 일반적으로 부정적이다. 보증은 무엇보다도 채권담보를 위한 것으로서 채권자는 이로써 채권의 만족에 대한 확신을 얻고

BGB, Rn. 1(S. 353f.); Staudinger/Horn, § 765 BGB, Rn. 128f.; Jauernig/Vollkommer(註 54), § 765 BGB, Rn. 18(S. 815); Reinicke/Tiedtke, *Bürgschaftsrecht* (1995), Rn. 182ff.(S. 83ff.); Martin Henssler, *Risiko als Vertragsgegenstand* (1994), S. 349f. 등 참조.

61) 예를 들면 MünchKomm/Habersack(前註), § 765 BGB, Fn. 295(S. 873)는, 신의칙에 기하여 부수의무를 인정한다는 원칙 사제에는 일치하여도 구체적으로 "의무의 범위에 대하여는 현저한 차이가 있다"고 한다.

62) 註 59에서 든 문헌 중에서 Larenz/Canaris; Soergel/Mühl; Staudinger/Horn; Jauernig/Vollkommer; Reinicke/Tiedtke; Henssler 등이 그러하다.

63) WM 1966, 317 = LM §765 BGB, Nr. 10; WM 1968, 974f. 등 참조.

64) 독일민법 제162조 제 2 항: "조건의 성취로 인하여 이익을 받는 당사자가 조건의 성취를 신의성실에 반하여 일으킨 경우에는 조건은 성취하지 아니한 것으로 본다."

65) Knütel(註 11), S. 581 이하 참조.

66) Henssler(註 60), S. 350이 말하는「主債權의 最適行使에 관한 配慮義務 (Fürsorgepflichten bezüglich der optimalen Beitreibung der Hauptforderung)」가 그것이다.

자 하는 것인데, 이는 당연히 채무자에 대한 권리의 보전·관철에 "항상 주의를 기울이지 않아도 됨"을 동시에 含意한다는 것이다.[67]

나아가 생각될 수 있는 주의의무의 하나인 通知義務 또는 情報提供義務는 채권자에게 비교적 부담이 적은 반면 보증인에게는 스스로를 보호할 기회를 준다는 점에서 고려의 여지가 있다. 그런데 특히 주채무자의 재산상태가 현저히 악화되었음을 채권자가 알았을 때, 그리고 이를 전형적으로 추단케 하는 사정인 주채무의 장기간의 불이행이 있는 때에는 보증인의 요청이 없어도 보증인에게 이를 통지할 의무를 인정할 것인가에 대하여 이를 일반적으로 이를 긍정하여야 한다는 견해도 있으나,[68] 다수의 학설은 주채무자의 재산상태에 대한 정보는 보증인 자신이 수집하여야 하는 것이 원칙이며 개별적 사안의 제반 사정을 고려하여 예외적으로만 이를 인정할 수 있을 것이라고 한다.[69] 다만 보증인이 주채무자의 자력 또는 재산상태에 관한 정보를 요청하였을 경우에는 이를 제공하여야 한다는 견해가 유력하다.[70]

---

67) 이는 가장 강력하고 광범위한 주의의무를 주장하는 크뉘텔조차 인정하는 바이다. Knütel(註 11), S. 582f. 그 외에 예를 들면 Larenz/Canaris(註 60), §60 Ⅲ 4(S. 14f.)은 "보증이 채권자의 담보이익에 봉사할 목적을 지닌다는 관점이 큰 비중을 차지하며, 이 기능이 [채권자의 보증인에 대한] 保護義務의 이름 아래 행하여지는 危險의 再分配에 의하여 空洞化하여서는 안 된다"고 하며, Henssler(註 60), S. 350은 보증인이 인수한 위험에는 채권만족의 기회의 객관적 악화뿐만 아니라 채권자의 채권실현상의 主觀的 졸렬함(채권행사에 이로운 시점을 도과하거나 다른 만족기회를 놓치는 등으로)으로 인한 불이익도 포함된다고 한다.

68) Knütel(註 11), S. 583ff. 참조. 그는 어음법 제45조(특히 제2항), 수표법 제42조, 앞의 註 55에서 본 독일민법 제1166조를 원용하면서, 구체적으로는 주채무가 6개월 이상 불이행된 경우에 채권자의 통지의무를 정하는 스위스채무법 제505조 제1항 제1문(뒤의 Ⅳ.1.(3) 참조)이 "指向點(Orientierungspunkt)이 될 수도 있을 것"이라고 한다.

69) Larenz/Canaris(註 60), §60 Ⅲ 4(S. 15); MünchKomm/Habersack(註 60), §765 BGB, Rn. 91(S. 875); Henssler(註 60), S. 349f. m.w.N. 참조.

70) Larenz/Canaris(註 60), §60 Ⅲ 4(S. 15); MünchKomm/Habersack(註 60), §765 BGB, Rn. 91(S. 875); Knütel(註 11), S. 559, 586 참조.

Ⅳ. 獨逸民法 制定 後 다른 나라 立法의 展開

1. 스위스채무법

(1) 현행 스위스채무법 중의 보증에 관한 규정(제492조 내지 제512조)은 1941년 12월 10일 공포되어 1942년 7월 1일부터 시행된 채무법 개정법률에 의한 것이다. 이 개정법률의 목적은 1930년대의 불황기에 많은 사람이 성급하게 행한 보증으로 당한 고통에 비추어, 특히 개인적인 이유에 기하여 호의로 숙고하지 아니하고 보증을 인수하는 것을 막기 위한 것이라고 한다.[71]

(2) 同法은 채권자는 보증인에 대하여 일반적·포괄적 주의의무 또는 배려의무를 부담하지 않는 것을 출발점으로 한다.[72] 그러나 개별적으로 다음과 같은 주의의무를 法定하고 있다.

첫째, 담보권 또는 우선권을 유지할 의무(동법 제503조 제1항). 그 권리가 감소하여 보증인이 손실을 입으면, 그 한도에서 보증인은 면책된다.

둘째, 우리 법의 身元保證에 상응하는 피용자보증(Amts- und Dienstbürgschaft)의 경우에는 피용자에 대한 감독을 행할 의무(동조 제2항).

셋째, 보증인이 보증책임을 이행하는 경우에 채권자는 보증인의 권리행사에 필요한 證書 등을 교부하고, 담보권의 이전에 필요한 행위를 하여야 한다(동조 제3항).

---

71) 우선 Ch. M. Pestalozzi, in: Honsell/Vogt/Wiegand(Hrsg.), *Obligationenrecht I*. Art. 1-529 OR(1992), Vorb. zu Art. 492-512, Rn. 1(S. 2345) 참조. 그러한 점에서 書面方式이나 배우자의 同意를 요구하는 규정(동법 제493조, 제494조) 등은 흥미롭다.

72) 우선 Pestalozzi(前註), Art. 503 Rn. 1 m.w.N.(S. 2414) 참조.

이상의 의무 자체는 우리 법에서도 민법 제485조, 제482조 제1항, 신원보증법 제6조("피용자의 감독에 관한 사용자의 과실의 유무") 등에 기하여 인정될 수 있을지 모른다. 그런데 동법 제503조 제4항은 채권자가 이들 의무를 故意 또는 重過失로 위반한 경우에는 보증인은 그의 손실의 범위 여하를 불문하고 아예 면책이 된다고 정한다(제1문). 그리하여 그는 이미 이행한 것의 반환을 청구할 수 있고 나아가 손해를 입증하면 그 손해의 배상도 청구할 수 있다(제2문). 그러므로 그 한도에서 이상의 의무는 단순한 責務(Obliegenheit)가 아니며, 이 점은 비교법적으로도 특이한 내용을 정하고 있는 것이다.[73)]

(3) 그런데 흥미로운 것은 우선, 넷째, 주채무의 이행기가 도래한 경우에 보증인의 청구가 있으면 주채무자가 제공하는 급부를 수령하여야 할 의무(동법 제504조 제1항 제1문) 및 공동보증인 중 1인이 제공하는 균등분할액(Kopfanteil)을 넘는 일부이행을 수령할 의무(동항 제2문)이다. 채권자가 그 수령을 "부당하게" 거절하면, 보증인은 면책된다(동조 제2항). 스위스채무법 제69조 제2항은, 全債務額이 확정되어 있고 이행기가 도래한 경우에는 채권자는 一部辨濟를 수령할 의무가 없다고 정하는데, 위의 제504조 제1항 제2문의 규정은 이 원칙에 대한 현저한 예외인 것이다. 거기서 「부당하게(ungerechtfertigterweise)」라고 함은, 법에 의하여 인정된 수령거부의 객관적 원인이 없음을 의미하고, 채권자의 과책 유무는 묻지 아니한다.[74)]

또한 다섯째, 일정한 경우에 채권자는 보증인에의 통지의무 및 파산 등 절차에서의 신고의무를 부담한다(동법 제505조). 우선 채무자가 원본, 이자 또는 年賦償還額을 6개월 이상 불이행하고 있는 경우에는 채권자는 이를 보증인에게 통지하여야 한다(동조 제1항 제1문).

73) Eugen Bucher, *Obligationenrecht. Besonderer Teil*, 3. Aufl(1988), §17/X 2 (S. 302) 참조.

74) 우선 Pestalozzi(註 71), Art. 504 Rn. 8(S. 2422) 참조.

이는 보증인에게 적절한 조치를 취할 기회를 주기 위한 것인데, 다른 한편 이 규정은 채권자가 보증인에게 주채무자의 재산상태의 악화를 알려 줄 一般的인 義務는 없음을[75] 전제로 하는 것이라고 이해되고 있다. 6개월의 기간은 이행기로부터 진행되며, 채무자를 이행청구로써 이행지체에 빠뜨릴 것(동법 제102조 제1항 참조) 등은 요구되지 아니한다.[76] 나아가 채권자는 주채무의 불이행이 없어도 보증인의 요청이 있으면 主債務의 狀態(Stand der Hauptschuld)에 대한 정보를 제공하여야 한다(동항 제2문). 뿐만 아니라 채무자에 대하여 파산 또는 화의절차가 개시된 때에는 채권자는 자신의 채권을 신고하여야 하고, 나아가 권리의 보전을 위하여(zur Wahrung der Rechte) 그에게 기대될 수 있는 모든 조치를 취하여야 한다(동조 제2항 제1문). 이와 같은 조치의무는 채권자에게 부과된 「확장된 충실의무 및 주의의무」의 귀결이라고 이해되고 있다. 구체적으로 행하여야 할 조치는 개별 사안의 제반 사정에 달려 있는데, 예를 들면 채권자집회에의 참가, 파산관재인의 제반 조치에 대한 감시 등이 그러하다.[77] 그리고 채권자가 파산 또는 화의절차의 개시를 안 때에는 즉각 보증인에게 알려야 한다(동항 제2문). 이상과 같은 통지 등의 의무를 이행하지 아니한 때에는 보증인은 그로 인하여 손해를 입은 한도에서 면책된다(동조 제3항).

(4) 주목할 것은, 위의 (2), (3)에서 살펴본 法定의 注意義務는 당사자들의 사전 합의에 의하여 배제될 수 없는 강행적 성격을 가진다는 점이다(同法 제492조 제4항).

75) 그에 앞서서 채권자는 보증인에 대하여 채무자의 재산상태를 감시할 일반적 의무를 지지 않는다고 이해되고 있다. 우선 Pestalozzi(註 71), Art. 503 Rn. 11 (S. 2415) 참조.

76) 이상에 대하여는 우선 Pestalozzi(註 71), Art. 505 Rn. 5 u. 6(S. 2425) 참조.

77) 우선 Pestalozzi(註 71), Art. 505 Rn. 16 u. 17(S. 2427) 참조.

2. 그 외의 立法例

(1) 그리스민법 제862조는 "채권자의 과책으로 인하여 채무자에 의한 만족이 불능하게 된 한도에서 보증인은 면책된다"고 정한다.

(2) 이태리민법 제1955조는 "채권자의 행위로(per fatto del creditore) 보증인이 채권자의 권리, 질권, 저당권, 우선권에(nei diritti, nel pegno, nelle ipoteche e nei privilegi del creditore) 대위할 수 없는 경우에는 보증은 소멸한다"고 정한다. 이는 프랑스민법 제2037조와 같은 내용이라고 추측된다.

(3) 최근의 네덜란드민법은 그 제7-861조 제3항에서, 비업무적·비영업적 채무보증에 관하여, "채무자가 채권자에 대하여 책임지는 손해로서 채권자가 합리적으로 그에게 요구될 수 있는 주의에 의하여 회피할 수 있었던 것에 대하여는, 보증인은 장래의 채무에 관하여는 손해배상의 의무를 부담하지 아니한다"고 정한다.

V. 小 結

이상 살펴본 바를 통하여 우리는 채권자의 보증인에 대한 주의의무 내지 배려의무를 생각함에 있어서 다음과 같은 점에 주목하게 된다.

첫째, 각국의 입법례는 이 문제에 대하여 매우 다양한 태도를 보이고 있다. 한편으로 담보를 포기함으로써 변제자대위가 있어도 보증인으로 하여금 담보를 취득하지 못하게 한 경우에 한하여 보증인의 면책을 인정하는 입법례가 있는가 하면, 우리 민법과 같이 고의 또는 과실로 담보가 감손된 경우에 한하여 보증인의 면책을 인정하는 입법례(프랑스), 더 나아가서 일정한 내용의 부수적 의무(예를 들면 채권자의 통지의무 등)를 명문으로 규정하는 입법례(스위스)도 있고, 더 나아가 보증인에 대한 「일반적·포괄적인 주의의무」를 긍정하는 경우(오스트리아)도 없지 않다.

둘째, 보증계약이 채권자에게 권리만을 주는 편무계약이라는 것이 채권자가 보증인에 대하여 부수적으로 의무를 부담할 수 있음을 논리적으로 당연히 배제하지는 않는다. 그러한 부수의무는 특히 신의칙에 기하여 인정될 수도 있는 것이다. 이는 연대보증인이라고 해서 다를 바 없다.

셋째, 결국 문제는 채권자가 보증을 통하여 도모하는 「담보이익」, 즉 채권의 만족가능성의 확보 그리고 이를 통한 채권의 보전·관리 및 행사상의 부담으로부터의 해방라는 이익을[78] 어느 만큼 관철할 것인가에 달려 있는 것으로 생각된다. 이러한 보증의 담보기능이 주의의무의 긍정에 의하여 축소된다면 이는 경우에 따라서는 신용거래에 심각한 장애를 일으킬 수 있는데, 과연 우리 나라에서 흔히 보이는 「개인적인 사유로 숙고 없이 호의로 보증을 인수한 사람」을 보호할 필요가 이러한 부작용을 감수하게 할 만큼 현실적으로 適實한 것인가가 관건인 것이다.

넷째, 그런데 우리는 이 문제에 내하여 전부 아니면 무의 선택을 할 필요는 없다. 보증의 태양에 따라 다른 처리를 한다거나 일정한 요건 아래서 일정한 내용의 배려의무만을 法定한다는 유연한 태도를 가질 필요가 있을는지도 모른다.

(서울대학교 法學 41권 1호(2000), 97면 이하 所載)

---

78) 앞의 I.2.(3)에서 인용한 大判 87.1.20.이 판시하는 바는 결국 이러한 이익의 강조에 귀착된다.

[三刷에 따른 後記]

채권자의 보증인에 대한 배려의무와 관련하여서는 일정한 시사를 주는 것으로 大判 2005.8.19, 2002다59764(공보 하, 1477)가 중요하다. 원고는 A 회사에 건물신축공사를 도급주었는데 그에는 遲滯償金이 약정되어 있었다. 피고는 A 회사의 위 도급계약상의 채무를 보증하였다. 그 후 A 회사가 위 공사 도중 부도를 내서 공사가 중단되었다. 이 사건에서 원고는 피고를 상대로 지체상금의 지급을 청구하였다. 이에 대하여 피고는, 원고가 旣成工事金을 도급계약에 정하여진 제한(이는 지체상금 등에 충당하려는 목적에서 설정되었다)을 넘어서 A 회사에 지급하였는데, 그 제한을 지켰더라면 A 회사의 지체상금채무를 지급 유보된 기성공사금으로 상계할 수 있었을 것이므로 이는 채권자의 담보권을 훼손한 것으로 민법 제485조에 의하여 보증인이 면책되어야 한다고 주장하였다. 원심판결은 이 주장을 받아들이지 않았다. 그러나 대법원은 상고를 인용하면서, "위와 같은 거래상의 신뢰관계에 비추어 도급인[채권자]로서는 연대보증인과의 관계에서 손해배상채무의 발생이나 확대를 방지하는 도급계약상의 각종 장치가 그 취지대로 가동되도록 적절히 권한을 행사함으로써 예상 밖으로 손해배상의 범위가 확대되는 것을 방지할 신의칙상의 의무가 있다"고 설시하고, 위 지급제한약정을 「담보적 장치」로 파악하여 담보권의 상실에 관한 민법 제485조의 유추로써 이를 정당화한다. 이 판결은 민법 제485조가 채권자의 보증인에 대한 배려의무라는 문제의 一端을 규정함을 명확하게 보여주는 한편, 채권자의 보증인에 대한 「신의칙상 의무」를 ──극히 제한적인 국면에서이기는 해도── 정면에서 긍정하고 있다는 점에서도 주목할 만하다.

한편 이 판결은 大判 92.5.12, 92다4345(集 40-2, 13)을 인용한다. 이는 보증보험에서 보험자가 피보험자에게 보험금을 지급하여 보험계약자에 대한 구상권을 취득한 때에는 보험계약자의 보증인에게 이를 지체없이 통지하여 상환의무의 발생을 알림으로써 연체이율로 산정되는 그 지연손해의 확대를 방지할 신의칙상 의무가 있고 이를 게을리 함으로써 지연손해가 확대된 경우에는 과실상계사유가 된다고 판시하였다. 이 판결은 그 취지가 보증보험에서 구상권자와 구상의무의 보증인 사이의 관계에 한정하여 적용되는 것으로 설시하고 있으나, 그러한 신의칙상 의무를 긍정하는 이유로 "일반적으로 이 사건과 같은 보증보험계약에서 보험계약자를 위하여 그 상환채무의 보증인이 된 자는 보험사고인 지급계약의 불이행사실이나 보험자의 보험금지급사실을 바로 알 수 있는 위치에 있지 않으므로"라고 하는 것을 보면, 주채무의 구체적 발생을 바로 알 수 없는 보증인에 관한 한 채권자와 보증인의 관계 일반에 미루어 적용할 여지도 없지 않다고 하겠다.

12. 繼續的 保證에서 保證人의 解止權과 責任制限

Ⅰ. 序

계속적 계약관계에서 계약 당시의 사정이 변화하였다고 해도 쉽사리 계약관계의 變更, 나아가 解消를 인정할 것은 아니지만, 보증계약과 같이 일방당사자(보증인)가 별다른 대가를 받음이 없이 또한 무계산적으로 人的인 관계에 이끌려 계약에 이르게 되는 경우가 적지 않은 계약유형에 있어서는, 그에의 무조건적인 구속을 인정하는 것이 부당하다고밖에 말할 수 없는 경우도 있다. 그러한 일방적인 의무부담이 장기간에 걸치게 되는 계약인 경우에는, 이는 계약당사자가 가지게 되는 총체적 채무관계가 타인(채무자 본인)의 채무부담행위의 정도와 내용에 전적으로 의존하게 되는 결과, 일종의 財産的 人質과 동일한 상태에 빠지게 되는 것이다.[1)]

1) 계속적 보증의 特殊性에 관하여는 우선 金光年, "계속적 보증계약과 보증인의 해지권", 民事判例硏究 4집(1982), 59면 이하 참조. 그 외에 계속적 보증에 관한 문헌으로는, 주로 실무가에 의한 것으로, 金永己, "근보증", 法院行政處 編, 銀行去來 · 賃貸借事件의 諸問題(裁判資料 32집)(1986), 99면 이하; 朴炳大, "계속적 보증에 관한 고찰", 司法論集 18집(1987), 5면 이하 ; 李玲愛, "사정변경으로 인한 보증계약의 해제", 대법원판례해설 6호(1987), 47면 이하; 李載坤, "계속적 보증계약에 있어 보증인의 해지권", 대법원판례해설 6호(1987), 59면 이하; 金龍德, "근보증에 있어서의 보증인의 책임제한", 民事判例硏究 11집(1989), 159면 이하; 李在洪, "계속적 보증과 보증책임의 제한", 民事判例硏究 21집(1999), 160면 이하 등이 있다.

보증의 대상이 되는 주채무가 일정한 기간 동안 행하여지는 계속적 거래관계(어음할인, 당좌대월, 계속적 물품공급 등)로부터 발생하는 것이어서 그 내용이 불확정인「계속적 보증」또는「근보증」에[2] 대하여는 단순히 사정변경을 이유로 하는 경우뿐만 아니라 그 계약체결의 동기 등 기타의 사정까지도 광범위하게 고려하여 信義則에 기하여 그 구속력을 제한하는 법리가 널리 주장되고, 또 판례에 의하여 채택되고 있다. 구체적으로 보면 그 하나는 일정한 경우에 보증계약의 解止權을 인정하는 것이고, 다른 하나는 責任額을 제한하는 것이다.

Ⅱ. 保證人의 解止權

1. 繼續的 契約에서의 解止權 一般

(1) 일반적으로 계속적 계약관계에 대하여는 법에 명문의 규정이[3] 없는 경우에도 일정한 사유가 있으면 당사자에게 그 계약의 해지권을 인정하여야 한다고 설명되고 있다. 그러한 해지권의 발생원인 중에 당사자의 채무불이행이 포함되는가에 대하여는 논의가 있으나, 이는 민법 제544조 내지 제546조가 계속적 계약에도 적용되는가를 둘러싸고 벌어지는 논의이다.[4]

2)「계속적 보증」이라는 개념은 日本의 西村信雄이 그 저서『繼續的保證の研究』(1952), 56 이하에서 제창하였고, 그 후 日最判 1964(昭39).12.18(民集 18, 217)에서 사용되었다고 한다. 金光年(前註), 58면 註 3 참조. 大判 87.4.28, 86다카2023(공보 87, 883)은「계속적 보증」이라는 용어를 채택하고 있다. 그 외에 가령 大判 85.3.12, 84다카1261(集 33-1, 103)은「根保證」이라는 용어를 같은 의미로 사용하고 있다.

3) 민법 제610조 제3항(使用貸借에 관하여), 제625조, 제627조, 제629조, 제635조 내지 제637조, 제640조(이상 賃貸借에 관하여), 제658조 내지 제663조(이상 雇傭에 관하여), 제689조(委任에 관하여), 제698조, 제699조(이상 任置에 관하여) 등.

4) 학설은 오히려 부정적인 견해가 우세하다. 이 문제에 대하여는 우선 郭潤直,

우리 나라의 민법교과서에서는 사정변경의 법리에 기하여 해지권이 인정될 수 있는가를 논하는 것이 통상이다.[5] 그러나 다른 문헌에서는, 비단 사정변경을 이유로 하여서뿐만 아니라, 특히 기간의 약정이 없는 계속적 계약관계에 있어서는 특별한 사정변경이 인정되지 않는 경우에도 계약관계가 성립된 때로부터 상당한 기간이 경과한 때에는 신의칙에 기하여 각 당사자에게 해지권이 부여되어야 한다는 논의가 이루어지고 있다. 견해에 따라서는 이 兩者의 경우를 구분하여 설명하기도 하나(이에 대하여는 뒤의 (2) 참조), 최근에는 이 양자의 요소는 해지권의 발생 여부를 판단함에 있어서 상관적으로 고려되어야 할 두 개의 모멘트에 불과하므로 양자의 경우를 체계상 별개로 다룰 것은 아니라고 하는 견해가 유력하게 주장되고 있다.[6]

(2) 종래 계속적 계약관계의 해지에 대하여는 다음과 같은 설명이 이루어져 왔다.[7] 계속적 계약관계에 있어서는 당사자 사이의 상호 신뢰가 특히 요구되며 그러한 고도의 신뢰관계를 기초로 하여 장기에

債權各論, 新訂(修正版)(2000), 133면 이하 참조. 한편 민법 제483조 제2항은 변제자대위에 관한 규정 중에서 一部代位에 대하여 "채무불이행을 원인으로 하는 계약의 해지 또는 해제는 채권자만이 할 수 있"다고 정하고 있다. 大判 77. 10.11, 77다948(朴炳大(註 1), 42면 註 123에서 再引用)은, 기한의 정함이 없는 百貨店 점포 한 칸의 使用貸借에 있어서 借主가 점포의 사용조건 및 점포관리규정을 위반한 것이 貸主에게 해지권을 발생시키는가에 관하여 판시한 것이다. 대법원은, 그러한 違反은 "위 계약이 기초가 되는 신뢰관계를 파괴하여 대주로 하여금 본건 계약을 존속케 함은 일방적 희생을 강요하는 결과가 되어 불공평하여 이러한 사유는 계약관계의 존속을 기대하기 어려운 부득이한 경우에 해당되어 차주의 사용조건 및 관리규정의 위반은 채무불이행이라 할 것이니 이를 이유로 한 貸主의 해지통고에 의하여 위 계약은 적법하게 소멸되었다"고 판시하였다. 이는 법적 구성의 측면에서는 債務不履行을 이유로 하는 契約解止權을 인정하면서도, 그 이유제시에 있어서는 信賴關係의 破壞를 들고 있어(이는 통상 신의칙에 기한 해지권 발생원인으로 드는 사유이다), 그 태도를 명확하게 알기 어렵다.

5) 가령 郭潤直(前註), 133면 참조.

6) 이에 대하여는 우선 朴炳大(註 1), 43면 이하 참조.

7) 金光年(註 1), 61면 이하; 金永己(註 1), 119면 이하; 李玲愛(註 1), 54면 이하 참조. 이들의 글은 주로 日本文獻에 의존하고 있다.

걸치는 법률관계가 형성되어 간다. 그리고 이러한 신뢰관계는 계약의 목적이 달성될 때까지 계속될 것이 요청된다. 그런데 일정한 사유로 말미암아 당사자의 신뢰관계가 파탄에 이르게 됨으로써 계약관계가 계속 유지될 수 있는 기초가 상실된 때에는 당사자들은 이 계약관계의 효력을 장래를 향하여 상실시킬 수 있어야 한다(즉 해지권을 가져야 한다)는 것이다. 그러한 해지권은, 비록 계약 그 자체나 법률의 규정이 없더라도, 신의칙에 기하여 당연히 인정되어야 한다는 것이다. "요컨대, 개개의 계약에 내재하는 신뢰관계의 정도에 따라 그 계약의 기초인 신뢰관계가 파괴되었을 때 이를 해지권 인정의 근거로 삼을 것이고 때로는 전형계약상의 법정해지권의 유추적용에 의하여 해지권을 인정할 수 있을 것"이라고 한다.[8]

그리하여 해지권의 구체적인 발생요건에 대하여는, 이를 계약의 존속기간에 관한 정함이 있는 경우와 그러한 정함이 있는 경우로 나누어 살피기도 한다. 전자의 경우에 인정되는 해지를 통상해지(ordentliche Kündigung)라고 하는데, 이는 계약체결 후 「상당한 기간」이 경과하면 해지를 할 수 있고, 그러한 의사표시는 일정한 예고기간이 경과한 후에 효력을 발생한다고 한다. 후자의 경우에 인정되는 해지를 비상해지(außerordentliche Kündigung)라고 하는데, 이는 계약성립 후에 「특별사정」이 발생하거나 「현저한 사정변경」이 있으면 인정되며 이는 해지의 의사표시와 동시에 효력이 발생한다고 한다.[9] 그리고 뒤의 2.(3) 및 (4) 등의 각 판결에서 보는 대로, 판례도 이러한 구분에 어느 정도 영향을 받고 있는 듯하다.

그러나 이러한 구분에 대하여는 한편으로 이의가 제기되기도 한다. 이에 의하면, 계약의 효력을 그대로 유지시킬 것인가를 결정함에

8) 金光年(註 1), 63면.

9) 일본에서는 전자를 任意解止, 후자를 特別解止라고 부른다고 한다. 金光年(註 1), 65면 참조.

있어서는 그 계약관계상의 모든 사정을 '총체적으로' 판단하여야 할 것인데, 그 사정 중에서 기간의 경과라는 요소와 사정변경이라는 요소를 위와 같이 엄격히 구분하여 고찰하는 것은 "다분히 의제적인 분할"이라는 것이다. 그리하여 "그 근거가 되는 신의칙의 본령으로 돌아가서 보증에 이르게 된 경위, 경과된 기간, 주채무자의 자산상태, 당사자간 신뢰관계의 변동 및 채권자측의 사정 등 제반사정을 종합 고려하여" 해지권의 발생 여부를 일원적으로 판단하는 것이 타당하다고 한다.[10)]

역시 기간의 유무라는 단 하나의 징표에 의하여 위와 같은 구분을 두는 것은 타당하다고 생각되지 않으므로, 아마도 이 견해가 타당하다고 생각된다. 물론 기간의 약정이 없으면서 다른 한편으로 정상적인 해지의 가능성이 없는 경우에는, 무제한한 계약상의 구속으로 말미암아 당사자의 활동자유(Bewegungsfreiheit)를 과도하게 제약하는 결과를 발생시킬 우려가 높으므로, 해지권의 발생 여부를 판단함에 있어서는 이 점에 대하여 특별히 고려를 하여야 할 것이다.[11)] 그러나 그렇다고 해서 그러한 점이 위와 같은 체계상의 구분을 정당화한다고는 생각되지 않는다. 또 실제상으로도, 그 경과가 해지권을 발생시키는 「상당한 기간」을 정함에 있어서는 그 계약관계를 둘러싼 각종의 사정들을 고려하여야 할 것이고, 반대로 「현저한 사정변경」의 존부를 판단함에 있어서는 반드시 그러한 계약 후에 발생한 사정뿐만 아니라 계약체결의 경위 등도 아울러 고려될 것이다. 그렇다고 하면, 위와 같은 구분은 불필요한 것이기도 하다.

독일에서는 계속적 채권관계(Dauerschuldverhältnisse)의 해지에 관하여 다음과 같이 설명되고 있다. 계속적 채권관계는 그 실현에 있

10) 朴炳大(註 1), 44면 이하. 또한 李載坤(註 1), 67면 이하도 同旨.

11) 가령 독일의 Larenz, *Lehrbuch des Schuldrechts*, Bd. 1, 14. Aufl.(1987), § 2 Anm. 53(S. 33)도 이 점을 指摘하고 있다.

어서 대부분 고도의 신뢰에 기초한 협력(ein vertrauenvolles Zusammenwirken), 즉 자신의 이익을 추구하고 인수한 일을 실행함에 있어서 특별한 주의와 고려가 요구된다. 왜냐하면 장기적인 결합관계는 타인의 호의와 친선관계에 의존하는 바가 더 크기 때문이다. 그러므로 이에는 신의성실을 준수하고 인적인 배려를 할 의무, 즉 충실의무(Loyalitätspflicht)가 보다 중요한 의미를 가지게 된다. 이러한 상호간의 신뢰와 계속적인 친선관계의 필수성으로부터, 이러한 것이 당사자 일방의 행태에 의하여 파괴된 경우에는 상대방이 채권관계의 지속을 거부할 수 있어야 한다, 즉 계약을 즉시 해지할 수 있다는 결론이 도출된다. 법률도 이를 고려하여 일정한 계속적 계약관계에 있어서는 "중요한 이유(wichtiger Grund)"가 있으면 계약을 해지할 권리를 부여하고 있다.[12] 판례는 이로부터, "당사자들의 인적인 협동, 따라서 친선관계가 요구되는 계속적 법률관계에 있어서는, 중요한 이유가 있으면 언제라도 이를 해소할 수 있다"는 일반적인 법리를 이끌어냈다. 그리고 이 법리를 ── 법에 해지에 관한 명문의 규정이 없는 ── 임대차, 소비대차, 물품공급계약, 중재계약 등에 적용하였다. 그리고 이러한 판례의 태도는 압도적인 학설의 지지를 얻고 있다.[13] 여기서 "중요한 이유"가 있는지 여부를 판단함에 있어서는, 그 존속기간의 약정이 있는지 여부는 비록 중요한 하나의 사정이기는 해도, 이를 체계구성적 징표로 삼지는 않는다.

---

12) 가령 雇傭(獨民 제626조), 委任(獨民 제671조 제 2 항, 제 3 항), 組合(獨民 제723조 제 1 항)이 그러하다. 이는 우리 민법에서는 제661조(雇傭), 제689조(委任), 제716조 제 1 항, 제 2 항(組合)에서 정하는 "不得已한 事由"에 해당한다.

13) Larenz(註 11), §2 Ⅵ(S. 32); MünchKomm-BGB/Kramer, Einleitung zu Bd. 2(3. Aufl., 1994), Rn. 88(S. 51f.); Esser/Schmidt, *Schuldrecht*, Bd. I/1, 7. Aufl.(1992), §15 Ⅱ(S. 260f.); Fikentscher, *Schuldrecht*, 9. Aufl.(1997), §8, 7 c(S. 38f.) 등.

2. 繼續的 保證에서 保證人의 解止權—判例

(1) 판례는 일찍부터 계속적 계약관계의 신의칙에 기한 해지를 인정하여 왔다.[14] 이는 주로 계속적 보증에 대한 것이나, 반드시 그에 한정되는 것은 아니다.

이하 裁判例에 나타난 경우를 분석하여 보면, 특히 보증이나 증여 등 무상으로 채무를 부담하는 거래유형에서 해지가 빈번하게 문제되고 있고, 계속적 물품공급계약 등의 경우는 별로 눈에 띄지 않음이 주목된다. 이러한 무상의 채무부담이 계속적으로 행하여지게 되면 그것이 그 채무자에게 현저한 자유의 제한을 가져오므로 그 구속력을 축약할 필요가 있다는 점에서 신의칙에 기하여 계약효력을 제한할 필요가 긍정될 수 있을 것이다.

이와 같은 해지권의 인정은 그것이 신의칙에 그 근거를 두는 것이므로, 「구체적 사건의 제반사정」을 종합적으로 고려하는 작업이 필수적임은 다시 말할 필요가 없겠다.

(2) 大判 78.3.28, 77다2298(集 26-1, 237)은 장래의 실무의 태도를 규정하는 것으로서 극히 중요하다.

---

14) 이와 관련하여서는 大判 66.3.22, 66다68(集 14-1, 148)을 여기서 들어야 할는지도 모른다. 이 사건에서 원고는 피담보채권이 보누 소멸하였음을 이유로 하여 근서당권설정등기의 말소를 청구하고 있는데, 設定契約에는 그 存續期限이 채권자가 「해제」하는 때까지로 정하여져 있다는 것이다. 원심은, 근저당권은 피담보채권의 存否에 상관없이 존속한다고 하여 원고의 청구를 기각하였다. 그러나 大法院은 "근저당권에 의하여 담보되는 채권이 전부 소멸하고 채무자가 채권자로부터 새로이 金員을 차용하는 등 거래를 계속할 의사가 없는 경우에는, 근저당권 또는 그 기초되는 계약에 존속기간의 정함이 있고 아직 그 기간 경과 전이라 하더라도, 근저당권설정자는 위 기초되는 계약을 해제하고 근저당권설정등기의 말소를 청구할 수 있다고 해석하는 것이 條理에 합당하다"고 판시하여, 原審判決을 파기하였다. 이것도 신의칙("條理")에 기하여 계속적 계약관계에의 개입을 인정한 判例로 들 수 있을지도 모른다. 그러나 다른 한편으로 이는 계속적 계약관계에 특유한 신뢰의 모멘트를 고려한 것이라기보다는, 물권인 근저당권의 소멸에 관한 일반적인 법리를 판시한 것으로도 생각된다.

(**a**) 이 판결은 다음과 같은 사안에 대한 것이다. 갑이 상해의 치료를 위하여 원고가 경영하는 병원에 입원하였다. 그 때 피고는 그 상해가 피고의 형의 폭행으로 인한 것으로 잘못 알고, 그 장래의 치료비에 대하여 보증을 하였다. 그러나 그 상해는 순전히 갑의 부주의로 인한 것이었다.

원고는 이 사건에서 피고에 대하여 보증책임을 물어 치료비의 지급을 청구하였다. 피고는 ── 착오를 이유로 한 보증계약의 취소와[15] 아울러 ── 그 보증계약은 상당한 기간의 경과 후에 한 해지로 말미암아 장래에 대하여 효력을 상실하였다고 주장하였다. 원심은 우선 "이른바 계속적 보증의 경우는 보증인이 그 보증을 해지함에 상당한 이유가 있는 경우에는 이를 해지할 수 있다"고 하고, 다만 "이 경우 보증의 상대방에게 신의칙상 묵과할 수 없는 손해를 입힐 우려가 있다면 그 해지권은 배제되어야 한다"는 법률론을 설시하였다.

그리고 구체적으로 이 사건의 경우에는, 보증의 경우에 위와 같은 착오가 있으니 일응 「해지의 상당한 이유」가 있으나, "한편 원고 쪽에서 본다면 병원에서 일단 환자를 입원시킨 이상 입원치료비의 지급이 불확실하다는 이유만으로 계속 치료를 요하는 환자에 대하여 치료를 거부하고 강제퇴원시키는 것은 사실상 어려운 일"이라고 하여 피고의 해지주장을 받아들이면 원고로서는 부당한 손해를 입는 결과가 된다고 하여 피고의 주장을 물리쳤다.

그러나 대법원은 원심의 판단 중 위와 같은 법률론을 그대로 반복하고, 나아가 "착오가 없었으면 그 보증을 할 아무런 까닭이 없는 본건과 같은 사정 아래서는" 해지할 「상당한 이유」가 있다고 하였다.

15) 이는 대법원에서도 부인되었다. 이미 유사한 事案에서도 이러한 착오주장은 일반적으로 받아들여지지 아니하였다. 가령 大判 75.4.22, 75다387(集 23-1, 227); 大判 79.3.27, 78다2493(集 27-1, 223)(이상은 모두 所屬의 운전사에게 사고발생에 과실이 있다고 오인하여 피해자의 치료비를 보증한 운수회사의 취소주장을 물리친 예) 참조.

그러나 피고의 해지 당시 원고에게 손해가 발생한다고 하는 원심의 판단을 뒷받침할 아무런 자료가 없다고 하여, 理由不備를 이유로 원심판결을 파기하였다.

(**b**) 이 판결은 우선 그 법률론의 차원에서 극히 중요하다. 비록 계속적 보증에 관한 것이기는 하나, 단지 「상당한 이유」라는 하나의 요건에 해지권의 발생을 걸리게 한 점은 주목받아 마땅하다. 그리하여 그 후의 재판례는 항용 "계속적 보증에서는 보증계약 후 당초 예기하지 못한 사정변경이 생겨 보증인에게 계속하여 보증책임을 지우는 것이 당사자의 의사해석 내지 신의칙에 비추어 상당하지 못하다고 인정되는 경우에는 채권자에게 신의칙상 묵과할 수 없는 손해를 입게 하는 등의 특별한 사정이 없는 한, 보증계약을 해지할 수 있다"는 법률론을 前置하고 있는 것이다.

나아가 계약성립 후에 비로소 발생한 사정이 아니라, 계약체결에 이른 동기를 들어 그리고 그것만을 들어 그 「상당한 이유」를 긍정하는 점도, 해지권 발생 여부를 판단함에 있어서 고려되어야 할 「사정」의 범위와 관련하여 중요한 판단이라고 하겠다.

(3) 大判 86.9.9, 86나카792(공보 86, 1384)도 계속적 보증의 해지에 관하여 판단하고 이를 긍정한 것이다. 법원이 이러한 결론에 이르는 과정에서 들고 있는 각종의 사정들을 보면, 여기서 문제되고 있는 신의칙의 적용에 의한 해지권의 발생 여부를 판단함에 있어서 얼마나 다양한 사정이 고려되는가를 알 수 있다.

갑이 서로 알지 못하는 피고 A에게 허리디스크의 치료를 부탁하므로 A는 이에 응하여 지압 등의 시술을 하였다. 그런데 갑은 그 시술로 말미암아 증세가 악화되었다고 주장하면서, 만일 병원치료를 받게 해 주지 아니하면 A를 무면허의료행위를 이유로 형사고발하겠다고 하였다. 그러자 피고 A는 갑을 원고가 운영하는 병원에 입원시키면서 그 치료비를 피고 B와 함께 보증하였다. 그런데 갑은 그 후 A를 실제로 형사고소하였다. 그러자 피고들은 원고에 대하여 보증해지의 의사표시를 하였고, 그 15일이 지난 후 B가 다시 해지의 의사표시를 하였다. 이 사건에서 원고는 피고들에 대하여 치료비의 지급을 청구하였다. 원심은, "피고들이 전혀 알지 못하는 갑을 위하여 연대보증을 하게 된 동기와 경위, 그 후 갑의 형사고소로 그들 사이의 신뢰관계가 깨진 점, 갑의 용태나 치료기간 및 그 질환의 진행상태 등 모든 사정과 이 사건 보증이 보증기간이나 책임한도액의 제한이 없는 장래의 계속적 채무에 대한 보증인 점 등을 감안"하여, 피고들이 해지의 의사표시를 한 후 15일부터(즉, 피고 B가 해지한 날부터)[16] 그 해지의 효력이 발생한다고 판단하였다. 그리고 대법원은 원심의 판단을 긍정하였는데, 그 이유로서 앞의 (2)에서 본 大判 78.3.28.의 법률론을 인용하면서 아울러 해지권을 발생시키는 「상당한 이유」의 예로서 "보증인의 주채무자에 대한 신뢰가 깨어지는 등"의 사정을 들고 있다.

이 판결은, 해지의 의사표시가 바로 효력을 발생하지 아니하고 그 15일 후에야 비로소 효력을 가진다고 하여 예고기간을 긍정한 점에서도 흥미를 끈다.[17] 이 판결에 대한 재판연구관의 판례해설도 이 점을 강조하여, 이로써 "보증인과 채권자 쌍방의 이익과 입장을 형량하여 최대한 조화롭게 하고자 배려"하고 있는 것이라고 한다.[18]

(4) 한편 大判 90.2.27, 89다카1381(集 38-1, 78)은,[19] 회사의 직

16) 원심은 이와 같이 일종의 豫告期間을 인정하는 것에 대하여, ── 대법원판결에 인용된 한에서 보면 ── "그 기간이면 원고가 그의 이익을 보호함에 필요한 다른 조치를 취할 수 있었다고 보여진다"고 설시하고 있다. 아마도, 甲에게 치료비를 스스로 지급할 意思 또는 資力이 있는가를 알아보고, 만일의 경우에는 그를 退院시키는 등의 조치를 취하기 위하여 그만한 기간이 필요하다는 뜻인가?

17) 이는 앞의 1.(2)에서 본 通常解止에 관한 법리를 聯想시킨다.

18) 李載坤(註 1), 68면.

19) 이상은 계속적 보증관계에 대한 것이나, 그 이외의 계속적 계약관계에 대하여도 위와 같은 법리의 적용을 시사하는 판례가 있다. 大判 90.6.12, 89다카30075

원(피고)이 회사의 계속적 외상거래로 인한 물품대금채무를 3년의 기간을 정하여 보증하였는데 그 기간이 경과하기 전에 퇴사한 사안에 대한 것이다.

대법원은, 피고의 해지주장을 배척한 원심판결을 다음과 같이 판시하여 파기하였다. 즉, "이른바 계속적인 보증계약에 있어서 보증계약 성립 당시의 사정에 현저한 변경이 생긴 경우에는 보증인은 보증계약을 해지할 수 있다고 보아야 할 것인바, **회사의 임원이나 직원의 지위에 있기 때문에 회사의 요구로 부득이 회사와 제3자 사이의 계속적 거래로 인한 회사의 채무에 대하여 보증인이 된 자가 그 후 회사로부터 퇴사하여 임원이나 직원의 지위를 떠난 때**에는 보증계약 성립 당시의 사정에 현저한 변경이 생긴 경우에 해당하므로 사정변경을 이유로 보증계약을 해지할 수 있다고 보아야 하며, 위 계속적 보증계약에서 보증기간을 정하였다고 하더라도 그것이 특히 퇴사 후에도 보증채무를 부담키로 특약한 취지라고 인정되지 않는 한 위와 같은 해지권의 발생에 영향이 없다"(강조는 인용자가 가한 것이다. 이하 같다)는 것이다.

이 판결은 계속적 보증에서의 해지권 발생을 '계약 후의 현저한 사정변경'과 연결시키고 있어서, 앞의 (2)나 (3)의 판결에서 계약체

(공보 90, 1461)은, 갑이 A 회사의 대리점영업을 하는 것을 주된 목적으로 하는 피고회사를 설립하면서, 원고와의 사이에 원고가 A 회사와의 대리점계약을 알선하여 준 것 등에 대한 보답으로 피고회사로 하여금 매달 50만원을 생활비로 원고에게 지급하여 주기로 하는 계약을 체결하였는데 피고가 약 6년간 생활비를 지급한 후 그 계약을 해지함으로써 그 해지의 유효 여부가 다투어진 사안에 대한 것이다. 원심은, 위 계약은 부담부 증여인데 수증자인 원고가 그 부담을 이행하지 아니하였으므로 그 해지는 적법하다고 판단하였다. 대법원은, 원심이 위 계약을 부담부 증여라고 판단한 것은 채증법칙을 위반한 것이라고 하면서, 傍論으로 다음과 같이 덧붙이고 있다. 즉, "위 약정과 같은 계속적 이행계약에 있어서 계약성립 당시의 사정이 현저히 변경되어 당초의 약정을 유지존속시키는 것이 신의칙에 반한다고 볼 만한 사정이 인정된다면 위 약정을 해지할 여지가 있을 것"이라고 한다. 그런데 이러한 점에 대하여는 아무런 주장입증이 없다고 하여, 원심판결을 파기하고 있다.

결의 경위 또는 동기를 유일한 또는 중요한 사정으로 고려하고 있는 것과 대조된다.[20] 그러나 이들을 통일적으로 이해한다는 관점에서 보면, 이 판결도 해지권의 발생이 오직 현저한 사정변경의 경우에만 인정된다는 취지는 아니고, 단지 그 경우도 해지권 발생의 한 유형을 이룬다는 취지로 이해하여야 할 것이다. 오히려 이 사건에서는 보증기간이 미리 약정되어 있었던 것이므로, 앞의 1.(2)에서 본 통상해지/비상해지의 구별과 대비하여 보면, 그 중 비상해지권의 발생요건에 관한 종래의 설명에 무의식 중에 이끌려 간 것이 아닌가 억측되기도 한다.

현재 우리 나라의 보증거래의 실정을 보면, 회사의 이사 등이 그 직위에 있기 때문에 회사의 채무를 보증하게 되는 예가 극히 빈번하게 발견된다. 그러므로 이 판결이 명시적으로 판단하는 대로, 퇴사 후에는 그 보증을 해지할 수 있다고 하는 것은 보증거래에 심중한 영향을 미칠 가능성이 있다고 하겠다. 그 후 裁判例는 몇 차례에 걸쳐 이와 같이 회사채무를 임직원의 지위에서 보증한 사안에 대하여 다루었다.

(a) 이러한 법리는 예를 들면 大判 96.12.10, 96다27858(공보 97상, 311); 大判 98.6.26, 98다11826(공보 98하, 1990) 등에서도 확인되고 있다.

예를 들면 前者의 판결은, 회사의 대표이사 또는 대주주이었던 피고들이 신용보증기금과 아울러 회사의 A 금융기관에 대한 어음할인대출계약상의 채무를 연대보증하고, 동시에 신용보증기금(원고)에 대하여 동 기금이 보증채무를 이행함으로써 취득할 회사에 대한 구상금채권에 관하여 연대보증하였는데 후에 회사를 제 3 자에게 양도하고 그 경영에서 손을 떼서 신용보증기금에 대하여도 위 보증을 해지한다

---

20) 그래도 "회사의 요구로 부득이 보증인이 되었다"는 점을 드는 등 保證의 經緯가 그 판단에서 전혀 考慮되지 않았다고 할 수는 없을 것이다.

는 의사표시를 한 단계에서 문제의 대출금채무가 발생한 사안에 대한 것이다. 대법원은 "피고들이 원고에게 한 보증도 원고가 [A와의 사이의] 위 계속적 보증계약을 이행함으로 인하여 갖게 될 불확정한 구상금채권에 대한 보증이어서 역시 계속적 보증에 해당한다"고 한 다음,[21] 위와 같은 경우에도 보증인은 해지권을 가지게 된다고 판시하였다.

또 後者의 판결은 1년 기한의 기업당좌대출금계약에 기한 금융기관에 대한 채무가 보증된 사안에 대한 것으로서, 그것이 계속적 보증인 한에는 "보증계약상 보증한도액과 보증기간이 제한되어 있다고 하여도" 위와 같은 해지권에 관한 법리는 적용된다고 판시하였다. 이 판결에서 또 하나 주목되는 것은 그 **해지의 효과**에 대하여 "당좌대출에 대한 신용보증은 보증기관이 거래기간 동안에는 약정된 한도액의 범위 안에서 증감·변동하는 대출원리금에 대하여 보증책임을 지지 아니하고 정해진 사유로 인한 거래 종료시 보증채무가 확정되는 이른바 근보증에 해당하며, … [그 경우 주채무가] 확정되기 전에 보증계약을 해지한 경우에는 그 보증인은 보증책임을 면하는 것인바, 소외 회사의 당좌부도가 발생하여 당좌대출거래가 종료됨으로써 **주채무가 확정되기 전에 피고의 보증계약이 해지되었으므로 피고는 … 아무런 보증책임을 지지 아니한다**"(꺾음괄호 안은 인용자가 부가한 것이다. 이하 같다)고 판시하고, 보증인이 그 해지 당시의 주채무자의 당좌대월 잔액에 대하여 보증책임이 있다는 원고의 주장을 배척하였다.

또 최근의 大判 2000.3.10, 99다61750(공보 2000상, 939)도, 주식을 소유하는 일이 없이 이사로 재직 중 회사의 채무를 보증한 피고가 퇴직 후 사임등기를 마치고 채권자인 원고에 대하여 "더 이상 보증책임을 지지 않겠다"고 통지한 사안에 대하여, 원심이 피고의 면책주장

21) 이와 같이 피보증인이 계속적 보증의 보증인에게 부담하게 될 불확정한 구상금채무를 보증한 경우에도 마찬가지로 계속적 보증의 해지에 관한 법리가 적용된다는 것은 이미 그 전에 大判 92.11.24, 92다10890(공보 93, 218)이 판시한 바 있고, 그 후에 大判 98.6.26, 98다11826(공보 98하, 1990) 등에서도 확인되고 있다.

을 배척하였던 것을 대법원이 위와 같은 법리를 설시한 후에 "보증계약의 해지의 의사표시를 한 날 이후에 발생한 대출금채무에 관하여는 보증계약의 효력이 미치지 아니한다"고 하여 파기하였다.

(b) 그런데 이상은 문제의 채무가 발생하기 전에 보증을 해지하는 의사표시를 한 사안에 대한 것이다.

大判 96.10.29, 95다17533(공보 96하, 3512)은, 단순히 해지권이 발생하였다는 것만으로 그 이후에 발생한 채무에 대하여 보증인이 책임을 지지 않는 것은 아님을 전제로 하여, 해지의 의사표시의 존부에 대하여 판단하다. 이에 의하면, "채권자가 보증인의 퇴직사실을 인식하고 있다고 해서 보증인의 채권자에 대한 해지의 의사표시 없이 보증계약이 당연히 해지되는 것은 아니"라고 한다. 그러므로 비록 임직원의 지위에서 벗어난 후에 발생한 채무라도 해지의 의사표시가 행하여지기 전이었다면 이에 보증인은 책임을 면할 수 없다는 결과가 된다.[22)]

(c) 그런데 위와 같은 법리는 계속적 보증에서만 문제되고 확정채무의 보증에 대하여는 적용되지 않는다고 한다. 예를 들면 大判 96.2.9, 94다38250(공보 96상, 873)은 "사정변경을 이유로 보증계약을 해지할 수 있는 것은 포괄근보증이나 한정근보증과 같이 채무액이 불확정적이고 계속적인 거래로 인한 채무에 대하여 한 보증에 한한다 할 것인바, … 피고들이 소외 회사의 이사로 각 재직하면서 보증 당시 그 채무액과 변제기가 특정되어 있는 확정채무에 대하여 보증을 한 후 이사직을 사임하였다 하더라도 사정변경을 이유로 보증계약을 해지할 수 없는 것"이라고 한다.[23)]

---

22) 한편 大判 97.2.14, 96다43904(공보 97상, 757)은 身元保證法 제4조에서 정하는 通知義務를 해태한 사안에 대하여 "특수한 사정으로 통지를 받았다면 해지를 하였을 것이라는 사정이 있으면" 그 후로는 신원보증인의 책임이 부정된다고 판시하였다. 그러나 신원보증이 아닌 보증에서 채권자의 통지의무는 일반적으로 부정된다.

23) 그 전에 이미 大判 94.12.27, 94다46008(공보 95상, 671)이 같은 취지를 밝혔었다.

이는 그 후의 大判 96.3.8, 95다51533(공보 96상, 1217); 大判 97. 4.25, 97다2726(공보 97상, 1589); 大判 99.1.15, 98다46082(공보 99상, 295) 등도 이와 같은 취지를 계속 밝혔다. 나아가 이들 판결은 그 경우 보증의 목적이 된 확정채무에 관하여 채권자가 보증인의 동의 없이 그 이행기를 연장하여 준 경우에도(「기한유예」) 다를 바 없으며 나아가 후임 임직원이 별도로 당해 채무에 대하여 보증을 하였어도 마찬가지라고 판시한다.

(d) 한편 실무는 회사의 임직원이 퇴직한 경우에 대하여 다른 관점에서 그의 보증책임을 제한하는 방향의 법리를 인정하고 있다. 이는 혹 뒤의 Ⅲ.에서 다루어야 할 사항일지도 모르나, 여기서 회사의 채무를 보증한 임직원의 책임이라는 관점에서 일괄하여 보기로 한다.

이에 관한 기준적 재판례는 大判 87.4.28, 82다카789(集 35-1, 300)이다. 이에 의하면, "근보증계약서의 문언상 보증기간이나 보증한도액을 정함이 없이 회사가 부담하는 모든 채무를 보증하는 것으로 되어 있다 하더라도 그 보증을 하게 된 동기와 목적, 피보증채무의 내용, 거래의 관행 등 제반 사정에 비추어 당사자의 의사가 계약 문언과 달리 일정한 범위의 거래의 보증에 국한시키는 것이었다고 인정할 수 있는 경우에는 그 보증책임의 범위를 제한하여 새겨야 할 것"이라고 선제한 다음, "[i] 회사의 이사가 그 이사라는 지위에 있었기 때문에 은행이 대출규정상 계속적 거래로 인하여 생기는 회사의 채무에 대하여 연대보증을 하게 된 것이고, [ii] 은행은 거래시마다 그 당시 회사의 이사 등의 연대보증을 새로이 받아왔다면, 은행과 이사 사이의 연대보증계약은 보증인이 회사의 이사로 재직 중에 생긴 채무만을 책임지우기 위한 것이라고 보아야" 한다고 판시하였다. 그 후 동일한 판시는 大判 87.7.21, 87다카677(공보 87, 1390); 大判 88.5.24, 87다카2896(공보 88, 986); 大判 95.4.7, 94다736(공보 95상, 1811);

大判 95.8.25, 95다8065(공보 95하, 3271); 大判 98.12.22, 98다34911(공보 99상, 187); 大判 99.1.15, 98다46082(공보 99상, 295) 등에서도 위와 같은 법리를 확인하고 있으며, 앞의 [i], [ii]의 법리는 거의 법률요건과 같이 취급되고 있다.

이는 위에서 본 전제법리에서 보는 대로 계속적 보증계약의 해석이라는 법적 장치를 통하여 인정되는 바이고, 여기 Ⅱ.의 다른 부분이나 뒤의 Ⅲ.에서 보는 바와 같은 信義則 적용의 결과와는 성질을 달리하는 점이 있다고 할는지도 모른다.

Ⅲ. 保證人의 責任制限

1. 序

앞의 Ⅱ.1.(2)에서 본 대로 해지권은 계속적 계약에 해당하는 개별적 계약유형에 대하여 다수의 명문규정이 존재하고, 그 발생요건도 「부득이한 사정」 또는 「중대한 이유」로 정하여져 있어, 判例는 쉽사리 "계속적 계약관계 일반에 있어서 상당한 이유가 있으면 언제라도 이를 해지할 수 있다"는 일반적 법리를 이끌어낼 수 있었다. 그러나 責任額의 제한에 대하여는 이를 인정할 수 있는지, 어떠한 요건 아래서 인정될 것인지는 반드시 명확한 것은 아니었다.

예를 들면 신원보증법 제6조("法院은 신원보증인의 손해배상의 책임과 그 금액을 정함에 있어 피용자의 감독에 관한 사용자의 과실의 유무, 신원보증인이 신원보증을 하게 된 사유 및 이를 함에 있어서 주의를 한 정도, 피용자의 임무 또는 신원의 변화 기타 一切의 事情을 參酌한다")를 계속적 보증에 적용 또는 유추적용할 것인가에 대하여 大判 59.9.24, 4290民上786(集 7, 221)은 이를 긍정한 원심판결을 파기하면서, "계속적 거래관계로부터 생길 불확정한 채무를 보증한 경우에 있어서 관습 또는 신의칙에 비추어 보증인의 책임을 경감할 수 있는 경우의 법리와 右 신원보증에 관한 법률에 있어서의 보증인의 책임경감에 관한 법리와를 혼동"하였다고 판시한 바 있는데,[24] 그렇다고 해서 이 판결이 신의칙에 기한 책임경감을 정면에서 긍정하였다고는 보기 어려울 것이다.

2. 대법원 1984년 10월 10일 판결 84다카453사건 (集 32-4, 54)

(1) 피고들은 1977년 6월 30일에 원고 은행과 소외 甲 주식회사 사이의 어음거래에 관하여 甲 회사를 위하여 책임한도액과 기간을 정하지 아니한 계속적 연대보증계약을 체결하였다. 원고 은행은 당일 5천만원, 동년 8월의 2일과 18일에 각 2천5백만원을 대출하였고, 이래 줄곧 갑 회사와 여신거래를 하였다. 그러나 갑 회사는 결국 1979년 3월 28일에 부도를 내고 경제적으로 회생할 수 없게 되었고, 그 때까지 원고 은행에 대하여 원금만 약 4천1백만원의 채무를 부담하고 있었다.

원고 은행은 이 사건에서 피고들의 보증책임을 물어 위 4천1백여만원과 그에 대한 이자·지연이자 등의 이행을 청구하였다.

(2) 원심법원은, 피고들에게 보증책임이 있음을 긍정하면서도 다음과 같은 사정을 들어 "피고들의 이 사건 보증책임은 이를 [일정한 액으로] 감축함이 신의칙상 부합한다"고 판시하고, 이를 넘는 액에 대한 원고의 청구를 기각하였다.

---

24) 이 판단은 당시 의용되고 있던 「身元保證에 관한 法律」(이는 일본법으로서, 당시 의용되고 있었다) 제5조에 대한 것인데, 이 규정은 우리의 신원보증법 제6조와 완전히 일치한다.

(i) 피고들은 모두 甲 회사의 이사라는 직책 때문에 이 사건 연대보증인이 되었을 뿐 아무런 대가를 받지 않았다. (ii) 보증계약 체결 당시의 원고에 대한 甲 회사의 채무는 5천만원밖에 없었다. (iii) 甲 회사의 1978년도 당기 순손실이 금 103,289,000원, 부채비율이 951.6퍼센트, 자기자본비율이 9.5퍼센트여서 재무구조가 악화되어 있었다. (iv) 원고 은행은 갑 회사가 부도를 내기 직전인 1979년 3월의 2일부터 15일 사이에 갑 회사를 위하여 2개의 투자금융주식회사에 대하여 금 3억원에 달하는 대출보증을 해주었다가 결국 甲 회사의 파탄으로 위 각 회사에 대하여 위 보증채무를 변제하였고, 부도 이틀 전인 동월 26일에 甲 회사에 대하여 3천만원을 추가로 대출함으로써 甲 회사의 채무액이 급격히 증가하였다. (v) 원고 은행은 위 부도 즉시 대출금회수조치를 취했어야 함에도 1981년 2월 21일 이후까지 이를 지연시켜서 연체이자가 과다하게 발생하였다. (vi) 담보확보시의 부주의로 부실담보 또는 하자 있는 담보물을 취득하였고, 담보실행절차에서 적절한 조치를 취하지 못하여 감정가액 금 232,806,000원 상당의 담보물이 불과 금 97,002,000원에 경락되도록 방치하였다.

(3) 대법원은 결론적으로 원심판결을 파기하였다.

(a) 먼저 계속적 보증에서 보증책임의 제한에 대하여 다음과 같은 추상적 법리를 판시하였다.

> "채권자와 주채무자 사이의 계속적 거래관계로 현재 및 장래에 발생하는 불확정적 채무에 관하여 보증책임을 부담하기로 하는 이른바 계속적 보증계약은 보증책임의 한도액이나 보증기간에 관하여 아무런 정함이 없는 경우라 하더라도, 그 본질은 의연히 보증계약임에 변함이 없는 것이므로 보증인은 변제기에 있는 주채무 전액에 관하여 보증책임을 부담함이 원칙이라 할 것이다. 다만 보증인의 부담으로 돌아갈 주채무의 액수가, 보증인이 보증 당시에 예상하였거나 예상할 수 있었던 경우에는 그 예상범위로 보증책임을 제한할 수 있다

할 것이나 그 예상범위를 훨씬 상회하고 그 같은 주채무 과다발생의 원인이 채권자가 주채무자의 자산상태가 현저히 악화된 사실을 익히 알면서도(중대한 과실로 알지 못한 경우도 같다) 이를 알지 못하는 보증인에게 아무런 통보나 의사타진도 없이 고의로 거래규모를 확대함에 연유하는 등 신의칙에 반하는 사정이 인정되는 경우에 한하여 보증인의 책임을 합리적인 범위 내로 제한할 수 있다 할 것이다."

(**b**) 그러나 위와 같은 法理를 이 사건에 적용하였을 때, 피고들의 保證責任을 制限하는 것은 타당하지 아니하다는 결론을 내렸다.

"원심이 인정한 바에 의하더라도 이미 피고들이 이 사건 계속적 보증계약의 체결 당시 이미 소외 회사는 원고 은행으로부터 5천만원을 대출받은 바 있었다는 것이고, 잇달아 2개월 미만의 기간에 추가로 5천만원이 대출되었다는 것이니 그렇다면 피고들은(피고 乙이 위 보증 후 1개월 안에 퇴직하였다 하더라도) 적어도 위 합계 1억원 또는 5천만원(피고 을의 경우)의 채무에 대하여 그들이 보증책임이 있음을 이미 알고 있었거나 충분히 알 수 있었다고 봄이 상당하다. 그런데 피고들의 보증책임의 액수가 원심이 인정한 바와 같이 금 41,410,874원 및 이에 부대되는 이자 등이라면 이는 피고들이 위 보증계약 체결 당시에 예상하였거나 예상할 수 있었던 범위를 벗어나는 액수라고는 볼 수 없다 할 것이므로, 기시 원심 인정의 위 (i) 내지 (vi)의 사정이 있다 한들 원고은행의 피고들에 대한 이 사건 보증책임의 추급이 신의칙에 반하거나 권리남용에 해당한다고 단정할 수는 없다."

(**4**) 위의 대법원 판결은 신의칙에 기한 계속적 보증책임의 감경의 문제를 최초로 정면에서 다루고, 그 감경이 인정되기 위한 요건을 밝혔다는 점에 중요한 의미가 있다.[25)]

---

25) 金龍德(註 1), 176면 註 22는, 大判 62. 10. 25, 62다447(集 10-4, 153)을 신의칙에 기하여 책임감경한 裁判例로 드나, 이 판결은 채증법칙 위반이 문제된 것으로 책임감경과는 무관하다.

이 판결은 우선 보증인은 원칙적으로 "주채무 전액에 대하여" 책임을 지며, 보증책임의 감경이 일반적으로 인정되는 것이 아님을 선언한다. 그러나 예외적으로 "보증인의 부담으로 돌아갈 주채무의 액수가, 보증인이 보증 당시에 예상하였거나 예상할 수 있었던 범위를 훨씬 상회하고 그 같은 주채무 과다발생의 원인이 채권자가 주채무자의 자산상태가 현저히 악화된 사실을 익히 알면서도(중대한 과실로 알지 못한 경우도 같다) 이를 알지 못하는 보증인에게 아무런 통보나 의사타진도 없이 고의로 거래규모를 확대함에 연유하는 등 신의칙에 반하는 사정이 인정되는 경우에 한하여 보증인의 책임을 합리적인 범위 내로 제한할 수 있다"는 것이다.[26)]

이 부분 판시는 보증인의 책임감경은 信義則의 한 적용으로 인정되는 것이고, 신용보증법 제6조의 유추적용을 부정한 것으로도 이해될 수 있을 것이다.[27)] 그렇게 되면 당사자의 감액주장이 없더라도 법원은 職權으로 이에 대하여 판단할 수 있다.[28)] 나아가 이 판시는 책

---

26) 한편 통상의 보증(1회적 보증)에 대하여 大判 87.1.20, 86다카1262(공보 87, 305)은, 은행이 주채무자가 제공한 물적 담보의 가치를 과다평가한 다음 대출과 지급보증을 계속함으로써 채권의 회수가 곤란한 상태에 이르게 된 경우에 은행이 보증인들에게 보증채무의 이행을 구하는 것이 신의칙에 반하는가 하는 문제를 판단하고 있다. 대법원은 "담보가 보장되는 이상 대출규모를 확장하여 수익을 도모하는 것은 영리기업인 은행으로서 당연한 일[로서] … 보증인의 이익을 고려하여 대출을 삼갈 신의칙상의 의무가 없다"고 판시하였었다.

27) 이 점은 일본에서의 견해대립과 관련되는데, 우리 나라에서 예를 들면 朴炳大(註 1), 37면은, "위 어느 설을 취하든 결과에 있어 대차는 없을 것으로 생각되지만, 신원보증법 제6조 역시 근본적으로는 종전부터 판례가 신의칙에 근거하여 인정해온 내용을 성문화한 데 지나지 아니하는 것이므로 신원보증 이외의 계속적 보증에 대한 책임제한의 근거는 역시 신의칙의 한 발현에 지나지 아니하는 신원보증법의 규정에 의존하기보다는 바로 신의칙 그 자체로 거슬러 올라가 구하는 쪽이 보다 솔직한 접근이 아닐까 생각한다"고 한다. 金龍德(註 1), 177면도 同旨.

28) 大判 98.8.21, 97다37821(공보 98하, 2278)은 보증인의 책임감경에 대하여 이를 명언한다. 신의칙 위반이나 권리남용에 대하여는 직권으로 판단할 수 있다는 것이 大判 61.12.7, 4294民上174(總覽 1-1(A), 3) 이래 大判 89.9.29, 88다카17181(공보 89, 1576); 大判 95.12.22, 94다42129(공보 96상, 473) 등에 이르기까지 확고한 판례의 태도이다.

임의 감경에서 더 나아가 책임을 아예 면제하는 것을 배제하는 취지는 아닐 것이다.[29)]

나아가 다른 관점에서 보면 여기서 선언된 책임감경의 요건은, 첫째, 보증인이 무상으로 인적인 관계에서 숙려 없이 계속적 보증을 하였다는 사정과 같은 保證에 이르게 된 經緯를 감경 여부의 판단에서 고려할 사정요소에서 배제한다는 의미가 있다고 할 수 있을는지도 모른다.[30)] 둘째, 위 판시는 "… 등 신의칙에 반하는 사정이 인정되는 경우"라고 하여 「열려 있는 구성요건」인 듯 판시하고 있으나, 구체적인 사건에서 사실을 입증하는 당사자나 대리인, 나아가 사건을 심리하는 법관은 그에 앞서 지적된 보다 구체적인 事情要素만에 집착할 우려도 없지 않다. 그리하면 위 판시는, (i) 보증인의 부담으로 돌아갈 주채무의 액수가, 보증인이 보증 당시에 예상하였거나 예상할 수 있었던 범위를 훨씬 상회하고, (ii-1) 그 같은 주채무 과다발생의 원인이 채권자가 주채무자의 자산상태가 현저히 악화된 사실을 익히 알면서도(중대한 과실로 알지 못한 경우도 같다) (ii-2) 이를 알지 못하는 보증인에게 아무런 통보나 의사타진도 없이 (ii-3) 고의로 거래규모를 확대함에 연유하였다는 것의 넷으로 分解하여, 그 각각을 마치 법률요건인 것처럼 다루려고 할 가능성도 없지 않다.[31)]

여하튼 이로써 우리 나라에서 중요한 문제영역을 이루는 保證法에 있어서 보증인을 보호하는 방향의 법리가 전개될 여지가 있는 새로운 국면이 마련된 것이다.

---

29) 金龍德(註 1), 177면, 184면 이하도 참조.

30) 뒤의 大判 92.4.28, 91다26348(공보 92, 1962)("보증인들이 주채무자와 별로 친분이 두텁지 아니하고 경제적인 대가 없이 이 사건 보증을 하였다고 하여도 이러한 사유는 보증인의 책임을 제한할 만한 사유가 되지 못한다") 참조.

31) 뒤의 3.(1)에서 보는 裁判例, 특히 大判 95.6.30, 94다40444(集 43-1, 376); 大判 95.12.22, 94다42129(공보 96상, 473)에서 그러한 「왜소화」를 느끼는 것은 잘못인가?

3. 裁判例의 展開

그런데 위 대법원판결의 종국적 판단에서도 알 수 있는 대로, 그 법리의 구체적 적용은 결코 쉬운 것이 아니다. 그리고 그 후의 실무는 이 법리의 적용에 적극적이라고는 말할 수 없다.

(1) 그 후에 나온 大判 86.2.25, 85다카892(공보 86, 526); 大判 87.4.28, 86다카2023(공보 87, 883); 大判 88.4.27, 87다카2143(공보 88, 906); 大判 91.10.8, 91다14147(공보 91, 2683); 大判 91.12.24, 91다9091(공보 92, 666) 등은 위의 大判 84.10.10.에서 판시한 抽象論을 반복하면서도 구체적인 사건의 해결로서는 그와 같이 신의칙에 반함을 추론할 만한 사정을 인정할 수 없다고 하여 보증인의 감액주장을 받아들이지 아니하였다.[32)]

또 大判 92.4.28, 91다26348(공보 92, 1692)은,[33)] "갑과 을 사이에 체결된 대리점계약에서 외상매출금이 거래보증금의 150%를 초과할 때에는 갑이 계약을 해지할 수 있다고 약정하였더라도 갑과 을 사이의 계속적 거래관계에서 발생하는 불확정한 채무를 연대보증한 보증인으로서는 을의 채무가 거래보증금의 150% 한도 내에서 발생할 것으로 예상하고 보증하였다고 볼 수 없다"고 하고, 나아가 "계속적 보증에 있어서 주채무자와 친분이 두텁지 아니하고 경제적 대가 없이

---

32) 그런데 하급심이지만 대구高判 87.1.20, 86나689(下集 1, 46)은, 화장품외판원의 외상대금채무를 기간의 정함이 없이 연대보증한 事案에서, 우선 "주거래계약 및 그 보증을 하게 된 경위와 위 보증 당시 일반적인 거래관행, 현실의 거래상황, 계속거래에 있어서 채권자와 보증인이 주의한 정도 등 여러 가지 사정을 아울러 볼 때 보증인에게 주채무자의 채무 전액에 관하여 보증책임을 지우는 것이 당사자 사이의 신의성실과 형평에 비추어 불합리한 경우에는 보증인의 책임을 합리적인 범위 내로 제한함이 상당하다"고 설시한 다음, 이 사건에서 이러한 사정들을 상세히 열거한 다음 미수금 8백5십만원 중 「거래관행상의 거래하한선」인 6백만원의 한도에서 보증책임을 질 것을 명하였다.

33) 이 판결에 대한 평석으로, 姜秉燮, "계속적 보증에 있어서 보증책임의 제한", 民事裁判의 諸問題 7집(1993), 540면 이하 참조.

보증을 하였다는 것이 보증인의 책임제한사유가 되지 아니한다"고 판시하였다.

한편 大判 95.6.30, 94다40444(集 43-1, 376)은 위 大判 84.10.10.의 법리를 반복하면서도, "계속적 보증계약에서 **미리 보증한도액이 정하여져 있는 경우**에는, 특별한 사정이 없는 한 보증인은 채권자와 주채무자 사이의 거래액 중 보증한도액의 범위 내에서 보증책임을 질 것을 예상하였다 할 것이므로, 주채무가 과다하게 발생하였다고 하여 바로 보증책임이 그 예상액을 훨씬 넘어 가중되었다고 보기 어렵"다고 하여, 보증책임액을 보증한도액 이하로 제한하는 것은 허용될 수 없다는 태도를 취하였다. 이로써 기간의 정함은 없어도 보증한도액의 정함이 있는 계속적 보증에 대하여 보증인의 책임제한은 사실상으로는 인정되지 못하게 된 것이 아닌가 추측된다.

근자의 大判 95.12.22, 94다42129(공보 96상, 473)도 물품공급계약상의 대금채무를 연대보증한 사안에서 원심이 보증한도액 1억원 중에서 5천만원으로 감액한 것을, "피고의 연대보증 이후 불과 약 1주일 사이에 한도액을 넘어섰다"는 등의 사정을 들고나서 나아가 "원심 인정의 5천만원을 상회하는 주채무 과다발생의 원인이, 원고가 주채무자의 자산상태가 현저히 악화된 사실을 잘 알면서 또는 중대한 과실로 알지 못한 채 이를 알지 못하는 보증인에게 아무런 통보나 의사타진도 없이 고의로 거래규모를 확대함에 연유하는 것이라고 인정할 만한 증거를 찾아볼 수 없다"고 하여 원심판결을 파기하였다.

(2) 그런데 실제의 사건에서 보증인의 책임감경이 먼저 인정된 것은 오히려 신용카드保證人에[34] 대하여서이다.[35]

---

34) 그에 앞서, 大判 86.1.28, 85다카1626(集 34-1, 24)은 신용카드保證人의 보증책임은 피보증인의 신용거래한도액으로 제한된다고 하여, 카드회원이 월 사용한도액을 넘어 사용한 경우에도 그 범위에서만 책임을 진다고 판시하였다.

35) 이미 서울民地判 85.5.15, 84나2588(下集 2, 159)은 百貨店신용카드가 재발급

大判 86.2.25, 84다카1587(공보 86, 523)은, 甲이 1981년 7월에 원고 은행에서 취급하는 신용카드회원으로 가입하여 동년 9월에 카드 이용대금 35만여원이 연체되자 원고 은행으로부터 거래정지를 당하였다가 1982년 2월에 위 연체대금을 변제하고 거래정지조치가 해제되었는데 원고 은행이 이를 연대보증인인 피고에게 통지하지 아니하였던 事案에서, "카드회원규약에 따라 회원이 카드이용에 따른 대금지급을 게을리한 때에는 해지를 할 수 있는데도 그 조치를 취하지 아니하였"고 또 위와 같이 통지가 하지 아니한 사실 등을 들어 책임액의 5할을 감액한 것을 시인하였던 것이다. 이 판결은 위의 大判 84.10.10.에는 전혀 언급하지 않고 있으며, 오히려 신용카드보증을 별개의 문제영역으로 보고 있었지 않은가 추측하게 한다.

그 후에도 신용카드보증인에 대하여 책임을 감경한 大判 89.11.28, 89다카8252(공보 90, 136) 등이 이어지고 있다.

(3) 한편 大判 88.11.8, 88다3253(공보 88, 1532)은 위 大判 84.10.10.의 추상론을 적용하여 구체적으로 책임액의 제한을 인정하였다. 이 事件의 사실관계는 알 수 없으나, "원심은 이와 같은 원칙[위의 大判 84.10.10.의 원칙론 부분]을 적용할 수 없는 특별한 사정을 인정하고서 피고의 보증책임한도를 제한하는 판단을 한 것"을 긍정하였다.

그 후에 구체적으로 위 大判 84.10.10.의 법리를 적용하여 보증인의 책임감경을 인정한 드문 예로는 大判 98.6.12, 98다8776(공보 98하, 1884)이 있다. 이 판결은, 물적 담보의 한도 내에서 거래함을 원칙으로 하고 계약기간도 1년 단위로 연장할 수 있도록 약정한 판매계약 하에서 채권자가 이미 판매대금을 연체하고 있는 채무자에 대한 거래 규모를 급격히 확대시키면서도 판매계약을 종료하거나 추가담보

된 사안에서 보증인의 책임을 감경하고 있다.

를 제공받지도 않고 연대보증인에게 그와 같은 사실을 통지하지도 않은 事案에서, 위 大判 84.10.10.의 법리를 인용하면서 연대보증인의 책임을 판매계약상의 원칙적 거래 한도액(2억원)으로 제한하였다. 이로써 위의 법리는 아직 그 命脈을 가냘프게나마 유지하고 있다고 할 것이다.[36]

나아가 裁判例 중에는 매우 특이한 사안에 대한 것이기는 하나 단지 保證人이 保證에 이르게 된 事由만을 이유로 들어 신의칙에 기하여 계속적 보증인의 책임을 제한하는 것을 인정하는 것도 있다. 大判 92.9.22, 92다17334(공보 92, 2970)은, 병원을 경영하는 원고가 환자의 입원치료비를 보증한(이는 책임한도의 정함이 없이 장래의 불확정한 기간 동안 계속적으로 발생하는 치료비채무를 보증한 것이다) 그 병원 소속의 의사에 대하여 그 보증채무의 이행을 청구한 사안에서, 피고가 보증에 이르게 된 경위를 약술하면 다음과 같다. 甲과 乙은 전라도 광주 부근에서 같은 차에 타고 가다가 교통사고를 당하여 혼수상태로 위 병원의 응급실에 당도하여 급히 응급수술을 받아야 했는데,

36) 한편 大判 95.6.29, 94다20174(공보 95하, 2520)은, 주채무자의 보증인의 구상채무를 연대보증한 자에 대하여 책임의 감축을 인정하였다. 이 사건에서 신용보증기금(원고)은 甲 회사의 乙 은행에 대한 시설자금차용채무를 보증하고, 피고는 甲의 원고에 대한 장래의 구상금채무를 연대보증하였다. 그런데 원고의 信用保證書에는, "[乙 은행은] 낭해 시설 준공 즉시 공장저당법에 의한 주담보를 취득하여 보증을 우선 해지할 것"이며(이 신용보증조항에 대한 실무의 태도에 대하여는 우선 梁彰洙, "채권자의 담보확보의무 위반으로 인한 보증인의 면책", 오늘의 법률 제99호(1997.4), 3144면 이하(同, 民法散考(1999), 157면 이하에 再錄) 참조), 그 특약이 위약된 경우 乙 은행의 대출규정에 의한 擔保査定價 상당의 신용보증채무에 대하여 免責된다는 약관조항이 포함되어 있었다. 후에 乙 은행이 융자금에 의한 시설이 완성되었음에도 신용보증을 그만큼 해지하지 아니한 채 보증책임의 이행을 청구하자, 원고는 이를 그대로 지급하였고, 이 사건에서 피고에게 구상금청구를 하였다. 대법원은, "원고는 위 특약에 기하여 위 담보사정가 상당에 대하여는 면책을 주장할 수 있었다고 할 것인데, 그러한 면책주장을 하지 아니한 채 전부를 이행한 원고로서는 자신이 면책주장할 수 있었던 범위에서는 신의칙상 그 이행으로 인한 구상채무의 연대보증인에 대하여도 그 보증책임의 이행을 구할 수 없다"고 판시하였다. 물론 여기서의 신의칙 적용은 위 大判 84.10.10.과는 차원을 달리한다.

그들의 가족들은 서울에 있어 바로 내려 올 수 없게 되자 甲의 가족들이 평소에 아는 사람을 통하여 피고에게 갑의 치료비를 보증하여 줄 것을 부탁하였다. 그러자 피고는 甲을 위하여 연대보증하면서, 아무런 관계도 없는 乙의 치료비도 연대보증하였다. 甲은 결국 위 사고로 사망하였고(그의 치료비는 지급되었다), 乙은 치료 도중 치료비가 1천2백만원에 이르자 병원에서 도주하였다. 원심은 원고의 청구를 모두 인용하였는데, 대법원은 다음과 같이 판시하여 원심판결을 파기하였다. "피고는 乙의 생명이 위독하고 동인을 위한 보증인도 없는 상황 하에서 우선 동인으로 하여금 서둘러 응급치료를 받게 한 다음 차후에 동인의 가족들이 병원에 찾아올 경우 그 가족들로 하여금 보증인을 교체하게 할 의사로 보증을 한 것이고, 원고 병원도 피고가 위와 같은 의사로 동인의 치료비를 보증하는 것임을 잘 알고 있었다고 볼 여지가 없다 할 수는 없을 것이고, 그렇지 아니하고 원심처럼 피고에 대하여 乙의 치료비 전액에 대한 보증책임을 묻는 것은 적어도 이 사건의 경우에 있어서는 신의칙상 심히 부당한 결과가 되는 것이므로, 이러한 경우에는 피고는 乙의 치료비 중 그의 가족들이 병원에 찾아왔을 때까지의 치료비에 한하여 보증책임이 있는 것으로 본다든가 하여 그 보증책임을 제한함이 상당하다"는 것이다.

Ⅳ. 小　結

이상과 같이 살펴본 보증인의 해지권 및 책임제한의 법리를 여기서 요약하면 다음과 같다.

첫째, "계속적 보증에서는 보증계약 후 당초 예기하지 못한 사정변경이 생겨 보증인에게 계속하여 보증책임을 지우는 것이 신의칙에 비추어 상당하지 못하다고 인정되는 경우에는 채권자에게 신의칙상 묵과할 수 없는 손해를 입게 하는 등의 특별한 사정이 없는 한, 보증계약을 해지할 수 있다.” 이는 요컨대 일반적으로 계속적 계약관계에서 특별해지권의 발생요건으로 인정되고 있는 「중대한 사유」를 계속적 보증에서 보다 구체화한 것이다.

둘째, 여기서는 「보증계약 후의 사정변경」만이 설시되고 있으나, 그 근거를 신의칙에서 찾고 있는 데서도 추측할 수 있듯이, 실제로는 보증인과 주채무자와의 관계, 보증계약에 이르게 된 경위 등도 고려된다.

셋째, 위의 해지권이 인정되는 전형적인 사안유형은 “회사의 임원이나 직원의 지위에 있기 때문에 회사의 요구로 부득이 회사와 제 3 자 사이의 계속적 거래로 인한 회사의 채무에 대하여 보증인이 된 자가 그 후 회사로부터 퇴사하여 임원이나 직원의 지위를 떠난 때”이다. 이 경우에 보증인은 해지의 의사표시를 한 후에 발생한 주채무에 대하여는 책임을 지지 않으며, 특히 보증계약이 채권자와 주채무자 간의 계속적 거래관계가 종료하는 등으로 주채무가 확정되었을 때 비로소 그 주채무를 보증하는 것을 내용으로 하는 것인 경우에는 그 확정 전에 해지가 적법하게 행하여지면 보증인은 아무런 책임을 지지 않는다.

넷째, 계속적 보증에서 보증인은 원칙적으로 변제기에 있는 주채무 전액에 관하여 보증책임을 지는 것이나, “보증인의 부담으로 돌아갈 주채무의 액수가, 보증인이 보증 당시에 예상하였거나 예상할 수 있었던 경우에는 그 예상범위로 보증책임을 제한할 수 있다 할 것이나 그 예상범위를 훨씬 상회하고 그 같은 주채무 과다발생의 원인이 채권자가 주채무자의 자산상태가 현저히 악화된 사실을 익히 알면서도(중대한 과실로 알지 못한 경우도 같다) 이를 알지 못하는 보증인에게 아무런 통보나 의사타진도 없이 고의로 거래규모를 확대함에 연유하는 등 신의칙에 반하는 사정이 인정되는 경우"에는 예외적으로 그 책임이 합리적인 범위 내로 제한될 수 있다. 그러나 실무는 구체적인 사건에 이 법리를 적용하여 보증인의 책임을 제한하는 데 소극적이다.

[後 記]

이 글은 서울대학교 법과대학이 2000년 9월부터 12월까지 시행한 전문분야법학연구과정(금융거래법 Ⅱ)에서 필자가 행한 강의의 원고를 바탕으로 한 것으로, 公刊된 것은 本書에서가 처음이다.

13. 辯護士의 過誤와 責任

Ⅰ. 序

1. 우리 나라에서는 변호사를 상대로 업무수행상의 잘못을 이유로 하여 법적 책임을 묻는 소송(이하 「변호사책임소송」이라고 한다)이 다른 나라에 비하여 ── 미국은 물론이고, 독일이나 프랑스와 같은 대륙법계 국가에 비해서도[1] ── 상대적으로 매우 적다.[2] 그 이유로서는 대체로 다음과 같은 것을 생각할 수 있다. ① 직무의 전문성 및 무형성으로 인하여 일반인이 그 過責 유무를 판단하기 어렵다는 것, ② 법전문가이고 「엘리트」인 변호사를 상대로 하여 법적 공격을 함에 대한 일반인의 주저, ③ 그 경우 조력을 주어야 할 다른 변호사들, 나아가 법관들이 동업자의식에 끌려 조력을 꺼리는 것이 아닌가 의심된다는 것, ④ 변호사로서는 일단 과책이 공적으로 인정되면 직무수행상의 염결성에 심대한 타격을 받으므로 訴訟外에서 분쟁을 해결하려 하는 경향이 있나는 것 등이 그것이다. 원래 외국에서도 변호사책임소

1) 1980년대 말의 독일에서는 매년 약 800건의 변호사책임소송이 제기되었다고 한다. Vollkommer, *Anwaltshaftungsrecht*(1989), Vorwort 참조. 미국에서 변호사책임소송이 1970년대에 「격증」한 것에 대하여는, Mallen/Levit, *Legal Malpractice*, 2nd ed.(1981), p. 18f. 참조.

2) 뒤의 Ⅲ.에서 보는 대로 우리 나라에서 변호사책임소송은 그 숫자가 극히 적을 뿐만 아니라, 그 구체적 내용도 변호사가 소송수행에 있어서 기일에 출석하지 아니하거나 상소기한(또는 상소이유서 제출기한)을 도과함으로써 訴가 取下擬制되거나 上訴審이 진행되지 아니하였다는 극히 단순한 유형의 과책에 집중되고 있다.

송은 ⑤ 소송수행과정에서 법원이 석명권 행사 등으로 후견적 역할을 하여 변호사의 과오가 시정되는 기회가 적지 않고, ⑥ 변호사단체의 紀綱委員會 등이 자체적으로 의뢰인의 불만을 어느 정도 흡수하고 있는 등으로 소송회피에의 誘因이 존재한다고 인정되고 있으나, 앞의 ① 내지 ④에서 본 이유에는 결국 우리 나라에서 특히 현저한 바인 변호사의 희소성과 동료의식이 배경에 있다고 할 것이다.

우리 나라에서도 변호사의 업무수행에 대하여 의뢰인이 불만을 품는 경우는 적지 않은 것으로 보이는데, 다만 그것이 재판이라는 公的인 場에서 법규칙에 좇아 해결되는 것을 억제하는 메카니즘이 작동하고 있는 것이다.

2. 그러나 이러한 現狀에 변화가 일어날 것이라고 생각하게 하는 몇 가지 요인이 있다.

첫째, 우리 사회에서 전반적으로 소비자의식이 높아지고 있다.

둘째, 사법시험이나 법학교육제도의 개혁 등으로 변호사의 숫자는 필연적으로 증가할 것인데 이렇게 되면 변호사들 사이의 동료의식은 희박해지고 나아가 경쟁이 치열해져서 변호사를 상대로 한 소송에 대한 억제요인이 줄어들 것이다.

셋째, 변호사가 종전에 고객으로 의뢰받은 소송을 수행하는 것을 중심으로 활동하던 것에서 벗어나, 국내외의 각종 계약에의 관여, 기업에 대한 법상·경영상의 조언, 각종의 서류작성 등의 업무도 비중있게 다루게 되면서, 의뢰인 또는 제3자의 이해관계에 직접 영향을 미칠 가능성이 현저하게 증가하였다. 이러한 역할증대는 당연히 법적분쟁에 휘말릴 경우도 증가시킨다.

넷째, 소위 「법률시장의 개방」으로 외국변호사가 국내에서 업무를 수행할 수 있는 날이 멀지 않다. 법무부는 그 시점을 2002년으로

잡고 이에 대한 준비를 하고 있다고 하는데, 그 경우에는 특히 변호사책임소송에 익숙한 미국 기타 나라의 변호사들이 국내에서도 같은 행태를 보이기 쉽다.

다섯째, 변호사책임을 포함한 「전문가책임」의 이론이 국내외적으로 급속도로 발전하고 있는데, 그 이론은 변호사책임의 요건이나 내용을 변호사에게 불리한 방향으로 전개하는 경향이 있다.

3. 이하에서는 지금까지 우리 나라의 법원에서 다루어진 변호사책임소송을 중심으로 해서 그 판단의 내용을 살펴보고, 그에 대하여 생각나는 대로 코멘트를 가하기로 한다(Ⅲ.). 그 전제로 변호사책임의 법적 기초에 관하여 약간의 일반적 설명을 덧붙인다(Ⅱ.). 지금까지 알려져 있는 변호사책임소송은 전적으로 변호사가 소송수행을 의뢰받은 경우에 한정되고 있다. 그러므로 아래 Ⅱ.의 일반적 설명도 이에 한정하여 다룬다. 그리고 마지막으로 「소감」이라고 할 만한 것을 덧붙인다(Ⅳ.). 그리고 이 강의가 학부 1학년생을 상대로 하는 것임을 고려하여, 변호사책임소송에 대한 판결로서 전형적인 것을 [참고]로 붙이기로 한다.

Ⅱ. 辯護士責任의 法的 基礎

1. 辯護士와 依賴人의 法律關係

(1) 변호사가[3] 의뢰인으로부터 소송의 수행을 위탁받아 이를 처

3) 대부분의 경우에는 변호사 개인이 계약의 당사자가 될 것이나(이는 공증인가 합동법률사무소의 경우도 다를 바 없다), 法務法人이 의뢰인과의 사이에서 계약의 당사자가 될 수도 있다(변호사법 제30조 이하, 제40조 제 1 항, 제42조 제 1 항 등 참조). 이 경우에는 법무법인이 계약상 의무의 주체가 되는데, 그 경우에 "그

리하는 경우에 그 계약관계는 委任의 성질을 가진다.[4] 위임은 당사자 일방(수임인)이 상대방(위임인)으로부터 "사무의 처리를 위탁"받아서 이를 수행할 것을 핵심적 내용으로 하는 계약을 말한다(민법 제680조 참조). 민법에서는 수임인이 대가를 받고, 즉 有償으로 위탁된 사무를 처리하는 경우만을 위임이라고 정하지는 않고 있으나, 변호사의 경우에는 당사자 사이에 명문의 합의가 없어도 보수지급약정이 있다고 해석되어야 할 것이다.

(2) 소송수행위탁계약을 포함하여 위임계약의 일차적인 특징은 그것이 당사자 사이의 人的 信賴關係를 기초로 한다는 점이다.[5] 따라서 그 계약관계에서는 비록 수임인이 계약에 기하여 행하여야 할 바를 명시적으로 약정한 바 없다고 하더라도, 위임인이 계약을 체결한 목적을 수임인이 인식할 수 있는 한도에서는 수임인은 그 목적의 달성을 위하여 진력하여야 할 의무를 부담한다. 이와 같은 의무를 민법은 "受任人은 委任의 本旨에 따라 善良한 管理者의 注意로써 委任事務를 處理하여야 한다"는 규정으로써 표현하고 있다(제681조). 이와 같은 성실한 사무처리의 의무는 그 성질상 어떠한 고정적인 내용을 가지는 것이 아니며, 그때그때의 구체적인 제반 사정(all the circum-

---

업무를 담당할 변호사"로 지정된 변호사(동법 제40조 제1항, 제3항 참조)도 개인적으로 동일한 의무를 부담한다고 할 것이다.

4) 변호사가 수행하는 업무에 따라서는 다른 종류의 계약으로서의 성질을 겸유할 수 있을 것이다. 예를 들면 유언서나 관청에 제출하는 서류의 작성 등의 경우에는 도급의 성질도 가지며, 社內 辯護士(in-house counsel)의 경우에는 오히려 고용의 성질이 두드러지는 일도 드물지 않을 것이다.

5) 수임인은 위임인의 동의가 없으면 원칙적으로 다른 사람으로 하여금 위임사무를 처리하게 할 수 없는 것(민법 제682조 제1항), 각 당사자는 원칙적으로 위임계약을 언제든지 해지할 수 있는 것(동법 제689조 제1항), 당사자들이 사망하거나 파산한 경우 또는 수임인이 금치산선고를 받은 경우에는 위임관계는 바로 종료하는 것(동법 제690조), 위임관계가 종료하여도 "급박한 사정이 있"으면 위임인 등이 위임된 사무를 처리할 수 있게 될 때까지는 수임인 등이 그 사무의 처리를 계속하여야 하는 것(동법 제691조) 등은 이러한「인적 신뢰관계」를 이유로 하여 설명된다.

stances of *the* case)에 따라서 개별적으로 정하여지는 것이다.[6)]

(3) 그런데 소송의 수행을 위탁받은 변호사의 의무를 특징짓는 것으로 일반적으로 말하면 다음의 둘을 들 수 있을 것이다. 하나는, 「고도의 주의의무」라고 부를 수 있는 것이고, 다른 하나는 忠實義務이다.

前者는 변호사는 전문가로서 일반인과는 달리 전문적인 지식·기능에 상응하는 고도의 주의의무를 말한다. 예를 들면 그가 의뢰인에 대하여 제공하는 법에 대한 정보는 전문가로서의 변호사에 대한 의뢰인의 신뢰에 상응하게 정밀·정확한 것이어야 하고, 그의 법적 조언은 그 당시의 객관적 법상태에 비추어 합리적이고 납득할 수 있는 것이어야 한다.[7)] 이는 단순히 "직무를 행함에 있어서 진실을 은폐하거나 허위의 진술을 하여서는 아니된다"(변호사법 제20조 제2항)는 소극적 의무를 훨씬 넘는 것이다.

다른 한편으로 변호사는 "독립하여 자유롭게" 직무를 행하는 자로서(변호사법 제2조 참조) 그 성질상 당연히 활동이나 판단 등 업무수행에 있어서 일정한 裁量을 가지지 않을 수 없다. 변호사는 일일이 의뢰인의 지시를 기다리지 아니하고 소송의 내용과 진행상황에 좇아 필요하다고 생각되는 조치를 취하여야 하고 또 취할 수 있어야 한다. 그러나 그러한 재량권은 자의적으로 행사되어서는 안 되며, 어디까지나 위탁의 목직 또는 의뢰인의 이익이라는 관점에서 보아 적절하게 행사되어야 한다. 이와 같이 변호사가 가지는 재량권의 반면으로 이를 목적적으로 제약하면서 동시에 그 재량권을 내재적으로 정당화하는 근거가 되는 것으로서, 우리는 변호사의 충실의무를 말할 수 있다.[8)9)]

6) 그 외에 민법은 위임계약 일반에 대하여 예를 들면 報告義務(제683조)와 같이 변호사와의 위임계약에서도 중요한 의미가 있는 附隨的 義務를 정하고 있다.

7) 서울民地判 91. 4. 16, 90가합46692(下集 1, 65)이 "소송대리를 업으로 하는 변호사는 당해 사건을 면밀히 숙지하고 전문적 지식과 경험을 갖춘 자를 표준으로 한 선량한 관리자의 주의의무가 요구된다"고 설시하는 것은 이러한 취지일 것이다.

8) 이는, 영미법에서 변호사와 의뢰인과의 관계를 소위 信認關係(fiduciary rela-

먼저 변호사는 利益相反行爲를 하여서는 안 된다. 예를 들면 자신이 수임한 사건과 관련된 사건에서 반대당사자를 위하여 법률사무를 처리하는 것은 이 의무에 위반된다. 또 변호사는 의뢰인에 관하여 알게 된 비밀을 제3자에게 알려서는 안 되고(변호사법 제22조), 나아가 이를 이용하여 ──스스로 또는 제3자를 통하여── 의뢰인의 이익을 해하는 행위를 하는 것도 허용되지 않는다. 또한 변호사는 필요에 따라(물론 그 「필요」의 유무와 내용의 판단 자체가 문제일 수도 있겠으나) 의뢰인 자신의 의견을 들어야 하는데, 그 전제로서 그 의견형성에 필요한 적절한 조언 또는 정보를 제공하여야 한다. 특히 의뢰인의 이해에 현저하게 중요한 조치를 취하는 경우에는 이와 같이 「설명 있는 동의(informed consent)」가 요구되는 것이다.[10] 나아가 이러한 충실의무는 예를 들면 제1심에 관하여만 소송의 위임을 받은 경우에 제1심판결이 선고되었더라도 그로써 변호사로서의 의무가 모두 종료되는 것은 아니고 "소송이 종료된 후에도 의뢰인이 자신의 의사에 의하지 아니하고 상급심의 판단을 받을 기회를 상실하는 일이 없도록 세심할 주의를 하여야 할 업무상 주의의무"에도[11] 미친다고 할 것이다.

2. 辯護士의 民事責任

(1) 변호사가 앞의 1.에서 본 바와 같은 의무에 위반한 경우에

---

tionship)에 해당한다고 하고 그에 고유한 일정한 법리를 전개하는 것에 대응하는 것이다.

9) 뒤의 Ⅲ.3.에서 보는 대로 변호사가 제1심소송의 수행을 의뢰받은 경우에 제1심에서 종국판결이 선고되었어도 의뢰인이 거기서 패소하였다면 항소 여부에 관하여 항소기간을 정확하게 고지하여야 한다는 등의 의무도 결국 이러한 忠實義務의 한 구체화라고 할 수 있을 것이다.

10) 이러한 「설명 있는 동의」는 특히 醫師가 환자에 대한 치료행위(예를 들면 위험 있는 수술 등)를 함에 있어서 문제되나, 이는 비단 의사뿐만 아니라 변호사나 건축가와 같은 전문가 일반과 관련되는 사항이라고 하겠다.

11) 大判 97. 5. 28, 97다1822(공보 97하, 1981)의 설시.

대한 법적 제재수단은 다양하다.

우선 변호사에 대한 징계제도가 있으며(변호사법 제71조), 실제로 변호사징계는 상당수에 이른다. 변호사법은 징계사유로, 변호사법이나 대한변호사협회(또는 소속 지방변호사회) 회칙에 위반한 것 외에도 "직무의 내외를 막론하고 변호사로서의 품위를 손상하는 행위를 한 때"를 들고 있다(제71조 제3호). 이 「품위의 손상」이란 실로 막연한 개념으로서 문제가 없지 않다.

나아가 예외적이기는 하나 형사처벌이 가하여지는 경우도 있다(변호사법 제93조 등 참조).

(2) 또한 의뢰인이 개인적인 관계에서 계약상대방인 변호사에 대하여 민사적인 책임을 물을 수도 있다.

민사적으로 우선 문제가 되는 것은 履行請求權(소위 일차적 이행청구권)이다. 예를 들면 변호사가 의뢰인을 대리하여 상대방으로부터 수령한 화해금 등의 금전 기타 급부의 인도를 청구하는 경우(민법 제684조 참조)나 변호사에게 맡겼던 각종의 서류 등 소송자료의 반환이나 앞의 1.(3)에서 본 비밀유지의무의 준수를 청구하는 경우 등에서는 이러한 방법에 의할 것이다.

그런데 실제로는 ── 뒤의 Ⅲ.에서 보는 대로 ── 대부분 損害賠償이 청구되며, 그것도 의뢰인이 변호사의 채무불이행책임(계약위반책임)을 물어 그로 인하여 자신이 입은 손해의 배상을 청구하는 경우가[12] 대부분이다. 이는 결국 민법 제390조("채무자가 채무의 내용에 좇은 이행을 하지 아니한 때에는 채권자는 손해배상을 청구할 수 있다")를 적용한 것인데, 여기서 정하는 "채무의 내용에 좇은 이행을 하지 아니한 때"

12) 채무불이행책임으로서는 손해배상 외에도 채권자에게 契約解除를 허용하는 것을 들 수 있다(민법 제544조 이하 참조). 그러나 원래 각 당사자가 임의로 계약을 해지할 수 있는 위임계약(앞의 註 5 참조)에서 계약해제권은 실제상 별다른 기능을 하지 못한다고 하겠다.

란 채무자가 채무를 이행하기는 하였지만 그것이 「채무의 내용」이 요구하는 바대로 행하여지지 아니한 경우를 포함한다고 이해되고 있다. 그리고 그러한 경우는 통상 불완전급부(또는 불완전이행)라고 불리운다. 이를 변호사책임의 경우에 적용하여 보면, 대체로 변호사가 의뢰인으로부터 위탁받은 업무(소송수행)를 처리하는 과정에서 앞의 1.(2) 및 (3)에서 본 여러 가지 의무 중 하나를 위반하였다는 것을 의미할 것이다. 그러나 손해배상청구권이 성립하려면, 단지 변호사에게 그러한 의무위반이 있다는 것만으로는 부족하고 나아가 의뢰인이 그로 인하여 손해를 입었음을 주장·입증하여야 한다. 그런데 뒤의 Ⅲ.1.(2) 등에서 보는 대로 의뢰인의 손해입증은 ── 적어도 현재의 실무태도를 전제로 하는 한── 상당한 곤란을 수반한다.

그 외에 변호사는 의뢰인 이외의 제3자에 대하여 불법행위를 이유로 하는 민사책임(민법 제750조)을 지는 경우도 있을 수 있다. 예를 들면 소송을 수행하는 과정에서 제3자의 명예를 훼손하거나 그 사생활을 공표하는 등의 경우가 그러하며, 나아가 제3자를 상대로 소송을 제기하여 응소하지 않을 수 없도록 한 것 자체가 예외적으로 불법행위가 되는 경우(소위 不當提訴)에는 소송당사자가 된 의뢰인뿐만 아니라 그에게 조언하거나 그를 대리한 변호사도 불법행위책임을 져야 할 가능성도 전적으로 배제할 수는 없다.

Ⅲ. 辯護士責任訴訟의 實例

1. 期日 · 期間의 懈怠

(1) 이는 변호사가 의뢰받은 소송사건을 수행함에 있어서, ① 변론기일에 여러 차례 출석하지 아니하여 소위 「쌍방불출석」을 이유로

訴 또는 上訴가 取下된 것으로 看做된 경우[13](민사소송법 제241조 참조),[14] ② 상소기일을 도과하거나 상소이유서 제출기한을 도과하여 결국 의뢰인을 위하여 상소가 이루어지지 아니하거나 상소가 기각된 경우[15] 등이 그 전형적인 예이다. 뿐만 아니라 大判 97.5.28, 97다1822(공보 97하, 1981)의 사안에서 나타난 것처럼,[16] 의뢰인에게 상소기일을 잘못 알려 줌으로써 의뢰인으로 하여금 상소 여부에 관한 판단을 뒤늦게 하여 결국 상소기일을 도과하는 결과가 된 경우도 마찬가지일 것이다.

이러한 경우에 당사자는 당해 소송을 이제 더 이상 진행할 수 없는 결과가 된다. 이러한 유형이 변호사로서의 의무를 위반한 것이 됨에는 의문이 없으며, 따라서 그로 인한 손해의 발생 등 다른 요건이 갖추어진다면 그는 손해배상의무를 부담하여야 할 것이다. 위와 같은 의무위반이 변호사 자신의 과오가 아니라 변호사에게 고용된 사무장

13) 1990년 1월 13일 개정 전의 민사소송법은 제1심에서 쌍방당사자(및 그 대리인)가 2회 불출석한 경우(출석하여도 변론하지 아니한 경우 포함)에 대하여 訴의 取下看做(상소심에서는 상소의 의제적 취하)를 정하였었다. 그러나 위 개정으로 취하간주의 요건은 상당히 강화되어, 쌍방의 2회 불출석 외에도 그 후 1개월 내에 기일지정신청을 하지 아니하는 것 또는 기일지정신청에 의하여 지정된 기일에 쌍방이 불출석하는 것이 요구되고 있다.

14) 예를 들면 大判 59.11.26, 4292民上271(集 7, 317)은 변호사가 변론기일에 불출석함으로써 결국 抗訴가 취하간주된 사안에 대한 것이다.

15) 예를 들면 大判 72.4.25, 72다56(集 20-1, 247); 大判 96.12.10, 96다36289(공보 97상, 319)은 항소기간(민사소송법 제366조 참조)이 지나도록 항소하지 아니함으로써, 大判 73.1.16, 72다2035(要集 민 I-2, 1041); 大判 95.5.12, 93다62508(공보 994, 2095)은 일단 상고를 한 후 상고이유서를 그 제출기한(민사소송법 제397조 참조) 내에 제출하지 아니하여 상고가 기각됨으로써 각기 의뢰인의 패소로 확정되게 한 사안에 대한 것이다.

16) 그 판결은, "[피고(변호사)가] 송무에 익숙하지 아니한 소외 김○○[피고의 직원]를 통하여 원고측[의뢰인]에 판결문을 교부하고 상고 여부를 확인하도록 함으로써 김○○가 원고측에게 상고제기기간을 잘못 고지하는 바람에 원고가 상고제기기간을 도과하여 상고의 기회를 잃게 되었다고 할 것이므로, 피고는 이로 인하여 원고가 입은 손해를 배상할 책임이 있다"고 판단하였다(꺾음괄호 안은 引用者가 부가한 것이다. 이하 같다).

기타 직원의 잘못으로 인한 것이라고 하여도 변호사의 책임을 묻는 데는 영향이 없다.[17] 그것은 그러한 자의 잘못에 대하여도 변호사 자신이 의무위반의 책임을 지도록 규정되어 있기 때문이다(민법 제391조 참조. 소위 「이행보조자의 과실」에 대한 책임).

(2) 이와 같은 경우에 의뢰인은 많은 경우에, 소송이 제대로 진행되었다면 자신이 승소하였을 것인데 변호사의 위와 같은 「과책」으로 말미암아 결국 패소하여 그 패소액 상당의 손해를 입었다고 하여 바로 그 손해의 배상을 청구하는 소송을 제기한다.[18] 이에 대하여 법원은 과연 "소송이 제대로 진행되었다면 의뢰인이 일부라도 승소하였을 것인가"를 심사하여, 만일 이것이 긍정된다면 그 승소예상액에 상당하는 손해의 배상을 명할 수 있다는 전제 아래 판단하고 있다. 그리하여 이러한 판단구조 아래서는 변호사책임소송은 대체로 전에 행하여졌던 소송(그러나 변호사의 과오로 진행되지 못하게 된 소송)의 결과에 대한 事後的 假定判斷이라는 매우 성가시고 쉽사리 결론을 내릴 수 없는 쟁점으로 수렴되게 되어 있다.

예를 들면 변호사가 항소기간(민사소송법 제366조 참조)이 지나도록 항소하지 아니함으로써 의뢰인의 패소가 확정되게 한 사안에 대한 大判 72.4.25, 72다56(集 20-1, 247)에서, 원심판결은 "前訴訟의 판결주문의 금액[즉 전소송에서 피고가 된 의뢰인이 패소하여 그에게 지급이 명하여진 금액]과 집행비용 전액"을 손해액으로 인정한 후에 이에 대하여 다시 과실상계를 하였다. 그런데 대법원은 원심판결을 파기하면서, "피고[변호사이다]가 적법히 항소를 제기하였더라면 원고에게 어느 정도 유리하게 변경될 수 있었을는지를 당사자에게 석명하여 이 점을 좀더 자세히 심리하여 손해액의 범위를 결정함이 옳았을 것임에

17) 앞의 註 16의 재판례를 보라.

18) 그 외에도 손해배상으로서 변호사선임비용 기타 지출비용, 나아가 위자료의 지급이 청구되기도 한다. 별첨의 大判 96.12.10, 96다36289(공보 97상, 319) 참조.

도 불구하고 [원심법원이] 만연히 전소 제1심판결문만으로 원고의 손해액을 인정하였음은 심리미진의 위법이 있다"고 판시하였다. 그런데 여기서 대법원이 원심법원에 요구하는 내용은 결국 前訴訟에서 다루어진 의뢰인의 권리 또는 의무를 객관적으로 확정하라는 것과 크게 다를 바 없고, 이것은 결국 그에 관한 재판을 수행해 보아야만 ── 그것도 그 당사자들(및 대리인)의 적정한 주장이나 입증 등 소송수행을 전제로 하여서 ── 알 수 있는 것이다.[19]

(3) 그리고 大判 95.5.12, 93다62508(공보 95상, 2095)에서는 원심법원이 "변호사가 前訴訟의 상고이유서 제출기간 내에 상고이유서를 제출하였다면 전소송의 원심판결이 취소되고 의뢰인이 승소하였을 것이라는 입증이 없다"는 이유로 의뢰인의 변호사에 대한 손해배상청구를 기각하였는데, 대법원은 원심의 판단이 정당하다고 하여 의뢰인측의 상고를 기각하였다.

이 판결이 판시하는 바와 같이, 변호사가 기일·기한을 해태한 전소송에서 이를 해태하지 아니하였더라면 의뢰인이 승소하였을 것임을 의뢰인측이 주장·입증하여야만 한다면, 변호사책임소송에서 의뢰인의 부담은 더욱 가중된다고 할 수밖에 없다.

2. 獨斷的 處理

(1) 변호사가 소송을 수행하던 중 임의로 소를 취하하거나[20] 화해한 경우나 일단 가압류결정을 얻은 변호사가 채무자로부터 별도의 담보도 얻음이 없이 함부로 가압류의 취소신청을 함으로써 결국 채권을 회수할 수 없게 된 경우 등과 같이, 의뢰인의 이익 또는 위임의

19) 실제로 앞의 註 15에서 본 大判 73.1.16.은, 이러한 事後的 假定判斷을 거쳐서 "변호사가 상고이유서를 소정기일 내에 제출하였다 하더라도 그 상고는 배척을 면하지 못하였을 것"이라고 하고, 의뢰인의 손해배상청구를 기각하였다.

20) 大判 80.10.14, 80다1449(공보 646, 13322)이 그러한 事案에 대한 것이다.

목적에 반하는 사건처리를 하는 것이 이에 해당한다. 뒤의 3.에서 보는 서울民地判 91.4.16, 90가합46692(下集 1, 65)이 설시하는 대로, 의뢰인은 "소송위임계약의 본질상 소송의 수행 및 처분에 관하여 최종적인 결정권한을 가진 본인"인 것이고,[21] 변호사는 그의 의사 또는 이익을 무시하여서는 안 되는 것이다.

이러한 경우에도 앞의 1.에서와 마찬가지로 ── 판례의 입장에 따르는 한 ── 의뢰인측은 변호사의 그러한 독단적 처리가 없었으면 그 소송절차 등에서 승소하거나 기타 자신의 권리를 확인받거나 확보할 수 있었다는 것을 주장·입증하여야 할 것이다.

(2) 그런데 만일 그러한 주장·입증이 성공하지 못하는 경우에라도, 따라서 소송의 목적이 된 권리관계의 가액에 관한 재산적 손해의 배상은 얻을 수 없는 경우에라도, 의뢰인측에게 **비재산적 손해배상**(소위「위자료청구」)을 인정할 수는 없을까, 그와 같이 함으로써 명백한 의무위반을 범한 변호사에 대하여 적절한 制裁手段을 강구하여야 하지 않을까 하는 생각이 드는 것은 자연스러운 일일 것이다.

그런데 大判 80.10.14, 80다1449(공보 646, 13322)은 변호사의 무단 소취하의 사안에 대하여, "그 재산상 손해를 배상하는 외에 원고[의뢰인]의 정신적 손해는 특별한 사정으로 인한 손해로서 피고[변호사]가 그 특별사정을 알았거나 알 수 있었을 것이라고 인정되는 경우에 한하여 이를 인용할 것"이라고 전제하고, "피고가 그 특별사정을 알았거나 알 수 있었을 것으로 볼 만한 증거도 없다"고 하여 원고의 위자료청구를 기각하였다.[22] 주지하는 대로 우리 법에서 손해배상은 원칙적으로「통상의 손해」를 그 한도로 하며(민법 제393조 제1항), 그 외의 "특별한 사정으로 인한 손해"는 "채무자가 그 사정을 알았거나

21) 그 판결의 사실관계는 뒤의 註 27 및 그 본문 참조.

22) 별첨의 大判 96.12.10, 96다36289(공보 97상, 319)의「이유」중 4.도 마찬가지로 판시하고 있다.

알 수 있었을 때에 한하여" 배상되는 것이다(동조 제2항). 그런데 계약위반을 이유로 하는 손해배상에 있어서 비재산적 손해(또는 소위 「정신적 손해」)는 일반적으로 "특별한 사정으로 인한 손해"에 해당하며 나아가 채무자가 그 특별한 사정을 알았거나 알 수 있었다는 점에 대하여는 손해배상을 구하는 채권자가 주장·입증하여야 한다고 이해되고 있다.

결국 대법원의 위와 같은 판단은 결국 변호사의 명백한 의무위반에 대하여도 그의 손해배상책임에 관하여 의뢰인을 구제하기 위한 특별한 취급은 이를 인정하지 않는다는 태도를 보이는 것이다.[23] 특히 그 손해배상요건으로서의 「특별한 사정을 알 수 있었는지」에 관하여 행하여질 수도 있었을 의뢰인에 유리한 立場은 취하여지지 않고 있다고 할 수 있다.[24] 다만 下級審判決 중에는, 앞의 1.에서 본 유형에 속하는 항소취하 간주의 사안에 대하여, "피고[변호사]가 선량한 관리자로서의 주의의무에 위반하여 소송수행한 결과 항소의 취하가 간주됨으로써 항소심의 판단조차 받아 보지 못하게 되었는데, 전소송의 승패를 떠나 원고로서는 이로 인한 정신상 고통을 받았을 것임이 경험칙상 명백하다 할 것이므로, 피고는 금전으로나마 이를 위자할 의무

---

23) 예를 들면 대법원은 건물신축공사도급계약에 있어서도 마찬가지의 태도를 취하고 있다. 가령 大判 96.6.11, 95다12798(공보 96하, 2106) 참조("일반적으로 건물신축도급계약에 있어서 수급인이 신축한 건물에 하자가 있는 경우에 이로 인하여 도급인이 받은 정신적 고통은 하자가 보수되거나 하자보수에 갈음한 손해배상이 이루어짐으로써 회복된다고 봄이 상당하고, 도급인이 하자의 보수나 손해배상만으로는 회복될 수 없는 정신적 고통을 입었다면 이는 특별한 사정으로 인한 손해로서 수급인이 이와 같은 사정을 알았거나 알 수 있었을 경우에 한하여 정신적 고통에 대한 위자료를 인정할 수 있다"). 이는 실제로는 도급인의 위자료청구를 부정하는 결론을 끌어내기 위한 법적 이유제시에 불과한 것이다.

24) 한편 大判 97.5.28, 97다1822(공보 97하, 1981)에서도 변호사의 업무수행상의 과오로 인한 책임이 ──아마도 다른 책임원인과 함께── 추급된 것으로 보이는데, 그 사건에서는 변호사에게 1천5백만원의 위자료의 지급이 명하여졌다. 그러나 그 판결문만으로는 그것이 변호사과오에 대한 위자료인지는 명확하지 아니하다.

가 있다"고 판단한 것이 있다.[25])

이론적으로 보면 상고심 기타 법원으로부터 판단을 받아본다는 법으로 보장된 機會의 喪失 그 자체를 하나의 손해로 평가할 수 있으며,[26]) 이와 같은 종류의 손해는 성질상 비재산적인 것으로서 위자료에 의하여 배상되어야 한다고 할 수 있지 않을까 생각된다.[27]) 이는

25) 서울地判 96. 4. 25, 94가합55366(金天秀, "한국의 변호사책임론", 嚴東燮 등, 변호사책임론(1998), 438면 이하) 참조.

26) 원래「기회의 상실(loss of chance)」의 법리는 미국에서 주로 醫療過誤訴訟에 관련하여 전개된 것이다. 그에 대하여는 우선 白潤基, "法務過失(Legal Malpractice)訴訟에 있어서의 喪失機會의 原則(Loss of Chance Doctrine)", 法院行政處 編, 海外司法硏修論集[7](裁判資料 47집)(1989), 357면 이하 참조. 그러나 대륙법계 국가에서도 손해 또는 손해배상의 내용과 관련하여 이에 대한 논의가 없지 않다. 그 중 독일에서의 논의에 대하여는 우선 Holger Fleischer, Schadensersatz für verlorene Chancen in Vertrags- und Deliktsrecht, in: *JZ* 1999, S. 766ff.; 일본에서의 논의에 대하여는 高波澄子, "米國における「チャンスの喪失(LOSS OF CHANCE)」の理論(1)(2·完)", 北大法學論集 49권 6호(1999), 1183면 이하; 50권 1호(1999), 119면 이하 참조. 그런데 특히 변호사책임에 관하여「기회의 상실」의 법리를 우리 법에 도입함에 있어서는 그 원래의 내용이라고 할 財産的 損害의 比率的 賠償, 즉 기회가 상실되지 아니하였다면 손해가 발생하지 아니하였을 개연성의 정도에 의하여 산정된 損害賠償은 인정되기 어려울 것이나(이 점은 독일에서도 마찬가지로 해석되고 있다. Fleischer, 同所, S. 774f. 참조), 非財産的 損害의 배상을 명하는 근거로 하는 데는 모자람이 없을 것이다.

27) 소위 위자료, 즉 비재산적 손해의 배상은 반드시 무슨 정신적 고통을 전제로 하는 것은 아니며,「재산적으로 평가될 수 없는 손해」일반에 대한 배상방법으로 인정된다고 할 것이다. 이에 대하여는 별도의 論究를 요한다. 이와 관련된 裁判例로 서울民地判 93. 9. 22, 92가합49237(下集 1993-3, 105) 참조. 이는 단순한 건강진단서(약사면허연장신청을 위한)의 발급에 있어서 폐암말기환자를 건강하다고 진단한 의사의 책임이 추급된 사건에 대한 것이다. 법원은 건강진단 당시 이미 폐암 4기로서 치료의 가능성은 없으므로, 건강진단상의 과실과 폐암으로 인한 사망 간에는 因果關係가 없다고 하면서도, 그러나 "완치불능의 환자에 대하여도 건강진단 당시 폐암의 발병 여부를 알았다면 그 진행상태에 따른 적절한 치료를 받을 수 있고, 나아가 이로 인하여 생존기간을 연장할 수 있는 여지도 있었을 뿐만 아니라(망인은 건강진단시로부터 약 1년 8개월 생존하였으므로 폐암말기 환자의 통계상 생존기간보다 더 생존하였으나 건강진단시 폐암 여부가 확인되어 적절한 치료를 받았다면 망인의 사망시기가 더 늦추어졌으리라는 것은 추정된다) 본인이나 혹은 가족들이 완치불능의 질병상태에서 죽음을 앞두고 개인적으로 또는 가족적, 사회적으로 신변을 정리할 수 있는 기회를 가질 수도 있었다고 할 것인데 의사 甲의 건강진단상의 과실로 인하여 위와 같은 모든 기회

앞의 1.에서 본 유형 기타에 있어서도 다를 바 없다.

3. 기타의 不誠實處理

앞의 1.이나 2.에서 본 명백한 의무위반의 경우를 제외하고는 변호사책임을 묻는 소송은 ―공간된 재판집 자료에서 보는 한― 우리 나라에서는 아직까지는 별로 보이지 않는다.

다만 서울民地判 91.4.16, 90가합46692(下集 1, 65)은, 변호사가 공사장에서 일어난 人身事故로 인한 손해배상청구소송을 수행함에 있어서 앞의 1.이나 2.에서 본 바와 같은 명백한 의무위반이 인정되지 아니하는 경우에 있어서도, 수임인으로서의 「선량한 관리자의 주의」를 다하지 아니하였다고 판단하고 변호사의 손해배상책임을 인정하였다는 점에서 주목된다. 문제가 된 것은, 변호사가 배상액(그 중에서도 일실이익금)을 지나치게 적게 청구한(또는 소송상황에 비추어 요구되는

를 상실하였다고 할 것이고 이에 대하여 망인이나 원고들[남편, 아이들 2인]이 정신적 고통을 받았을 것임은 경험칙상 명백하"다고 하여 본인 7백만원, 원고들에게 각 1백만원씩의 위자료를 인정하였다.

또 최근의 서울地判 2000.3.8, 98가합5468(신문 2872, 14)은 유사하게 의사의 간암환자에 대한 진단상의 과실로 간암을 조기 발견하지 못한 의사의 책임이 문제된 사안에 대한 것이다. 이 판결은, 일실수익·장례비 등의 재산적 손해의 배상청구에 대하여는 제대로 진단하였어도 생명이 연장될 것인지 등이 불확실하다고 하여 이를 배척하면서, "적절한 치료를 받아볼 기회를 상실하게" 하였다는 등의 이유로 본인 및 가족에게 위자료를 지급할 것을 명하였다.

그 전에 이미 大判 96.9.20, 95다47923(공보 96하, 3110)은, 원고 회사의 직원 甲이 회사의 외상대금채권에 관하여 제3자 乙로부터 부동산담보를 취득함에 있어서의 과실로 결국 외상대금채권의 만족을 얻지 못하게 되어 그 손해의 배상을 그 직원의 신원보증인에게 구하는 사건에서, "원고 회사로서는 갑의 위와 같은 불법행위로 말미암아, 하자 있는 근저당권설정등기만 믿고 을이 담보로 제공한 부동산 이외의 재산에 대하여 위 외상대금채권을 보전하기 위한 조치 등을 취할 기회를 상실함으로써 손해를 입"었다고 설시하고 있다. 그런데 이 사건에서는 기회의 상실 자체를 손해라고 파악하였다고 하기보다(즉 손해의 유무가 문제되었다고 하기보다), 문제의 부동산담보권에 의하여 확보되었어야 했던 채권의 범위, 그리하여 당해 불법행위를 이유로 배상되어야 하는 손해의 범위가 문제되었던 것이라고 보아야 할지도 모른다.

청구취지의 확장을 하지 아니한) 결과로 제1심법원이 의뢰인(피해자의 유족들)의 승소금액을 원래 받을 수 있는 것보다 적게 인정하였고[28] 또 상대방의 항소로 진행되었던 제2심소송에서 변호사는 附帶抗訴(민사소송법 제372조 이하 참조)를 하여 청구금액을 확장하였으면 잔액을 얻을 수 있었는데도 이를 하지 아니하였다는 점이다. 위 판결은 특히 제1심판결이 선고된 후에 변호사가 취하여야 할 조치에 대하여 "변호사로서는 수임사건의 판결이 송달된 이후 즉시 이를 의뢰인에게 통지하고 그 판결이유를 검토하여 의뢰인에게 권리옹호에 필요한 조치를 취할 기회를 잃지 않도록 하여야 하"며, 항소심을 수행함에 있어서도 "의뢰인의 이익을 위하여 적정하고도 타당한 법적 조치를 탐구하여 그 실현을 기하도록 하여야 할 선량한 관리자의 의무가 있다"고 설시하고, 변호사의 책임을 인정하였다.[29]

Ⅳ. 小　　結

우리 나라에서 변호사책임소송은 극히 드물 뿐만 아니라, 법원은 그 처리에 있어서 변호사의 이익에 기울어진 것이 아닌가 하는 인상을 받는다. 이는 변호사책임 기타 전문가책임에 관한 이론의 미비에도 이유가 있을지 모르나, 다른 한편 역시 同類意識이 문제인가 하는

28) 제1심법원 스스로가 일실이익금을 2,550만원이 된다고 산정하였으나 변호사가 원고를 대리하여 청구한 것이 1,550만원이므로 민사소송의 원칙인 處分權主義(민사소송법 제188조: "법원은 당사자가 신청하지 아니한 사항에 대하여는 판결하지 못한다")에 기하여 그 한도 내에서만 피해자의 손해를 인정하였다.

29) 다만 법원은, 의뢰인측에도 "소송위임계약의 본질상 소송의 수행 및 처분에 관하여 최종적인 결정권한을 가진 본인임에도 제1심판결을 챙겨보지 아니하였고 … 항소로 말미암아 위 부분의 청구가 항소심에 계류된 사실을 안 후에도 피고에게 소송수행에 대하여 조회를 하는 등 보고의무의 이행을 채근하지 아니한 채 만연히 피고의 잘못을 방치한 잘못"이 있다고 하여, 過失相計로 손해액의 5할을 감하여 배상금을 정하였다.

억측도 하게 된다.

오늘날 사람들은 극도로 분업화된 사회 속에서 자신이 필요로 하는 각종의 재화와 용역을 타인으로부터 공급받아서 살고 있다. 그리고 전문적 지식·정보는 점점 그 가치를 더하여 가고 있다. 그러한 상황 아래서 변호사를 비롯한 전문가에 대한 역할기대는 당연히 더욱 커지게 된다. 앞의 Ⅲ.에서 본 지금까지의 현상에 대하여는 법조계층의「침묵의 공모(conspiracy of silence)」가 말하여질 수 있을지도 모르겠는데, 의사의 책임에 대한 법적 추급이 1980년대 후반에 이르러 종전에 비하여 현저히 준엄하게 된 것과 마찬가지로,[30] 변호사에 대하여도 유사한 일이 머지않은 장래에 일어나지 않을까 추측하여 본다.

(서울大學校 法科大學 編, 法律家의 倫理와 責任(2000), 291면 이하 所載)

[後　記]

필자가 재직하는 서울대학교 법과대학은 1학년 학생을 상대로 하는「법률문장론」강의를「법률가의 윤리와 책임」이라는 하나의 주세 아래 여러 교수들이 특정한 개별항목을 맡아 윤강하는 방식으로 진행하고 있다. 이 글은 그 강의를 위한 초고로 쓰여진 것에 수정·가필한 것이다. 이를 여기서 수록하는 데는 주저도 없지 않았지만, 변호사책임의 법적 구성에 대하여 나름대로 시사하는 바가 있을 수도 있다고 생각하여 그대로 실었다.

30) 이에 대하여는 우선 梁彰洙, "最近重要民事判例動向(Ⅲ) ── 醫療過誤", 同, 民法硏究 제 4 권(1997), 426면 이하 참조.

원래의 글에는 학생들의 공부를 위하여 참고할 문헌과 또 이해를 돕기 위하여 大判 96.12.10, 96다36289(공보 97상, 319)가 별첨으로 붙어 있었으나, 여기서는 이를 제외하였다.

14. 獨逸의 民事實務에서의 憲法的 考慮
— 被用者의 責任制限의 法理와 관련하여 —

Ⅰ. 序

1. 근자에 나온 독일의 중요한 민사판결을 보면, 理由說示에서 헌법에 대하여 배려하는 경향이 있음을 쉽게 알 수 있다. 법원의 재판에 대하여도 憲法訴願을 허용하고 있는 독일(이 점은 우리와는 다르다)에서는 연방헌법재판소가 헌법적 기준에 반하는 私法의 解釋·適用을 배척하는 판단을 하는 경우가 적지 않다. 어느 사법학자는 「最上級審 民事法院으로서의 憲法裁判所(Verfassungsgericht als oberstes Zivilgericht)」라는 말도 비판적인 어조를 섞어서 하고 있는 형편이다.[1)]

그러므로 일반법원의 실무차원에서 미리 「헌법에 합치하는 법률해석」을 할 필요가 제기된다는 것은 쉽사리 추측될 수 있는 바이다. 그러나 그러한 말하자면 外的 要因보다는, 법관들이 법질서의 통일성을 실질적으로 유지하는 것이 법 자체의 활력과 실생활에서의 생생한 기능발휘를 가능하게 함을 의식하여 말하자면 자발적으로 헌법적 가치의 體化·實現을 도모한다고 이해하여야 할 것이다.

---

1) Uwe Diederichsen, Das Verfassungsgericht als oberstes Zivilgericht — ein Lehrstück der juristischen Methodenlehre, in: *AcP* 1998, S. 171ff. 참조.

2. 이하에서는 독일의 법원실무가 그 동안 줄곧 다루어 온 피용자의 책임제한의 문제, 즉 使用者가 그가 고용하는 勞務者에 대하여 채무불이행 또는 불법행위를 원인으로 하는 損害賠償責任을 통상대로 물을 수 있는가 아니면 제한되어야 하는가 하는 문제를[2] 소재로 하여, 그 판단에 있어서 어떠한 헌법적 고려를 베풀고 있는가를 살펴보기로 한다. 이는 우리가 구체적인 법문제에 대하여 어떠한 시각에서 접근할 것인가를 생각함에 대하여도 일정한 시사를 준다고 생각되는 것이다.

우선 우리 법에서의 위의 문제에 대한 현상을 확인하여 두기로 한다(Ⅱ.). 그리고 이 문제에 대한 독일의 법원실무의 태도는 獨逸聯邦勞動大法院 聯合部의 1994년 9월 27일 決定에 의하여 결정적으로 전환되었는데, 그 전의 태도(Ⅲ.)를 간단히 개관하고, 이에 논의를 위 연합부 결정에 집중하기로 한다(Ⅳ.). 마지막으로 민법해석학의 입장에서 주목되는 바를 덧붙인다(Ⅴ.).

Ⅱ. 우리 法에서의 被用者의 責任制限問題

1. 이 문제는 우리 나라에서는 일반적으로 「使用者의 被用者에 대한 求償權(민법 제756조 제3항)을 制限할 것인가 또는 어떠한 基準·內容으로 제한할 것인가」라는 시각에서 논의되고 있다.

그런데 주지하는 대로 대법원은 大判 87.9.8, 86다카1045(集 35-3, 9)에서, "사용자가 피용자의 업무집행으로 인하여 행해진 불법행위로 인하여 직접 손해를 입었거나 또는 사용자로서의 손해배상책임을 부담한 결과로 손해를 입게 된 경우에는 사용자는 그 사업의 성격과

2) 이 문제에 대하여는 우선 金永文, "被用者의 責任制限", 司法行政 1997년 7월호, 20면 이하 참조.

규모, 노무시설의 상황, 피용자의 업무내용, 가해행위의 예방이나 손실의 분산에 관한 사용자의 배려의 정도 등의 제반 사정에 비추어 손해의 공평한 분담이라는 견지에서 신의칙상 상당하다고 인정되는 한도 내에서만 피용자에 대하여 위와 같은 손해배상이나 구상권을 행사할 수 있는 것"이라고 판시하였다.[3] 여기서는 使用者의 求償權뿐만 아니라 사용자가 「직접 손해를 입은」 경우의 損害賠償請求權도 제한될 수 있다는 취지를 담고 있는 점이 일단 주목된다.

그러나 그 사건에서 原審은 피용자의 책임(원고 회사의 보세장치장에 藏置해 둔 수입화물을 장치장 실무자인 피고가 정당한 절차를 밟지 않고 출고해 줌으로써 貨主가 입은 손해를 원고 회사가 배상하여 주었다)을 원고가 손해의 발생 또는 확대를 막는 조치를 취할 수 있었는데도 이를 하지 아니하였다는 通常의 過失相計事由를 들어 70% 감액하였는데, 大法院은 그러한 과실상계사유가 있다는 원심의 판단은 수긍이 되지 않는다고 하여 원고의 상고를 인용하면서, 그 판단과는 별도로 위와 같이 판시한 것이었다.

그리하여 필자는 전에 위의 판결에 대하여 다음과 같이 평한 바 있다. 즉 "그러나 위 대법원판결의 이 판단부분[앞서 인용한 부분을 가리킨다]에 대하여는, 첫째, 그것이 위 사건의 구체적 해결과는 전혀 논리적으로 연결이 되지 않는 것이어서 과연 「先例」로서 기능할 수 있는지 의심스럽고, 둘째, 지금까지는 사용자의 피용자에 대한 구상권의 제한이라는 차원에서만 논의되던 것을 더 나아가서 피용자의 불법행위로 인하여 사용자가 직접 그에 대하여 취득하는 손해배상청구권에 대하여도 확장하고 있는데 과연 그 경우에도 信義則을 이유로 責任制限을 인정할 필요가 있는지 의문이며(가령 이 경우에는 過失相計의 구성 내에서 문제를 처리할 수 있는 경우가 대부분이라고 생각된다), 셋

3) 이 판시는 일본의 最高裁 1976년 7월 8일 판결(民集 30, 689)을 그대로 답습한 것으로 보인다.

째, 그와 같은 손해배상청구권이나 구상권 제한의 [실질적] 근거를 전혀 밝히지 않고 있어서(가령 이러한 법리는 독일에서는 주로 노동법에 있어서 피용자를 危險業務에 종사하게 한 사용자의 위험 분담이라는 관점에서 논의되고 있다) 나아가 그 법리의 적용범위에 대하여 가치 있는 기준을 얻기 어렵다. 따라서 이 법리는 사용자책임의 기초에 대한 이해와 함께 앞으로 보다 더 細密하고 精緻하게 다듬어나가야 할 것이다."[4]
(꺾음괄호 안의 부연과 강조는 인용자가 가한 것이다. 이하 같다)

2. 그러나 소위「대법원 판례」의 전개가 항용 그러한 대로 위와 같은 추상적 판시부분은 그 후 다른 사건에서 그 자체 獨自的인 힘을 가지고 獨走하기에 이르렀다.

(1) 가령 大判 91.5.10, 91다7255(集 39-2, 228)은, 원고 렌트카 회사의 야간경비원 甲이 야간 이용 고객에 대한 차량대여와 반환차량 인수 등 업무를 수행하면서 차량을 운전하던 중 중앙선을 넘어가 오토바이와 충돌사고를 일으켜서 스스로 사망하고 오토바이 운전자 乙도 사망하자 원고 회사가 乙의 유가족에게 손해를 배상하고, 이 사건에서 甲의 유가족 및 신원보증인들을 상대로 求償한 사건에 대한 것이다.

여기서 大法院은 위 大判 87.9.8.의 抽象論을 인용하면서, "이 사건 사고의 발생원인에 있어 피용자인 위 甲의 가해행위가 지니는 책임성에 비하여 사용자인 원고의 가해행위에 대한 기여도 내지 가공도가 지나치게 크다고 보여지는 점을 참작하면 원고가 사용자로서 그 망인의 상속인과 그 신원보증인들인 피고들에게 구상권을 행사한다는 것은 신의칙상 도저히 받아들일 수 없다"고 판단한 원심판결을 긍정하고 있다. 그리하여 원고의 求償權은 전적으로 부인되었는데, 여기서

4) 梁彰洙, "1987년 民法 判例 槪觀", 同, 民法硏究 제1권(1991), 371면 이하.

는 아마도 甲 자신이 사망하였다는 점이 크게 고려된 것이 아닌가 추측된다.

(2) 또한 大判 94.12.13, 94다17246(공보 95상, 476)은, 원고 아파트 관리회사에 전기기사로 고용된 피고가 이삿짐을 들어올리는 곤돌라를 조작하던 중 줄 끝의 쇠뭉치가 흔들려서 아파트 베란다 밖의 화분대를 쳐 떨어뜨리는 바람에 지상에 있던 사람이 머리에 맞아 사망하자 원고 회사가 사망자의 유가족에게 손해를 배상하고 피고에게 구상한 사건에서, 역시 大判 87.7.8.의 추상론을 적용하여 앞의 大判 91.5.10.에서와 같이 피용자의 全部免責을 인정하고 있다.[5]

이 판결이 그 판단에 있어서 고려하였다고 하는 사정 중에는 "쌍방의 과실의 경중, 곤돌라 기사인 위 피고의 근무조건과 그러한 근무조건이 위 사고발생에 미친 영향의 정도, 위 피해자가 사고를 당하게 된 경위, 원고의 노무자에 대한 인력관리상황" 외에도 "위 피고가 실형을 복역한 후 현재 면직되어 있음에 반하여, 원고는 국내 유수의 공동주택관리업체로서의 지위를 그대로 유지하고 있는 점"을 들고 있는 것이 이채롭다.

3. 이상은 求償權이 행사된 사건에 대한 것이다. 그런데 大判 96.4.9, 95다52611(공보 96상, 1390)은, 사용자(원고)가 피용자의 업무상 과실로 입은 直接的 損害(판매방침상으로 최종소비자에만 판매할 수 있는데도 중간상인에게 판매하고 대금을 받지 못함으로 인한 손해)의 배상을 청구하는 사건에서, 그 책임액을 감축하는 근거(손해 6천1백만원 중 4천만원의 배상만을 명하였다)로, 원고의 業務上 監督에서의 「과실」 외에도 앞서 본 大判 87.7.8.의 추상론을 인용하고 있다.

---

5) 사용자의 구상금청구에 대하여 피용자의 전부면책을 인정한 예로는 그 외에도 大判 92.9.25, 92다25595(공보 92, 3002)가 있으나, 그 대법원판결만으로는 사실관계를 알 수 없다.

Ⅲ. 獨逸 實務의 從前 態度

그런데 이상과 같은 被用者의 責任制限의 법리는 독일의 민법학 또는 노동법학에서 1930년대 이후 특히 활발하게 전개되어 왔다.[6]

1. 그 이전에도 주로 勞動法院이 피용자의 책임제한을 인정하는 판결을 해 왔으나, 결정적인 돌파구를 연 것은, 연방노동대법원의 1957년 9월 25일 연합부 판결이었다.[7] 그를 계기로 확립된 判例의 態度에 의하면, 위험성 있는 노무(gefahrengeneigte Arbeit)에 종사하는 피용자는 그 업무의 수행에 있어서 야기한 손해에 대하여 다음과 같은 일응의 기준에 좇아 사용자에 대하여 책임을 진다. 우선 重過失 있는 피용자는 감경 없이 전액 책임을 지고, 最輕過失(leichteste Fahrlässigkeit) 있는 피용자는 전혀 책임을 지지 아니하며, 피용자에게 통상의 과실(normale F.=mittelere F.) 있는 경우에는 일반적으로 사용자와 피용자가 이를 분담하여야 하는데 그 구체적인 비율을 정함에 있어서는 "손해발생과 그 후 사태전개의 총체적 사정이 형평과 기대가능성의 관점에 비추어 서로 형량되어야 한다"는 것이다.

다시 말하면, 책임의 감경은 우선 피용자의 업무가 위험성 있는 것이어야 하고, 나아가 피용자에게 중과실이 없어야만 인정된다. 판례에 의하면, 「위험성 있는 업무」란 "그 자체로 보면 회피할 수 있는 것이기는 하나 인간의 불완전성에 비추어 경험상으로 다소간 정확하게 예견할 수 있는 전형적인 노무제공상의 잘못을 양심적인 노무제공

6) 독일에서의 논의에 대하여는 우선 Young-Mun Kim, *Die Entwicklung des Rechts der Arbeitnehmerhaftung seit dem Inkrafttreten des BGB in Deutschland*, Diss. Freiburg, 1996 참조.

7) *BAGE* 5, 1 = *NJW* 1958, 235 = *AP* Nr. 4 zu §§ 898, 890 RVO.

의무자라도 역시 범하게 되는 그러한 특성을 수반하는 업무"를 말한다.

2. 이러한 요건이 갖추어진 경우에는, 그 위험의 정도, 사용자가 미리 계산한 또는 보험에 의하여 전보될 수 있는 위험의 크기, 피용자의 직장에서의 지위, 임금액의 다과나 위험수당의 포함 여부, 손해의 크기, 귀책사유의 정도, 피용자의 근속연수·나이·가족관계·종전의 근무태도 등 개인적 사정 등을 종합적으로 고려하여 그 손해분담의 비율이 정하여지게 된다. 예외적인 경우에는 단지 통상의 과실만이 있어도 전혀 減額하지 않을 수도 있고, 또 반대로 전적으로 면책시키는 것도 허용된다.

Ⅳ. 獨逸聯邦勞動大法院 聯合部의 1994년 9월 27일 決定

1. 이러한 종전의 判例準則에서 벗어나, 근로자가 「위험성 있는 노무」를 수행하는 과정에서 손해를 야기한 것이 아닌 경우라도 근로자의 책임감경이 인정되어야 한다고 態度를 전환하는 것이 바로 앞의 I.2.에서 언급한 독일연방노동대법원 1994년 9월 27일의 연합부 결정인[8] 것이다.

(1) 이 재판이 다루는 사실관계는 다음과 같다. 원고는 건축회사인데 대지의 터파기공사를 수행하였다. 그 과정에서 원고는 그에 고용된 피고를 책임자로 임명하여 굴착공사 등의 감독을 맡겼다. 원고의 주장에 의하면, 원고는 그 땅에 가스관이 묻혀 있음을 피고에게 직접 지적하였으며 또한 설계도면에 그 관의 배치 및 주택과의 연결

8) *NJW* 1995, 210.

점 등이 표시되어 있음에도 불구하고, 피고는 굴착기를 다루는 인부에게 무슨 주의를 주기는커녕, 오히려 아무런 도관도 없으니 주의할 필요가 없다고 말하였다는 것이다. 이에 인부가 굴착작업 중 가스관을 건드려 가스가 새고 이것이 전기스파크에 의하여 폭발하여 결국 22만마르크 이상의 손해를 발생시켰다.

이 사건에서 원고는 피고에 대하여 보험에 의하여 전보되지 아니한 손해의 배상을 청구하였다. 이 사건에서 피고의 업무는 노무의 감독 또는 지시인데, 이는 「위험성 있는 노무」에 해당한다고 할 수 없다(同旨의 연방통상대법원의 재판례도 있다). 그러므로 종전의 판례준칙에 따른다면, 피용자의 책임감경은 부인될 터이었다. 그런데 原審法院(뉘른베르크 지방노동법원)은, 사용자는 위험성 없는 업무상의 손해에 대하여도 근로자에게 고의 또는 중과실이 있는 경우에만 손해배상을 청구할 수 있는데, 이 사건에서 피고의 重過失이 인정되지 않는다고 하여 원고의 청구를 기각하였다. 그러자 원고가 연방노동대법원에 上告한 것이다.

(2) 이 사건을 다룬 同法院 제 8 부는 1989년 10월 12일의 「의견제시결정(Vorlagebeschluß)」으로,[9] 판례에서 말하는 「위험성(Gefahrengeneigtheit)」의 요구를 포기하고자 하였으므로, 이 문제를 同法院의 연합부(Großer Senat)에 회부하였다(이는 노동법원법(Arbeitsgerichtsgesetz) 제45조 제 2 항 제 1 문에 따른 절차이다). 그러자 同法院 연합부는 1992년 6월 12일의 결정에서,[10] 근로자의 책임제한에 관한 원칙을 "사용자에 의하여 유발되고 근로관계에 기하여 행하여진" 모든 노무에 적용하며 위험성 없는 노무의 경우에도 다름없다는 견해를 제시하면서, 이는 연방통상대법원의 그때까지의 입장과 다른 것이므로 「판

9) *AP* Nr. 98 zu § 611 BGB HAN = *BB* 1990, 64,

10) *AP* Nr. 101 zu § 611 BGB HAN = *JuS* 1993, 876 = *EWiR* 1993, 559 = *SAE* 1994, 89.

례통일법(Rechtsprechungseinheitsgesetz)」 제 2 조에 좇아 각급 연방최고법원의 대표자로 구성된 「통일부(Gemeinsamer Senat der Obersten Gerichtshöfe)」에 이 문제에 대한 판단을 구하였다.

그러자 이 「통일부」는 절차에 좇아 연방통상대법원의 제 6 부(이 문제에 대한 담당재판부이다)에 종전의 태도를 그대로 유지할 것인지를 물었다. 이에 同部는 1993년 9월 12일의 결정으로,[11] **결과적으로** 연방노동대법원 제 8 부의 「의견제시결정」과 같은 견해를 취한다는 태도를 밝혔다. 이로써 판례통일절차를 속행할 요건으로서의 「견해의 불일치」가 해소되었다고 보아 「통일부」는 절차를 정지할 뜻을 통지하였고, 연방노동대법원 연합부가 이에 이의를 제기하지 아니하자, 「통일부」의 부장은 1993년 12월 16일 그 절차를 정지하는 처분을 하였다. 이에 연방노동대법원의 연합부는 판례통일절차에 따라 일단 유예하였던 위의 결정을 고지하기에 이른 것이다.[12]

2. 이 결정은, 근로자의 사용자에 대한 책임은 독일민법 제254조의 「준용(entsprechende Anwendung)」에 의하여 제한된다는 태도를 전제로 한다(이는 다수의 학설이 취하는 견해이기도 하다).

독일민법 제254조는 過失相計에 관한 우리 민법 제396조와 기본적으로 같은 내용을 정하는 것이다. 그렇다면 사용자는 어떠한 의미에서 피용자의 행위로 인한 손해의 발생 또는 확대에 대하여 「과실」이 있다고 할 것인가? 위 결정이 말하는 바(理由 B.Ⅱ. 부분)를 요약하면 대체로 다음과 같다.

우선 위 결정은, 同條가 그 규정의 문언을 넘어서, 피해자에게 엄밀한 의미의 過責이 없더라도, 그가 책임져야 할 물건위험 또는 경영

11) *AP* Nr. 102 zu § 611 BGB HAN = *AuR* 1994, 72 = *EWiR* 1994, 339.

12) 통상의 최고법원이 여럿 있는 독일에서 각 최고법원 간의 「판례」를 통일하기 위한 이러한 절차도 그 자체 흥미로운 바 있다.

위험(Sach- oder Betriebsgefahr)으로 말미암아 손해의 발생에 대하여 공동책임이 있으면, 즉 손해의 발생에 「책임귀속시킬 수 있는 방식으로(in zurechenbarer Weise)」 기여한 경우에는 역시 적용됨을 확인한다(B.Ⅱ.1.).

이러한 원칙은 「경영위험」이라는 개념을 통하여 근로자의 책임제한을 인정하도록 한다. 원래 「경영위험」이란 가령 이행불능과 채권자지체의 경계획정의 문제와 관련하여 노무급부가 쌍방의 엄밀한 의미에서의 「과책」 없이 불능하게 되더라도 사용자로 하여금 임금을 지급할 의무(반대채무)를 여전히 부담하게 하는 法技術概念으로 원용되기도 하는데,[13] 여기서는 그러한 의미가 아니라 손해배상책임의 부담의 분배가 문제되는 것이다.

그러한 의미에서는 우선 생산설비나 생산활동 자체 또는 그 결과의 생산물의 **위험성**은 사용자에게 책임귀속되어야 한다(이것이 책임감경에 「위험성」을 요구하는 태도의 바탕에 깔린 생각이다). 그러나 여기서 더 나아가서 사용자의 「**기업의 조직과 노동환경의 조성에 대한 책임**」도 독일민법 제254조의 범위에서는 그에게 귀속되어야 하는 것이다. 근로자는 "주어진 노동환경으로부터 사실적으로도 법적으로도 벗어날 수 없음"에 반하여 사용자는 기업을 조직하고 노동과정을 편성하며 근로자가 제공할 노무의 내용·시간 등에 대하여 지시할 수 있다. 그에 기하여 사용자는 「손해발생의 제반 위험(Schadensrisiken)의 조건」을 창출·유지·변경할 수 있는 것이다(예를 들면 그는 노동의 진행을 변경하거나 감독을 강화하거나 안전조치를 취함으로써 위험요소들에 대처할 수 있다).(이상 B.Ⅱ.2.).

그러므로 비록 구체적인 손해는 근로자의 행위로 인하여 야기되었더라도 그 손해의 발생이 위와 같은 의미의 「경영위험」의 발현으로

---

13) 이에 대하여는 우선 金亨培, 債權總論, 제 2 판(1998), 310면 이하 참조.

평가되는 경우에는 사용자는 그 손해의 발생에 「책임귀속시킬 수 있는 방식으로」 기여한 것으로서 독일민법 제254조에 기하여 근로자의 그에 대한 손해배상책임은 감경되어야 한다. 그리고 문제의 손해가 근로자가 "사용자에 의하여 유발된(veranlaßt) 노무를 근로계약에 기하여 제공하는" 과정에서 그의 과실로 발생한 경우에는 역시 그러한 「경험위험」의 발현으로 평가되어야 한다는 것이다.

여기서 「유발된」 노무라고 함은 "근로계약에 기하여 위탁되었거나 사용자의 이익으로 기업을 위하여 행하는" 근로자의 활동을 말하는데, 이러한 「제한」은 "근로자의 **일반적** 생활위험을 사용자에게 부담시키지 않기 위하여" 요구된다고 한다(理由 B.Ⅳ.2. 참조).

3. 필자의 개인적 관점에서 위의 결정에서 무엇보다도 자극적인 점은, 이와 같은 독일민법 제254조의 준용에 의한 근로자의 책임제한이 "직업의 자유(독일기본법 제12조 제1항)와 일반적 행동의 자유(동법 제2조 제1항)의 헌법상 보장"에 의하여 「요청된다」고 판시하는 부분이다(理由 B.Ⅲ.).

(1) 위의 결정은 우선 독일연방헌법재판소가 기본권에 관한 규범은 각 개인의 국가에 대한 주관적인 방어권을 정하는 것일 뿐만 아니라 동시에 법의 모든 분야에 대한 근본결단을 포함하여, 따라서 私法의 규정도 그 규범에 표현되어 있는 원칙과 모순하여서는 안 된다고 일관되게 판시하여 왔음을 지적한다. 그런데 이는 민법이 정하는 責任規定들에 대하여도 마찬가지이다. 그 규정을 적용한 경제적 결과는 경우에 따라서는 손해배상의무자의 일반적 생활과 직무활동에 심대한 영향을 미칠 수 있다. 그리하여 이들 규정은 기본법 제2조 제1항과 제12조 제1항의 보호영역과 관련을 가지게 된다고 한다.

물론 그것은 국가가 직접적으로 간섭한 결과는 아니며, 계약책임법은 사적 자치에 기한 결정에 기초를 두고 있다. 그러나 그렇다고 해서 입법자가 그 책임의 내용을 정함에 있어 완전히 자유로운 것은 아니며, 그는 "[계약당사자 간의] 구조적인 불균형상태(strukturelle Ungleichgewichtslagen)에서는 쌍방 당사자의 기본권적 지위의 적절한 균형을 가능하게 하기 위하여 보호적으로 개입하여야 한다." 그리하여 노사관계에서의 계약적 힘의 차이를 무시하는 것, 나아가 사용자의 「경영위험(Betriebsrisko)」을 고려하지 아니하여 근로자로 하여금 일방적으로 전액배상책임을 지게 하는 것은 이러한 원칙과 조화될 수 없을 것이라는 것이다.

(2) 이러한 관점에서 위의 결정은 근로자의 책임제한의 문제에 대하여 다음과 같이 말한다.

> "비록 근로자의 책임에 관한 특별규정이 존재하지 않는다고 하더라도, 앞의 Ⅱ.에서 설시한 대로 독일민법 제254조를 준용함에 있어서 이를 헌법합치적으로 해석함(verfassungskonforme Auslegung)으로써 헌법에 반하는 결과를 회피할 수 있다. 경영상으로 유발된 노무제공에 있어서 손해가 발생한 모든 경우에 대하여 경영위험을 필수적으로 고려하는 것은 사태에 적정한 위험분배를 가능하게 하며 또 노무관계에서 성립하는 불균형상태를 고려하는 것이다."

이러한 헌법적 고려도 같이 작용하여서 사용자의 앞서 본 바와 같은 「경영위험」이 독일민법 제254조의 「해석」의 틀 안에서 가해자=손해배상의무자의 책임을 경감하게 하는 사유로서의 「과실」로 평가되는 것이다. 이와 같이 생각하여 보면 근로자가 수행한 업무가 위험한 것인지 여부는 그의 책임경감 여부를 결정하는 기준이 될 수 없는 것이다. 그것은 단지 근로자의 과책의 정도나 사용자의 「경영위험」 등과 함께 독일민법 제254조를 준용함에 있어서 고려되는 제반 요소 중의 하나일 뿐이다.

이와 같이 헌법적 고려에 비중을 두는 태도는 이미 연방노동대법원 제8부의 「의견제시결정」에서도 채택되고 있는 바이었다.

4. 그런데 앞의 1.(2)에서 본 연방통상대법원 제6부의 결정은 연방노동대법원의 이러한 입장에 대하여 유보적인 태도를 취하였었다. 이러한 상급법원 간의 헌법에 대한 입장차이야말로 시사하는 바가 많은 점으로서 주목하여도 좋다고 생각된다.

연방통상대법원의 견해에 의하면, 여기서 문제되고 있는 사용자와 근로자의 법적 지위가 독일기본법 제2조 및 제12조의 규정과 그 法的 效力範圍에 있어서 연관을 가진다는 점은 인정된다. 그러나 이 점은 독일민법 제254조를 준용함에 있어서 고려되는 제반 요소(Abwägungsfaktoren)를 형량함에 있어서 특별히 강조할 바는 아니며, 연방노동대법원이 부여하는 바와 같은 중요성 내지 의미를 가지지는 않는다는 것이다.

연방통상대법원은 나아가 그러한 「강조」는 혹 잘못된 歸結을 낳을 수 있다고 한다. 예를 들면 "근로자의 생존 확보(existenzielle Sicherung)를 위하여 필요한 경우에는, 사용자측의 재산의 보유 및 행사[라는 가치]는 근로자의 稼動能力에 대하여 劣後한 지위로 물러서야 한다는 견해"가 그러하다. 그러나 연방통상대법원에 의하면, 이러한 견해는, 근로자의 책임감경에 관한 기본법리, 즉 독일민법 제254조의 범위에서 [근로자의] 과책과 [사용자의] 경영위험을 서로 형량함으로써 책임감경이 행하여진다는 기본사상과 합치하지 않는다. 다시 말하면, 근로자의 책임감경은 사용자와 근로자의 雙方의 사정을 공평하게 배려하여 행하여져야 하는 것인데, 위와 같은 견해는 일방적으로 근로자측의 「생존의 확보」라는 일방적 사정만을 우위에 놓는다는 것이다.

또 연방통상대법원에 의하면, 근로자의 책임감경의 근거를, 배상되어야 할 손해가 근로자의 임금에 비하여 지나치게 많다는 사정이나 전액배상에 의하여서 근로자의 경제적 생존이 위태롭게 된다는 사정만에서 찾는다면, 근로자의 과책이 아무리 커도 책임을 전부 면제하게 될 수 있다. 그런데 이는 "어떠한 과책에 대하여도 전적으로 책임을 지게 한다는 입법자의 생각(독일민법 제249조, 제276조)을[14] 단지 변형시키는 것에 그치지 아니하고 전적으로 폐기하는 것이다." 연방통상대법원 제6부의 위 결정은 "판례법에 의하여 법을 그러한 내용으로 전개하는 것은 헌법을 이유로 하여서도 요구되지도 허용되지도 않는다"고 판단하였던 것이다.

이러한 연방통상대법원의 입론을 앞서 본 연방노동대법원의 판시와 대비하여 보면 우리는 여기서 어떠한 헌법철학 내지는 기본적 법가치에 대한 입장의 차이를 간취할 수 있다. 그리고 이러한 차이는 私法 일반에 대한 이해는 물론이고, 나아가 ——독일민법 제254조와 같은—— 개별적 실정규정 내지 실정제도의 해석에도 영향을 미치지 않을 수 없을 것이다.

5. 위의 연방노동대법원 연합부 결정은 이러한 연방통상대법원의 견해에 대하여도 간략하게나마 일정한 應對를 하고 있다.

우선, 근로자의 책임제한을 노무의 위험성 유무를 묻지 않고 인정함으로써 독일기본법 제 2 조 제 1 항, 제12조 제 1 항, 제14조 제 1 항(재산권의 보장에 관한 규정)에 기한 사용자의 법적 지위가 제한된다고 하여도, 이는 기본권 제한의 출발점인 「현실상의 규범조화(praktische Konkordanz)」라는 목표,[15] 즉 어떠한 기본권(여기서는 사용자의 기본

14) 즉 과책사유가 고의인지 과실인지를 불문하고 일단 과책이 인정되기만 하면 가해행위와 「상당인과관계」 있는 손해를 전부 배상하게 한다는 태도. 주지하는 대로 우리 민법도 이러한 태도를 취한다.

15) 이에 대하여는 우선 許營, 憲法理論과 憲法, 新訂 2 版(1997), 418면 참조.

권)의 행사에 의하여 다른 기본권(여기서는 근로자의 기본권) 또는 헌법이 보호하는 다른 가치와의 충돌이 생기는 경우에 그 기본권을 개별적인 관계에서 제한함으로써 헌법이 추구하는「전체적 가치질서」를 최대한 실현한다는 목표에 반하게 될 정도로 제한되는 것은 아니라고 한다.

나아가 연방통상대법원 결정에서 표명된 위구심과는 달리, 독일민법 제254조의 범위에서 경영위험을 고려하는 것이 근로자의 과책의 정도를 고려하지 아니하고 그를 아예 면책시키게 되는 결과에는 이르지 않을 것이다. 연방노동대법원에 의하면, 종래 판례나 학설에 의하여 인정되어온 근로자의 책임제한의 법리는 거기서「위험성」의 요건을 배제하는 것을 제외하고는 그대로 유지된다고 한다. 따라서 특히 앞의 Ⅲ.2.에서 본 기준 등은 이후에도 그대로 타당하다(理由 Ⅳ.1. 참조). 그러므로 결과적으로 독일민법 제249조, 제276조에 표현된 입법자의 생각이 전적으로 폐기되는 일도 없으리라고 한다. 그리고 "그 외에는 독일민법전의 기본관념도 역시 기본권에 비추어 판단되어야 한다"라고 덧붙이고 있다.

V. 民法解釋學의 立場에서

민법해석학의 입장에서 보면 오히려 주목되는 것은, 피용자의 책임제한의 실정법적 근거를「경영위험」의 개념을 매개로 하여 독일민법 제254조에서 찾는 태도이다. 그 근거에 대하여는 일찍부터 다채로운 논의가 행하여져 왔다. 이에 대하여 일일이 논급하는 것은 본고의 범위를 넘게 되는데,[16] 여기서는 다음과 같은 점만을 지적하여 두기

16) 이에 대하여는 우선 Kim(註 6), S. 221ff. 참조.

로 한다.

1. 1970년대까지는 이를 근로관계의 특수성에 유래하는 사용자의 근로자에 대한 配慮義務(Fürsorgepflicht)에서 찾는 견해가 유력하였었다(앞의 Ⅲ.1.에서 본 연방노동대법원의 연합부 판결도 마찬가지였다). 그 의무에 기하여 사용자는 근로자가 맡겨진 일의 성질이나 인간적인 부족함에 의하여 야기한 손해를 스스로 떠맡아서 그 배상청구를 하지 않아야 한다는 것이다. 그러나 이 견해에 대하여는「배려의무」라는 것이 막연한 개념이어서 근로자의 책임제한의 내용을 구체적으로 결정짓는 제반 요소들을 적절하게 위치잡지 못하게 한다는 비판이 제기되었다(예를 들면 직장에서의 지위, 임금액, 근속연수·나이·가족관계 등등에 따라 다름아닌「배려의무」의 내용 또는 정도가 달라져야 하는가 하는 의문 등).

2. 그리하여 종래에는 대체로 부가적 근거로 원용되었던「경영위험」의 개념이 특히 연방노동대법원의 판례에 의하여 독립적인 책임귀속근거로 부각되었다.

그 배경에는 한편으로, 앞의 Ⅳ.2.에서 본 대로,「과실상계」에 관한 독일민법 제254조를, 단지 엄밀한 의미에서의「과책」만이 아니라 가령 위험책임에서의 물건이나 설비의「위험」등과 같이 피해자에게 손해의 발생 또는 확대에 기여한 바의 어떠한 의미에서라도「책임귀속시킬 수 있는」사유가 있으면 이에 기하여 가해자의 책임을 감경할 수 있도록 하는 근거규정으로 일반적으로 이해하기에 이르렀다는 사정이 자리잡고 있다.

그리고 다른 한편으로 무엇보다도 근로관계의 여러 가지 특수성에 대한 인식이 작용하였다. 즉 첫째, 근로관계는 근로자의 신체와 생활을 전체적으로 포용하여 전개된다. 그러므로 사람이라면 누구라도 살아가는 동안 실수를 저지르는 것처럼, 근로자도 아무리 주의하여도 그러한 全人格을 포용하는 노무제공의 과정에서 곧잘 실수를 하여 사용자에게 손해를 끼치게 마련인 것이다. 둘째, 노무제공의 환경 내지 조건은 전적으로 사용자에 의하여 지배된다. 따라서 사고발생의 위험도 기본적으로는 사용자에 의하여 통제될 수 있는 것이다. 셋째, 근로자가 사용자에게 가한 손해는 근로자의 임금에 비하면 많은 경우에 감당하기 어려운 고액인데 사용자는 그러한 위험에 대하여 보험 등에 의하여 자신의 손실을 전가할 수 있는 것이다. 이상과 같은 근로관계의 특수성에 대한 인식은, 나아가 어떠한 과책사유에 대하여도 전부배상(Totalreparation)을 규정하는 독일민법 제249조, 제276조가 근로자의 사용자에 대한 손해배상책임에 대하여는 적절한 고려를 기울이지 아니한 채로 입법되었다는 인식으로 연결되는 것이다.

3. 여기까지 살펴보면, 우리 판례가 피용자의 책임제한의 근거로 「信義則」을 원용한 때 그것이 구체적으로 무엇을 의미하는지를 적어도 부분적으로는 보다 명확하게 알게 된다. 우리 자신도 느낌으로만 어렴풋이 다가오던, 그 「형평」의 다른 이름으로서의 「신의칙」을 이제 그 내용에 들어가 보다 적극적으로 의식하기에 이른다. 헤데만은 「일반조항의 위험」의 하나로 법적 사고의 「軟化(Verweichlichung)」를 들면서 그 症例로 "[개별적인 법명제를] 세부에 이르기까지 끝까지 구성하여 본다는(Durchkonstruieren) 어려운 작업은 점점 더 회피된다. 개별명제는 딱딱하고 다루기 어렵다. 다수의 개별명제를 결합하고 서로 대치시키는 것은 더욱 어렵고 시간을 뺏는다"고 말하는데,[17] 우리는 바로 그러한 軟骨症을 의심하여야 보아야 하지 않을까?

17) Hedemann, *Die Flucht in die Generalklauseln*(1933), S. 66.

(오늘의 法律 119호(1998.12),3778면 이하; 121호(1999.2), 3842면 이하; 122호(1999.3), 3874면 이하 所載)

15. 프랑스의 새로운 製造物責任立法

Ⅰ. 序

1. 지난 1998년 5월에 프랑스에서 제조물책임법이 성립하였다.[1] 이 입법은 가령 독일에서 제조물책임에 관한 개별법률(1989년 12월 15일의 「제조물책임법」 Produkthaftungsgesetz)을 새로 제정한 것과는 달리, 프랑스민법에 제조물책임에 관한 규정을 새로이 삽입하는 방식으로 행하여졌다. 물론 그 배경에는 유럽공동체(이하 「EC」라고 한다)의

1) Loi n° 98-389 du 19 mai 1998 relative à la responsabilité du fait des produits défectueux. 원문은 D. 1998, Lég. 194, Dalloz Affaires 1998, 1012에 수록되어 있다. 그에 관한 프랑스어 문헌으로는 Ghestin, De la responsabilité du fait des produits défectueux, JCP G 1998 I, 1201; Jourdain, Aperçu rapide sur la loi n° 98-389 du 19 mai 1998 relative à la responsabilité du fait des produits défectueux, JCP E 1998, 1204; Larroumet, La responsabilité du fait des produits défectueux après la loi du 19 mai 1998, D. 1998, chron. 311; Tootu/Moitry, La responsabilité du fait des produits défectueux. Commentaire de la loi n° 98-389 du 19 mai 1998, D. Aff. Supp. no° 125, 3; Viney, L'introduction en droit français de la directive européenne du 25 juillet 1985 relative à la responsabilité du fait des produits défectueux, D. 1998, chron. 291 등이 있다. 또 독일어 문헌으로 Endrös, Das französische Produkthaftungsrecht oder des einen Hölle ist des anderen Himmelreich, *PHI* 1998, 122; Leonhard, Das neue französische Produkthaftungsrecht, *ZVglRWiss* 98(1999), 101; Posch, Neue Produkthaftungsgesetze in Frankreich und der Tschechischen Republik, *ZfRV* 1998, 238; Witz/Wolter, Die Umsetzung der EG-Produkthaftungsrichtlinie in Frankreich, *RIW* 1998, 832 등이 있다. 나아가 일본어 문헌으로 後藤巻則, "フランスにおける製造物責任法の成立", ジュリスト 1138號(1998. 7), 72면 이하 등이 있다. 아래에서 이상 문헌의 인용은 그 筆者名으로만 한다.

이사회가 1985년 7월 25일에 의결한 "제조물 결함의 책임에 대한 회원국 법령의 조화에 관한 지침"(이하 「EC입법지침」이라고 한다)이 있다.

2. 本稿는 현재 우리 나라에서 진행 중에 있는 製造物責任立法에[2] 참고가 될 자료를 제공한다는 목적으로 쓰여진 것이다. 위 입법이 행하여지기 전까지 제조물의 결함으로 인한 책임에 관한 프랑스의 법상태에 대하여는 문헌이 없지 않으므로,[3] 이에 대하여는 그에 맡기기로 한다.

本稿에서는 우선 프랑스의 입법과정을 살피고(Ⅱ.) 그 주요내용을 개관하며(Ⅲ.1.) 그 규정 중 우리의 관심을 끄는 것에 대하여 약간의 예비적 설명을 가하려고 한다(Ⅲ.2.). 그리고 마지막에 법률을 번역하여 부록으로 붙였다.

Ⅱ. 立法의 經過

1. 유럽공동체의 이사회가 1985년 7월 25일에 의결한 EC입법지침은 회원국이 1988년 7월 30일까지 그 지침을 국내법으로 전환할 것을 요구하고 있었다(동 지침 제19조). 그런데 프랑스정부는 그로부터 2년 정도 늦은 1990년 5월에야 법안을 국민의회(하원)에 제출할 수 있었다. 이 법안에 대하여 의회 내에서 분분한 논의가 전개되었는

2) 1999년 7월 13일에 製造物責任法案이 재정경제부공고 제1999-81호 및 법무부공고 제1999-22호로 立法豫告되었다. 그 간의 입법작업경과에 대하여는 우선 延基榮, 生産物損害賠償責任法(1999), 357면 이하 참조.

3) 南孝淳, "프랑스法上 轉買受人(消費者)의 直接訴權", 서울대 法學 37권 1호(1996.5), 175면 이하; 韓琫熙, 製造物責任法論(1997), 313면 이하. 그리고 제조물책임에 관한 종합적인 比較法 文獻으로서 그 중에서 프랑스를 다루는 것으로는 우선 Geraint Howells, *Comparative Product Liability*(1993), p.101-122 참조.

데,[4] 결국 정부는 1992년말에 이 법안을 스스로 철회하였다. 그것은 주로「개발위험의 항변」을 인정할 것인지를 둘러싼 견해대립의 조정에 실패한 때문이었다. 그러자 EC법원은 1993년 1월에 프랑스가 EC입법지침에 기한 의무를 불이행하고 있음을 인정하는 판결을 내렸다. 그 후 1993년 7월에 議員提出法案으로 새로운 법안이 제출되었는데, 이는 그 동안의 논의를 충실히 반영한 것이었다.

이 법안에 대한 심의도 지지부진하자, EC위원회는 1995년 11월 28일에 프랑스가 1993년 1월의 EC법원 판결을 이행하지 않음을 확인하고, 違規罰金의 지급을 구하는 소송(당시의 로마조약[5] 제171조에 근거가 있다)의 준비에 착수하였다. 그 소송이 제기되면 1일당 10,350 ECU 내지 631,771ECU의 벌금이 프랑스에 가하여질 가능성이 있었다. 그러나 그 후 EC위원회는 1997년 상반기 중에 EC입법지침을 국내법화하겠다는 프랑스의 약속을 고려하여 소송의 제기를 연기하였다.

2. 위 법안이 제출된 후 3년 반이 지난 1997년 3월에 국민의회에 제출된 분과위원회보고서에서 多數意見은 결론적으로 프랑스의 현행법(물론 판례를 포함하여)이 이미 EC입법지침의 내용을 실현하고 있으므로 새로운 입법은 불필요하며 따라서 위 법안은 폐기되어야 한다는 견해를 표명하였다. 그러나 정부는 이 법안이 簡明하다는 장점이 있으며 또한 그 때까지의 판례법의 성과를 더욱 밀고 나간 것이라고 하여, 입법의 필요성과 유용성을 긍정하는 의견을 피력하였다. 그리하여 투표 결과 위 분과위원회 보고서는 채택되지 아니하고, 개별조문

4) 韓琫熙(註 3), 643면 이하에 이 法案이 국민의회의 제 1 독회를 거친 후의 修正內容을 가하여 번역과 함께 수록되어 있다.

5) 유럽공동체의 기본법인 로마조약은 현재는 마스트리히트조약에 의하여 교체되었다. 이 점에 대하여는 우선 金大淳, EU法論(1995), 5면 이하 참조.

의 검토에 들어가게 되었다.

그 후 法案審議는 본궤도에 올라 결국 1998년 4월 28일에 국민의회, 동년 5월 5일에 원로원(상원)을 통과하였다.

Ⅲ. 새로운 立法의 內容

1. 이 입법은 기본적으로 EC입법지침을[6] 충실히 踏襲하고 있다. 몇 가지 중요한 사항을 들어보기로 한다(이하 法名을 지시함이 없이 인용하는 법조항은 프랑스민법의 그것이다. 참고로 말미에 입법예고된 우리 나라의 「제조물책임법안」(이하 「법안」이라고 한다)의 해당 조문을 적었다).

(i) 과책의 유무 및 계약관계의 존부를 묻지 않고 「缺陷」을 책임 발생요건으로 하는 것(제1386조의1; 지침 제1조; 법안 제3조 제1항).

(ii) 결함을 "정당하게 기대될 수 있는 안전성의 결여"로 정의하고, 그 판단에서의 특별한 고려요소로 제조물의 표시, 합리적으로 기대되는 용도, 유통의 시점을 드는 것(제1386조의4; 지침 제6조; 법안 제2조 제2항).

(iii) 손해, 결함 및 인과관계의 입증책임을 책임을 묻는 원고에게 부담시키는 것(제1386조의9; 지침 제4조).

(iv) 면책사유로 ① 제조자가 제조물을 유통시키지("유통에 놓지" mettre en circulation) 아니한 것, ② 유통시켰더라도 유통시킬 당시에는 결함이 없었던 것, ③ 제조자가 매도 기타의 유통을 목적으로 하지 아니한 것, ④ 소위 개발위험의 항변, ⑤ 소위 강제규정 준수의 항변을 인정한 것(제1386조의11; 지침 제7조; 법안 제4조).[7] 다만 그 예

6) 이에 대하여는 우선 韓琫熙(註 3), 131면 이하 참조(同書, 597면 이하에 EC입법지침의 英語原文이 번역과 함께 수록되어 있다).

7) 다만 우리의 製造物責任法案은 그 외에 "부품·원재료 제조자의 경우에는 당해 부품·원재료를 사용한 제조물 제조자의 설계 또는 제작에 관한 지시로 인하

외에 대하여는 뒤의 2.(3)(a) 및 (b)를 보라.

(v) 피해자의 과책과의 경합에서는 제조자의 책임의 감경 또는 면책을 인정하고, 제 3 자의 행위와의 경합에서는 그 감경을 인정하지 아니하는 것(제1386조의13, 14; 지침 제 8 조 제 1 항, 제 2 항).

(vi) 제조물책임을 면제하거나 제한하는 약정을 일반적으로 금지하는 것(제1386조의15 제 1 항; 지침 제12조; 법안 제 5 조). 다만 그 예외에 대하여는 뒤의 2.(4)(a)를 보라.

(vii) 제조물책임의 존속기간을 유통시킨 때로부터 10년으로 하는 것(제1386조의16; 지침 제11조; 법안 제 6 조 제 2 항).

(viii) 제조물책임에 기한 배상청구권이 손해, 결함 및 제조자의 신원을 알았거나 알았어야 했을 때로부터 3년으로 시효소멸하도록 한 것(제1386조의17; 지침 제10조; 법안 제 6 조 제 1 항).

(ix) 배상책임에 관한 종전의 법제도는 그대로 적용되도록 한 것(제1386조의18; 지침 제13조; 법안 제 7 조).

2. 그러나 다음의 점은 注目을 요한다.

(1) 우선 제조물책임을 부담하는 주체에 대하여 본다. 프랑스의 새로운 입법은 EC입법지침이나 예를 들면 독일법과는 달리 이 주체를 확장하며, 그 책임의 내용도 강화하고 있다.

(**a**) 완제품뿐만 아니라 원재료 및 부품의 제조자, 나아가 "제조물에 스스로를 제조자로 표시한 자" 및 판매 등의 목적으로 제조물을 유럽공동체 안으로 반입한 자를 제조물책임을 지는 「제조자」에 포함시키는 것은 EC입법지침과 일치한다(지침 제 3 조 제 1 항, 제 2 항. 독일의 제조물책임법 제 4 조 제 1 항, 제 2 항도 같다). 그런데 프랑스의 이번

여 결함이 발생하였다는 사실"을 또 다른 免責事由로 정하고 있다(법안 제 4 조 제 1 항 제 5 호).

입법은 그 외에 "매도인, 임대인, 기타의 모든 사업적 공급자"에게도 제조물책임을 부담시킨다(제1386조의7 제1항).[8] 제외되는 것은 리스업자 또는 그와 유사한 임대인뿐으로, 그들은 단지 資金供給機關일 뿐이고 물건의 제조나 판매와는 무관하다는 고려에 의한 것이다.

EC입법지침이나 독일법에서는 제조자를 앞서 본 기준에 의하여 확정할 수 없는 경우에 한하여, 말하자면 補充的으로만, "공급자"가 제조자로 간주될 뿐이다(지침 제3조 제3항 제1문, 독일법 제4조 제3항 제1문).[9] 그와 달리 프랑스에서는 "공급자"도 일차적으로 책임을 지는 자로 정한 것이다. 프랑스법에서의 이러한 責任主體의 擴張은 주로 종래의 프랑스판례가 제조물 유통의 연쇄과정에서의 모든 당사자에게 같은 제조물책임을 묻는 태도를 취하였던 것에 기인한다고 설명되고 있다.[10]

이와 같이 제조물 유통의 연쇄과정에서 당사자가 된 모든 사업자에게 제조물책임을 물을 수 있다고 하는 태도는 피해자의 보호라는 관점에서는 바람직하며, 대부분의 경우에 피해자를 原生産者의 무자력위험으로부터 벗어나게 할 것이다. 그러나 과연 많은 경우에 영세한 업자에 불과한 中間商들에게 엄격한 책임을 부과하는 것이 바람직한가는 신중한 검토를 요한다고 생각된다. 특히 그가 求償의 방법으로 원생산자에게 종국적인 책임을 물을 수 있다고 하더라도(프랑스민

8) 이 점에 대하여는 Ghestin, p. 1204 참조.

9) 우리 製造物責任法案도 그러한 태도를 취하고 있다(법안 제3조 제2항 본문). 또한 同項 단서는 "다만 상당한 기간 내에 피해자 또는 그 법정대리인에게 제조물의 제조자 또는 제조물을 자기에게 공급한 자를 고지한 경우에는 그러하지 아니하다"고 정하는데, 이는 EU입법지침 제3조 제3항, 독일의 제조물책임법 제4조 제3항과 같은 태도이다.

10) Larroumet, chron. 313 참조. 이러한 태도는 제조물책임법리의 모국이라고 할 수 있는 미국에서도 마찬가지이다. 우선 Cavico, The Strict Liability of Retailers, Wholesalers, and Distributors of Defective Products, 12 *Nova L. Rev.* 213, 218(1987) 참조.

법 제1386조의7 제2항 참조), 그에는 많은 시간과 노력이 요구됨을 상기할 필요가 있을 것이다.[11]

(**b**) 한편 프랑스의 새 입법은 담보책임을 지는 건축수급인 등에 대하여는 예외를 인정하고 있다(제1386조의6 제3항). 원래 결함 있는 제조물이 건물 기타 공작물에 결합된 경우에도 그 제조자의 책임에는 消長이 없다는 것이 새 입법의 태도이다(제1386조의3 참조). 그러나 그가 프랑스민법 제1792조 이하 등의 규정에 의하여 특별한 담보책임을 지는 경우에는, 이 규정들에 의하여 제조물책임은 배제된다고 한다. 이러한 예외는 EC입법지침이나 독일법에서는 인정되지 않는 것이며, 우리의 제조물책임법안에서도 마찬가지이다.

(**2**) 나아가 제조물책임을 발생시키는 제조물의 범위에 대하여 살핀다. 프랑스의 새 입법은 이 점에서도 특색 있는 태도를 취하여, 대체로 제조물책임이 인정되는 범위를 넓게 정하고 있다.

(**a**) 첫째, 프랑스에서는 "토지의 산출물, 축산물, 수렵물 및 수산물"도 제조물에 속한다(제1386조의3 참조). EC입법지침은 제2조에서 이들은 원칙적으로 「제조물」에 속하지 않는 것으로 정하고, 단지 그 제15조 제1항 제a호에서 회원국이 이들을 제조물의 개념에 포함시키는 입법을 할 수도 있다고 정하고 있다.[12] 그러나 프랑스는 이들도 제조물책임을 발생시키는 것으로 정하였는데, 이는 역시 프랑스파기원의 판례에 좇은 것이라고 한다. 한편 그 사이에 1997년 11월 7일에 EC위원회는 소위 狂牛病 사태에 처하여 EC입법지침을 이러한 소위 「1차적 농업생산물」에도 적용되도록 변경할 것을 제안한 바 있는데,[13] 이는 그러한 물건으로부터도 소비자를 보호할 필요가 있다는 이유로

11) Leonhard, S. 117f.는 그러한 점에서 프랑스법에 비판적이다.

12) 우리의 製造物責任法案은 동법의 적용을 받는 제조물을 "제조 또는 가공된 동산"이라고 정하고 있다(법안 제2조 제1항). 따라서 未加工의 농산물·축산물·임산물은 同法의 적용에서 제외된다.

13) 이에 대하여는 Viney, chron. 292 참조.

설명된다고 한다.

(**b**) 둘째, 가장 흥미로운 점의 하나인데, 혈장, 혈액이나 장기 등과 같은 인체의 구성부분이나 인체로부터의 산출물에 대하여도 제조물책임이 적용된다는 것이다(제1386조의12 제1항 참조).[14] 이는 특히 각종의 病原菌에 감염된 혈액의 수혈로 인한 손해배상의 문제를 생각하여 보면,[15] 그 중요한 의미를 바로 알 수 있다. 당초에는 오히려 제조물책임의 적용을 배제한다는 규정이 제안되어 하원에서는 채택되었으나,[16] 상원에서 삭제됨으로써 이는 종국적으로는 채택되지 아니하였다.[17] 오히려 상원에서는 뒤의 (3)(a)에서 보는 대로 일반적으로는 인정되었던 소위 「개발위험의 항변」을 인체의 구성부분 등에 대하여는 인정하지 아니하는 태도를 취하기에 이르렀다.

(**3**) 다음으로 免責事由에 대하여 본다.

프랑스법상의 면책사유는 앞의 1.(v)에서 이미 본 대로 기본적으로 EC입법지침과 일치한다(제1386조의11; 지침 제6조). 그리하여 예를 들면 開發危險의 抗辯은 허용되며(제1386조의11 제1항 제4호), EC입법지침 제15조 제1항 제b호가 허용하는 바의, 회원국가가 개발위험의 항변을 불허하여 그 경우에도 제조물책임을 지도록 입법할 수 있는 재량은 행사되지 아니하였다.[18] 그런데 프랑스의 입법자는

14) Leonhard, S. 113에 의하면, 비록 그에 工業的 再處理 기타 加工이 행하여지지 아니한 경우에도 마찬가지라고 한다.

15) 한편 수혈로 인한 에이즈감염자에 대하여는 이미 1991년 12월 31일의 법률 제91-1406호 제47조에서 다양한 補償規定이 마련되었다.

16) 그 이유는 인체의 구성부분 등은 제조물책임의 법리가 문제되어야 하는 "경제적 재화"에 해당하지 않는다는 것이다. 그리고 이와 관련하여 프랑스민법 제16조의1 제3항("人體, 그 구성부분 및 산출물은 재산권의 객체가 되지 아니한다")이 원용되었다.

17) 그 經過는 後藤卷則, 73면 이하에 잘 정리되어 있다.

18) 유럽공동체 내의 대부분의 국가는 개발위험의 항변을 허용하며, 이러한 立法裁量은 룩셈부르그, 핀란드 및 스페인을 제외하고는 행사되지 아니하였다(단 스페인에서는 藥品과 食料品에만 개발위험의 항변을 불허한다). 이에 대하여는 Ghestin, p. 1210 참조.

다음의 두 경우에 중대한 例外를 인정하고 있다.

(**a**) 하나는, "손해가 인체의 구성부분 또는 인체로부터의 산출로 인하여 생긴 경우"에 대하여는 개발위험의 항변을 인정하지 아니한다는 것이다(제1386조의12 제1항). 이는 한편으로 1990년대 초반 프랑스를 떠들썩하게 한 혈액은행스캔들(혈액은행이 에이즈병원균인 HIV바이러스에 감염된 혈액을 공급하여 그 수혈을 받은 다수의 사람들이 에이즈에 감염된 것으로 인한 사건)에 대한 대응이기도 하다. 또 다른 한편으로는 "혈액의 하자는, 비록 명증될 수 없는(indécelable) 것이라도, 공급기관에 대하여 [면책사유가 되는] 외부원인(cause étrangère)을 구성하지 아니한다"고 천명하여, 혈액공급업자에게 수혈 당시의 기술수준에 의하여는 탐색될 수 없었던 C형간염바이러스에 감염된 혈액의 공급으로 인한 책임을 인정한 프랑스파기원 1996년 7월 9일 판결의 태도를[19] 이어받은 것이다.

(**b**) 다른 하나는, 매우 광범위한 예외로서, 제조물의 결함이 그 물건이 유통된 때로부터 10년 내에 드러난 경우에 그 제조물로부터의 有害한 결과발생을 방지하기 위하여 적절한 조치를 취하지 아니한 때에는, 개발위험의 항변 및 강제규정 준수의 항변을 할 수 없다(제1386조의12 제2항). 이로써 예를 들면 독일의 제조물책임법리에서 일반불법행위법에 의하여 인정되나 그 범위에 대하여는 극히 다양한 견해가 제시되고 있는 소위 製造物繼續監視義務(Produktbeobachtungspflicht)가[20] 법정된 것이다.

(**4**) 마지막으로 제조물책임의 내용에 대하여.

(**a**) EC입법지침은 결함제조물로 인한 손해배상의 내용과 관련

---

19) Cass. civ. I, 9 juillet 1996, D. 1996, 610, note Lambert-Faivre.

20) 이에 대한 최근의 독일문헌으로 우선 Michaelski, Produktbeobachtung und Rückrufpflicht des Produzenten, *BB* 1988, 961 참조. 그 전에 나온 독일연방대법원의 기준적 판결로 *BGHZ* 80, 199; *BGHZ* 99, 167도 참조.

하여, 人損은 당연히 그 책임범위에 포함되는 것으로 하고 있으나(同 제9조 제a호), 物損에 대하여는 그 물건이 통상적으로 또는 주로 개인적 용도에 쓰여지는 것인 경우에 한하여 이를 그 배상범위에 포함시키고, 영업적 용도에 이용되는 것인 경우에는 이를 배제하고 있다(동조 제b호).[21] 그러나 프랑스의 새 입법은 이러한 제한을 두지 아니하고 영업용 재산에 대한 가해의 경우에도 엄격한 제조물책임에 의하여 배상되도록 한다(제1386조의2 참조).[22] 다만 영업용 물건에 대한 손해에 관하여는 사업자들 사이에서 책임제한약정을 하는 것을 허용하였다(제1386조의15 제2항).[23]

또한 EC입법지침은 500ECU를 넘는 物損에 대하여만 제조물책임을 인정하는데(同 제9조 제b호),[24] 프랑스는 역시 이러한 제한을 채택하지 아니하였다.[25]

(**b**) 나아가 프랑스의 새 입법은 책임최고액의 제한을 정하지 않는다.[26] EC입법지침 제16조는 회원국이 동일한 제품의 동일한 결함으로 인한 손해에 대하여 人損의 경우에는 도합 7천만ECU의 한도에서만 책임을 지도록 규정할 수 있는 立法裁量을 인정하였다. 그리하여 예를 들면 독일 제조물책임법은 이에 좇아 책임최고액을 1억6천만마르크로 제한하고 각 피해자의 배상청구권액의 총계가 이를 넘을 때

---

21) 이러한 손해에 대하여는 일반적 불법행위책임에 의한 救濟를 예정하고 있는 것이다.

22) 이 점에 대하여 우리의 製造物責任法案은 오히려 프랑스법과 같은 태도를 취하고 있다. 즉 법안 제3조 제1항은 人損은 물론이고 物損에 대하여도 제한 없이 엄격한 製造物責任을 과한다("생명, 신체 또는 재산에 손해를 입은 자에게 …").

23) 우리의 製造物責任法案 제5조 단서도 예외적으로 영업용 재산에 대한 사업자 간의 책임제한특약에 대하여는 그 효력을 인정한다.

24) 이러한 지침규정에 좇아 가령 독일의 제조물책임법 제11조는 1125마르크까지의 物損에 대하여는 피해자 스스로 부담하도록 정한다.

25) 이 점은 우리의 製造物責任法案도 같다.

26) 이 점 역시 우리의 製造物責任法案도 같다.

에는 각자의 액에 비례하여 안분하도록 하는 규정을 두고 있다(同法 제10조). 이러한 총액제한을 프랑스는 채택하지 아니한 것이다. 전통적으로 프랑스는 危險責任의 영역에서 책임액 제한을 인정하지 않았었다고 한다.[27]

Ⅳ. 小　結

프랑스의 새로운 제조물책임입법을 소개하는 것을 주된 목적으로 하는 이 글의 성격상 結論이라고 할 것을 따로 붙일 필요는 없을 것이다. 다만 다음과 같은 所感을 덧붙임으로써 그에 대신하고자 한다.

첫째, 프랑스의 새 입법은 예를 들면 독일의 경우보다 말하자면 被害者에게 友好的이고 따라서 그만큼 「제조자」에게 엄격하다는 점이다.[28] 그것은 우선 제조물책임요건의 면에서는 ① 그 책임을 지는 당사자의 범위를 넓히고(위 Ⅲ.2.(1)(a) 참조), ② 엄격한 제조물책임을 발생시키는 「제조물」을 현저히 넓게 인정하며(위 Ⅲ.2.(2) 참조), ③ 면책사유에 대한 예외를 상대적으로 넓게 인정하는 데서 나타난다(위 Ⅲ.2.(3) 참조). 나아가 그 책임내용의 면에서는 ① 엄격책임에 의하여 배상되는 손해의 범위를 확장하고(위 Ⅲ.2.(4)(a) 참조), ② 책임최고액의 제한을 두지 않는다는 데서 드러난다(위 Ⅲ.2.(4)(b) 참조). 우리의 제조물책임법안은 요건의 면에서는 프랑스보다 EU입법지침에 훨씬 가깝우며, 책임내용의 면에서는 프랑스의 태도와 일치하는 점이 많다.

둘째, 비록 EC회원국으로서의 義務로서 EC입법지침을 국내법으로 전환시키는 과정에서도 역시 프랑스 자체의 法發展의 성과나 自國의 정치적·사회적 특수사정을 도외시할 수는 없었다는 것이다. 이는

27) Leonhard, S. 127 참조.

28) 이 점은 독일에서도 지적되고 있다. 가령 Leonhard, S. 129f. 참조.

프랑스의 새 입법이 많은 문제에 대하여 프랑스파기원의 판례의 태도를 존중하는 입장을 취하였다는 것, 그리고 가령 광우병사태나 혈액은행스캔들과 같이 국민들이 민감하게 반응하는 사정에 대하여 일정하게 배려하고 있다는 데서 잘 알 수 있다.

셋째, 흥미를 끄는 것은 종전에 소비자가 직접 제조자에 대하여 契約上 訴權(담보소권 또는 불완전이행소권)을 가진다는 것으로 제조물책임의 문제에 대처하여 온 프랑스에서[29] 이제 이 새로운 입법이 이 점에 어떠한 변화를 가져오는가 하는 점이다. 제1386조의18 제 1 항은 "本章의 규정은 계약책임 또는 계약외책임에 관한 법에 기하여 … 피해자가 행사할 수 있는 권리에 영향을 미치지 아니한다"고 정하는데, 과연 각각의 법제도는 앞으로 어떠한 모습을 보일 것인지 두고볼 일이다.

[附　　錄]

[번　역] 결함제조물로 인한 책임에 관한 1998년 5월 19일의 법률 제98-389호(Loi n° 98-389 du 19 mai 1998 relative à la responsabilité du fait des produits défectueux)[30]

[붙이는 말]

1. 원래 이 법률은 22개조로 되어 있다. 그 冒頭의 條文은

"제 1 조　민법 제 3 편에 제1386조 다음으로 이하의 제 4 장의2를

---

29) 이 점은 계약책임과 불법행위책임의 不競合原則(principe du non-cumul)과 관련된다. 이에 대하여는 우선 南孝淳(註 3), 176면 이하, 198면 이하 참조.

30) 원래 이 법률은 22개의 조로 되어 있다.

삽입한다.

제 4 장의2 결함제조물로 인한 책임"

이라고 되어 있다. 이어 제 2 조부터 제20조까지는, 제14조를[31] 제외하고는, 항상 "민법 제 3 편 제 4 장의2에 이하의 제1386조의○을 삽입한다"는 문장으로 시작하여 뒤이어 민법의 新設條文이 나온다. 그러므로 이하에서는 번거로움을 피하기 위하여 이 규정들에 의하여 민법에 새로이 마련된 조문만을 번역하기로 한다. 그 외에 제21조는 동법의 적용을 받는 제조물의 시간적 범위를 정하고 있으며,[32] 제조물이 본법 시행 전의 계약의 대상이 된 경우에도 또한 같다." 제22조는 동법의 장소적 적용범위에 대하여 정한다.

2. 프랑스의 법률조문에서는 우리의 項에 해당하는 것을 段落을 나눔으로써 표시하고 별도로 數字를 붙이지 않는다. 또한 號에 해당하는 것도 1°, 2° …와 같이 표시한다. 그러나 이하에서는 우리 법률조문의 예에 좇아 번역하였다.

[譯 文]

제1386조의1: 제조자(le producteur)는 피해자와 계약관계를 가지는지 여부를 불문하고 그의 제조물의 결함(un défaut de son produit)으로 인하여 생긴 손해에 대하여 책임을 진다.

제1386조의2: 本章의 규정은 사람(personne) 또는 결함제조물 자체 이외의 재물(bien)에 대한 침해에 의하여 야기된 손해의 배상에 대하여 적용된다.

제1386조의3: [본장에서의] 제조물이란 부동산에 결합된 경우를 포함하여 모든 동산을 말하며, 토지의 산출물, 축산물, 수렵물 및 수산물을 포

31) 제14조: "정부는 치료상의 위험에 대하여 적용되는 손해배상책임법 및 보상법에 관한 보고서를 1998년 12월 31일까지 兩院의 理事部에 제출하여야 한다."

32) 제21조: "민법전 제 4 편 제 4 장의2는 본법의 시행일 이후에 유통된 제조물에 적용된다.

함한다. 전기는 제조물로 본다.

제1386조의4: ① 본장의 의미에서의 결함이란 제조물이 정당하게 기대될 수 있는 안전성(securité à laquelle on peut légitimement s'attendre)을 갖추지 못한 것을 말한다.

② 정당하게 기대될 수 있는 안전성을 평가함에 있어서는 일체의 사정을 고려하여야 하며, 특히 제조물의 표시(présentation), 합리적으로 기대될 수 있는 용도 및 유통된 놓여진 시점을 고려하여야 한다.

③ 제조물은 개량된 다른 제조물이 후에 유통되었다는 사실만으로는 결함 있는 것으로 간주되지 아니한다.

제1386조의5: ① 제조물은 제조자가 이를 자의로 인도한(s'en est dessaisi) 때에 유통된 것이다(est mis en circulation).

② 제조물이 유통되는 대상이 되는 것은 한 차례에 한한다.

제1386조의6: ① 제조자란 완제품의 제작자, 원재료의 제조자, 구성부품(une partie composante)의 제작자로서 사업적으로(à titre professionnel) 활동하는 사람을 말한다.

② 사업적으로 활동하는 다음의 사람은 모두 본장의 적용을 위하여 제조자에 포함된다.

1. 제조물에 자신의 명칭, 상표 또는 기타의 식별표지를 부착함으로써 스스로를 제조자라고 표시한 사람;

2. 제조물을, 매도, 매도의 예약을 포함하는지를 불문하고 임대, 또는 기타 어떠한 형태의 유포(distribution)를 위하여, 유럽공동체 안으로 반입한 사람.

③ [공작물건축자 등의 담보책임에 관한] 제1792조 내지 제1792조의6 및 [건축예정부동산의 매도인의 담보책임에 관한] 제1646조의1에 기하여 책임을 추급당할 수 있는 사람은 본장의 의미에서의 제조자로 간주하지 아니한다.

제1386조의7: ① 매도인, 리스업자 또는 리스업자와 동시할 수 있는 임대인을 제외한 임대인, 또는 기타의 모든 사업적 공급자(fournisseur professionnel)는 제조자와 동일한 요건 아래서 제조물의 안전성의 결여에 대하여 책임을 진다.

② 공급자에 의한 제조자에의 求償(recours)은 결함의 직접적 피해자가 제기하는 청구와 동일한 정함에 따른다. 다만 공급자는 그가 재판상 소환(citation en justice)을 받은 날로부터 1년 이내에 구상을 행사하여야 한다.

제1386조의8: 다른 제조물에 조립된 제조물의 결함으로 손해가 발생한

경우에는, 그 구성부품의 제조자 및 조립(incorporation)을 행한 사람이 연대하여 책임을 진다.

제1386조의9: 원고는 손해, 결함, 결함과 손해와의 인과관계를 증명하여야 한다.

제1386조의10: 제조자는, 제조물이 기술상의 기준이나 현행의 규격을 준수하여 제조된 경우 또는 그것이 행정청에 의한 허가의 대상인 경우에도 결함에 대하여 책임을 질 수 있다.

제1386조의11: ① 제조자는 다음 중 하나를 증명하지 아니하는 한 법률상 당연히 책임을 진다.

1. 제조자가 제조물을 유통시키지 아니한 것;

2. 제반 사정을 고려할 때, 손해를 발생시킨 결함이 제조자가 제조물을 유통시킨 당시에 존재하지 아니하였다고 또는 그 결함이 그 후에 발생하였다고 평가할 이유가 있는 것;

3. 제조물이 매도 또는 기타의 어떠한 형태의 유포도 목적하지 아니하였다는 것;

4. 제조물이 유통된 당시의 과학적 및 기술적 인지수준으로서는 결함의 존재를 明證할(déceler) 수 없었던 것;

5. 결함이 입법적 또는 행정적 규정이 정하는 강제적 기준을 준수함에 기인한 것;

② 구성부품의 제조자는 결함이 그 부품이 조립된 제조물의 설계에 기인한 것 또는 그 제조물의 제조자가 한 지시에 기인한 것임을 증명하는 경우에도 책임을 지지 아니한다.

제1386조의12: ① 손해가 인체의 구성부분 또는 인체로부터의 산물로 인하여 생긴 경우에는, 제조자는 제1396조의11 제1항 제4호가 정하는 면책사유를 원용할 수 없다.

② 제조물이 유통된 때로부터 10년 내에 결함이 드러난(révélé) 경우에, 제조자가 그 결함으로 인한 유해한 결과발생을 방지하기 위한 적절한 조치를 취하지 아니하였던 때에는, 제조자는 제1386조의11 제1항 제4호 및 제5호가 정하는 면책사유를 원용할 수 없다.

제1386조의13: 제조물의 결함과 피해자 또는 피해자가 책임을 지는 사람의 과책이 공동으로 손해발생의 원인인 경우에는, 제반 사정을 고려하여 제조자의 책임을 경감 또는 면제할 수 있다.

제1386조의14: 제3자의 행위가 손해의 발생에 경합한 경우에는 제조자의 피해자에 대한 책임은 경감되지 아니한다.

제1386조의15: ① 결함제조물로 인한 책임을 면제하거나 제한하는 약정은 금지되며, [서면에] 기재되지 아니한 것으로 본다.

② 그러나 피해자가 주로 자신의 개인적 사용 또는 소비의 목적으로 이용하는 재물 이외의 재물에 발생한 손해에 대하여 사업자들(professionnels) 사이에 행하여진 약정은 유효하다.

제1386조의16: 제조물이 손해를 발생시킨 경우에도, 본장의 규정에 기한 제조자의 책임은, 제조자에게 과책이 있는 때를 제외하고, 그 제조물이 유통된 때로부터 10년이 경과하면 그 기간 내에 피해자가 소를 제기하지 아니한 한 소멸한다.

제1386조의17: 본장의 규정에 기한 손해배상청구권(action en réparation)은 원고가 손해, 결함 및 제조자의 신원(identité)을 알았거나 알았어야 했던 날로부터 3년이 경과함으로써 시효로 인하여 소멸한다.

제1386조의18: ① 본장의 규정은 계약책임 또는 계약외책임에 관한 법에 기하여 또는 특별한 책임제도에 기하여 피해자가 행사할 수 있는 권리에 영향을 미치지 아니한다.

② 제조자는 자신 또는 자신이 책임을 지는 사람의 과책으로 인한 결과에 대하여 종전과 같이 책임을 진다.

(人權과 正義 278호(1999.10), 64면 이하 所載)

[後　記]

이 글을 발표한 후에 「제조물책임법」이 2000년 1월 12일의 법률 제6109호로 제정되어 2002년 7월 1일부터 시행될 예정으로 있다. 이 법률은 이 글에서 인용·지적하고 있는 「제조물책임법안」과는 약간 다른 점이 있는데, 예를 들면 결함 유무의 판단에서 특히 고려되는 요소들을 정하는 법안 제2조 제2항은 위 법률에서는 채택되지 않았다. 그 외에 위 법률의 주요한 내용에 대하여는, "韓國의 製造物責任法", 서울대학교 法學 42권 1호(2000.6. 발간 예정)의 Ⅲ.1.을 참조하라.

16. 不動産假押留의 時效中斷效의 終了時期

— 大法院 2000년 4월 25일 판결 2000다11102사건*

[事實關係 및 訴訟經過]

1. 갑이 을에 대하여 대여금채권이 있다는 이유로 부동산가압류 신청을 하여, 서울민사지방법원이 1982년 2월 6일 A 부동산에 대하여 가압류결정을 하였고, 이에 기하여 동월 8일 가압류기입등기가 행하여졌다. 갑은 그 본안소송으로 을을 상대로 대여금청구소송을 제기하여, 동년 4월 28일 910만원 및 이에 대한 지연손해금을 지급하라는 승소판결을 받고, 이 판결은 그때쯤 확정되었다.

갑은 1985년 10월 사망하였고, 병이 상속재산의 협의분할에 의하여 갑의 재산 전부를 단독으로 승계하였다.

2. 1999년에 이르러 을이 가압류의 피보전채권이 시효로 소멸하였다는 이유로 민사소송법 제706조에 기하여 사정변경에 의한 가압류취소를 신청한 것이 이 사건이다.

제 1 심법원(서울地判 99. 7. 23, 99카단48611) 및 제 2 심법원(서울地判 2000. 1. 12, 99나58968)은 모두 원고의[1] 신청을 기각하였는데, 그

* 판례공보 2000상, 1290면.

1) 원래는 「신청인」이라고 할 것이나, 편의상 이와 같이 부른다. 「피신청인」에

이유는 "채권의 소멸시효는 가압류가 있을 경우에 시효의 진행이 중단되고(민법 제168조 제2호), 그 시효의 중단의 효력은 그 가압류절차가 종료될 때까지 그대로 유지된다고 할 것인데(민법 제178조 제1항), 가압류절차의 종료시점은 **본집행이 종료될 때까지**이므로 결국 아직 위 확정판결에 의한 본집행이 진행되지 않고 있는 이 사건에 있어서는 위 가압류의 피보전권리의 소멸시효는 이 사건 가압류로 인하여 그 진행이 중단상태에 있다고 할 것"(강조는 인용자가 가한 것이다. 이하 같다)이라는 데 있다.

[上告理由]

(i) 가압류의 경우에 중단사유가 종료한 때란 가압류절차가 종료한 때가 아니고 가압류집행이 종료한 때로 보아야 하고, 따라서 부동산가압류의 경우에는 가압류기입등기가 경료된 때에 중단사유가 종료되며, 그때부터 소멸시효가 다시 진행한다.

(ii) 설사 가압류기입등기가 이루어진 후에도 시효중단의 효력이 계속된다고 하더라도 피보전채권에 관한 본안판결이 확정된 후에는 가압류의 시효중단의 효력은 그 본안판결에 흡수되어 그 확정시로부터 소멸시효가 다시 진행한다.

[判決趣旨]

대법원은 다음과 같은 이유로 상고를 기각하였다.

"[i] 민법 제168조에서 가압류를 시효중단사유로 정하고 있는 것은 가압류에 의하여 채권자가 권리를 행사하였다고 할 수 있기 때문인데 가압류에 의한 집행보전의 효력이 존속하는 동안은 가압류채권자에 의한 권리행사가 계속되고 있다고 보아야 할 것이므로 가압류에

대하여도 피고라고 한다.

의한 시효중단의 효력은 가압류의 집행보전의 효력이 존속하는 동안은 계속된다고 하여야 할 것이다.

[ii] 또한 민법 제168조에서 가압류와 재판상의 청구를 별도의 시효중단사유로 규정하고 있는데 비추어 보면, 가압류의 피보전채권에 관하여 본안의 승소판결이 확정되었다고 하더라도 가압류에 의한 시효중단의 효력이 이에 흡수되어 소멸된다고 할 수도 없다.

이 사건에서 보건대, 원심이 적법하게 확정한 사실관계에 의하면 이 사건 부동산에 관한 이 사건 가압류의 집행보전의 효력이 현재까지 존속하고 있으므로 이 사건 가압류의 피보전채권에 관한 시효는 중단되어 있다고 할 것이고, 거기에 상고이유와 같은 가압류에 의한 시효중단의 종기에 관한 법리를 오해한 위법은 없다."(꺾음괄호 안은 인용자가 부가한 것이다. 이하 같다)

[研　　究]

I. 序

1. 가압류는 소멸시효의 중단사유의 하나로 法定되어 있다(민법 제168조 제2호). 가압류의 시효중단효의 개시시기에 대하여도 논의가 있을 수 있을 것이지만, 그 중단효의 종료시기에 대하여는 민법 제178조 제1항이 "중단사유가 종료한 때로부터" 시효가 새로이 진행한다고 정하고 있다. 결국 가압류의 시효중단효의 종료시기가 언제인가는 법문으로 말하면 여기서 「중단사유의 종료」를 어떻게 해석할 것인가의 문제이다.

이 대법원판결(이하 대상판결이라고 한다)은 사실관계를 거의 적시하고 있지 않다. 그런데 위에서 본 사실관계에 직면하여 보면, 1982년 4월쯤에 본안판결이 확정됨으로써 채권자가 하는 공적 권리추행의 적어도 그 행위는 모두 종료하고 그 후 이 사건 소송이 제기된 1999년에 이르기까지 약 17년간 적극적으로는 별다른 법적 조치를 취하지 아니하였는데도 여전히 문제의 채권에 대하여 소멸시효가 완성하지 아니하였다는 대상판결의 결론에 대하여 어떤 놀라움을 느끼지 않을 수 없다. 채권자가 자신의 채권에 관하여 본안의 확정판결을 얻은 경우에 통상이라면 그 확정으로부터 10년이 경과함으로써 소멸시효가 완성함에는 의문이 없다(민법 제178조 제2항 참조). 그런데 그 전에 가압류를 행하여 두면, 그것은 단지 그 확정판결로 실현할 수 있게 되는 채권을 사전에 보전하기 위한 것일 뿐임에도 그 후 본압류 기타 법적 권리추행이 전혀 없어도 이로써 소멸시효가 완성되지 않게 된다는 것인가? 특히 대상판결의 판시에 의하면, 부동산가압류의 경우에는 가압류가 집행되어 그 효력이 지속되는 한(쉽게 말하면 가압류등기가 남아 있는 한) 소멸시효는 새로 진행되지 않는다고 하므로, 그 채권은 30년이 지나고 50년이 지나도 언제까지나 시효소멸하지 않게 된다. 특히 채권자가 부지런히 권리실현을 도모하여 본안소송을 제기하는 등으로 채무명의를 얻고 이에 기하여 본집행에 착수하였으면, 그 집행의 종료로부터 10년이 경과함으로써 채권은 소멸시효에 걸리게 될 것이다. 그런데 채권자가 그렇게 하지 아니하고 가압류의 상태로 그대로 놓아두면, 소멸시효제도는 이에 접근도 할 수 없게 된다는 것이 균형이 맞는 것인가? 채무자에게 아무런 재산이 없었다거나 재산이 있어도 선순위권리자가 있다는 등의 이유로 집행을 할 실익이 없어서 본집행에 착수하지 않았다고 하더라도, 예를 들어 재판상 청구를 하여 승소판결을 얻은 경우에 위와 같은 이유로 본집행에 착수하지 아니하였다고 하여 소멸시효의 새로운 진행이 차단되지는 않는다. 그런데 가압류의 경우에는 소멸시효가 논의될 여지조차 없게 되어야 하는 것인가?

2. 결론을 선취하여 말한다면, 필자는 대상판결의 판시 [i](이러한 태도를 일단 「계속설」이라고 부르기로 한다)에 반대하며, 가압류의 시효중단효는 그 집행이 종료함으로써 종료하고 그때부터 그 피보전채권에 대한 소멸시효가 다시 진행된다고 하여야 한다고 생각한다(이러한 태도를 일단 「비계속설」이라고 부르기로 한다). 그러므로 판시 [ii]는 그 전제가 되는 문제, 즉 가압류집행의 종료 후에도 시효중단효가 계속되는지 여부의 문제에 대한 태도결정에서 이미 대상판결에 반대하므로, 이에 대하여 상세히 논의할 필요는 없을 것이나, 판시 [ii]가 배척하고 있는 태도가 판시 [i]에 대한 태도결정에서 말하자면 제3의 입장으로 제시된 것(이를 「흡수설」이라고 부르기로 한다)이므로, 그 한도에서 언급하기로 한다.

3. 대상판결에 대하여는 이미 대상판결의 태도를 지지하는 입장에서 훌륭하게 정리된 「판례해설」이 있다.[2] 이 글은 거기서 제시된 입장에 대하여 나름대로의 의문을 제기하여 보고자 한다.

그런데 우리 나라에서 위의 문제는 적어도 학설상으로 별달리 의식되지 아니한 것으로 보이며, 따라서 이를 정면에서 다룬 문헌도 거의 없다. 대체로 학설은 단지 가압류절차가 종료할 때까지 시효중단효가 지속된다고 할 뿐이고, 구체적으로 언제 종료하는가의 肝要한 논점에 대하여는 본격적인 논의가 없다.[3] 그런데 하급심에서는 대립

2) 李均龍, "假押留와 時效中斷效力의 繼續 與否", 대법원판례해설 2000년 상반기(통권 34호)(2000), 43면 이하.

3) 이에 대하여는 李均龍(前註), 45면 이하 참조. 한편 民法注解[3], 543면 이하(尹眞秀 집필)는 "가압류 및 가처분의 경우에는 채무명의를 얻어 본집행으로 이행되면 가압류로 인한 시효중단의 효력이 그대로 유지되고 [그 경우에는] 본집

되는 태도를 취하는 재판례들이 있다. 이하에서는 이들 하급심 재판례를 소재로 하여 논의를 진행하여 가기로 한다(Ⅲ.). 그런데 우리 민법의 관계 규정은 의용민법의 그것을 이어받은 것이고, 우리 나라에서의 재판례나 논의는 적지 않이 일본에서의 논의에 영향을 받은 것으로 보이므로, 일단 일본에서의 학설·판례의 추이를 소묘하여 두고자 한다(Ⅱ.).

한편 가압류가 본압류로 전이한 경우의 시효중단효의 귀추에 대하여도 논의의 여지가 적지 않으나, 대상판결의 사실관계에서는 본집행이 행하여지지 않았으므로, 논점의 명확화를 위하여 이에 대하여는 언급하지 않는다. 또한 이하는 부동산가압류의 경우만을 염두에 두고, 동산가압류나 채권가압류의 시효중단효에 대하여는 언급하지 않는다.[4]

Ⅱ. 日本의 學說·判例 素描

1. 일본민법의 제정과정으로부터 논의를 시작하여 보자.[5]

(1) 보아소나드는 일본구민법의 재산관계의 실체규정을 기초하면서, 다른 한편으로 1882년부터 1883년에 걸쳐 강제집행법(「日本訴

행이 종료되어야 새로운 시효가 진행된다"고 설명하고 있는데, 필자가 다루는 문제에 대하여 어떤 입장인지 함부로 斷定할 수 없다(同, 527면은 가압류의 시효중단효에 대하여는 "대체로 압류와 동일하다"고 하는데, 同, 526면에서 압류에 대하여 "강제집행의 종료시까지 계속된다"고 한다. 그렇다면 「가압류집행의 종료시」란 구체적으로 언제를 말하는 것일까). 한편 金祥源·鄭址炯, 假押留·假處分, 新版(1995), 235면은 "가압류가 본압류로 이행된 경우에도 가압류에 의한 시효중단의 효력은 그대로 존속된다"고 하면서, 日大判 1904(明治 37).12.16(民錄 10, 1634)을 인용한다. 아마도 대상판결의 판시 [i]과 같은 취지일 것이다.

4) 채무자에의 가압류명령의 송달이 그 보전효의 요건이 아닌 채권가압류의 경우에는 계속설의 문제점은 더욱 분명히 드러난다고 하여야 하지 않을까?

5) 이 항목에 대하여는, 金山直樹, "不動産の假差押による時效の中斷事由の終了時", 判例評論 414호(判例時報 1458호)(1993), 209면; 野村秀敏, "假差押えによる時效中斷の時期(2)", 判例時報 1568호(1996), 3면 이하; 山本克己, "不動産の假差押えによる時效の中斷が終了する時期", 金融法務事情 1396호(1994), 34면 이하 등의 2차 자료에 전적으로 의존하였다.

訟法財産差押法草案」)을 기초하였다. 당시 프랑스에서는 원칙적으로 일반적인 보전처분의 제도가 인정되지 아니하였으므로 이를 보완하기 위하여,[6] 그는 목적물을 동산에 한정하여 保全押留(saisie conservatoire)라고 불리우는 보다 일반적인 가압류제도를 규정하였다고 한다(동 초안 제87조 이하). 이에 의하면, 일정의 한정된 경우에 기한이 도래한 채권 또 도래하지 아니한 채권을 위하여 보전압류가 인정되었는데, 그 경우 채권자는 법원장 또는 치안판사의 허가를 얻어 그 압류를 할 수 있었다. 중요한 것은, 어느 경우에나 그 압류 후 채무자를 법원에 소환하여 그 권리에 관하여 심리를 하여야 하며, 채무자도 압류의 무효를 주장하여 또 손해배상을 구하여 채권자를 법원에 소환할 수 있었다(동 초안 제92조 내지 제94조). 그 심리의 결과 채권자의 승소판결이 있으면, 통상의 방식에 좇아 집행압류를 하고 나아가 압류물을 매각하는 것이다. 이와 같이 보전압류는 당연히 본압류로의 전환을 전제로 하는 것이었다.

또 보아소아드는 일본구민법초안 제1446조에서 압류를 시효중단사유의 하나로 정하였다. 그리고 동 초안 제1453조 제 1 항은 "압류 … 로부터 발생하는 중단은 그 압류의 절차가 適式하게 그 종료까지 계속하지 아니하면 그 효력은 존속하지 아니한다"고 정하면서, 이어서 제 2 항은 "가압류(saisie provisoire)는 6개월 내에 … 압류 또는 재판상 청구를 하지 아니하면 시효를 중단시키지 아니한다"고 정하였다. 이것 역시 본압류와는 달리 가압류는 말하자면 잠정적인 시효중단사유로 구상되었음을 말해 준다. 이에 의하면 당연히 가압류 자체에 의한 계속적 중단효란 애초 문제될 여지가 없었다.

(2) 그런데 그 후 강제집행을 포함한 민사소송절차 일반은 독일

6) 이는 종국적으로 「민사집행절차의 개정에 관한 1991년 7월 9일의 법(Loi n° 91-650 du 9 juillet 1991, portant réforme des procédures civile d'exécution)」에 의하여 전면적으로 도입되었다.

인(테효 Techow)에 의하여 기초되고, 보전처분도 독일식으로 정하여졌다. 즉 보전처분이 있다고 하여 채권자가 반드시 본집행을 행하여야 하는 것은 아니며, 재판상의 청구도 단지 법원의 제소명령(일본구민사소송법 제746조 참조)에 의하여서만 강제되게 되었다. 그리하여 위 초안 제1453조 제2항도 "가압류는 법원이 정하는 기간 내에 재판상의 청구를 하지 아니하면 시효를 중단시키지 아니한다"고 수정되었다(일본구민법 증거편 제117조 제2항). 그런데 이 규정은 그 제소기간을 정하는 법원의 재판이 없는 경우에는 어떻게 되는가의 문제에 대하여 규율에 공백이 있는 듯한 인상을 주어서, 자칫 가압류가 절차법상 취소되지 않는 한은 민법상의 중단사유로 유효하게 인정된다고 볼 여지를 남기게 되었다고 한다.

(3) 그 후에 일본의 현행 민법을 마련하는 과정에서 압류와 가압류는 동렬의 시효중단사유로 규정되는 체제를 갖추게 된다. 즉 동 제147조 제2호는 "압류, 가압류 또는 가처분"을 시효중단사유로 정하고, 특히 동 제154조, 제155조(우리 민법 제175조, 제176조에 상응한다)가 이 三者를 병렬하여 그것이 시효중단효를 가지지 않게 되는 경우를 정하는 것이다. 그런데 종전의 위와 같이 현격한 차이를 가지고 분리되어 있던 압류와 가압류를 병렬적으로 규정한 이유는 단지 規定體制의 단순함을 도모한 데 있는 것이고, 가압류의 특수한 취급은 여전히 당연한 전제가 되어 있었다고 한다("입법자의사로서는 중단에 대하여 보아소아드의 위 초안 이래의 취급에 아무런 실질적 변경을 가하지 않았던 것이다"[7]).

2. 일본에서는 종전에 판례가 계속설을 취하였고[8] 대부분의 학

7) 金山直樹(註 5), 209면.

8) 日大判 1928(昭 3).7.31(民集 7, 569); 日大判 1933(昭 8).10.28(法律新聞 3664, 7) 등.

설이 ──아마도 많은 경우 별다른 숙고 없이── 이를 지지하여,[9] 산발적으로 하급심에서 흡수설을 취하는 재판례가 나온 것을[10] 제외하고는, 논의의 여지가 없는 듯하였다.[11] 그런데 東京高判 1992.10.28 (判例時報 1441, 79)가 상세한 이유를 제시하며 비계속설의 정당성을 주장하자, 이를 계기로 위의 문제를 다룬 문헌이 잇달아 나왔고,[12] 그

9) 아마도 學說史的으로 중요한 것은 보전처분의 대가인 吉川大二郎, "保全處分命令申請の效果", 增補 保全處分の基本問題(1952), 239면 이하, 특히 249면(初出은 1942년)이, 가압류의 명령절차와 그 집행절차가 긴밀하게 결합되어 있음을 이유로 전자의 신청시부터 후자의 종료까지 시효중단의 효력이 계속한다고 하고, 그 때 집행절차의 종료시란 처분의 효력이 소멸하는 때를 의미한다고 주장하여, 前註에서 본 판례를 지지하는 태도를 표명한 것이다. 野村秀敏(註 15), 判例時報 1568호, 5면 이하에 의하면, 이러한 吉川의 태도는 비교법적으로 찾아보기 힘든 "일본 독자의 학설"인데, "판례의 입장에 커다란 이론적 근거를 주"어 "후의 판례에 큰 영향을 미쳤다"고 한다.

10) 예를 들면 東京高判 1981(昭 56).5.28(金融·商事判例 630, 40) 등.

11) 그 때까지의 재판례로 최종적인 것으로 日最判 1984(昭 59).3.9(判例時報 1114, 42). 이에 대한 평석을 통하여 계속설을 본격적으로 비판한 문헌이 松久三四彦, "假押留登記が競落により抹消された場合と時效中斷の效力", 判例評論 309호(判例時報 1126호)(1984), 33면 이하로서, 본문의 바로 뒤에 드는 東京高判 1992.10.28.은 여기에서의 문제제기에의 호응이라고도 할 수 있다. 그 외에 戶根住夫, "假差押, 假處分による時效中斷", 姬路法學 2호(1989), 180면 이하는, 필자는 미견이나, 金山直樹(註 5), 205면에 의하면, 종전에 가압류의 보전효가 존속하는 한 중단효가 계속된다는 집행법학설에서의 통설(특히 吉川大二郎)에 반하여, 집행의 실시를 내용으로 하는 채권자의 신청과 집행기관의 제반의 집행행위가 집행절차의 각단계에서 그 때마다 집행채권의 시효를 중단시킨다는 일반론(이는 필자의 이해로는 독일에서의 일반적 견해이다)에 서서, 가압류에 의하여 중단된 시효는 그 집행이 끝나면 다시 진행한다고 주장하였다고 한다.

12) 가장 볼 만한 것으로는 金山直樹(註 5), 203면 이하가 있다. 그 후의 많은 論考는 이 글의 분석틀, 가령 재판례를 「가압류방치형」(가압류만 행하여지고 그 후에 제소 등 채무명의의 획득이나 본압류의 이행 등과 같은 후속조치가 없었던 경우)과 「가압류이행형」(가압류 이후 위와 같은 후속조치가 있었던 경우)으로 나누어 분석하는 태도나, 본문의 東京高判이 제기하는 이유 외에 "시효의 의의·기능이라는 측면으로부터 본판결[위 東京高判]의 입장을 보충·보강"하여 제시하는 구체적 이유들을 좇고 있다. 또 前註의 문헌에서의 문제제기를 더욱 밀고나간 松久三四彦, "不動産の假差押えと時效中斷效", 金融法務事情 1398호(1994), 36면 이하도 중요하다. 그 외의 문헌으로 上野隆司, "不動産の假差押えによる時效の中斷效", 金融法務事情 1354호(1993), 4면 이하; 山本克己(註 5), 33면; 岡本坦, "假差押による時效中斷が喪失する時期", 手形研究 489호(1994), 4면 이하 참조.

거의 전부가 비계속설을 지지하는 태도를 표명함으로써[13] 학설상황은 사뭇 달라지게 되었다. 그 후 하급심에서 이 태도를 지지하는 재판례와 다시 위 東京高判의 이유를 비판하여 계속설을 취하는 재판례가 나온 터에,[14] 最判 1994(平 6). 6. 21(民集 48-4, 110)이 계속설을 견지하는 태도를 취하였다. 이 최고재 판결에 대한 평석 등의 글은 대체로 이를 비판하였다.[15] 그리하여 그 후에도 하급심에서 비계속설에

---

13) 한편 은행 등 금융기관의 채권관리담당자로부터는 이 東京高判의 태도에 대하여 다음과 같은 우려가 표명되고 있다. 中務嗣治郎, "不動産假差押えと時效中斷に關する判決の問題點", 金融法務事情 1388호(1994), 1면이 그것인데, 그에 의하면 "종전의 판례에 의거한 채권관리에 혼란이 생기고, [금융]실무계에 커다란 영향을 주는 것이 우려되고 있다"고 하고, 아래 註 14의 東京高判 1994. 3. 30.의 태도를 "현실의 운용에 沿한 타당한 것"이라고 한다. 이 글은 금융실무법 전문지의 「opinion」란에 실린 것으로서, 위 東京高判의 「과격함」에 대한 금융실무계의 곤혹스러움을 잘 말하여 주고 있다. 그러한 사정을 엿볼 수 있는 것으로 "<座談會>時效中斷の各種手續と實務上の諸問題", 金融法務事情 1398호(1994), 24면(塚原朋一 발언)도 참조. 일본에서 금융기관의 채권관리실무가 최고법원의 종전 판례에 좇아 계속설의 입장에서 행하여져 왔다고 함에 대하여는 또한 瀧浪武, "假差押えによる時效中斷の效力の繼續", 銀行法務 569호(1999), 59면도 참조. 우리의 입장에서도 과연 그러한 「채권관리의 실무」가 있는 것일까?

14) 전자는 東京地判 1993(平 5). 11. 17(金融法務事情 1388, 39); 京都地判 1994(平 6). 1. 13(判例時報 1535, 124), 후자는 그 항소심인 東京高判 1994(平 6). 3. 30(金融法務事情 1388, 37). 후자의 판결은 본문의 바로 뒤에서 보는, 最判 1994. 6. 21.(上告棄却)의 원심판결인데, 이에 대한 비판적 평석으로, 金山直樹, "不動産の假差押えによる時效中斷の終了時期", 私法判例リマークス 10호(1995), 14면 이하가 있다.

15) 金山直樹, "假差押解放金の供託による假差押えの執行の取消しと時效中斷の效力", 判例タイムズ 882호(1995), 33면 이하; 松岡久和, "假差押解放金の供託による假差押執行の取消しと時效中斷の效力", 金融法務事情 1428호(1995), 25면 이하; 栗田隆, "假差押解放金の供託による假差押えの執行の取消しと時效中斷の效力", 判例評論 441호(判例時報 1540호)(1995), 210면 이하; 賀集唱, "假差押解放金の供託による執行取消しと時效中斷の效力", 私法判例リマークス 11호(1995), 22면 이하; 中田裕康, "假差押解放金の供託による假差押えの執行取消しと時效中斷の效力", 平成6年度重要判例解說(ジュリスト 別冊)(1995), 63면 이하; 野村秀敏, "假差押えによる時效中斷の時期(1)-(4·完)", 判例時報 1566호(이하 모두 1996), 10면 이하; 1568호, 3면 이하; 1569호, 7면 이하; 1571호, 3면 이하 등은 모두 이에 대하여 비판적이다. 최고재의 판결의 태도에 찬성하는 것으로는 石川明, "假差押解放金の供託による假差押えの執行の取消しと時效中斷の效力", 法學硏究(慶應大) 68권 9호(1995), 145면 이하; 秦光昭, "假差押解

따르는 재판례가 여전히 나왔다.[16] 그 후 다시 最判 1998(平 10).11.24(民集 52-8, 1737)이 계속설을 취함을 밝혔다. 최고재 조사관의「해설」에 의하면, “[바로 뒤에서 보는] 본건 판결의 판시사항 [1]은 선례에 좇은 판단을 한 것인데, 이상과 같은 학설이나 하급심판결의 상황에 비추어, 판시의 이유를 붙여 계속설에 선 판례의 입장을 확인한 것”이라고 한다.[17] 그러므로 이 판결의 이유는 인용의 가치가 있다.

“[i] 가압류에 의한 시효중단의 효력은 가압류의 집행보전의 효력이 존속하는 동안은 계속한다고 해함이 상당하다[日最判 1984.3.9.(註 11 참조)와 同 1994.6.21.(본문 참조) 인용]. 무릇 민법 제147조가 가압류를 시효중단사유로 정하고 있는 것은 이에 의하여 채권자가 권리의 행사를 하였다고 말할 수 있기 때문인바, 가압류의 집행보전의 효력이 존속하는 동안은 가압류채권자에 의한 권리의 행사가 계속하는 것이라고 보아야 하기 때문이고, [또한] 이렇게 본다고 하여도 채무자는 본안의 제소명령이나 사정변경에 의한 가압류명령의 취소를 구할 수 있는 것이어서 채무자에게 가혹한 결과가 된다고도

放金の供託による假差押の執行の取消と時效中斷の效力”, NBL 569호(1995), 68면 이하 성도가 있다. 한편 李均龍(註 2), 48면 註 8이, 이 石川明의 글을 “비계속설을 상세하게 비판한 것”으로 인용한 것에는, 설사 그것이 小野憲一, “假差押による時效中斷の效力の繼續 …”, ジュリスト 1151호(1999), 118면의 언명에 좇은 것이라고 하더라도, 쉽사리 동의하기 어렵다.

16) 大阪高判 1995(平 7).2.28(金融法務事情 979, 27). 한편 계속설에 따르는 것으로, 東京高判 1997(平 9).10.29(金融·商事判例 1033, 27)이 있다. 그런데 주목할 만한 것으로는 계속설을 취하는 앞의 註 14의 東京高判 1994.3.30.이나 이 東京高判 1997.10.29.가 계속설에 서면서도, 가압류채권자가 “권리 위에 잠자고 있다는 구체적 사실”이나 “객관적으로 보아 권리행사의 의사를 철회하거나 권리행사를 단념 내지 포기한 것이라고 추인함이 상당한 특별한 사정”이 있는 경우에는, 예외적으로 시효중단효의 소멸을 인정할 수 있다는 傍論을 달고 있다는 점이다. 이에 대하여 李均龍(註 2), 54면은 역시 小野憲一(前註), 118면에 좇아 이를 배척하면서도, “이 판결[대상판결을 가리킨다]만으로 절대적으로 예외사유를 인정하지 않는다고 단정하기에는 다소 무리가 있다고 생각한다. 예외적인 사유가 인정될 것인지 여부에 관하여는 앞으로의 판례에 의하여 밝혀질 것으로 본다”고 하여, 대상판결이 예외 인정의 여지를 아예 봉쇄하는 것으로 이해하지는 않는다.

17) 小野憲一(註 15), 118면.

말할 수 없기 때문이다. [ii] 또 민법 제147조가 가압류와 재판상 청구를 별개의 시효중단사유로 규정하고 있는 것에 비추어 보면, 가압류의 피보전채권에 대하여 본안의 승소판결이 확정되었다고 하더라도 가압류에 의한 시효중단의 효력이 이에 흡수되어 소멸한다고도 볼 수 없다."

그럼에도 불구하고 적어도 이 판결에 대한 평석을 통하여 보는 한, 학설은 그 설시에 의하여 설득되지 않고 여전히 이에 대하여 비판적이다.[18]

3. 이와 같이 일본의 학설·판례를 개관한다면, 필자의 입장에서는 우리의 입장에서 이 문제를 생각하는 것과 관련하여 다음과 같은 점이 주목된다.

첫째, 우리는 일본에서와 같은 「先例의 拘束」이 전혀 없다는 것이다. 가압류의 시효중단효의 종료시기의 문제가 대법원에 의하여 정면에서 다루어진 일은 한 번도 없다. 따라서 우리는 어떤 의미에서는 「후발자의 이익」을 누리면서, 우리의 法的 理性을 충족하는 입장을 취하면 족하다. 이와 관련하여서는, 일본 최고재판소의 거듭되는 계속설의 宣明에도 불구하고, 하급심에서 계속해서 비계속설을 취하는 재판례가 나오고 있다는 사태를 지적할 필요가 있을 것이다.

둘째, 1997년에 이르러 지금까지의 논의를 정리한 실무가의 논고에 의하면, "계속설의 최대의 약점은 가압류등기를 한 채 본안소송 등을 제기하지 아니하고 장기간 방치하여도 시효의 중단효가 영속한

18) 우선 中舍寬樹, "假差押による時效中斷の終了時期", 私法判例リマークス 19호(2000), 18면 이하; 吉田光碩, "假差押えによる時效中斷の效力と確定判決の取得", 銀行法務21 561호(1999), 10면 이하; 中田裕康, "假差押えによる時效中斷の效力", 平成10年度重要判例解說(ジュリスト 別冊)(1999), 61면 이하 참조. 한편 금융실무가의 글인 村田利喜彌, "不動產假差押えと時效中斷效", 銀行法務21 560호(1999), 65면은 "지금까지의 계속설에 의한 채권관리가 재확인됨으로써 법적 안정성이 도모되고, 실무상 크게 환영할 수 있다"고 한다.

다는 그 결론이 다른 중단사유에 비하여 지나치게 강력하여 너무나 균형을 잃은 점에 있고, 타방 비계속설을 채용한 경우의 문제점은 종래의 판례이론에 좇아 적절한 채권관리를 하고 있었던 터인 다수의 금전채권이 소멸시효(특히 단기소멸시효)의 대상이 되어 [금융기관의 채권관리]실무에 현저한 혼란을 초래할 우려가 있다는 점에 있다고 생각된다. 근시 적극적으로 계속설을 지지하는 견해는 적은데, 비계속설에 대하여 위와 같은 危惧를 품는 실무가는 적지 않다고 추측된다"고 한다.[19][20] 그런데 만일 앞에서 말한 대로 우리에게 「종래의 판례이론」이라고 하는 것이 없다면, 나아가 우리에게 그 계속성을 보호받아야 할 금융기관의 채권관리실무라는 것도 인정되기 어려울 것이다. 또 그러한 채권관리실무의 존재는 전혀 증명되고 있지 않다.[21]

---

19) 北秀昭, "不動産の假差押えによる時效中斷の終了時期", 銀行法務21 532호(1997), 39면. 또 吉田光碩(前註), 14면도 "이론적으로 보면 비계속설편이 설득력이 있다고 생각된다. 그럼에도 불구하고 본판결[평석의 대상인 日最判 1998. 11. 24.]이 계속설을 취함을 다시금 명확하게 한 배경에는 거의 확립되었다고도 보이는 종래의 판례를 뒤엎음으로 인한 사회적 영향은 물론이고, 판례를 변경하여서까지 채무자에게 시효이익을 향수시킬 것까지는 없다는 時效觀이 영향을 준 것이 아닐까?"라고 말한다. 여기서 문제된 바의 「시효관」, 특히 소멸시효제도는 「非道德的」이라는 星野英一식 이해의 문제점에 관하여는 우선 梁彰洙, "假押留의 時效中斷效의 終期", 오늘의 法律 137호(2000), 4355면; Karl Spiro, Die Begrenzung privater Rechte durch Verjährungs-, Verwirkungs- und Fatalfristen, Bd. 1(1975), S. 7-34 참조.

20) 앞의 註 15 및 그 본문에서 본 대로 계속설을 변호하는 東京高判 1994. 3. 30.가 "가압류등기가 존속하는 동안은 중단효가 소멸하지 않는다는 것이 확립된 판례이기 때문에, 본집행절차를 취하지 않는 채권자를 권리 위에 잠자는 자라고 잘라 말하기 어렵다"는 이유를 대는 것과 이와 관련될 것이다.

21) 李均龍(註 2), 55면 이하는, "가압류에 관한 우리 나라의 채권관리의 실무가 어떠한지에 관해서는 **아무런 문헌상의 자료가 없어서 정확하게 파악할 수는 없지만**, 가압류의 목적부동산에 선순위의 저당권 등과 같은 부담이 있고, 강제경매를 하더라도 잉여가 없거나, 일반재산도 거의 없어 채권자가 곧바로 본안소송을 제기할 경제적인 利點이 없는 경우에는 가압류절차만을 집행하여 소멸시효를 중단시킨 다음, 본안소송을 유보하고 있을 수도 있는 것이 일반적인 채권관리의 실무가 아닌가 **추측된다**. 만약에 상고인의 주장과 같이 부동산가압류에 의하여 중단된 피보전채권의 소멸시효가 가압류집행절차가 종료한 때 …에 종료된다고 해석하게 되면, **분명하지는 않지만** 위와 같은 채권관리실무에 따라서 적절한 채

Ⅲ. 우리 나라의 下級審 裁判例를 통해 본 假押留의 時效中斷效

하급심의 레벨에서는 그 태도가 귀일하지 않으며, 계속설과 비계속설을 취하는 예가 각각 존재한다.

1. 계속설을 취하는 재판례는 다음과 같다.

(1) ① 서울高判 75.6.4, 74나1781(高集 민2, 268)

(가) 피고들의 피상속인인 甲은 1960년부터 1961년까지 사이에 원고(서울특별시)로부터 自助住宅建設融資金 27만원 및 建設資材 등 도합 150여만원 상당을 詐取하였다. 원고는 1966년 7월 갑이 사망하기 직전에 융자금반환채권 27만원 또는 그 중 10만원을 각 피보전채권으로 기재하여 그가 보유하는 부동산과 전화가입권에 대하여 각각 가압류를 신청하고, 그의 사망 후에 각기 그 결정을 얻어 부동산가압류등기를 하였다(전화가입권가압류의 집행 여부는 밝혀져 있지 않다). 그리고 1973년에 이르러 피고들의 제소명령신청으로 피고들을 상대로 위 150여만원의 손해배상을 구하여 제기된 것이 이 사건 소송이다. 주로 쟁점이 된 것은, 불법행위로 인한 손해배상채권이 민법 제766조 제1항에서 정하는 3년의 단기소멸시효에 걸려 소멸하지 않았는가 하는 점이었다.

법원은 "가압류신청 당시 생존한 채무자로 표시된 갑이 가압류결정이 있기 3, 4일 전에 사망하였으니 그 가압류결정은 특별한 사정이

권관리를 하고 있었던 다수의 금전채권이 소멸시효의 대상으로 되어 법적 안정성을 현저하게 해칠지도 모를 뿐 아니라, 채권관리의 실무에 혼란을 초래할 가능성도 있을 것으로 보인다"고 하여, 그야말로 그 존재가 「분명하지 아니한」 실무를 전제로 논하고 있다.

없는 한 당연 무효의 결정이라 할 수 없고, 그 재산상속인들인 피고들에게 효력이 있다 할 것이며 적어도 부동산에 관하여 위 결정에 의하여 가압류등기가 거쳐진 1966년 9월부터 위 결정의 피보전채권인 27만원 및 이에 대한 지연손해금의 한도에서 손해배상채권은 소멸시효중단의 효력이 발생하였다 할 것이고, **그 압류상태가 현재까지 계속하고 있는 한 시효중단사유는 종료되지 아니한 채 존속**한다 할 것" 이라고 하고, 나아가 위 가압류의 피보전채권을 융자금반환채권이라고 하였어도, 그것과 "본건 불법행위에 의한 손해배상채권은 그 청구의 기초를 같이하므로 위 가압류에 의한 시효중단의 효력은 손해배상채권에도 미친다"고 판단하여, 원고의 시효중단주장을 받아들였다.[22] 그리하여 원고는 위 27만원의 손해배상채권에 한정하여 승소판결을 얻었다.

이 판결에 대하여 원고와 피고가 모두 상고하였는데, 대법원은 이들을 모두 기각하였다.[23] 대법원판결은 여기서 문제되고 있는 가압류의 시효중단효의 종료시기에 대하여는 언급하지 않았다.[24]

(나) 이 판결의 사실관계에서 시효소멸을 부인하는 쪽으로 기울게 하는 사실요소로서는, 우선 여기서 문제된 것이 3년의 단기소멸시효라는 점, 나아가 원고가 고의의 불법행위로 인한 손해배상채권을

---

22) 한편 원고가 예비적으로 제기한 부당이득반환청구에 대하여도, 위 가압류에 의한 시효중단을 인정하였다.

23) 大判 76. 2. 24, 75다1240(集 24-1, 102).

24) 대법원은 피고의 상고이유에 대하여, "원고는 이 사건 손해배상채권의 집행보존[원문대로]을 위하여 원심 인정의 가압류를 했던 것임이 명백"하므로 위 가압류가 손해배상채권의 시효중단사유가 된다고 응대하고 있다. 또 "당사자 쌍방을 소환하여 심문절차를 거치거나 변론절차를 거침이 없이 채권자 일방의 신청에 의하여 바로 보전명령을 한 이 사건 가압류결정에 있어서 신청 당시 채무자가 생존하고 있었던 이상 所論과 같이 결정 직전에 사망하였다거나 수계절차를 밟음이 없이 채무자 명의의 결정이 이루어졌다고 하여 그 가압류결정이 당연 무효라고는 할 수 없을 것이므로 이 결정에 의한 가압류를 시효중단사유로 본 원심 판단은 정당하다"고 판단하였다.

행사한다는 점, 또 원고의 청구금액 중 대부분은 이미 시효소멸이 별다른 문제 없이 긍정되었고 나머지 일부에 대하여만 시효완성이 다투어지고 있는 점 등을 들 수 있을 것이다. 한편 이를 긍정하게 하는 사실요소로서는, 피고들이 자신의 관여 없이 발생한 상속채무를 추급당하고 있는 점 등이 있다고 생각된다.

그러나 우선 단기소멸시효의 정함이 있다고 하여도 이를 이유로 가압류의 시효중단효가 그 집행의 효력이 유지되는 한 계속된다고 볼 수는 없다고 할 것이다. 이와 관련하여서는, 계속설을 취하는 입장에서 "채권자가 시간과 비용을 들여 가압류절차를 밟은 후에도 또 다시 시효중단절차에 쫓기는 데 반해, 다른 한편 채무자는 보전이의를 신청하거나 제소명령의 신청도 하지 아니한 채 시효의 이익을 누릴 수 있다는 것은 채권자에게 가혹하다고 할 수도 있다. 특히 어음채권이나 상사채권 등과 같이 단기소멸시효가 정해진 경우에는 더욱 그렇다"고 주장되기도 한다.[25] 그러나 어떠한 채권에 대하여 단기소멸시효를 정한 데는 그만한 이유가 있는 것이고, 그 채권자가 "다시 시효중단절차에 쫓기는" 것은 단기시효에 걸리는 채권을 가지는 이상 부득이한 일이 아닐까? 그러한 채권에 있어서 채권자가 한 번 가압류를 함으로써 단기시효의 완성이 무한정 저지된다면 이것이 오히려 단기소멸시효제도의 취지에 비추어 오히려 문제일 것이다. 가압류가 단지 채권의 보전을 위한 제도인 이상, 채권자는 가압류의 집행의 완료로 일단 시효를 중단하여 그 사이 진행한 기간을 無化시킨 다음, 원래로 돌아가 단기의 시효기간 내에 소송을 제기하여 승소판결을 얻음으로써 그 공적인 채권확정에 의하여 시효기간을 연장받으면 족하지 않을까(민법 제165조 제1항 참조).

나아가 우리 법은 이 사건에서 문제된 불법행위로 인한 손해배상채권의 단기시효를 정함에 있어서 故意로 인한 不法行爲라고 하여 별

25) 李均龍(註 2), 53면.

도의 취급을 하지 아니한다. 그리고 이는 불법행위에 대하여 단기시효를 정하는 다른 나라의 경우도 마찬가지이다.

또 채권 중 일부에 기하여만 가압류를 하였다는 사정도, 예를 들어 일부청구로 인한 시효중단의 범위에 관하여 취하는 확고한 판례의 태도를 버리지 않는 한,[26] 방향을 바꾸어 가압류의 중단효의 문제에서 이러한 점까지 고려할 수는 없을 것이다.

(2) ④ 光州地判 98.4.9, 97나8706(下集 1, 29)

(가) 피고는 원고를 상대로 1984년 12월에 3백만원의 수표금채권을 내세워 가집행선고부 지급명령을 받았고, 그 명령은 1985년 2월 확정되었다. 피고는 1997년에 이르러 위 채무명의에 기하여 이 사건 부동산에 대한 경매신청을 하여 동년 3월 경매개시결정을 받았다. 원고는 위 수표금채권이 위 지급명령 확정일로부터 10년이 경과하여 소멸시효가 완성되었으므로 위 강제경매는 소멸된 채무명의에 의한 것이라고 하여 請求異議의 訴로 강제집행의 불허를 구한 것이 이 사건이다. 그런데 피고는 1985년 10월에 "위 지급명령에 기한 채권"(및 지연손해금)을 피보전채권으로 위의 부동산가압류결정을 받았고, 그즈음 이 결정은 원고에게 송달되고 또 가압류등기가 마쳐졌다는 것이다. 원고가 위 가압류등기로 위 가압류절차는 종료되고 그때부터 새로 소멸시효가 진행된다고 주장한 데 대하여, 법원은 "가압류결정에 의하여 가압류등기가 마쳐진 이상 그 가압류등기가 존속하는 중에는 피보전권리에 대한 시효중단사유는 종료되지 아니한다고 보아야 할 것이고, 그 밖에 위 가압류가 권리자의 청구 또는 법률의 규정에 따르지 아니함으로 인하여 취소되었음을 인정할 증거가 없는 이 사건의 경우 원고의 위 주장은 이유 없다"고 판단하였다. 결국 원고의 청구는 기각되었다.

---

26) 이에 관한 논의에 대하여는 우선 民法注解[Ⅲ], 505면 이하(尹眞秀 집필) 참조.

(나) 이 판결의 사실관계의 특이성은, 먼저 채권자가 확정판결에 준하는 채무명의(확정된 가집행선고부 지급명령)를 얻은 후에 부동산가압류절차가 취하여졌다는 데 있다고 여겨진다. 즉 대상판결의 사실관계에서와 같이 먼저 가압류가 있고 그 후에 확정판결이 획득된 것이 아니라, 먼저 확정판결이[27] 있고 그 후에 가압류가 행하여진 것이다.

(**a**) 우선 위의 가압류가 적법한가가 문제될 수 있다. 그것은 일반적으로 채권자가 즉시의 강제집행을 할 수 있는 상태에 있는 경우에는 보전의 필요성이 부인되고 있는데, 이 사건에서도 원고가 이미 채무명의를 가지고 있어서 그 경우에 해당되지 않는가가 논의될 여지가 있기 때문이다. 그런데 부동산에 대한 강제집행과 같이 채무명의·집행문·담보제공의 증명서의 송달 등을 집행신청 전에 하여야 하므로(민소 제490조, 제491조) 집행까지 사이에 약간의 시일을 요하는 경우에는 채무자가 강제집행이 임박하였음을 알고 재산을 은닉할 염려가 있으므로 보전의 필요성이 인정되어야 한다고 해석되고 있다.[28] 그렇다면 이 사건에서도 위의 가압류 자체가 부적법하여 허용되어서는 안 되었다고는 쉽사리 말할 수 없을 것이다.

(**b**) 그런데 이와 같은 사안은 가압류에 계속적 중단효를 인정하는 경우의 문제점을 더욱 분명하게 보여 준다고 생각된다. 즉 앞의 (a)에서 본 대로 임시적으로 채무자에 의한 집행회피를 막는다는 목적으로 ——아마도 예외적으로—— 허용되는 가압류가 일단 행하여진

27) 1990년의 민사소송법 개정 이전에는 가집행선고부 지급명령이 확정되면 이에는 "確定判決과 同一한 效力이 있"었다(개정전 민소 제445조). 그리하여 그것은 집행력은 물론이고 기판력도 가지며(동 개정 후에는 집행력만이 인정된다고 이해되고 있다. 민소 제519조 제3호 참조), 시효중단과 관련하여 확정판결과 전적으로 같이 취급된다. 그러므로 이하의 서술에서는 번거로움을 피하여 단지「확정판결」이라고만 한다.

28) 金祥源·鄭址炯(註 3), 111면. 여기에는 일본의 原井龍一郎·河合伸一 編, 實務 民事保全法(1991), 65면을 同旨의 문헌으로 인용하고 있다. 민사보전법 제정 전의 일본문헌으로는 우선, 注解 强制執行法(4)(1978), 257면(西山俊彦 집필)(同旨의 문헌 및 재판례가 인용되어 있다) 참조.

이상에는 채권자는 그 가압류에 의하여 확보되어 있는 본집행에 착수하지 아니하고 언제까지나 그대로 두어도 시효는 새로이 진행될 여지가 없게 된다. 그 경우에 채무자로서는 제소명령을 신청할 여지도 이미 없는 것이다.

2. 비계속설을 취하는 재판례는 다음과 같다.

(1) ② 서울地判 94. 10. 20, 93나50801(下集 2, 55)

(가) 商人인 원고가 1986년 말경부터 1987년 4월까지 사이에 피고에게 외상으로 판매하였다는 플라스틱파이프에 대하여 1993년 5월에 그 대금 1천3백여만원의 지급을 구하여 이 사건 소송을 제기하였다. 이 물품대금채권은 3년의 단기소멸시효에 걸리는데(민법 제163조 제6호), 그 완성 여부가 문제되었다.[29] 원고는 1987년 6월에 그 중 450여만원의 채권에 기하여 부동산가압류 및 동산가압류의 각 명령을 얻었는데, 그 중 전자는 바로 집행이 행하여졌고, 후자는 집행을 하지 않았다. 법원은 결론적으로 원고의 시효중단주장을 배척하고, 시효소멸을 이유로 원고의 청구를 기각하였다. 그리고 이 판결은 그대로 확정되었다.

법원은 우선 동산가압류는 이를 집행하였다는 증거가 없으므로 시효중단의 효력이 없다고 판단하였다. 그에 의하면 "민법 제168조 제2호에 시효중단사유로 규정된 '가압류'는 현실적으로 집행되어야 하는 것이다. 다만 그 시효중단의 효력은 가압류신청시 또는 가압류결정시에 이미 발생한다고 볼 여지가 있으나, 그렇다고 하더라도 가압류결정이 상당한 기간 내에 현실적으로 집행되지 아니하는 한 시효중단의 효력은 소급적으로 상실된다"고 한다.

나아가 법원은 부동산가압류에 기한 시효중단의 효력은 그 집행

29) 이 판결은 원고가 주장하는 채권의 발생 여부는 아예 판단하지 아니하고 바로 소멸시효가 완성되었는지의 문제만을 다루고 있다.

이 종료함으로써, 즉 가압류등기가 됨으로써 그 절차는 종료되었다고 판단하였다. 그 이유는 "보전소송이 통상 본안사건으로 이행하는 것이기는 하지만 절차상 어디까지나 별개의 것이라고 할 것이다. 이와 달리 본안소송 및 이에 기한 압류 기타 강제집행절차가 종료될 때까지 시효중단의 효력이 소멸하지 않는다고 한다면, 그 자체로는 어떠한 청구의 의사도 포함하지 아니하는 가압류로 인하여 채무자에게 부당한 불이익을 주는 것이라고 볼 수 있고, 가압류 이후 본안의 소송에서 원고가 승소의 확정판결을 얻은 경우 이 채무명의 그 자체는 확정된 날로부터 10년의 소멸시효에 걸리게 되고 가압류로 인한 시효중단의 효력은 유지된다는 기이한 결과가 된다"고 한다.

(나) 이 판결은 우선 가압류의 신청이나 가압류결정에 의하여서가 아니라 가압류의 집행에 의하여 비로소 시효중단효를 가지게 된다고 판시하는 점에서 이채로운 것이다. 현재 우리 나라에서는 가압류·가처분에 관하여 채권자가 그 명령을 신청하는 때에 중단의 효력이 생기며 그 명령이 있는 때라거나 그 명령에 기하여 집행을 신청한 때에 생긴다고 할 수 없다는 견해가 일반적이다.[30] 이와 같은 가압류의 중단효의 개시시기에 관한 문제는 여기에서 언급하지 않으나, 예를 들어 독일의 경우에는 가압류나 가처분과 같이 발령절차와 집행절차가 분리되어 관념되는 시효중단사유에 대하여는 執行의 申請에 시효중단효를 인정하며, 가압류 등의 신청은 물론 가압류 등의 명령에도 중단효를 인정하지 않는다는 것만을[31] 덧붙여 두고자 한다.[32]

---

30) 金祥源·鄭址炯(註 3), 234면 이하. 또 예를 들면 郭潤直, 民法總則, 新訂(修正版)(1998), 471면은, "소의 제기나 지급명령이 송달을 필요로 함에도 불구하고 신청을 한 때에 중단력이 생긴다고 해석하기 때문에, 압류·가압류·가처분도 그 명령을 신청하는 때(즉 집행행위가 있으면 신청한 때에 소급하여)에 중단의 효력이 생긴다고 하는 설이 정당하다"고 한다. 이 견해는 결국 소의 제기시에 시효중단효가 있다고 정한 민소 제238조가 압류·가압류·가처분의 시효중단효의 개시시기에 대하여도 궁극적인 근거가 된다고 하는 셈이다.

31) 독일민법 제209조는 제1항에서 소의 제기를 소멸시효의 중단사유로 정하면

(다) 한편 부동산가압류로 인한 시효중단효의 종료시기에 대한 판단에 대하여는 뒤 (2)의 ③ 판결과 함께 살펴보기로 한다.

(2) ③ 濟州地判 95. 11. 15, 95카합1159(下集 2, 42)

(가) 원고가[33] 1983년 2월에 사실혼관계의 부당해소 등을 이유로 하는 1천2백여만원의 손해배상채권에 기하여 부동산가압류결정을 얻었고, 이는 피고에게 송달되었다. 이에 대한 본안소송이 바로 제기되어 1985년 6월에 7백만원(및 지연손해금)의 지급을 명하는 제 2 심판

서, 제 2 항에서 소의 제기에 同視되는 것을 열거하고 있다. 그 제 5 호로 "집행행위의 실행(Vornahme einer Vollstreckungshandlung), 및 강제집행이 법원 또는 기타 관청의 관할에 속하는 경우에는 강제집행(Vollstreckung)의 신청"이 정하여지고 있다. 통설과 판례는 가압류의 신청이나 그 명령은 이 규정에 의한 시효중단사유에 해당하지 않는다는 태도를 취한다. 왜냐하면 그것들은 거기서 말하는 집행행위가 아니며, 또 가압류신청도 가압류명령의 신청일 뿐 강제집행의 신청은 아니기 때문이다. 그러나 그 명령에 기한 집행은 이에 해당한다. 통상의 강제집행에 대하여 판례(BGHZ 93, 287)와 통설은, 그 경우 법원 기타의 집행기관의 집행행위는 물론이고 채권자가 하는 그 집행의 신청도 시효중단사유에 해당한다고 하는데, 이는 아마도 가압류집행의 경우에도 마찬가지로 해석될 것이다. 한편 가압류 등의 신청이 위 제209조 제 1 항의 소의 제기와 동시될 수 없다는 것에는 異論이 없다. Staudinger/Dilcher, § 209 Rn. 39, 46; MünchKomm/von Feldmann, § 209 BGB Rn. 21(Bd. 1, 3. Aufl., 1993, S. 1712); Palandt/Heinrichs, § 209 Anm. 21(59. Aufl., 2000, S. 206) 등 참조.

32) 일본에서는 가압류 · 가처분의 시효중단효가 그 집행의 신청에 의하여 비로소 발생한다는 견해가 유력하게 주장되고 있다. 일본민법 제147조 제 2 호, 제154조, 제155조(우리 민법 제168조 제 2 항, 제175조, 제176조)가 가압류 · 가처분을 압류와 병렬적으로 규정하는 것에 비추어, 집행행위인 압류의 신청에 중단효에 주어진다면 마찬가지로 가압류 등의 경우에도 그 집행의 신청에 중단효가 주어져야 한다는 것이다. 예를 들면 앞의 註 11에서 본 戶根住夫의 견해도 그러하기니와, 野村秀敏(註 15), 判例時報 1569호, 7면 이하; 山本克己(註 12), 36면("가압류의 발령절차의 신청은 「청구」의 일종으로 그 집행절차와는 별개의 중단사유를 이룬다. … 청구로서는 잠정적인 성질을 가짐에 불과하므로, 발령절차의 개시신청에 의한 시효중단(終期는 가압류명령의 채무자에의 송달시)에는 민법 제153조[催告의 중단효에 관한 우리 민법 제174조에 상응한다]도 유추된다. 또 가압류의 집행에 의한 시효중단효는 집행신청시에 발생하고 … 종기는 집행에 필요한 행위가 종료한 시점이다") 등 참조.

33) 이 판결은 가압류이의사건에 대한 것으로, 당사자를 「신청인」(가압류채권자) · 「피신청인」(가압류채무자)이라고 표시하고 있으나, 여기서는 편의상 원고 · 피고라고 부른다.

결이 확정되었다. 피고는 그로부터 10년이 막 지난 1995년에 위 피보전채권의 시효소멸을 이유로 이 사건 假押留異議를[34] 신청하였다.

법원은, 가압류로 인한 시효중단의 종료시기에 관하여 "종래 이를 가압류절차의 종료시, 즉 가압류절차가 최종단계(예컨대, 가압류이의소송의 판결 확정시, 본압류로의 이행시, 채권의 만족 등)에 이른 때로 보아 가압류등기가 남아 있는 한 소멸시효가 중단된다고 해석되어 왔다"고 하고, 그러한 태도를 취한 예로 앞의 ① 판결과 그에 대한 상고심인 위 註 23의 대법원판결을 인용하고 나서, 다음과 같은 이유로 그러한 태도를 취할 수 없다고 정면에서 주장한다.

> "첫째, 권리자의 권리행사로 말미암아 권리불행사의 상태가 중단되는 점에 시효중단제도의 근거가 있다고 볼 때, 가압류 자체는 단순한 권리보전행위에 불과할 뿐만 아니라 원래 등기의 존재만으로는 이를 권리행사로 보지 아니하므로(등기의 존재만으로 권리행사가 있다고 보면 부동산에 대한 점유취득시효와 같은 제도는 설 자리가 없다) 등기부에 가압류등기가 등재되어 있는 사실만으로 시효중단의 법률효과를 인정하는 것은 부당하고, 둘째, 권리의 존재의 확정과 채무명의의 획득을 목적으로 하는 재판상의 청구의 경우 재판이 확정된 때부터 다시 소멸시효가 진행하고, 구체적인 권리실현을 목적으로 하는 부동산경매절차에서 압류의 경우 위 절차의 종료, 즉 구체적인 배당절차의 종료시에 소멸시효의 중단사유가 종료된다고 해석하는 것과 대비하여 장래의 집행보전을 목적으로 단순한 소명만으로 인용되는 가압류절차에 있어서 가압류등기가 남아 있는 한 소멸시효

34) 피보전채권이 가압류명령 후에 시효소멸하였다는 사정은 대상판결에서처럼 가압류취소사유가 되나, 大判 81. 9. 22, 81다638(공보 668, 14383) 등 판례는 "가압류 또는 가처분결정에 대한 이의에 있어서 채무자는 피보전권리의 존부, 보전의 필요 등에 관하여 그 변론종결 시까지 발생한 일체의 사유를 그 이의사유로 주장할 수 있는 것이므로 비록 결정 이후에 발생한, 사정변경에 의한 가압류 또는 가처분의 취소사유라고 하더라도 가압류 또는 가처분 이의의 이유로 삼을 수 있는 법리"라는 태도를 취한다.

> 가 중단된다고 해석하는 것은 보다 약한 의미의 권리행사의 경우에 채권자를 보다 더 강력하게 보호하는 결과가 되어 부당하고, 셋째, 가압류등기가 남아 있는 한 소멸시효가 중단된다고 해석한다면 가압류채권자가 가압류상태를 그대로 유지한 채 권리행사를 해태함으로써 휴면상태에 빠진 경우 그 채권에 대한 소멸시효의 진행이 영구히 저지되어 소멸시효에 걸리지 않는 청구권을 인정하는 결과가 되어 부당하므로, 가압류로 인한 시효중단의 경우에도 일정한 시적 한계가 필요하다 할 것인데, 가압류의 보전처분으로서의 특성 및 민법 제176조에 '압류, 가압류 및 가처분은 시효의 이익을 받은 자에 대하여 하지 아니한 때에는 이를 그에게 통지한 후가 아니면 시효중단의 효력이 없다.'라고 규정하고 있는 점 등을 고려하면, 가압류의 경우 '중단사유가 종료된 때'란 가압류집행절차 종료시 즉, 부동산가압류의 경우 가압류명령에 기한 가압류등기가 행하여지고 위 명령이 채무자에게 고지된 때를 가리킨다고 보아야 하고 위 가압류집행절차 종료 후 별도로 고유의 시효중단효력을 가지는 권리행사를 하지 않고 방치하는 가압류채권자는 권리 위에 잠자는 자로서 가압류등기만으로는 시효의 진행을 저지할 수 없다고 봄이 상당하다."

그리하여 가압류등기가 행하여진 상태에서도 소멸시효는 완성될 수 있다고 보아야 하는데, 이 사건에서는 가압류의 피보전권리가 시효완성으로 소멸하였다는 것이다. 그리하여 결론적으로 이의를 받아들여 가압류신청을 기각하고 있다.

필자는 이 이유에 설득되는 것이며, 그 이유에 대한 어떠한 반론도 이를 뒤집기에 충분하지 않다고 생각된다.

(나) 대상판결은 "민법 제168조에서 가압류를 시효중단사유로 정하고 있는 것은 가압류에 의하여 채권자가 권리를 행사하였다고 할 수 있기 때문인데 가압류에 의한 집행보전의 효력이 존속하는 동안은 가압류채권자에 의한 권리행사가 계속되고 있다고 보아야 할 것이므로" 가압류의 중단효는 그 집행보전효가 존속하는 한 계속된다고 하

여야 한다고 한다.

우선 설사 가압류가 시효중단사유로 정하여진 이유가 그것이 권리행사이기 때문이라고 하더라도, 무엇이 「권리행사」인지는 결코 명확하지 아니하며, 또 「권리행사」가 있다고 해서 그것이 모두 동일하게 취급되어야 하는 것은 아니다.[35] 예를 들어 목적물을 인도받아 용익하다가 이를 제3자에게 넘겨 준 부동산매수인의 등기청구권이 소멸시효에 걸리는가에 관한 大判(全) 99.3.18, 98다32175(集 47-1, 101)를 따온다면, 그 용익과 제3자에의 「처분(보다 정확하게는 처분의 원인행위)」은 매수인의 매도인에 대한 등기청구권의 행사인가? 또 불법행위로 인한 손해배상을 소구하였다가 부당이득의 반환으로 청구를 변경한 경우에 전자는 후자의 권리의 행사인가? 사해행위취소의 소의 제기는 그 피보전채권의 행사인가? 양도담보목적물의 인도청구는 그 피담보채권의 행사인가?[36] 이러한 물음들이 어렵게만 느껴지는 필자의 생각으로는, 가압류집행이 종료한 후에도 가압류등기가 남아 있는 이상 권리행사가 계속된다고 하는 것은 결론을 미리 내놓고 이를 형식적으로 정당화하기 위한 하나의 의제에 불과하다. 가압류집행으로 권리행사가 종료하는가, 아니면 가압류등기가 남는 한 권리행사가 계속되는가 하는 정작 肝要한 문제에 대하여는 아무런 이유가 제시되어 있지 않다.[37]

---

35) 이는 하나의 비유에 불과함에도 실무상 결코 무시할 수 없는 영향을 미치고 있는 「권리 위에 잠자는 자」라는 기준(또는 요건?)에 대하여도 마찬가지로 말할 수 있다. 그 예는 무수히 많으나, 우선 목적물을 인도받은 부동산매수인의 등기청구권의 소멸시효에 관한 두 개의 전원합의체 판결 大判(全) 76.11.6, 76다148(集 24-3, 277)과 본문의 바로 뒤에서 보는 大判(全) 99.3.18.만을 들어둔다.

36) 이상은 일본의 재판례에 의하면, 첫번째 경우는 전자의 소송으로 후자의 권리의 계속적 최고가 있다고 하고(日最判 1998(平 10).12.17(判例時報 1664, 59) 참조), 두번째와 세번째의 경우는 권리행사에 해당하지 않는다고 하였다(日大判 1927(昭 2).9.30(法律新聞 2771, 14); 日最判 1962(昭 37).10.12(民集 16-10, 2130) 참조).

37) 예를 들면 大判 99.6.11, 99다16378(공보 99상, 1397)은 이와는 반대로 "이 사건과 같이 원인채권의 지급을 확보하기 위한 방법으로 어음이 수수된 경우에

위의 ④ 판결은 이와 관련하여, "등기의 존재만으로 권리행사가 있다고 보면 부동산에 대한 점유취득시효와 같은 제도는 설 자리가 없다"고 하여 가압류의 계속적 중단효를 부인하는 이유의 하나로 삼는데, 이는 혹 맥락착오의 주장이라고 할 수 있을는지 모른다. 그런데 일본에서는 만일 가압류등기가 권리행사라는 주장에 대하여 그렇다면 저당권등기가 경료되었다고 해도 그것만으로 그 피담보채권에 관하여 채권자의 권리행사가 있다고 해석하지 않는 것을 잘 설명할 수 없다는 반론이 있다.[38] 필자에게는 이 이유제시는 나름대로 귀기울일 만한 것으로 생각된다. 이에 대하여는 "저당권설정등기는 저당권의 공시방법에 불과하지만 보전처분은 권리를 실현하기 위한 행동이라는 차이가 있"으므로 보전처분의 기입등기와 저당권설정등기를 동일하게 볼 수는 없다는 논박이 있다.[39] 그런데 가압류등기가 권리를 실현하

원인채권과 어음채권은 별개로서 채권자는 그 선택에 따라 권리를 행사할 수 있고, 원인채권에 기하여 청구를 한 것만으로는 어음채권 그 자체를 행사한 것으로 볼 수 없어 어음채권의 소멸시효를 중단시키지 못하는 것이지만(대법원 1967. 4. 25. 선고 67다75 판결, 1994. 12. 2. 선고 93다59922 판결 등 참조), 다른 한편, 이러한 어음은 경제적으로 동일한 급부를 위하여 원인채권의 지급수단으로 수수된 것으로서 그 어음채권의 행사는 원인채권을 실현하기 위한 것일 뿐만 아니라, 원인채권의 소멸시효는 어음금청구소송에 있어서 채무자의 인적항변사유에 해당하는 관계로 채권자가 어음채권의 소멸시효를 중단하여 두어도 채무자의 인적항변에 따라 그 권리를 실현할 수 없게 되는 불합리한 결과가 발생하게 되므로, 채권자가 어음채권에 기하여 청구를 하는 반대의 경우에는 원인채권의 소멸시효를 중단시키는 효력이 있다고 봄이 상당"하다고 설시하여, 실질적인 이유를 제시하고 있다.

38) 예를 들어 岡本坦(註 12), 8면은 "물론 가압류는 등기에 의하여 공시되고 있다. 그 점에서는 최고와 동시할 수 없다. 그러나 현행법상으로는 저당권설정등기가 존속하고 있다고 하더라도 그 피담보채권의 소멸시효는 정지되거나 중단되지 않는다는 것은 당연한 것으로 받아들여지고 있다. 저당권의 설정은 채무자의 '승인' 아래 이루어지는 데 대하여 가압류는 채권자측의 일방적인 권리보전행위에 지나지 않는다. 그럼에도 불구하고 저당권설정등기가 존속하고 있다고 하더라도 피담보채권의 시효가 진행되고 완성되는 데 비하여, 가압류등기만 있으면 그 피보전채권의 시효가 ―본안소송, 확정판결, 본집행을 거쳤는지 여부를 불문하고― 진행되지 않는다는 것은 매우 불합리하다"고 주장한다. 이는 비계속설의 논거의 하나로 계속 주장되고 있다. 예를 들면 松久三四彦(註 12), 43면 등 참조.

39) 李均龍(註 2), 54면.

기 위한 「행동」이라면 채권자가 저당권설정등기를 하는 행위를 권리를 실현하기 위한 행동이라고 말할 수 있지 않을까?

또 채권자의 「권리행사」가 있더라도 민법이 이에 동일한 시효중단효를 부여하지 않음은 예를 들어 催告에 관한 민법 제174조만을 보아도 알 수 있는 바이다. 설사 가압류등기의 존속에 「권리행사」를 인정한다고 하더라도, 그것에 예를 들어 訴訟의 係屬과 같은 중단효를 주어야 할 필연적 이유는 없고, 다른 중단사유와의 신중한 비교형량에 의하여 그 중단효의 내용이 정하여져야 하는 것이다.

(다) 가압류등기에 계속적 중단효를 주는 입장의 최대의 문제는, 앞서 인용한 ③ 판결의 "둘째", "셋째"의 이유가 적절하게 설시하는 것처럼, 장래의 집행보전을 목적으로 단순한 소명만으로 인용되는 가압류절차에 있어서 가압류등기가 남아 있는 한 시효중단효가 지속됨으로써 예를 들어 재판상 청구보다도 강력한 시효중단효를 주는 불합리한 결과가 된다는 점이다. 즉 민법이 인정하는 시효중단사유 중에서 가압류를 가장 우선적인 것으로 하는 결과, 즉 "시효중단사유의 서열화, 가압류의 최우선화"를[40] 가져오는 것이다. 채권자가 일단 가압류만 해 두면 영구히 그 채권의 시효소멸을 막을 수 있게 된다는 것은, 앞의 Ⅱ.1.에서 본 입법과정을 들출 필요도 없이, 가압류가 다른 중단사유에 대하여 가지는 특성에 비추어, 부당하다. 앞서 본 대로 가압류 자체가 권리의 보전을 목적으로 말하자면 느슨한 절차에 의하여 진행되는 것은 물론이고, 앞의 Ⅱ.2.에서 본 東京高判 1992.10.28.이 설시하는 대로 "재판상 청구도, 강제경매 또는 담보권실행을 위한 경매절차도 법원이나 집행기관의 직권에 의하여 절차의 진행이 이루어지는데 가압류집행이 이루어진 후 본집행을 위하여 필요한 채무명의를 취득하는 절차를 밟을 것인지 여부나 나아가 본집행을 신청할

40) 中舍寬樹(註 18), 21면.

것인지 여부는 전적으로 당사자의 의사에 맡겨져 있기 때문에 가압류 절차를 밟고 있는 한 피보전채권의 소멸시효가 진행하지 않는다고 하게 되면 마치 권리 위에 잠자는 자를 낳을지도 모르는 결과가 되"는 것이다.

이에 대하여 앞의 Ⅱ.2. 말미에서 본 日最判 1998. 11. 24.은 "채무자는 본안의 제소명령이나 사정변경에 의한 가압류명령의 취소를 구할 수 있는 것이어서 채무자에게 가혹한 결과가 된다고도 말할 수 없다"고 하는데, 대상판결의 사실관계에서도 보는 것처럼 제소명령에 의하여 채권자로 하여금 판결절차를 거칠 것을 강요할 수 있을지는 몰라도 그에 기한 집행까지를 강요하는 것은 현행법상 불가능하다. 또 가압류등기의 계속적 중단효를 인정하는 이상, 채무자가 사정변경을 이유로 가압류명령의 취소를 구할 길이 있는지도 의심스럽다.[41] 혹 채권자가 이미 채무명의를 얻어 본압류에 착수할 수 있는데도 이를 하지 아니하고 있음을 들어 보전의 필요성이 없어졌다고 하여 사정변경을 이유로 하는 가압류취소를 구할 수 있다고 할는지는 모른다. 그러나 이와 같이 채무자로 하여금 적극적으로 채권자에 대하여 그가 자신의 권리를 행사하지 아니하고 있음을 일깨워 줄 것을 요구한다는 것은 시효소멸을 주장하는 채무자의 입장에서는 용인할 수 없는 것이고, 애초 단지 권리불행사상태의 장기간의 지속에 의하여 권리소멸을 시인하는 것으로서 채무자의 불성실을 이유로 그 적용이 배제되지 않는 소멸시효제도의 근본과 상용될 수 없는 것이다.[42]

또 계속설의 입장에서는 "가압류의 목적 부동산에 선순위의 저당

41) 이 문제에 대하여는 우선 李均龍(註 2), 58면 이하 참조. 한편 민소 제706조 제2항은 "가압류집행 후 10년간 본안의 소를 제기하지 아니하면" 가압류취소를 신청할 수 있다고 정한다. 大判 99. 10. 26, 99다37887(공보 99하, 2420)은 가압류 등의 집행 후 10년을 넘어서 비로소 본안소송을 제기하여도 가압류 등을 취소하여야 한다고 판시한다.

42) 松久三四彦(註 12), 43면; 松岡久和(註 16), 27면 이하; 中舍寛樹(註 18), 20면 이하.

권 등과 같은 부담이 있고, 강제경매를 하더라도 잉여가 없거나 일반재산도 거의 없"는 경우에 본안소송을 제기하거나 본집행에 착수하지 아니하고 가압류의 상태대로 있다는 것이 채권자의 입장에서 부당하지 않다는 취지로도 주장한다. 그러나 우선 그러한 사유를 들어 가압류등기 일반에 계속적 중단효를 주기에 충분한 이유가 되는지 의문이고, 나아가 재판상 청구로 시효가 중단된 경우에도 위와 같은 사유가 있어 채권이 실현되지 아니하였다면 다시 중단사유를 취하여야 하는데, 가압류라고 해서 그 등기가 유효한 이상 아무런 조치 없이도 중단효가 계속된다는 것은 균형이 맞지 않는다.[43]

(라) 계속설을 주장하는 입장에서는 "본집행이 이루어진다고 하더라도 압류의 효력이 존재하는 이상 당연히 당해 집행행위가 종료되었다고 할 수 없는 것처럼" 가압류등기만으로 가압류절차가 종료되었다고 할 수 없다고 하여,[44] 가압류의 계속적 중단효를 인정하는 것은 압류에서와 같은 취급을 하는 것이라고 하여 이를 정당화하려고 한다. 그러나 시효중단효의 종료시기라는 관점에서 양자를 평행되게 이해할 수는 없다. 압류에 있어서는 이미 채권의 존재를 공적으로 확정하는 채무명의를 전제로 하여 채권의 강제적 실현 자체를 추구하는 것이고 또 절차상으로도 채권자가 일단 집행개시를 신청함으로써 집행기관이 그 절차를 직권으로 진행하므로 집행의 개시로부터 그 종료까지 중단효가 계속된다고 할 수 있겠다. 그러나 가압류에서는 피보전권리 그 자체를 행사하는 것이 아니라 강제집행의 보전을 구하는

---

43) 李均龍(註 2), 56면은 이 사건의 사실관계에서도, 가압류등기 전에 이미 제3자에게 가등기가 경료되어 있어서 피고가 강제경매를 신청하기 곤란하였다고 하고, "계속설에 의하여 이 사건을 해결하는 것이 구체적인 타당성에도 부합"한다고 한다. 그러나 우선 피고가 강제경매를 신청하지 아니한 이유가 이 사건 소송에서 문제되었는지 자체가 의문이고, 나아가 설사 위와 같은 사정이 있었다고 하더라도 피고는 가압류 및 재판상 청구에 의한 시효중단 후에 새로이 진행된 시효기간이 만료되기 전에 별도의 시효중단조치를 취하여야 한다고 볼 것이다.

44) 李均龍(註 2), 51면.

보전청구권을 행사하는 데 불과하며,[45] 채무명의를 전제로 하는 것도 아니다. 그로 인한 집행보전의 효력은 종국적으로는 채권자가 별도로 신청하여야 하고 또 신청 여부를 결정할 수 있는 본집행과 연결되어야만 실제적인 의미를 가진다. 이와 같이 임시적 권리보전수단에 대하여 시효중단효가 인정된다고 하여도, 그 효력이 본격적인 권리실현절차에서와 같이 인정되어야 할 이유는 전혀 없는 것이다. 요컨대 가압류절차는 그 성격이 압류와는 판연히 다른 것이므로, 압류의 효력이 있는 한 시효중단효가 계속된다고 해서 가압류에 있어서도 그 효력이 있는 한 시효중단효가 인정되어야 한다고 말할 수는 없다.

(마) 한편 상고이유가 아마도 예비적으로 주장하고 있는 소위 흡수설은, 채권자가 가압류 외에 나아가 재판상 청구를 한 경우에는 그 중단효에 제한이 가하여지는데, 재판상 청구를 하지 아니하면 오히려 중단효에 제한이 없어 균형이 맞지 않는다는 결정적인 결점이 있다.[46]

Ⅳ. 小　結

1. 대상판결이 "[부동산가압류의 시효중단효의 종료시기라는 중요한 문제에 대한] 최초의 선례(leading case)로서, 재판실무에 있어서 가압류의 시효중단효력의 계속 여부를 둘러싸고 서로 상반되는 해석을 하고 있었던 하급심의 판례를 통일하였을 뿐 아니라, 금융기관 등의 채권자가 그 채권을 관리함에 있어서 미치는 영향이 적지 않을 것이라는 점에서 실무적으로 중요한 판결로 그 의의가 적지 않다"는 점에

45) 金祥源 · 鄭址炯(註 3), 188면 참조.
46) 흡수설의 문제점에 대하여는 우선 李均龍(註 2), 56면 이하 참조.

는 의문의 여지가 없다.[47]

2. 그러나 그 판결취지에 대하여는 아무래도 의문을 가진다. 대상판결이 취하는 계속설에 대한 비판의 要點을 정리하면 다음과 같다.

첫째, 계속설은 가압류가 효력을 가지는 이상 채권자의 권리행사가 계속된다고 한다. 그러나 가압류집행이 일단 종료한 후에도 여전히 채권자가 권리행사를 계속한다고 보는 것은 하나의 의제에 불과하다. 가압류등기가 있으면 시효중단의 효력이 계속된다고 한다면, 예를 들어 저당권등기가 경료되었다고 해도 그것만으로 그 피담보채권에 관하여 채권자의 권리행사가 있다고 해석하지 않는 것과 조화적으로 설명되기 어렵다.

둘째, 비록 민법이 가압류를 청구나 압류 등과 같이 시효중단사유로 정하고 있다고 하여도, 그 효력은 당해 사유의 성질에 좇아 정하여져야 한다. 이는 시효중단사유로 정하여진 請求 중에서 단순한 催告가 가지는 효력을 보면 바로 알 수 있다. 그런데 가압류는 임시의 보전조치이고 피보전채권에 기판력이 생기지도 아니한다. 이러한 執行準備行爲에는 그에 상응하는 효력을 주어야 하며, 일단 가압류집행을 하면 다른 本格的 措置 없이도 시효중단의 효력이 계속한다는 해석은 다른 중단사유와 균형이 맞지 않는다.

셋째, 계속설은, 가압류를 하였는데 다시 다른 시효중단조치를 취하라고 하는 것은 특히 가압류가 채무자에 대하여 즉시 집행할 가능성이 없는 경우에 행하여지는 것을 생각하면 채권자에게 가혹하다고 한다. 그러나 애초 채권자가 위와 같은 성질의 가압류조치를 선택한 것에 대하여 다른 본격적 조치를 취할 것을 요구하는 것이 하등 불합리하지 아니할 뿐더러, 가압류 그 자체에 의하여 일단 시효중단의 효

47) 李均龍(註 2), 58면.

력이 주어진 이상 채권자를 再次의 時效期間이 진행하는 것에 대하여까지 보호할 이유는 되지 않는다. 채권자로서는 적당한 시기에 支給命令를 신청하거나 裁判上 請求를 하면 족한 것이다.

넷째, 계속설은 시효중단의 효력이 계속된다고 하여도 채무자가 본안제소명령이나 가압류취소 등을 구하면 되므로 그에게 가혹하지 않다고 한다. 그러나 채무자로 하여금 자신을 상대로 본격적 조치를 하지 아니하는 채권자에 대하여 그러한 조치를 취할 것을 요구하도록 하는 것은 채무자에게 「스스로의 목을 조를 것」을 강요하는 것이다.

3. 그리고 대상판결은 우리가 일본의 판례·학설에 대하여 가져야 할 자세 일반에 대하여 다시 잘 생각해 볼 만한 문제를 던지고 있지 않은가 여겨진다. 그리고 법관들이 자랑하는 예리한 「실제적」 감각, 때로는 「구체적 타당성」을 위하여 이론적 곡예조차 서슴치 않고 감행하게 하는 그 실무 특유의 감각을[48] 대상판결이 다룬 그 논점을 처리함에 있어서는 돌연 퇴색하게 한 것이 무엇인지를 곰곰 되새겨 보게 한다.

(人權과 正義 297호(2001.5), 120면 이하 所載)

[제 4 쇄에 따르는 後記]

大判 2006.7.27, 2006다32781(공보 2006하, 1508), 大判 2008.3.27, 2006다24568(미간행), 大判 2011.1.13, 2010다88019(미간행) 등

48) 이에 대하여는 우선 梁彰洙, "民事의 實務와 理論 ―『判例研究』를 읽고", 判例研究(부산판례연구회) 10집(1999), 471면 이하(本書, 1면 이하) 참조.

판례는 여전히 가압류에 의한 시효중단의 효력은 가압류의 집행보전의 효력이 존속하는 동안 계속된다는 태도를 유지하고 있다.

그런데 이에 대하여는 필자와 마찬가지로 반대의견이 주장되고 있다(예를 들면 박재혁, "가압류에 의한 시효중단과 그 소멸시효기간", 법률신문 3978호(2011. 10. 27.자), 13면). 한편 현재 진행 중인 민법개정작업에서는 가압류를 포함하여 보전처분을 소멸시효정지사유로 정하되 그 결정이 있는 때로부터 1년 안에는 소멸시효가 완성되지 아니하는 것으로 하여 이른바 완성유예의 효력만을 인정하는 안이 공식적으로 제의·검토되고 있다(우선 김성수, "시효 및 제척기간에 관한 민법개정시안 ― 2010년 1월 29일 개정시안의 조문내용과 개정이유를 중심으로", 민사법학 50호(2010. 9), 169면 이하, 188면 참조).

條文索引

判例索引

事項索引

著者略歷

서울대학교 법과대학 졸업
법학박사(서울대학교)
서울대학교 법과대학 교수
현재 大法官

主要著述

(著) 民法研究 제 1 권, 제 2 권(1991), 제 3 권(1995), 제 4 권(1997), 제 5 권(1999), 제 6 권(2001), 제 7 권(2003), 제 8 권(2005), 제 9 권(2007)
민법 Ⅰ: 계약법(2010)(共著)
민법 Ⅱ: 권리의 변동과 구제(2011)(共著)
민법 Ⅲ: 권리의 보전과 담보(2012)(共著)
民法散考(1998)
민법산책(2006)
民法注解 제 1 권, 제 4 권, 제 5 권(1992), 제 9 권(1995), 제16권(1997), 제17권, 제19권(2005)(分擔執筆)
註釋 債權各則(Ⅲ)(1986)(分擔執筆)

(譯) 라렌츠, 正當한 法의 原理(1986)
츠바이게르트/쾨츠, 比較私法制度論(1991)
독일민법전──총칙·채권·물권, 2008년판(2008)
포르탈리스, 民法典序論(2003)
독일민법학논문선(2005)(編譯)
로슨, 大陸法入門(1994)(共譯)

民法研究 第 6 卷

2001년 6월 20일 初版發行
2003년 9월 15일 再刷發行
2007년 1월 2일 三刷(補訂)發行
2012년 8월 20일 四刷(補訂)發行

著 者 梁 彰 洙
發行人 安 鍾 萬
發行處 (주)박영사
서울特別市 鍾路區 平洞 13-31 番地
電話 (733)6771 FAX (736)4818
登錄 1959. 3. 11. 제300-1959-1호(倫)

www.pybook.co.kr e-mail: pys@pybook.co.kr

定 價 32,000 원

ISBN 978-89-6454-874-5
ISBN 978-89-6454-514-0(세트)